The SAGE Handbook of **Philosophy of Education**

교육철학 2

-가치와 실천-

R. Bailey · R. Barrow · D. Carr · C. McCarthy 공편
이지헌 역

학지사

The SAGE Handbook of Philosophy of Education
by Richard Bailey, Robin Barrow, David Carr and Christine McCarthy

역자 서문

교육철학은 무엇을 어떻게 탐구하는 학문 영역인가? 교육철학은 지난 반세기에 엄청난 발전을 이루었다. 영어 사용 국가에서 나타난 교육철학의 최신 동향에 관심을 갖는 분들에게 이 책은 큰 도움이 될 것이다. 이 책의 원본은 R. Bailey, R. Barrow, D. Carr, C. McCarthy가 공동편집하여 2010년에 출간한 *The Sage Handbook of Philosophy of Education*이다. 교육철학의 최근 동향이 34개의 주제에 걸쳐서 총괄적으로 소개되고 있다. 원래 이 책은 I, II, III부로 구성되어 있으나, 그중 I, II부를 『교육철학 1-이론과 역사-』로, III부를 『교육철학 2-가치와 실천-』으로 나누어 출판하였다.

1권인 『교육철학 1-이론과 역사-』에서 독자들은 교육의 철학, 이론, 실천 간의 관계, 그리고 교육철학의 역사적 인물을 이해하게 될 것이다.

제I부에서 저자들은 '교육철학과 이론의 관계'를 자세히 밝힌다. 이를 위해 네 가지 질문을 중심으로 논변을 전개한다. 즉, 교육철학이란 무엇인가? 교육철학에서 여러 가지 학파(사조, 이즘, 설)를 어떻게 이해할 것인가? 교육철학과 교육이론은 서로 어떤 관계에 있는가? 교육철학과 교육실천 간의 관계는 어떠한가?

제II부에서는 교육철학의 역사적 인물과 여러 가지 학파를 다루고 있다. 제5장에서 제9장까지는 역사적 인물로 플라톤, 루소, 듀이, 엘리엇, 피터스 등을 다루고, 제10장에서 제12장까지는 교육철학의 학파로서 탈구조주의, 포스트모더니즘, 페미니즘, 가톨릭 전통을 다루고 있는 점이 독특하다. 그리고 제13장은 이 책 전체에서 언급되거나 관련성이 있는 여러 교육사상가를 간략하게 소개하고 있다.

2권인『교육철학 2-가치와 실천-』은 교육실천에서 중요하다고 간주되는 스물한 가지 주제들을 폭넓게 논의하고 있다. 교육철학이 교육실천의 여러 가지 차원에 대해서 어떻게 접근하고 있는지, 그리고 다양한 교육실천을 위해서 교육철학이 어떤 기여를 할 수 있는지를 알 수 있다. 구체적으로 살펴보면 2권은 다시 세 부분으로 나뉠 수 있다. 제1장부터 제4장까지는 '교육/가르침의 일반적 문제'를 다룬다. 4개의 장에 걸쳐서 교육과 가르침의 전문적/윤리적/시민적 차원들이 논의되고 있다. 제5장에서 제12장까지는 '지식, 학습, 교육과정'에 관한 문제를 다룬다. 8개 장에 걸쳐서 교화, 진리, 지식, 마음, 학습, 동기, 기능, 평가에 관한 철학적 논의를 살펴볼 수 있다. 교육심리학, 교육과정, 교육방법, 교육평가 등 다양한 분야의 교육학자들이 흥미를 가질 부분이다. 제13장에서 제15장까지는 포용과 다양성, 평등과 정의, 개인과 공동체 등과 연관된 '교육의 사회적 원리들'을 다룬다. 여기서 교육에 대한 정치/사회철학적 논의가 전개되고 있다. 제16장에서 제21장까지는 예술, 종교, 체육, 공학, 인성, 환경 등 '교육의 제반 측면'을 자세히 다루고 있다.

독자들은 2권을 통해서 교육철학의 연구가 교육사회학, 교육심리학, 교육과정, 교육평가, 교육행정과 같은 여러 탐구 분야의 관심사와 밀접하게 연결될 뿐만 아니라, 예술교육, 종교교육, 체육교육, 교육공학, 도덕교육, 환경교육과 같은 교과교육의 주요 관심사와도 긴밀하게 연결되고 있음을 파악하게 될 것이다. 특히 교육철학이 그동안 교육 현장이나 교육실천에 가까이 다가서기 위해서 어떤 노력을 기울였으며, 어떤 성과를 낳고 있는지를 알 수 있을 것이다.

번역은 '가시밭에서 춤추는 일'이라는 말을 새삼 실감하였다. 이 책은 아주 광범한 주제를 최신의 학문적 관점에서 포괄적으로 다루고 있어서 역자의 능력으로 쉽게 번역하기가 어려웠음을 고백하지 않을 수 없다. 그러나 최선을 다하여 번역함으로써 다양한 독자가 가능한 한 평이하게 읽을 수 있도록 하였다. 또한 교육철학의 새로운 탐구자들이 핵심 용어를 이해하는 데 도움이 되도록 괄호 안에 영어를 많이 표시해 두었다. 그리고 참고문헌에는 우리나라에 번역된 책이 있을 경우 이를 밝혀 두었다.

이 책은 누구에게 도움이 될 것인가? 무엇보다도 역자 자신이 교육철학이라는 학문 세계의 최신 동향을 폭넓게 그리고 깊이 있게 공부할 수 있었다. 둘째, 교육철학을 연구하는 대학생과 대학원생이 영미 중심 교육철학을 이해하는 데 도움이 될 것이다. 셋째, 교육학자들이 '교육철학은 어떤 학문인가?'를 이해하는 데 큰 도움이 될 것이다. 넷째, 교과교육 전문가들도 관심을 갖고 있는 '똑같은' 교육적 이슈나 문제에 대해서 교육철학이 독특한 학문적 시각에서 접근하고 있음을 알 것이다. 다섯째, 철학자들도 교육철학이라는 학문 분야가 다양한 교육적 주제를 철학적 차원에서 깊이 있게 다루고 있음을 이해하고, 교육 문제에 더 큰 관심을 쏟을 수 있는 계기가 될 것이다.

오역되어 있거나 이해가 미흡한 점을 알려 주신다면 바로잡을 것을 약속드리며, 2권 제12장을 살펴보고 자세하게 조언해 준 염시창 교수에게 감사드린다. 학지사 김진환 사장님과 출판을 도와주신 이지혜 편집부장님, 그리고 참고문헌 중에서 국내에서 출판된 번역서를 찾아 준 최만 선생에게 감사드린다.

2013. 2. 28.
빛고을 광주에서
이지헌

편저자 서문

이 책은 교육에 관한 이론 연구, 혹은 교육의 기초학문 연구 중에서 특히 교육철학을 공부하는 분들에게 유용한 자료가 될 것이다. 또한 현대 교육의 이슈에 대한 최신 교육사상에 쉽게 접근하기를 원하는 현장 교사들, 그리고 교육철학의 성격, 역사, 최근 동향에 관해서 자세한 안내가 필요한 교육학자들에게 유익한 자료가 될 것이다.

전반적으로 균형이 잡힌 책이 되도록 세 가지 점에 유의하였다. 첫째, 교육에 관한 철학적 사고의 여러 가지 스타일이나 양식이 두루 포함되도록 하였다. 둘째, 과거와 현재의 교육철학을 적절하게 다루려고 노력하였다. 셋째, 교육철학의 '영원한' 이슈들과 현대 교육의 구체적 관심사를 적절하게 다루려고 하였다.

1권의 제I부에서는 상이한 교육철학관을 다루고 그와 관련된 관심사나 방법론을 구체적으로 탐구하였다. 또한 교육철학이 교육이론의 다른 영역들, 그리고 교육실천의 문제나 상황과 어떤 관계에 있는지를 검토하였다.

제II부에서는 교육사상가를 다루었다. 교육철학의 발전에서 아주 중요한 인물로 플라톤, 루소, 듀이 등을 논하고, 또한 현대의 철학적 논의에 영향을 미친 현상학자와 탈구조주의자를 논하고 있다. 교육철학의 역사와 연관된 문제도 다루었다. 이와 관련하여 어떤 사상가나 학파를 선정할 것인가는 아주 중요한 문제일 것이다. 여러 가지 사항을 확실하게 충족시켜 줄 인물이 누구인가에 대해서 견해 차이도 많고, 선정의 준거도 다양할 것이다. 여기에서는 연구할 만한 가치가 있는 사람만 다루려고 하지 않았다. 그 대신 철학적 사유라고 인정받을 수 있는 논변들을 중심으로 교육의 이론과 실천에 대해 체계적이고 종합적인 견해를 제시했다고 분명히 말할 수 있는 인물들을 다루었다. 또 여러 학파를 (일정 기간 동안) 대표한다고 볼 수 있는 학자들에게 중점을 두었다. 아울러 연속성, 연관성, 발전과정, 양상을 독자들이 알아보거나 관련 문헌을 찾아보도록 하기 위해서 특히 지속적인 영향과 관계를 드러내려고 노력하였다. 제II부의 끝에서는 수많은 교육사상가의 간단한 전기를 사전 형식으로 제시하였다. 다른 장에서 다루지 못했던 인물들을 간단히 살펴볼 수 있다. 교육사상에 중요한 공헌을 한 인물들의 핵심이 무엇이고, 그들의 저술에 어떤 것이 있는지를 보여주고 있다.

2권에서는 현대 교육에 대한 철학적 사고를 보여 준다. 즉, 현대 교육의 특수한 문제점을 철학적으로 다룰 수 있는 기반과 참조 틀을 제시한다. 종전의 교육철학 서적에서 공통적으로 나타났던 한계는 교육철학 이외의 분야에서 연구하는 사람들의 필요와 관심사를 충분히 다루지 못했다는 점이다. 2권에서는 이런 비판을 감안하였다. 철학적 주제라고만 볼 수 없지만 철학적 이슈를 제기해 준다고 볼 수 있는 주제들이 많다. 이런 주제들에 관한 논의를 포함시키는 것이 아주 중요하다. 교육적 관심사를 다양하게 논의하면서 거기에 철학적 성격이 들어 있다는 점이 확실히 드러날 것이다. 실제로 교육적 이슈는 지식/가치에 관한 가정들과 관련되어 있고, 핵심 개념들에 대한 비판적 고찰로부터 도움을 얻을 수 있는 것이다. 2권에서는 철학이 교육실천에 어떻게 기여할 수 있는가를 탐색하고 있으므로 학자들뿐만 아니라 학부모, 교사, 정책결정자들도 교육철학으로부터 도움을 받을 수 있을 것이다. 따라서 한편으로 교육의 본질에 대한 전통적 성찰과 현대적 성찰, 그리고 철학자와 교육이론가의 연구 업적을 포괄적으로 끌어들이는 데 중점을 두었다. 다른 한편으로는 포괄적으로 다루면서도 피상적으로 흐르는 일이 없도록 핵심 주제들을 통찰력 있게, 또 비교적 상세하게 검토하려고 노력하였다. 2권에 속하는 여러 장은 편의상 크게 '가르침과 일반교육', '지식, 학습, 교육과정', '교육의 사회적 원리' 그리고 '교육의 제 측면'의 네 가지로 구분할 수 있다.

독자들이 교육사상가나 교육적 주제에 대한 철학적 논의를 통해서 철학적 탐구와 교육 연구가 서로 깊은 관련성을 갖고 있음을 깨닫기 바란다. 건전한 교육정책과 교육실천에 핵심이 될 질문을 다음과 같이 제시할 수 있다. '어떤 종류의 교육과정이 다음 세대들을 위해서 도덕적/영적 차원 그리고 물질적/경제적 차원에서 더 나은 미래와 삶의 질을 보장해 줄 수 있는가?' 이 문제를 다룰 때에는 무엇보다도 철학적 명료성, 그리고 사상과 논변의 깊이가 절실히 필요하다. 이런 점들이 교육에 관한 논의에서 누락되는 경우가 너무 많아서 안타까운 현실이다. 만일 이 책의 독자들이 철학은 교육적 사고나 교육적 실천과 연관된 다른 학문들이나 과학의 시녀일 뿐이라고, 혹은 대체로 그런 것이 아닌가 하는 인상을 갖는다면 안타까운 일일 것이다. 철학은 (그리스 이후로 지식이나 지혜의 사랑이며) 사람들이 '스스로 생각할 것'을 요청한다. 따라서 칸트는 철학을 가리켜서 학습할 수 있는 것이 아니라고 했다. 철학하기는 스스로 배워야 하는 것이다. 그렇다고 해서 철학자가 고독한 명상의 삶을 살아야 한다는 뜻은 아니다. 철학에서는 스스로 생각하지 않을 수 없다는 뜻이다. 철학적 대화의 특징은 애매함과 복잡함이라고 느끼는 사람이 많을 것이다. 그러나 중요한 문제가 단순한 대답으로 끝나는 경우는 드물다. 다른 사람의 도그마와 교설을 무비판적으로 끌어들이려고 하는 사람은 그렇게 생각해 버릴 수 있다. 러셀이 말했듯이, 그렇게 무비판적으로 살아가기로 작정한 사람들은 "상식이라든가, 자기가 속한 시대와 국가의 인습적 신념이라든가, 혹은 신중한 이성의 도움/동의도 없이 자기 맘대로 키워 온 확신 등으로부터 끌어모은 편견 속에 갇힌 채로 살아갈 것이다." 그러므로 우리는 철학이 근본이라고 말하고 싶다. 교육에 관한 저술을 남기고 사라진 철학자들의 영원한 논의는 내재적 가치를 갖고 있고, 흥미를 불러일으킬 뿐만 아니라 상당한 유용성도 갖고 있다.

Richard Bailey, Robin Barrow, David Carr, Christine McCarthy

차 례

교육철학과 교육실천

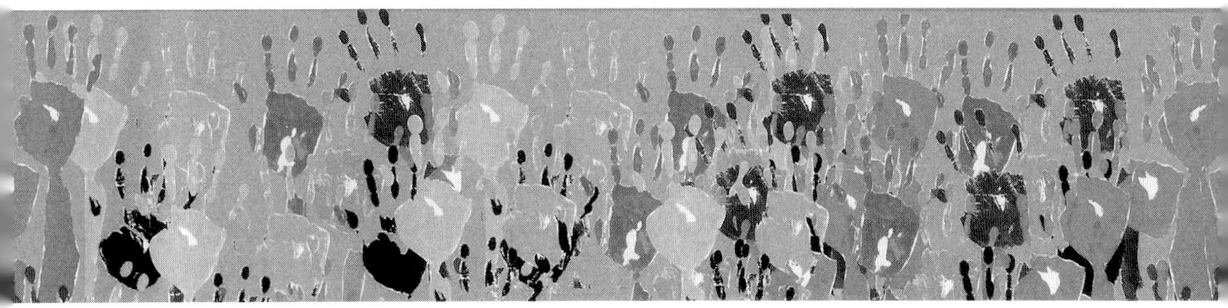

The SAGE Handbook of

Philosophy of Education

제1장

교직의 전문성

Timothy Reagan

교직(teaching, 가르치는 일)의 전문성은 많은 논란을 불러일으키는 주제다. 교실의 교사는 얼마나 전문가인가? 이것은 다양한 이슈에 대해서 중요한 시사점을 제공해 주는 질문이다. 그런 이슈 중에는 급여, 사회적 지위, 노동 조건의 통제 등이 있다. 실제로 많은 논쟁은 논쟁을 넘어서 극단적 대립을 보여주기도 한다. 그런데 철학적/개념적 관점에서 볼 때, '전문성'이 무엇을 의미하는지 분명하지 않다. 이것부터 문제다. 반세기 전에 미국의 역사학자 칼 베커(Carl Becker)는 다음과 같이 말했다.

> 아주 낯선 용어를 만날 경우, 그것을 사전에서 찾아보고, 사람들이 그것을 어떤 뜻으로 사용하고 있는지를 생각해 보는 것이 좋은 길이라고 생각한다. 그러나 모든 사람에게

> 너무나 친숙한 단어들, 예를 들어 '원인', '자유', '진보', '정부'와 같은 단어들을 내가 자주 사용해야 할 때, 다시 말해서 모든 사람이 너무나 잘 알고 있는 단어들을 사용해야 할 경우에 현명한 방법은 한 주일 정도 그것에 대해 생각해 보는 것이다(Becker, 1955: 328).

'전문적', '전문성(professionalism)'이라는 용어도 마찬가지일 것이다. 교육계에서 그런 용어가 사용될 때 특히 그렇다. 이 장에서 나는 '가르치는 일'에 적용되는 전문성에 관해서 탐구할 것이다. 이 장은 네 부분으로 나뉜다. 첫째, 전문성에 관한 최근의 논란/담론을 다룬다. 둘째, 사회적 구념(construct)으로서의 전문성을 다룬다. 셋째, 교사의 전문성에 대한 실제 주장을 다룬다. 넷째, 교사의 전문성을 실용적/생산적으로 개념화할 수 있는 대안을 논의한다.

1. '교사의 전문성'에 대한 최근 관점

'교사의 전문성'을 다루는 최근 문헌은 아주 광범위하고 또 너무 다양하다. 실제로 그런 논의는 얼마나 다양한가? 이를 두고 논란의 여지가 많은 것도 사실이다. 교육계 내부(교육자들과 이들을 옹호하는 편)에서는 다음과 같이 주장하는 경향이 있다. 즉, 교사들은 실제로 '전문가'이고, 전문적 실천에 성실히 종사하고 있으며, 전문가들(의사, 변호사, 건축가, 기술자 등)에게 마땅히 주어지는 (그러나 교사에게는 일반적으로 주어지지 않고 있는) 혜택을 받을 자격이 있다. 교육계 외부에서는 그 점에 대해서 오히려 회의적인 편이다. 왜 그러한가? 이것은 교실의 교사가 실제로 알 필요가 있고 또 할 수 있는 것이 무엇인가에 대해서 오해가 많고, 또 (직업으로서의) 교직과 (직업준비로서의) 교사교육의 내용 요소들이 너무 명확하게 이해되고 있기 때문이다(Koerner, 1963; Kramer, 1991; Labaree, 2004). 이 두 가지 논변의 밑바탕에는 '전문성'이 무엇을 의미하는가에 대한 분명한/확실한 정의가 없다. '전문직으로서의 교직'에는 명확한 의미도 없고, "전문직의 개념적 의미도 없어서 이런 말은 실속 없는 '유행어'에 지나지 않는다."고 주장했던 학자도 있다(Englund, 1993: 1). 명확성의 결여는 교육개혁에 중대한 영향을 미친다. 다시 말해서, "교사의 전문성은 최근에 많은 개혁을 촉발시켰으나 그 성과에 대한 논란도 많다. 이것은 똑같은 개혁에 대해서도 상이한 해석이 나타나고, 또 개혁의 성과로 나타나는 '전문성'에 대한 정의들이 서로 갈등하기 때문이다."(Richardson & Placier, 2001: 929)

그럼에도 불구하고 '교사의 전문성'이라는 문제를 다룬 문헌을 검토할 필요가 있다. 여기서 우리의 탐구 주제는 '교사의 전문성에 대한 지배적 담론'이라고 보는 것이 가장 좋겠다. '교사의 전문성'에 관한 담론은 고정된 것이 아니고, 실제로 그런 담론은 지난 반세기를 거치면서 극적으로 진화/발전하였다. 그렇지만 나는 그런 담론의 핵심 가정 중에는 여전히 변함없는 것이 많다는 점을 밝히고 싶다. 또한 여기서 지적해 둘 점이 있다. 내가 일차적으로 관심을 갖는 것은 '전문화(professionalization)'가 아닌 '전문성(professionalism)'인 것이다. '전문성'이란 전문직의 내적 활동과 (전문직 구성원이 고객을 위해서) 이런 활동을 아주 잘하려고 하는 관심을 가리킨다. 이와 달리, '전문화'란 지위/급여/특성화/통제 등과 같은 외적 준거를 가리킨다(Noddings, 2001: 102).

일반적으로 말해서, 1950년대 '전문성'의 성격에 관한 초기 연구는 대체로 사회학자들에 의해 수행되었다. 그들이 초점을 두었던 점은 '전문직'을 확인할 때, 그리고 더 중요하게는 '전문직'과 (단순한) 직업을 구분할 때 사용할 구체적 기준을 확인하는 일이었다. '전문직'과 다른 직업을 구별해 주는 특성은 다음과 같이 제시되기도 했다(Millerson, 1964).

- 이론적 지식에 기반을 둔 기능(skills)의 사용
- 이런 기능의 교육
- 이런 기능에서 능력의 유무를 확인하기 위한 시험

- '공적 선'을 추구하는 전문적 행위규약
- (강력한) 전문가 조직

이런 모형은 설명/기술하는 측면에서 아주 유용한 것이다. 그것은 의학/법학 등이 전통적으로 '전문직'으로 간주되었던 이유를, 그리고 교직이 그렇게 간주되지 못한 이유를 이해하는 데 도움을 준다. 그러나 '교사의 전문성'을 증진시키려고 할 경우에 그런 모형은 문제가 된다. 왜냐하면 그것은 전문가로서의 지위 획득을 위해서 모두 밟아야 할 길이 똑같다고 가정하고 있으며, 그런 길이 과연 특별한 의미를 갖는 것인지, 혹은 관련된 직무와 특별한 연관성을 갖는 것인지를 무시해 버리기 때문이다.

'전문성'에 대한 초기의 기술적(descriptive) 모형은 교체되지 못한 채로 있었다. 그러다가 그것은 1980년대와 1990년대에 보다 규범적(normative) 모형에 의해 보완되었다. 예를 들어, 슐먼(L. Schulman)은 모든 전문직에 '여섯 가지' 사항이 공통적으로 들어 있다고 제안하였다.

- **사회에 대한 봉사**: 고객에 대한 윤리적/도덕적 헌신을 의미함
- **학문적 지식체계**: 실천 자격의 기반이 됨
- **실천 행위에 종사함**: 지식을 실천 속에서 실행할 필요성이 있음
- **불확실성**: 고객의 상이한 필요 그리고 비관례적 성격을 가진 문제 때문에 생김. 지식을 적용하는 판단력을 개발할 필요성이 있음
- **경험의 중요성**: 실천하는 과정에서 생김. 자신의 실천과 성과를 성찰함으로써 배워야 할 필요성이 있음
- **전문직 공동체의 발전**: 지식을 수합/공유하고 전문가적 기준을 정립함 (Schulman, 1998: 516)

이런 '교사 전문성'의 모형은 유용하다. 즉, 그것은 내부 지향적이고, (학자들

이 비판적/반성적 실천이라고 부르는 일에 종사하는) 개별 교사나 전체 구성원에 초점을 둔다. 여기서 핵심 아이디어는 교직을 그저 테크닉 측면에서만 생각할 수 없고, 오직 지적 수행 그리고 비판적 지성의 수행으로 이해할 수 있다는 점이다(Giroux, 1988 참조).

또 다른 유용한 사례는 미국 교육부의 국립교육통계센터(National Center for Education Statistics)에서 수행한 연구에서 찾을 수 있다. 이 연구 결과물은 『교사의 전문성과 교사의 헌신: 다층적 분석(*Teacher Professionalization and Teacher Commitment: A Multilevel Analysis*)』이다. 여기서 '교사 전문성'을 정의할 때 다섯 가지 영역이 사용되고 있다.

- 자격증(credentials)
- 진입(induction)
- 전문성 개발
- 권위
- 보상(National Center for Education Statistics, 1997: vii)

여기서 우리는 교직이 '전문직'으로서 어느 정도나 합당하게 간주될 수 있는가를 결정하는 데 교육적/정치적/경제적 요인들이 작용하고 있음을 알 수 있다. '자격'은 [주(州)정부 내의] 법적 자격 절차뿐만 아니라, '교과 지식'과 '교수법 지식'이라는 두 가지 측면의 교사교육을 가리킨다. 교사교육의 두 가지 측면은 '진입'과정을 통해서 보완된다. 이 과정은 의대생들의 레지던트 실습 경험과 비교해 볼 수 있는 것인데, 교생 실습 경험을 포함한다(물론 이것만 있는 것은 아니다). 최근에 여러 주에서 진입은 초기자격 취득 과정뿐만 아니라 처음 몇 해 동안 학교에서 겪는 초기 진입 경험을 포함한다. 현장 교사들을 위한 지속적 '전문성 개발'은 전문 지식을 쇄신시키는 것으로, 의료 전문직의 모형에 상응하는 것이다. '권위'는 학교/교육구/전문직 내에서 교사의 집단적 역할, 그리고 교실/학교 수준에서 교사의 개별적 역할에 관한 것이다. 끝으로, '보상'은 교사들이 준비과정에 적합한 수준의 보수를 받도록 하는 데 관심을 둔다.

이와 같은 '교사 전문성' 관점은 미국에만 있는 것이 아니다. 실제로 이것은 영어 사용권에서 널리 통용되고 있다. 예를 들어, 영국의 1998 녹서(綠書) 『교사: 변화의 도전에 부응하기(*Teachers: Meeting the Challenge of Change*)』를 살펴보자. 현대사회에서 '교직'에 필요한 바에 대한 영국 정부의 견해는 다음과 같다.

- 교사 자신과 모든 학생에 대한 기대치를 높일 것
- 책무성을 받아들일 것
- 자신의 기능과 교과 지식을 향상하기 위해 개인적/집단적 책임감을 가질 것
- 국가/국제 수준의 학교에서 통용될 수 있는 바를 증거로 삼아 결정을 내리려고 노력할 것
- 학교 안에서 다른 교직원들과 협력적인 관계 속에서 일할 것
- 학부모/기업/학외 인사들이 학교의 성공을 위해 기여할 수 있는 바를 긍정적으로 받아들일 것
- 변화를 예상하고 선도할 능력을 증진시킬 것

요컨대, '전문성'에 대한 초기의 기술적 모형은 최근에 와서 '교사 전문성'에서 보는 것처럼 규범적 모형에 의해 보완되었다. 그러나 이 두 가지는 여전히 '교사 전문성'에 관한 정의 및 이에 관한 논란에서 큰 영향을 미치고 있다.

2. 사회적 구념으로서의 '전문성'

'교사 전문성'에 관한 수많은 논의와 논쟁에서 미리 전제되는 것이 있다. 그

것은 '전문성'에 관해서 일반적으로 말할 수 있다는 점이다. 다시 말하면, '전문직'이라고 하는(그리고 하지 않는) 것은 근본적으로 변하지 않는, 또 맥락으로부터 자유로운 어떤 준거를 따른다는 점이다. 이런 견해가 널리 퍼져 있지만 사실은 잘못된 것이다. 어느 학자가 지적한 대로, "전문직이라는 용어는 사회적으로 구성된 단어이며, 사람들이 그 용어를 사용하는 사회 조건에 따라 변한다. 게다가 그 단어는 고정된 정의라든가 시공을 초월한 어떤 보편적 아이디어를 갖고 있지 않다."(Popkewitz, 1994: 2)

'교사 전문성'에 관한 전형적인 담론은 홈즈 그룹(Holmes Group)에 의해서 제시되었다. 『미래의 교사들(*Tomorrow's Teachers*)』에서 홈즈 그룹은 다음과 같이 주장한다. "확립된 전문직은 시간이 흐르면서 특수한 지식체계를 발전시켰으며, 전문교육과 임상실천을 통해서 그것을 코드화하고 전수하였다. 그들이 전문적 지위를 주장하는 것은 바로 그런 점에 의존한다."(1986: 63) 그런데 이 견해에도 문제가 있다. 즉, 이 견해는 간단히 말해서 탈역사적이고, 다른 '전문직'의 발생에 대한 오해에서 비롯된 것이다. 사실상 명사로 사용되고 있는 '전문직(profession)'의 어원은, 대략 16세기로 거슬러 올라가면, 대학교육을 받은 사람들의 직업을 가리켰다. '학식 있는 전문직'이라는 말이 이런 의미에서 여전히 사용되기도 한다.

근본적으로, 『전문직의 권력(*Professional Powers*)』이라는 책에서 엘리엇 프리드슨(Eliot Friedson)이 지적하고 있듯이, 전문직은 전문직의 장점에 대한 신념과 전문적 지식을 공유하는 지배 엘리트의 구성원들을 가리키는 말이었다. 그것은 보통 사람들이나 평민의 특수한 직업을 가리키지 않았다. 이는 우리 시대에서도 마찬가지다(Friedson, 1986: 3). 전문직이나 전문성을 논할 때 우리는 사실상 직업의 내적 성격과 별로 관계가 없는 다양한 요인에 의해 결정되는 사회적 지위를 논의하고 있는 셈이다. 일부 교육자나 교사가 '전문가'로 간주되기를 바라는 것은 바로 그 점 때문이다.

이와 동시에 지적해 두어야 할 것은 교사의 전문성에 대한 그와 같은 관점에 대해서 반발이 있다는 점이다. 예를 들어, 1990년대 초에 호주 교원노조는 그들이 '민주적 전문성'이라고 말하는 바를 다음과 같이 규정하고 옹호하였다.

> 민주적 전문성은 전문적인 일을 신비화하지 않고, 그런 일에 대한 접근을 부당하게 제한하지 않으려고 한다. 그것은 학생들, 학부모, 외부 사람들의 의사결정 참여를 촉진시키고, 교육 공동체와 그 작동과정에 대한 폭넓은 이해를 발전시키려고 한다. 전문가로서 교사들은 개인적으로 그리고 집단적으로 자신들이 통제하는 것에 대해 책임감과 책무성을 가져야 한다……(Preston, 1996: 192에서 재인용).

이 인용문에서 흥미 있는 점은, 그것이 말하는 내용이 아니라 그것이 '교사 전문성에 대한 지배적 담론'이라고 말할 수 있는 것으로부터 얼마나 떨어진 것인가 하는 점이다. 이에 대해서는 나중에 논의할 것이다(Sachs, 1999 참조).

3. '교사 전문성'의 준거

이 절에서는 교사를 '전문가'로 간주할 수 있는 납득할 만한 근거가 얼마나 있는가를 재검토할 것이다. 우리가 앞에서 보았듯이, 어떤 직업을 전문직으로 간주하는 데 충분한 조건이라고 할 수 있는 점을 밝히기 위해서 여러 가지 다양한 노력이 있었다. 물론 제각기 나름의 맥락에서 볼 때 유용할 것이다. 그런데 '전문직'이라는 용어의 의미는 앞에서 지적했듯이 결국 사회적으로 구성되는 것이다. 이 사실은 우리를 상당히 난처한 입장에 처하게 만든다. 교직이 '전문직'인가 아닌가에 관한 논란은 단순히 어떤 특수한 경험적 증거를 기반으로 삼아 해결될 수 있는 것이 아니다. 그것은 어떤 특수한 논리적 논변들을 기반으로 삼아 해결될 수 있는 것도 아니다. 그것은 실제로 정치적인 문제다. 충분한 증거를 확인하는 일이 불가능할 수 있다. 그럼에도 불구하고, 이와 관련된 기존 문헌을 토대로 살펴보자. 현재와 같은 특별한 시기에, 그리고 우리의 특수한 관심에서 볼 때, 교직이 '전문직'에 속한다고 볼 수 있는가? 이 물음과 관련해서 필요한 조건이라고 볼 수 있는 준거들이 있다. 내 생각으로는 다음과 같은 것이 포함될 것이다(Norlander-Case et al., 1999; Reagan et al., 2000 참조).

- 교과의 지식 기반
- 교수법 지식과 연관된 지식 기반
- 교실 안의 실천에 근거를 둔 실제적/경험적 지식 기반
- 교육과정, 평가 및 다른 정책/의사결정 문제에 관한 개인적/집단적 권위
- 전문직 진입에 대한 통제
- 전문직으로 진입한 이후의 의미 있는 '진로/승진 단계'
- 전문직 구성원들이 실행하는 전문직 윤리 규범
- 개인적/전문적 개발에 대한 지속적 헌신

나는 이런 필요조건들을 재검토할 것이다. 이런 조건들이 정말 교직을 '전문적' 활동으로서 확인시켜 주는 기능을 제대로 할 것인가를 살펴볼 것이다.

첫째, 교직을 전문직으로 보는 데 필요한 조건은 교사가 가르치는 '교과의 지식 기반'을 확실하게 갖추어야 한다는 점이다. 이것은 교사들이 알아야 할 필요가 있는 것 중에서 논란이 가장 적은 부분일 것이다. 교과를 가르치려면 그 교과를 잘 알 필요가 있다는 데 누구나 동의할 것이다. 그런데 이 점도 오늘날 공립학교의 '현실 세계'에서는 문제가 되고 있다. 아동낙오방지법(NO Child Left Behind)에서는 '높은 자질을 갖춘' 교사들을 요구하며, 이것은 시험을 통해서 입증된 교과 능력이라고 정의되고 있다. 물론 그것은 교과 능력을 확인할 수 있는 한 가지 방법이지만 문제도 있다. 비교적 일반적인 현상인데, 일부 교육구에서는 '자격증의 영역에 속하지 않는' 과목을 가르치고 있는 것을 문제로

삼는다. 또한 덜 거론되고 있는 또 다른 문제가 있다. 즉, 특정 교과의 학사학위가 과연 교사의 교과 지식으로 충분한가다. 예비 교사들에게 교과 영역에 관한 시험이 시행되고 있음에도 불구하고 그런 문제는 아직은 입증된 것이라기보다 가정에 지나지 않는다. 간단히 말해서, 미래 교사의 교과 영역 지식의 질이라는 이슈는 학교와 교사양성 대학의 탓으로 돌리는 경향이 있지만, 실질적인 문제는 교사가 될 학생들이 실제로 이수하는 학부전공교육 프로그램 때문일 수 있다.

둘째, 교직이 전문직이 되는 데 필요한 또 다른 준거가 있다. 이는 '교수법 지식의 차원에서 확인될 수 있는 지식 기반'에 확실히 숙달하는 것이다. 학교나 교원양성 대학에서 일차적으로 관심을 쏟는 것은 바로 이런 교수법 기반과 이에 따른 실습 기회의 제공이다. '교수법의 지식 기반'에 관해서 많은 저술이 나왔으나 여전히 논란이 많다. 한 가지 기본적인 문제가 있다. 교수법의 지식 기반이 되는 요소들이 정말 유용할 것이지만 실제로 효과적으로 가르치는 데 필수적인 조건인가 하는 점은 결코 분명하지 않다. 이를 입증하려는 우리의 노력에도 불구하고, 명시적인 교수법 준비가 효과적인 교실 가르침을 위해 필수적이라거나 혹은 그것이 현장에서 학생학습을 보장/개선해 준다는 점은 아직 확실하지 않다. 많은 사람이 대안적인 자격 프로그램이나 혹은 '미국을 위한 가르침(Teach for America)'과 같은 프로그램(여기서는 전통적 기준에서 볼 때 최소한의 교수법 준비가 되어 있는 사람들을 교실에 투입시킴)에 관해서 관심을 갖고 있지만, 이런 노력의 성과가 전통적 교사교육 프로그램의 성과와 차이를 보여 주는 것도 아니다. 일부 연구에서는 '미국을 위한 가르침'이라는 프로그램의 도입으로 긍정적 성과가 나타난다는 결과가 나오기도 했으나(Decker et al., 2004; Zeyu et al., 2008), 또 다른 연구에서는 그런 프로그램을 이수한 교사들의 성과에 대해서 오히려 비판적인 결과가 나타났다(Darling-Hammond et al., 2005). 확실히 그런 프로그램은, 어떤 경우에는 '교실에서 비효과적인' 교사를 낳기도 하고, 다른 경우에는 '교실에서 유능한' 교사들을 길러내는 성과를 낳기도 한다. 교실에서 잘 가르치는 교사를 길러내고자 하는 다른 접근방식에 대해서도 비슷한 이야기를 할 수 있다.

교수법 지식 기반에 대해서 앞서와 다른 관심사도 나타났다. 그것은 교수법의 지식 기반이라고 하는 것이 과연 어느 정도나 학문적으로 옹호받을 수 있는 것인가라는 점이다. 학교나 교원양성 대학에서 가르치는 내용은 대체로 현장 교사들에게 실제로 아주 유용한 것이다(예: Darling-Hammond & Bransford, 2005 참조). 단원수업 계획, 교실관리 전략, 전문직 윤리, 평가의 이론과 실천, 교육공학의 적절한 사용, 특수 학생들의 필요 충족 등은 모두 미래 교사들이 알아야 할 중요한 내용에 속한다. 이와 동시에 과학적으로 타당한 '사실'인 것처럼 가르치고는 있으나 실제로는 그렇지 못한 것도 많다. 예를 들어, 교육심리학에서 전형적으로 가르치고 있는 현대의 학습이론을 살펴보자. 내가 이미 주장했듯이, 그것은 심리학이라기보다는 학습이나 학습과정에 대한 은유적 담론(metaphorical discourse)이다(Reagan, 2006 참조). 이것을 사소한 의미론적 차이라고 볼 수 있으나 나는 그렇지 않다고 생각한다. '특정 학생이 실재를 어떻게 구성하는지를 이해하기 위한 은유'와 '그 문제에 관한 과학적 이론을 위한 은유' 사이에는 중대한 차이점이 있다. 일반적으로 교육에서, 그리고 특수하게는 학습의 이해에서 우리는 '과학적' 모델/이론이라고 말할 수 있는 것에 근접하지 못한 상태에 있다. 이와 반대되는 주장을 하는 것은 방향이 틀릴 뿐만 아니라 위험할 수 있다. 나는 여기서 널리 유행되고 있는 '다중지능'(Gardner, 2006a, 2006b)이나 특히 '뇌기반' 교수-학습에 관한 이야기(Jensen, 2005; Sylwester, 1995)를 염두에 두고 있다. 인간의 뇌에 관한 연구는 지난 십 년 동안 굉장히 진보했다. 과거에 비해서 뇌의 작동에 관해서 훨씬 더 많은 것이 알려져 있다. 이는 의심할 여지가 없다(Carter, 1998; Obler & Gjerlow, 1999; Purves et al., 2007; Solso, 1997; Thagard, 2005). 그러나 이런 지식은 학습과정을 위해서 어떤 실천적 함의를 갖는가? 이에 대해서 우리는 아직 모른다. 또한 뇌기반 교수-학습 전략(그것이 무엇이건 간에)을 교실에서 곧바로 활용할 수 있다고 당당하게 말할 수 있는 시점이 아직은 아니다. 이와 다르게 이야기한다면, 이것은 현재 알려져 있는 바를 왜곡하는 일이나 다름없다. 이런 식의 주장 때문에 다음과 같은 비판이 나오게 된다. 그런 이야기 때문에 교육자들은 그동안 늘 새로운 유행의 포로가 되고 말았다!

교수법 지식에 관한 문제점을 마지막으로 한 가지만 더 살펴보자. 교수법 지식은 어떻게 측정/평가할 것인가? 교수법 지식을 평가하는 시험이 전국적으로 시행되기도 한다. 그러나 그런 시험이 평가하고 있는 것이 과연 교수법 지식인가? 이는 결코 분명하지 않다. 거기서 측정되는 것들이 과연 (무엇이건 간에) 교실에서 효과적으로 가르치는 능력과 의미 있는 관계에 있는가? 이런 점도 분명하지 않다. 그것이 실제로 **교실 안에서의 실천**과 관계 있는 것인가? 이런 점은 말할 것이 못 된다. 만일 그렇다면 그런 시험은 예비교사들에게 별로 필요가 없는 장애물에 지나지 않는다. 심지어 학교나 교사양성 대학 자체가 필요 없는 장애물이라는 주장이 일부 비판가 사이에서 나오고 있다.

> 일부 사람들은, 21세기에 교사 양성을 위한 대학(원)이나 이와 개념적으로/역사적으로 관계가 있는 공립학교에는 전혀 미래가 없다고 말한다. 첫째, 교사 양성을 위한 대학(원)에는 **내용**이 없다고 주장한다. 미래의 교사들에게 필요한 실질적 지식을 '갖고 있는' 것은 다른 학과다. 둘째, 교사 양성을 위한 대학(원)은 우수한 사람들이 교직에 들어오지 못하도록 가로막는 **기능**만 수행하고 있다……(Clifford & Guthrie, 1988: 323).

이런 생각이 상당히 널리 퍼져 있음에도 불구하고 실제로 공교육의 '현장'에서는 그렇게 믿을 수 없을 것이다. 그리고 대안적 교사양성 프로그램 혹은 '미국을 위한 가르침'과 같은 프로그램의 존재 이유에 대해서 옹호론도 펼칠 수 있을 것이다. 물론 그런 프로그램에는 교수법 훈련이 포함될 것이다. 그런데 교수법 훈련이 제대로 이루어지고 있는가에 대해 의심을 갖는 사람들이 많다. 의심을 갖는다면 대학 수업의 질을 살펴보자. 흔히 일부 교수들을 가리켜 교과 전문가라고 생각한다. 그러나 우리가 잘 알고 있듯이, 그런 교과 전문가들 중에는 교사로서의 능력이 미흡한 사람도 많다. 공립학교 현장에 나간다면 재앙이 될 사람도 있다. 단적으로 말해서, 내용을 안다고 해서 그것으로 충분한 것은 결코 아니다.

셋째, '경험적(experiential) 지식 기반'이라는 준거를 살펴보자. 이것은 '교수법 지식 기반'이라는 준거와 연관되지만 이와 구분되는 것이다. '경험적 지식 기반'이란 경험 많은 교사가 갖고 있는 암묵적 지식뿐만 아니라 교사 양성의 실습(clinical) 부분까지 포함한다. 실습 활동은 교사 양성과정에서 핵심 역할을 차지한다. 일부 지역에서는 최근에 초기 진입기간을 일 년으로 확대하거나 혹은 그 이상으로 확대함으로써 현장 교사로 생활하는 첫해까지 연장시키려는 시도가 나타나고 있다. 이런 시도들이 얼마나 효과적일 것인지는 거기서 밝혀질 것이다. 아마 '전문직으로서의 교직'이 '전문직으로서의 의료직'에 가장 근접할 수 있는 것은 교사 양성과정에서 실습 부분일 것이다. 여기서 꼭 지적해야 할 것이 있다. 교직을 가리켜 '전문직'이라고 판단할 수 있는 정도가 어떠하건 관계없이, 교사 양성과정에서 경험적인 실습 부분은 본질적 역할을 수행한다.

넷째, 교직이 '전문직'이 되는 데 필요한 것으로 확인된 준거가 또 있다. 그것은 전문적 이슈에 대한 개인적/집단적 권위다. 교직의 경우 가장 분명한 것은 교육과정과 평가가 그런 이슈에 들어간다는 점이다. 이것은 우리에게 상당히 흥미 있는 질문을 던져 준다. 왜냐하면 역사적으로 볼 때 그런 이슈는 교실/학교/교육구 수준에서 주로 다루어졌었고, 국가 수준에서 다루어진 경우는 그저 미미한 편이었기 때문이다. 그런데 오늘날 우리는 국가/지방정부 수준에서 그런 이슈에 관한 정책 결정이 계속 확대되고 있음을 목격한다. 역사적으로 볼 때 교사들에게 주어졌던 자유가 박탈되고 말았다. 특히 '수행 정도가 낮다(low-performing)'고 확인된 교육구/학교에서 그렇게 되고 말았다. 우리는 '처방된(scripted, 각본된) 수업', 갈수록 운신의 폭이 좁아지는 교육과정, 그리고 교육과정을 선택할 여지가 없어지는 사례들을 더욱더 많이 목격하게 된다. 그뿐만 아니라 평가의 차원에서 볼 때 우리는 갈수록 국가 수준의 평가 시스템에 의존하게 된다. 이런 현상은 교사들이 '전문성'에 가까워지기보다는 오히려 멀어져 가고 있다는 증거다. 영국의 상황을 살펴보면, 교사 자율성의 '황금시대'는 지나가고, 교사들은 기껏해야 '원격 조종'을 받고 있는 시대가 되었다(Whitty, 2006: 3-4). 물론 미국에서 대다수 '전문직'도 어느 정도 비슷한 변화를 겪고 있지만 교직에서처럼 그와 같은 변화가 뚜렷하고 심각한 경우는 없다고 생각된다.

다섯째, '전문직 진입의 통제'는 역사적으로 볼 때, 일반직과 전문직을 구별하는 데 자주 사용되었던 준거다. 여기서 이슈가 되는 것은 전문직으로의 진입이 허용된 사람들의 측면에서 볼 때 그 전문직이 실제로 얼마나 자기 통제적인가 하는 점이다. 법조계/의료계의 경우, 외부 기구가 개인의 자격 인정 및 면허 과정에서 핵심 역할을 하지만, 전문직 자체도 개인적/집단적으로 그런 역할을 수행하고 있다(Ludmerer, 1985; Mallon, 2007 참조). 교직으로의 진입은 실제로 제약을 받고 과거보다 더 심해진 편이며, 이런 제약도 교직이라는 전문직 자체에 의해서 결정되는 경우는 거의 없다. 그 대신 정부의 교육 관련 부서가 구상/시행하는 법률이나 규정에 의해서 제약을 받는 편이다. 일반적으로 교직이라는 전문직 자체의 투입은 최소한에 그친다.

여섯째, 어떤 직업이 사실상 '전문직'인가를 결정하는 데 사용될 수 있는 또 하나의 준거는 그 직업에 종사하는 사람들에게 모종의 의미 있는 '진로/승진 단계', '진로 통로'가 얼마나 되는가 하는 점이다. 이것은 흥미 있는 준거다. 왜냐하면 교육계에서 많이 거론되고 있는 문제이기 때문이다. 나는 그런 출세 길이 있다는 점은 나쁘지 않다고 생각한다. 실제로 그것은 여러 가지 이유에서 좋은 것이다. 그러나 그것이 교육자들이 전형적으로 열망하는 다른 '전문직들'에 들어 있는 것인가 하는 점은 분명하지 않다. 법조계에서는 새로운 전문 영역을 추가하는 일 외에도 파트너가 되려고 시도할 수 있지만, 의료계에는 그런 것이 실제로 없다. 가령 소아과의사는 소아과의사일 뿐이다. 소아과의사로서 개업한 다음에는 지속적으로 전문성을 개발할 필요가 있겠지만 (교사의 경우에도 마찬가지로) 이와 별도로 '진로/승진 단계'라고 할 만한 것이 없다. 물론 의료 관련 행정직이 있을 것이다. 이렇게 본다면 평교사는 교장이 될 수 있다. 그래서 어떻다는 말인가? 그것은 '허수아비' 논변과 같은 것에 지나지 않는다. 어떤 직업을 '전문직'으로 간주하는 데 필요한 준거로서 그런 점을 내세울 경우, 그것은 바람직한 것이긴 하지만 필수적인 것은 아니라고 생각한다.

일곱째, 교직이 전문직으로 간주되는 데 필요하다고 확인된 것으로 전문직 구성원들이 준수하는 전문직 윤리규정이 있다. 한편으로 이것은 비교적 확실하고 어렵지 않은 문제다. 미국교육연합회(National Education Association: NEA)에서는 '교육전문직 윤리규정'이 1975년 대표자회의에서 채택되었다(Strike & Soltis, 1992: xiii-xv 참조). 지방정부에서도 교사들을 위한 전문직 윤리규정을 채택하는 경우가 많다. 이런 준거의 문제점은 그 시행에 관한 것이다. 지방정부의 전문직 윤리규정의 경우에 이 규정을 시행하는 것은 지방정부의 교육관련 부서의 업무이며, 주로 법적 제재나 자격증 제재를 통해서 이루어진다. NEA의 교육전문직 윤리규정에는 시행과 관련된 절차가 없고, 시행도 수사학적이거나 자발적인 것뿐이다. 이것은 교직에만 특별한 일이 아니다. 법조계나 의료계에서 윤리규정을 어길 경우에 분명한 제재가 실제로 있지만 이런 제재가 실제로 해당 전문직 구성원들에게 얼마나 제대로 적용되는가에 대해서는 많은 의문이 제기되고 있다.

여덟째, 지속적인 전문성 개발에 대한 헌신이라는 준거가 제안되었다. '전문직'에만 특별한 것은 아니지만, 그런 헌신은 특히 현대적 상황에서 살펴볼 때 전문직의 특성임은 분명하다. 교사들의 경우, 그와 같은 전문성 개발은 (전적으로 그런 것은 아니지만) 대체로 우리가 말했던 교수법 지식 기반에서 이루어진다. 이것은 흥미 있는 점이다. 그것은 현장의 평교사들이나 교육행정가들이 믿기에 교실 안에서의 실천을 개선하는 일과 가장 관계가 깊고 유용한 것이 무엇인가를 말해 주기 때문이다. 교사들의 교과 지식, 교사가 정책이나 의사결정에 참여하는 이슈, 교실/학교 내에서의 윤리적 이슈 등에서 확인될 수 있는(혹은 확인된) 격차가 있을 것이지만, 전문성 개발을 추구/장려하는 것은 주로 '어떻게' 가르칠 것인가에 관한 것이다. 다른 사항들과는 별도로, 이런 점은 당연히 교수법 지식 기반의 유용성 미흡에 관한 주장들에 대해서 우리가 관심을 갖도록 만든다. 여기서도 분명한 점은 교과 지식만으로는 충분하지 않다는 것이다.

4. 가르침의 개념화에 대한 대안적 접근

이제까지 '전문직'에 대한 현대적 개념, 그리고 교사들을 '전문가'로 간주할 수 있는가라는 문제를 주로 논의하였다. 나는 이와 연관된 '전문성'이라는 개념으로 되돌아가고자 한다. '전문직'이라는 개념의 규범적 및 가치 연관적 성격이 가장 분명히 나타나는 것은 '전문성'이라는 개념일 것이다. 우리는 일반적으로 '전문성' 외에 '비전문성(unprofessionalism)'이라는 말을 더 자주 쓴다. 이것은 흥미로운 사항이다. 다시 말해서, 우리는 적절한 신념/행동/성향을 긍정적/종합적으로 말하기 위해 '전문가', '전문성'이라는 개념을 사용하기보다는 오히려 교육자들에게 용납될 수 없는 신념/행동/성향의 목록을 지적하기 위해 '비전문성'이라는 개념을 사용한다. 여기서 우리가 정말 관심을 갖는 것은 토머스 그린(Thomas Green)이 말했던 '수공(手工)의 양심(conscience of craft)'인 것 같다.

> 수공의 양심이라는 것이 있다. 모든 수공의 일에서 전문가이건 신출내기이건 간에 그 일의 표준들을 자기 자신의 것으로 삼을 때마다 우리는 그것을 확인하게 된다. 다시 말해서, 그것은 우리의 일에서 우리 스스로 판단자가 되어 우리가 행하는 일이 좋다 혹은 나쁘다, 잘됐다, 멋지다는 식으로 말할 때마다 드러난다(Green, 1958: 4).

교직을 '수공의 일'로 보는 것이 시대착오적인 것처럼 들릴 수 있다. 그러나 수공의 일은 여러 가지 점에서 아주 귀중하고 정확한 관점이다. '수공의 양심'이라는 개념은 아주 강력한 것이다. 신출내기는 그것을 습득하는 과정에 있고, 장인은 그것을 이미 내면화한 사람이라고 가정한다. 그것은 우리가 '교사의 전문성'을 정의하는 일에 관심을 가질 때 진지하게 성찰해 볼 만한 개념이다.

5. 결 론

교직은 실제로 '전문직'인가? 이 질문이 이 장의 핵심이었다. 우리는 '전문직'과 '전문성'이라는 개념이 정적인 것이 아니고, 사회적으로 구성되며 늘 변하는 것임을 지적하였다. 따라서 교직이 '전문직'인가 아닌가를 결정하는 준거들의 영원한 혹은 '객관적' 목록은 없으며 또 있을 수도 없는 것이다. 그럼에도 불구하고 현대적인 맥락에서 '우리나라에서 교직을 전문직으로 간주해야 하는가?' 하는 질문을 제기하는 것은 합당한 시도일 것이다. 이 질문에 대답하기 위해 우리는 오늘날의 세계에서 어떤 직업이 '전문직'이 되는 데 필요한 조건들이라고 주장할 수 있는 여덟 가지 준거를 확인하고 검토하였다. 이런 노력의 결과는 애매하기도 하다. 교직은 어떤 점에서 볼 때 '전문직'으로 간주될 수 있을 정도로 합당한 기준을 분명히 충족시키기도 하지만, 다른 점에서는 '전문직'이 되어 가고 있는 과정에 있다는 것이 분명하고, 또 다른 점에서는 현재 '전문직'의 지위에서 멀어져 가고 있는 것처럼 보이기도 한다. 교직이 '전문직'인가라는 질문에 대한 이와 같은 대답은 결코 편안한 것이 못 된다. 그렇다고 해서 교사들이 '전문적'이라고 인정받을 수 있는 방향으로 행동할 의무가 없다는 말도 아니다. 게다가 우리가 살펴보았듯이 그린(Green)은 전혀 다른 개념/용어를 사용함으로써 교사의 전문성에 관한 논의에서 귀중한 대안으로 '장인으로서의 교사'를 제시하였다. 이 개념이 우리에게 시대착오적인 언어처럼 들리고, 특히 우리의 정치적 목표에 제대로 부응할 수 없는 것처럼 보일 수 있다. 그러나 교직에 대한 경험적/규범적 기술로서 그것은 신출내기 교사들이나 경험 많은 교사들에게 예상 외로 강력한 개념이 될 수 있다.

참고문헌

Becker, Carl (1955) 'What are historical facts?' , *Western Political Quarterly*, 7: 327-340.

Carter, Rita (1998) *Mapping the Mind*. Berkeley, CA: University of California Press. 양영철, 이양희 공역(2007). 『뇌 맵핑마인드』. 서울: 말글빛냄.

Clifford, Geraldine and Guthrie, James (1988) *Ed School: A Brief for Professional Education*. Chicago: University of Chicago Press.

Darling-Hammond, Linda and Bransford, John (Eds.) (2005) *Preparing Teachers for a Changing World: What Teachers Should Learn and Be Able to Do*. San Francisco: Jossey-Bass. 강현석, 소경희, 조덕주 공역(2009). 『(21세기를 위한 최신) 교사교육론』. 서울: 학이당.

Darling-Hammond, Linda, Holtzman, Deborah, Gatlin, Su Jin and Vasquez Helig, Julian (2005) *Does Teacher Preparation Matter? Evidence about Teacher Certification, Teach for America, and Teacher Effectiveness*. Stanford, CA: Stanford University. Downloadable at: http://www.srnleawds.org/data/pdfs/certification.pdf.

Decker, Paul, Mayer, Daniel and Glazerman, Steven (2004) *The Effects of Teach for America on Students: Findings from a National Evaluation*. Princeton, NJ: Mathematica Policy Research. Downloadable at: http://www.mathematica-mpr.com/publications/PDFs/teach.pdf.

Department for Education and Skills (1998) *Teachers: Meeting the Challenge of Change*. (Green Paper.). London: Author.

Englund, Tomas (1993) 'Are professional teachers a good thing?' , paper presented at the Professional Actions and Cultures of Teaching Conference, London, Ontario.

Friedson, Eliot (1986) *Professional Powers: A Study of the Institutionalization of Formal*

Knowledge. Chicago: University of Chicago Press.

Gardner, Howard (2006a) *Five Minds for the Future*. Cambridge, MA: Harvard Business School Publishing. 김한영 역(2008). 『미래 마인드: 미래를 성공으로 이끌 다섯 가지 마음 능력』. 서울: 재인.

Gardner, Howard (2006b). *Multiple Intelligences: New Horizons in Theory and Practice*. NY: Basic Books. 문용린, 유경재 공역(2007). 『다중지능』. 서울: 웅진지식하우스.

Giroux, Henry (1988) *Teachers as Intellectuals: Toward a Critical Pedagogy of Learning*. Westport, CT: Greenwood. 이경숙 역(2001). 『교사는 지성인이다』. 서울: 아침이슬.

Green, Thomas (1985) 'The formation of conscience in an age of technology', *American Journal of Education*, 94(1): 1-32.

Holmes Group (1986) *Tomorrow's Teachers: A Report of the Holmes Group*. East Lansing, MI: Author.

Jensen, Eric (2005) *Teaching with the Brain in Mind*, rev. 2nd edn. Alexandria, VA: Association for Supervision and Curriculum Development. 권형규 역(2011). 『뇌 기반 수업』. 서울: 문음사.

Koerner, James (1963) *The Miseducation of American Teachers*. Baltimore: Penguin Books.

Kramer, Rita (1991) *Ed School Follies: The Miseducation of America's Teachers*. NY: Simon and Schuster.

Labaree, David (2004) *The Trouble with Ed Schools*. New Haven: Yale University Press.

Ludmerer, Kenneth (1985) *Learning to Heal: The Development of American Medical Education*. NY: Basic Books.

Mallon, William (2007) 'Medical school expansion: Déjà vu all over again?', *Academic Medicine*, 82(12): 1121-1125.

Millerson, G. (1964) *The Qualifying Association*. London: Routledge and Kegan Paul.

National Center for Education Statistics (1997) *Teacher Professionalization and Teacher Commitment: A Multilevel Analysis*. Washington, DC: US Department of Education, Office of Educational Research and Improvement.

Noddings, Nel (2001) 'The caring teacher', in Virginia Richardson (Ed.), *Handbook of Research on Teaching*, 4th edn. Washington, DC: American Educational Research Association, pp. 99-105.

Norlander-Case, Kay, Reagan, Timothy and Case, Charles (1999) *The Professional Teacher: The Preparation and Nurturance of the Reflective Practitioner*. San Francisco: Jossey-Bass.

Obler, Loraine and Gjerlow, Kris (1999) *Language and the Brain*. Cambridge: Cambridge University Press.

Popkewitz, Thomas (1994) 'Professionalization in teaching and teacher education: Some notes on its history, ideology and potential', *Teaching and Education*, 10: 1-14.

Preston, B (1996) 'Award restructuring: A catalyst in the evolution of teacher Professionalism', in T. Seddon (Ed.), *Pay, Professionalism and Politics*. Melbourne: Australian Council for Educational Research.

Purves, Dale, Augustine, George, Fitzpatrick, David, et al. (Eds.) (2007) *Neuroscience*, rev. 2nd edn. Sunderland, MA: Sinauer Associates. 김상정, 나승열, 나홍식 공역 (2007). 『신경과학』. 서울: 월드사이언스.

Reagan, Timothy (2006) 'Learning theories as metaphorical discourse: Reflections on second language learning and constructivist epistemology', *Semiotica*, 161: 291-308.

Reagan, Timothy, Case, Charles and Brubacher, John (2000) *Becoming a Reflective Educator: How to Build a Culture of Inquiry in the Schools*, 2nd edn. Thousand Oaks, CA: Corwin Press.

Richardson, Virginia and Placier, Peggy (2001) 'Teacher change', in Virginia Richardson (Ed.), *Handbook of Research on Teaching*, 4th edn. Washington, DC: American Educational Research Association, pp. 905-947.

Sachs, Judyth (1999) 'Teacher professional identity: Competing discourses, competing Identities', paper presented at the Australian Association of Research in Education Conference, Melbourne.

Shulman, Lee (1998) 'Theory, practice, and the education of professionals', *The Elementary School Journal*, 98(5): 511-526.

Solso, Robert (Ed.) (1997) *Mind and Brain Sciences in the 21st Century*. Cambridge, MA: MIT Press.

Strike, Kenneth and Soltis, Jonas (1992) *The Ethics of Teaching*, 2nd edn. NY: Teachers College Press. 조동섭, 김성기 공역(1996). 『가르침의 윤리학』. 서울: 원미사.

Sylwester, R. (1995) *A Celebration of Neurons: An Educator's Guide to the Human Brain*. Alexandria, VA: Association for Supervision and Curriculum Development.

Thagard, Paul (2005) *Mind: An Introduction to Cognitive Science*. Cambridge, MA: MIT Press.

The Urban Institute, Center for Analysis of Longitudinal Data in Educational Research. Downloadable at: http://www.urban.org/url.cfm?ID=411642.

Whitty, Geoff (2006) 'Teacher Professionalism in a New Era', paper presented at the First General Teaching Council for Northern Ireland Annual Lecture.

Zeyu Xu, Hannaway, Jane and Taylor, Colin (2008) *Making a Difference? The Effect of Teach for America on Student Performance in High School*. Working Paper 17.

제2장
가르침과 교수법

David T. Hansen and Megan J. Laverty

우리 아이들을 제대로 교육시키는 것은 결코 가벼운 일이 아니다(에라스무스).

1. 가르침에 대한 접근방식

가르침(teaching)은 다른 사람의 삶에 대해 절실하게 느끼면서 같이 지내고 또 끊임없이 영향을 미치는 일이다. 가르침은 수많은 환경에서 나타난다. 예를 들면, 자전거 타기를 배우는 아이를 도와주는 부모, 사설을 쓰는 뉴스 작가, 동료 시민에게 연설하는 대통령, 학생들의 스텝을 지도하는 무용 강사, 낚시하는 방법을 보여 주는 친구 등이 있다. 어떤 경우에는 명시적/의도적 가르침의 도움을 받지 않은 채 지식을 획득하는 사람들이 있다. 예를 들어, 모국어를 배우는 사람이나 가족의 죽음을 이겨 내는 사람이 있다. 여하튼 가르치는 활동, 즉 설명/예시/교정 등은 인간의 삶 곳곳에 스며들어 있다. 인간의 삶에 대한 폭넓은 묘사를 살펴보고 또 거기에 들어 있는 교육적 요소를 끌어낸다면 우리는 가르침을 이해하는 일에 더욱 가까워질 수 있다.

더 직접적으로 접근할 수도 있다. 이것은 교사라고 알려진 사람들의 활동을 파악하는 것이다. 인류의 교사로 일컫는 부처, 그리스도, 공자, 소크라테스와 같은 역사적인 인물뿐만 아니라 『해리포터(*Harry Potter*)』에 나오는 덤블도어(Dumbledore)나 『작은 방(*The Small Roon*)』에 나오는 루시 윈터(Lucy Winter)와 같은 가공인물도 살펴볼 수 있다. 이런 인물들로부터 다음과 같은 교훈을 얻을 수 있다. 즉, 가르칠 수 있다는 것은 인류의 최고 이상 중 하나다. 이런 교사는 지혜를 찾는 사람이다. 지혜를 찾음으로써 교사는 자신의 삶을 뛰어넘어 다른 사람들의 삶을 인도하는 일을 배운다. 이런 사례보다 우리에게 더 친숙한 것은 다음과 같은 일상 경험이다. 예를 들어, 수영 강습, 컴퓨터 교습, 과학실험실 실습 등에서 가르침이 행해진다. 그런데 이런 일은 앞에서 언급했던 점과 자연스럽게 연결되기가 어려울 것이다. 에라스무스도 말했듯이, 훌륭한 교장을 묘사하는 일은 그런 교장을 현실에서 찾아내는 일보다 더 쉬울 것이다(Erasmus, 1964: 209). 그러나 가르침을 연구할 때 역사적 사례는 중요하다. 은유적으로 말한다면, 역사적 인물은 교육자들이 실현하기 원하는 이상을 구현한 사람들이다. 그들은 가르침의 가치와 어려움에 관한 항구적 이미지를 제시해 준다.

교사라고 일컫는 사람들은 대체로 아동/청소년/성인 교육을 위해 제도화된 기관에서 일한다. 교사는 해마다 교실에 새로 들어오는 학생들을 맞이한다. 마르틴 부버(Martin Buber)의 말처럼, "학급 학생들이 자신의 삶의 길에서 운명처럼 그[교사]를 만나는 세계가 해마다 열린다. 그리고 이 운명 속에 그[교사]의 평생 과업의 의미가 들어 있다."(2002: 134) 이런 평생 과업이라는 맥락에서 교사는 교육과정을 결정하고, 계획하며, 모임을 갖고, 학급을 경영하며, 학생을 지도하고, 상이한 학습양식과 난점을 확인하며, 사회적 상호작용을 조정하고, 지도성과 봉사 기회를 학생들에게 제공한다. 따라서 교사가 되는 것은 특정 형태의 사회적 상황, 상호작용, 관심사 등에 참여하는 일을 선택하는 과정이며, 이것이 언제나 교사의 가르치는 삶을 이끌어 갈 것이다.

공식적인 제도 안에서 가르침은 직업이 된다. 교사들은 각자 전문적 능력을 갖추고 직무를 수행한다. 그러나 그런 일은 '형성적'이기도 하다. 즉, 교사는 '형성'되는 과정을 겪는다. 바꾸어 말하면, 교사가 되는 것은 선택할 수 있는 일이지만 가르치는 경험을 통해 영향을 받는 것은 선택의 여지가 없는 일이다. 더 좋아질 수도 있고 더 나빠질 수도 있다. 그런 영향은 아침에 뜨는 해처럼 확실히 나타난다. 가르치는 활동에 남과 함께 지속적으로 종사하는 것 자체가 가르치는 역할을 수행하는 인간 존재를 '형성'시킨다.

교육연구자들은 사회과학의 분석도구를 끌어들여 가르침을 연구하고 또 가르침(교사교육의 교수법)을 개선하기를 희망한다. 또 교사들을 관찰하고 평가하는 일이 거대한 산업으로 성장했다. 여기서 가르침은 어떤 것으로 연구되고 있는가? 그것은 교사가 학생을 교육시키기 위해 수행하는, 경험적으로 관찰될 수 있는 행위들의 집합이다. 교육연구자들은 교사의 행동을 관찰함으로써 특정의 수업 행동과 특정의 학생 학습 간의 관계(그리고 이상적으로는 인과적 관계)를 확인해 낸다. 어떤 경우에 교육연구자들은 교사들을 자신과 마찬가지로, 행동하고자 하는 바를 구성하고 또한 행동하는 바에 의해 구성되는 존재로 대우하기도 한다. 즉, 그들은 교사의 역할 속에서 인간됨에 주목하기도 한다. 이와 다른 경우에 교육연구자들은 그저 행위와 활동에 대해서만 관심을 갖는다. 즉, 그들은 교사라는 인간 혹은 그의 경험보다는 그의 역할 및 가능한 효과에만 관심을 쏟는다.

교육철학자도 가르침에 대해 성찰한다. 사회과학에 종사하는 사람들과 마찬가지로, 교육철학자도 자신의 노력에 따라 어떤 차이가 나타나기를 희망한다.

그 차이는 교사의 가르침이 개선되는 데에서 나타나기도 할 것이다. 이와 달리 그 차이는 가르침의 성격/목적을 더 잘 밝혀내거나, 교사의 희망을 더 잘 지지해 주거나, 혹은 가르치는 일에 대한 사람들의 사고방식을 바꾸어 주는 데에서 나타날 수 있다. 교육철학자는 가르침에 대한 사람들의 사고방식을 밝혀내고 이를 비판한다. 이런 사고방식은 아주 다양하게 나타난다. 그중에는 기술적인(descriptive) 것, 분류적인(taxonomic) 것, 규범적인(normative) 것이 있다. 이런 사고방식은 사회에서, 현장 기반의 정량적 연구에서, 동료 교육철학자에게서 나타난다. 어떤 교육철학자는 가르침의 개념을 '앎'이나 '행위'에 관한 생각에서 이끌어 낸다. 다른 교육철학자는 예술/정치 영역의 이론을 끌어들여 가르침의 성격과 그 실존적 중요성을 밝혀낸다. 또 다른 일이 생길 수 있다. 철학의 여러 영역/측면을 통해 가르침을 바라보고자 하는 학자들도 나타날 것이다. 미학, 비판이론, 대화, 윤리학, 실존주의, 페미니즘, 해석학, 현상학 등과 같은 영역/측면이 그에 포함된다.

이런 교육철학자는 인간의 활동으로서 가르침이 지니고 있는 독특한 특성을 제대로 파악해 내려고 한다. 그는 가르침의 일상적 측면을 인지하면서 이와 동시에 가르침에 늘 따라다니는 어려움과 헤아릴 수 없는 약속을 진지하게 다루고자 한다. 교육철학자는 가르침의 역설적 차원을 간파하고 이를 분명히 드러내고자 한다. 예를 들어, 교사에게는 권위가 있지만 그럼에도 학생들의 자유/자율성을 촉발시키려고 최대한 노력하기도 한다. 또한 가르침이 혼란/좌절/실망에 빠지는 경우도 많겠지만 오히려 이런 경험이 기쁨/아름다움/즐거움을 낳을 수 있다. 진지한 가르침은 교사가 한계에 부딪치도록 만들지만, 거기에는 늘 향상 가능성과 실현 가능성이 나타나기도 한다. 철학적 탐구는 가르침의 복잡성과 중요성을 묘사해 낸다. 가르치는 일에는 신비의 순간과 형언할 수 없는 환희의 순간이 숨어 있다. 인간의 영향력은 어떤 식으로든 '나타나게' 되어 있다. 이런 현상은 가르침 자체의 역사만큼 오래된 일일 것이다.

이 장에서 우리의 목적은 교육철학자들이 제기했던 가르침의 핵심 문제/관심사를 밝혀 보는 것이다. 우리는 그런 문제/관심사를 다음과 같이 두 가지로 정리한다.

- 인간화: 가르침의 인간 형성적 역할을 철학적 탐구가 어떻게 밝혀낼 수 있는가?
- 교사의 성장: 가르침 속에 학습과 혁신의 지속적 과정이 숨어 있는 까닭을 철학적 분석은 어떻게 보여 줄 수 있는가?

2. 인간화

만일 교사가 없다면 인간의 삶은 메마르지는 않아도 아마 정체되고 말 것이다. 문화/문명이 출현하기 이전의 상태가 수천 년 동안 지속될 것이다. 문화/문명의 실질적 의미는 태동/성장/함양과 같은 가치일 것이다. 거기에는 '향상'의 의미가 들어 있다. 교육을 받는다는 것은 무엇인가? 그것은 삶의 도전에 대응하기 위해, 그리고 자신의 능력을 가능한 한 충실히 실현하기 위해 자신을 끌어올리는 일이다. 교육은 자신의 힘만으로 나아가는 일이 아니다. 물론 자발적 움직임도 자주 나타나겠지만, 교육이란 한 걸음 더 내딛는 것을 기꺼이 도와주려고 하는, 경험 많은 사람들의 손을 붙잡는 일이다. 또한 교육이란 안내 서적, 예술 작품, 과학 장비, 기타 자료를 받아들임으로써 개인이 인류의 문화 속으로 들어가고 또 이를 위해 기여할 수 있게 해 주는 일이다.

교사의 손길은 인간을 도와줄 수 있다. 교사의 손길은 부당하지는 않더라도 힘든 처지에 억눌려 있는 사람들이 버틸 수 있도록 도와줄 것이다. 예를 들어, 미국의 남부 지역에서 노예들이 처음으로 자유를 얻었을 때 그들에게 읽기/쓰기/셈하기 등을 가르쳤던 사람들을 생각해 보자. 이들의 힘은 남북전쟁 이후 억압 세력들의 힘과 비교해 볼 때 보잘것없는 것이었는지 모른다. 그러나 그들은 교육에 대한 헌신을 버리지 않음으로써 노예들이 억압 세력들을 이겨 내고 오늘날처럼 살아남게 하는 데 핵심 역할을 하였다. 또한 나치하의 포로수용소, 소련의 강제수용소, 그리고 (이만큼 부당하거나 비참하지는 않았던) 보어전쟁(Boer War) 때 아프리카인 가족을 위해 영국이 만들었던 수용소, 제2차 세계대전 때 일본계 미국인을 위해 미국이 만들었던 수용소 등을 생각해 보자. 참담한 상황에서 살았던 사람들은 글쓰기부터 음악이나 철학까지 서로 가르치고 배우는 일을 계속하였다. 가르치고 배우는 행위 자체는 "아무리 인간을 억누를지라도 무의미함이 현실의 진리가 될 수 없음"(Buber, 2002: 116)을 상징한다. 오늘날 전쟁에 찢기고 분쟁에 뒤얽힌 지역에서 수많은 개인과 조직은 비록 다른 사람이나 조직이 경제적/정치적 관심사에 몰두할지라도 교사의 핵심 역할을 중시하며 살고 있다. 가르침은 인간화의 힘이 되며, 가공할 정도의 비인간화 세력에 대해서도 저항할 수 있다.

교사는 학생들의 인간성(휴머니티)을 길러 줌으로써 그들을 인간화한다. 교사는 학생들이 생각하고, 느끼고, 소통하고, 탐구하고, 분석하고, 대상을 조작하는 능력을 길러 준다. 교사는 또한 학생들의 인간성(휴머니티)에 기여함으로써 인간화하기도 한다. 교사는 자신의 지식뿐만 아니라 지식을 소유/활용하는 자신의 방식을 학생들의 삶 속으로 끌어넣는다. 간단히 말해서, 가르침은 주는 일이고 또 비판/도전하는 일이다. 경험이 많은 교사는 학습의 현장에서 긴장, 불안, 불확실의 순간, 기대 상실 등이 자주 나타남을 알고 있다. 그런 교사는 특정 상황에서 특정 학생에게 성공적이었던 것도 맥락이 달라질 경우에는 실패할 수 있음을 알고 있다. 이처럼 가르침의 예술은 언제 또 어떻게 가르침의 과학을 활용할 것인지를 이해한다. 연구를 통해서 교육실천에 효과적이라고 밝혀진 것, 즉 '통하는 것'이 늘 그대로 정당화되지 않는 것이 바로 교육이다.

앞에서 인간화를 통해 가르침을 밝혀 보았다. 그렇다고 해서 가르침에 기인하는 인간적인 것을 우리가 모두 파악하고 있다는 뜻은 아니다. 오히려 그 반대다. 우리의 요지는 이것이다. 즉, 가르침과 교사로부터 우리는 인간적임이 무엇을 의미하는지를 늘 배울 수 있다는 것이다. 우리는 모두 열망을 갖고 있다. 가르침은 열망 이후의 윤곽을, 즉 그다음 단계의 성격/질/방향을 밝혀 준다. 가르침은 길을 밝혀 주는 데 도움이 된다. 즉, 교사는 학생들이 자신의 욕망의 진정한 대상을 발견하도록 도와준다. 교사는 학생이 무엇이 되기 원하는지를 지각하고 또 이를 실현하도록 도와준다.

그렇다고 해서 학교에 오는 학생들이 덜 인간적이라거나, 전혀 인간적이지 않다는 말이 결코 아니다. 인간 됨은 견습기간을 거치기만 하면 저절로 이루어지는 그런 것이 아니다. 그러나 학교제도의 관료적 지시는 사람들이 그렇게 느끼도록 만들려고 한다. 존 듀이(John Dewey)의 말대로, 모든 인간은 젊거나 늙거나 관계없이 동일한 지평 위에서 성장해 간다. 그들의 차이는 정도의 차이일 뿐이지 종류의 차이가 아니다. 성인으로서 살아가기 위해 아동이 많은 것을 배워야 하는 것처럼, 성인 또한 아동기의 감수성과 참신함을 유지하기 위해서 많은 것을 배워야 한다(Dewey, 1985: 48, 55).

가르침 안에서 중대한 차이가 생긴다. 교육적 영향은 인간의 삶과 공동체 속에서도 자연스럽게 나타난다. 그런데 이런 교육적 영향을 새로 만들어 내고, 방향을 잡아 가며, 상호 조정하는 책임은 교사에게 있다. 이미 지적했듯이, 학생들은 교사의 지도/통찰/영감에 대해 각자의 기대를 갖고 있고, 이런 기대가 충족됨으로써 자신의 처지가 요구하는 미래의 약속이 실현되기를 바란다. 이 과정에서 학생들은 교사에게 의지한다. 아주 어린 아이의 경우 그런 기대가 더 특별하겠지만, 청소년의 경우에도 (덜 드러나고 더 세밀하긴 하지만) 마찬가지일 것이다. 작은 차이를 일으킴으로써 '모든 것이 달라지게' 만드는 훌륭한 교사들에 관한 기록 속에는 그런 이야기가 가득 들어 있다.

훌륭한 교사는 학생들에게 인간의 가늠할 수 없는 능력과 창의성을 보여 줌으로써 그를 인간화시킨다. 교사가 학생들에게 보여 주는 것은 무엇인가? 그것은 인간의 삶이 어떻게 해서 의미 있는 것이 될 수 있는가 하는 점이다. 인간이 가능한 한 성실하게 살아간다면 그것은 가능할 것이다. 인간성(휴머니티)을 보여 주려고 노력하자! 교사는 이런 요청에 부응한다. 교사는 인간의 최선의 모습이 무엇인지를 보여 주려고 노력한다. 그럼으로써 훌륭한 교사는 자신과 학생들을 존엄하게 만든다. 교사는 가치 있는 것을 '값이 변하는 것'으로 전달하지 않고 '값을 매길 수 없는' 내재적 조건으로서 전달한다. 교사는 자신에게 주목하도록 하기보다는 삶 자체, 마음, 가슴, 영혼의 힘에 주목하도록 만든다. 시몬느 베이유(Simone Weil, 1970: 147)의 표현을 빌면, 훌륭한 교사가 인간화에 미치는 영향을 이해하는 것은 횃불을 보는 것이 아니라 횃불이 비추어 주는 것을 보는 것과 같다. 최소한 몇 명의 학생에게나마 기억에 남을 수 있도록 가르치기를 열망하는 젊은 교사들이 많다. 학생들의 기억에 남을 만한 선생님이 되고자 한다.

가르침은 인간화시킨다. 가르침은 사람으로 하여금 새로운 아이디어/사건/텍스트/활동/관계를 공유하게 해 준다. 가르침은 인간을 형성시키는 경험이 나타나도록 도와준다. 가르침은 새로운 지식의 흡수, 심오한 사고력/분석력의 발달, 지각하고 감상하는 능력의 확대 등이 나타나도록 도와준다. 이런 경험이 인간화시킨다. 왜냐하면 그런 경험은 현실 감각이 강해지도록 도움을 주기 때문이다. 아이리스 머독(Iris Murdoch, 1970)은 이런 감각을 함양시키는 일의 가치를 다음과 같이 밝혔다(배경 설명은 Laverty 참조).

> 가령 내가 러시아어를 배우게 된다면, 나는 권위 있는 언어 구조와 대면하고 그것을 존중하게 된다. 배우는 일은 어렵고, 목표는 요원하며, 전혀 도달할 수 없을 것 같다. 나의 공부가 계속되면서 나와 별도로 존재하는 어떤 것이 서서히 드러난다. 주의를 집중하는 고생은 실재하는 것을 앎으로써 보상받게 된다. 러시아어에 대한 사랑은 내가 나로부터 벗어나서 나에게 낯선 어떤 것을 향하도록 이끌어 준다. 그것은 나의 의식으로 따라갈 수 없고, 파악할 수 없으며, 부정하거나 무시할 수 없는 어떤 것이다. 배우는 학생에게 요구되는 정직성과 겸허함, 즉 알지 못하는 것을 아는 체하지 않는 것은 학자가 자신의 이론

을 부정해 버릴 수 있는 사실을 무시하지 않으려는 정직성과 겸허함에 도달하는 예비 과정이 된다(2007: 89).

이와 같은 정직성과 겸허함은 (러시아어와 같은) 사실 및 타자의 실재를 인식하는 부모, 여성 경찰, 법률가, 정치가, 식료품 장수, 우체부 및 다른 사람들에게서도 나타난다. 가르침은 실재에 대한 주의와 반응 능력을 함양시킴으로써 인간화시킨다. 이런 진리는 교사가 스스로 밟아 가는 길이다. 가르침은 교사가 자신의 인간화 충동에 자신을 내맡기는 정도만큼 그를 인간화시킨다. 이런 개방성을 유지하는 일은 결코 간단하거나 단순하지 않다. 이것은 지속적인 교사교육을 의미한다. 다음에서 이 주제를 살펴보자.

3. 지속적인 교사교육

가르침이 중요한 만큼 요구 사항도 복잡해진다. 따라서 가르침에 대해 다양한 관점이 생긴다. 오늘날 예비교사들은 교사 양성과정에서 구성주의/다문화/민주주의/경험과 연관된 교수법과 여러 이론을 접하게 된다. 이런 이론은 폭넓은 교육관, 즉 시민적/자유적/도덕적/다문화적 교육관들과 자주 연관된다. 훌륭한 교사가 되려면 이런 여러 가지 교육관에 사로잡히지 않고 그것들을 현명하게 종합하는 법을 배워야 한다.

이런 방향으로 접근해야 하는 까닭은 무엇인가? 그것은 오늘날 교육철학자들이 가르침에 관한 모든 관점이 완전한 것이 아님을 분명히 밝혀냈기 때문이다. 가르침에 관한 관점 중에서 우리가 옹호할 수 있는 것은 제각기 교육적 과정의 특수한 측면, 즉 지적/도덕적/미학적/문화적/정치적 측면을 강조할 것이다. 그러나 가르침과 배움의 모든 것을 포괄하지는 못한다. 따라서 교육이론에 대한 철학적 비판은 교사들의 실천적 비판을 보완해 준다. 제대로 가르치고자 하는 젊은 교사들은 다음과 같은 진리를 곧바로 파악한다. 즉, 사회 현실을 공부하는 데 이론은 가치 있지만 결코 현실을 대신할 수 없다(Tzvetan Todorov, 1996: 161). 교사가 학생을 대할 때 그가 만나는 것은 독자적 개인이지, 다양한 이론적/분류학적 범주들이 서로 유동적으로 교차하는 접점들이 아니다. 이런 범주들은 교과 공부나 사회정의 공부에서 생길 수 있다. 그것은 인간 발달이나 사회 발달에 관한 이론들이 반영된 것이다. 이 모든 이론에서 가장 좋은 부분들을 혼합하는 일이 가능할지라도, 그 결과 나타나는 혼합물은 교사의 삶 속에서 우러나오는 판단을 결코 대신할 수 없을 것이다.

좋은 교사는 효과적으로 가르치기 위해 가르침에 관한 수많은 모형과 관념들을 끌어들인다. 듀이와 파울로 프레이리(Paulo Freire)의 지적에도 불구하고, 교사는 학생들을 지식으로 가득 채우려고 한다. 지식으로 채우는 일은 그다음의 학습 단계로 올라가는 데 아주 중요할 것이다. 이와 달리 학생들이 공부할 것을 주도적으로 결정하도록 하기 위해 교사가 지적/정서적 변화를 촉진시킬 때가 있다. 학생들이 게으름/무관심과 같은 소극적 태도를 보일 때 이를 지적해서 바로잡도록 해야겠다고 생각하는 교사도 있다. 그것 때문에 학생들이 더 잘 해결하게 될 것인지, 교사와 학생들의 관계가 개선될 것인지는 여전히 알 수 없다. 이와 다르게 교사가 배려하려고 노력할 때가 있다. 즉, 학생들을 편안하게 해 주고, 차분하게 해 주며, 장려하고, 지지하며, 위로해 줄 때가 있다.

이런 자세들이 서로 조화롭게 통합된다면, 학습이 인간을 변화시킬 수 있는 과정이 나타날 것이다. 가르침으로부터 배우고 또 가르침에 관해서 배우는 일을 꾸준히 계속하는 교사는 시간과 더불어 학습하는 존재가 된다. 그런 교사는 그의 존재를 통해 교육의 의미와 가능성을 보여 주기도 한다. 이런 교사는 왜 교육받는다는 것이 사실의 암송, 지식의 습득, 기능의 활용을 뛰어넘어야 하는지를 보여 준다. 물론 그런 측면도 없으면 안 될 것이다. 교육받는다는 것 혹은 배운다는 것은 '삶의 온갖 접촉으로부터 배우는 일'에 흥미를 느끼고, 그 결과 '끊임없는 재적응(Dewey, 1985: 370)'의 필요성을 기꺼이 받아들이는 것을 의미한다. 교사는 학생들의 말/행동으로부터 그들을 어떻게 교육시키는 것이 가장 좋은가를 배움으로써 학습에 대한 흥미를 실제로 보여 준다. 교사는 (외부 사람들이 보기에는) 사소한 교실 사태로부터, 그리고 그보다 더 극적인 상호작용/난관/성공으로부터 배우게 된다. 인간 존재로서 교사는 의미 만들기에 대한 헌신을 지속하며, 학생들을 더욱더 풍부한 가능성으로 이끌면서 그들에게 원심적인 영향력을 발휘한다.

'꿋꿋하게' 배운다는 개념을 다음 절에서 계속 논의할 것이다. '꿋꿋함(steadfastness)'이라는 개념은 여러 하위 개념을 포함한다. 즉, 성숙함, 겸허, 충실함, 순수함 등이 그것이다. 모든 분류학적 전략과 마찬가지로 우리의 전략도 가르침에 대한 '최종적' 모델/해석을 제시하지 않는다. 꿋꿋함이라는 개념은 가르침에 관한 교육철학적 논변의 전부는 아닐지라도 대부분을 반영한다. 꿋꿋함이라는 개념은 더 검토해야 할 추가적 질문/주제들을 가리키기도 한다. 또한 꿋꿋함은 그런 탐구를 지속시키려는 노력을 가리킨다. 앞에서 간단히 묘사한 이미지를 되살린다면, 꿋꿋함이라는 개념은 학자/교사들로 하여금, 가르침에 관한 이론이나 가능한 설명에 사로잡히지 않은 채, 가르침을 제대로 파악할 효과적 방법을 찾는 데 도움이 될 것이다.

4. 꿋꿋한 가르침

가르침은 언제 나타나는가? 이 질문은 가르침을 제대로 **지각하기**가 얼마나 어려운 일인가를 보여 준다. 가르침은 교사가 학생들에게 이야기할 때마다 나타나는가? 아니면 특수한 것을 특수한 방식으로 말할 때에만 나타나는가? 그것은 교사와 학생이 대면할 때에만 나타나는가? 아니면 '그 이전에' 나타날 수 있는가?(Jackson, 1968) 다시 말해서, 집에서 혹은 학교가 시작되기 전에 교사가 준비하는 일도 가르침에 포함되는가? 가르침은 학습이 발생할 때에만 나타나는 것인가? 혹은 가르침은 학습을 일으키거나 촉진시키기 위해서 계획되거나 혹은 자연발생적인 모든 일을 포함하는가?

이와 같은 질문은 다음과 같은 결론에 이른다. 학생/교과/환경 등과 관련하여 교사가 행하는 모든 것이 가르침의 일부가 될 수 있을 때 교사의 현명한 행동이 비로소 나타난다. 이런 자세가 길러지려면 '꿋꿋함'이 요구된다. 꾸준하게 그리고 계속 깊게/넓게 바라보고, 생각하며, 성찰하고, 결정할 것이 요청된다. 꿋꿋함이라는 자질은 교육 문헌이나 철학 문헌에서 별로 주목받지 못했다. 그것은 미덕으로서 별로 언급되지 않았다. 이렇게 된 까닭은 꿋꿋함이 전쟁터에서 악착같이 버티고 영토를 빼앗기지 않으려는 병사들의 전투적 이미지와 연결되기 때문에 그런 것은 아닐까? 병사들은 두려움을 극복하여 엄청난 시련을 자주 이겨 냄으로써 목표를 달성할 수 있지 않았을까?

전투적 교육자들은 교직에 대한 사회적 무관심, 심지어는 적대감에 항거하며 싸우는 전사처럼 느껴질 수 있다. 그러나 가르침은 전쟁이 아니다. 그럼에도 불구하고 병사의 이미지는 돌이켜 볼 만한 가치가 있다. 병사들도 국가의 이익을 위해 부담을 안고 살아간다. 병사들은 누구와 뜻을 같이해야 하는지, 그리고 그것이 무엇을 의미하는지를 모를 때에도 국가를 위해 살기로 맹세한다. 국가에 대한 봉사에 몸을 던지는 일을 명예롭게 생각하기 때문에 병사들은 (심지어는 마음에 들지 않는) 명령을 따라야 하고, 어떤 경우에는 상관에게 도전하다 처벌받기도 한다. 가르침도 이와 비슷할 것이다. 교사들도 공동체의 젊은이들을 교육시키는 짐을 함께 지고 살아간다. 교사들도 누구와 함께 일해야 하는지, 그리고 그런 일이 어떤 일인지를 충분히 알지도 못한 채 젊은이들의 교육을 책임지면서 살아간다. 교사들은 어떻게 해서 학교 교육과정에 교과가 추가/삭제되는지, 교육공학이 어떻게 바뀌는지, 새로운 교육평가 관련 정책이 어떻게 시행되는지, 그리고 아동이 어떻게 변화할 것인지를 미리 알 수 없다. 그럼에도 불구하고 가르침이란 교사들이 가르침에 대해서, 그리고 이 가르침을 통해 봉사하는 공동체에 대해서 변함없이 헌신하는 일이다.

이런 점이 중요하지만 또 여기서 그 나름의 도전이 생긴다. 때때로 교사들은 교육정책을 '완화'시킬 길을 모색하면서 교육행정이 오류를 범하는 기간을 견디어 낼 필요도 있다. 때때로 교사들은 자신과 다른 견해를 갖고 있는 학교장, 이사, 동료교사와 함께 일해야 할 때도 있다. 또 교사들은 여러 가지 연수를 받으면서 전문성을 개발한다. 때때로 교사들은 순종하기도 하고, 하고 싶은 말을 토로하고 싶은 느낌을 참기도 한다. 교사들은 변화하는 환경 속에서 많은 목표를 스스로 설정/달성하지만 그들의 궁극 목표는 병사들과 마찬가지로 봉사해야 할 공동체로부터 나온다. 그런데 교사들은 병사와 다르게 교육의 핵심이 무엇이며, 젊은이들에게 무엇이 최선인가에 관해서 사람들을 계몽시키려고 애를 씀으로써 공동체를 명예롭게 만든다.

교실에서의 가르침은 어쩔 수 없이 꿋꿋함의 자질을 요구한다. 교사들은 자신의 영향권에 들어 있는 모든 아이를 교육시키는 일에 꿋꿋이 헌신해야 한다. 물론 매일 얼마나 영향을 미칠 것인지를 알 수 없고, 또 수많은 장애와 실망을 이겨내야 한다. 꿋꿋한 교사들은 교실에서 권력/권위의 지위를 남용하고 싶은 유혹에서 벗어난다. 그들은 자기 자신의 불안감에 굴복하지 않으려고 한다. 그들은 일부 학생을 특별히 편애하지 않으려고 한다. 그들은 개별 학생의 장단점을 공정하게 평가하려고 애를 쓴다. 꿋꿋한 교사들은 학습이나 선(좋음)과 같은 가치들을 증진시키는 역할을 수행하기 위해 자신들의 권위/권력을 행사한다. 꿋꿋한 교사들은 자신들이 하고 있는 일의 의미에 관해 이야기하고, 또한 학생들끼리 서로 이야기를 나누도록 장려한다. 그들은 학생들이 협동적으로 공부하고, 서로 비방하거나 싸우거나 훔치는 일이 없도록 기회를 제공한다. 그들은 (모든 사람이 그러하듯) 정의의 원칙들에 미달한 경우도 있지만 원칙을 지키는 권위자로서 처신한다.

꿋꿋함의 자세는 교사들이 교조적이거나, 융통성이 없거나, 경직된 사람이 되는 것을 가리키지 않는다. 반면, 교사들의 꿋꿋함은 그들이 적응적이고, 실험적이며, 창의적이 될 수 있도록 도와준다. 교사들은 연약한 갈대처럼 바람이 부는 대로 이리저리 흔들리거나 바람의 세기에 따라 크고 작게 흔들릴지라도 변함없이 굳게 뿌리를 뻗고 있을 것이다. '꿋꿋함(steadfastness)'이라는 용어는 고(古)영어 "*stedefœst*"에서 나온 것이다. 그것은 고정된(stede)과 굳은(fœst)이 결합된 것이다. 꿋꿋함은 변함없음과 단호함을 가리킨다. 사고, 숙고, 조심스러운 공부, 신뢰할 만한 동료나 의미 있는 타자들과의 협의 등을 통해서 교사들은 가르침에 스며들어 있는 후회/실패로부터 되살아나는 법을 배운다.

꿋꿋함은 맹목적 고집이 아니다. 그것은 교육의 과정에서 나타나는 예측 불가능성, 늘 변하는 밀도, 달라지는 정서로부터 교사들을 단절시키지 않는다. "현실은 매 순간 늘 새로운 것이고, 이렇게 완전하고 이렇게 영원한 새로움이 바로 현실 세계다."(Comte-Sponville, 2001: 7) 교직의 실천에는 늘 변화가 들어 있다. 변화하는 교과, 변화하는 교실 역동성, 변화하는 학생과 교사가 있다. 교사는 학생들에게 꿋꿋함을 보이기보다는 오히려 학생 개개인을 시간/자원/상황이 허락하는 한도 내에서 가능한 한 최선을 다해 교육시키려는 노력에서 꿋꿋함을 보여 준다. 처음부터 교사와 학생들을 묶어 주는 것은 위와 같은 교육적 약속이다. 교사가 교육에 대한 사회적 장애물에 부딪칠 때에는 냉소주의와 지겨움의 유혹에, 그리고 가르침의 도전적 측면에 부딪칠 때에는 쉬운 길을 찾으려 함과 같은 유혹에 늘 흔들리지만 그럼에도 교육적 프로젝트를 늘 지킨다.

교육적 꿋꿋함은 백지에서 생기는 것이 아니다. 교사는 꿋꿋하기로 '결단'하거나 그런 모습을 일방적으로 결정해 버리거나 하지 않는다. 교사들이 가르침을 이해하는 방식은 사람들이 사랑/부모 됨/우정을 이해하는 방식과 비슷하다. 이런 현상은 보편적이지만 그에 대한 각자의 경험/이해는 개별적이다. 사람들은 자신의 개인적 역사나 개인적 관계의 특수성 속에서 가르침/사랑/부모 됨/우정과 같은 개념들의 의미와 현실을 배운다. 가르침에 대한 개별적 생각은 교실이나 다른 곳에서 겪는 삶의 경험에 따라 달라진다. 또한 가르침에 대한 경험은 가르침을 어떻게 이해하는가에 따라 달라진다. 처음에 교사는 가르침에 대한 이해를 문화적/담론적 단서로부터 얻겠지만, 저마다 독특한 형태/과정/우연성을 지닌 삶의 세계라고 말하는 맥락 속에서 그의 이해는 계속 발전한다.

여기서 순환은 불가피하다. 그러나 해로운 것은 아니다. 가르침에 대한 역동적 이해는 교사들이 가르침에서 벗어날 것을 요구하지 않는다. 가르침은 '무한히 학습되는', 그리고 '이상적 목표 지점'을 형성해 가는 개념이다(Murdoch, 1970: 29). 그러한 가르침은 교사들이 결코 도달하지 못하는, 그러나 꾸준히 다가갈 수 있는 지점을 가리킨다. 교사들은 '지금 여기서 무엇을 해야 하는가?'라는 물음 속에는 '무엇이 통할 것인가?'라는 점뿐만 아니라 '교사로서 어떤 사람이 될 것인가?'라는 고려사항도 포함되어 있음을 깨닫게 된다. 학생들의 학습, 교과의 깊이, 평가의 복잡성 등에 관한 새로운 깨달음은 교사들이 가르침의 단일 차원만이 아닌 전체 차원에 대한 안목을 재구성하도록 이끌어 줄 수 있다. 교육적 활동의 상승 국면과 하강 국면에 민감한 교사, 그리고 교육 활동에 꾸준히 몰두하는 교사는 종전에 자신이 지니고 있었던 이해/가정을 포기해야 할 상황에 늘 부딪친다. 교사는 새로운 이론/전략/준칙/교훈 등을 받아들인다.

따라서 가르침은 끊임없이 세련되고, 완성될 수 있는 활동이다. 2천 년 전의 이야기처럼, "당신은 아직 소크라테스가 아니지만 그런 사람이 되려고 노력하는 인간으로 살아야 한다."(Epictetus, 1983: 29, #51) 가르침의 무한한 완전 가능성은 가르침의 비우연적, 필연적 특성이다. 가르침은 언제나 더 나은 교사가 되기를 배우는 과정이다. "그 일을 제대로 하려고 노력함은 아직 그것을 제대로 하지 못했음을 의미한다."(Hansen, 2001: 189) 이 과정은 직선적/직행적인 것이 아니다. 그것은 반복적이고, 순환적이며, 다중 지향적이다. 그것은 새로운 발견, 이전에 간과했던 통찰로 되돌아감, 오래된 헌신을 쇄신함을 포함한다. 그것은 교사들이 가르침을 통해 더 나은 교사가 될 수 있다는 가능성을 믿을 것을 요구한다. 가르침은 "처음부터 올바른 가르침을 보여 줄 수 있는 것이 아니고, 그 길을 따라가면서 강해지는 모험"(Dorothy Emmet, 1979: 141)이다.

교사들은 믿음 위에서 살아가야 할 때가 많다. 이렇게 사는 것이 가치 있는 일이라는 증거가 없을 때에도 그렇게 살아가야 한다. 오랜 시간이 지나도 학생들은 배우지 못한 것처럼 보이고, 교사의 전략이 부적절한 것 같으며, 또 얻는 것보다는 잃는 것이 더 많은 일처럼 보일 수 있다. 그럼에도 불구하고 진지한 마음을 가진 교사들은 버티어 낸다. 그들은 교화(indoctrination), 궤변, 선전, 자기탐닉과 같은 거짓된 가르침에 빠지지 않는다. 교사들은 참을성, 유연성, 자기비판, 단련 등이 '교육적 꿋꿋함'을 지탱해 준다는 것을 경험을 통해서 배운다. 서서히 진화하는 과정을 통해 나타나는 꿋꿋함의 가치에 대한 변함없는 믿음은 가르침의 근본 조건으로 남게 된다. 그런 믿음으로써 자신의 행위를 규제하는 교사들은 더 좋은 교육자로 한 걸음 더 나아가게 된다. 교사들은 불확실성, 애매성, 혼란, 의심의 시간을 견디면서 자신의 길을 지키는 법을 배운다.

이러한 사실은 경험 많은 교육자들이 '성숙한 교사'와 '신참 교사'를 구별하는 까닭을 이해하는 데 도움이 된다. '성숙한'이라는 개념은 발달적/규범적 과정을 의미한다. 과일은 점점 더 실해지고, 맛이 깊어지며 익어 간다는 점을 우리는 떠올린다. 그런 변화는 자연적인 것이고 소중한 것이다. 그것은 그렇지 못한 것보다 더 좋은 일이다. 이와 마찬가지로 성숙한 교사, 경험이 축적된 교사는 신참 교사보다 대체로 더 우수하다. 예를 들어, 그들은 학생/교과/환경 등을 내실 있게 그리고 만족스러운 방향으로 결합시키는 일에서 비교적 더 나은 편이다. 그러나 자연적으로 숙성하는 과일과는 달리, 교사의 성숙함은 꿋꿋함을 통해서 나타난다. 가르침이 교사 자신의 감수성/안목에 영향을 미치면서 성숙함은 나타난다. 교사의 성숙함은 교사가 학생들의 학습이나 자신의 교수법을 더욱 세련되게 평가하는 방식에서 나타난다. 성숙함은 교실에서 보내는 세월이나 연령의 문제가 아니다. 20년의 교직 경험을 가진 사람이 2, 3년의 교직 경험을 가진 사람만 못한 경우가 있다. 성숙함은 교사가 어떻게 반응/학습하는가에 따라서 꾸준히 나타나는 성과다. 덩굴에 붙어 있는 과일과는 다르게, 교사는 자기 자신의 성숙을 위해 한 걸음 더 내디딜 수 있다.

아이들과 함께 살아가는 교사가 아는 것은 '아이들은 어른에게 신비롭고 복잡한 존재일 수 있다.'는 점이다. 어른도 아이일 때가 있다. 그러나 어른이 됨은 어른과 아동기의 관계를 돌이킬 수 없게 바꾸어 놓는다. 어른은 아동기를 있는 그대로 지각/회상할 수 없게 된다. 그러나 아이들을 가르치는 교사는 그처럼 먼 세계 속으로 열심히 들어간다. 글자 그대로 교사는 매 순간 교실에서 지낸다. 그런 교사는, 다른 성인들과 달리, 아주 많은 시간을 아이들과 함께 보낸다. 교사들은 정기적으로 오랜 시간을 여러 아이와 지내는 유일한 성인 집단이다. 루소는 당시의 교육자들이 아이들에게 더 많은 주의를 쏟아야 한다고 촉구하였다. "정말 여러분은 아이들을 제대로 모르기 때문이다."(Rousseau, 1979: 34) 아이들의 교사는 일 년 내내 아이들의 온갖 행동과 상호작용을 관찰/기억/숙고하는 독특한 위치에 놓인다. 교사는 학생들을 배우는 '학생'이 되기에 아주 좋은 처지에 놓인다. 학교/교실/운동장과 같은 친숙한 환경에서 교사는 정기적으로 아이들을 알게 된다. 이런 비할 데 없는 경험은 교사로 하여금 아이들의 천성에 관해서 세상 사람들에게 가르칠 수 있도록 만들어 준다. 아이들은 독특하게 보고, 느끼며, 관계를 맺으면서 아동기의 특성을 드러낸다. 교사는 아이들을 이해/보호/교육시키려고 노력하면서 살기 때문에 일반인들이 아이들을 더 제대로 이해하고 그들과 좋은 관계를 맺도록 도와줄 수 있다. 앞에서 우리가 지적했듯이, 성숙한 교사는 자기비판, 교육적 진보에 대한 믿음, 꿋꿋함을 간직한다. 성숙한 문화를 가진 사람들이라면 문화의 건전성/지속성이 결국 교육하기, 지원하기, '교사의 말을 경청하기'에 달려 있다는 점을 이해할 것이다.

그렇다고 해서 교사가 아동의 성장/잘됨에 관해서 모든 것을 알 수 있다는 말은 아니다. 꿋꿋한 교사는 그것을 학습하는 과정에서 이탈하지 않을 것이다. 교사가 학생과 맺는 관계는 교사가 교과와 맺는 관계와 비슷하다. 더 배우고, 더 이해하며, 더 깨달을 것이 늘 있기 마련이다. 이 사실은 자기 진실성과 상당한 겸허함이 필요함을 시사해 준다. 또한 듀이가 말하는 '교양 있는 순수함'의 가치를 떠올리게 해 준다(Dewey, 1988: 40). 최선을 다해 참신한 인상/아이디어/정서를 받아들이는 자세 지키기를 배우는 것이야말로 교양 있는 순수함이다. 이렇게 볼 때 교사의 꿋꿋함이란 세상을 향해 굳게 닫혀 있는 성문과 전혀 다른 것이다. 그것은 교육 활동에 있어서 확고함과 유연함, 꾸준함과 경쾌함, 진지함과 즐거움을 동시에 의미한다.

5. 결 론

가르침은 여러 세대를 거치면서 이어져 내려온 '책임을 받아들임'이다. 가르침은 교육실천가들을 과거에 수고했던 사람들이나 현재 수고하고 있는 교육자들과 연결시켜 준다. 가르침은 다른 교사들과 함께 공동체 안에 들어 있는 자신을 돌아보게 해 준다. 여기서 가르침의 근본 특성은 바로 그런 성격을 지속적으로 성찰하는 일임을 깨닫게 된다. 이 모든 면에서 가르침은 '전통에 참여함'을 의미한다. 이 전통의 뿌리는 공자, 소크라테스, 그리고 기억해야 할 교사들에 닿아 있다. 이 사실은 교사들이 서로 일치해야 한다거나 서로 비슷해져야 한다는 것을 의미하지 않는다. 교사들과 함께 지내본 사람들이면 누구나 알 것이다. 교사들은 좋은 실천의 의미에 관해서 논쟁하고 또 논쟁하기를 좋아한다. 헌신적인 정치가/간호사/사회사업가도 모두 마찬가지다. 그러나 교사들은 많은 목표와 관심을 공유한다. 그들은 중요한 것을 지키고 또 창조하는 사람들이다. 그들은 인류의 미래를 위해 현재를 가르친다.

가르침이 부딪치는 가장 큰 과제는 가르침에 대한 오해를 극복하는 일이다. 오해가 완전히 없어질 수는 없다. 따라서 '극복한다'는 말을 쓴다. 어떤 사람들은 교사들을 마치 정책결정자의 지시를 따르는 훈련된 기술자처럼 생각한다. 어떤 사람들은 교사들을 마치 인적자원을 양산해 내는 경제적 자원처럼 취급한다. 어떤 사람들은 교사들을 정치적/문화적 변화의 도구로 간주한다. 어떤 사람들은 교사의 임무를 현재의 관습/지식/신념을 보존하는 일로만 생각한다. 교육철학자들은 가르침에 대한 이와 같은 관념에 대해 도전하였다. 교육철학자들은 가르치는 활동이 어떻게 해서 인간의 삶 자체처럼 풍부하고 무한한 일인가를 탐구하였다. 가르침은 알찬 방식으로 인간화시키는 수없이 많은 활동이다. 교육철학자들은 교사들이 당면 문제에 대해 꿋꿋하게 대응하고, 그들에게 주어지는 기회에 꿋꿋하게 참여한다는 것이 무슨 의미인가를 논의하였다. 교육철학자들은 가르침의 영원한 고민과 기쁨을 밝혀 주었다.

다시 말해서, 교육철학자들은 어째서 가르침이 끊임없는 자극을 제공해 주는 인간적 노력인가를 밝히기 위해서 그릇된 교육관에 도전하였다. 그들은 다음과 같은 질문들을 던졌다. 가르침은 언제 일어나는가? 가르침은 활동/경험/관계인가? 가르침은 그 의도나 성과에 의해 정의되는가? 가르침은 다른 사람을 배려하는 방식인가 혹은 그들을 훈련시키는 방식인가? 가르침은 직업적 기능의 발휘인가 혹은 삶의 방식의 표현인가? 가르침은 기능적 수행인가 혹은 목적적 수행인가? 가르침은 사회화에 기여하는가, 그리고/혹은 사회화가 아닌 (것으로 알려진) 교육에 기여하는가? 수많은 교사가 가르침의 학문적/지적 측면에만 집중하지 않고 그것의 미적/도덕적/영성적 차원에 대해 주목하는 까닭은 무엇인가? 교육철학자들은 이와 같은 질문들을 던짐으로써 그리고 그에 대한 더 나은 해답을 향해 나아감으로써 교사들과 함께 교육실천을 역동적이고 반응적인 것으로 지켜 나간다.

* 감사의 말: 이 글을 위해서 가르침의 철학과 실천에 대한 통찰력 있는 논평을 제공해 준 Stephanie Burdick-Shepherd, Jeff Frank, Daniel Hendrickson, Mark Jonas에게 감사한다.

참고문헌

Buber, M. (2002) *Between Man and Man*. London and NY: Routledge. 남정길 역(1979). 『사람과 사람 사이』. 서울: 전망사.

Comte-Sponville, A. (2001) *A Small Treatise on the Great Virtues*. NY: Metropolitan Books. 조한경 역(1998). 『미덕에 관한 철학적 에세이』. 서울: 까치.

Dewey, J. (1985) *John Dewey. The Middle Works 1899-1924: Vol. 9, Democracy and Education 1916*, in J.A. Boydston (Ed.). Carbondale: Southern Illinois University Press. 이홍우 역(2007). 『민주주의와 교육』. 서울: 교육과학사.

Dewey, J. (1988) *John Dewey. The Later Works 1925-1953: Vol. 1, Experience and Nature*, in J.A. Boydston (Ed.). Carbondale: Southern Illinois University Press. Original work published 1925. 김동식 역(2005). 『경험과 자연』. 울산: 울산대학교 출판부.

Emmet, D. (1979) *Function, Purpose, and Powers*. London: Macmillan.

Epictetus (1983) *Handbook of Epictetus*, trans. N. White. Indianapolis: Hackett.

Erasmus (1964) *Desiderius Erasmus: Concerning the Aim and Method of Education*, W.H. Woodward (Ed.). NY: Bureau of Publications, Teachers College, Columbia University.

Hansen, D.T. (2001) *Exploring the Moral Heart of Teaching: Toward a Teacher's Creed*. NY: Teachers College Press.

Jackson, P.W. (1968) *Life in Classrooms*. NY: Holt, Rinehart, and Winston. 차경수 역(2012). 『아동의 교실생활』. 서울: 배영사.

Laverty, M. (2007) *Iris Murdoch's Ethics: A Consideration of her Romantic Vision*. London: Continuum.

Murdoch, I. (1970) *The Sovereignty of Good*. London: Routledge.

Rousseau, J-J. (1979) *Emile or On Education*, trans. A. Bloom. NY: Basic Books.

Todorov, T. (1996) *Facing the Extreme: Moral Life in the Concentration Camps*, trans. A. Denner and A. Pollak. NY: Henry Holt.

Weil, S. (1970) *First and Last Notebooks*, Ed. R. Rhees. London: Oxford University Press.

제3장

교육과 가르침의 윤리적 차원

Hugh Sockett

벤저민 디스레일리(Benjamin Disraeli)가 했다고도 하고 존 듀이(John Dewey)가 했다고도 전해지는 말이 있다. 국가는 좋은 부모가 자기 자식에게 바라는 바를 모든 아이에게 베풀어 주어야 한다. 이 말 속에는 민주사회의 복합적 원칙이 들어 있다. 즉, 국가 생존을 위해 근본적으로 필요한 것이 교육의 수행과 양질이라는 원칙이다. 교육과 가르침은 거대한 다차원적 사회라는 틀 속에서 이루어진다. 여기에 학부모의 책임, 교육제도의 성격/운영, 문화적 습속 등이 포함된다. 이 세 가지가 이 장에서 다루게 될 교육과 가르침의 폭넓은 윤리적 차원이다. 이 중에는 이 책의 다른 장에서도 검토되어야 할 주제도 있다.

첫째, 아이들은 책임 있는 부모들에 의해 양육되며, 갈수록 다양해져 가는 가족 집단과 함께 살아간다. 누가 무슨 책임을 져야 할 것인가는 갈수록 문제가 되고 있다. 가령 학부모가 소비자/고객이 아니라고 한다면 교육을 제공하는 학교와 학부모의 관계는 어떻게 보아야 하는가? 둘째, 교육제도의 형태/운영/성격 등은 교육행정가나 교사들의 자질에 관한 물음을 불러일으킨다. 셋째, 대중문화/고급문화/교육목표 간에 발생하는 갈등은 대부분의 교사가 당면하는 가치갈등을 불러일으킨다. 물론 역동적인 개인주의적 물질주의에 의해 좌우되고 있는 문화적 습속은 모든 교육제도에 대해서 고용주나 학부모가 갖는 태도에 영향을 미치기도 한다.

1. 학교, 학부모, 선택

20세기 중반 '학부모의 입장'은 아동에 대해 학교/교사가 갖는 책임을 규정하는 틀인 적절한 과정(due process)으로 점차 대체되었다. 국가/학교/가정 간 관계의 성격은 그런 변화 속에서 명확해지지 못했다. 학부모 모형(parental model)을 대체하는 그런 관계에 대해 최소한 네 가지 견해가 나타났으며, 이는 제각기 계약이나 적절한 과정에 따를 수 있다. 그것은 도덕적 동반자, 학부모 통제, 소비자-공급자, 고객 서비스 등이다. 제인 롤런드 마틴(Jane Roland Martin, 1992)은 "학교와 가정은 젊은이들의 교육을 위한 동반자라는 사실이 별로 기억되지 못하고 있다."고 지적한다. 이와 같은 '도덕적 동반자'를 옹호하는 마틴의 입장은 학교가 '시장'에서 서비스 제공자로서 경쟁하고, 학부모는 소비자라는 견해와 다르다(Robenstine, 2001). 만일 학부모의 권리를 으뜸패, 비장의 카드(trump card)로 본다면 그것은 동반자의 관계가 아니다. 예를 들면, 홈즈(Holmes, 1998)는 선출된 학부모 위원회가 지도하고 모든 사람이 (지리적으로는 불가능할지라도 최소한 명목상으로는 가능한) 선택할 수 있는 프로그램을 공급하는 지역 공립학교를 제안한다. 또한 학부모(그리고 그 자녀들)가 '사회사업가로서의 교사들'의 고객으로 간주되고, 각 아동이 사회정의의 필요성에 의해 정당화되는 하나의 '사례'가 된다면, 이것도 마틴의 동반자와 전혀 다른 것이다. 성교육, 종교교육(제17장 참조), 도서 검열은 가끔 학부모와 학교 사이에서 논쟁거리가 되기도 하지만, 학교/교사-학부모 관계를 가장 잘 드러내 주는 정치적 주제는 학부모의 학교 선택이다.

'선택'에 관한 논쟁에서 사실과 이데올로기가 모두 중요한 기여를 하였다. 첫째, 보수적/신자유주의적 옹호자들은 밀턴 프리드먼(Milton Freidman)을 추종하였고, 교원노조 세력을 비난하면서 교육의 이데올로기적 사유화를 옹호하였다. 그런데 이런 논변은 만인을 위한 기회균등이라는 자유주의적 원리에 위배되는, 대다수 서구 사회의 도심에서 나타나는 한탄스러운 교육 상황에 대한 시장 기반적 반응이기도 했다. 둘째, 자유주의자들은 자신들이 옹호하는 공립학교 체제에서만 사회정의가 달성될 수 있는 것이라는 이데올로기적 주장으로 대응하였다. 그들의 주장에 따르면, 물론 공립학교 체제에도 결함은 있지만 교정될 수 있고, 교원노조는 교사의 자질을 보호해 주며, 선택 시스템은 적절한 공적 책무성이 없이 오직 이윤 동기만 갖고 있는 무자격자들의 참여를 조장하는 것이다. 자유주의자들의 주장에 따르면, 교육은 시장에 내맡기기에는 너무나 중요한 사회적 선이다.

이런 논란 속에서 망각되었던 점은 서구 문화의 역사에서 학교 선택이 차지했던 위상이다. 잉글랜드와 웨일즈에서는 1994년 교육법에 따라 교회가 학교 건물을 제공하고, 운영비의 5%를 책임지며, 나머지는 국가가 제공한다는 조건하에 학부모들이 자녀를 종교계 학교에 보낼 수 있는 권리가 구체적으로 부여되었다. 이는 네덜란드에서도 마찬가지였다. 미국에서는 많은 종교집단이, 주로 가톨릭 교회나 유태인 공동체가 사립학교를 세우고 자선사업으로 인정받음으로써 상당한 공적 지원을 받아냈다. 물론 (장학금을 받을 수 있는 자녀를 가진 소수 집단과 함께) 부유층은 다양한 유형과 다양한 교육적 이데올로기를 가진 사립학교를 늘 선택할 수 있었다. 선택에 필요한 수단을 갖고 있던 사람들은 거의 모두가 학교의 질과 그들의 주택을 구입할 통학구역을 고려할 수 있었다. 어떤 형태이건 간에 학부모의 선택은 대중교육이 태동했을 때부터 학부모의 사적 행위와 공적 교육정책의 공통된 특성이었다.

그렇지만 "학교 선택에 관한 논란이 가열/광분되면서 사려 깊은 담론이 사라졌다."고 어니스트 보이어(Ernest Boyer, 1992; Carnegie Foundation)는 지적하였다. 그보다 37년 전에 프리드먼(Friedman, 1955/1962)은 민주사회에서 정부는 (일반적인 의미에서) 학교를 **제공**해야 하지만 그것을 **운영**할 필요는 없다고 주장하였다. 이런 입장에서 그는 학교 바우처(school vouchers)라는 아이디어를 내놓았다. 많은 사람이 보기에 그것은 공공 시스템의 붕괴와 시장 세력 진입의 전조로 간주되었다. 이런 논란의 열기는 수그러들지 않았다. 최소한 보이어가 동의한 점은 아동이 학교에 다니도록 의무화해야 하고 그렇지 않고 벌어지는 논란은 아무 의미가 없다는 것이다. 그러나 레너드 크리머맨(Leonard Krimerman)은 다음과 같이 주장하였다. 학교가 아동을 목적 자체로 대우하지 않았기 때문에, 의무교육이라는 아이디어와 그 실천을 방어해야 할 짐은 이것을 지지하는 사람들이 지게 된다. 이와 반대되는 입장에 있는 사람들은 교육이 자발적인 것이어야 하며, 그렇다면 학교를 선택할 수 있어야 한다고 주장했다(Krimerman, 1978).

그럼에도 불구하고 의무적인 공교육 체제 안에서 학부모의 선택에 관한 논란은 학부모/보호자가 자기 자녀를 위해 공립학교를 선택하도록 하는 **공공** 정책이 있어야 할 것인가에 집중되었고, 이에 따라 정부가 (일반적 의미에서) 아동을 학교에 배정해야 한다는 견해가 도전받게 되었다. 어떤 정책이건 간에 아동의 이익을 위한 것이었지만 두 가지 정책을 평가하는 일은 경험과학적으로 어려울 뿐만 아니라 평가의 준거 자체가 논란거리가 된다고 가정할 수 있다. 예를 들어, 해리 브릭하우스(Harry Brighouse, 2000)는 다음과 같이 지적한다. 그런 공공 정책이 아동에게 교육적으로 유익하다는 의미에서 아동에게 이익이 된다고 말할 수 있는 납득할 만한 경험적 증거가 별로 없으며, 가령 시험 점수를 통해서 측정된 성공의 준거는 선택의 특성이라고 할 수 있는 도덕적 가치를 잃어 버린 것이다. 선택이라는 이슈는 경험적 자료에 의해 간단히 해결될 수 있는 것이 아닌 것 같다.

의무교육이건 다른 것이건 간에, 선택에 관한 논변은 아주 오래된 논란에서 생긴 것이다. 즉, 교육은 개인적 선을 위한 것인가 혹은 시민적 목적을 위한 것인가? 교육은 서열적 선(positional good, 지위적 선)을 위한 것인가 혹은 공적 선을 위한 것인가? 여기서 시장 이데올로기를 퍼뜨리는 사람들은 경쟁과 소비자 선택을 통해 나타나는 효율성과 효과성을 매우 중시한다. 교육의 상품화를 싫어하는 시민 정신을 가진 자유주의자들의 눈에는 그런 견해가 아무리 혐오스러운 것일지라도 근대 민주주의 사회는 압도적으로 능력주의적이며, 이런 사회에서 교육은 서열적(지위적) 선이다(Hirsch, 1977). 마틴 홀리스(Martin Hollis, 1982)의 설명에 따르면, 교육은 특수하게 복잡한 것이다. 다시 말해서, 개인적 입장에서 볼 때 교육의 교환가치는 근대사회의 경쟁적/위계적 구조 내에서 그것의 상대적 지위에 의존한다. 이런 분석에서는 수많은 정치적/교육적 수사학과 학부모의 수사학이 결합된다. 즉, 젊은이들을 일차적으로 학교에 다니도록 장려하는 것은 어떤 공적 선을 위해서가 아니라 자신의 경제적 이익을 위해서다. 교실은 지식기반 노동시장에서 경쟁력 있는 탁월한 성적과 국제적 학위를 얻도록 해야 한다는 호소로 넘친다. 교육은 지위와 취업 기대를 받아들인다. 이와 같은 개인주의적 성향을 바로잡기 위해 교육의 모든 단계에서 시민적 가치/시민성 교육을 다양하게 제공하는 일에 많은 관심을 쏟았다. 특히 미국은 대학의 학부교육에서 이 점을 강조하였다.

학부모의 선택이라는 이슈에 대해 데이비드 페레로(David Ferrero, 2004)는 교육은 서열적(지위적) 선일 수밖에 없다는 견해에 동조한다. 그에 의하면, (도덕적 동반자 모형을 제외하고) 학교-학부모 관계에 대해 접근하는 방식들에서 공통적으로 나타나는 점은 다음과 같다.

> 그것은 교육의 공통된/공적 이득에 비해서 개인적/사적 이득을 더 강조하

> 는 학교관이다. 학교는 제공하고 가정은 소비한다. 그리고 소비자는 의무가 아닌 권리를 갖는다. (사회)정의의 모형은 기회균등이라는 공적 선에 초점을 둠으로써 앞에서와 같은 패턴에서 다소 멀어지지만, 미래의 공적 헌신이라든가 혹은 아동의 학습 노력 측면에서 아이들이 책임져야 하는 점들을 별로 중시하지 않은 채 그저 공적으로 학교를 통해서 가난한 아이들에 대해 져야 할 짐에 대해서만 초점을 두는 경향도 보인다. 개혁의 옹호자들이 가난한/소수의/장애를 가진 아동을 '제대로 봉사받지 못한' 사람으로 지칭하거나, 학생의 동기를 유발시킬 짐을 일차적으로 교사들이 지도록 할 경우, 그들은 학생들을 자신의 교육에 대한 능동적 참여자로 보지 않고 사회적 서비스의 수동적인 수용자로 봄으로써 위와 같은 경향을 은근히 부추기게 된다(2004: 289).

그런데 브릭하우스(2000)는 그의 『학교 선택과 사회정의(*School Choice and Social Justice*)』에서 다음과 같이 주장한다. 자유주의적 입장이 요구하는 바에 따르면, 교육은 계몽된 혹은 노골적인 자기 이익의 문제가 아니라 사회정의의 문제다. 아이들은 '취약한 피보호자들'이며, 정부는 교육을 통해 그런 아이들이 자율적인 인간이 되고 자신들에게 이익이 되도록 그들을 지원해야 한다. 이것은 부모들의 공적 선이나 혹은 서열적(지위적) 선이 억제되어야 할 것을 요구한다. 이것은 이차적인 것이고 정의가 일차적인 것이다. 따라서 사회정의에 따라 교육의 제공이 결정되어야 하며, 선택의 형태를 제한할 수 있도록 학교-부모 관계의 성격도 어떤 식으론가 규정되어야 한다.

그러나 선택을 지지하는 중요한 논변들이 민주적 가치들과 연관되기도 한다. 첫째, 민주주의 사회라면 자유주의 사회의 규범에 어긋나는 가치를 갖고 있는 부모들을 위해서도 교육적 공간을 제공해 주어야 한다(Galston, 1999: Ferrero, 2004에서 재인용). 이것은 가능하면 교육 시스템 내부에서 제공될 수 있어야 한다는 의견을 만들어 냈던 유명한 사건은 근본주의적 모르몬 교도들이 신도들을 교화시키기 위한 교육과정을 제공하려고 '공적인(public)' 학교를 이용한 데에서 발생했다(Jessop & Palmer, 2007). 둘째, 많은 사람들이 동의하는 것처럼 가정을 꾸린다는 것은 삶의 풍요로운 경험에 속하는 일이며, 독특한 뿌리를 가진 애정의 유대를 낳는다. 또한 가정의 결속은 사회적으로 중요한 공리주의적 가치에 속할 것이다. 토크빌(Tocqueville, 1835)이나 퍼트넘(Putnam, 2002)이 지적했듯이, 시민사회의 가족을 비롯한 대다수 결사체는 네트워크/규범/신뢰를 통해 공적 선을 증진시키기 때문이다. 동반자 관계라는 아이디어가 더 잘 드러난다면, 학교는 그런 네트워크의 중심에 설 수 있다. 아이들의 학교교육은 시민적으로나 개인적으로나 바람직하다. 사회나 학교가 더욱 다양해지는 상황에서 볼 때, 학교와 학부모가 서로 어떤 관계를 맺는가 하는 점은 사회적 결속을 위해 더욱더 중요한 것이 된다.

페레로(2004)는 위와 같은 간단한 논의에 비해 훨씬 더 폭넓고 철저하게 최근의 문헌을 검토하였다. 그는 다음과 같이 밝혔다.

> 영미 철학계에서 지난 수년 동안 시민의 덕, 건전한 시민교육, 공동선에 관한 차원 높은 논의를 다시 시도했던 문헌들이 상당히 많다. 그럼에도 불구하고 실제로 학교 선택의 어떤 형태는 공정하고 건전한 공공 정신을 가진 학교 시스템의 요건이 될 수 있다는 결론이 나타났다(2004: 288).

그의 훌륭한 논문은 시장의 힘에 관한 사소한 수준의 논란을 뛰어넘을 수 있는 출발점이 되어야 한다.

2. 교육제도의 성격과 행위

기회가 주어질 경우 학부모가 선택할 수 있는 학교는 생각하는 것보다 훨씬 더 다양하다. 왜냐하면 교육제도는 두 가지 유형에 따라서 설계되기 때문이다.

한편으로 학교/전문학교/대학과 같은 '조직 형태'에 따라, 그리고 학문/분야/학과와 같은 '학문 형태'에 따라 설계될 수 있다. '조직 형태'는 특정 제도에 따라 개별화된다. 버클리, 웨스트포인트, 소르본, 옥스퍼드는 제각기 상이하게 설계된 대학이다. 그런 개별성은 제도적 풍토에서 드러난다. 즉, 역할 수행자의 전문적 행위는 그 제도의 가치가 구현되고 있는 전통/인습/규칙/규제를 표현한다(MacIntyre, 1984). 설계의 유형 자체는 철학적 문제를 제기하지 않는다. 다만 그런 설계 안에 들어 있는 가치와 원칙들이 철학적 관심을 끄는 것이다. 닐(A. S. Neill, 1970)에게 있어 서머힐의 설계(학생들을 위한 공식적 교육과정이 거의 없다고 믿음)는 성인의 권위가 아동에게 끼칠 수 있는 손상에 대한 아동 중심적 견해에 기반을 둔 것이다(1권 제7장과 2권 제20장 참조; 위 학교에 대한 중요한 논의는 Stronach & Piper, 2008 참조). 전통적인 문법학교 및 서구에 나타난 그 변형은 지식의 중요성, 선천적 능력관(2권 제13장, 제14장, 제16장 참조), 엘리트주의를 반영하고 있다. 종합고등학교라든가 혹은 공립초등학교도 역사적으로 사회정의의 목적이 반영된 것이라는 점이 19세기의 호레이스 만(Horace Mann: Cremin, 1957에서 재인용)이나 21세기의 리처드 프링(Richard Pring, 2007)에 의해 밝혀졌다. 런던 근처에 있는 예후디 메뉴인 학교(Yehudi Menuhin School)처럼 특별한 재능을 가진 젊은이들을 위해 설계된 학교는 그런 재능이 일찍 나타나며 재능에 집중하는 기관에서 길러져야 한다는 신념에 뿌리를 두고 있다(Renshaw, 1980). 미국의 랜돌프-메이콘 사관학교는 엄격한 훈련의 장점에 대한 신념이 반영된 군사학교다. 그것은 토머스 아널드(Thomas Arnold) 이후 영국의 사립학교 전통에 나타난 '강건한 기독교(muscular christianity)'의 훈육과 전혀 다를 것이다. 전통적인 가톨릭 학교와 유대인 학교에서는 종교가 삶의 모든 부분에 스며들어 있으며, 이런 종교를 위해 세속적 학교는 전혀 맞지 않다는 견해가 반영되어 있다. 파키스탄의 이슬람 고등교육 기관에는 혁명에 헌신하는 종교적 이데올로기가 담겨 있다. 그 밖에 수많은 변종이 가능하다. 로렌스 콜버그(Lawrence Kohlberg)의 도덕 발달관은 정의로운 공동체 학교(Just

Community School)를 고무시켰다. 이것은 브루클린 고등학교 안에 들어 있는 또 하나의 학교다. 이는 19세기 프리드리히 프뢰벨(Friedrich Froebel)의 사상에서 유치원이 생겨난 것과 마찬가지다.

학과/교과/영역과 같은 '학문 형태' 속에는 인식론적 관심에 근거를 두고 있는 독특한 가치와 탐구양식이 반영되어 있다(포스트모던적 비판은 Blackmore, 2001 참조). 역사학(Dray, 1989, 1995), 문학(Lamarque, 2008), 과학(Okaha, 2002), 종교(Hick, 1989), 사회과학(Hollis, 1994)에서 그런 인식론적 관심은 각 학문의 철학으로 다루어진다. 각 학문 내부의, 그리고 각 학문에 관한 논쟁은 진지하게 또 광범하게 전개되었다. 일례를 들면, 과학 연구에서 가치는 어떻게 개입되는가? 과학자와 연관된 유일한 가치는 "진리 추구, 반례에 대한 개방성, 결과 보고에서의 …… 정직성 …… "(Phillips & Burbules, 2004: 55)과 같은 과학 내부에 들어 있는 인지적 가치들이다. 이런 가치들은 도덕적/윤리적 가치가 아니다. 이와 다른 관점(Williams, 2003, Ch. 6)도 제시되었다. 이에 따르면, 과학자들은 과학 공동체의 다른 구성원들에게 의무를 갖는다. 다시 말해서, 만일 그들이 진리를 추구하지 않는다면 과학 활동은 그 핵심을 잃게 된다. 또한 과학자들은 자신들의 실천에 의해 영향을 받는 도덕적 주체들로 구성된 세계에 대해 의무를 갖는 것이지, 어기면 죄가 될 수 있는 과학적 방법론이나 과학이라는 추상에 대해 의무를 갖는 것은 아니다. 뿐만 아니라 이런 과학자들을 오직 그들의 제도적 역할 안에서 바라볼 경우에도 그 역할과 그 역할을 수행하는 개인(인간 혹은 시민) 간에 논리적/현상학적/도덕적 차이를 구별할 필요가 있을 것이다. 이렇게 하지 않는다면 나치를 추종했던 의사인 요제프 멘겔레(Josef Mengele)는 자신이 과학자였을 뿐이라고 변명하게 되고, 맨해튼 계획(Manhattan Project)의 참여자들이 비난받을 점은 그들의 착각뿐이라고 말하게 될 것이다. 이런저런 논란거리가 여러 가지 학문/영역들의 권력, 인식론, 도덕적 의미에서 발생하며 이런 논란은 상이한 수준에서 교육과 가르침에 영향을 미친다.

교육철학자들이 도덕적 관심을 쏟도록 만드는 것은 두 가지 유형의 제도 안에서 일하는 역할 수행자들의 행위에 관한 문제들이다. 그것은 X를 가르치는 일에 종사하는 교사로서 그리고 행정가로서의 행위에 관한 문제들이다. 각각의 경우에서 개인이 저지르는 그릇된 행위로는 학문적 표절, 그리고 학교제도 안에서 젊은이들에 대한 성적 착취를 들 수 있다(Posner, 2007). 그런데 여기서 확인되는 가치들이 조직/학문의 제도를 규정한다는 말이 옳다면, 수사학과 현실이 서로 부합되는지를 확인할 의무는 그런 제도에 있다. 예를 들면, 책무성, 제도의 자체 연구, 인증 등이 '목표 달성'에만 초점을 둘 것이 아니라, 자체평가와 같은 일에서 역할 수행자들이 수행하는 행위에 대해서도 중점을 두어야 할 것이다(Davis & White, 2001).

첫째, 모든 탐구에서 필요한 것은 경험적 연구와 철학적 연구다. "효과성은 도덕성을 완화시키고, 도덕성은 효과성을 완화시킬 것이다. 그러나 효과성이 도덕성을 향상시킬 수도 있으며, 도덕성이 효과성을 향상시킬 수도 있다." (Oser, 1994: 64) 가치/원리에 대한 철학적 검토를 거친 정교한 자료가 아니라면 학교에 관한 보고서들은 천박해질 것이다. 거시적 측면에서 검토되어야 할 의제에 포함시킬 수 있는 것은 다음과 같다. 공립초등학교에서 공립이란 무엇을 의미하는가? 사립학교는 지식/진리 추구에 필요한 열린 마음을 보여 주는가? 가톨릭 학교의 실천은 교육제도가 한 '가족'이 될 수 있는지에 대해서 어떤 점을 시사해 주는가? (음악이나 훈련처럼) 협소한 목표를 가진 학교는 엘리트주의를 촉진시키는가, 그리고 그것이 중요한가?

둘째, 교육철학이라는 학문은 자체의 논란거리를 갖고 있다. 이는 학교의 자체보고서가 경험 연구와 철학 연구의 뒤범벅 상태에서 벗어날 수 있는가 하는 문제를 뛰어넘는다. 예를 들면, 교육철학의 학문 범위는 과연 어디까지인가? 제인 롤런드 마틴은 교육철학의 배타적 경향을 밝히고 있는데 여기서 여성교육이라는 주제는 '경계선 밖의 일'로 간주된다(Waks, 2008: 127). 그 밖에 또 배제된 것은 무엇인가? 그리고 교육철학자의 역할은 관망인가 혹은 참여인가? 교육철학자의 역할 수행에서 실천적 제언이 제시되어야 하고 그 안에 시민으로서 자신의 역할에 대한 의견이 담겨야 하는가? 혹은 교육철학이 밝혀낸 원칙으로부터 도출된 제언들 자체가 그 역할에서 중심이 되어야 하는가?(Moses, 1992, Ch. 3, 4 참조)

셋째, 교육철학은 그 제도적 고향인 대학과 어떻게 연관되는가? 대학 내부에서도 타락된 것은 아닐지라도 확실히 바람직하지 못한 태도/행위가 실제로 나타나고 있는 것 같다. 데니스 필립스(Dennis Phillips, 2008)가 토로한 바에 따르면, 그는 중요한 보고서의 저자였는데 그가 책임자로서 발간했던 보고서 안에 들어 있지도 않은 말을 그가 했다고 비난하고 공격하는 사람들이 나타났다(Martin, 2008: Waks, 2008: 127에서 재인용). 마이클 피터스(Michael Peters, 2008)는 이데올로기적 이유(그들이 푸코를 싫어했기) 때문에 자신이 학과장에 임명되지 못하고 거부되었다고 토로한다(Waks, 2008: 156). 게리 펜스터마처(Gary Fenstermacher, 1994)는 자신이 학장을 맡고 있던 시기에 불거졌던 소동, 기만과 배반을 회고하기도 했다. 대학과 관련된 의제는 대학의 가치/목적이 진지하게 실현되고 있는가에 대해 교육철학자들이 더 탐구할 수 있는 여지를 남겨 줄 수 있다.

그런 탐구에는 개념적 도구가 필요하다. 최근에 규칙/역할/관계의 영역을 탐구한 학자들도 있다(Emmett, 1966; Hansen, 1995). 여기서 개인의 인격과 역할 수행 간의 관계가 검토된다. 이런 탐구에 유익한 한 가지 개념 틀은 '성실성(integrity)'이라는 복합적인 아이디어다. 개인이 일하는 가운데 자신의 역할을 어떻게 다루는가를 기술하기 위해 성실성에 대한 칸트적 견해(Carter, 1996)를 활용할 수 있다. 이와 달리 개인이 자신의 삶을 어떻게 살아가는가에 초점을 두는 아리스토텔레스적 설명도 활용할 수 있다. 여기서 제도적 역할의 수행은 그의 삶의 일부다. 성실성을 작업도구로 삼아 제도 연구를 수행할 수 있는 틀로 두 가지가 있다(Norton, 1990).

한편으로 성실성은 세 가지 단계를 요구한다(Carter, 1996: 7). ① 무엇이 옳고 무엇이 그른가를 확인하기, ② 확인한 것에 따라서 행하기(개인적 손해가 있어도), ③ 옳고 그름에 대한 자신의 이해에 따라 행하고 있음을 공개적으로 말하기다. 여기서 성실한 사람은 도덕적 성찰을 하고, 일관된 행동을 하며, 옳은 것을 거리낌 없이 실행하는 사람이다. 여기서 강조할 점은 '분별하기'다. 왜냐하면 무엇이 옳은가 그른가에 대해서 사람들 간에 차이가 있기 때문이다. 개인의 성실성은 다른 바람직한 미덕인 헌신, 솔직함, 꾸준함, 열정, 타협 능력, 일관성 등과 연결된다. 그런데 성실한 인간이 정직하기만 한 것은 아니므로 정직성과 동일시해서는 안 된다.

다른 한편으로 도덕적 성실성은 삼차원적 의미를 갖는다(Norton, 1990: 81). ① 자아의 분리될 수 있는 측면들의 통합, 즉 능력, 욕망, 흥미, 역할, 삶의 선택 등의 통합, ② 온전함으로서의 총체성. 이에 따라 성실성은 광신과 구별된다. ③ 심오한 정직성. 이것은 자아인식에서 나타나며 모든 덕의 기반이다. 민주정치와 교육기관의 목적은 인간 존재의 삶의 질을 향상시키는 것이고, 이 향상은 인간 존재가 도덕적 덕을 획득함으로써 이루어지며, 여기서 덕은 인격의 성향으로 이해된다. 이런 점은 가르침을 받는 사람들에게만 한정되는 것이 아니라 교육기관에서 역할을 맡고 있는 모든 사람에게 통하는 것이다.

공적 실천이 요구하는 사항들이 있는데, 이것이 개인적 신념과 갈등을 일으킬 경우 개인은 어떻게 할 것인가? 이 문제도 '성실성'의 개념을 통해 접근할 수 있다. 이 문제가 특히 심각한 것은 거의 모든 교육제도가 관료적이기 때문이다. 근대적 제도에서 일하는 모든 역할 수행자들에게 문제가 되는 것이 바로 관료적 경영이다.

> 도덕적 선택은 개인의 운명과 뗄 수 없는 관계에 있기 때문에…… 관료주의는 개인적 성공의 문제에서, 그리고 경영자들이 일상 업무에서 당면하는 모든 문제에서 도덕성의 내적 표준과 외적 표준을 침식해 버린다. 관료주의는 그 자체의 내적 규칙과 사회적 맥락을 도덕적 행위의 주된 척도로 만들어 버린다 (Jackall, 1988: 192).

이 점이 가장 분명히 나타나는 것은 평가가 가르침에 미치는 영향이다. 즉, 성과급(pay-for-performance)은 교사의 역할이 학습 성과만을 지향하도록 만들고, 도덕적 성실성이 가리키는 그런 인간 됨에서 멀어지도록 만들어 버린다.

넷째, 또 지적해야 할 도덕적 이슈들이 많다. 거짓말과 기밀이 제도적 규범으로서 통용되고 있지 않은가?(Bok, 1989, 1999; Williams, 2003) 학교의 도덕적 풍토에 관한 판단은 인증 시스템에서 무엇으로 밝혀내야 하는가?(Davis & White, 2001) 학생들의 부정행위는 제도적 실패인가, 혹은 개인적 실패인가? 지적 편향성(Michael Peters/Jane Roland Martin 사례 참조)은 학문적 자유에 속하는가?(Menand, 1998) 정부의 기밀은 어디까지 정당화될 수 있는가? 교사들의 가르침에서 드러나는 도덕적 가치와 교사들의 삶에서 드러나는 도덕적 가치는 서로 어느 정도로 일치하는가? 성적평가에 대한 관료적/사회적 압력은 정직한 판단을 대체해 버리는가? 교사들은 특히 학교에서 도덕적/정치적 논변에 대한 관료적 해결책으로 제공되는 교과서에 따라 가르치고 있는가? 교사들은 진리에 대해 관심을 쏟는가?(Brandon, 1987) 마지막으로, 교사/교수가 학생들에 관해서 도덕적 선택을 해야 할 경우 관료들과 마찬가지로 학생들의 도덕적 올바름보다는 '개인적 운명과 연결되는' 결정이라는 점에 따라 좌우되는가?

이와 같은 질문은 교육제도의 성격/행위의 중심에 놓여 있는 문제들을 가리킨다. 여기서 보다 광범한 윤리적/도덕적 관심사가 나타난다.

3. 교육과 대중문화

교육목표와 대중문화(popular culture)가 충돌함으로써 가치 갈등이 나타난다. 거의 모든 교사가 매일 직면하는 일이다. 물론 문화적 관습은 강력한 개인주의적 물질주의의 영향을 받고 있고, 이것은 고용주와 학부모가 교육기관에 대해 갖는 태도에서도 영향을 미친다. 대중문화와 교육 간의 관계를 이해하는 방식으로는 두 가지가 있다. 첫째, 식자층(high-brow) 문화와 무식층(low-brow) 문화에 관한 20세기의 논란이다. 이것은 교육의 선발과 능력별 편성, 대학 교육과정의 내용, 민주적 충동과 대중적 취향에 대한 고급문화 옹호론자들의 혐오 등에 영향을 미친다. 둘째, 학교 가치(예: 공동체, 과도한 경쟁의 탈피)와 자본주의, 특히 신자유주의 사회의 (예를 들면, 개인적/경쟁적) 행위규범 간의 충돌이다. 우리가 1절에서 다루었던 일부 문제가 여기서도 거론된다.

19세기 중엽 미국에서 대중교육(mass education)이 발전했는데 이것은 대다수 미국인들의 대중문화에서 셰익스피어가 사라진 것과 일치한다. 미국에서 나타난 문화적 위계구조에 대한 연구 사례(Levine, 1988)에 따르면, 국가로서 발전하던 시기에 대중적인 드라마였던 셰익스피어는 말하자면 '식자층 문화'에게 빼앗기고, 대중에게는 지루한 교과목으로 바뀌었다. 학교의 교과가 아니지만 오페라도 마찬가지다. 이 연구에 따르면, 절도에 대한 분노가 코미디 영화인 〈A Night at the Opera〉의 마지막 장면에서 나타나는데 여기서 'Take Me Back to the Ballgame'이 〈Il Trovatore〉의 서곡에 삽입되고 거기서 그루초(Groucho)는 낭하를 걸어가면서 '피넛! 피넛!' 하고 외친다(1988: 235). 더욱 최근에 〈아마데우스(Amadeus)〉라는 영화에서도 궁정의 식자층 태도와 모차르트가 끌어들이려고 했던 무식한 청중들이 대조적으로 나타난다. 물론 모차르트에게는 궁정의 후원이 필요했다. 어떤 예술도 시장의 절충적인 요구들로부터 자유로울 수 없다. 영국의 최근 영화인 〈Shakespeare in Love〉도 셰익스피어가 살았던 역사적 맥락에 민감한 것처럼 보인다(Ackroyd, 2006). 대중문화의 역사는 교육, 특히 가르침에 관한 철학적 논란에 도움을 줄 수 있다.

대중문화에 관한 논의에서 처음부터 부딪히는 문제가 있다. '대중문화는 무엇을 의미하는가?' 이것은 아주 복잡한 질문이다. 현재는 "도발적으로 다원주의적인 새로운 이해"가 나타나고 있는 시대다(Susan Sontag, 1987: Levine, 1988: 244-245에서 재인용). 이 말은 요즈음 예술가와 지식인이 고급문화 담론에 빠지지 않는다는 뜻이다. 그들은 과거에 대중문화라고 생각되었던 곳에서 모험을 시도함으로써 새로운 표준을 탄생시키고 있다. 그 반대의 경향도 있음은 물론이다. 예후디 메뉴인(Yehudi Menuhin)이 스테파네 그라펠리(Stéphaneh Grappelli)와 함께 바이올린을 연주하며, 폴 메카트니(Paul McCartney)가 오라토리오를 쓴다. 또한 교육내용으로서 고급문화를 철저하게 옹호하는 사람들이 있는데, 이들은 메슈 아널드(Matthew Arnold)를 끌어들이면서 문화를 "인간 집단이나 사회의 최고의 지적 · 예술적 신념과 실천"(Arnold, 1869/1932; Gingell & Brandon, 2000: 418)이라고 정의한다. 고급문화를 정의할 때 대중문화와 대립시키면서 시작하는 경우가 많다. 여기서 나타나는 견해에 따르면, 고급문화는 정의상 오직 소수만 향유할 수 있는 것이고, 그렇기에 다수가 향유하는 문화는 고급문화의 가치를 가질 수 없다(Gingell & Brandon, 2000: 463).

고급문화의 특성을 정의하는 일은 대중문화가 무엇인가를 정의하는 일(고급문화가 아닌 모든 것)이나 다름없다. 영국에서 아널드(1869, 1932), 엘리엇(T. S. Eliot, 1948), 리비스(R. F. Leavis & Q. D. Leavis), 밴톡(Geoffrey Bantock, 1965, 1967)은 고급문화의 강력한 옹호자들이다. 현대의 옹호자들은 매킨타이어(Alasdair MacIntyre), 스크러튼(Roger Scruton), 오히어(Anthony O'Hear) 등이다. 엘리엇(1948)은 한 민중의 문화를 그 종교가 구현된 것이라고 본다. 리비스를 따르는 사람들은 '위대한' 시인들과 화가들이 가졌던 경험, 즉 '느껴진 삶'에 집중한다. 그러나 그들의 비판 작업은 자주 검열적이었다. 이런 일은 고급문화가 도덕적 진지함을 요청한다는 관점에서 생겨난다. 리비스는 과학 및 스노우(C. P. Snow)의 저술에 도덕적 진지함이 결핍되어 있다고 보았다. 리비스가 보기에(Gingell & Brandon, 2000: 462), 잡지를 읽거나 영화관에 가는 일은 발전된 문화의 출현을 가로막고 반지성적 습관에 빠지는 일이다. 밴톡은 영국의 문법학교가 종합고등학교 교육의 발전으로 인하여 위협받고 있다고 간주되고 있을 때 저술 활동을 하였다. 그런데 그는 암암리에 1944 백서(White Paper)의 견해를 지지한다. 즉, 선발체제는 고급문화 교육에 적합하지 않은 사람들에게 민속(folk)문화 교육을 제공함으로써 '동등한 존중'을 보여 줄 수 있다. 그가 가리키는 것은 아동들에게 가르칠 수 있는, 사라져 가고 있는 (수공과 같은) 민속문화였던 반면, 현대의 대중문화는 텔레비전을 통한 음악/스포츠/오락에 기반을 둔 것으로 간주되었을 것이다.

미국에서 고급문화를 가장 열렬하게 옹호한 사람은 앨런 블룸(Allan Bloom, 1988)이었다. 그에 따르면, 자유교육이란 학생들이 "자신의 저급하고 일상적인 필요와 상반되는 최고의 열망과 연관시키면서" (Bloom, 1988: 21) '인간이란 무엇인가?' 라는 질문을 탐구하도록 하는 것이다. 이에 대해 다음과 같은 비판이 적절할 것 같다. 즉, 초기 고급문화의 옹호자들과 마찬가지로 블룸이 주장하는 것은 "다수 사람이 받아들일 필요가 있는 문화적 권위의 성격을 실질적으로 탐구하거나, 논의할 수 있는 사람들은 오직 소수에 지나지 않는다." (Bloom, 1988: 252)는 점이다. 리비스와 비슷하게, 블룸은 현대 대학의 교육과정을 신랄하게 비판하면서 학문들이 무정부적 혼란에 빠져들고 말았다고 주장하였다. 균형을 제대로 잡아 주어야 비로소 고급문화의 이상은 모든 아동에게 필요한 교육적인 교육과정으로 옹호받을 수 있다(Ravitch, 1996 참조). 이런 문제에 대해 또 다른 독창적 견해가 나타났다(E. D. Hirsch Jr., 1988). 여기서 교육과정은 문화적 문해력(cultural literacy)이라는 기준에 의해 개혁되어야 하는 것, 모든 미국인이 알 필요가 있는 것을 가리킨다(이에 대한 탁월한 비판은 Beehler, 1991 참조). 이런 입장에서 제시된 유명한 목록은 셰익스피어와 스윙(뮤직), 워즈워스와 메리 웨스트(미국 여배우)를 포함한다. 이것은 늘 변할 수 있는 것이므로 전범(canon)에 반대하는 논변에 의해 영향받지 않을 것이다.

그러나 위와 같이 주장하는 사람들은 대중문화의 저급한 효과를 이유로 삼아 고급문화를 옹호하지 않는다. (고급문화의 옹호자들 중에는 그런 사람도 있다.) 그들은 엘리트주의 교육을 지지하지도 않는다. 그들은 학교 교육과정의 통속화라고 생각되는 것, 그것의 반(反)지성주의, (효과적인 학교 교육과정의 장애물로서의) 교사교육의 빈약함[스타이너도 이런 느낌을 표현했다(George Steiner, 1987).] 등에 대해 반대하면서 고급문화의 중요성을 주장한다. 자유교육의 교육과정을 옹호하는 그런 논변은 교육철학자들에게 더할 나위 없는 즐거움이다. 끝으로, 학문과 그 명칭을 따른 교과(과학 또는 역사) 간의 관계는 '학교에서 무엇을 가르칠 것인가'를 결정할 때 중요하다. 특히 과학에서 그런 인식론적 문제점들(Deng, 2007)은 문화적 문해력을 가정하고 있는 허쉬(Hirsch)가 미처 생각하지 못했던 문제다.

문화적 문해력을 지지하는 입장은 고급문화에 대한 (다원주의를 요청하는) 다른 사람들의 옹호론과 일치한다. 고급문화는 과거 위대한 작품들의 고정된 전범으로 정의되지 않고, 민주주의 사회에서 문화의 모든 측면의 역동적 발달(예: 영화)의 인정에 근거를 두고 있다. 식자층과 무식층의 구분이 사라지지는 않지만 약화되고 있다. 그런데 이런 의미에서 대중적 문화를 구성하는 것으로는 어떤 것들이 있는가? 음악을 제안하는 사람도 있다[음악에 관한 역사적 논의(Huttunen, 2008), 음악교육의 정당화(Westerlund, 2008), Packalen(2008)의 '음악, 정서, 진리']. 패션처럼 스포츠도 대중문화의 큰 부분을 차지하고 있고, 그것의 공리적 유용성을 옹호하는 철학자도 있다(Barrow, 1993). 이와 달리 스포츠의 신체적 기능을 관람/비평하고, 여기서 인성의 표현을 살펴보며, 스포츠 팀과 동일시하거나 충실한 관계를 맺는 즐거움이 대중문화의 근거로 제시되기도 한다. 스포츠와 마찬가지로, 영화와 TV 오락은 온갖 수준의 지적 능력을 가진 시청자들에게 매력을 주고 있다. 교육적으로 볼 때, 특히 미국에서는 대다수 학생이 음악은 선택, 체육교육은 필수로 듣고, 거의 모든 단체 경기에 참여하려고 경쟁한다.

학교 교육과정에 관한 논의는 이 장의 한계를 벗어난다. 디폴트(default) 교육과정(문학, 역사, 과학, 수학)이라는 것이 있음을 지적하는 것으로 충분하겠다. 이것은 국가마다 다양한 방식으로, 때로는 미술/음악/체육과 함께 패키지로 만들어진다. 여기에도 고급문화의 흔적이 남아 있지만, 학교에서 교과목을 가르치는 일은 학문적 도전과 흥분도 없이 시험 준비로 전락한 경우가 많다. 허쉬는 어린이들을 위해서 〈핵심 지식 시리즈〉를 개발하였는데 두 가지 교육과정 사례만 보아도 학문을 기반으로 삼아 교수법 문제가 극복될 수 있음을 알 수 있다. 셰익스피어를 가르치기 위해 렉스 깁슨(Rex Gibson, 1988)은 희곡 선집을 편찬했다. 이것은 학교에서 사용할 수 있는 아주 독창적인 자료다. 왜냐하면 그것은 텍스트 분석을 위한 운문(verse)이 아니라 **연극**(plays)이 되는 작품에 주로 집중하였기 때문이다. 또한 역사를 가르치기 위해 로젠츠바이크와 그의 동료들(Rosenzweig et al., 1993)은 멀티미디어 '책'으로 『누가 미국을 세웠나?(*Who Built America?*)』를 개발하였다. 이것은 역사를 가르치고 배우는 일에 혁신을 일으킬 거대한 국가센터(http://www.chnm.gmu.edu)가 만들어진 계기가 되었다. 학교 학생들을 위해 온갖 일차적 자료가 온라인에 들어 있다. 이 두 가지 사례에 담겨 있는 아이디어는 교실 안에서 학문적 기반과 방법론이 연결될 수 있다는 것이다. 이것은 철학적으로 중요하다. 물론 수학은 교과 내용을 둘러싸고 벌어지는 전쟁터로 남아 있다. 발달적 관점들 그리고 내재적 대 도구적 가치관들이 충돌하고 있다.

4. 가치들의 충돌인가

대다수 사람에게 대중문화는 흔히 여가시간에 추구하는 능동적/수동적 활동들과 연결되어 있다. 그러나 '여가보다는 일'이라는 일상생활의 습속/규범은 문화의 중요한 요소이기도 하다. 그것은 사람들의 태도/인습, 그리고 어떤 경우에는 법률에 담겨 있다. 그런 의미에서 그것은 대중적이고 사회마다 달라진다. 이런 태도/법률/인습은 제임스 데이비슨 헌터(James Davidson Hunter)가 말하는 ('사적' 문화와 구분되는) '공적' 문화에 담겨 있다.

> 공적 문화와 사적 문화를 가능하게 만드는, 두 영역 안에서 나타나는 활동의 본질은 담론이나 대화, 상이한 목소리들/의견들/관점들의 상호작용이다.

그러나 공적 문화와 사적 문화는 그 내용은 비슷하지만 그 기능이 다르다. 하나는 사적 삶을 지배하고, 다른 하나는 공적 삶을 지배한다(Hunter, 1991: 53ff).

공적 문화는 법률과 인습뿐만 아니라 국민정체성을 포함한다. "공공선이라는 공통된 이상 그리고 시민적 덕에 관한 공동의 관념"(1991: 55)은 습속/규범이 되고 이에 따라 행위들이 평가/판단된다(하버마스의 공공영역에 대한 연구 참조; Calhoun, 1993; Goode, 2005). 공적 문화의 활동은 사적 문화에 의해 영향받을 수 있다. 개인적 관심사/열망이 공적 영역으로 옮겨질 수 있다. 평범한 사람들이 이해하지 못하는 어휘를 사용하는 엘리트들에 의해 공적 문화가 지배받게 된다면 접근할 수 없는 것이 될 수 있다. 혹은 미국의 정치문화에서 아주 중요한 점으로, 신앙이 (많은 사람의 사적 문화에서 일차적 요소이지만) 공적 문화에서 자기주장을 내세웠다는 것이다.

헌터의 설명에 따르면, 공립학교는 공적 문화(public culture)를 표현하고, 이를 전수하는 수단이 될 것으로 기대받는다. 첫째, 공립학교는 사적 이익들이 공적 문화를 침범하려고 할 때 도구로 이용될 수 있다. 도버학교위원회(Dover School Board) 사건에서 과학에서 창조설을 가르침에 대한 존스 3세(Jones III) 판사의 훌륭한 판결을 보자(www.pamd.uscourts.gov/kitzmiller/kitzmiller_342.pdf). 학교 활동의 규범들은 아이들이 학교에 들어올 때 갖고 있는 현실 문화의 규범들과 상당히 다를 때가 있다. 그것들은 공적 문화의 이상적 형태다.

물론 신앙/종교와 공립학교는 복잡한 이슈로 국가적/사회적 맥락과 얽혀 있다. 예컨대, 미국사회에서는 공식적인 종교교육을 배척하지만, 대다수 사람은 종교적 믿음을 갖고 또 실천하며 산다. 영국에서 종교교육은 필수과목이지만 종교의 실천은 비교적 소수의 습관에 머물러 있다. 신앙을 둘러싼 갈등은 성교육, 도서 검열, 아동/학부모의 권리문제로까지 파급되기도 한다. 사적 문화의 또 다른 요구는 상이한 종류의 소수자 이익공동체의 주장들을 포함한다고 볼 수 있다. 예를 들면, 아동의 복장, 장애 아동 시설, '특이한' 아동들을 위한 시설 등이 그것이다. 이런 설명에 따르면, 공적 문화(public culture)는 대중문화(popular culture)와 혼동되어서는 안 된다. 물론 중복될 수는 있다. 애국심을 지지/고취/무시하는 문제가 그런 예에 속한다.

둘째 이슈는 공적/사적 실천에 구현되어 있는 현실적 가치가 학교의 가치와 어느 정도로 충돌/일치하는가다. 부정행위가 그 예에 속한다. 예를 들어, K는 미국 북동부 지역의 상위권 대학에 다니는 학생인데 정기적으로 부정행위를 한다. 저녁 7~9시 황금 시간대 프로그램에 나와 실토하는 많은 대학생과 마찬가지로, K는 자신의 정체가 드러나지 않기를 바란다. K는 **세상 사람들이 모두 하고 있는 짓**을 하고 있을 뿐이다(필자 강조)(ABC News, 2008). 세상 사람들은 자기 이익만 추구하고, 자신이나 남에게 무슨 영향을 미치는가에 대해서는 상관하지 않으며, 온갖 방법을 써서 지위 향상을 도모한다. 또 다른 예는 경쟁이다(Gingell & Brandon, 2000: 475-481). 조직 안에서의 경쟁은 야심가들에게는 중요한 것이지만, 학교에서 학문적 경쟁은 (위장되어 있지만) 금지하는 편이다. 이것은 결코 사소한 문제가 아니다. 〈워싱턴 포스트〉의 부편집장이었던 메그 그린필드(Meg Greenfield, 2001)는 워싱턴 DC의 정치적 행동을 이해하려면 그곳을 고등학교로 보면 된다고 말했다. 그의 시각에서 볼 때, 정치적 행동의 규범은 학교에서 '가르쳐 준' 것이다. 이런 사례는 학생 시절에 시민적 덕을 함양시키고, 사회에 대한 의무감을 강력하게 고취시켜야 한다는 주장을 아주 강력하게 뒷받침해 준다.

5. 결 론

모든 주제에서 각각 시민사회를 언급하였다. 오늘날 학교교육에 대한 가장 중요한 도전은 무엇인가? 그것은 시민적 미덕을 어떻게 증진시킬 것이며, 시민

사회에 어떻게 기여할 것인가라는 점이다. 교육철학자는 학부모와의 도덕적 동반자(다른 종류의 관계는 해가 될 수 있는) 관계를 어떻게 조성할 것인가를 고심함으로써 학교 선택에 관한 실용적 사고를 계속할 수 있을 것이다. 대학들이 갈수록 회사를 닮아 가고 있기 때문에 교육철학자는 대학에 대해서도 더욱 신중하게 판단하는 시선을 던질 수 있을 것이다. 끝으로, 교육철학자는 시민사회 속에서 대중문화의 선(goods)으로 무엇을 증진시킬 것인가, 그리고 교육과 인간 행복이라는 목적을 어떻게 연결시킬 수 있는가를 지속적으로 언급해야 할 것이다.

참고문헌

ABC News (2008) 'A cheating crisis in America's schools.' April 29, 2008. http://abcnews.go.com/primetime/story?id=132376andpage=1

Ackroyd, Peter (2006) *Shakespeare: The Biography*. London: Anchor Books.

Ahmad, Tufail (2008) The Role of Pakistan's Madrassas. http://www.ocnus.net/artman2/publish/International_3/The_Role_of_Pakistans_Madrassas.shtml.

Arnold, Matthew (1869/1932) *Culture and Anarchy*. Cambridge: Cambridge University Press. 이가형 역(2004). 『교양과 무질서』. 서울: 박영사.

Bantock, Geoffrey H. (1965) *Education and Values*. London: Faber.

Bantock, Geoffrey H. (1967) *Education Culture and the Emotions*. London: Faber.

Barrow, Robin (1993) *Language, Intelligence and Thought*. Aldershot: Edward Elgar Publishing.

Barrow, Robin (2008) 'Or what's a heaven for?' , in L. Waks (Ed.), *Leaders in Philosophy of Education: Intellectual Self-Portraits*. Rotterdam: Sense Publishers, pp. 27-39.

Beehler, Rodger (1991) 'Grading the "Cultural Literacy" Project', *Studies in Philosophy and Education*, 10(4): 315-335.

Bellamy, Richard (2008) *Citizenship: A Very Short Introduction*. Oxford: Oxford

University Press. (Comprehensive introductory study with an excellent Further Reading section that comprehensively covers the field.)

Blackmore, Jill (2001) 'Universities in crisis? Knowledge economies, emancipatory pedagogies, and the critical intellectual', in *Educational Theory*, 51(3): 353-373.

Bloom, Allan (1988) *The Closing of the American Mind*. NY: Simon and Schuster. 이원희 역(1989). 『미국 정신의 종말』. 서울: 범양사.

Bok, Sisella (1989) *Secrets: On the Ethics of Concealment and Revelation*. NY: Vintage Books.

Bok, Sisella (1999) *Lying: Moral Choice in Public and Private Life*. NY: Vintage Books.

Boyer, Ernest (1992) *School Choice: A Special Report*. NY: Carnegie Foundation for the Advancement of Teaching.

Brandon, E.P. (1987) *Do Teachers Care about the Truth?* London: Allen and Unwin.

Brighouse, H. (2000) *School Choice and Social Justice*. Oxford: Oxford University Press.

Calhoun, Craig (1993) *Habermas and the Public Sphere*. Boston, MIT Press.

Carter, Stephen (1996) *Integrity*. NY: Basic Books.

Cremin, Laurence A. (1957) *The Republic and the School: Horace Mann on the Education of the Free Man*. NY: Teachers College Press.

Davis, Andrew and White, John (2001) 'Accountability and school inspection: in defence of audited self-review', *Journal of Philosophy of Education*, 35(4).

Deng, Zongyi (2007) 'Knowing the subject-matter of a secondary school science subject', *Journal of Curriculum Studies*, 39(5): 503-537.

Dray, William H. (1989) *On History and Philosophers of History*. NY: E. J. Brill.

Dray, William H. (1995) *History as Re-Enactment: R.G. Collingwood' s Idea of History*. Oxford: Clarendon Press.

Eliot, T.S. (1948) *Notes towards a Definition of Culture*. London: Faber.

Emmett, D. (1966) *Rules, Roles and Relations*. London: Macmillan.

Emmett, D. (1998) *Outward Forms, Inner Springs: A Study in Social and Religious Philosophy*. London: Palgrave Macmillan.

Fenstermacher, Gary D. (1994) 'From Camelot to Chechnya: the journey of an education dean', in Larry S. Bowen (Ed.), *The Wizards of Odds: Leadership Journeys of Education Deans*. Washington, DC: American Association of Colleges for Teacher Education, pp. 37-49.

Ferrero, David (2004) 'Fresh perspectives on school choice', in *Journal of Philosophy of Education*, 38(2): 287-297.

Friedman, Milton (1962) 'The role of government in education', in *Capitalism and Freedom*. Chicago: The University of Chicago Press, pp. 85-102.

Galston, William (1999) *Liberal Purposes: Goods, Virtues, and Diversity in the Liberal State*. Cambridge Studies in Philosophy and Public Policy. Cambridge: Cambridge University Press.

Gibson, Rex (1998) *Teaching Shakespeare: A Handbook for Teachers*. Cambridge School Shakespeare. Cambridge: Cambridge University Press.

Gingell, J. and Brandon, E.P. (2000) 'In defence of high culture', *Journal of Philosophy of Education*, 34(3) Special Issue, pp. 401-525.

Goode, Luke (2005) *Jurgen Habermas: Democracy and the Public Sphere*. Ann Arbor, MI: Pluto Press.

Greenfield, Meg (2001). *Washington*. NY: Perseus-Public Affairs.

Hansen, David T. (1995) *The Call to Teach*. NY: Teachers College Press.

Hick, John H. (1989) *Philosophy of Religion*, 4th edn. Foundations of Philosophy Series. NY: Prentice-Hall. 김희수 역(2000). 『종교철학』. 서울: 동문선.

Hirsch, E.D., Jr. (1988) *Cultural Literacy: What Every American Needs to Know*. NY: Vintage Books.

Hirsch, Fred (1977) *The Limits to Social Growth*. London: Routledge and Kegan Paul.

Hollis, Martin (1982) 'Education as a positional good', *Journal of Philosophy of Education*, 16(2): 235-244.

Hollis, Martin (1994) *Philosophy of the Social Sciences: An Introduction*. Cambridge: Cambridge University Press.

Holmes, Mark (1998) *The Reformation of Canada's Schools: Breaking the Barriers to Parental Choice*. Montreal: McGill University Press.

Hunter, James D. (1991) *Culture Wars: The Struggle to Define America*. NY: Basic Books.

Huttunen, Matti (2008) 'The historical justification of music', *Philosophy of Music Education Review*, 16(1): 3-19.

Jackall, Robert (1988) *Moral Mazes: The World of Corporate Managers*. Oxford: Oxford University Press.

Jessop, C. and Palmer, L. (2007) *Escape*. NY: Visionary Classics.

Krimerman, Leonard I (1978) 'Compulsory education: a moral critique', in Kenneth D. Strike, and Kieran Egan (Eds.), *Ethics and Educational Policy*. London: Routledge and Kegan Paul.

Lamarque, Peter (2008) *Philosophy of Literature*. Foundation of the Philosophy of the Arts Series. Oxford: Blackwell.

Levine, Lawrence W. (1988) *Highbrow/Lowbrow: The Emergence of Cultural Hierarchy in America*. Cambridge, MA: Harvard University Press.

MacIntyre, Alasdair (1984) *After Virtue*, 2nd edn. Notre Dame, IN: University of Notre Dame Press. 이진우 역(1997). 『덕의 상실』. 서울: 문예출판사.

Martin, Jane R. (1992) *The Schoolhome: Rethinking Schools for Changing Families*. Cambridge, MA: Harvard University Press.

Martin, Jane R. (2008) 'It's not on the list', in L. Waks (Ed.), *Leaders in Philosophy of Education: Intellectual Self-Portraits*. Rotterdam: Sense Publishers, pp. 125-135.

Menand, Louis (Ed.) (1998) *The Future of Academic Freedom*. Chicago: University of Chicago Press.

Moses, Michele S. (1992) 'The heart of the matter: philosophy and educational research', *Review of Research in Education*, 26: 1-23.

Neill, A. S. (1970) *Summerhill: A Radical Approach to Education*. Harmondsworth: Penguin Books. 백승관, 유승우 공역(2002). 『섬머힐』. 서울: 문음사.

Norton, David (1990) *Democracy and Moral Development: A Politics of Virtue*. Berkeley, CA: University of California Press.

Okaha, Samir (2002) *Philosophy of Science: A Very Short Introduction*. Oxford: Oxford University Press.

Oser, Fritz (1994) 'Moral perspectives on teaching', in L. Darling-Hammond (Ed.), *Review of Research in Education*. Washington DC: AERA, pp. 57-129.

Packalen, Elina (2008) 'Music, emotions and truth', *Philosophy of Music Education Review*, 16(1): 41-59.

Peters, Michael (2008) 'Academic self-knowledge and self-deception: a brief excerpt from a personal history of prejudice', in L. Waks, *Leaders in Philosophy of Education: Intellectual Self-Portraits*. Rotterdam: Sense Publishers, pp. 145-159.

Phillips, Dennis C. (2008) 'The Development of a disillusionist', in L. Waks (Ed.), *Leaders in Philosophy of Education: Intellectual Self-Portraits*. Rotterdam: Sense Publishers, pp. 173-185.

Phillips, Dennis C. and Burbules, Nicholas C. (2004) *Postpositivism and Educational Research*. Philosophy, Theory and Educational Research Series. NY: Rowman and Littlefield.

Posner, Richard A. (2007) *The Little Book of Plagiarism*. NY: Pantheon Books. 정해룡 역 (2009). 『표절의 문화와 글쓰기의 윤리』. 서울: 산지니.

Pring, Richard A. (2007) 'The common school', *Journal of Philosophy of Education*, 41 (4): 503-523.

Putnam, Robert (2002) *Democracies in Flux: The Evolution of Social Capital in Contemporary Society*. Oxford: Oxford University Press.

Ravitch, Diane (1996) *Left Back: A Century of Failed School Reforms*. NY: Simon and Schuster.

Renshaw, Peter (1980) 'The place of special schooling in the education of gifted children', in R. Povey (Ed.), *Educating the Gifted Child*. London: Harper and Row, pp. 53-63.

Robenstine, C. (2001) 'Public schooling, the market metaphor, and parental choice', *The Educational Forum*, 65(3): 234-243.

Rosenzweig, Roy (co-author) (1993) *Who Built America?* (http://www.chnm.gmu.edu)

Sontag, Susan (1987) 'One culture and the new sensibility', *NY Times*, 31 December, 1987.

Steiner, George (1987) 'Little-read schoolhouse', *The NYer*, LXIII (June 1, 1987): 106-110.

Stronach, Ian and Piper, Heather (2008) 'Can liberal education make a comeback? The case of Relational touch at Summerhill School', *American Educational Research Journal*, 45(1) March: 6-38.

Waks, Leonard (Ed.) (2008) *Leaders in Philosophy of Education: Intellectual Self-Portraits*. Rotterdam: Sense Publishers.

Westerlund, H. (2008) 'Justifying music education: a view from the here-and-now value experience', *Philosophy of Music Education Review*, 16(1): 79-95.

Williams, Bernard A.O. (2003) *Truth and Truthfulness*. Princeton: Princeton University Press.

제4장

도덕교육과 시민교육

J. Mark Halstead

1. 서 론

이 장의 목적은 도덕교육과 시민교육의 중심 사상가 혹은 최근에 자유주의 사회에서 나타난 주요 교수 전략을 종합적으로 검토하는 것이 아니다. 그런 내용은, 핵심 주제를 일반적으로 논의하는 과정에서 필요한 경우에만 조금씩 다룰 것이다. 또한 문화/사회가 다른 경우 도덕교육과 시민교육을 개념화하는 방식도 다르게 나타나는데, 이를 종합적으로 검토하는 것도 이 장의 목적이 아니다. 이 장의 목적은 현대의 사회적/정치적 분위기에서 도덕교육이라는 활동의 정합성(coherence)을 탐구하고, 그에 관해 제기되었던 일반적인 철학적 문제들을 몇 가지 개관하는 것이다. 여기서 시민교육보다 도덕교육에 초점을 맞출 것이다. 도덕교육과 시민교육이 증진시키고자 하는 가치들이 얼마나 중복되는가도 중요한 문제일 것이다. 그 밖에 학교는 가치를 전수해야 하는가, 도덕교육에서 합리성은 어느 정도까지 중시되는가, 시민교육과 도덕교육의 목표는 무엇인가, 그리고 도덕교육은 도덕문제에 대한 올바른 해답을 아동에게 제공하는 일인가, 아동이 스스로 도덕적 판단을 내리는 데 필요한 도구를 제공하는 일인가, 혹은 그들을 덕이 있는 사람이 되도록 도와주는 일인가 등도 중요한 문제일 것이다.

2. 도덕교육과 시민교육의 연관

도덕교육과 시민교육의 명확한 관계는 어떤 것인가? 이것은 많은 논란을 불러일으킨 복잡한 문제다(Halstead, 2006; Haydon, 2000). 한편으로 이 두 가지에 공통점이 많은 것도 사실이다. 도덕교육과 시민교육은 아동의 개인적/사회적/문화적 정체성을 발달시키는 데 기여하며, 일반사회에서 공유되는 가치와 인정받는 행위규범에 대한 이해를 증진시키려고 한다. 기회균등/민주주의/관용/공정경쟁/인권/법치 등과 같은 가치들은 도덕교육뿐 아니라 시민교육의 핵심으로 녹아들어 있다. 도덕적 덕과 시민적 덕은 서로 무관한 것이 아니다. 시민들이 도덕적 의무뿐만 아니라 시민적 의무를 갖는다는 점이 인식되면서 지난 몇 년 동안 최소한 일부 정치가와 학자의 생각 속에서 도덕교육과 시민교육이 점차 서로 융합되었다. 여하튼 도덕교육은 (가정생활, 노동 패턴, 문화적 다양성, 언론 권력, 테러리즘의 발생, 반사회적 행동 등에서 나타나는) 급속한 사회변화에 적응해야 했으며, 이런 변화의 일부분은 최근 정치에 대한 젊은이들의 커다란 환멸과도 관계가 있다. 도덕적 책임에 대한 관심이 높아지면서 영국 정부의 정치적/시민적 의제의 일부가 되고 있다. 시민성(citizenships)은 젊은이들이 다음과 같이 되는 데 도움을 준다.

> 자신의 의무와 권리를 아는 사려 깊고 책임 있는 시민이 [되도록 도와준다.] 시민성은 젊은이들의 영성적, 도덕적, 사회적, 문화적 발달을 증진시키며, 그들이 교실 안팎에서 더 많은 자신감과 책임의식을 갖게 해 준다. 그것은 젊은이들이 학교, 이웃, 공동체 및 일반사회에서 살아가는 데 도움이 될 역할을 수행하도록 장려한다(Qualifications and Curriculum Authority, 1999: 183).

다른 한편으로, 만일 도덕교육이 앞으로 시민교육 속으로 편입된다면, 아주 빈약한 형태의 도덕교육이 되고 말 것이라는 주장도 있다. 도덕교육은 폭넓은 개념이기 때문에 그것이 오직/주로 시민교육을 통해 이루어진다면 왜곡될 수 있을 것이다(Halstead, 2006). 젊은이들이 도덕적으로 성숙하려면 사랑/친절/관대함과 같은 인격 특성을 배울 필요가 있다. 이런 점은 시민교육의 교육과정에서 별로 나타나지 않는다. 또한 도덕교육은 젊은이들이 시민성 자체를 뒷받침해 주는 가치에 대해 비판적으로 반응할 때 필요한 주요 원리나 기능을 제공해 준다. 두 과목을 분리시킬 필요가 있다고 주장하는 사람도 있다. 왜냐하면 시민성은 정치적으로 유식한 개인들을 길러 내는 일에 일차적으로 관심을 두는 가치 중립적 활동이라고 볼 수 있기 때문이다(Beck, 1998: 108). 이와 달리 도덕교육은 결코 가치 중립적일 수 없다. 왜냐하면 도덕교육은 도덕적 가치에 관한 정보, 도덕적 의사결정 기능, 그리고 도덕적으로 행동하려는 동기를 서로 결합시키는 일이기 때문이다.

실제로 시민교육에 접근하는 방식에는 크게 두 가지가 있다(McLaughlin, 1992 참조). 좁은 의미에서 시민교육은 사회 속에서 효과적으로 살아가는 데 충분한 지식을 가진 유식한 시민 양성을 목표로 삼는다. 이보다 더 넓은 의미에서, 시민교육의 목적은 도덕적/사회적 책임, 지역사회 참여 등과 같은 공적 가치/실천에 헌신하는 능동적 시민의 양성이다. 좁은 의미에서 시민성의 과제는 인지적인 것이다. 즉, 사회적/정치적 이념, 제도, 이슈에 대한 아동의 이해를 확대시키는 것이다. 시민성은 그 나름의 지식/이해/기능의 체계를 갖춘 교과가 된다. 예를 들어, 학생들은 공공기관으로부터 정당하게 대우받을 사항, 지방정부와 중앙정부의 구조, 법률체계, 건강 증진, 경제/국제 관계, 그리고 (기회균등, 인종관계, 지역사회 결속, 인권 등에 관한) 입법에 관해서 학습한다. 더 넓은 의미에서 시민성은 지식과 개념 이외에 가치/성향/기능/적성/충성/헌신의 발달을 반드시 포함해야 한다(Advisory Group on Citizenship, 1998: 11-13, 44-45). 공적 책임감, 사적 이익을 초월하는 능력, 광범위한 정치공동체와 동일시하려는 의지 등과 같은 공적 가치가 일정 수준에서 공유되지 못할 경우(Miller, 2000: 28-29), 민주주의 사회는 정합성(coherence)과 안정성을 잃게 된다. 민주주의 사회가 다른 사회와 확연하게 구별되는 것은 구체적인 제도/절차가 아니라 정의, 자유, 자율성 존중과 같은 가치이며, 민주주의가 작동하기 위해서는 시민들이 자신의 지식/기능을 민주적으로 활용하고자 하는 **성향**을 갖출 필요가 있다(White, 1996). 학생들의 시민성을 제대로 준비시킬 수 있는 교육이 되려면, 민주주의 제도가 제대로 돌아가는 데에 필요한 시민적 덕/성향을 학생들이 습득하도록 도와주어야 한다(McLaughlin & Halstead, 1999: 146-155와 비교). 거기에는 공동선에 대한 관심, 인간의 존엄성과 평등에 대한 믿음, 책임 있는 행동, 관용의 실천, 용기, 개방성, 예의, 법치 존중, 기회균등에 대한 신봉, 인권에 대한 관심 등이 포함된다(Advisory Group on Citizenship, 1998: 44-45).

넓은 의미의 시민성과 도덕교육 사이에 서로 중복되는 의미가 많다(Beck, 1998, Ch. 4 참조). 크릭(Crick)의 주장에 따르면, "도덕적 가치와 추론에 기반을 두지 않고 시민성을 가르치는 일은 기계적이고 지루하며 위험할 수도 있다."(1998: 19) 시민성과 도덕교육이 서로 관계가 있다는 사실은 별로 의문시되지 않는다. 물론 이 둘 사이 관계의 성격/한계에 관한 논란은 남아 있다. 도덕교육과 시민교육은 가치교육이라는 더 큰 범주의 하위 범주에 속하는 것이라고 주장하는 사람(Torney-Purta, 1996)이 있는가 하면, 개인적/사회적 교육(Personal and Social Education: PSE), 도덕교육 혹은 가치교육은 좋은 시민성을 위해 충분하지 않지만 필요한 것이라고 주장하는 사람(Crick, 1998: 19)도 있다.

3. 도덕교육의 목적

시민성이 사회의 공적 가치(public values)에 관심을 두는 것이라고 본다면, 시민교육과 도덕교육은 확실히 중복된다. 그런데 도덕교육은 공적 가치에 관심을 두면서도 사적 덕 혹은 인격적 자질에 관심을 둔다(사적 가치와 공적 가치의 구분에 대한 보다 충실한 논의는 McLaughlin, 1995: 26-27 참조). 실제로 도덕교육의 목적을 진술해 놓은 것들을 살펴보면 공적인 것보다는 사적인 것에 더 중점을 두고 있음을 알게 된다. 그것은 흔히, 어린이들이 옳음/그름을 분별하도록 도와주고, 선하게 되도록 가르치며, 도덕적 행동으로 이끌어 주는 일이라는 식의 단순한 용어로 표현된다. 그런데 이런 목적들은 단순한 것처럼 보이지만 아주 복잡한 측면이 감추어져 있다(Wringe, 2006). '옳은'과 '그른'은 상대적 용어인가, 절대적 용어인가? '선하다', '착하다'는 말은 무엇을 의미하는가?(Straughan, 1988과 비교) '도덕적으로 행동하라.'는 요구가 충족된 경우란 왜 그래야 하는지의 이유를 이해하지 못한 채 도덕적 규칙만 따르도록 훈련받는 경우인가 혹은 옳은 이유에서 마땅히 바른 일을 행하는 경우인가? 도덕성은 외부에서 부과된 어떤 규칙에 순종하는 일인가 혹은 자율적인 의사결정의 일인가? 그것은 도덕적 원리들을 특수한 상황에 적용하는 방법을 아는 일인가 혹은 어떤 종류의 사람이 되는 일인가?

이런 복잡한 점들을 간과했던 도덕교육 이론가들도 많다. 그들의 주장에 따르면 그 최종 산물, 즉 "도덕적으로 교육받은 인간"(Wilson, 1973: 21-25)이 명료화되어야 비로소 도덕교육에 무엇이 포함되는지를 제대로 이해할 수 있다. 바꾸어 말하면, 도덕교육을 제대로 받은 사람으로 간주되려면 어떤 자질/속성/기능/능력/지식/이해를 갖출 필요가 있는가? 나는 다음에서 도덕교육의 목적을 '도덕적으로 교육받은 사람'의 세 가지 특성으로 나누어 논할 것이다. 이 세 가지는 유식함, 도덕적 행위에 헌신함, 비판적으로 성찰함이다. 그런 교육은 가정에서 시작될 것이고, 종교기관/지역공동체 안에서 강화될 것이며, 평생 동안 지속될 것이다. 학교는 도덕발달에 영향을 미치는 여러 가지 중에서 하나에 지나지 않는다.

1) 유식한 도덕적 행위자를 길러 냄

이 목적은 세 가지 수준에서 성취될 수 있다. 첫째는 아이들을 특정의 도덕적 전통으로 입문시키는 일이다. 이것은 공식적(흔히 종교적) 전통일 수도 있고, 비공식적인 가정 기반적 전통일 수도 있다(Harris, 1989, Ch. 2와 비교). 이런 전통을 내면화하는 일은 중요하다. 왜냐하면 진공 속에서는 도덕학습이 이루어질 수 없기 때문이다. 어른들이 의식적으로/계획적으로 그렇게 하건 하지 않건 간에 그런 도덕학습은 일어나기 마련이다. 이 점은 연구에서도 밝혀졌다. 가정의례, 관계, 상호작용 등은 아주 어릴 적부터 아이들을 대체로 비형식적인 도덕적 전통에 친숙하게 만들어 준다(Dunn, 1987). 학교는 이런 입문과정을 확충시키기 위해서 **인격교육**(character education)을 시행할 수 있다. 이런 도덕교육은 교실활동이나 교과 외 활동을 통해 핵심 덕을 직접적으로 가르치는 것을 강조한다(Lickona, 1991; 인격교육에 대한 비판은 McLaughlin & Halstead, 1999 참조). 교육적 관점에서 볼 때, 그와 같은 입문은 아동이 도덕적으로 행동한다는 것이 무엇인지를 배울 수 있도록 하는 데 필요한 것이다.

둘째는 무엇인가? 그것은 일반 사회의 기대에 순응하도록 하기 위해서 가정기반 혹은 신앙기반 도덕성을 점진적으로 세련화하는 일도 아니고, 또 그런 유덕한 행동을 실행할 기회를 반복적으로 제공함으로써 그것이 제2의 천성이 되도록 습관화시키는 일도 아니다(Straughan, 1982: 221-222). 도덕교육은 도덕적 질문에 대한 '정답'으로서 특정 내용을 학생들에게 전달하는 일도 아니다(Wilson, 1996: 90). 그렇다면 도덕교육에서 중요한 것은 원리/절차의 이해이며, 이것이 제대로 이루어진다면 "내용은 저절로 따라올 것"(Hare, 1979: 104)이다.

이런 견해에 따르면, 좋은(즉, 합리적인) 도덕적 결정을 내리는 데 필요한 '장치'를 발달시키는 것(Wilson, 1990: 128)이 바로 둘째 수준의 일이다. 이 장치는 다음과 같은 것으로 구성된다.

- 관련된 개념의 이해: 덕의 성격, 도덕적 이유의 개념
- 규칙/원리의 확인: 개인이 각자의 행동에서 따라야 한다고 믿는 것
- 다른 사람들(또는 자신)의 감정을 앎, 그리고 다른 사람들과 동일시하거나 그들에게 관심을 보여 줄 수 있는 능력
- 주변 상황에 대한 지식, 그리고 특정 도덕 상황과 연관된 사실적 지식
- 실천적 지혜: 사람들을 대하거나 도덕적 의사결정을 내릴 경우(McLaughlin & Halstead, 2000; Wilson, 1996: 85-92)

이런 것들이 '도덕적으로 교육받은 인간'을 구성하는 요소다. 그것은 도덕적으로 사고/행동하는 것이 무엇을 의미하는지, 그리고 이것이 필연적으로 함의하는 바가 무엇인지를 고찰함으로써 이끌어 낸 요소다. 이해와 도덕적 감정 (양심, 자기존중감, 공감, 선을 사랑함, 자기통제, 겸손 등과 같은) 간의 연관성을 특별히 강조하는 학자도 있다(Lickona, 1991: 56-61).

셋째, 도덕성에 관한 깊이 있는 학술적 연구가 있다. 여기서는 공리주의와 의무론과 같은 윤리이론, 이런 이론들을 실제 도덕적 이슈/딜레마에 적용하는 기능이 연구된다. 그 밖에도 도덕발달에 관한 심리학 이론들, 도덕성과 종교/법의 상호관계, 도덕성과 영성/정서의 연관성 등도 연구될 수 있다.

2) 헌신적/능동적 도덕적 행위자를 길러 냄

대다수 교사의 주장에 따르면, 도덕적 이해를 발달시키는 일은 그 자체만으로는 불충분한 목적이다. 그것은 마침내 도덕적 행동으로 나타나야 한다. 사실

상 도덕적 행위는 도덕교육의 수단이면서 성과이기도 하다. 도덕적 학습의 기회는 가정/학교/지역사회에서 제공되는 중요한 맥락 속에서 타인들과 정상적으로 상호작용하는 과정에서 많이 생긴다. 그렇지만 도덕적 이해와 도덕적 행위 간의 연관성이 늘 곧바로 드러나는 것은 아니다. 일단의 규칙/도덕원리를 어떤 사람이 신봉한다고 해서 그 사람이 실제로 늘 그런 원리에 따라 살아갈 것이라는 점이 보장되는 것은 아니다. 물론 ('좋은' 혹은 '옳은'과 같은 개념들의 보편화 성격을 수용함으로써) 그런 원리에 따라 살지 않는 것이 오히려 더 편할 경우에도 변함없는 도덕적 행동을 계속해서 보여 주는 사람도 많다. 그런 원리에 따라 살아가려면 동기유발과 강인한 의지가 필요하다(Straughan, 1982). 윌슨(J. Wilson)의 견해에 따르면 도덕적 동기야말로 학생들로 하여금 도덕성이라는 총체적인 삶/사상을 진지하게 받아들이도록, 그것을 그 자체로서 인식하도록, 그리고 그것의 일부분이 되기를 원하도록 장려한다(Wilson & Cowell, 1987: 35). 도덕적 동기는 학생들로 하여금 '정답'에 맞추어 살아가도록 하는 일과 전혀 무관하다. 왜냐하면 어떤 종류의 도덕적 행동은 '저절로 나타나는' 것이기 때문이다(1987: 34). 그러므로 도덕교육의 한 가지 목표는 학생들이 옳다고 알거나 느끼는 바를 행하려는 도덕적 용기를 갖게 하는 일이다.

3) 자율적/비판적 성찰이 가능한 도덕적 행위자를 길러 냄

만약 학생들에게 대안적인 도덕적 견해들을 제시해 주고 그중에서 입맛에 맞는 것을 자유롭게 고르라고 한다면 이것은 정말 잘못된 일일 것이다. 한편으로 도덕성의 문제에 정답이라는 것은 없고 오직 취향의 문제일 뿐이라는 점을 암시하는 길도 있을 것이고, 다른 한편으로 학생들에게 정답을 강요하려고 애쓰는 길도 있을 것이지만, 교사들은 그 사이를 뚫고 나아가야 한다. '정답'의 가능성을 아예 부정한다는 것은 도덕적 상대주의에 수반되는 상당한 난점들을 무시하는 셈이 된다(Wilson, 1990, Ch. 3과 비교). 그렇지만 정답을 찾아서 학생들에게 제시해 주는 것도 받아들일 수 없는 일일 것이다. 왜냐하면 학생들은 적절한 절차를 거치면서 자신의 이성을 자율적으로 발휘함으로써 해답을 찾을 필요가 있기 때문이다. 도덕교육의 궁극적 목적은 독립적인, 비판적으로 성찰적인, 도덕적인 추론자를 육성하는 것이다. 여기에는 (무엇보다도) 언어를 적절하게 사용하는 것을 배우는 일이 포함된다. 그래야 학생들은 도덕적 이슈를 명확하게 합리적으로 사고/논의할 수 있고, 또한 편견/환상 혹은 다른 비합리적 감정에서 벗어나면서 도덕적 이슈에 접근할 수 있다.

비판적으로 성찰하는 기능을 개발시키려면 처음에는 실천과 도덕적 행위에 대한 반성을 거치도록 해야 할 것이다. 성찰에서 질문이 생긴다. 내가 이 일을 했어야 하는가? 다르게 행동할 수 있었던 길은 무엇일까? 어째서 이 길이 더 나은 길인가? 나의 행동에 대해서 다른 사람들은 어떻게 생각할까? 나중에 지적하겠지만 이와 비슷한 종류의 성찰이 콜버그의 도덕교육론에서 중심을 차지한다. 콜버그는 도덕적 딜레마를 논의함으로써 도덕적 추론을 발달시키는 방법을 강조하였다(Colby & Kohlberg, 1987). 성찰의 또 다른 중요한 부분은 도덕적 상상력이다. 상상력은 다른 사람들의 세계관 속으로 들어가 보고, 행위/결정이 그들의 세계관에 어떤 영향을 미칠 것인지를 알아보며, 현재 경험의 범위를 벗어날 수 있는 가능성들을 살펴보도록 도와준다. 비판적 성찰이라는 주제는 시민성과 도덕교육의 연관성으로 되돌아가게 해 준다. 왜냐하면 그것은 시민으로서 부딪히게 될 도덕적 이슈, 예를 들면 투표하러 가야 할 도덕적 의무가 있는가, 정의롭지 못한 법을 따라야 하는가 등을 다루는 데 필요한 핵심 기능이기 때문이다.

4. 도덕적/시민적 가치의 전수와 가르침

시민성/도덕성에 관한 학습, 그리고 더 일반적으로 가치에 관한 학습은 유아

시절부터 시작되어 평생 지속되는 일이다. 그렇지만 교사들은 이런 과정에서 토론, 성찰, 이해 증진의 기회를 제공함으로써 좋은 영향을 미칠 수 있는 특별한 위치에 놓여 있다. 가치의 발달을 위해 학교가 수행하는 역할로는 세 가지(늘 서로 부합될 수 있는 것이 아님)가 있다. 첫째, 공적 기관으로서의 학교는 사회를 떠받치는 시민적 가치를 반영하고 또 지켜가야 한다. 그렇다고 해서 이런 가치를 무비판적으로 제시해야 한다는 말은 아니다. 비판적 이해는 모든 학교의 과업에서 중심을 차지하기 때문이다. 물론 학교가 미치는 영향이 균형된 것이 되도록 해야 할 책임은 있다. 학교는 최소한 사회의 공식적 견해를 대변하는 곳이다. 학교는 학생들이 다른 곳에서 습득한 극단적 의견/가치에 대해 균형을 잡도록 도와줄 수 있다. 둘째, 학교는 학생들이 도덕적 가치 그리고 이 가치에 따른 행동의 중요성을 잘 모르거나 이해하지 못하는 부분이 있으면 이를 보완해 준다. 학생들이 알고 있는 것에 상당한 결함이 드러날 때가 있다. 또한 학교는 인격교육 프로그램을 통해 학생들이 정직성/친절/존중/책임/인내/공감/자기 훈육/관용성 등과 같은 핵심적인 도덕 가치를 학습하고 내면화하도록 도와주어야 한다. 물론 아이들이 배울 필요가 있다고 간주되는 도덕적 가치에 관한 판단은 사회적으로 폭넓은 합의에 기반을 두는 경우가 많지만, 그럼에도 가치 판단을 내려야 하는 경우가 있다. 셋째는 가장 중요한 학교의 역할이다. 학생들의 가치관이 발달하는 과정에서 영향을 미치는 것들은 많고, 학생들은 그중에서 합리적인 길을 택해야 하는데 이를 학교가 도와주어야 한다. 학교의 목소리는 온갖 영향력(가정/또래/미디어/지역사회 등)과 함께 학생들의 의식으로 들어간다. 학생들은 그런 것들을 자료로 삼아 자기 자신의 시민적/도덕적 가치를 형성한다. 물론 학생들은 자신의 가치 발달에 미치는 여러 가지 영향을 수용/평가/종합/판단하는 과정에서 도움을 받을 필요가 있다. 이처럼 핵심적 기능을 발달시키는 데 적합한 곳이 바로 학교다. 학생들이 시민적/도덕적 가치들을 파악하는 방식은 각양각색일 것이다. 그러나 자유주의적 관점에서 볼 때 그것이 문제가 될 필요는 별로 없다. 다만 학생들의 결정이 교화가 아닌 합리적 성찰의 결과를 따르도록 하고, 공공 이익에 해를 끼치지 않는 것이 되도록 하면 좋다.

그러므로 시민교육과 도덕교육에서 교사의 역할은 최소한 어린 아동들에게 (가르침을 통해서 직접적으로, 도덕적 사례를 통해서 간접적으로) 가치를 전수하는 일이며, (이상적으로는) 비판적 성찰과 개인적 자율성을 장려하는 일이다. 가치 전수의 목표는 국가나 다른 기관을 무비판적으로 추종하게 하는 것이나 혹은 순종적인 노동력을 양성하는 것이 아니다. 가치 전수의 목표는 아이들에게 삶의 도덕적 출발점, 더불어 삶의 기반, 도덕적 행위를 습관화시킬 기회, (도덕적 자율성에 더욱 가까워짐에 따라 적절한 과정을 통해 비판적으로 다듬어 갈) 일단의 아이디어를 제공하기 위한 것이다. 그렇지만 일부 교사들은 가치를 전수/주입한다는 것에 대해 처음에는 불편하게 느낄 수 있다(Halstead & Taylor, 2000: 170; Passy, 2003과 비교). 이것은 다음과 같은 몇 가지 이유 때문일 것이다. 첫째, 교사들은 학교의 가치와 가정의 가치가 서로 다를 수 있다는 것을 알고 이에 관한 혼란을 일으키고 싶지 않을 수 있다. 둘째, 교사들은 가치가 개인의 사적 관심사이고, 따라서 다른 사람에게 가치를 부과하는 것은 원칙적으로 그릇된 일이라고 믿을 수 있다. 이런 생각은 미국 도덕교육(Simon et al., 1972)에서 나타난 **가치명료화**(values clarification) 접근, 그리고 영국의 '학교위원회 인문 프로젝트(School Council Humanities Project)'(Schools Councils, 1971)와 연관된 '교사 중립성 접근'을 옹호했던 주요 근거다. 학교에서는 이 두 가지를 바탕으로 마련된 교재와 수업 자료를 사용하는 경우가 많다. 이에 대해 비판이 제기될 수 있다. 즉, 그것은 그릇된 상대주의에 뿌리를 둔 것이라든가, 가치문제에서 실수가 생길 수 있음(Kilpatrick, 1992, Ch. 4)을 인식하지 못한 것이라든가, 가치를 부과하지 않는 일에 대해 분명한 가치를 부여하는 자기모순이라든가 하는 비판이 그것이다. 셋째, 학교에서 벌어지는 상황에 대해 정당한 관심을 갖고 있는 교사들의 입장에서는 현대사회의 가치가 아주 다양하기 때문에 어느 특정한 접근 틀에 대해 합의 도출이 불가능하다고 주장하기도 한다. 그렇지만 조금 더 깊이 성찰해 본다면, 대다수 교사는 다음과 같은 점을 인정할 것이다. 교사가 사회의 핵심인 공유된 가치를 지키고, 또한 아동의 도덕발달에서 생기는 격차를 줄이려고 한다면 단순히 성찰과 토론에만 머물 수 없고, (가치에 관한 학습뿐만 아니라) 가치를 학습하는 일이 모든 시민교육/도덕교육 프로그램의 핵심이 되어야 한다. 이런 점은 교사교육을 위해 중요한 시사점을 갖는다.

5. 도덕적 규칙, 자유주의적 가치, 합리적 도덕성

이미 지적했듯이, 많은 사람은 다음과 같이 생각한다. 도덕교육의 핵심은 학생들이 자신의 도덕적 의무/권리/책임을 알고, 옳음/그름을 이해하며, 도덕적 딜레마 상황에 처할 때 어떻게 할 것인가를 결정할 수 있도록 도와주는 일이다. 나는 어떻게 행동해야 하는가? 이 질문에 대한 아리스토텔레스의 대답은 상식을 발휘하여 덕 있는 사람이 해야 할 일을 하라는 것일 것이다. 그러나 많은 사람이 보기에 그런 대답은 아이/젊은이에게 충분한 지침을 제공해 주지 못한다. 그들에게는 성숙한 판단을 내릴 수 있는 지혜/경험이 부족하기 때문이다. 따라서 교사들은 그들에게 도덕적 행동의 지침이 될 규칙의 틀을 제공해 주려고 한다. 그러나 어떤 규칙이 적절할 것이며, 그런 규칙은 어디서 나오는 것인가? 규칙에 의존한다고 할 경우, 교사들은 때때로 비판적 사고나 자율적 의사결정이 아닌 복종과 순종을 장려하는 것인가? 아이들은 어떤 나이가 되어야 조직의 규칙과 도덕적 규칙을 분간할 수 있는가? 우리는 교실의 복잡한 현실을 무시해서는 안 되지만, 아동이 도덕적 성숙과 자율성을 향해 성장해 가는 세 가지 단계를 구분하는 것은 도움이 될 것이다. 이는 '외부에서 부과된 규칙', '내면적으로 부여한 규칙' 그리고 '합리적으로 결정된 규칙'의 수용으로 구분할 수 있다.

첫째, '외부에서 부과된 규칙'은 교사들을 통해서 매개되는 것인데, 상이한 근원에서 생길 수 있다.

- 종교로부터. 어떤 젊은이들은 도덕적 지침을 종교에 의지하여 찾는다. 많은 종교가 (십계명, 황금률 혹은 이슬람교의 샤리아와 같은) 삶의 규칙을 제공해 주는 것은 사실이다. 그러나 구체적 상황에서 여러 종교의 도덕적 규칙들이 서로 일치하는 것은 아니다. 따라서 종교적 신앙이 없는 젊은이들로부터 존중받지 못할 수 있다. 아무튼 종교의 지원을 받지 않아도 도덕이 홀로 설 수 있다는 점은 분명하다.
- 법으로부터. 서구에서는 옳음/그름에 대한 관점을 법에서 얻는 젊은이들이 많은 것 같다. 불법이 아니면 부도덕하지 않은 것이라는 가정이 깔려 있다. 그러나 법과 도덕의 관계는 논란을 많이 일으키는 복잡한 문제다(Devlin, 1965; Hart, 1963). 서구에서 도덕적 가치를 지탱하는 일이 과연 법의 역할인가 하는 점은 결코 확실하지 않다.
- 사회화로부터. 아동은 지역 공동체 혹은 지배적 사회계급의 규범에 순종하고, 부모라든가 공동체 구성원 중에서 연장자들이 합의하거나 당연시하는 규칙을 내면화할 것으로 기대받는 경우가 많다.

'외부에서 부과된 규칙'이라는 생각을 갖고 있는 교사들이 당면하는 문제가 있다. 즉, 상이한 원천에서 상이한 규칙이 나오고 있으므로, 이런 것들이 모두 절대적 의미에서 옳을 수 없다는 것이다. 그렇다면 학교의 도덕교육은 보편적 도덕규칙이라는 객관적 틀에 기반을 둘 수 있는가? 도덕적 절대주의자들은 그와 같은 규칙을 확인하기는 어렵지만 있다고 믿는다. 도덕적 상대주의자들은 서로 다른 도덕체계들이 서로 다른 맥락에서 제각기 타당한 것이라고 믿는다(Harman & Jarvis-Thompson, 1996). 절대주의에 반대하는 주장에 따르면, 도덕적 가치는 시간의 흐름에 따라 분명히 변하고 있다. 노예제는 과거에는 널리 수용되었지만 요즘에는 우리에게 도덕적으로 혐오스러운 일이다. 상대주의에 반대하는 주장에 따르면, 예를 들어 '아동을 고문하는 행위가 특정 문화의 맥락에서는 수용될 수 있다.'고 하는 말은 명백히 틀린 이야기다. 이런 난관에서 벗어날 길은 두 가지다. 하나는 주관적인 길로, "이런저런 규칙들이 보편적으로 타당한 것인지는 알 수 없지만 그런 규칙들이 나에게는 옳다는 점을 나는 알고 있다."라고 말하는 입장이다. 다른 하나는 합리적인 길로, "도덕문제에서 절대적 확실성에 도달할 수 있다는 가능성을 믿지 않지만 우리의 도덕적 판단이 가능한 한 합리적인 것이 되도록 노력할 필요가 있다."라고 말하는 입장이다. 이 견해에 따르면, 최고의 도덕적 규칙은 합리적으로 결정된 것이다. 우리는 학교의 도덕교육 속에서 위와 같은 주관주의와 합리주의를 흔히 찾아볼 수 있을 것이다.

둘째, '내면적으로 부여한 규칙'이라는 아이디어는 주관주의와 연관된 것이다. 이것은 여러 가지 견해를 포함한다. 일부 사람들(정서주의자들, emotivitists)의 견해에 따르면, 도덕적 의무의 기반은 긍정(시인) 혹은 부정(부인)에 대한 근본적인 개인적 감정에서 찾을 수 있다. 흄(Hume, 1739/2000)의 주장에 의하면, '살인은 그르다.'와 같은 도덕적 진술은 살인에 대한 부정의 감정을 보고하는 방식에 불과한 것이다. 물론 그도 인정하듯이 우리의 감정의 유사성은 실제로 인간들을 행복하게 만들어 주는 방향으로 사회를 조직할 수 있게 해 준다. 에이어(Ayer, 1936)는 흄의 아이디어를 확대해서 도덕적 진술은 행복이나 혐오의 표현일 뿐이며, 도덕적 논란은 사소하고 무의미한 것이라고 주장한다. 다른 사람들은 다음과 같이 여러 가지 제안을 하였다. 즉, 우리는 어떤 도덕적 원칙들을 직관하며, 그것이 우리의 도덕적 판단의 기반이 된다(Moore, 1903). 개인들은 사랑이라는 핵심 도덕 원리에서 도덕 판단의 기반을 찾으며, 주어진 상황에서 사랑이 그들에게 요구하는 행동이 무엇인가를 묻기도 한다(Halstead, 2005). 그리고 행위가 개인적인 가치 코드에 기반을 둔다는 사실 자체가 바로 그 행위를 도덕적인 것으로 만든다. 흥미로운 사실은, 영국에서는 도덕적 주관주의의 한 가지 버전이 시민교육과 도덕교육에 관한 여러 가지 공식적 진술을 뒷받침해 주고 있다는 점이다. 교육과정의 지침 문서인 『시민성을 위한 교육(*Education for Citizenship*)』에서는 아동이 개인적인 도덕적 코드를 발달시키도록 도와주어야 한다고 밝히고 있다(National Curriculum Council, 1990: 4). 그리고 토론 문서인 『영성적 및 도덕적 발달(*Spiritual and Moral Development*)』에서는 도덕적으로 교육받은 학생들은 "자기 자신의 태도와 가치를 확인" 할 수 있다고 밝히고 있다(School Curriculum and Assessment Authority, 1995: 6). 이와 같은 접근과 가치 명료화 사이에 유사성이 있다는 점은 지적할 만한 가치가 있는 부분이다.

셋째, '합리적으로 결정된 규칙'이란 합리적으로 정당화될 수 있는 도덕적 원리들을 특수한 도덕적 상황에 적용한 것이다. 여기서 합리적 정당화와 도덕적 원리가 강조된다. 도덕적 규칙을 이렇게 이해하는 것은 자유주의적 가치의 틀 안에서 가능하다. 그것은 또한 (서구적 시민성도 자유주의적 가치에 기반을 두고 있기 때문에) 도덕교육과 시민성의 연관성을 부각시킨다. '개인의 자유', '평등한 권리', '일관된 합리성'이라는 세 가지 핵심적인 자유주의적 가치를 기반으로 삼아 자유주의적 세계관이 구축될 수 있다. 여기서는 인간의 자율성, 종교관/선관에 대한 국가의 중립성, 개인적 관용과 존중, 기회균등, 갈등의 정의로운 해결 등과 같은 원리가 우선시된다(Halstead, 1996). 이러한 가치와 원리로부터 (민주주의, 다원주의, 사회정의에 기반을 둔) 자유주의적 정치이론, (인권 및 법치의 수용에 기반을 둔) 자유주의적 법이론, (자유시장 경제, 공정경쟁, 사유재산 소유의 자유에 기반을 둔) 자유주의적 경제이론, 그리고 (비판적 개방성, 교화의 탈피, 인간의 자율성 발달에 기반을 둔) 자유주의적 교육이론을 구상할 수 있다. 이 모든 것은 현재 서구인들이 생각하고 있는 시민성이라는 주제 속에 포함된다. 자유주의의 내부에서 논의되고 있는 다음과 같은 많은 문제도 마찬가지다. 예를 들면, 자유롭게 표현할 권리는 위해/침해로부터 보호받을 권리보다 우선시되어야 하는가? 사적 도덕은 형법을 통해 강요될 수 있는가? 세속주의는 종교를 믿는 사람들에게 차별을 가하는가? 시민의 자유와 국가의 개입 간에 어떠한 균형을 찾을 것인가? 재화의 분배는 공적/업적에 대한 보상에 따라 혹은 복지의 필요에 따라 이루어져야 하는가? 자유기업은 누진세에 의한 부의 재분배보다 우선시되어야 하는가? 등이 그것이다.

그러나 자유주의는 정치와 경제뿐만 아니라 도덕에 대해서도 관심을 쏟는다. 개인적 차원에서 볼 때 다음과 같은 인간 행동들은 (자유주의적 관점의 본질이라고 말할 수 있는) 세 가지의 핵심적인 자유주의적 가치에 기반을 두고 있다. 예를 들면, 진리를 말하기, 약속을 지키기, 타인을 정당하게 대우하기, 자신과 타인을 존중하기, 타인에 대한 위해를 피하기, 자신의 삶/신체를 통제하기, 다양성을 관용하기, 책임을 이행하기, 합리적인 갈등 해결을 지지하기, 타인의 이익 보호를 위해 자신의 행위에 대한 제약을 받아들이기 등이 그것이다. 이렇게 볼 때, 도덕성은 핵심적인 자유주의적 가치들과 연관될 경우 합리적으로 정당화될 수 있는 규범/행위규칙으로 볼 수 있다. 도덕적으로 교육받은 시민들이란 그런 규범/행위규칙을 통해 사고하고 그것을 내면화한 사람들이다.

그 밖에도 자유주의는 여러 가지 윤리이론의 기반을 제공해 준다. 자유주의적 도덕이론에서는 대체로 제러미 벤담(Jeremy Bentham, 1799/1948)이나 존 스튜어트 밀(John Stuart Mill, 1863/1970)과 같은 사람들을 이마누엘 칸트(Immanuel Kant, 1785/1948)와 같은 사람들로부터 구분한다. 전자는 **좋음**(good, 선)이 일차적으로 중요하다고 믿으며, 따라서 행위/결정의 도덕성을 그 결과에 비추어 판단한다. 후자는 **옳음**(right)이 일차적으로 중요하다고 믿으며, 행위/결정의 도덕성을 도덕적 의무감에 따르는 정도에 비추어 판단한다. 전자에 속하는 주요 견해는 공리주의다. 여기서 제도/개인의 행위의 정의는 최대 다수의 최대 행복을 증진시켜 줄 수 있는가에 비추어 측정될 것이다. 일부 공리주의자들(Smart & Williams, 1973)은 사회 전체적으로 행복/고통의 집단적 경험을 기반으로 삼아 규칙체계를 구성할 수 있다고 믿는다. 이와 달리 후자에 속하는 주요 견해는 의무론(deontology)이다. 의무론에서는 우리의 의무감을 뒷받침해 주는 강제적 규칙(혹은 정언명언, categorical imperatives)은 보편화 가능성(universalizability)의 원리에 따라서 합리적으로 찾을 수 있다고 믿는다. 보편화 가능성의 원리란 다른 사람들도 모두 똑같이 행해야 할 것으로 받아들일 수 있는 행위를 해야 한다는 것이다. 또한 칸트는 도덕적 상상력의 중요성을 강조하였다. 도덕적 상상력이란 자기 자신의 도덕적 결정을 수용하는 다른 사람들의 편에 서서 상상해 보는 능력이다. 의무론은 여러 가지 종류의 윤리이론과 연결된다. 예를 들면, (서로 무관한 하위 수준의 행위준칙들을 묶어서 하나의 일관된 전체로 만들려고 시도하는, 따라서 철학적으로 볼 때 상식에 가장 가까운 것으로 간주될 수 있는) 직각설(intuitionism) 그리고 (한편으로는 사람들에게 기회균등을 단순히 제공하는 것에서부터 다른 한편으로는 최소 수혜자의 필요를 먼저 충족시키는 것에 이르기까지 여러 가지 방식으로 이해될 수 있는) 분배적 정의가 있다. 예를 들어, 존 롤스(John Rawls)는, '정의롭고 인간적인 사회는 사회 속에서 자신이 차지하는 위치를 모르는 무지의 장막 뒤에서 스스로 선택할 수 있는 평등하고 합리적이고 자기이익적인 개인들의 집단에 의해 가장 잘 결정될 수 있다.'고 주장한다. 그는 이런 상황에서 개인의 자유와 (사회의 최소 수혜자인 구성원들을 위한) 정의 간에 적절한 균형을 찾을 수 있다고 믿는다. 왜냐하면 모든 사람은 미래에 닥칠지도 모르는 빈곤한 삶으로부터 어느 정도 보호받기를 원할 것이기 때문이다(Rawls, 1971). 이와 같은 자유주의적 도덕이론들은 종교적 도덕의 대안이라고 볼 수 있다. 그것은 종교적 권위나 계시로부터 파생되는 처방보다는 오히려 합리적 원리들에 기반을 둔 행위규칙을 갖고 있는 것이라고 볼 수 있다. (물론 실제로 종교적 도덕규칙과 자유주의적 도덕규칙 간에는 상당한 중복이 있을 것이다.)

이 모든 것이 다듬어 놓은 길목에서 우리는 도덕교육에 대한 **도덕적 추론**(moral reasoning) 접근을 만나게 된다. 이것은 자유주의적 가치, 그중에서도 특히 '합리성'의 가치에 뿌리를 둔 것이다. 도덕적 추론 접근에서 볼 때 도덕성의 주요 관심은 비판적인 도덕 판단을 내리고 도덕적 결정을 정당화하는 일이다. 그저 인습적 도덕, 사회적 기대 혹은 습관적인 도덕 행동을 따르는 일은 주요 관심이 아니다. 도덕적 추론의 발달에 대한 피아제(Piaget, 1932)의 이론적 연구를 기반으로 삼아서 콜버그(Kohlberg, 1968, 1984)는 남자 청소년들을 대상으로 경험적 종단연구를 수행하였다. 도덕적 추론의 발달은 모든 문화를 가로질러 일련의 사회-도덕적 관점들을 밟아 가는 길이며, 이것은 세 가지(즉, 인습 이전,

인습적, 인습 이후) 수준으로 나타난다는 것이 그 연구의 결론이었다. 도덕적 추론의 단계별 특징은 도덕적 판단의 내용에서가 아니라 도덕적 추론의 성격에서 나타난다. 예를 들어, 1단계에서는 처벌받을지 모른다는 두려움이야말로 좋은 행동을 하게 만드는 주요 동기가 된다. 2단계에서는 자기 자신의 필요 충족을 중시하면서 도덕적 권위를 계속해서 받아들인다. 3단계에서는 타인들, 특히 자기 친구들의 잘됨에 대한 관심이 핵심 요인으로 등장한다. 4단계에서는 더 강한 준법정신이나 사회질서관과 결부된 의무감이 나타난다. 5단계에서는 인권과 사회계약을 더 강조하고, 사회 일반의 복지를 추구한다. 6단계에서는 칸트의 영향력이 다시 나타난다. 여기서는 도덕적 판단의 보편화 가능성이 강조되고, 도덕적 자율성이 중시된다. 이렇게 해서 도덕발달은 보다 합리적인 도덕 판단으로 점차 이행해 가는 것이라고 이해된다. 도덕적 추론에서 가장 핵심 요소는 정의(justice)다. 콜버그는 '도덕판단 인터뷰(Moral Judgement Interview)'를 개발하여 개인의 도덕발달 단계를 측정하였다. 가설적인 도덕적 딜레마(예를 들어, 죽어 가는 아내를 살리기 위해서 터무니없이 비싼 약을 훔쳐야 하는가)에 대해 아이들이 어떻게 반응하는가를 보면 그들의 추론 수준을 알아낼 수 있다. 도덕적 성숙으로 나아가는 성장과정에서 개인은 특정 단계를 거치지 않은 채 뛰어넘을 수는 없다. 콜버그의 관점에서 볼 때, 도덕교육이란 개인이 도덕적 발달에서 다음 단계로 나아가도록 장려하는 일이다. 이것은 도덕적 딜레마의 토론을 통해 이루어진다. 콜버그는 실제적인 도덕적 딜레마가 아닌 가상적인 도덕적 딜레마를 너무 강조하고 있다는 비판을 받은 후, '정의로운 공동체 학교'를 설립하고 실험에 들어갔다. (그것은 민주적 풍토를 진작시키기 위해 설계된, 공립고등학교 안에 세워진 작은 대안학교다.) 여기서 학생들은 도덕적 의사결정과 친사회적 행동을 실제로 경험하게 된다(Higgins, 1991). 콜버그의 접근방법의 가장 큰 이점은 무엇인가? 그것은 반권위주의적이라는 점, 특정한 선의 개념에 치우치지 않는다는 점, 도덕적 자율성을 촉진시킨다는 점 등이다. 도덕교육에 관한 연구자들 사이에서 도덕적 추론은 여전히 중심 역할을 차지하고 있으며, 콜버그는 그 이후 도덕교육과 발달심리학 연구에 지속적으로 영향을 미쳤다. 그럼에도 불구하고 그의 아이디어가 보편적으로 수용되고 있는 것은 결코 아니다.

6. 합리성 기반 도덕교육에 대한 몇 가지 비판

도덕교육에 대한 도덕적 추론 접근을 뒷받침해 주는 자유주의적 가치에 대해 근본적 도전이 나타났다. 예를 들면, 마르크스주의(Harris, 1979 참조), 실존주의(Cooper, 1999 참조), 급진적 페미니즘(Graham, 1994 참조), 가톨릭(Arthur, 1994 참조), 복음주의적 기독교(Pike, 2005), 이슬람교(Halstead, 2004)를 포함한 종교적 세계관, 그리고 포스트모더니즘(Hutcheon, 2003 참조) 등이 나타났다. 이와 같은 세계관을 신봉하는 사람들에게 자유주의는 선에 대한 한 가지 관점이며, 수많은 도전에 부딪칠 수 있는 것으로 간주되었다. 예를 들어, 장 보드리야르(Jean Baudrillard, 1992)의 포스트모더니즘은 자유주의의 핵심 가치인 합리성에 대해 심각한 도전을 제기한다. 포스트모더니즘은 공유된 도덕적 가치와 보편적인 도덕적 진리를 당연한 것으로 보았던 '거대 서사(grand narratives)'를 뒤흔들어 놓았다. 이런 '정초주의적 철학들(foundational philosophies)'을 대체할 수 있는 것으로 제시된 것들이 많다. 예를 들면, 표지판(signposts)이 없는 도덕적 영역, 도덕적 신념/실천의 엄청난 다원성, 도덕적 불확실성/회의론의 증대, (일부 도덕사상가에게서 나타나는) 아이러니컬하고 거의 유희적인 초연성(detachment), 단일 이슈 중심의 도덕적 캠페인의 확대, 그리고 다양성에 대한 관용의 일반적 증대(Bauman, 1993 참조) 등이 그것이다. 매킨타이어(MacIntyre, 1984)는 윤리 이론가들이 이성을 중시하는 방식에 대한 포스트모더니스트들의 우려에 상당 부분 공감하고 있으나, 공동체의 삶 속에 들어 있는 도덕적 전통에서 미래의 희망을 찾는다. 국지적(local) 공동체들이 성공할 수 있는 핵심은 그 구성원들이 갖고 있는 성향/미덕이며, 따라서 아리스토텔레스의 '덕이론'과 같은 것으로 되돌아간다. 여기서는 합리적 의사결정의 훈련보다는 모방, 습관화, (지도와 경험을 통한) 도덕적 감수성의 발달을 더 강조한다. 이와 달리 이슬람의 세계관은 신성한 계시에서 파생되는 가치들을 기반으로 삼고 있으며, 여러 가지 점에서 자유주의와는 상반된 도덕 교육적 접근을 제시한다(Halstead, 2007). 여기서 교육의 궁극적 목표는 탐문하는 도덕적으로 자율적인 성인을 길러 내는 것이 아니라, 아동에게 신앙심을 불러일으키고 좋은 이슬람 교도가 되도록 하는 것이다. 따라서 정치적 관점에서 볼 때, (자유주의적 시민성 프로젝트의 핵심이라고 하는) 공동체적 유대나 공유된 가치와 같은 목표들은, 인종주의나 이슬람 공포증과 마찬가지로 "사회적 총체성과 동일시를 향한 동일한 욕구에 의존" (Young, 2004: 195-199)하는 것이며, 이슬람교도와 같은 소수집단의 지속적 소외와 피지배 상태를 낳을 수 있다는 주장이 나타날 수 있다.

도덕교육과 시민교육에 대한 서구적 사고의 많은 부분을 뒷받침해 주는 자유주의적 가치의 틀을 거부하지 않는 사람들이 보더라도, 도덕적 추론 접근이 요구하는 '합리성에 대한 지나친 의존'은 많은 문제점이 있을 것이다. 첫째, 이타주의와 같은 도덕적 덕은, 일부 사람이 도덕적 결정을 내릴 때 동기를 부여해 주기도 하지만, 합리적 틀 속에 집어넣기가 쉽지 않을 것이다. 도덕성에 대한 자유주의적 설명에서 누락되기 쉬운 것은 '자신의 삶을 어떻게 살 것인가' 혹은 '어떤 종류의 인간이 되어야 하는가'에 대한 확실한 생각이다. 자유주의의 합리적 도덕성에 대항해서 대안이 나타나고 있는데, 여기서는 '덕'이 중심을 차지한다(Carr & Steutel, 1999). 이런 관점이 추구하는 도덕교육은 바람직한 인성적 자질을 발달시키고, 학생들을 모종의 인간으로 만들어 내려고 한다. 물론 덕(virtue)이라는 개념 자체도 심각한 문제를 안고 있다(애국심은 덕인가, 겸손 혹은 야심은?). 그리고 매킨타이어(MacIntyre, 1984)는 덕에 대한 특수한 이해와 덕들 간의 위계구조가 생성되는 문화적 맥락과 사회적 전통을 고려하는 일이 아주 중요하다고 주장한다. 둘째, 행해야 할 바른 일을 찾아낼 수 있을지라도 그것이 실제로 행해질 것인가? 이를 보증하지 못한다는 사실이 문제가 된다. 바꾸어 말하면, 도덕적 동기/의지가 없을 경우 도덕적 추론의 장점은 한계에 부딪히게 될 것이다. 셋째, 이성 그 자체는 도덕적 지혜의 한 가지 원천이라기보다는 실제로 도덕적으로 중립적인 것일 수 있다는 점이 문제가 된다. 이성은 인간의 복지를 증진시키는 데뿐만 아니라 (학살의 경우처럼) 인간의 고통을 야기시키는 데에도 이용될 수 있다. 미셸 푸코(Michel Faucault, 1977)와 같은 포스트모던적 사상가들의 주장에 따르면, 합리성 그 자체는 권력을 가진 사람들이 자신의 지위를 강화시키고 사회 통제력을 유지하기 위해 식민화된 것이다. 넷째, 캐럴 길리건(Carol Gilligan, 1982)의 주장에 따르면, 콜버그의 연구와 정의에 관한 그의 가정은 남성적 사고에 기반을 두고 있고, 여성적인 도덕성 개념에서 찾을 수 있는 '다른 목소리'를 소홀히 다룬다. 일부 페미니스트들은 시민성이 남성 지배를 강화시키는 방식에 대해서도 비판하였다(Pateman, 1989: 14). '관계망'/연대감/책임감에 기반을 두고 있는 길리건의 배려 원리는 도덕발달의 방향에 관해 한 가지 대안을 제시해 준다. 노딩스의 주장에 의하면, "학교의 임무는 능력 있고, 배려하며, 사랑하고, 또 사랑받을 수 있는 사람의 성장을 장려하는 것"(Noddings, 1992: xiv)이다. 배려를 통일된 주제로 도입한 도덕교육 프로그램이 미국에 널리 퍼지고 있는 중이다(Beck & Newman, 1996).

한편으로는 덕/인격/ '배려', 다른 한편으로는 도덕적 추론/인지/판단이 강조되고 있는데, 이 양자의 관계는 여전히 복잡하다. 도덕교육의 중심은 이론적 추론이 아닌 실천적 추론이다. 이는 아리스토텔레스의 **프로네시스**[phronesis, 실천적 지혜. 이론적 이해와 지혜를 의미하는 소피아(sophia)와 반대됨]라는 개념에 들어있는 것이다. 실천적 추론은 덕/인격을 '적절한 형태의 추론'과 친밀한 방식으로 결합시킨다. 아리스토텔레스에 의하면, "실천적 지혜가 없으면 온전하게 선할 수 없고, 인격의 탁월성이 없으면 실천적으로 지혜로울 수 없다."(1962: 1144b) 이런 의미에서 실천적 지혜는 도덕원칙에 대한 적절한 지식뿐만 아니라 특수한 상황/개인에 대한 감수성과 분별력을 필요로 한다. 이 두 가지를 결합시켜야 최선의 도덕교육이 나타날 것이다.

참고문헌

Advisory Group on Citizenship (1998) *Education for Citizenship and the Teaching of Democracy in Schools: final report of the advisory group on citizenship*. London: QCA.

Aristotle (1962) *Nichomachean Ethics*. Tr. M. Oswald. Indianapolis, IN: Liberal Arts Press. 이창우, 김재홍, 강상진 공역(2006). 『니코마코스 윤리학』. 서울: 이제이북스.

Arthur, J. (1994) 'The ambiguities of Catholic schooling', *Westminster Studies in Education*, 17: 65-77.

Ayer, A.J. (1936) *Language, Truth and Logic*. London: Gollancz. 송하석 역(2010). 『언어, 논리, 진리』. 파주: 나남출판.

Baudrillard, J. (1992) *The Transparency of Evil*. London: Verso.

Bauman, Z. (1993) *Post-modern Ethics*. Oxford: Blackwell.

Beck, J. (1998) *Morality and Citizenship in Education*. London: Cassell.

Beck, L.G. and Newman, R.L. (1996) 'Caring in one urban high school: thoughts on the interplay among race, class and gender', in D. Eaker-Rich and J. Van Galen (Eds.), *Caring in an Unjust World: Negotiating Borders and Barriers in Schools*. Albany, NY: State University of NY Press.

Bentham, J. (1799/1948) *Introduction to Principles of Morals and Legislation*. NY: Hafner. 고정식 역(2011). 『도덕과 입법의 원리 서설』. 파주: 나남출판.

Carr, D. and Steutel, J. (Eds.) (1999) *Virtue Ethics and Moral Education*. London: Routledge.

Colby, A. and Kohlberg, L. (1987) *The Measurement of Moral Judgement, Volume 1: Theoretical Foundations and Research Validation*. Cambridge: Cambridge University Press.

Cooper, D.E. (1999) *Existentialism: a Reconstruction*. Oxford: Blackwell.

Crick, B. (1998) 'Values education for democracy and citizenship', in D. Christie, H. Maitles and J. Halliday (Eds.), *Values Education for Democracy and Citizenship*. Aberdeen: Gordon Cook Foundation.

Devlin, P. (1965) *The Enforcement of Morals*. Oxford: Oxford University Press.

Dunn, J. (1987) 'The beginnings of moral understanding: development in the second year', in J. Kagan and S. Lamb (Eds.), *The Emergence of Morality in Young Children*. London: University of Chicago Press.

Foucault, M. (1977) *Discipline and Punishment*. London: Allen Lane. 오생근 역(1994). 『감시와 처벌: 감옥의 탄생』. 파주: 나남출판.

Gilligan, C. (1982) *In a Different Voice: Psychological Theory and Women's Moral Development*. Cambridge, MA: Harvard University Press. 허란주 역(1994). 『심리이론과 여성의 발달』. 서울: 철학과현실사.

Graham, G. (1994) 'Liberal vs radical feminism revisited', *Journal of Applied Philosophy*, 11(2): 155-70.

Halstead, J.M. (1996) 'Liberal values and liberal education', in J.M. Halstead and M.J. Taylor (Eds.), *Values in Education and Education in Values*. London: Falmer Press.

Halstead, J.M. (2004) 'An Islamic concept of education', *Comparative Education*, 40(4): 517-529.

Halstead, J.M. (2005) 'Teaching about love', *British Journal of Educational Studies*, 53 (3): 290-305.

Halstead, J.M. (2006) 'Does Citizenship Education make moral education redundant?', in L. Lo, J. Lee and R. Cheng (Eds.), *Values Education for Citizens in the New Century*. Hong Kong: Hong Kong Institute for Educational Research.

Halstead, J.M. (Ed.) (2007) *Islamic Values and Moral Education: a Special Issue of the Journal of Moral Education*, 36(3).

Halstead, J.M. and Taylor, M.J. (2000) 'Learning and teaching about values: a review of recent research', *Cambridge Journal of Education*, 30(2): 169-202.

Hare, R.M. (1979) 'A rejoinder', in D.B. Cochrane, C.M. Hamm and A.C. Kazepides (Eds.), *The Domain of Moral Education*. NY and Toronto, ON: Paulist Press and OISE Press, pp. 115-119.

Harman, G. and Jarvis-Thomson, J. (1996) *Moral Relativism and Moral Objectivity*. Oxford: Blackwell.

Harris, K. (1979) *Education and Knowledge*. London: Routledge and Kegoa Paul.

Harris, P.L. (1989) *Children and Emotion. The Development of Psychological Understanding*. Oxford: Basil Blackwell.

Hart, H.L.A. (1963) *Law, Liberty and Morality*. Oxford: Oxford University Press.

Haydon, G. (2000) 'The moral agenda of Citizenship Education', in R. Gardner (Ed.), *Citizenship and Education*. London: Kogan Page.

Higgins, A. (1991) 'The just community approach to moral education: evolution of the idea and recent findings', in W.M. Kurtines and J.L. Gewirtz (Eds.), *Handbook of Moral Behavior and Development*, Vol. 3, pp. 111-141.

Hume, D. (1739/2000) *A Treatise of Human Nature*. Oxford: Oxford University Press. 이준호 역(2008). 『도덕에 관하여』(수정판). 서울: 서광사.

Hutcheon, L. (2003) *The Politics of Postmodernism*. London: Routledge. 장성희 역(1998). 『포스트모더니즘의 이론과 전략』. 서울: 현대미학사.

Kant, I. (1785/1948) *The Moral Law*. London: Hutchinson.

Kekes, J. (1999) 'Pluralism, moral imagination and moral education', in J.M. Halstead and T.H. McLaughlin (Eds.), *Education in Morality*. London: Routledge.

Kilpatrick, W. (1992) *Why Johnny Can't Tell Right from Wrong: Moral Illiteracy and the Case for Character Education*. NY: Simon and Schuster.

Kohlberg, L. (1968) 'Stage and sequence: the cognitive-developmental approach to socialization', in D. Goslin (Ed.), *Handbook of Socialization*. NY: Rand-McNally.

Kohlberg, L. (1984) *Essays on Moral Development. Volume 2: The Psychology of Moral Development*. San Francisco: Harper and Row.

Lickona, T. (1991) *Educating for Character: How our Schools can Teach Respect and Responsibility*. NY: Bantam. 박장호, 추병완 공역(1998). 『인격교육론』. 서울: 백의.

MacIntyre, A. (1984) *After Virtue: A Study in Moral Theory*. London: Duckworth. 이진우 역(1997). 『덕의 상실』. 서울: 문예출판사.

McLaughlin, T.H. (1992) 'Citizenship, diversity and education: a philosophical perspective', *Journal of Moral Education*, 21(3): 235-250.

McLaughlin, T.H. (1995) 'Public values, private values and educational responsibility', in E. Pybus and T.H. McLaughlin (Eds.), *Values, Education and Responsibility*. St Andrews: University of St Andrews Centre for Philosophy and Public Affairs.

McLaughlin, T.H. and Halstead, J.M. (1999) 'Education in character and virtue', in J.M. Halstead and T.H. McLaughlin (Eds.), *Education in Morality*. London: Routledge.

McLaughlin, T.H and Halstead, J.M. (2000) 'John Wilson on moral education', *Journal of Moral Education*, 29(3): 247-268.

Mill, J.S. (1863/1970) *Utilitarianism*. London: Everyman. 서병훈 역(2007). 『공리주의』. 서

울: 책세상.

Miller, D. (2000) 'Citizenship: what does it mean and why is it important?', in N. Pearce and J. Hallgarten (Eds.), *Tomorrow's Citizens: Critical Debates in Citizenship and Education*. London: Institute for Public Policy Research.

Moore, G.E. (1903) *Principia Ethica*. Cambridge: Cambridge University Press. 정석해 역 (1958). 『윤리학원리』. 서울: 민중서관.

National Curriculum Council (1990) *Education for Citizenship*. Curriculum Guidance 8. York: NCC.

Noddings, N. (1992) *The Challenge to Care in Schools: an Alternative Approach to Education*. NY: Teachers College Press. 추병완, 박병춘, 황인표 공역(2002). 『배려 교육론』. 서울: 다른우리.

Passy, R.A. (2003) 'Children and family values: a critical appraisal of "family" in schools'. Unpublished PhD thesis, University of Plymouth.

Pateman, C. (1989) 'Feminist critiques of the public/private dichotomy', in C. Pateman (Ed.), *The Disorder of Women: Democracy, Feminism and Political Theory*. Cambridge: Polity Press.

Piaget, J. (1932) *The Moral Judgement of the Child*. London: Kegan Paul.

Pike, M.A. (2005) 'Challenge to Christian schooling in a liberal democracy', *Journal of Research on Christian Education*, 13(2): 149-166.

Qualifications and Curriculum Authority (1999) *The National Curriculum: a Handbook for Secondary Teachers in England—Key Stages 3 and 4*. London: QCA.

Rawls, J. (1971) *A Theory of Justice*. Cambridge, MA: Harvard University Press. 황경식 역 (2003). 『정의론』. 서울: 이학사.

School Curriculum and Assessment Authority (1995) *Spiritual and Moral Development*. SCAA Discussion Papers: No. 3. London: SCAA.

Schools Council (1971) *The Schools Council/Nuffield Foundation Humanities Curriculum Project*. London: Methuen.

Simon, S.B., Howe, L.W. and Kirschenbaum, H. (1972) *Values Clarification: A Handbook of Practical Strategies for Teachers and Students*. NY: Hart.

Smart, J.C.C. and Williams, B. (1973) *Utilitarianism: For and Against*. Cambridge: Cambridge University Press.

Straughan, R. (1982) *I Ought to But... A Philosophical Approach to the Problem of*

Weakness of Will in Education. Windsor: NFER-Nelson.

Straughan, R. (1988) *Can We Teach Children to Be Good? Basic Issues in Moral, Personal and Social Education*. Milton Keynes: Open University Press. 남궁달화 역(1996). 『도덕철학과 도덕교육: 우리는 아이들을 선하게 가르칠 수 있는가』. 서울: 교육과학사.

Torney-Purta, J. (1996) 'The Connections of Values Education and Civic Education. The IEA Civic Education Study in Twenty Countries', paper presented at the Journal of Moral Education Conference, University College of St Martin, Lancaster.

White, P. (1996) *Civic Virtues and Public Schooling: Educating Citizens for a Democratic Society*. NY: Teachers College Press.

Wilson, J. (1973) *A Teacher's Guide to Moral Education*. London: Geoffrey Chapman. 남궁달화 역(2002). 『(교사를 위한) 도덕교육 입문서』. 서울: 문음사.

Wilson, J. (1990) *A New Introduction to Moral Education*. London: Cassell.

Wilson, J. (1996) 'First steps in moral education', *Journal of Moral Education*, 25: 85-91.

Wilson, J. and Cowell, B. (1987) 'Method, content and motivation in moral education', *Journal of Moral Education*, 16: 31-36.

Wringe, C. (2006) *Moral Education: Beyond the Teaching of Right and Wrong*. Dordrecht: Springer.

Young, I.M. (2004) 'The ideal of community and the politics of difference', in C. Farrelly (Ed.), *Contemporary Political Theory: A Reader*. London: Sage, pp. 195-204.

제5장
교 화

Richard Bailey

1. 서 론

오늘날 교육학 담론에 등장하는 '교화'는 대체로 아주 경멸적 느낌을 불러일으키는 용어로 사용되고 있다. 교화(indoctrination)는 자율성, 개방정신, 비판적 사고 등과 같은 교육적 이상과 대조적으로 사용되는 경우가 많으며, 도덕적으로 부당한 것 혹은 아주 특수한 맥락에서만 허용되어야 할 필요악으로 생각되기도 한다. 교화는 근대 자유민주주의 사회에 적합하다고 보는 교육적 실천과 상반되는 것으로 흔히 간주된다.[1] 아

1) 늘 그랬던 것은 아니다. 20세기 전반까지 교화는 수업이나 가르침과 마찬가지로 별로 거슬리지 않는 개념으로 사용되었다(Gatchel, 1972).

주 다양한 주제/실천이 교화라는 오명을 뒤집어쓰는 경우도 있다. 일반적으로 교화라는 용어는 막연히 사용되는 경우가 많고, 어떤 의미이건 간에 상당히 부적절한 영향이라는 느낌을 풍기기도 한다. 예를 들어, 언론인들 중에는 교화라는 용어를 아주 감정적으로 사용하면서, 전체주의 정권과 연루된 노골적인 설득과정이나 혹은 사이비 종교 집단에서 행해지는 미묘한 형태의 사상 통제를 가리키는 경우도 많다(Winn, 2000). 자살 폭탄 테러범들은, 가끔 종교학교에서, 자기희생과 순교의 이데올로기로 교화를 받은 사람들이라는 주장도 나타난다. 이와 달리 교육 저술가들 중에는 교화라는 용어를 사용함으로써, 예를 들어 좌파 정치(Horowitz, 2007), 자유시장 경제학(Chomsky, 2003), 시민교육(Flew, 2000), 평화교육(Scruton et al., 1985), 여성학(Patai & Koertge, 2003)과 같은 정치적 주제를 학교 교육과정 안으로 끌어들이려는 교사/정책결정자들의 시도를 비난하는 경우도 있다. 프랭클린(Franklin, 2004)은 영국 노동당 정부가 실제로 교육정책이나 다른 사회정책을 묶어서 언론에 알리거나 대중이 받아들이도록 하는 것을 가리켜 교화라고 말하기도 한다. 교육자들 중에 자신의 접근방식을 가리켜 교화라고 말하는 사람도 있다. BBC 라디오4의 종교학교에 관한 토론에서 그런 경우가 나타났다.

이브라힘 로슨(노팅엄 이슬람학교의 교장): 모든 이슬람학교와 마찬가지로 우리 이슬람학교의 근본 목적은 아이들에게 심오한 종교적 믿음을 고취시키는 것입니다.

에르니 리: 당신은 '고취'시킨다는 단어를 사용하고 있습니다. 그것은 당신이 '교화'하고 있다는 뜻인가요?

이브라힘 로슨: 그렇다고 말하고 싶네요. 우리는 그런 점을 전혀 부끄럽지 않게 생각

오늘날에도 사전에서는 교화를 교리나 신념의 전수를 가리키는 중립적 의미로 정의하고 있다. 그러나 교화라는 용어가 일반인이나 교육자들 사이에서는 훨씬 부정적인 의미로 사용되고 있다고 보는 것이 자연스러울 것이다.

합니다. 학부모가 우리 학교에 자녀를 보내는 이유는 그들이 아주 착한 모슬림으로 자라기를 원하기 때문입니다.

에르니 리: 그렇다면 이슬람교는 이미 받아들인 것이며 결코 도전받지 않는다는 뜻인가요?

이브라힘 로슨: 그렇습니다…….

케이트 헬먼(람베스 전문대학, 학습장애가 있는 성인교육 전문가): 나의 믿음은 세속적이지도 않지만, 열린, 개방적인 것입니다…….

이브라힘 로슨: 하여튼 그것은 모슬림들과 전혀 다른 것입니다. 당신도 알듯이 우리에게는 열린 마음이 없으며, 또 그럴 여유도 없습니다. 모슬림이 되거나 되지 않거나 둘 중 하나입니다. 아주 심각한 결정입니다.

[종교계 학교에 관한 "믿음을 넘어서(Beyond Belief)"-BBC Radio 4, 2003. 3. 10.][2)]

교화적 가르침(indoctrinatory teaching)에 대한 비판에서 공통적으로 나타나는 것은 최소한 현대 자유주의 사회에서 교육의 근본 이상에 속하는 '자율성'과 '개방정신'에 어긋난다는 점이다. 자율성(이 주제에 대해서는 이 책의 다른 부분을 참조)은 사람들로 하여금 "자기 자신의 삶을 어떻게 살아갈 것인가에 대해서 좋은 정보를 기반으로 삼아 잘 생각하여 판단하고 이에 따라 행동하도록" (Brighouse, 2006: 14) 이끌어 준다. 피터스(Peters, 1972)나 셰플러(Scheffler, 1989)와 같은 자유주의적/분석적 교육철학자들의 견해를 끌어들인다면 '자율성'의 준거를 다음과 같이 제시할 수 있다(Thiessen, 1993: 118-119).

• 자유: 내가 하고 싶은 바를 행하는 것, 혹은 자신이 원하는 바가 무엇인지

2) 이런 관점이 어떤 점에서 이슬람 교육의 특징이 될 수 '없는가'에 대해서는 보일(Boyle, 2006)을 참조하라.

를 생각하는 것이 억압받지 않음.

- 독립성 혹은 본래성(authenticity): 스스로 규칙을 수용하거나 정할 수 있는 능력
- 자기통제: 자신의 열정에 사로잡히지 않고, 자신의 욕구/목표를 어떤 인생 계획에 따라 조직할 수 있음.
- 합리적 성찰: 자신의 행위/믿음을 성찰하고 비판함.
- 능력: 합리적 과정을 거쳐 자신의 결정을 내린 후 그것을 실천에 옮기고 성취할 수 있음.

이런 요소들이 교화와 부합될 수 없다는 점은 쉽게 알 수 있다. 실제로 젊은이들의 자율성 발달을 간섭하거나 전적으로 방해하는 가르침은 교화라는 개념을 불러일으킨다.

'개방정신(open-mindedness)'은 상황에 따라 자신의 믿음에 대해 도전/수정하려는 의지를 암시한다. 배로(R. Barrow)와 우즈(R. Woods)는 그들의 입장을 다음과 같이 설명했다(2006: 73). "교화를 받은 인간의 가장 분명한 특징은 그가 갖고 있는 특정 견해가 잘못될 수도 있다는 가능성에 대해 자신의 마음을 진지하게 열어 놓지 않는다는 점이다. 교화를 받은 인간은 닫힌 마음을 갖는다." 바꾸어 말해, 종교적 가르침은 일단의 믿음을 참(진리)이라고 받아들이고 이에 대해 적대적인 견해를 거짓이라고 단정/거부함으로써 젊은이들의 마음을 닫아 버린다는 뜻이다. 이에 따르면, 교화의 문제점은 이미 수용된 견해들이 일종의 '방패막'이 되어 사상을 통제/제한/국한시키고, 대안이 될 믿음들을 아예 배제시키며, 비판적 사고를 차단해 버린다는 점이다(Kazepides, 1994: 406).

자율성과 개방정신이 서로 밀접하게 연결된 이상이라는 점은 분명하다. 많은 사람이 실제로 주장하듯, 자율성의 한 가지 조건이라는 점에서 개방정신의 참된 가치를 찾을 수 있다. 자유주의의 전통에서 이상으로 삼는 자율성에 따르면, 사람들은 자신의 삶에 관해 결정하거나 자신의 선호에 따라 행동하는 일을

자유롭게 할 수 있어야 한다. 여기서 개방정신은 중요하다. 왜냐하면 그것은 사람들이 사회 속에서 그리고 특히 학교에서 일상적으로 부딪히는 다양한 아이디어에 대해 비판적 태도를 갖도록 도와주기 때문이다. 이에 따른다면, 믿음은 변덕이나 새로운 형태의 강요에 따라 변할 것이 아니라 종전의 믿음이 어떤 면에서 잘못이라거나 혹은 나중의 믿음이 더 옹호할 만하다는 추론과 판단에 따라 변해야 한다. "본질적으로 마음이 열려 있는 사람이란 증거와 논변에 비추어 어떤 의견을 형성하거나 수정하려는 의지를 가진 사람이다."(Hare, 1985: 16) 개방정신은 자신의 믿음을 스스로 검토함으로써 더욱 자기 의존적이 되도록 해주고, 또 그것을 어느 정도 자신의 것이 되도록 해 준다. "일반적으로 말해 자율적 인간이 되는 정도는 그의 마음이 열려 있는 정도와 밀접한 관계에 있다." (Bramel, 2000: 203)

2. 교화의 두 가지 문제점

> 교화의 문제점은 무엇인가? 현대 민주주의 사회에서 교육이 바라는 목표는 모든 학생이 합리적 근거를 갖게 하고, 근거가 더 나은 믿음들에 의해 도전받을 경우에 수정될 수 있는 그런 믿음들을 쌓도록 하는 것이다. 그렇게 학생들을 발달시키려면 그들이 합리적인 앎의 방법들에 대해서 믿음을 가져야 한다. 그런데 이런 방법들은 전혀 도전받을 수 없는 것, 다시 말해 그런 방법을 통해 알게 되는 내용과 관계없이 받아들이는 것이다. 그렇다면 학생들은 교화를 받지 않도록 하기 위해 교화되어야 한다는 뜻이다. 이것이 바로 교육적 딜레마 혹은 역설이다(Macmillan, 1993: 370).

이 글은 요즈음 교화에 관한 논란에서 핵심이 되어 있는 한 가지 주제를 잘 보여 준다. 젊은이들이 쌓아 가고 또 따라야 할 필요가 있는 믿음들은 '모종의 성격을 갖고 있는' 혹은 '특수한 수단을 통해 파생되는' 것이다. 앞에서 맥밀란(C. J. B. Macmillan)이 말하는 교육적 역설은 합리적 근거와 무관한(non-rational) 방법을 통해 합리적 근거가 있는 믿음을 가르치려고 하는 교사들이 명백하게 부딪히는 것이다. 이것은 논리적 역설이라기보다는 교육적 역설이다(Garrison, 1986; Tan, 2008). 왜냐하면 거기에는 교화를 반대하는 교사들만의 규범적 고려사항들이 들어 있기 때문이다. 그것은 교화를 수용할 수 있는 접근 방식이라고 찬성하는 교사들에게는 역설이 되지 않을 것이다. 왜냐하면 이들은 합리적 근거가 없이 믿음을 고취시키는 일에 대해 반대하지 않을 것이기 때문이다.

이것은 젊은이들에게 (특히 어린 아이들에게) 어떤 진리들은 설명도 없이 주어진다는 비트겐슈타인(Wittgenstein, 1969)의 논변을 확대시킨 것이다. 비트겐슈타인은 이것을 (가르침과 반대되는) 훈련이라고 말했다. 그가 말하는 '훈련'이란 세계를 특수한 방식으로 바라보는 것(세계상, 글자 그대로 세계 그림) 혹은 문화적 가치의 집합을 가지고 훈련시키는 것을 의미한다. 이렇게 세계를 바라보는 방식은 "참과 거짓을 구별하는 전래된 배경"(Wittgenstein, 1969: 94)을 제공해 준다. 이렇게 세계를 바라보는 방식을 담은 명제들은 사람들이 알고 있는 것을 아동이 알기도 전에, 그리고 그것을 의심할 수 있게 되기도 전에 그에게 전수된다. "우리가 가르침을 받거나 그냥 받아들이는 체계들 속에서 우리는 의문을 제기하고, 탐구를 수행하며, 결론을 이끌어 낸다. 우리는 이미 어떤 틀 속에서 자란다. 우리는 그것을 의심하지 못한다. 우리는 그것을 믿고 받아들일 뿐이지 성찰한 결과로서 받아들이지는 않는다. 틀 명제들(framework propositions)은 우리가 수용하기로 결정할 수 있는 것이 아니다."(Malcolm, 1992: 95)[3] 맥밀란은 이

3) 비트겐슈타인의 '세계상'과 자유주의 철학자들의 '일차적 문화(primary culture)'는 서로 유사한 것이다(Ackerman, 1980). 이 개념과 교화 문제 간의 관계는 매클로플린(McLaughlin, 1984)을 참조하라.

것을 다음과 같이 교육적으로 해석한다. "한 개인이 어떤 언어 게임 속으로 진입하기 위해서는 일단의 근본적 확신이 필요하다. 또 이런 확신들은 그 근거를 합리적으로 비교하는 일이 없이 그냥 갖게 되는 것이다. 그렇다면 이런 식의 가르침은 최근의 논평자들이 교화라고 말하는 바와 아주 가까운 것이다." (Macmillan, 1983: 370) 맥밀란에 따르면 교사가 교화를 받아들일 수 없는 것으로 거부할 때 역설이 생긴다.

이것은 정말 역설인가? 그것은 논리적 역설이 아니라고 이미 말하였다. 왜냐하면 추론의 과정에서 생기는 문제가 아니기 때문이다. 그것은 악순환(vicious circularity)도 아니고 무한 회귀(infinite regress)에 빠지는 것도 아니다. 그렇다면 그것은 '무엇이 적절한 혹은 적절하지 못한 교수방법인가'에 대한 규범적 고려사항 때문에 필연적으로 생기는 문제인가?(Garrison, 1986) 이 문제를 제대로 다루기 위해서는 교화가 다른 교수 접근과 구별될 수 있는 방식을 보다 분명하게 밝혀낼 필요가 있다. 이에 대해서는 다음 절에서 다룰 것이다. 다만 여기서는 이런 식의 논변이 설득력을 얻을 수 있음을 인정하는 선에서 그치겠다. 그것은 자유민주주의의 전통에 따라 가르치는 일의 도덕적 권위를 무너뜨릴 주장으로 받아들여질 수 있다.

교화를 구별해 내는 준거를 찾기 전에, 앞에서 두 번째 '문제'라고 했던 것을 먼저 고찰할 필요가 있다. 즉, 교화와 교리(doctrine)의 관계가 그것이다. 예를 들어, 피터스는 "교화의 의미가 무엇이건 간에 그것은 교리와 연관된다."(Paters, 1966: 41)라고 말했다. 다른 사람들(Flew, 1972; Snook, 1972b)도 주장하듯이, 교리를 가르칠 때에는 교화가 발생할 가능성이 높아진다. 얼핏 보기에 이런 주장은 앞에서 논의한 바의 특수한 경우처럼 보인다. 왜냐하면 교리는 특수한 형태의 믿음이라고 해석할 수 있기 때문이다. 그러나 교리와 믿음을 동일시한다는 것은 난센스로 보인다. 사전의 정의처럼, "8파인트는 1갤론이라는 교리, 혹은 2×2는 4라는 교리"라고 우리는 말하지 않는다(Barrow & Woods, 2006). 논란이 되고 있는 용어/맥락에서 중요한 차이가 자주 나타난다. 대체로 철학적 문헌에서는 교리와 종교적 교리를 암암리에 동일시하고 있다. 종교적 믿음과 종교 수업이 교리와 교화의 전형적 사례로 흔히 제시되고 있는 것이 사실이다.

흥미로운 사실은 교육철학자들이 '교화'를 정의하는 데에 많은 시간을 할애한 반면, '교리'의 개념은 별로 논의하지 않았다는 점이다. 철학자들이 교리의 의미를 어떻게 보았는가를 여러 가지로 검토할 수 있다(Thiessen, 1994: 377-380). 예를 들면, 틀린 믿음, 증거가 없거나 불충분한 믿음, 애매한 증거를 가진 믿음, 틀릴 수 없는 믿음, 거부할 수 없는 믿음 등이 그것이다. 이 중에는 서로 모순되는 경우가 나타난다. 틀린 믿음과 틀릴 수 없는 믿음이 그것이다(어떤 믿음이 틀린 것이라고 인정하는 일은 그것이 틀릴 수 있음을 인정해 줄 것을 요청하기 때문이다). 교리에 대한 티센(E. J. Thiessen)의 개념 분석은 다음과 같다(1994: 391-392). 첫째, 교리는 어느 믿음체제의 중심 믿음 혹은 논리적 전제를 가리킨다. 둘째, 교리는 범위가 넓고 폭넓은 함의를 갖는다. 셋째, 교리는 검증될 수 없거나 혹은 틀릴 수 없는 것이다. 왜냐하면 (만일 진술의 논리적 지위를 가리켜 말한다면) 교리는 "논리적으로 말해서 원칙으로 사용되고, 이에 따라 증거가 해석되며, 교리가 이런 식으로 계속 사용된다면 그것은 논리적으로 말해서 결코 틀릴 수가 없기 때문이다."(1994: 392) 넷째, 교리의 특성은 그 중요성이다. 교리를 이렇게 설명한 다음에 과감한 주장이 나온다. "교리는 종교, 정치, 도덕에서만 나타나며, 그 위험성도 이런 영역에서만 생긴다고 일반적으로 가정하고 있지만, 나는 '교리'는 …… 교리가 아닌 것의 패러다임이라고 흔히 간주되는 과학에서도 나타난다고 주장한다."(1994: 392-393) 만일 이 입장을 받아들인다면, 다음 두 가지 중에서 어느 한 가지 결과가 나타날 수 있다. 한편으로, 그런 주장은 종교 수업에 대한 공격자들의 힘을 약화시켜 버리고 만다. 왜냐하면 교리는 모든 영역의 지식/믿음에서 나타나기 때문이다. 다른 한편으로 과학과 교리를 동일시하는 것을 거부하게 된다면 교화와 교리를 동일시하는 것도 포기할 수밖에 없다.

이와 같은 과학관은 수많은 난점에 부딪힌다. 첫째, 티센은 과학에 대한 기술적 설명과 처방적 설명, 더 구체적으로 말해서, '과학의 역사'와 '과학의 철학'을 제대로 구분하지 못하고 있다. 예를 들면, 그는 다음과 같이 말한다.

> 과학의 역사를 되돌아보면 틀린 믿음에 매달리고 이를 전파하는 경우가 많을 것이다……. 때로는 불충분한 증거에 기반을 둔 믿음들, 심지어는 아무런 증거도 없는 믿음들이 과학에서 수용되기도 한다……. 과학의 기반에는 여러 가지 논리적 전제나 제일 원칙이 깔려 있으며, 많은 사람이 그것을 증명하거나 증거를 댈 수 없는 것이라고 인정하였다……. 과학에는 증거가 애매한 믿음들이 들어 있다(1994: 383-384).

어느 시대에 나타났던 특정 과학이론의 부정확성/부적절성이 지적된다고 해서 과학의 독특한 성격을 옹호하는 주장이 무너지는 것은 아니다. 또한 그것은 부정확하거나 부적절한 점들이 나타났던 또 다른 지식 영역과의 개념적 연관성을 말해 주는 것도 아니다. 이보다 더 심각한 점은 과학에 대한 그런 설명은 단적으로 말해서 잘못된 것일 수 있다. 이것을 여기서 철저하게 다룰 수 없으니 다음과 같이 말하고 넘어갈 수밖에 없다. 그런 입장은 과학에 대한 역사적 설명을 제시했던 토머스 쿤(Thomas Kuhn)을 강하게 연상시키는데, 쿤의 입장은 처음 등장했을 때부터 끊임없는 비판을 받았다(예: Popper, 1970; Siegel, 1988). 쿤의 영향력은 자연과학자들보다는 사회과학자들 사이에서 더 크게 나타났다. 이것은 쿤이 과학의 사회학적/심리학적 측면을 강조했던 점과 연관될 것이다(Bailey, 2006). 반면, 쿤과 차이가 나는 과학관을 내세우는 사람도 많다. 그들에 따르면, '믿음'이라고 하건, '교리'라고 하건, 혹은 다른 명칭으로 부르건 간에 종교적 교리와 과학적 설명 사이에 유사성을 설정하는 것은 잘못일 수 있다. 그들에 의하면, 과학자들도 주관적 요인에 사로잡힐 수 있지만 그것이 과학의 핵심은 아니다. 과학 자체가 관심을 갖는 것은 언어적으로 구성된 진술과 이론들이며, 이는 심리학적/사회학적 해석의 남용을 잘 극복할 수 있는 것들이다

(Miller, 2006). 물론 과학적 믿음과 종교적 믿음의 관계는 간단한 논의로 정리될 문제가 아니다. 그렇지만 여기서 '과학에도 교리가 있다.'는 얼핏 문제가 없는 것처럼 보이는 주장에 대해, 충분할 정도로 의문이 제기되었을 것이다. 또한 '과학은 교화시킨다.' 그리고 '교리의 개념은 너무 넓어서 교화와 동일시하기가 어렵다.'는 두 가지 결론도 흔들리게 되었을 것이다.

3. 교화의 기준

만일 '도덕적으로 수용될 수 있는 방식으로 가르치는 것만을 교육이라고 해야 한다.'는 주장을 받아들인다면, 대다수 사람은, '교화는 인정받을 수 없는 것'이라는 결론을 내릴 것이다. 그렇지만 앞서 다루었던 논변들을 부분적으로 받아들인다면 교화를 가리켜 '불가피한 악'이라고 말할 수 있다. 즉, 교화는 아주 특수한 맥락에서는 인정되어야 한다는 뜻이다. 얼핏 알 수 있듯이, 교화라는 용어는 사람에 따라 다양한 방식으로 사용되기 때문에 교화를 구분하는 기준에 대한 설명들도 서로 상충하는 경우가 많다.

교육철학자들은 교화가 발생하는 데 필요한 혹은 충분한 조건들에 대해 여러 가지 해석을 제시하였다. 첫째, 가르치는 **내용**(content)에 초점을 두고 있는 해석이 나타났다. 앞에서 보았듯이, 교화는 특수한 유형의 믿음, 즉 '교리'와 관계가 있다고 생각하는 사람들이 많다. 내용이 교화의 충분조건이라는 주장을 거부하는 철학자도 교리를 가르치는 경우에 교화가 생기는 경우가 많다고 주장한다(White, 1972). 여기서 제기되었던 교리의 문제점은 그것이 증명되거나, 검증되거나, 틀릴 수 있는 그런 것이 전혀 아니라는 점이다(Barrow & Woods, 2006). 티센의 저작에 관한 논의에서 이미 이런 입장에 문제가 있을 수 있다고 지적했었다. 그런데 또 다른 문제가 있다. 즉, 그런 비판은 거의 모든 학교 교육과정에 똑같이 적용될 수도 있다는 점이다. 가령 문학의 사실적 측면은, 중요한 것이기도 하지만 가치 있는 주제(소네트에 대한 한 가지 해석을 우리가 어떻게 '입증'할 것인가?)가 되지도 못할 것이다. 체육교육, 드라마, 심지어는 철학에 대해서도 거의 똑같은 말을 할 수 있을 것이다.

그보다 더 설득력 있는 비난이 있다. 그것은 사실과 '단순한 의견'을 구분하기란 얼핏 보기와는 달리 훨씬 불확실한 일이라는 점이다. 이런 면에서 여러 철학자(Laura & Leahy, 1988; Mackenzie, 2004; Tan, 2008)가 다양한 형태로 언급했던 신중한 지적은 중요하다. 이런 지적은 다음과 같은 핸드(M. Hand)의 진술과 대비시켜 살펴보는 것이 좋을 것이다. "종교적 믿음은 참이라고 알려지는 것이 아니기 때문에 결정적 증거를 제시하면서 전달할 수 없는 것이다. 그러나 증거의 힘이 아닌 일종의 지렛대를 사용하는 것은 필연적으로 교화적인 것처럼 보인다."(Hand, 2002: 639) 다른 많은 철학자(예: Barrow & Woods, 2006; Siegel, 1988)도 핸드처럼 '교화'와 '증거/이유'를 그런 식으로 연관시킨다. 실제로 지배적인 입장은 헵번(Hepburn, 1987)이 말하는 '기본적인 합리적-비판적 원칙'인 것 같다. 이 원칙에 따르면, 믿음의 보증은 그것의 논변/증거의 강도에 기반을 둔다. 과학철학자들은, 핸드의 진술(예: Bartley, 1984; Popper, 1959)에서 암시되는 방식으로, 증거/이유가 증명/확실성을 제공할 수 있다는 견해에 대해 도전하려고 상당히 노력하였다. 그들이 기반으로 삼았던 것은, 인식론에서 퍽 인정받았던 감각/이성의 내재적 오류가능성에 관한 논의(Musgrave, 1993)였다. 이에 따라 반 인바겐(van Inwagen, 1991)은 끝없이 증거를 찾는 일은 모든 사람을 대다수의 철학적/정치적 물음에 대한 불가지론자로 만들고 말 것이라는 결론에 도달하게 된다. 그렇지만 이런 결론을 이끌어 내려면 '지식은 확실성을 함의하지 않는다.'는 점을 받아들이거나 혹은 '더 좋은 이론과 더 나쁜 이론을, 그리고 요즈음 살아 있는 이론과 죽은 이론을 구별하는 데 일정한 증명이 필요하지 않다.'는 점을 받아들여야 할 것이다. 그렇다고 한다면 여러 가지 유형의 내용/믿음을 단순하게 (예를 들어, 합리적 대 비합리적; 참인 것을 앎 대 참인 것을 모름으로) 구분하지 말고, 인간 지식의 내재적 오류가능성을 인정하는 더욱 신중하고 자세한 설명을 제시해야 한다고 말할 수 있다. 물론 광범하게 합의된 문제와 광범하게 논란을 일으키는 문제를 (늘 그런 것은 아니나) 구별할 수 있겠지만, 이런 구분도 확실한 것이 아니고 또 밝혀내기가 쉬운 일도 아니다. 따라서 내용이 교화를 구별해 낼 수 있는 납득할 만한 기준이라는 주장을 받아들이기 어렵게 된다.

둘째, 교화의 내용에 관해서 논의하는 중에 그것을 가르치는 **방법**(methods)에 관한 의문이 제기되기도 한다. 카제파이즈(Kazepides)의 말대로, "교화하는 사람은 교리를 고취시키기 때문에 교육적으로 의문스러운 어떤 방법에 의존하지 않을 수 없다."(Thiessen, 1993: 87에서 재인용) 권위주의적 믿음을 고취시키는 데 권위주의적 방법이 자주 사용되었다는 것은 사실일 것이다. 권위주의적 방법이 사용된 이유는 무엇인가? 그것은 그런 식으로 고취되는 믿음 자체가 덜 권위주의적 방법을 사용하는 데 적합하지 못하기 때문이다. 권위주의적 방법으로는 질문/비판을 억누르기, 특정 주제에 대한 논의를 금지하기, 이의 제기에 대해 벌을 가하기 등이 있을 것이다. 이와 달리 세뇌하기(brainwashing), 약물을 주입시키기, 잠을 못 자게 만들기, 잠재의식에 메시지를 집어넣기 등과 같은 방법이 있으나 이런 것들이 옹호될 수 없다는 점은 분명하다(Taylor, 2004). 이런 방법을 감히 사용할 생각이 있는 교사는 아주 드물다. 그러나 처음에는 비권위주의적인 것처럼 보이는, 아주 교묘한 방법으로 교화시킬 수 있다. 예를 들어, 카리스마를 가진 교사는 학생들과의 친밀한 인간관계를 이용함으로써 다음과 같이 잘못된 인상을 심어 줄 수 있다. 즉, 어떤 명제들은 실제로 논란이 아주 많음에도 불구하고 논란의 여지가 없는 것처럼 받아들이게 만들 수 있다. 이렇게 되면 학생들은 그런 명제들을 뒷받침해 줄 이유/증거를 자발적/비판적으로 검토하지 못하게 된다. 그런 교사는 학생들이 '바르게' 대답할 때에는 보상을 해 주고 그들이 '그릇되게' 대답할 때에는 말없이 벌을 줌으로써 교사를 기쁘게 하려는 그들의 욕구를 오용할 수 있다. 이런 교사가 인기는 있을지 모르나, 제시되는 주장과 연관된 적절한 이유/증거를 보여 주지 않고, 혹은 잘못된 증거를 보여 주고, 마침내 교사-학생 관계를 훼손시킴으로써 교화하고 있는 셈이라는 비난을 받을 수 있다.

교육적 실천 중에서 교화를 구별해 낼 수 있는 기준이 '방법'이라고 암묵적으로 가정하는 철학자들이 많았다. 방법이라는 기준을 분명히 거부하는 철학자들(Snook, 1972b)조차도 구별하는 과정에서 교화적 방법을 언급하기도 한다(Thiessen, 1993). 교화를 있는 그대로 설명할 때에는 교화의 테크닉을 가리키는 경우도 많지만, 방법은 교화의 기준으로서 강력한 후보가 못 된다. 왜냐하면 교화만의 특성이라고 간주할 수 있는 방법을 찾아내기가 지극히 어렵기 때문이다. 권위주의적 방법은 교화에서만 아니라 정당하지 못한 여러 가지 실천(practices)에서도 자주 사용된다. 따라서 "교화가 '잘못된 교육(mis-education)'인가 하는 점이 문제가 아니고, 그것이 어떤 종류의 '잘못된 교육'인가, 그리고 그것이 다른 종류의 '잘못된 교육'—예를 들면 선전(propaganda)—과 어떻게 다른가 하는 점이 문제다." (Kazepides, 1994: 400) 다른 종류의 실천으로부터 교화를 구별해 내지 못하는 설명은 가치 없는 것이다.

셋째, 교화의 충분한 조건에 관한 또 다른 해석으로 교사의 의도(intention)가 제시되기도 한다. 이런 관점에서 논변을 제시한 교육철학자 매클로플린에 따르면, 교화는 흔들릴 수 없는 믿음을 '의도적으로' 고취시키는 일이라고 정의된다. 여기서 교화는 "아동의 자율적 능력이 형성되는 것을 실질적으로 제한하려는 시도를 가리킨다." (McLaughlin, 1984: 78) 이와 유사하게 배로와 우즈도 교화에 관해 논의할 때 다음과 같은 학교를 상상해 보자고 한다. 이런 학교의 모든 활동은 학생들이 가톨릭 신앙과 그 진리에 대해 흔들리지 않는 믿음을 갖도록 고취시키는 일에 공공연하게 집중한다. 이 학교에 대한 설명은 "이런 교사들이 교화를 하고 있다는 점을 의심할 사람은 거의 없을 것이다." (Barrow & Woods, 2006: 66)라는 말로 마무리된다. 여기서 교사들이 (하고자 한다고) **천명한** 의도와 교사들이 (실제로 하고 있는) **실행한** 의도를 구분하는 것이 중요하다. 그런데 이 구분에서는 교사들이 자신의 의도를 인식/인정한다는 점이 미리 가정되고 있다.

만일 그런 교사들이 어릴 적부터 교화시키는 시스템 속에서 교육받았다고 한다면 그들이 가르치는 학생들과 마찬가지로 학교의 실질적 목적을 알지 못할 것이다. 다시 말해서, 그런 교사는 교화의 희생자였다가 이제는 교화를 행하는 사람이 된다. 여기서 '의도하지 않은(unintended)' 교화라고 말하는 철학자(Leahy, 1994)도 있다. 이런 경우에는, 이데올로기적 편향성을 드러내는 믿음이나, 혹은 학교 조직의 구조 속에 응축되어 있어서 교사조차도 인지하지 못하는 성/인종/계급 차별과 같은 믿음을 부추기는 가르침을 말한다. 학교 조직의 구조와 교화가 너무 긴밀하게 연관되어 있어서 교화에 속하는 가르침이 없는 것처럼 보일 것이다. 이런 이유에서 '의도'라는 기준은 수용될 수 없는 것으로 간주된다.

넷째, 교화의 기준으로 결과(consequences)가 제시되기도 한다. 이것은 무엇인가? "교화의 가장 근본적 특성, 그리고 그것의 반교육적 성격을 가장 분명하게 드러내 주는 특성은 뻔한 결론에 의해 처음부터 지배받는다는 점이다." (Scruton et al., 1985: 16) 이것은 내용 기준과 다르다. 왜냐하면 그것은 도달된 결론의 지위(그것이 정당화/입증되는 것인가 혹은 그렇지 못하는 것인가)에 관심을 두지 않고, 결론에 도달하는 스타일에 관심을 두기 때문이다. 이것은 교화의 결과(귀결, consequences)라는 차원에서 다르게 이야기할 수 있다. 이에 따르면, 교육적인 과정의 특징은 어떻게 결론에 도달하는가, 그리고 그런 결론에 논란의 여지가 생길 때 어떻게 할 것인가를 학생들에게 가르친다는 점이다. 그렇다면 교화는 '지적 상상력의 마비'를 의미한다. 교화는 "근본적으로 열린 이슈에 대해 마음을 닫아 버리게 만든다."(Laura, 1983: 45) 닫힌 마음은 새로운 정보와 대안적 아이디어를 고려하려고 하지 않는다. 그렇다면 교리와 교화를 동일한 것으로 보는 시각에도 의문의 여지가 있다. 왜냐하면 열린 마음은 종교적 가르침의 특징이 될 수 있으며, 이와 달리 과학도 교화적일 수 있기 때문이다(Bailey, 2006).

이와 같은 설명은 무엇을 암시하고 있는가? 가르치는 내용의 타당성에 대해 학생들이 스스로 판단하는 능력을 강조하고 있다는 점이 암시되어 있다. 물론 교사의 권위에 의존함으로써 학생들이 배우는 것도 아주 많다. 학교교육의 초기 단계에서는 특히 그렇다. 그렇지만 앞에서 언급한 주장이 틀린 것은 아니다. 왜냐하면 교화가 아닌 가르침에서는, 아주 어린 학생들도 자율적으로 사고/행위할 수 있도록, 이유/증거를 다룰 수 있는 지적 장치를 그들에게 제공해 주기 때문이다. 이 입장은 다음과 같이 제시된다(Thomas Green, 1972: 37).

> 우리가 다음과 같이 가르칠 때, 즉 다른 사람들을 올바른 답으로 끌어들이는 데에만 관심을 쏟고, 그들이 좋은 이유를 기반으로 삼아 올바른 답에 도달하도록 하는 데에는 그만한 관심을 쏟지 못할 경우에는 교화하고 있는 것이다. 우리는 증거를 무시하는 스타일의 믿음을 만들어 내는 일에 몰두하고 있는 셈이다.

교화된 믿음은 모순된 사실이 나타날지라도 끄떡도 않는다. 증거/비판을 끌어들인다고 할지라도 그것이 수정될 가능성은 없다.

결과라는 조건은 앞에서 논의했던 다른 기준들에 대한 비판점에 취약하지 않으며, 그런 기준들과 부합될 수 있다. 이를 더 명확하게 말한다면 내용/방법/의도는 교화를 위해 필수적인 것도 충분한 것도 아니지만, "그것들은 모두 증거를 도외시하는(non-evidential) 믿음을 조장하는 경향이 있다." (Harvey Siegel, 1988: 81) 이것이 바로 교화의 핵심 문제다. 교화는 열린 마음과 자율성에 도달할 수 없게 만드는 스타일의 믿음을 조장한다.

4. 널리 퍼져 있는 교화

거의 모든 교육철학자는 교화를 가리켜 교육적이지 못한 실천이라고 말한다. 그들은 교육과 교화를 구분하기 위해서 무척 고심하였다. 그럼에도 불구하고 교육철학자들 중에는 교화를 불가피한 것이라고 믿는 사람도 많다. 이 점은 놀라운 일이다. 게리슨(W. J. Garrison)은 교화를 '불가피한', '바람직한' 것이라고 말할 뿐만 아니라, 심지어 "교화시키지 못하는 것은 어쩌면 자살과 마찬가지이거나, 적어도 유산과 다름없는 일일 것"이라고 주장한다(Garrison, 1986: 272). 그린(Green)은 이와 비슷한 이야기를 약간 더 차분하게 한다(1972: 44). "교화는 교육에서 전적으로 좋은, 중요한 역할을 갖고 있으며…… 가르침의 전주곡으로서 유용한 것이다. 우리는 …… 아동이나 성인이 갖추어야 할 중요한 것이라고 생각하는 모든 믿음에 대해 이유를 제시할 필요는 없다." 그린의 주장에 따르면, 증거 있는(evidential) 방식이나 혹은 비판적인 방식으로 가르치기가 불필요한/불가능한 경우가 있으며, 이런 경우에 교화가 생긴다.

교화를 불가피하게 받아들이는 지점에서 그런 교육철학자들이 가정하고 있는 점은 무엇인가? 그것은 학생들이 이유/증거에 의해 정당화하거나 방어할 수 없는 믿음을 갖도록 이끌어 주는 일이 교화라는 점이다. 학생들이 **특정 시점에서** 정당화할 수 없는 믿음들을 획득하는 경우도 아주 많다. 예를 들면, 다윈(C. Darwin)의 자연도태에 의한 진화론이나 수학적 사고의 관련성 혹은 신체건강의 중요성에 대한 믿음이 그것이다. 이처럼 곤란한 경우는 아이들이 아주 어릴 때 자주 나타난다. 왜냐하면 어린아이들에게는 합리적인 방향으로 행위를 숙고해 보고 그것을 따를 것인가 말 것인가를 선택하는 일이 불가능하고 또 그들을 합리적으로 설득하기가 불가능하기 때문이다. 따라서 비합리적(non-rational) 방법이 나타난다. 이를 가리켜 '도덕교육의 역설'이라고 말하기도 한다.

> 그렇다면 내가 생각하고 있는 도덕교육의 역설이란 무엇인가? 그것은 다음과 같다. 합리적으로, 지적으로, 그리고 적절한 수준에서 자발적으로 행동하는 사람들을 발달시킨다는 것은 바람직한 일이지만, 아동 발달의 엄연한 사실로 보건대 가장 형성적인 연령대에서는 그런 형식의 삶이 불가능하며, 그것을 정상적 방법으로 전수할 수도 없다(Peters, 1966: 271).

이런 논변이 받아들여질 수 있으려면 '교화의 기준이 방법임'을 먼저 받아들여야 한다. 그런데 이에 대한 반대 논변도 설득력이 있다. 교화의 기준으로 다른 기준들, 즉 내용/의도/결과 등이 제시되었는데 이에 따르면, 어린 아이들은 일단의 믿음/실천들을 **일정 기간 동안** 이해할 수 없으나, 내용/의도/결과는 자율성이라는 교육적 이상과 충분히 부합될 수 있다. 이것은 전적으로 합당한 이야기다. 만일 아이들이 합리적으로 이해할 수 있기 전에 많은 믿음이 습득된다는 점을 우리가 받아들인다면, 다음과 같은 두 가지 경우를 구분하는 것이 좋다. 하나는 이유/증거의 부재가 일시적인 경우이고, 다른 하나는 그것이 영속적 사태가 되어 버린 경우다. 그렇다면 증거를 따르는 스타일의 믿음을 촉진시킨다는 말은 무슨 뜻인가? 그것은 그런 습관/성향/판단이 학생들의 '잘됨'에 해롭다는 점이 증거/이유에 의해 밝혀질 경우에 아이들은 적절한 과정을 통해 그런 것들을 비판적으로 평가/수정할 수 있다는 뜻이다(Siegel, 1988). 시겔은 교화가 불가피한 것이라고 믿는 사람들에게 일종의 타협안을 제시한다. 즉, '좋은' 교화와 '나쁜' 교화를 구분하자는 것이다. 그렇지만 이렇게까지 할 필요는 없다. 여기서 핵심 문제는, 어떤 신념을 옹호해 주는 이유/증거가 학생들에게 주어지는가 그렇지 않은가가 아니라, 오히려 그런 이유/증거가 있는가 없는가다. 만일 증거의 유무와 관계없이 증거를 경시하는 가르침에 대해 모두 교화라는 명칭을 붙인다면 교화라는 용어에서 규범적 의미가 빠지게 되고, 교화와 교육의 구별도 흐려지게 된다.

5. 교화, 자율성, 개방정신

교육에 있어서 교화에 관한 논의에 가장 큰 영향을 미쳤던 교육철학자 스눅(Snook, 1972a, 1972b)은 이렇게 말했다.

> 나로서는 교화를 둘러싼 논란을 더 이상 계속하고 싶지 않다. 물론 나는 아직도 그것이 중요한 개념이라고 믿고는 있다. 나는 우리가 할 수 있는 한 그 개념에 관해 충분히 밝혀냈다고 믿는다. 이제 우리는 구체적 상황에서 증거, 진리, 객관성과 같은 아이디어를 논의할 때 교화를 끌어다 써야 하며, 인간의 마음에 미치는 모종의 영향의 정당성에 관한 물음이 교화의 핵심에 들어 있다고 보아야 한다. 교화의 개념분석보다는 '도대체 어린이에게 종교를 어떻게 가르쳐야 하는가?' 와 같은 실질적 질문이 더 핵심적인 것이다(Snook, 1989: 64).

교화 문제에 대한 스눅의 견해가 옳은가? 이것은 독자들이 판단할 일이다. 아무튼 교화는 교육적 실천에 관한 논의와 연관된 주제다. 이 점은 의문의 여지가 별로 없는 것 같다. 만일 도덕적으로 옹호될 수 있는 방식으로 가르치는 것만을 교육에 포함시켜야 한다는 점에 합의한다면, 교육적 내용/방법/의도/결과에 관한 철학적 질문은 교육실천을 위해 중요한 시사점을 던져 준다. 만일 어떤 접근방식이 학생들에게 적합한 것이라고 합당하게 간주할 수 있는 기준에 위배될 경우, 그것을 거부할 필요가 있을 것이다.

이 장에서 나는 교화의 특성을 가장 쓸모 있게 밝혀 줄 수 있는 것은 닫힌 마음, 그리고 비판적 사고/상상을 억누름이라고 주장했다. 교화를 인정할 수 없는 까닭은 그런 결과가 열린 마음과 자율성이라는 원칙과 부합될 수 없기 때문이다. 열린 마음과 자율성이야말로 자유민주주의 사회의 교육에서 핵심 원칙이다.

참고문헌

Ackerman, A.B. (1980) *Social Justice in a Liberal State*. New Haven, CT: Yale University Press.

Bailey, R.P. (2006) 'Science, normal science and science education—Thomas Kuhn and education', *Learning for Democracy*, 2: 7-20.

Barrow, R. and Woods, R. (2006) *An Introduction to the Philosophy of Education*. Abingdon: Routledge.

Bartley, W.W. (1984) *The Retreat to Commitment*, 2nd edn. La Salle, IL: Open Court.

Boyle, H. (2006) 'Memorization and learning in Islamic schools', *Comparative Education Review*, 50: 478-495.

Bramall, S. (2000) 'Opening up open-mindedness', *Educational Theory*, 50: 201-212.

Brighouse, Harry (2006) *On Education*. London: Routledge.

Chomsky, N. (2003) *Chomsky on Democracy & Education*. London: Routledge.

Flew, A. (1972) 'Indoctrination and doctrines', in I.A. Snook (Ed.), *Concepts of Indoctrination*. London: Routledge and Kegan Paul.

Flew, A. (2000) *Education for Citizenship*. London: Institute of Economic Affairs.

Frankin, R. (2004) 'Education, education and indoctrination! Packaging politics and the three "Rs"', *Journal of Educational Policy*, 19: 255-270.

Garrison, W.J. (1986) 'The paradox of indoctrination: a solution', *Synthese*, 68: 261-273.

Gatchel, R. (1972) 'The evolution of the idea', in I.A. Snook (Ed.), *Concepts of Indoctrination: Philosophical Essays*. London: Routledge and Kegan Paul.

Green, F.T. (1972) 'Indoctrination and beliefs', in I.A. Snook (Ed.), *Concepts of Indoctrination: Philosophical Essays*. London: Routledge and Kegan Paul.

Hand, M. (2002) 'Religious upbringing reconsidered', *Journal of Philosophy of Education*, 36: 545-557.

Hare, W. (1985) *In Defence of Open-mindedness*. Montreal: McGill-Queen's Press.

Hepburn, R. (1987) 'Attitudes to evidence and argument in the field of religion', in R. Straughan and J. Wilson (Eds.), *Philosophers on Education*. Basingstoke: Macmillan.

Horowitz, D. (2007) *Indoctrination U: The Left's War against Academic Freedom*. NY: Encounter.

Kazepides, T. (1994) 'Indoctrination, doctrines and the foundations of rationality', in J. Astley and L. Francis (Eds.), *Critical Perspectives on Christian Education*. Leominster: Gracewing, pp. 397-406.

Kuhn, T.S. (1962) *The Structure of Scientific Revolutions*. Chicago, IL: University of

Chicago Press. 김명자 역(1999). 『과학혁명의 구조』. 서울: 까치글방.

Laura, R. (1983) 'To educate or to indoctrinate: that is still the question', *Educational Philosophy and Theory*, 15: 43–45.

Laura, S.R. and Leahy, M. (1988) 'The fourth dimension of space: a meeting place for science and religion', *Journal of Christian Education*, 91: 5–17.

Leahy, M. (1994) 'Indoctrination, evangelisation, catechesis and religious education', in J. Astley and L. Francis (Eds.), *Critical Perspectives on Christian Education*. Leominster: Gracewing.

Mackenzie, J. (2004) 'Religious upbringing is not as Michael Hand describes', *Journal of Philosophy of Education*, 38: 129–142.

McLaughlin, T.H. (1984) 'Parental rights and the religious upbringing of children', *Journal of Philosophy of Education*, 18: 75–83.

Macmillan, C.J.B. (1983) 'On Certainty and indoctrination', *Synthese*, 56: 363–372.

Malcolm, N. (1992) 'The groundlessness of belief', in R.D. Geivett and B. Sweetman (Eds.), *Contemporary Perspectives on Religious Epistemology*. Oxford: Oxford University Press.

Miller, D. (2006) *Out of Error: Further Essays on Critical Rationalism*. Aldershot: Ashgate.

Musgrave, A. (1993) *Common Sense, Science And Scepticism: A Historical Introduction To The Theory Of Knowledge*. Cambridge: Cambridge University Press.

Patai, D. and Koertge, N. (2003) *Professing Feminism: Education and Indoctrination in Women's Studies*. Lanham, MD: Lexington Books.

Peters, R.S. (1966) *Ethics and Education*. London: Allen and Unwin. 이홍우, 조영태 공역(2003). 『윤리학과 교육』. 서울: 교육과학사.

Peters, R.S. (1972) 'Education and the Educated Man', in R.F. Dearden, P.H. Hirst and R.S. Peters (Eds.), *Education and the Development of Reason*. London: Routledge and Kegan Paul.

Popper, K.R. (1959) *The Logic of Scientific Discovery*. London: Hutchinson. 박우석 역(1994). 『과학적 발견의 논리』. 서울: 고려원.

Popper, K.R. (1970) 'Normal science and its dangers', in I. Lakatos and A. Musgrave (Eds.), *Criticism and the Growth of Knowledge*. Cambridge: Cambridge University Press, pp. 51–58.

Scheffler, I. (1989) *Reason and Teaching*, 2nd edn. Indianapolis, IN: Hackett Publishing.

Scruton, R., Ellis-Jones, A. and O'Keefe, D. (1985) *Education and Indoctrination: An Attempt at Definition and a Review of Social and Political Implications*. Harrow: Education Research Centre.

Siegel, H. (1988) *Educating Reason*. NY: Routledge.

Snook, I. (Ed.) (1972a) *Concepts of Indoctrination: Philosophical Essays*. London: Routledge and Kegan Paul.

Snook, I. (1972b) *Indoctrination and Education*. London: Routledge and Kegan Paul. 윤팔중 역(1977). 『교화와 교육』. 서울: 배영사.

Snook, I. (1989) 'Contexts and essences: indoctrination revisited', *Educational Philosophy and Theory*, 21: 62-65.

Tan, C. (2008) *Teaching Without Indoctrination: Implications for Values Education*. Rotterdam: Sense.

Taylor, K. (2004) *Brainwashing: The Science of Thought Control*. Oxford: Oxford University Press.

Thiessen, E.J. (1993) *Teaching for Commitment: Liberal education, Indoctrination, and Christian Nurture*. Montreal: McGill University Press.

Thiessen, E.J. (1994) 'Indoctrination and doctrines', in J. Astley and L. Francis (Eds.), *Critical Perspectives on Christian Education*. Leominster: Gracewing.

van Inwagen, P. (1999) 'It is wrong, everywhere, always, and for anyone, to believe anything upon insufficient evidence', in E. Stump and J.M. Murray (Eds.), *Philosophy of Religion: The Big Questions*. Oxford: Blackwell Publishers.

White, J.P. (1972) 'Indoctrination and intentions', in I.A. Snook (Ed.), *Concepts of Indoctrination*. London: Routledge and Kegan Paul.

Winn, D. (2000) *The Manipulated Mind: Brainwashing, Conditioning and Indoctrination*. Cambridge, MA: Malor Books.

Wittgenstein, L. (1969) *On Certainty*. NY: Harper and Row. 이영철 역(2006). 『확실성에 관하여』. 서울: 책세상.

제6장

지식과 진리[1)]

Harvey Siegel

1. 서론: 인식론과 교육(철학)의 관련성

교육철학자들은 인식론적 문제에 대해서 일반적인 견해를 자주 밝히고 옹호하였다. 철학자들과 교육자들은 응당 그렇게 해야 할 것으로 전제하였다. 인식론적 견해에는 다음과 같은 생각이 들어 있다. 즉, 우리가 사물(사건, 사태)을 알고, **합리적 탐구**에 종사하며, 그 결과를 진지하게 받아들이는 일은 가능

1) 이 글은 다음 책에 수록되었다. "Knowledge, truth and education", Siegel, H. in D. Carr (Ed.), *Education, Knowledge and Truth: Beyond the Postmodern Impasse*. © 1998. Reproduced by permission of Taylor & Francies Books UK.

하고 또 바람직한 일이라는 생각이다. 여기서 말하는 합리적 탐구는 탐구될 자연세계, 인간조건 혹은 다른 영역에 관한 진리 추구를 포함한다. 여기에 진리와 허위에 관한 논의, 그리고 합리적 믿음(관련된 이유/증거에 기반을 두거나 이와 적절하게 연관된 믿음)에 관한 논의의 정당성(legitimacy)이 전제되고 있다. 또한 합리적 믿음은 틀릴 수도 있으나 (개연성이 있는) 진리를 나타낸다는 점이 가정되고 있다. 이런 인식론적 견해는 많은 사람이 일단 받아들였고, 또 설득력 있는 것이다. 그런 견해에 기반을 두고 다음과 같은 교육관이 나타났다. 첫째, 학생들이 지식을 획득하고, 합리적으로 탐구하는 능력을 얻는 일은 교육적으로 중요하다. 둘째, 학생들이 합리적 탐구에 대한 이해를 높이며, (가능한 한) 이에 따라 믿고, 판단하며, 행동하는 일은 교육적으로 중요하다. 요컨대, 학생들은 교육을 통해 그와 같은 탐구를 가치 있게 여기고, 또 그런 탐구에서 나타나는 증거가 (학생들이 갖게 될) 믿음/판단/행동을 위해 제공해 주는 **정당화**(justification)를 가치 있게 여기도록 인도되어야 한다.[2)]

지식, 진리, 정당화, 합리적 탐구에 대해 곧 논의할 것이다. 폭넓게 주장되고 있는 인식론적 견해들을 살펴본 다음에 그런 견해들에 대한 최근의 중요한 도전들을 몇 가지 고찰할 것이다.

2. 표준 지식관: 믿음, 진리, 정당화, 합리적 탐구[3)]

지식(knowledge)부터 살펴보자. 교육의 목적은 지식의 전수다. 학생들이 무

2) 교육의 인식론적 목적들에 관한 이런 논의는 그것들의 비교 우위에 관한 최근의 논쟁을 대충 다루고 있는 편이다. 이에 관한 탁월한 해설은 Robertson(2009)을 참조하라.
3) 이 절의 내용에 대해서는 별다른 논란이 없을 것이다. 일반적으로 인식론 교재에서 자세히 다루고 있는 정보를 제시하고 있다. Audi(2002), BonJour(2002), Feldman(2003) 등이 유익한 교재에 속한다. 지식의 조건을 일반적/교육적으로 잘 다루고 있는 기본적인 책은 Scheffler(1965)다.

엇을 알게 하는 일은 교육의 일부분이다. 이것은 철학과 관계없이 널리 받아들여지고 있다. 부모는 자주 묻는다. "오늘 학교에서 무엇을 배웠니?" 이것은 지식 측면을 묻는 질문으로 바꿀 수 있다. "오늘 학교에서 무엇을 알게 되었니?" 아이들도 비슷하게 대답한다. "나는 ~을 알게 되었다/배웠다."[4] 오랫동안 사람들은 지식을 **명제적 지식**(propositional knowledge/knowledge that)과 **방법적 지식**(procedural knowledge/knowledge how) 두 종류로 구별하였다. 예를 들어, 나는 동유럽 국가인 불가리아의 수도가 소피아(Sofia)**라는 것**을 안다(know that). 소피아에는 온천이 많다. 수천 년 동안 사람들이 살았다. 이곳 시민들은 오늘날 서구 자본주의 생활양식에 적응하느라 어려움을 겪고 있다. 또 다른 예도 많다. 나는 다항식을 풀 **줄** 안다. 나는 지도를 읽을 **줄** 안다(know how). 나는 자전거를 탈 **줄** 안다. 좋은 일인지 나쁜 일인지는 모르겠으나, 분석철학(analytic philosophy)의 전통에서 인식론의 이론화 작업은 명제적 지식을 중심으로 이루어졌다. 나는 이 글에서 이 전통을 따른다.

명제적 지식이란 무엇인가? 이것은 지식 이론에 관한 질문이다. 구체적으로 말하면, 지식의 필요/충분 조건은 무엇인가? 지식 주체(인식자)인 S가 특정 명제를 안다고 말하기 위해서는 어떤 조건들이 충족되어야 하는가? 플라톤 이후로 지식에 관한 표준적 설명으로 알려진 것에 따르면 지식은 **정당화된 참 믿음**(justified true belief)이다. 믿음/진리/정당화는 지식이라고 말하기 위해 개별적으로 필요하고, 또 집합적으로 충분한 조건들이다. 이와 같은 설명에 무슨 문제가 있는가? 이 문제를 밝히기 전에 먼저 철학자들이 그것들을 지식의 **확고한** 조건으로 간주하는 이유가 무엇인지를 간단히 살펴보고자 한다.

---

4) 이 두 가지가 등가적이라고 말하는 의미는 아니다. 등가적이지 않다. 틀린 것을 배웠다(예: "나는 오늘 학교에서 금의 원자번호가 55라는 것을 학습했다.")고 말하는 것은 옳겠지만, 틀린 것을 알게 될 수는 없다. 금의 원자번호가 55라는 점을 내가 '배웠을' 수 있으나 그것을 '알았다' 고 말할 수는 없다. 왜냐하면 금의 원자번호는 55가 아니기 때문이다. 명쾌한 설명으로는 Scheffler(1965, Ch. 1)를 참조하라.

진리를 목표로 삼는 탐구로 이해한다. 데이비드 카(David Carr)는 지식을 '인식 주체가 냉정하고 공정한 탐구의 합리적 기준과 절차를 준수함으로써 독립된, 객관적 질서를 파악하는 것'(Carr, 1994: 224)으로 생각한다. 그는 이런 기본 아이디어를 다음과 같이 설명한다.

> 지식에 대한 신뢰할 만한 모든 설명에 따르면…… 인간 탐구의 주된 목표인 객관적 진리는 우리 자신의 마음의 불확실한 내용을 뛰어넘어 존재하고 있는 것에 대한 이해를 통해 우리의 탐구가 실제로 우리를 어디론가 이끌어 갈 수 있다는 확신을 우리가 갖기 위해 꼭 있어야 하는 것이다(1994: 225).

이 '객관적 진리'를 어떻게 이해해야 하는가? 이 질문에 대한 자연스러운 대답은 다음과 같다. 즉, 객관적 진리란 **있는 것을 있는 그대로 파악하는**(get reality right) 진리다. 바꾸어 말하면, 어떤 문장들이 참인 경우는 오직 그 문장들이 말하는 바가 세계가 실제로 존재하는 방식과 상응(대응)할 때뿐이다. 흔한 사례를 들어 보자. '마당에 고양이가 있다.'는 문장이 참인 경우는 오직 그 고양이가 실제로, 사실상 마당에 있을 때뿐이다. 이를 흔히 **진리 대응설**(correspondence theory of truth)이라고 말한다. 이에 대해 '대응'이라는 묘한 아이디어에 의존한다는 비판이 제기되었다. 그러나 이 비판은 잘못이다. 왜냐하면 우리는 그 이론이 최소한의 대응을 요구할 뿐이라는 점을 받아들일 수 있기 때문이다. 아리스토텔레스의 말대로, "~이 아닌 것을 ~이라고 말하거나 ~인 것을 ~이 아니라고 말하는 것은 거짓이며, ~인 것을 ~이라고 말하거나 ~이 아닌 것을 ~이 아니라고 말하는 것은 참이다."(Aristotle, *Mataphysics*, Book IV, 6, 1001b) 이렇게 이해한다면 앞에서 언급했던 '탐구의 교육적 중요성'을 충분히 인식할 수 있을 것이다. 그뿐만 아니라 그와 같이 이해하는 것은 최근에 진리에 관한 인식론/형이상학/언어철학에서 나타난 전문적 연구 결과와 어긋나지 않는다.[10] 진리 대응설의 핵심 특징은 무엇인가? 그것은, 진리는 **인식 주체의 믿음으**

로부터 독립적이라는 점이다. 즉, 우리가 어떤 것을 참이라고 생각한다고 해서 그것이 참이 되는 것은 아니다. 그것이 참이 되도록 만들어 주는 것, 다시 말해서 그것을 진리로 만들어 주는 것은 그것이 그러할 것이라는 우리의 생각과는 독립된 사태(실태)다.

최근에 이와 같은 진리관은 일반철학/교육철학에서 심각한 비판을 받고 있다. 우리는 이런 비판의 일부를 살펴볼 것이다. 이런 비판 외에도, 앞에서 지적한 대로 정당화 조건에 관한 심각한 논란이 여전히 진행 중이다. 그뿐만 아니라 지식에 대한 표준적 설명, 즉 '정당화된 참 믿음'에 대해서도 중대한 논란이 벌어지고 있다. 어떤 이들은 플라톤과 정반대로 정당화는 지식의 필요조건이 아니라고 주장한다. 다른 이들은 그런 조건들이 모두 갖추어져 있을지라도 지식을 위해 충분하지 못하다[11]는 주장을 내세우기도 한다. 이때 그들은 게티어의 사례(Gettier, 1963)를 끌어들인다. 이는 참 신념을 정당화한 사람들이 그럼에도 그것을 알지 못한다고 볼 수 있는 사례다. 이제까지 언급하거나 언급하지 않았던 많은 점에 관해 또 다른 논란이 있다는 점을 지적해 두자. 이런 논란은 현재 진행형이고, 해결책이 곧바로 나타날 것 같지 않다. 우리는 철학적인 근본 문제가 쟁점이 될 경우 당연히 그럴 것으로 생각해야 한다.

지식과 그 조건들의 분석을 둘러싸고 이 같은 논란이 있다. 그럼에도 불구하고 앞서 지적했던 인식론과 교육(철학)의 관련성에 대한 일반적 견해가 자동적으로 혹은 곧바로 도전받게 되는 것은 아니다. 우리는 다음과 같은 점들을 교육

10) 여기서 Horwich(1990), Schmitt(1995), Alston(1996), Goldman(1999, Ch. 2) 등을 참조하라. 모두 아리스토텔레스의 언명과 합치되는 진리관을 옹호하고 있다. 그들은 다른, 보다 거친 대응설에 뒤따르는 문제점들을 벗어난다고 나는 믿는다.

11) 게티어(Gettier)의 짧은 논문은 엄청난 문헌을 낳았다. 지식에 대한 표준적 설명에 순응하거나 이를 보완하려는 다양한 시도들을 낳게 하였다. 처음의 세 가지 조건 중에서 한두 가지를 제외하거나, 제4의 조건을 추가하거나, 혹은 이런 조건들을 어떤 식으론가 결합시키려고 하였다. 그 결과, 논박가능성(defeasibility), 인과적(causal), 설명주의적(explanationist) 그리고 다른 많은 지식론이 생기(고 주도하)게 되었다.

적으로 중요하게 생각할 권리가 있을 것이다. 학생들이 지식을 획득하는 것, 그들이 탐구하는 법을 배우는 것, 그들이 그런 탐구와 그 탐구가 제공하는 합리적 정당화를 가치 있게 여기는 것, 그런 탐구를 진리에 관한 탐구라고 생각하는 것은 모두 교육적으로 중요한 것들이다. 그러나 정말 그런가? 이 질문에 답하기 위해 우리는 방금 언급했던, 최근의 몇 가지 도전들을 고찰해 보아야 한다.

3. (교육) 인식론에 대한 최근의 도전

1) 'S는 p를 앎' 이라는 인식론에 대한 코드의 도전

인식론에 대한 아주 일반적 비판을 먼저 살펴보자. 로렌 코드(Lorraine Code)는 'S는 p를 앎' 이라는 인식론을 몇 가지 근거에서(1993: 15)[12] 비판한다. 이 비판이 어떤 것인지를 알기 위해 먼저 지적해야 할 중요한 사항이 있다. 그것은 인식론의 핵심 용어인 지식/진리/믿음/정당화/합리성 등을 (2절에서 개괄한 대로) **일반적으로**(모든 인식 주체를 대상으로) 분석/정의하려는 접근에 대해 코드가 비판하고 있다는 점이다. 이런 일반적 접근에서 지식의 조건들은 개별적 지식 주체의 특성/속성으로부터 독립적으로 존재한다. 그런 일반적 접근은 모든 인식 주체에게 적용될 수 있는 '보편적' 인식론에 도달하기 위해 개별적 인식 주체의 특수성으로부터 벗어나고자 한다. 즉, 그들이 누구인지, 무엇을 믿는지, 무엇을 느끼는지, 무엇을 가정하는지, 무엇에 충성하는지, 어떤 문화/역사 시대에 살고 있는지, 어떤 젠더/인종/종족/계급에 속하는지 등으로부터 벗어나려고 한다는 뜻이다. 코드가 비판하는 것은 바로 그와 같은 보편성에 대한 열

12) 또한 Code(1991, 1992)를 참조하라. 다른 지적이 없을 경우에는 Code(1993)에서 인용한 것이다.

망, (누구의 지식인가와 관련된) 특수성에 대한 (부적절한) 거부다.

코드의 비판을 아주 간단히 요약해 보자. 보편적 인식론은 너무 협소한 범위의 사례에만(1993: 15) (그릇되게) 주목하고 있고, 특수성/우연성의 초월을 (그릇되게) 주장하는 순수객관성과 가치중립성이라는 (환상적이고, 결함 있는) 인식론적 이상을 전제하고 있으며, 인식 주체들을 본질적으로 동등하고 상호 교체될 수 있는 것처럼 취급한다(1993: 16). 그렇기에 보편적 인식론은 인식 주체들의 독특한, 개별적 '주관성'을 부정하며, 그런 주관성을 지식의 분석에서 누락시켜 버린다.[13] 코드의 주장에 따르면, "경험적 지식을 주장하는 데 밑받침이 될 필요/충분 조건은 최소한 경험적으로 의미 있는 지식에 관한 한 찾을 수 없다는 결론에 도달한다."(1993: 39) 바꾸어 말해서, 'S가 p를 앎'이라는 인식론이 수행하려는 프로젝트는 실패하고 만다는 것이다.

이는 근본적이고, 심각한 비판이다. 코드의 모든 지적에 대해 할 말이 많지만, 여기서는 그의 핵심 주장만 살펴보고자 한다. 즉, "지식의 설명은 반드시 주관성을 고려해야 한다."는 주장과 "필요/충분 조건에 의한 일반적/비인격적 지식 설명은 불가능하다."는 주장을 고찰해 보자. 코드는 지식에 있어 주관성의 위상을 인정해야 하고 그것을 제대로 분석해야 한다고 주장한다. 그가 불만을 갖고 있는 점은 'S가 p를 앎'이라는 인식론은 인식 주체를 동질화시키고, 인식 주체 간의 중요한 차이점들을 감추어 버리며, 모든 인식 주체를 근본적으로 동등한 것처럼 간주한다는 것이다. 이와 같은 인식론은 특히 **젠더**(gender)의 연관성을 무시하며, "젠더는 지식과 무관한 것이고, 마음은 젠더를 갖지 않으며, 이성(reason)은 모든 남성에게 동일하고, 남성은 여성을 '포괄한다'."(1993: 20)

13) 코드의 또 다른 주장에 의하면, 이런 인식론들은 방어될 수 없는 정치적 중립성을 가정하며, 인식론적 이론화의 정치적 차원들은 그런 이론화에서 훨씬 더 핵심이 될 필요가 있다(1993: 16, 20, 23, 26; 1992: 138). 나는 이 주장이 몇 가지 중요한 측면에서 과장되고 있다고 믿지만 상당히 공감한다. 여기서 그 점을 더 이상 논할 수 없는 것이 아쉽다.

는 가정들은 모두 문제가 많다는 것이다. 코드는 젠더가 계급/인종/종족과 같은 다른 특수성과 결부되어 있음을 인정하면서 다음과 같이 주장한다. 즉, 그와 같은 인식 주체들의 '동질화'에 도전하고 또 그것을 해부함으로써 인식론자들이 지식을 분석할 때 주관성을 감안하도록 해야 한다. "일련의 표준적/전형적 사례들을 가지고 그런 차이점들을 동질화시키려고 하는 것은 언제나 '누구를 위한 표준 혹은 전형인가?' 하는 의문을 불러일으키고 만다. 이런 의문에 대한 응답은 반드시 주관성을 고려해 넣어야 한다."(1993: 20, 주는 누락됨) 따라서 인식론자들은 "공통적으로 p의 내용에 대해 주의를 기울이는 것만큼 S의 성격, 상황(처지)에 대해서도 주의를 기울여야 한다. 그들은 평가 절차나 정당화 절차에서 주관적 요인들, 즉 주체인 S의 상황과 관련된 요인들을 핵심적으로 고려해 넣어야"(1993: 20) 한다.

어찌 보면 코드의 요지에 대해 반론할 여지가 없는 것 같다. 인식론자들이 전형적으로 주장하고 있듯이, 지식은 정당화를 요청하고, 정당화는 증거와 관계가 있으며, 증거는 사람에 따라 상대적(사람마다 접근하고자 하는 증거가 달라질 것)이다. 가령 물리학자가 아닌 사람은 물리학자가 갖고 있는 전문 사항에 대한 증거를 갖지 못하는 것처럼, 어떤 사람들은 다른 사람들이 갖지 못하는 지각적 경험이나 다른 경험/배경 지식을 갖고 있기 때문에 다른 사람들이 알지 못하는 것을 알 수 있는 위치에 있을 것이다. 인식주체가 알고 있는 지식을 판단할 경우에 그의 처지를 고려하는 것은 전적으로 표준적 인식론에서도 받아들이는 사항이다(Feldman, 1994).

그러나 코드가 염두에 두는 것은 그런 것만이 아니다. 인식 주체인 철수와 영희를 예로 들어 살펴보자. 두 사람이 집주인인 김 씨와 그 집에 세 들어 살고 있는 박 씨 아주머니의 대화를 듣는다고 하자. 대화를 들은 후 철수와 영희는 이야기를 나누면서 그 대화에 관해 서로 전혀 다르게 믿고 있음을 알게 된다. 특히 영희는 김 씨가 박 씨 아주머니를 성차별적으로 대우했다고 믿고 있고, 철수는 그렇지 않았다고 믿고 있다. 여기서 철수와 영희는 서로 다른 '주관성'을 갖고 있을 것이다. 영희는 그동안 성장하면서 여자로 대우를 받고, 학교/가정/미디어에서 제도화된 성차별을 매일 경험했던 반면, 철수는 가부장적 사회에서 남성으로서의 특권을 누리고 살았다. 그렇다면 다음과 같은 물음을 살펴보자. '철수는 김 씨가 성차별적으로 행동하지 않았다는 것을 알고 있는가?', '영희는 김 씨가 성차별적으로 행동하였다는 것을 알고 있는가?' 만일 지식 및 그 지식에 대한 철학적 분석에서 '주관성'이 중심을 차지한다는 코드의 말이 맞다고 본다면, 철수와 영희는 박 씨 아주머니에 대한 김 씨 행동의 성차별성에 관해서 상이한 것을 알고 있다거나 혹은 최소한 그럴 것이라고 가정할 수 있다. 그렇다면 위에서 제기한 질문에 대해 어떻게 답변할 수 있는가? 철수와 영희가 그런 점들을 안다고 말할 수 있는가? 이를 어떻게 판단할 것인가?

여기서 김 씨의 행동과 관련된 그런 문제의 해결에 주의를 기울이고 싶지는 않다. 그런 질문의 해답을 찾으려면 그 사례에 관해 상당히 더 많은 사항을 자세히 살펴보아야 한다. 다만 여기서 내가 지적하고 싶은 점은 다음과 같은 것이다. 우리가 철수와 영희의 주관성을 적절하게 고려한 다음, 그런 질문에 대한 해답을 찾으려면 **여전히 지식을 분석할 필요가 있다**는 점이다. 철수와 영희가 각각 지니고 있는 주관성이 그들로 하여금 그들 나름대로 무엇인가를 믿게 만든다고 해서, 이 때문에 그들이 각자 믿고 있는 것을 알고 있는 것이라고 곧바로 인정해 버릴 수는 없다. 이 점은 분명한 것 같다. 어쩌면 철수가 성차별적일 수 있고, 따라서 '김 씨가 성차별적으로 행동하지 않았다는 것을 안다.'는 철수의 주장에 대해 우리는 의심할 수 있다. 이와 비슷하게, 우리는 '김 씨의 행동이 성차별적이었다는 것을 안다.'는 영희의 주장도 의심할 수 있다. 그런데 이런 근거 위에서 '김 씨에 관한 지식'을 철수나 영희에게 인정해 주지 못할 수 있다는 데 동의한다면 이는 곧 '주관성에서 비롯된 믿음'은 지식이 되기에 충분하지 못하다고 주장하는 것이나 마찬가지다. 철수와 영희의 '지식'에 관한 이런 의문에 대해 우리가 어떻게 대답하든 간에, 우리는 지식이나 다른 개념에 대한 모종의 분석에 의존하게 될 것이다. 코드는 그의 상대주의를 '완화시키기' 위해 실재론과 경험주의를 주장하고 있는데(1993: 39-41), 이런 주장은 진리를 지식의 한 가지 조건으로 간주하는 것과 마찬가지다. 그의 논의 속에서는 그가 믿음 조건을 거부한다는 암시를 전혀 찾을 수 없다. 내 짐작에 따르면, 그가 'S가 p를 앎'이라는 표준적 지식 분석에서 크게 벗어나는 것은 "어떤 식으로건 '주관성'이 정당화 조건에 포함되어야 한다."는 주장이다. 이것이 옳건 그르건 간에, 나의 요지는 그가 'S는 p를 앎'에서 벗어나지 않았다는 것이다. 코드는 순수객관성과 가치중립성이라는 이상에 대해 도전적이며, 또 지식의 성격과 주체를 밝혀낼 때 주관성을 감안해야 한다고 주장하고 있다. 또한 범례적인 것으로 간주될 지식의 종류도 확대되어야 한다고 제안하고 있다. 그런데 이 모든 점은 코드가 특정한 S와 p가 있을 경우 S가 p를 아는지를 결정하게 해 줄 모종의 지식관을 찾으려고 노력하고 있다는 사실과 어긋나지 않는다.

물론 코드의 여성주의적인 주관성을 지향하는 인식론에는 다른 장점들도 있다. 그렇지만 'S가 p를 앎'이라는 인식론에 대한 코드의 비판은 성공적이지 못하다. 그의 비판은 지식/진리/정당화/합리적 탐구에 관한 인식론적/교육적 명제를 정면으로 반박할 수 없다. 이런 명제에 대해 정면으로 도전하는 비판들이 어떤 것인지를 다음에서 살펴보자.

2) 인식론의 극복: 진리, 정초주의, 주체

유명한 철학자인 찰스 테일러(Charles Taylor, 1987)는 '인식론 극복'을 촉구한다. 그러나 코드와는 다르게 테일러가 표적으로 삼고 있는 것은 'S가 p를 앎이라는 인식론'이 아니라 '진리 대응설'이다. 이 이론에서는 "지식은 독립적인 실재의 바른 재현(correct representation)으로 보아야 한다."(1987: 466)고 주장한다.[14] 이런 주장의 기반에는 부적절한 **자아관**, 즉 자아를 자연적/사회적 세계

14) 테일러의 주는 모두 Taylor(1987)를 가리킨다.

로부터 근본적으로 유리된 것이라고 보는 관점이 있다(1987: 471). 이렇게 자아를 유리된 것처럼 보는 것은 잘못이다.

> 세계에 관해 알아보고 이해관계를 초월한 세계상을 그리기 위해서 우리는 그것을 붙잡고, 실험하며, 관찰하고, 여건을 통제하지 않을 수 없다. 그러나 이론의 필수불가결한 기반이 되는 이 모든 것에서 우리는 사물과 씨름하는 주체로서 개입한다……. [우리가] 이와 다른 방식으로 이해관계를 초월한 재현을 만들어 내기는 불가능한 일이다(1987: 476).[15]

테일러에 의하면 바로 그렇기에 '인식론적 입장 전체'가 두 가지 점에서 '무너지고 만다.'(1987: 476) 첫째,

> 정초주의(foundationalism)가 무너지는 까닭은 사물들에 관한 우리의 재현들이…… 우리가 그것들을 다루는 방식에 근거하는 것이기 때문이다. 이렇게 사물들을 다루는 일은 대체로 분명치 않고, 그것을 충실하게 밝히는 일은 본질적으로 부정합한 것이다. 이는 분명하게 밝히는 일 자체가 불명확한 세계 참여라는 배경 혹은 지평에 의존하는 것이기 때문이다(1987: 476-467).[16]

둘째, 이보다 더 심층적으로,

---

15) 여기서 disengaged persons와 disengaged or disinterested representations를 서로 결부시키고 있는 것 같다. 그러나 이런 문제를 더 이상 다루지 않을 것이다.

16) 여기에도 중요한 애매성이 있는 것 같다. 인용문에서 '근거하는' 은 분명히 '의해서 생기는' 을 가리키고 있다. 그러나 사물들의 재현이 그런 사물들을 우리가 다룸에 '의해서 생긴다' 는 점은 테일러가 다루고 있는 인식론적 이슈, 즉 우리의 재현의 적절성 혹은 정당성 지위와 관계없는 것으로 보인다. 바꾸어 말해서, 행위 주체에 관한 테일러의 요점은 비록 맞는 것일지라도 여기서 재현의 인식론적 지위를 무너뜨리지 못한다.

> 정초주의가 무너지는 것은 그보다 더 기본적인 재현들을 더 밝혀내기 위해 우리의 일상적 재현들 밑으로 파고드는 일을 할 수 없기 때문이다. 세계에 대한 우리의 재현 밑에서 우리가 찾는 것은…… 또 다른 재현들이 아니라 우리가 그 세계 속에서 주체로서 갖고 있는 모종의 세계 파악이다. 그것은 인식론적 지식 구성이 총체적으로 잘못임을 보여 준다. 이것은 외부적 실재에 대한 내면적 그림으로만 이루어진 것이 아니고, 전혀 다른 어떤 것에 근거를 두고 있는 것이다. 그리고 이런 '정초' 안에서, 주체의 상태인 우리의 '아이디어들'과 외부 세계의 특성들을 구분하는, 인식론적 구성의 핵심적인 움직임은 나타날 수 없다. 우리는 대상에 대한 나의 **그림**과 그 대상 사이에 분명한 선을 그을 수 있으나, 그 대상과 그것을 내가 **다룸** 사이에 분명한 선을 그을 수는 없다 (1987: 477; 강조는 원문에 들어 있음).

여기서 우리가 테일러의 주장에 동의할 필요는 없다. 나는 지금 타이핑하면서 키보드를 **다루고** 있는데, 이렇게 키보드를 다루는 것과 키보드를 구분하는 일은 전적으로 가능하다. 키보드는 플라스틱으로 만들어져 있고, 검은색이지만 키보드를 다루는 일은 그런 점과 전혀 무관한 것이다. 키보드를 다루는 일은 서투르고 느릴 수 있지만, 키보드 자체는 그런 점과 무관하다. 키보드의 속성을 알거나 그것의 재현을 구성하려면 키보드와 상호작용을 해야 하지만 이런 점은 그런 구분과 전적으로 부합될 수 있다. 그러나 여기서 지적하고 싶은 핵심은 다른 데 있다.

첫째, 테일러가 비판하고 있는 '인식론적 구성'은 지식/진리/인식론/교육에 관한 이제까지의 이야기에서 요구하는 점이 아니다. 이 장의 2절에서 긍정적으로 살펴보았던 표준적 견해는 '세계에 관한 우리의 재현 밑에 또 다른 재현'이 놓여 있음을 전제하지 않는다. 이와 반대로, 표준적 견해는 우리의 재현이 어떤 의미에서 '우리의 재현이 재현하는 세계'와 '주체인 우리'와의 상호작용에 의존한다는 주장과 전적으로 부합될 수 있는 것이다.

둘째, 테일러의 논변에는 근본적으로 불명확한 점이 있다. 그의 말에 따르면, '인식론적 지식 구성 전체'가 잘못된 것은 지식이 '외부적 세계에 대한 내면적 그림으로만 이루어진 것이 아니라' 아주 다른 어떤 것에 근거하는 것이기 때문이다. 여기서 **'근거하는'**을 정확히 어떻게 이해해야 하는가? 그의 글에 있듯이, 지식의 '근거'는 곧 지식을 '구성하는 것'이다.[17] 그러나 테일러가 이해하는 '근거'는 지식이 '내재하는' 것을 의미하지 않고, 결국 세계에 관한 우리의 신념과 세계에 대한 재현이 **생기게 하는 것**을 분명히 의미하는 것처럼 보인다. 그의 논변에 따르면, 신념과 재현은 우리가 세계 속에서 세계와 교섭함으로써 생기는 것이다. 일단 테일러의 이런 주장, 즉 세계에 대한 우리의 지식은 세계 속에서 우리의 주체성(agency)에 최종적으로 (인과적으로) 의존한다는 점을 받아들이자. 그렇지만 이것은 지식이란 (다른 조건들 중에서도) '독립적인 실재'를 정확하게 묘사하는 신념들로 구성된다는 표준적 견해를 결코 부정하지 않는다. "우리가 세계에 관한 지식을 얻는 일은 그 세계와의 교섭을 요구한다."는 테일러의 주장이 옳다고 할지라도, 이는 (진리 차원에서의) "성공적인 탐구의 산물은 지식이다."라는 주장과 전적으로 부합될 수 있다.

셋째, '인식론적 구성'에 반대하는 테일러의 논변 자체도 표준적 인식론의 핵심 개념에 의존하는 것이다. 테일러는 다음 세 가지를 주장하고 있다. 인식론적 구성이 실패한다는 것은 **참**이다. 마르틴 하이데거(Martin Heidegger)의 논변은 그것이 합리적으로 옹호될 수 없는 것임을 밝혀 준다. 그리고 우리의 재현은 어떤 의미에서 우리의 주체성에 의존하는 것이다. 이 세 가지 주장을 살펴볼 때, '인식론을 극복'하겠다는 테일러의 시도는 이제까지 우리가 옹호했던 인식론과 아주 비슷한 것을 요구하고 있는 셈이다.

테일러의 주요 명제에 따르면, '우리는 결코 유리된 주체가 아니라 **행위 주체**이며, 우리의 지식은 그런 사실에 의존한다.'는 점을 인정하는 하이데거를 따라야

17) 이 문장은 (a) 지식의 근거와 (b) 지식의 '인식론적 구성'의 근거를 혼동하고 있는 인용문을 아주 너그럽게 독해한 것이다.

한다. 나는 이런 주장에 관한 테일러와 하이데거의 논변이 실패하였음을 밝혀 보았다. 그러나 설령 그들의 논변이 성공할지라도, '우리가 오류가능설(fallibilism)을 받아들여야 한다.'는 점이라면 모를까 그 밖에 무엇을 그것으로부터 도출할 수 있는지에 대한 점은 전혀 불분명하다. 그들이 표적으로 삼고 있는 인식론적/교육적 견해는 분명히 오류가능설을 받아들인다. 다시 말해서, 인식론을 '극복하자'는 테일러의 주장은 인식론을 있는 그대로 남겨 둘 뿐이다. 특히 테일러의 비판과는 정반대로, 우리는 "독립된 실재의 올바른 재현"(1987: 466)이라는 차원에서 지식과 진리를 이해해도 좋을 것이다.

3) 오류가능설, 정초주의, 포스트모더니즘의 도전

최근에 정초주의에 대한 '포스트모던적' 도전들이 여기저기 나타났다. 먼저 정초주의에 관해 일반적 사항을 몇 가지 살펴보자. 그리고 여기서 옹호하고 있는 교육적 인식론이 '정초주의적이다 혹은 아니다.'라고 말하는 의미를 몇 가지로 살펴보는 것이 좋을 것이다.

요즈음 인식론에 대해 쏟아진 여러 가지 비판을 살펴보면, '정초주의'와 확실성을 표적으로 삼고 있음을 알 수 있다. 그런 비판은 정초주의를 포기해야 한다고 촉구한다. 그리고 대신 **오류가능설**(fallibilism)을 받아들여야 한다고 주장한다. 오류가능설이란 우리의 신념은 모두 불확실하고, 우리는 언제나 오류에 빠질 수 있으며, 따라서 우리의 인식적 판단에 대해 소박한/겸손한 태도를 가져야 한다는 것이다. 오류가능설을 옹호하는 사람들에 따르면, 우리가 진리를 '찾았다'거나 확실성 있게 안다고 자신 있게 주장할 수는 있지만 우리의 견해가 너무 쉽게 오류에 빠질 수 있기 때문에 그런 주장은 보장받을 수 없다.[18] 이

18) 퍼스(Peirce)와 포퍼(Popper)는 오류가능설을 옹호한 것으로 유명하다. 실질적으로 모든 현대 인식론자들은 그것을 상당히 중요하게 받아들인다. 이에 관한 논의는 Siegel(1997,

에 대한 나의 생각에 따르면, 그와 같은 오류가능설은 이제까지 이 글에서 옹호하는 인식론적 견해와 전적으로 부합된다는 점은 분명하다. 한마디로 말해서, 바로 그것이 현대의 인식론자들이 실제로 보편적으로 옹호하고 있는 점이다. 그런데 이를 옹호하는 인식론이 '정초주의적'이라고 일관되게 비판을 받고 있다. 그렇다면 이런 비판의 진짜 표적은 무엇인가?

주류 인식론에서 '정초주의'는 좁은/전문적 의미로 사용된다. 그것은 인식론적 정당화와 관련된 '회귀문제(regress problem)'에 대해 나타날 수 있는 한 가지 반응이다.[19] 그런데 이슈가 되는 것은 그런 의미의 '정초주의'가 아니다. 그보다 더 넓은 의미의 정초주의가 비판의 표적이 되고 있다(Carr, 1995).[20] 예를 들어, 윌프레드 카(Wilfred Carr)가 말하는 "계몽주의의 교육적 가치에 대한 포스트모던적 도전"(1995: 75)과 '계몽주의 철학사상에 대한 포스트모던적 비판(1995: 78)'을 들 수 있다. 더 구체적으로 말해서 그것은 모두 '이성과 합리적 주체에 대한 계몽주의적 관념을 발가벗기는 일을 목표로 삼고 있는 이론적 비판'(1995: 79)이다. 포스트모던적 비판의 주요 표적이 되고 있는 것은 다음과 같다.

> 칸트의 '정초주의' 철학은 합리적인 자율적 주체라는 계몽주의의 개념이 특정 문화나 사회에만 적용되는 것이 아니라, 인간 본성 자체의 보편적 본질에 관한 선험적 진리들에 근거하는 것이라는 점을 밝히기 위해 설계된 철학이다. 너무 단순한 말일지 모르겠으나, 이와 같은 정초주의 철학을 불신하고 이를 무너뜨리기 위해서 사용되고 있는 세 가지의 친숙한 포스트모던적 전략은 다음과 같이 간단히 말할 수 있다. 첫째는 계몽주의의 보편적, 선험적, 절대적

Ch. 1, 2, 8)을 참조하라.

19) 이런 반응에 따르면, 정초적 신념(foundational beliefs)이란 다른 신념에 의해서 정당화되지 않는 신념이다. 이에 관한 논의는 Siegel(1997: 112-114)을 참조하라.

20) 이 부분에서 모든 참고문헌의 쪽 번호는 Carr(1995)에 따른다.

> 이성관을 문제로 삼는 전략이다. 포스트모더니스트들은 그런 보편성에 대항하여 합리적 사고와 행위라고 하는 것의 '국지적' 결정성을 드러내 보이고, 그런 선험적 필연성에 대항하여 오류가능성과 우연성을 내세우며, 그런 절대성에 대항하여 합리성이 언제나 시간과 공간에 따라 상대적인 것임을 밝혀낸다.
>
> 둘째로, 포스트모더니스트들이 반발하고 부정하는 것은 계몽주의의 탈신체화된 '합리적이고 자율적인 주체'라는 아이디어다. 포스트모더니스트들이 역사에 앞서는, 그리고 특정 형태의 사회생활에 선행하는 본질적인 인간 본성이 자아의 중심에 들어 있다는 상정에 대해 반대하면서 내세우는 것은 '탈중심화된' 자아라는 이미지다. 이런 자아는 어떤 역사적 문화의 참여자가 됨으로써 학습하고 획득하는 담론들을 통해 매개되고 구성되는 중심 없는 형상이다…….
>
> 셋째는 …… '아는 주체'와 알려지는 '객관적 세계'를 구분하고 있는 계몽주의에 대한 비판이다. 이에 대항하여 포스트모더니즘이 주장하는 것은 세계에 대한 주체의 지식은 언제나 미리 해석된다는 점이다. 그것은 언제나 어떤 개념틀 안에 들어 있고, 어떤 텍스트의 일부이며, 어떤 전통의 내부에 들어 있다. 그 전통의 외부에는 또 다른 개념들, 텍스트들, 전통들이 있다. 어떤 개념, 텍스트, 전통을 벗어나기란 불가능한 일이다. 이렇게 본다면 지식은 결코 '이해(관심)를 초월하는' 객관적인 것일 수 없으며, 세계로부터 이탈된 인식 주체라는 계몽주의적 아이디어는 신화에 지나지 않는다……. 포스트모더니즘이 주장하는 점은 과학이 배타적으로 접근할 수 있는 객관적 진리들의 영역은 없고, 철학자들이 소속된 문화나 전통의 특수성을 초월할 수 있도록 해 줄 특권적 관점은 있지도 않으며, 철학적 탐구를 위해 중립적, 탈역사적 출발점을 제공해 줄 아르키메데스의 기점이라는 것도 없다는 것이다(Carr, 1995: 79-80).

인용문이 너무 긴 편인데, 포스트모더니스트들이 저항하고 있는 '정초주의'의 의미가 얼마나 넓은지를 자세히 밝혀야 했기 때문이다. 카가 지적한 많은 점에 대해 여기서 자세히 반응할 수는 없다. 다만 일반적 논평으로 다섯 가지만 언급하고자 한다.

첫째, 앞의 인용문 속에서 카는 칸트의 정초주의 철학에 대한 몇 가지 비판을 옹호하는 것도 아니고, 그 대안으로 제시된 포스트모더니즘의 견해를 옹호하는 것도 아니다. 다만 (칸트의) 정초주의에 대한 대안으로서 포스트모더니즘의 견해를 제시하고 있을 뿐이다. 그는 '포스트모더니즘이 부정하는 것은……, 포스트모더니즘이 주장하는 것은……, 포스트모더니즘이 반대하는 것은……'이라고만 말할 뿐이다. 카는 이와 같은 '포스트모더니즘의 전략들'이 실제로 "정초주의 철학을 불신하고 무너뜨리기 위해 사용되는 것"이라고 암시하고 있다. 그러나 이에 대해 우리가 동의해야 할 이유가 분명한 것은 아니다. 카의 논의는 포스트모더니즘을 변호하는 것이 아니라 그것을 당연한 것으로 받아들이고 있을 뿐이다.

둘째, 정초주의에 대한 위와 같은 비판 중 일부는 진술된 채로 살펴본다면 커다란 난점에 부딪히게 된다. 그것은 부정하고자 하는 바를 오히려 전제하고 있는 것처럼 보인다. 예를 들어 보자. 카가 말하는 포스트모더니스트들은 객관적 지식의 가능성을 부정하고자 하는데, 그러면서도 '세계에 대한 주체의 지식은 언제나 미리 해석된 것이고, 따라서 지식은 결코 객관적이지 않다.'는 점을 '세계에 관한 객관적 사실'로 간주하고 있는 것처럼 보인다. 또 포스트모더니스트들은 '보편적 이성'을 논박하고 있음에도 불구하고 위와 마찬가지로 보편적 이성관을 전제하고 있는 것처럼 보인다. 왜냐하면 지식의 비객관적 성격이 '주체의 지식은 언제나 미리 해석된 것'이라는 사실로부터 '**추론된다**(강조 추가)'고 말하고 있는데, 이런 함의는 상대적인 것도 맥락적인 것도 아니라고 볼 수 있기 때문이다.[21] 또한 포스트모더니스트들은 '철학자들이 자신이 속한 문화나 전

21) '보편적 이성'에 대한 포스트모더니스트의 비판에 관한 보다 자세한 논의는 Siegel(1997, Ch. 10)을 참조하라. 보편성에 대한 카의 비판은 엄밀한 국지적/보편적 이분법을 전제하기

통의 특수성을 초월할 수 있도록 해 줄 특권적 관점은 있지도 않다.'고 주장하는데, 이것은 자기들 스스로가 바로 그런 입장에 서서 말하려고 하는 것처럼 보인다. 왜냐하면 그것은 모든 철학자/문화/전통에 관해서 주장하고 있는 것처럼 보이기 때문이다. 그뿐만 아니라 '합리성은 시간과 공간에 따라 **언제나 상대적이다.**'(강조 추가)는 주장 또한 얼핏 보면 앞뒤가 맞지 않는 것처럼 보인다. 이런 주장은 자체에 대해서도 적용되는 것인가? 이 물음에 대해 무슨 답이 나오건 간에 심각한 난점은 여전히 남게 된다.[22] 요컨대, 카가 밝혀 주고 있는 포스트모더니즘의 입장은 내면적으로 심각한 불일치가 들어 있는 것처럼 보인다.

셋째, '정초주의 철학'이 아주 모호한 일반적 용어로 제시되고 있어서, 현대 문헌에서 그런 철학을 분명히 옹호하는 사람들이 과연 있는지를 확인하기가 어렵다. 예를 들면, 칸트는 그렇게 생각했을지 몰라도(이 역시 그다지 분명하지 않음) 현대철학자들 중에서 '역사에 앞서는, 그리고 특정 형태의 사회생활에 선행하는 본질적 인간 본성'이 있다고 주장하는 사람은 아무도 없다. 만일 이것이 역사나 어떤 특정 형태의 사회생활을 벗어나는 인간 본성의 소유자가 실제로 있을 것이라거나 혹은 '탈신체화된 합리적인 자율적 주체'가 있을 것이라는 의미의 주장이라면 그렇다는 말이다. 이와 마찬가지로, 현대의 어떤 인식론자가 경험적 지식을 오류불가능한 것으로 간주하는가? 어떤 철학자가 철학적 탐구에 중립적, 탈역사적 출발점을 제공해 줄 수 있는 아르키메데스의 기점이 있다고 주장하는가? 어떤 철학자가 객관성은 인지적 주체가 세계로부터 이탈하는 것을 요구한다는 '신화'에 동의하는가? 카의 포스트모더니스트가 반대하는 현대판 정초주의자들을 찾기란 지극히 어렵다.

넷째, 객관적 지식의 가능성에 대한 포스트모더니스트의 반론은 놀라울 정

도 한다(특히 참조할 것은, 1995: 81). 이런 이분법에 반대하는 논변은 Siegel(1997, Ch. 12)을 참조하라.

22) 이에 대한 논의는 Siegel(1987, 2004)을 참조하라.

도로 취약한 것이다. 포스트모더니스트적 논리를 가진 원리들 중에서 어떤 것이 과연 '지식은…… 언제나 어떤 개념틀 안에 놓여 있고, 어떤 텍스트의 일부이며, 어떤 전통에 내재하는 것이다.'로부터 '그것을 벗어나면 오직 다른 개념들, 텍스트, 전통이 있을 뿐이다.'로 이행하는 것을 찬성하는가? 카의 포스트모더니스트의 주장대로, '나무, 원자, 사람들에 대한 나의 지식은 언제나 나의 개념틀 안에서 자리 잡고 있는 것이다.'고 해서 그로부터 '나의 개념틀로부터 독립적으로 존재하는 나무, 원자, 사람들은 없다.'는 점이 실제로 추론될 수 있는가? 카의 포스트모더니스트들은 '자신들(사람들)의 개념틀 속에서 그것들(별들)의 존재를 언명하는 사람들이 있기 전에는 별들도 없었다.'라고 주장하는가? 우리로부터, 또 우리의 개념틀로부터 독립된 실재에 대한, 그리고 객관적 지식에 대한 포스트모더니스트의 비판은 안타깝게도 심각한 문제를 안고 있다.

다섯째, 현재 맥락에서 가장 중요한 것인데, 정초주의 철학에 대한 포스트모더니스트들의 비판은 앞에서 내가 밝히고 옹호했던 교육적 인식론(educational epistemology)에 진지하게 도전하는 데 실패한다. 그 비판의 어떤 측면은, 예를 들어, 인식 주체는 모든 개념틀을 벗어난, '관점이 없는 견해'를 갖는다는 입장에 도전하는 데에는 성공하지만, 이런 입장은 정초주의 철학의 인식론에 속하는 것이 아니다.[23] 그 비판의 다른 측면은 한마디로 실패작이다. 예를 들면, 인식 주체와 객관적 세계의 구분에 대한 그런 비판 속에는, 이 절이나 앞 절에서 보았듯이, 여러 가지로 문제가 많다는 점이 이미 밝혀졌다. 어쨌든 간에, 우리가 고찰한 포스트모더니스트들이 주장했던 정초주의의 문제점이라고 하는 것은 이제까지 내가 옹호했던 다음과 같은 견해들에서 결코 찾을 수 없다. 즉, 지식을 획득하고, 진리를 추구하는 합리적 탐구에 종사하는 능력을 학생들에게 발달시키는 일은 교육적으로 중요하며, 또한 학생들이 그와 같은 합리적 탐구

23) 아르키메데스의 기점이나 모든 틀을 벗어난 관점이 없다는 아이디어의 함의에 관한 또 다른 논의는 Siegel(1987, Ch. 2; 2004)을 참조하라.

를 존중하고, (할 수 있는 한) 그런 탐구에 따라 스스로 믿고, 판단하고, 행동하도록 발달시키는 일은 교육적으로 중요하다.

4. 결 론

만일 이제까지 나의 논변이 성공적이라면, 지식/진리/정당화/합리적 탐구를 옹호하는 견해에 대한 도전 그리고 교육이론에서 그런 견해가 차지하는 위상에 대한 도전은 성공적이지 못하다. 우리가 살펴보았던 비판에는 세 가지가 있었다. 'S는 p를 앎이라는 인식론'에 대한 코드의 도전, 지식을 독립된 실재의 재현으로 간주하는 지식관에 대한 테일러의 도전, 모든 '근대적인' 것에 대한 (카가 말하는) 포스트모더니스트들의 도전이 그것이다. 이들은 모두 앞에서 우리가 옹호했던 인식론적 입장이라든가 혹은 '교육이란 학생들에게 지식, 합리적 탐구 능력, 그리고 합리적 탐구에 참여하고 그 결과를 진지하게 받아들이는 성향을 전수하기 위해 노력해야 한다.'는 기본 사상을 뒤집는 데에 실패하고 만다. 이런 주장은 나쁜 의미에서 정초주의적인 것이 결코 아니다. 이런 주장은 오류가능설을 받아들이고, '객관주의적'이지만 문제를 일으키지 않으며, '관점이 없는 견해'나 '탈신체화된 인식 주체'를 전제하지도 않는다. 이런 비판들에 대한 고찰이 지나치게 부정적이지 않았기를 바라는 것은 그런 비판에 귀중한 점들이 많기 때문이다. 나는 이를 이 장에서 인정하려고 노력했다. 이런 비판 속에 옳고 또 귀중한 점들이 많으며, 그 비판은 앞서 밝혀 보았던 교육의 인식론적 목적/이상이 갖고 있는 인식론적/교육적 정당성을 인정하는 일과 전적으로 부합될 수 있는 것이다.

* 감사의 말: 데이비드 카(David Carr)의 조언에 감사를 드린다.

참고문헌

Alston, W.P. (1996) *A Realist Conception of Truth*. Ithaca, NY: Cornell University Press.

Audi, R. (2002) *Epistemology: A Contemporary Introduction to the Theory of Knowledge*. NY: Routledge.

BonJour, L. (2002) *Epistemology: Classic Problems and Contemporary Responses*. Lanham: Rowman and Littlefield.

BonJour, L. and Sosa, E. (2003) *Epistemic Justification: Internalism vs. Externalism, Foundations vs. Virtues*. Malden: Blackwell.

Carr, D. (1994) 'Knowledge and truth in religious education', *Journal of Philosophy of Education*, 28(2): 221-238.

Carr, W. (1995) 'Education and democracy: confronting the postmodern challenge', *Journal of Philosophy of Education*, 29(1): 75-91.

Code, L. (1991) *What Can She Know? Feminist Theory and the Construction of Knowledge*. Ithaca, NY: Cornell University Press.

Code, L. (1992) 'Feminist epistemology', in J. Dancy and E. Sosa (Eds.), *A Companion to Epistemology*. Oxford: Blackwell Publishers, pp. 138-142.

Code, L. (1993) 'Taking subjectivity into account', in L. Alcoff and E. Potter (Eds.), *Feminist Epistemologies*. NY: Routledge, pp. 15-48.

Feldman, R. (1994) 'Good arguments', in F.F. Schmitt (Ed.), *Socializing Epistemology: The Social Dimensions of Knowledge*. Lanham, Maryland: Rowman and Littlefield Publishers, pp. 159-188.

Feldman, R. (2003) *Epistemology*. Upper Saddle River, NJ: Prentice-Hall.

Gettier, E. (1963) 'Is justified true belief knowledge?', *Analysis*, 23: 121-123.

Goldman, A.I. (1999) *Knowledge in a Social World*. Oxford: Oxford University Press.

Hamilton, E. and Cairns, H. (Eds.) (1961) *The Collected Dialogues of Plato*. Princeton: Princeton University Press.

Horwich, P. (1990) *Truth*. Oxford: Basil Blackwell.

Robertson, E. (2009) 'The epistemic aims of education', in H. Siegel (Ed.), *The Oxford Handbook of Philosophy of Education*. NY: Oxford University Press.

Scheffler, I. (1965) *Conditions of Knowledge*. Glenview, IL: Scott, Foresman and Company.

Schmitt, F.F. (1995) *Truth: A Primer*. Boulder, CO: Westview Press.

Siegel, H. (1987) *Relativism Refuted: A Critique of Contemporary Epistemological Relativism*. Dordrecht: D. Reidel Publishing Company.

Siegel, H. (1997) *Rationality Redeemed? Further Dialogues on an Educational Ideal*. NY: Routledge.

Siegel, H. (2004) 'Relativism', in I. Niiniluoto, M. Sintonen and J. Wolenski (Eds.), *Handbook of Epistemology*. Dordrecht: Kluwer, pp. 747–780.

Taylor, C. (1987) 'Overcoming epistemology', in K. Baynes, J. Bohman and T. McCarthy (Eds.), *After Philosophy: End or Transformation?* Cambridge, MA: MIT Press, pp. 464–488.

제7장

지식의 가치

Brenda Almond

1. 서 론

인간의 두뇌는 어떤 컴퓨터보다 우수하다. 이 말은 지금도 사실이고 앞으로도 그럴 것이다. 물론 이와 다르게 생각하는 사람들은 검색 엔진을 이야기할 것이다. 클릭만 하면 나타나는 구글의 정보를 인간의 두뇌에 모두 담을 수 있겠는가? 그러나 인간의 두뇌에는 다른 장점이 있다. 그것은 나름대로 정보를 처리한다. 의식이 발달하기 시작할 때부터 인간의 두뇌는 추상하기(abstract)를 할 줄 안다. 인간의 두뇌는 불필요하고 관계가 없는 정보 덩어리에 사로잡히지 않는다. 경험을 통해서 접근되는 정보는 감각기관을 거치면서 대부분 걸러지게 된다.

이런 점을 뛰어넘어 사실을 습득/파악해야 할 필요성에 대해 진보주의적 전통을 따르는 일부 교육사상가는 의문을 품었다. 그럼에도 불구하고 곧바로 접근할 수 있는 지식의 가치를 낮추어 보는 것도 잘못일 것이다. 필요할 때마다 모든 것을 '찾아볼' 수는 없기 때문이다. 따라서 기억은 중요하다. 일상생활을 잘하려면 어느 정도의 배경 정보를 갖출 필요가 있다. 그것은 우리가 여기저기서 얻어듣거나 읽은 것들이다. 요즈음 건축 활동이나 선도적 과학/의료 분야를 살펴보면 거기에는 실천적 기능이 들어 있고, 그 기초가 되는 수학적 이해도 들어 있으며, 그 밖에도 많은 지식이 들어 있다. 그런데 이런 것들이 마음에 갖추어져 있어야 쉽게 접근할 수 있다.

대부분의 교육이론은 그와 같은 가정들에서 출발한다. 그런 가정들은 인간은 무엇인가, 인간에게 필요한 것은 무엇인가, 인간(특히 지식을 학습/습득하는 인간의 능력)은 어떻게 발달하는가에 관한 기본 아이디어에 근거를 두고 있다. 이런 아이디어 측면에서 일상적 학습이 어떤 일인지를 밝혀내는 것이 바로 교육적 과제다. 모든 지식은 가치 있는 것이 될 수 있는가? 혹은 우리가 가치 있는 것으로 간주해야 할 지식의 종류와 우리에게 필요없거나 컴퓨터와 같은 외부의 기억 은행에 맡길 수 있는 지식의 종류를 구분할 수 있는가? 지혜라고 말하기도 하는 보다 미묘한 종류의 지식이란 어떤 것인가?

2. 지식인가, 지혜인가

다음과 같은 이야기가 법조계에 떠돈다. 어느 변호사가 한 증인에게 긴 시간 동안 고문처럼 느껴지는 반대 심문을 하고 있는데 판사가 끼어들었다. 판사는 불만스럽게 말했다. "이 증인에 대한 당신의 질문이 우리를 더 지혜롭게 만들어 주는 것인지 도대체 모르겠습니다." 변호사가 대답했다. "판사님, 더 지혜롭게 만들어 주는 것이 있겠습니까? 그저 더 많은 정보를 얻으려는 것뿐입니다."

이런 이야기는 출처를 알 수 없으나 교육계에도 적용할 수 있다. 교사가 할 일은 지혜를 함양시키는 것인가, 아니면 지식을 증대시키는 것인가? 지혜로운 것과 영리한 것에는 어떤 차이가 있는가? 이 두 가지는 더 많은 정보를 얻는 일과 관련성이 있는가? 교육과정을 기획할 때에는 지혜의 함양보다는 지식의 전달이라는 아이디어를 기반으로 삼는 것이 더 쉬울 것이다. 이것은 불평할 일이 못 될 것이다. 만일 교사가 자신의 지혜를 학생들과 공유하는 것을 자신의 과업으로 생각한다면 그는 자신의 지혜를 아주 확신하고 있어야 할 것이다. 그런 생각이 있을지라도 소크라테스의 사례를 기억하는 교사라면 아무래도 주저할 것이다. 소크라테스는 BC 5세기 아테네에서 그런 문제로 고민했다. 당대의 가장 지혜로운 사람이 소크라테스라는 세간의 평판을 그 자신은 인정하지 않았다. 소크라테스는 자신이 지혜롭다고 말할 수 있는 점은 오직 다른 사람들과 달리 자신에게는 아는 것도 별로 없고, 자신이 아는 것이라고는 자기 자신이 얼마나 적게 알고 있는가 하는 점이며, 자신과 마찬가지로 별로 아는 것도 없는 다른 사람들은 그런 사실조차 인정하지 않기 때문이라고 말했다.[1]

그러나 이 말의 의미가 무엇인지는 그다지 확실하지 않은 것 같다. 지식이 반드시 지혜를 의미하는 것은 아님을 받아들인다고 해서 어떤 심오한 형이상학적 통찰을 주장하는 것은 아니다. 그것은 다음과 같은 점을 인정하는 말일 수 있다. 즉, 지식뿐만 아니라 지혜를 귀중히 여기는 교육 속에는 지적 판단뿐만 아니라 감정/감수성의 역할도 있고, 사실뿐만 아니라 가치가 차지할 자리도 있다. 바꾸어 말하면, 보다 풍부한 지식을 가리키는 지혜는 '타인과 자연 세계에 대한 공감'을 포함한다. 이것은 삶의 의미를 찾는 일의 일부분이다. 그것은 인류 역사의 고통스러운 과정, 그리고 세상사(세계의 작동방식)의 우연적인 겉모

---

1) 지혜는 그리스 시대에 인정받았던 네 가지 기본 덕목 중 하나였다. 플라톤에게 있어서 덕과 행복은 일치한다. 왜냐하면 두 가지가 모두 일종의 지식이기 때문이다. 즉, 무엇이 진실로 자신에게 이익이 되는가에 대한 지혜로운 평가를 의미한다.

습 속에서 질서/계획/목적/방법을 찾으려는 시도의 일부분이다.

그러나 일상적 교육관에 더 가까운 것을 찾아본다면 다음과 같은 사실에 도달할 것이다. 즉, 지혜는 인간의 삶에서 내려야 하는 선택, 특히 생활양식/개인적 관계/직업과 목표의 선택과 연관된다. 이런 면에서 지혜와 단순한 지식은 서로 다르다. 여기에 2천 년 전 그리스 철학자인 아리스토텔레스가 구분했던 것이 반영되어 있다. 그는 추상적/지적 지혜와 **실천적** 지혜를 구분하였다. 실천적 지혜는 '어떻게 살 것인가?'라는 물음에 답하는 윤리적 지식을 가리킨다. 이런 질문과 해답은 아리스토텔레스가 말하는 **텔로스**(telos)와 연결된다. 이는 생물이나 인간의 삶에서 최종 목적을 가리킨다. 그것은 살아 있는 존재의 본질적 특성의 실현, 그리고 참된 행복에 이르는 유일한 길을 가리킨다. 행복한 삶은 물질적 쾌락의 삶(복권 당첨)이라고 생각하는 사람들이 많지만 아리스토텔레스는 다음과 같이 분명히 말한다. 더 지혜로운 사람들은 명예로움에서 생기는 만족이나 공적 생활에 대한 (존경받는) 참여에서 얻는 만족을 더 좋아한다. 가장 지혜로운 사람은 철학, 즉 성찰, 추론, (심오한) 진리 추구에서 얻는 만족을 추구한다. 또한 아리스토텔레스는 실천적 지혜의 범위를 개인의 사적 삶을 뛰어넘어 정치적/사회적 차원으로 더 넓게 확대하였다. 사실, 그가 살았던 시대보다는 오히려 오늘날의 세계에서 개인적인 것과 정치적인 것의 상호 연관성을 파악하기가 더 쉬울 것이다. 사람들의 개인적 선택은 그들이 살고 있는 공동체에 영향을 미친다. 사적 결정은 흔히 공적 선택을 함의하고, 지혜로운 사적 선택은 지혜를 따르는 공동체 생활을 가능하게 한다. 따라서 개인의 사적 삶에서 소홀히 하는 측면이 많아진다면 사회적 결속의 붕괴/해체로 이어질 수 있다.

여기서 여러 가지 종류의 지식의 가치를 둘러싸고 더 복잡한 문제가 생긴다. 지혜는 개인/사회의 올바른 목표가 될 수 있지만, 결코 그것은 더 평범한 종류의 지식으로부터 유리될 수 없다. 왜냐하면 정보가 부족한 주장이 빈곤한/비생산적 선택으로 이어지는 경우가 많은 것처럼, 지혜 그 자체도 인습적 교육실천이 제공해 주는 사실적/기능적 지식이 부족할 경우에는 한계에 봉착하기 때문이다. 또한 지혜롭게 일상적 의사결정을 이끌어 가려면 정보에 접속하는 방법을 아는 것만으로는 불충분할 것이다. 중요한 종류의 지식은 책이나 컴퓨터에서 찾아볼 필요가 없을 정도로 충분히/확실하게 축적해 두어야 할 것이다. 이 점은 과학/외국어/수학/역사/지리 등 교육과정의 거의 모든 영역에 적용된다.

3. 지식 세계: 과학, 문화, 추상적 추론

'잘 축적된(well-stocked) 마음'이라는 아이디어에서는 '아는 사람(지식 주체)'과 '알려진 것(지식 대상)'이 대립된다. 여기서 지식은 외재적인 것이다. 지식은 객관적으로 존재하는, 그 창조자로부터 독립된, 그 나름의 생명을 지닌다. 그렇기 때문에 철학자 칼 포퍼(Karl Popper)는 **지식의 세계**를 세 가지로 구분했다. 첫째인 '세계 1'은 물리적 세계이고, 둘째인 '세계 2'는 우리의 의식적 경험의 세계다. 이 두 가지 세계는 우리에게 주관적 지식만 제공해 준다. 포퍼에 의하면, 객관적 지식은 다른 데에서 찾아야 한다. 그것은 창의적 인간들이 개척한 것이지만 그들로부터 어떤 의미에서 독립된 지식이다. 그것은 거미가 만든 거미줄처럼, 유기체에 의해 만들어지고 또 그 일부분이면서도 독립된 실체다. 이것이 바로 포퍼가 말하는 '세계 3', 즉 객관적 지식의 세계다. 그것은 문화를 가로질러, 또 세대를 뛰어넘어 축적되고 계속 축적되어 가는 인류 지식의 집합체다. 이 안에 우리의 이론/예측/추측이 담겨 있다. 포퍼는 이를 가리켜 책/도서관/컴퓨터 기억 장치의 논리적 **내용** — '우리의 유전적 코드의 논리적 내용' (Popper, 1972: 73) — 이라고 말한다. 따라서 포퍼의 말대로 '세계 3'은 자율적이다. 그리고 "우리가 세계 1에서 지리적 발견을 이루어 낼 수 있는 것처럼 이 세계 속에서 이론적 발견을 이루어 낼 수 있다."(Popper, 1972: 74)

포퍼의 이론은 과학철학이라는 영역에 속한다. 그런데 역사적으로 살펴볼 때 교육에 초점을 둔 지식이론은 그것보다는 인문적/문학적인 것에 중점을 둔다. 다시 말해 과학적 탐구보다는 문화를 더 강조한다. 그런데 플라톤 이후 아주 오래 지속되어 왔던 한 가지 견해가 있다. 그것은 교육이란 문화적 유산으로 입문시키는 일이며, 교육자들이나 이들로부터 배우려는 사람들은 그것을 가치 있게 여긴다는 견해다. 이런 의미의 교육은 전수되는 내용에 의해서만 정의되지 않는다. 거기에는 전수되는 내용의 가치에 관한 판단이 포함된다. 여기서 암기식 학습관과 자유로운 교육관이 서로 구분된다. 여기서 '자유로운(liberal)'이란 폭넓은 교육을 의미하기도 한다. 그것은 '폭넓은 지적 안목'을 갖추게 하는 교육이다. 전통적으로 그것은 인류의 핵심 지식 영역인 수학, 언어와 문학, 윤리, 과학, 역사, 미학, 종교 등을 포함한다. 이 영역들은 두 가지 측면에서 각각 구별된다. 첫째, 각각 독특한 범위의 개념들이 사용된다. 둘째, 진리를 확인하거나 이론을 검증하는 독특한 방식들이 있다. 예를 들어, 수학적 공리의 진리를 확인하는 방식은 과학적 주장의 진리를 검증하는 방식과 다르고, 또한 문학 작품을 판단하는 방식과도 다르다. 또 시(詩)를 논할 때 사용되는 개념들은 실험실에서 사용되는 개념들과 전혀/거의 다르다. 이와 같이 다양한 지식 영역 및 이와 관련된 기능은 가치 있는 폭넓은 교육을 제공해 준다. 이런 것들이 결핍되어 있음을 교육적 한계/결함이라고 생각한 것은 아주 오래된 일이다. 이런 생각은 그와 같은 교육을 사실적으로 진술한 것이지만, 그 안에는 교육에 관한 가치판단도 담겨 있다. 그런데 최종적으로 교육의 내재적 가치보다 오히려 공리적 판단을 둘러싸고 다음과 같은 논란이 생길 수 있다. 어떤 종류의 교육이 학생들의 삶을 위해 유용한 것인가?

4. 유용한 지식과 가치 있는 지식

학교는 내재적으로 가치 있는 것에 중점을 두어야 하는가, 아니면 유용한 것으로 밝혀질 것들만 추구해야 하는가? 이를 두고 교육이론가/정치가들은 서로 다른 견해를 내세울 수 있다. 그러나 먼저 유의할 점은 두 가지 목적이 꼭 상충되는 것은 아니라는 점이다. 예를 들어, 18세기 프랑스 사상가 루소가 이야기하는 에밀의 교육을 살펴보자. 에밀의 선생은 태양을 이용하여 방향을 찾는 법을 설명하면서 에밀이 천문학 문제에 관심을 갖도록 애를 썼다. 이때 에밀은 묻는다. "그게 무슨 소용이 있지요?" 에밀의 선생은 곧바로 대답하지 않고, 다음 날 아침 그와 함께 몽모랑시 숲으로 산책을 나간다. 그런데 함께 가다가 길을 잃어버린다. 배는 고프고 아침 식사만 생각나는 에밀이 마침내 울먹거릴 즈음, 선생은 에밀에게 어제의 가르침을 환기시킨다. 정오에 태양이 드리운 그늘을 살펴봄으로써 방향을 찾는 방법을 떠올리게 만든다. 에밀은 어제 들은 이야기를 기억해 낸다. 그리고 안전하게 집에 도착하게 된다. 에밀은 들뜬 마음에서 결론을 내린다. "천문학도 쓸모 있군요!" (Rousseau, 1966: 143-144)

이 이야기는 철학의 초기 역사에서 나타났던 이야기와 별로 다르지 않다. 서구의 최초 철학자라고 하는 탈레스(Thales, c. 585 BCE)는 별에 너무 골몰하느라 주위에서 조롱거리가 되었다. 그는 별을 보고 가다가 고꾸라지기도 했다. 그러나 그는 천문 관찰을 통해 자신의 명예를 회복하게 되었다. 그는 기상 상태가 올리브 수확의 풍작에 영향을 미친다는 사실을 예측할 수 있었고, 이것을 혼자만 알고 있었다. 그는 인근 지역에서 올리브 압착 기계를 모두 사들여 올리브 독점권을 장악함으로써 떼돈을 벌어들였다. 탈레스와 루소는 아주 다른 방법으로, 또 전혀 다른 맥락에서 실용적 가치가 없어서 '학문적'이라고 배척받기가 쉬운 지식조차도 아주 직접적/일상적 의미에서 유용한 것이 될 때가 있음을 보여 주었다.

그런데 그보다 더 추상적인 지식에 대해서도 같은 말을 할 수 있을까? 여기서도 옛날 이야기가 도움이 된다. 플라톤(1956)의 『메논(*Meno*)』에서, 철학자 소크라테스는 최초로 유명한 교육 실험을 벌인다. 그가 보여 주려고 했던 것은, 지식이 감각을 통해서만, 즉 외부 세계의 관찰을 통해서만 생기는 것이 아니라는 점이다. 인간의 두뇌에는 다른 종류의 지식이 숨어 있다. 전통적으로 이를 그렇다면 오직 사회적 맥락만 중요하다는 말인가? 우리의 아이디어/지식/이데올로기는 모두 사회적으로 구성되는 것인가? 만일 그렇지 않다면, 각 개인은 각자의 편향되지 않은(unbiased) 이성을 사용하여 혼자서 생각할 수 있는가? 진리/지식이라는 아이디어가 과연 의미 있는 것인가에 대해 의심하는 질문이 자주 나타난다. 일반적으로 널리 퍼져 있는 견해에 따르면, 합의된 '정초(토대)' 위에서 사실적/과학적 문제에 대한 단일하고 참된 설명을 구축하기는 불가능하다고 말한다. 그러나 교육을 문화 속으로의 입문으로 이해하는 자유(liberal) 교육관에서는 공통된 토대 혹은 공통된 문화를 미리 전제하고 있는 것처럼 보인다(Peters, 1963, 1966).[2] 여기서 몇 가지 문제가 제기된다. 먼저, 그것은 다문화 사회에 따른 도전이다. 교육정책자들은 이 문제를 여러 가지 방식으로 풀어간다. 어떤 사람들은 다양성 그 자체가 좋은 것이라고 믿고 있는 것 같다. 그러나 아동들을 입문시켜야 할, 기존의 축적된 문화에 어떤 것이 새롭게 추가된다고 해서 그들의 이해가 그만큼 더 풍부해질 것이라고 꼭 믿어야 할 이유는 없다. 아동들을 모든 문화에 입문시키려고 하건, 혹은 그들 세대만을 위해 또 하나의 새로운 형태의 혼성물을 만들려고 하건 간에, 바로 이런 과정에서 그들은 회의주의/상대주의에 빠질 위험이 있다. 왜냐하면 그것은 공통된 이성에 기반을 둔 공통된 지적 전통이라는 이상에 대해 온갖 회의론적 의문을 갖게 함으로써 인류가 축적한 지식—아널드(Arnold)가 말하는, "이제까지 생각되고 알려진 최고의 것들"(1960: 70)—을 전수하는 틀로서 교육을 이해하는 전통적 견해를 의문에 빠뜨리기 때문이다.

오늘날 많은 교육이론가/교육자는 지식에 대한 현대철학의 회의론으로부터 영향을 받았다. 예를 들면, 과학 영역에서는 토머스 쿤(Thomas Kuhn)이나 폴 페이어아벤트(Paul Feyerabend), 사회과학과 정치이론에서는 카를 마르크스

---

2) 이 견해는 특히 피터스(R. S. Peters)와 연관된 것이다. 그의 『윤리학과 교육(*Ethics and Education*)』(1966), 『입문으로서의 교육(*Education as Initiation*)』(1963)을 참조하라.

(Karl Marx)와 헤르베르트 마르쿠제(Herbert Marcuse)가 그러하다. 이들 학자의 회의론은 차이와 다양성에 대한 의식에서 파생된 문화적 회의론에 추가된다. 여기서 지식은 '사회적으로 부과된 어떤 것'이라고 분석된다. 다시 말하면, 지식은 다른 사람을 착취/통제하려고 하는 권력자들의 인위적 구성물이라는 뜻이다.[3] 이런 분석은 교육과정의 안정된 기반(토대)을 무너뜨릴 뿐만 아니라, 특별한 지식/이해/통찰의 소통자라고 말하는 교사의 권위를 의심스럽게 만들어 버린다.

이와 같은 변화의 이면에는 진리라는 개념을 급진적으로 재해석하려고 하는 뿌리 깊은 상대주의가 숨어 있다. 이런 형태의 상대주의에 따르면, 어떤 주장을 참(진리)으로 받아들이는 일은 그것을 내세우는 사람들의 사회적 권력에 굴복하는 일이다. 따라서 논변과 믿음은 인간들의 권력 투쟁의 볼모이며, 가치 있는 학습이라는 개념은 현대 과학/문학/예술의 요동치는 권력 투쟁에서 누가 승자인가라는 문제에 지나지 않는다. 그 결과, 수많은 현대의 논평자들은, 공통된 과학/진리관에 도달할 수 있다는 가능성을 거부하려고 하는 것 같다. 이런 생각을 불러일으킨 사람은 리처드 로티(Richard Rorty)와 같은 철학자들이다. 로티에 따르면, 그와 같은 가능성에 대한 신념은 구태의연한 종교요, '한때 신들을 설정하도록 만들었던 동기'와 비슷한 것이다(Rorty, 1985: 10).

그러나 이런 회의론자들의 주장을 있는 그대로 받아들이는 것은 잘못일 것이다. 교육에 대한 전통적 접근은 지식의 논리적 구조를 따르는 것을 기반으로 삼는다. 그것은 대체로 단계적 접근을 따르는 것을 가리킬 것이다. 학생들은 일정한 학습 수준을 거친다. 학생들은 아주 단순한 수준에서 출발하여 더 복잡한 수준으로 나아가며, 파악하고 이해한 것을 토대로 진보해 간다. 그러나 회의론

3) 마이클 영(Michael Young)은 『지식과 통제(*Knowledge and Control*)』(1971)에서 권력의 지위에 있는 이들은 '무엇을 지식으로 볼 것인가'를 규정하고, '상이한 집단들의 지식이 얼마나 접근될 수 있도록 할 것인가'를 확정하며, '지식 영역과 이에 접근하는 사람들의 관계'를 결정하려고 한다는 주장을 내세우고 있다.

로 유용하게 활용할 수 있다. 퍼트넘은 얼핏 역설적인 그의 생각을 다음과 같이 설명한다.

> 정합성(coherence)과 수용가능성(acceptability)에 대한 우리의 관념들은 우리의 심리학과 밀접하게 연관되어 있다. 그것들은 우리의 생물학과 우리의 문화에 의존한다. 그것들은 결코 '가치 방임적(value free)'이지 않다. 그러나 그것들은 우리의 관념이요, 실재하는 어떤 것에 관한 관념이다. 여기서 객관성은 **우리를 위한 객관성**이라고 규정된다. 물론 그것은 신의 안목에서 본 형이상학적 객관성이 아니다. 객관성과 합리성은 인간적으로 말해서 우리가 갖고 있는 것이다. 그것들은 없는 것보다 더 낫다(Putnum, 1981: 184).

상대주의적인 느낌을 풍기지만, 퍼트넘의 '우리를 위한 객관성'이라는 생각은 '우리의 문화와 지식의 보편성을 어느 정도나 확정적인 것으로 받아들일 수 있는가?' 에 관한 교육학 논쟁이 앞으로 나아갈 길을 밝혀 줄 것이다. 왜냐하면 그것은 인간의 심리학과 생물학의 보편성을 암묵적으로 수용하고, 그럼으로써 지식의 상대성에 제한을 가하며, 또 우리의 공통된 인간 본성에 기반을 둔 진정으로 공통된 문화의 가능성을 열어 주기 때문이다. 이것은, 회의론의 바다 위에서 객관적 지식이라는 아이디어를 구해 낼 희망을 찾는 교육자들을 위해 구명뗏목과 같은 것을 제공해 줄 것이다. 그것은 서양 과학의 '진리', 이런 혹은 저런 종교의 '진리', 심지어 도덕의 타당성이라고 말하는 경우처럼 진리를 마치 분리된 영역들에 속하는 것처럼 바라보는 주장에 대해 반대한다. 그리고 그것은 서구 시대의 초기부터 '진리'(참인 것)와 '선'(좋은 것)이 학습/연구의 대상으로 정립되었음을 환기시켜 준다. 이런 전통을 현대적 맥락에서도 계속 존중하고 가능한 한도 안에서 해석하려고 하는 것은 합당한 일이다. 퍼트넘은 그리고 방식은 약간 다르지만 포퍼도 절대적 진리라는 아이디어는 아닐지라도 그런 진리에 더 **가까워질** 수 있는 가능성에 대한 믿음을 우리가 가질 수 있는 가능성을 열어 준다. 포퍼(Popper, 1963)가 말했듯이, "우리가 오류에 대해, 그리고 합리적 비판에 대해 의미 있는 말을 할 수 있도록 해 주고, 합리적 토론을 가능하게 만들어 주는 것은 오직 진리라는 아이디어다……. 따라서 오류 및 오류가능성이라는 생각에 포함되어 있는 것은 객관적 진리라는 아이디어이며, 이것은 우리가 늘 도달하지 못할 표준이다." 포퍼가 인정하듯이, 우리는 진리를 발견하는 일에 자주 실패하고, 우리가 진리를 발견했을 때에도 이를 제대로 모를 수 있다. 그러나 포퍼가 주장한 대로, 하나의 규제 이념(a regulative idea)으로서의 절대적/객관적 진리라는 고전적 아이디어를 지켜가야 할 것이다.

7. 요 약

이 장에서 내가 주장한 바는 다음과 같다. 지식에 대해 적대적인 관념들의 이면에, 그리고 그에 따른 가르침/배움의 가치에 관해 적대적인 상정들의 이면에는 상대주의와 합리성에 관한 논쟁이 깔려 있다. 이는 철학의 전통만큼 오래된 논쟁이다. 즉, 철학의 전통 속에 그런 논쟁이 들어 있다. 이성이라는 최고 원리, 즉 합리적 논변의 결론을 받아들이려는 자세는 결국 단적으로 그리고 필연적으로 선험적 신봉이지, 어떤 논변의 결론은 아니다. 그러나 교육은 바로 이런 선험적 신봉, 그리고 그에 수반되는 진리/개방성/관용에 대한 믿음에 기반을 두고 있다. 오랜 교육적 논쟁에서 객관성이라는 생각을 견지하고, 또 교사와 학생의 차등적 관계라는 아이디어를 고수하는 사람들이라든가, 어떤 주장은 더 근거가 있고, 어떤 기능은 더 가치가 있다고 믿는 사람들은 모두 오랜 교육적 전통에 속한다. 이는 지식을 존중하고 가치 있게 여기는 전통이다. 이와 달리 흔히 교육적 진보주의자라고 하는 사람들은 교사와 학생 간의 근본적 평등을 옹호한다. 이런 평등관은 모든 의견이 사실에 관한 것이건 도덕에 관한 것이건 간에 본질적으로 평등하며, 지식 그 자체도 유동적인 개념이라는 아이디어에 기반을 둔다. 이와 같은 논쟁은 이론적 관심사만 아니라 교육의 실천을 위해서도 중요한 것이다. 즉, 지식 그 자체의 가치를 파악하는 일에서뿐만 아니라 그것의 윤리적/정책적 함의를 파악하는 일에서도 중요한 것이다.

참고문헌

Arnold, M. (1960) *Culture and Anarchy*. Cambridge: Cambridge University Press. (First published 1869). 윤지관 역(2006). 『교양과 무질서』. 파주: 한길사.

MacIntyre, A. (1981) *After Virtue*. London: Duckworth. 이진우 역(1997). 『덕의 상실』. 서울: 문예출판사.

Peters, R.S. (1963) *Education as Initiation*. London: Evans.

Peters, R.S. (1966) *Ethics and Education*. London: Allen and Unwin. 이홍우, 조영태 공역(2003, 수정판). 『윤리학과 교육』. 서울: 교육과학사.

Plato (1956) *Meno*, in *Protagoras and Meno*, W.K.G. Guthrie (trans.). Harmondsworth: Penguin.

Plato (1969) *Theaetetus*, in *Plato: Collected Dialogues*, E. Hamilton and H. Cairns (Eds.). Princeton: Princeton University Press.

Popper, K.R. (1963) *Conjectures and Refutations*. London: Routledge. 이한구 역(2001). 『추측과 논박: 과학적 지식의 성장』. 서울: 민음사.

Popper, K.R. (1972) *Objective Knowledge: An Evolutionary Approach*. Oxford: Oxford University Press.

Putnam, H. (1981) *Reason, Truth and History*. Cambridge: Cambridge University Press. 김효명 역(2002). 『이성, 진리, 역사』. 서울: 민음사.

Rorty, R. (1985) 'Solidarity or objectivity?', in J. Rajchman and C. West (Eds.), *Post-analytic Philosophy*. New York: Columbia University Press.

Rousseau, Jean-Jacques (1966) *Emile*. London: Dent. 김중현 역(2003). 『에밀』. 파주: 한길사.

Young, Michael (Ed.) (1971) *Knowledge and Control*. London: Macmillan.

제8장

마음의 개념

Christine McCarthy

1. 서 론

'마음'은 교육에 관한 담론에서 자주 나타나는 용어다. 예를 들면, '마음을 기른다.' '마음을 열어 준다.' '마음을 헛되이 쓰지 않기를 원한다.' 등이다. 그렇지만 일상적으로 혹은 교육적 담론에서 사용되는 '마음'의 의미를 생각해 보면 그 의미(들)를 제대로 파악하기가 아주 어렵다. 심지어는 아무것이나 의미하는 용어가 아닌가 하는 생각까지 든다. 우리는 마음이라는 용어를 아무렇게나 사용하는 것 같기도 하다. 다시 말해서 이 개념에 숨어 있는 굉장한 난점이라든가, 마음의 본질에 관한 수천 년의 철학적 탐구를 전혀 모르고 사용하는 것 같다. 현대철학에서도 마음은 가장 어렵고, 골치 아픈 개념 중

하나다. 교육의 한 가지 핵심 목표, 그리고 교육이라는 개념의 핵심은 발달하는 학생들의 마음에 더 좋은 영향을 미치는 일이다. (이 점은 논변 없이 그냥 당연한 것으로 가정하고 넘어가자.) 그런데 그런 교육적 과업을 수행하려면 인간의 마음에 대해 풍부한, (또 합당할 정도로) 명확한 관념을 가지고 출발하는 것이 (꼭 필요한 것은 아닐지라도) 유용할 것이다.

'마음'에 관한 개념적 난점은 아주 특별하다. 왜냐하면 오늘날에는 한두 가지가 아닌 수많은 학문 영역에서 '마음'이라고 하는 것(들)의 본성을 이해하려고 골몰하기 때문이다. 마음에 관한 연구가 엄청나게 이루어지고 있으나 아직도 그에 관한 이해는 혼란 상태에 머물러 있다. 마음의 본성에 관한 합의라든가, 공통된 이해는 거의 불가능한 일처럼 생각된다.

이 장에서 나는 마음의 본성에 관한 근본적 견해 차이를 몇 가지로 밝혀 볼 것이다. 먼저, 마음의 본성에 관한 초기의 철학적 탐구를 몇 가지 요약해 본다. 마음에 관한 담론의 틀을 이루고 있는 사상, 그리고 탐구의 몇 가지 노선을 확인할 수 있을 것이다. 이 과정에서 모든 시대를 다 다룰 수는 없으므로 생략하고 넘어가는 것이 많을 수밖에 없다. 몇 가지 역사적 지침들을 확인한 후 오늘날 전개되고 있는 이야기를 꺼내 본다면 마음의 철학에서 나타나고 있는 주요 개념화, 수수께끼, 갈등사항 등을 밝혀 볼 수 있을 것이다.

하나의 장에서 마음이라는 주제를 제대로 다루기는 어려울 것이다. 마음의 철학에 관한 역사적/현대적 문헌들은 아주 방대해서 한 장으로 요약하기란 불가능하다. 그러므로 입문 수준에서만 다룰 수밖에 없다. 그러나 마음에 관한 탐구에 대해 흥미를 갖도록 자극을 받을 수는 있을 것이다.

2. 초기 철학의 마음관

1) 플라톤의 관념론

마음 철학의 출발점은 대개 플라톤(Plato)의 철학이다. 플라톤의 관념론적 실재관과 마음관 때문에 그렇다. 플라톤의 저작이 미친 영향은 크기 때문에 1권의 제5장에서 이미 한 장에 걸쳐 다루었다. 여기서는 간단히 요점만 반복할 것이다. 플라톤에게 있어서 '이데아(idea)'라는 용어는 비물질적, 불변의, 영원한, 완전한 개념 대상들이며, 참된 존재의 세계를 이루는 것들이다. 예를 들어, 정의의 이데아 혹은 '형상(form)'은 결코 타락할 수 없는 어떤 것이다. 플라톤에게 마음은 신체라는 물질적 실체와 전혀 다른 '실체(substance)'다. 이데아/형상과 마찬가지로 마음도 비물질적/영원한 것이며 영원한 형상들을 파악한다. 이 비물질적 마음은 물질적 신체와 어떤 식으론가 연결되기 전에 이미 존재한다. 그것은 신체로부터 분리될 수 있으며 신체가 없어진 후에도 완전한 형상으로 계속 존재하는 것이다. 플라톤의 관점은 일원론, 즉 '관념론적 일원론(idealistic monism)'이다. 왜냐하면 오직 하나의 참된 실재, 존재 세계가 있을 뿐이고 그것이 곧 마음의 세계이기 때문이다(Edwards, 1967 참조).

2) 아리스토텔레스의 '프시케'

초기 철학의 마음관은 퍽 다양하게 나타났다. 이 점은 플라톤의 마음관에서 멀어진 아리스토텔레스에게서 아주 분명히 나타난다. 아리스토텔레스(Aristotle)는 처음에 플라톤의 관념론적 마음을 수용하였다. 그러나 이윽고 그것을 버리고, 근본적으로 다른 관념인 '프시케(psyche, psuche)'를 발전시켰다(Bennett & Hacker, 2003). 프시케란 인간 존재의 자연적 능력/역량들의 집합이며, 몇 가지

하위 집합으로 구분된다. 첫째, 살아가는 데 필요한 능력, 즉 영양을 섭취하는 프시케다. 둘째, 환경에 민감하게 반응하는 데 필요한 능력, 즉 감각적 프시케다. 셋째, 자아와 세계, 그리고 양자 간의 상호관계에 대해 합리적으로 생각하고 이에 따라 행동하는 데 필요한 능력, 즉 합리적 프시케다. 이런 능력들의 생물학적 기반과 그 위계관계에 주목할 필요가 있다. 모든 유기체는 반드시 첫 번째 능력을 가진다. 대다수(오늘날의 생각으로는 모든) 유기체는 반드시 두 번째 능력을 (복잡성의 정도는 다양하지만) 갖는다. 훨씬 적은 유기체들, 주로 인간 존재는 세 번째 능력을 (이것도 다양한 정도로) 갖는다.

따라서 프시케는 흔히 '영혼(soul)', '마음(mind)'이라고 번역되는데 살아 있는 신체와 분리될 수 없다. 프시케가 '비물질적인' 것은 오직 움직이는 물질적 신체들의 역동적 특성을 가리키는 의미에서만 그렇다. 다음과 같은 '수동적 이성(passive reason)'의 경우에도 그렇다. 여기서 '수동적 이성'은 앎의 과정에서 영혼의 대상이 '되는' 그 영혼의 일부분을 의미한다. 마치 근대 생물학의 관점으로 바뀐 것처럼 보일 정도로 아리스토텔레스는 '능동적 이성(active reason)'을 허용하기도 한다. '능동적 이성'은 언제나 그 대상을 실제로 알며, 또 유기체의 앎의 과정에서 시발점이고 필요조건이다. 이런 능력은 보편적이며, 신체가 사라진 후에도 남는다. 우리는 여기서 플라톤의 마음관이 아리스토텔레스에게 강하게 남아 있음을 엿볼 수 있다.

아리스토텔레스의 경우 사상(thought)에 필요한 조건은 상상(imagination)이다. 이것은 사물의 이미지들을 형성/병치/평가하는 일이다. 아리스토텔레스의 생물학적 관점은 퍽 근대적 특성을 갖고 있다. 이 점은 나중에 듀이의 저술이나 현대의 인지신경과학에서도 나타난다.

3) 데카르트의 이원론

데카르트(Descartes, 2002)의 이원론은 물질적 실체와 심적 실체, 즉 물질

(matter)과 마음(mind)이라는 근본적으로 서로 다른 실체가 있다는 견해를 가리킨다. 마음이라는 실체(혹은 영혼)와 물질은 필연적으로 그리고 근본적으로 서로 종류가 다른 것들이다. 근본적 차이점을 몇 가지 지적해 보자. 물질은 공간에서 연장된다. 물질의 특수한 속성들은 모두 이 연장(extension)에서 파생된다. 데카르트에 의하면, 특히 물질적 우주는 하나의 견고한 상호 연관된 시스템이다. 빈틈이 없으므로 이 시스템의 각 부분의 모든 움직임은 그 시스템 안에서 기계적으로 또 다른 운동을 반드시 일으킨다. 이와 대조적으로, 마음은 능동적으로 사고하는 실체로 공간 속에서 연장되는 것이 아니다. 따라서 마음은 물질적 실체에 적용되는 인과성(causality)이라는 기계적 법칙을 따르지 않는다. 마음은 연장되는 것이 아니므로 무수히 많은 마음이 따로 존재할 수 있다.

인간 존재의 특이성은 물질적 신체가 비물질적 실체인 마음과 (어떤 식으로든) 연결되어 있다는 점이다. 의식하는 것은 마음뿐이고, 마음이 없다면 신체는 그저 기계적 장치에 불과한 것이다. 예를 들면, 마음이 없는 신체는 아픔을 느끼지 못한다. 마음이 신체의 어떤 감각을 의식할 때에만 아픔이 생기고 아픔을 느낀다. 인간에게 자유의지가 생기는 것은 마음이 신체를 이끌기 때문이다. 또 언어와 추론을 가능하게 하는 것은 마음의 지적 능력이다. 마음은 물질적 신체와 분리될 수 없으며, 물질적 신체가 죽게 되면 그 연결고리는 끊어진다.

데카르트의 입장은 '실체 이원론(substance dualism)'이다. 왜냐하면 근본적으로 서로 다른 두 가지 실체가 있고 이들은 어떤 식으론가 상호작용을 하기 때문이다. 여기서 심각한 문제는 왜 마음은 물질과 연관되기를 선택해야 하는가, 비물질적 마음과 물질적 신체 간의 인과적 연관의 성격은 무엇인가를 설명하는 일이다.

• 그다음 이야기

오늘날 철학과 심리학은 서로 구별된 학문이지만, 초기의 마음 철학에서는 하나였다. 그때는 뇌, 신경체계, 인체 전체의 생물학적 작동에 관한 특별한 지식이 거의 없었다. 경험과학이 없었던 상황에서 마음에 관한 최선의 유일한 학문은 철학이었다. 1890년 윌리엄 제임스(William James)의 『심리학(*Psychology*)』이 출간되기 전까지 심리학은 경험적 연구에 기반을 둔 학문으로서 유아기 단계에 머물러 있었다. 1887년 듀이는 초기 연구에서 **심리학**을 가리켜서 경험적 연구의 지원을 받아 마음의 법칙을 탐구하는 것이라고 말했다(듀이의 '과학과 심리학의 방법', Ew.2.12-18 참조). 듀이는 철학의 참된 방법은 '심리학의 방법'이라고 생각했다. 그는 마음을 철학의 중심 문제로 간주하였다. 마음의 성격/작동을 이해함으로써 우주를 이해하게 될 것이라고 보았다. 그러나 이런 철학적 이해는 이윽고 경험적 연구로부터 큰 도움을 받게 된다. 오늘날 생물학적 자연주의(biological naturalism)라고 하는 것을 처음 옹호했던 사람은 듀이였다. 그의 철학은 경험과학의 도움을 받았다.

4) 듀이의 경험적 자연주의

처음에 듀이는 절대적 관념론을 자신의 입장으로 삼았다. 즉, 그는 마음, 영혼, 심리를 보편적/영원한 것이며, 궁극적으로 모든 것의 원천이라고 보았다. 초기 사상에서 듀이는 유물론(materialism)을 강하게 부정하였다. 즉, 그는 심리적인 것이 신체적인 것 안에 내재한다고 주장했다. 인간 존재는 '심리-신체적(psycho-physical)'이었다. 그 이후 듀이는 관념론을 버리고 자연주의적 경험주의(naturalistic empiricism)로 기울어졌지만(Dewey, 1958: 254), '심리-신체적' 존재라는 용어는 계속 사용하였다.

후기 저작, 예를 들어 『경험과 자연(*Experience and Nature*)』(1958)에서 듀이는 마음을 의미들의 집합으로 보았다. 의미란 두 사물 간의 특수한 관계다. 즉, 사물은 어떤 다른 것의 기호(sign)가 될 때 의미를 갖는다. 마음은 유기체들이 아주 복잡해져서 세계 속의 사물들이 의미 있는 것으로 파악될 수 있을 즈음 나타난다. 듀이는 마음의 출현이 언어의 발달과 일치한다고 간주한다. 단어(혹은 그것의 심적 선행물, mental precursors)는 의미를 담는 데 꼭 필요한 것이다. 물론 사물을 기호로 받아들이는 사람들이 반드시 있어야 한다. 대상을 기호로 다룰 수 있는 복잡한 유기체적 실체가 없다면 의미도 있을 수 없고, 마음도 있을 수 없다. 유기체적 상태들 그 자체가 의미를 갖는 것들이 될 수 있다는 점에 주목하자. 인간이 구성하는 모든 의미는 인지적 (객관적인 자연적 사건을 가리키는) 참조를 갖는다. "모든 의미는 내재적으로 자연적 사건들을 참조한다……. 의미들의 객관적 참조는 완전하다. 그것은 전적으로 그렇다." (Dewey, 1925: Lw.1.219)

심적인 것들(mental things)의 본질에 대한 듀이의 해석은 현대의 생물학적 자연주의의 관점을 예견해 준다. 그에 의하면, "심적인 것들 그 자체도 실재적으로 생각된다. 그것들은 생물학적이고 생리학적인 용어로, 화학-물리적 대응물(그것의 적절한 과학)로 기술되고 확인될 수 있다." (1925: Mw.3.155)

분명히 이것은 마음에 관한 초기 철학에서 영향력을 미쳤던 한 가지 관점이다. 그러나 여기서 나는 마음의 철학에 관한 현대 학문의 세계로 들어가고자 한다. 1900년대를 거치면서, 나새류(裸鰓類)에서 인간에 이르기까지 동물의 인지 활동에 관한 과학적 연구가 극적으로 진보하였다. 넓게 본다면, 여러 가지 인지과학에서 제기/탐구했던 질문들은, 그 구체적 초점과 특수한 측면에서 볼 때 마음 철학의 고상한 관심사로부터 아주 동떨어진 것처럼 보이는 경우가 많았다. 지난 50여 년 동안 인간 존재에 관한 인지생물학적 지식은 폭발적으로 증가하였다. 다시 말해, 특히 인간 유기체에 관한 신경해부학, 신경생리학, 신경역학 등을 포함해서 해부학, 생리학, 역학(dynamics)의 총체적/세부적 사항들에 대한 지식이 엄청나게 축적되었다. 그런데 이것은 과학적 탐구의 일면일 뿐이다. 인간의 마음의 본성을 고찰할 때, 우리는 고인류학, 고고학, 유전학, 인류진화론뿐만 아니라 심리학, 사회학, 사회인류학 및 온갖 다른 과학들의 연구 성과를 고려하는 것이 바람직하다.

이렇게 엄청난 새로운 지식에도 불구하고, (이런 지식의 도움도 없이 수천 년 동안 발전해 온) 마음에 관한 철학사상은 여전히 마음의 본성, 인간의 본성, 그리고 잘삶을 증진시키는 사회적 삶과 제도에 대한 '상식적' 이해에서 지속적으로 영향을 미치고 있다. 그러나 마음에 관한 철학사상은 현대의 최신 과학으로부터 도움을 받고 이런 과학의 성과와 어긋나지 않아야 엉뚱한 생각에 빠지지 않을 수 있다고 나는 주장하고 싶다. 여기에 한 가지 역설이 들어 있다. 즉, 과학적 탐구가 유치한 단계에 있었을 때에는 당대의 최신 탐구 결과를 끌어들이거나 그것에 의존하는 것이 가능했지만 별로 쓸모없는 일이었을 것이다. 그런데 과학적 지식이 엄청나게 축적되어 있는 오늘날에는 최신의 탐구 결과를 모두 끌어들이고 그것에 의존하는 것이 아주 쓸모 있지만 실제로는 거의 불가능한 일처럼 생각된다. 여기서 다음과 같은 질문을 던질 수 있다. 인간에 대한 최신의 심리학/인지과학/신경생물학 등 과학적 지식은 마음의 본성에 대한 철학적 사상들을 뒷받침해 주고, 다듬어 주며, 그 한계도 밝혀 줄 수 있는가?

마음에 관한 현대의 과학(들)이 등장하면서, 마치 마음 철학이라는 영역은 퇴화해 버린 것처럼, 그리고 마음의 본성에 대한 모든 흥미로운 연구는 과학(들)으로부터 나오는 것처럼 생각할 수 있다. 그러나 철학은 여전히 특별한 영향을 미치고 있다. 초기 철학의 마음에 대한 사상에서 생겨난 수많은 기본 개념들은 여전히 마음에 대한 현대 철학자/과학자의 사고 틀을 형성하고 있으며, 우리의 일반적인 사회관 속에도 널리 퍼져 있어서 우리를 혼란스럽게 만들거나 오도시킬 가능성이 있다. 이런 개념적 매듭을 풀어내는 일은 철학자들의 몫이다. 그렇지만 과학의 수많은 연구 성과를 종합하고, 또 그럼으로써 '영원한 물음들'을 부분적으로 해결하는 것도 마찬가지로 중요한 일이다. 이것은 결국 철학자의 역할이다. 다음 절에서는 마음에 관한 현대 철학을 탐색해 볼 것이지만 어쩔 수 없이 간단하게 다룰 수밖에 없음을 양해하기 바란다.

3. 현대 철학의 마음관

마음 철학을 연구하는 중요한 철학자들이 많다. 그들은 자기 나름의 방식으로 철학한다. 따라서 이 절에서는 근본적인 관념/명제/이슈/용어 등을 중심으로 논의를 전개할 수밖에 없다. 그러고 나서 다양한 입장을 대표하는 몇몇의 유명한 이론가들을 살펴볼 것이다.

가장 중요한 구분은 '일원론'과 '이원론'이다. 일원론은 우주(cosmos)를 구성하는 '것'은 오직 한 가지라는 명제를 가리킨다.[1] 존재하는 모든 것은 이 근본적인 구성 요소의 다양한 형태에 지나지 않는다. 그러나 일원론자들 사이에서도 그 '하나'의 본질에 대해 의견 차이가 생길 수 있다. 일부 일원론자들은 우주의 근본적인 구성 요소가 물질이라고 본다.

1) 관념론적 일원론

관념론적 일원론이라는 존재론적 입장에 따르면, 우주를 구성하는 것은 마음이다. 즉, 존재하는 모든 것은 물질적인 것이라기보다는 심적/마음적인 것이다. 심적인 것, 즉 마음은 영원하고, 비공간적이며, 원인이 없고, 자유롭게/자발적으로 능동적이다. 우리가 일상적으로 경험하는 것들이 물질적인 것처럼 보일지라도 환상에 지나지 않으며, 외견상으로 물질적인 것들일지라도 실제로는 근본적으로 마음 의존적인 것이다. 그것은 사실상 심적인 것이며, 그 존재 자체가 마음에 의존한다. 이런 입장을 다음과 같이 유명한 말로 표현한 사람이 조지 버클리(George Berkeley)다. '존재하는 것은 지각되는 것이다(esse est

1) 여기서 나는 우주(cosmos)라는 단어를 세계(world)라는 단어처럼 '존재하는 모든 것'을 가리키는 뜻으로 사용한다.

percipi).' 능동적으로 지각하는 마음이 어떤 것을 존재하도록 만들지 않는다면 아무것도 존재할 수 없다. 여기서 신의 마음은 최후의 지각자다. 영원한 지각에 의해 우주의 안정성은 유지된다(Berkeley, 1982). 현대의 마음 철학에서 관념론적 일원론에 호응하는 철학자들은 별로 없다. 존 포스터(John Forster, 2004)는 버클리식의 관념론을 옹호하는데, 이를 가리켜 현상학적 관념론(phenomenalistic idealism)이라 한다. 이 입장은 세계의 내재적 속성을 현상학적인, 즉 경험적인 것으로 보는데 이것은 자연주의적 이원론(naturalistic dualism)의 극단적 버전(Chalmers, 1996: 155)으로 간주되기도 한다. 이런 범주에 속하는 과거의 철학자로는 퍼스(C. S. Peirce)와 화이트헤드(A. N. Whitehead)를 들 수 있다. 이들은 관념론적 일원론의 명제를 가장 일관된 형태로, 즉 범심론(panpsychism)으로 밀고 간다. 범심론의 핵심 주장은 마음이 인간 존재나 살아 있는 존재에게만 나타나는 것이 아니고, 바위 혹은 소립자처럼 존재할 수 있는 모든 것에서 나타난다는 것이다. 범심론자들은 우주를 심적인 삶의 무한 세계로 본다. 이 입장의 난점은 다음과 같다. 심적인 것들이라고 말하는 그 많은 것이 일관되게, 자유롭게, 그리고 물질적인 것들의 기계적 속성과 일관된 방식으로 움직이고, 겉으로 보기에 물리 법칙을 선택적으로 따르며, 복잡한 인과적 네트워크에 끼어 있는 것처럼 보이는데, 이런 까닭을 설명해 주어야 한다는 것이다(Edwards, 1967: 22-31).

2) 물리주의; 유물론

현대의 마음 철학을 지배하고 있는 견해는 물리주의(physicalism)다. 옹호자들에 의하면 물리주의는 현대 과학과 부합될 수 있는 유일한 견해다. 그중 가장 극단적 버전은 유물론(materialism)이다. 유물론에 의하면, 우주는 한 가지 유형의 것으로 이루어져 있으며, 물리적/물질적 성격을 가진 것들 외에는 아무것도 존재하지 않는다. 물질적인 것들의 세계에서 나타나는 모든 상호작용은 관련된 물리 법칙을 따르며, 겉으로 심적 상태/사건처럼 보이는 것들은 모두 환상이거나 물질적인 것으로 환원될 수 있다.

그렇다면 우리는 일상적으로 마음이라든가 심적인 것들(사상/신념/희망 등)을 수없이 언급하고 있는데, 이에 대해 유물론자들은 어떻게 말하는가? 이에 대해 유물론적 일원론이 제시할 수 있는 해답은 다양하다. 그중 가장 간단한 답은 심적 대상에 관한 이야기는 지구의 주위를 도는 해가 서쪽으로 '진다'는 이야기와 비슷하다고 주장하는 것이다. 심적인 것은 없으므로, 우리는 그에 관한 이야기를 중지하고 더 정확한 담론을 찾아야 한다.

이런 입장을 갖고 있는 일단의 철학자를 가리켜 제거적 유물론자(eliminative materialists)라고 한다. 그들에 의하면, 우리의 심적 상태/사건(이라고 하는 것)에 관한 모든 명제는 근본적으로 틀린 이론, 즉 인간 행동에 관한 '통속 이론'의 요소다. 여기서 문제가 되고 있는 통속 이론은 통속적인 심리학 용어를 사용하며, 신념/욕구/감정/의도/동기 등과 같은 것들, 다시 말해 우리가 인간의 행동을 설명하기 위해 흔히 사용하는 그런 모든 것이 존재한다고 가정한다. 통속 이론은 그것을 추종하는 사람들에게는 참인 것처럼 보이고, 기초적인 상식으로 통하지만 그것은 틀린 이론이다. 제거적 유물론자들에 따르면 통속 이론의 심적 개념들을, 유기체의 인지에 관한 신경과학 (그리고 유물론자의) 이론에서 말하는 유물론적 개념들과 조화시키려는 시도는 쓸모없는 일이 되고 만다. 따라서 우리는 신념/감정/욕구 등을 언급하는 일을 (점차적으로) 제거하면서, 인간 행동에 대한 과학적/생물학적/신경생리학적 연구의 성과에 기반을 두는 근거 있는 이론으로 나아가야 한다. 이런 이론의 대표적 옹호자가 바로 『신경철학(*Neurophilosophy*)』의 저자인 패트리샤 처치랜드(Patricia Churchland, 1989)다.

제거적 유물론자들의 입장을 거부하는 철학자인 베넷과 해커(Bennet & Hacker, 2003)에 따르면, 첫째, 우리의 일상적인 심리학 개념/언어는 결코 하나의 '이론'을 구성하는 것이 아니다. 둘째, 우리의 일상 언어는 인간행동을 관찰되는 그대로 기술하며, 그리고 인간행동을 표현하고, 구성한다.

3) 환원적 유물론

심적인 것(mental entities)을 둘러싸고 전개되는 논의는 또 다른 방식으로 접근할 수 있다. 즉, 제거적 유물론자들이 불가능하다고 믿는 바를 시도함으로써, 심적인 것을 옹호하는 통속 이론에서 사용되는 용어들이 실제로 더 나은 새로운 유물론적 이론의 용어/상호관계로 이해될 수 있고, 또 이에 따라 설명될 수 있음을 밝혀 낼 수 있다. 이와 같은 접근에서는, 우리가 현재 '심적'이라고 부르는 현상이 실제로 발생하고, 신념/희망/공포와 같은 것들이 존재하며, 그것들을 언급하는 일을 제거할 필요가 없다는 점을 받아들인다. 다시 말해서, 그것들은 심적인 것을 옹호하는 통속 이론의 요소들이지만 새로운 유물론적 이론에 의해 더 잘 이해될 수 있다는 말이다. 이런 의미에서 볼 때 기존 이론의 용어/관계들은 보다 새로운 이론의 용어/관계들로 '환원', 즉 연결되는 것이다. 이것을 **이론적 환원**(theoretical reduction)이라고 말할 수 있다.

여기서 다른 유형의 환원이 시도될 수 있다. 그것은 **설명적 환원**(explanatory reduction)이다. 이런 방향에서 우리는 어떤 현상들에 대해 심적 용어를 계속 사용할 것이지만, 그 현상들을 일으키는 기초적인 물리적/생물학적 사건들에 의하여 설명할 것이다.

4) 마음-뇌 동일체 이론

셋째 유형으로 **존재론적 환원**(ontological reduction)이 있다. 이것은 심적 사물/과정과 같은 종류의 존재들이 뇌의 상태/과정과 같은 다른 종류의 존재들과 동일한 것임을 밝혀내고자 한다. 이런 시도가 '마음-뇌 동일체 이론(mind-brain identity theory)'으로 진행되는 것은 결코 놀라운 일이 아니다. 여기서 거론되는 동일체는 때때로 '유형-유형' 동일체('type-type' identity) 이론으로 이해되기도 한다. 이것은 어떤 (예를 들면 고통에 빠져 있는) 유형의 심적 상태는 어떤 유형의 역동적 뇌 상태와 동일하다는 뜻이다. 이보다 더 자주 주장되고 있는 동일체는 '토큰-토큰' 동일체('token-token' identity) 이론이다. 이것은 모든 특수한 경우(token)의 심적 상태는 이에 상응하는 특수한 경우(token)의 뇌 상태와 동일한 것이라는 뜻이다.

토머스 폴저(Thomas Folger, 2004)는 『자연적 마음(*Natural Minds*)』에서 마음-뇌 동일체 이론, 특히 유형-유형 동일체 이론을 주장한다. 폴저의 마음관에서는 의식이 가장 중요하다. 즉, 의식은 마음의 필요충분 조건이다. 폴저는 마음-뇌 동일체 이론을 강력히 옹호하지만, 그가 말하는 동일체 이론에서 마음은 뇌로 환원되지 않는다. 따라서 철학자들을 범주화하기가 어려운 사례를 여기서도 보게 된다.

여기서 꼭 언급해야 할 것은 '비환원적(non-reductive) 유물론', 흔히 말하는 '물리주의(physicalism)'라는 입장이다. 물리주의에 따르면 물리학의 실체들과 이들 간의 관계에 관한 법칙들이 기본적이며, 이들이 우주를 구조화한다. 그러나 그보다 더 높은 수준의 조직에서 새로운 관계와 새로운 실체가 나타난다. 더 높은 수준의 실체들은 그 기초가 되는 물리학이 변할 때 달라질 것이며, 물리학의 법칙들만 가지고는 새로운 시스템의 역학을 설명하는 데 불충분하다. 따라서 예를 들어, 경제는 실재하는 하나의 복합적 시스템이며, 이를 물리학의 실체/법칙만 가지고 기술하려고 한다면 별로 좋은 효과가 나오지 않을 것이다. 이 점은 마음이나 심적 관계에서도 마찬가지일 것이다. 이런 명제에 대해 김재권(Jaegwon Kim, 2005)은 『물리주의(*Physicalism or Something Near Enough*)』에서 탁월하게 안내해 준다.

5) 현대의 이원론

'환원'이나 '인과'와 연관된 모든 난점에서 벗어날 수 있는 간단한 방법은, 서로 다른 두 가지 종류의 것, 즉 마음과 물질의 존재를 인정해 버리는 것이다.

초기의 이원론, 즉 근본적으로 서로 다른 두 가지 실체에 대한 데카르트의 생각은 여전히 가능한 것으로 살아 있다. (물론 앞에서 지적했듯이 오늘날 마음의 철학자들이 대체로 모종의 물리주의를 수용하고 있는 것은 사실이다.) 일반적으로 말해서, 현대의 이원론자는 '실체 이원론자(substance dualists)'가 아니며, 그보다는 덜 급진적 입장을 취한다. 말하자면 마음과 심적 사건은 일상적인 물리적 사물/사건과 중요한 점에서 다르고, 이런 차이점들은 개념적 구분의 정당한 근거가 된다.

이런 견해에 따르면, 우주는 통일되어 있고, 기본적으로 물리적이지만 고도로 복잡한 어떤 물리적 사물은 물리적 속성과 비물리적, 즉 심적 속성을 갖는다. 이것이 '속성 이원론(property dualism)'이다. 심적 속성들은 예를 들어 유기체의 뇌와 같이 복잡한 물리적 역동적 시스템에서 '생긴다(emerge)'고 말한다. 심적 속성들은 새로운 종류의 속성이지만 물리적 시스템의 복잡한 구조에서 새로운 속성들이 생기는 것은 결코 드문 일이 아니다.

이런 형태의 현대적 이원론을 옹호하는 철학자가 데이비드 차머스(David Chalmers, 1996)다. 그의 이론은 자연주의적 이원론(naturalistic dualism)이라고 부른다. 그는 주요 현상으로 마음의 철학자들에게 미스터리로 보이는 의식(consciousness)에 초점을 두고 있다. 그는 의식이 '자연적'이며, 물리적/생물학적 사건에서 발생한다는 점을 수용하면서도 의식이 물리학/생물학에 의해 충분히 설명될 수 있다는 점은 거부한다. 차머스의 주장에 따르면, 자연세계의 다른 부분과 마찬가지로 의식은 법칙적 관계에 따라 움직이지만 의식의 이런 법칙들은 물리적 세계의 법칙들과 똑같은 것일 필요는 없다. 심적인 것을 물리적인 것으로 환원시키려는 모든 시도는 실패하기 마련이며, 심적인 것이 물리적 세계의 제약을 벗어나는 '그 이상의' 어떤 것임은 사실이다. 이 때문에 의식의 발생은 그토록 미스터리가 되고 있다.

심적인 것과 물질적인 것은 근본적으로 상이한 세계이고, 이 양자 간의 관계는 여전히 수수께끼에 싸여 있다. 만일 물리학의 한계를 벗어나는 마음이 물질적 세계, 가령 뇌의 생물학적 사건에 어떤 영향을 미칠 수 있다고 한다면 이런 심적 인과(mental causation)는 어떻게 발생하는가? 만일 심적 인과가 발생할 수 없는 것이라면 어떻게 해서 인간과 같은 물질적 실체가 기계적 인과관계를 벗어나서 자유, 자유의지, 자발적 행위를 경험할 수 있는가? 만일 심적 인과가 발생한다면 그것은 그로 인해 영향을 받는 사건이 최소한 순간적이나마 에너지 보존의 법칙과 같은 물리학의 법칙을 따르지 않는 것임에 틀림이 없다. 이것은 결코 작은 문제가 아니다!

6) 상호작용론

그런 이슈를 해결하려고 하는 이론이 바로 상호작용론(interactionist theories)이다. 일부 상호작용론자들은 양자이론의 '불확정성(indeterminism)'에서 심적 인과의 발단을 찾으려고 한다. 예를 들어, 울리히 모어호프(Ulrich Mohrhoff, 1999)는 「상호작용론의 물리학(The Physics of Interactionism)」이라는 논문에서 양자 해결을 옹호하는 논변들을 검토한다. 그의 결론에 의하면, 양자 불확정성(quantum indeterminism)은 심적 인과의 근원이 될 수 없으나, 마음은 물리학의 입자들 간의 전자기적(electromagnetic) 상호작용을 수정할 수 있으며, 이런 방식으로 마음은 물질에 영향을 미칠 수 있다. 김재권(2002)도 심적 인과(mental causation)에 관한 문제점(들)을 명쾌하게 다루고 있다.

심적 인과의 온갖 난점으로부터 벗어나기 위해 우리는 그 대안이 될 수 있는 입장을 살펴볼 수 있다.

7) 부수현상론

부수현상론(epiphenomenalism)이라는 견해에 따르면, 심적 사건의 발생은 모든 경우에서 물리적 사건에 의해 인과되지만(생기지만) 심적 사건은 인과적으로 효력이 없다. 즉, 심적 사건은 물리적 사건에 대해 아무런 인과적 효과를 낳을 수 없다. 이런 일방적인 인과적 관련성은 심적 사건과 물리적 사건 사이에 있을 것으로 가정되는 상관관계를 설명해 주며, 이와 동시에 심적 인과(mental causation)라고 하는 문제를 제거해 버린다. 즉, 심적 인과라는 것은 없으며, 심적 인과의 사례처럼 보이는 것들은 환상이다.

그럼에도 불구하고 물질적 세계에서 발생하는 물리적 사건이 자발적으로 능동적이고, 자유로우며, 또 비공간적인 심적 세계의 변화를 일으킬(인과할) 수 있다는 주장을 어떻게 설명할 것인가? 물리적인 것이 심적인 것의 원인이 된다고 추정할 수 있는 사례는 생각하기 쉽다. 즉, 신체에 대한 심각한 물리적 손상은 커다란 심적 침체를 일으킬 수 있다. 그러나 아주 기본적 측면에서 심적 세계와 물리적 세계가 근본적으로 다르다고 우리는 가정하고 있는데, 그와 같은 물리적-심적 인과는 어떻게 해서 발생할 수 있는가? 아마 가장 공통된 해답은 '수반(supervenience)'일 것이다. 심적 사건은 물리적/생물학적 사건에 '수반'된다. 즉, 심적 사건은 예를 들어 뇌에서 발생하는 물리적 사건에 의해 법칙적인 방식으로 인과적 영향을 받는다. 일단 모든 물리적 사실이 고정되고 혹은 철학적으로 말해서 '결정되고(determined)' 나면 생물학적 사실도 고정/결정되고, 이에 따라서 심적 사실도 그렇게 고정/결정된다(Kim, 1993 참조).

다음에서 나는 마음의 본질에 대한 몇 가지 일반 이론을 간단하게 설명할 것이다. 이 이론들은 어떤 경우에는 완전히 분리되고, 다른 경우에는 연관되기도 하며, 또 다른 경우에는 서로 중첩되기도 한다.

8) 재현이론

마음에 관한 재현이론(representational theories)에 따르면, 심적 상태는 실제로 존재하며, 이것은 재현적(representational)인 것이다. 그러나 재현적인 심적 상태는 의미론적 내용을 획득한, 다시 말해서 의미를 획득한 물리적 대상일 뿐이다. 그렇다면 각각의 심적 상태는 상징이다. 심적 상태가 의미론적 내용을 획득하는 것은 세계 속의 다른 물리적 사물과의 인과관계를 통해 비로소 가능하게 된다. 각각의 심적 재현은 인과적 힘을 갖는데, 더 복합적인 심적 상태의 발달에 영향을 미칠 수 있고, 마침내 외적 행동으로 나타날 수 있다. 다양한 심적 상태와 행위 간의 관계는 법칙적이다. '지향적 법칙들(intentional laws)'이 발견될 수 있기 때문에, 심적 상호작용은 경험적으로 연구될 수 있고, 바로 자연세계 안에 존재하는 것이다.

심적 재현은 지향적 내용을 처음으로 담아낸다. 심적 재현의 의미는 인간에게 언어 능력이 발달된다면, 그리고 발달될 때 형식적 언어로 들어간다. 사고(thinking)는 심적 재현들이 그 의미론적 내용 및 인과적 관계와 일관되게 계산되는 과정으로서, 외현적 문화 상황 속의 언어실천보다 선행한다. 이런 의미에서 생각(thought)은 언어가 없어도 생길 수 있다. 그러나 '생각의 언어(language of thought)'가 있는데, 여기서 생각은 체계적이고 생산적이라는 뜻이다. 무수히 많은 생각들이 보다 단순한 요소들의 결합에 의해 체계적으로 만들어질 수 있다. 심적 재현의 인과적 효과는 그것의 국지적 구문론, 즉 특수한 심적 재현의 내적, 본질적, 구문론적 구조에 기인하는 것이라고 간주된다. 예를 들어, 'P와 Q가 함께 발생한다.'와 같은 생각은 그 구문론적 구조로 인하여 'P가 발생하고 있다.'는 추론을 불러일으킨다. 프레드 드레츠키(Fred Dretske, 1995)는 재현이론의 옹호자다. 그에 따르면, 마음을 이해하기 위해 뇌/유기체 안에서 발생하는 재현의 생물학적 과정을 이해할 필요가 있다.

9) 마음의 모듈성 명제

마음의 재현이론을 주장하는 철학자 제리 포더(Jerry Fodor, 1989)는 수많은

성이 생기게 된다. 이와 대조적으로, 개인에 의해 동화되고, 이에 따라 개인의 현존 지식이 조절되는 학습은 여러 가지 방식으로 학습자의 현존 지식창고와 연결된 학습이다.

물론 한 은유에서 결함을 찾아내는 과정에서 우리는 또 다른 은유들을 끌어들인다. '연결(link)'이라는 아이디어도 마찬가지다. 연결에 관한 몇 가지 사항을 살펴보기 전에 분명히 밝혀 두어야 할 점은 '은유의 사용 그 자체를 반대할 수 없다.'는 것이다. 마음과 심리과정에 관한 이야기는 은유로 가득하다. 은유를 피하려고 해도 결국에는 또 다른 은유를 사용하게 된다. 전형적인 예로, '날카로운 지능', '깊은 슬픔', '차가운 인성', '온갖 정서가 고갈된' 등을 들 수 있다. 이런 언어는 일반인들만의 전유물이 아니다. 심리학에도 '유연한 능력', '막연한 개념', '인지적 지도', '문제 공간' 등이 많이 들어 있다. 따라서 은유를 잘못이라고 할 수 없다. 다만 우리는 학습과 연관된 **특정** 은유들이 갖고 있는 결함이라고 사람들이 느끼는 것을 탐구하고 있다.

한 개인의 지식 창고에 들어 있는 내용들 간에 다양한 유형의 '연결'이 생길 수 있다. 한국전쟁이 1950년에 일어났다는 것은 그것이 1945년에 일어났을 가능성을 **배제**하고, 싸움이 일어났다는 점을 **포함**하며, 연도를 계산하는 시스템을 **암시**하고, 남한 사람과 북한 사람이 충돌했다는 **사실**을 말해 준다. 이런 식으로 이야기하는 데에는 한 가지 난점이 있는데, 그것은 한 개인의 마음속에서 어떤 식으론가 서로 연결될 수 있는 개별 항목들에 대해 의견이 분분할 수 있다는 점이다. 그보다 더 중요한 점은 다른 내용과 단절될 수 있는 분리된 내용의 항목/조각과 같은 것은 없다는 점이다(더 자세한 논의는 Davis, 1998 참조).

우리는 지식의 총체적(holistic) 성격을 인식함으로써 '전이'라는 은유의 몇 가지 문제점을 파악하게 된다. 최소한 그것이 **개별적인 지식 항목**에 적용될 경우에 그렇다. 지식의 조각들은 그 자체로서 정체성을 갖지 못한다. 지식 내용은 부분적으로는 해당 개인이 갖고 있는 다른 지식 내용과 연결됨으로써 제 기능을 발휘한다. 한 개인이 하나의 맥락에서 다른 맥락으로 '이동'할 때, 혹은 그렇게 한다고 생각될 때, 그의 지식 전체는 처음 상황에서 다음 상황으로 전이될 수 있다. 그러나 새로운 상황에서 그 개인은 새로운 지식을 획득할 것이고, 그것은 기존 지식에 영향을 미치면서 미묘하게 이를 변화시킬 것이다. 개인이 기존 지식을 새로운 상황에 적용하려고 한다면 그렇게 될 수밖에 없다. 어떤 의미에서 과거의 지식은 최소한 원래 모습으로 남아 있지 않을 것이다. 단순한 의미로 '전이'를 이해한다면 과거 지식은 최소한 그런 전이가 불가능하다.

둘째, '전이'라는 은유의 문제점에 또 다른 측면이 있다. 그것은 개인의 학습이 그의 환경으로부터 분리될 수 있다는 의미에서 개인의 '내부'에서 학습이 이루어질 수 있다는 가정에 관한 문제다. '상황적 인지(situated cognition)'라고 알려져 있는 또 다른 관점에 따르면, 학습자들은 '실천 공동체(community of practice)'에 속해 있다. 이 공동체는 다양한 신념과 행동 패턴을 공유하고 있으며, 학습자들은 초보자로서 그런 것들을 점차 획득한다. 이 관점에 따르면, 학습은 원자적인 개별 행위자에 의해 행해지는 일이 아니라 많은 참여자 사이에 퍼져 있는(distributed) 일로 보아야 한다(Lave & Wenger, 1991).

'상황적 인지' 집단에 속하는 학자들로부터 간단명료한 의미를 추려 내기는 쉽지 않다. 이와 관련된 철학적 관점에서 한 가지 사례를 끌어들인다면 도움이 될 것이다. 루트비히 요제프 요한 비트겐슈타인(Ludwig Josef Johan Witgenstein)과 그의 제자인 피터 윈치(Peter Winch, 1958)에 따르면, 우리는 사회 현상을 이해하기 위해 **규칙 지배적 활동**(rule-governed activity)과 **언어게임**(language game)이라는 아이디어를 끌어들일 수 있다. 개인들은 사회적/문화적 환경 속에 살고 있다. 이것은 수많은 규칙/인습으로 구조화되어 있으며, 바로 이를 통해 대부분의 행동, 특히 언어에 의미가 부여된다. 가령, 어떤 상황에서 종이 위에 ⓨ표시를 하는 경우 이것은 투표로 간주된다. 그 배경에는 많은 것이 깔려 있다. 예를 들면, 민주적 제도가 있어야 하는 것이다. 민주적 제도는 해당 사회의 구성원들에 의해 유지되는 행동/신념/의도의 패턴과 연관된 수많은 복잡한 인습으로 구성된다. 가령, 자기 아내가 투표했음을 알고 있는 사람이 있다고 하자. 그가 그렇게 알고 있음을 '참이 되도록 만들어 주는' 것에는 최소한 그 자신과 아내의 행위에 관한 어떤 점들이 포함된다. 그러나 그보다 더 중요한 점이 있다. 그것은 앞에서 언급했던 인습 지배적 실천들에 관한 것이다. 그의 앎의 상태는 '그의 머리'를 벗어나 그와 그의 아내가 살고 있는 사회적/문화적 환경으로 확대되는 복잡한 상태다.

따라서 '학습'이나 '알게 됨'이 한 개인에게만 한정되는 일이라고 말하기가 적절하지 않다. 그렇다면 '전이' 은유는 심각한 처지에 놓이게 된다. 왜냐하면 '전이' 은유는 어떤 것을 담지하는 개인이라는 생각에 의존하며, 이는 그 '어떤 것'이 환경으로부터 분리될 수 있다는 점을 암시하는 것이기 때문이다.

'상황적 인지'를 주장하는 입장은 불필요할 정도로 극단적 입장을 갖고 있다는 비판을 받았다. 그것을 옹호하는 사람들은 "모든 지식은 과제를 수행하는 상황에 특수한 것이며, 보다 일반적 지식은 현실세계의 상황에 전이될 수 없거나 전이되지 않을 것"(Anderson et al., 1996: 6)이라고 주장하고 있다는 비판을 받았다. 이런 극단적 입장에서는 전이가 발생하지 않는다는 것을 당연한 결과로 받아들일 것이다. 물론 이런 입장은 지지받을 수 없는 것이다.

일부 학자는 상황적 인지를 주장하는 입장이 시사하는 '전이의 한계'에 대해 반대할 뿐만 아니라, 맥락 한계성에 대해 교육자들이 정면으로 대응할 수 있다고 주장하기도 한다. 「상황적 인지와 그 극복방법(Situated cognition and how to overcome it)」이라는 매력적인 논문에서 칼 베라이터(Carl Bereiter, 1997)는 "사람들이 지식 대상을 효과적으로 다루려면 비상황적 인지의 실천에 숙달해야 한다."고 말했다. 이에 대해 비트겐슈타인/윈치의 전통에 속하는 철학자들은 '비상황적 인지'의 가능성 자체를 의문시할 것이다. 이들의 의문은 경험적인 것이 아니라 **원칙적으로 그런 것이 있을 수 없다**는 생각에 가까운 것이다. 여기서 전이와 관련된 '거리', '가까운', '먼'이라는 아이디어를 살펴보자. 명왕성은 태양에서 먼 것이고 수성은 가까운 것이라고 말할 때, 이것은 나의 사고나 다른 사람들의 사고로부터 독립된 사태를 가리킨다. 위성들의 거리는 그것을 인간이 발견하기 전이나 후나 똑같다. 위성들의 이름은 인간들이 만든 것이지만 이는 앞에서 말하는 핵심과 무관하다. 전이에 있어서 '거리'라는 아이디어는 유사성의 정도와 연결되어 있다. 만일 철수가 벽돌 2개와 3개를 더해 벽돌 5개를 만들고, 그다음에 과자 2개와 3개를 더해 과자 5개를 만드는 일에 성공했다면 이것은 '가까운' 전이의 한 예가 될 것이다. 과자 상황이 벽돌 상황과 아주 유사하고, 여기서 아주 가까운 거리에서 전이가 이루어졌다고 우리는 판단한다. 인간 활동이 나타나는 맥락의 유사성이 인간의 사고/결정과 독립된 것이라면 공간적 거리의 유추는 타당한 것이 될 것이다. 그러나 그렇지 않다. 선거일에 투표하는 사람들은 종이 위에 'Ⓥ' 표시를 한다. 복잡한 실천세계에서 두 사람의 표시 행위는 비슷하고, 두 사람은 모두 투표행위의 예에 속한다. 물론 다른 면에서는 다를 수 있다. 한 사람이 표시한 'Ⓥ'의 물리적 측면은 다른 'Ⓥ'의 그것과 똑같지 않을 것이다. 각 'Ⓥ'를 구성하고 있는 색소의 화학적 성분이 다를 수 있다. 등등.

사상과 행위를 서로 비슷하게 혹은 비슷하지 않게 만들어 주는 모든 사회적 실천과 인습이 명시적이고 안정된 것이라고 하자. 또 그런 사회적 실천과 인습이 사회집단/사회/문화가 달라져도 동일한 것이라고 상상해 보자. 그렇다면 가까운/먼 전이에 관한 판단은 시간/맥락/시대/문화와 관계없이 확고할 것이다. 그러나 사실은 그 반대다. 유사성 판단을 뒷받침해 줄, 상상할 수 없을 정도로 복합적인 사회적 실천과 인습 중에는 명시적이지 않은 것들이 많다. 그것들은 사회마다 다르고, 또 사회 안에서도 달라진다. 오래 가는 것들도 있고 일시적인 것들도 있을 것이다. 이 모든 점에서, 학습의 맥락과 그 학습이 전이될 상황 간의 '거리'에 관해 판단할 때 의심할 여지가 없이 단순한 길이 있는 것은 결코 아니다.

전이되는 것이 지식의 '조각'이 아니라 능력/기능이라고 생각할 경우에도 이와 아주 비슷한 이야기를 할 수 있다. 앞에서 이미 지적했듯이, '탁자'와 '한국전쟁이 1950년에 일어났다는 사실' 간의 구문론적 유사성 때문에 우리들은 오도될 수 있다. 이와 비슷한 문제들이 '문제해결 능력', '구두법 기능', '공간 능력' 등과 같은 표현에 의해 생겨난다. 확실히 사람들은 그런 심리적 특성을 습득할 수 있고, 시간이 흘러도 그것을 지닐 수 있으며, 혹은 그럴 것이라고 우리는 생각할 수 있다. 그렇지만 내가 주장했듯이 우리가 알아야 할 것은 제아무리 이야기를 많이 할지라도 그런 것들이 생기게 할 수는 없으며, 그리고 그런 것들이 실재한다는 것이 어떤 일인가가 전혀 불분명한 경우도 많다는 점이다(Davis, 1988, 1998, 2005 참조). 이와 관련된 논변들의 일부분만 요약한다면, 능력(ability)이라는 아이디어는 늘 **모종의 행위**(action)를 포함한다. 그것은 공차기와 같은 행동 유형일 수도 있고, 완공된 주택이 어떤 모습일까를 상상하기와 같은 심적 활동일 수도 있다. 관찰이 가능한 요소와 '내면적' 요소가 결합될 때도 많다.

직접 관찰될 수 있는 행위들은 그것들이 행해지는 사회적 맥락으로부터 독립적으로 범주화될 수 있다. 일반적으로 그것은 손 흔들기, 무릎 굽히기, 머리 흔들기, 눈 감기와 같은 다양한 종류의 **신체적 움직임**이다. 손 흔들기는 문화적 맥락이 무엇이건 간에 손을 흔드는 것이다. 이 행동은 손 흔들어 인사하기와 같은 다른 범주의 행위에 속할 수 있으나 이는 확실히 해당 사회의 실천과 인습에 의존한다. '전이' 은유가 의미 있는 것이 되려면 사회적 맥락으로부터 독립된 행위의 분류가 필요하다. 그렇게 될 때, 우리는 비로소 맥락 독립적 능력이라는 아이디어를 어느 정도 파악할 수 있게 된다. 개념적으로 볼 때 행위의 성격이 그 행위가 행해지는 맥락에 최소한 부분적이나마 의존하는 것이라면, 행위자가 한 상황에서 다른 상황으로 전이할 수 있는 '어떤 것'을 생각한다는 것은 무의미한 일이다.

3. 구성 은유

최근에 유행하고 있는 구성 은유(construction metaphor)의 관점에서는 학습자들이 자기 자신의 학습을 구성/구축하는 행위자로 묘사된다. 교사는 말하자면 학생들이 자신의 지식을 구축하도록 **비계**(scaffolding, 골격)를 제공함으로써 이런 은유에 가담한다(Wood et al., 1976). 일부 철학자가 느끼고 있는 것처럼, 구성의 이미지는 그것이 학습의 과정에 비추어 주는 빛보다는 그것이 반대하고자 하는 점에서 더 성공적이다. 데니스 필립스(Dennis Phillips, 1995)의 주장에 의하면, 구성주의는 많은 분파를 거느리는 '세속적 종교와 유사한' 것이 되고 말았다. 우리가 곧 알게 될 것인데, 구성주의의 보다 극단적인 일부 해석들은 그 적들의 손에 이미 들어갔다.

이 장의 처음에 언급했던 **전수** 비유는 학습자의 현재 인지적 상태와 무관하게 지식이 학습자에게 집어넣어질 수 있는 가능성을 열어 주는 것 같다. 오늘날 '학습'이나 '지식'을 무엇으로 보는가에 대해 아주 복잡하게 생각하지 않을지라도 그럴 가능성이 실제로 있다고 주장할 수 있다. 예를 들어, 한국전쟁이 1950년에 일어났다는 것을 안다는 것이 무엇인가? 이에 대한 전통적 설명(예: Ayer, 1956: 31-35 참조)에 따르면, 그 전쟁이 1950년에 일어난 것은 참일 것이고, 그때 그 전투가 있었음을 나는 **믿어야** 하며, 내가 그것을 믿는 것이 정당화되어야 한다. 이럴 경우, 나의 선생님이 그런 사실을 나에게 전수하는 일은 분명히 가능하게 된다. 내가 선생님을 믿는 **정당한 근거**는 다음과 같다. 즉, 선생님은 종전에도 많은 이야기를 해 주었고, 나는 그런 선생님을 믿을 수 있다고 보았으며, 따라서 그 전투에 관한 선생님의 이야기를 내가 받아들이는 것은 합당할 것이다.

내가 어떻게 해서 그 선생님을 믿을 수 있었는지는 별개의 문제이겠지만, 앞서와 같이 단순한 경우는 많지 않다. 앞에서 언급했던 '전수' 모형에 따르면, 그 선생님은 "the mome raths outgrave" (Carroll, 1872)라고 나에게 말해 줄 수 있다. 선생님이 믿음직한 권위자였다는 근거 위에서(물론 아동 문학의 고전에 대해 내가 모른다는 가정 위에서) 나는 선생님이 무엇인가 참된 이야기를 나에게 해 준 것이라고 받아들이고 싶을 것이다. 그렇지만 나는 그런 말을 하는 선생님이

4. 능동적 학습

'구성' 은유를 옹호하는 동기 속에는 최소한 교사로부터 지식을 얻는 수동적 학생이 아닌 지식을 구성하는 **능동적** 학습자라는 비전이 들어 있다. '활동'과 '능동적 학습자'라는 아이디어는 듀이의 시대 이후로 아동 중심 교육의 핵심이었다. 그렇지만 아동 중심 교육은 '전수'와 '수동적 학습자'라는 아이디어에 대한 오랜 반대 운동과 더불어 복잡한 역사를 갖고 있다. 마이클 보넷(Michael Bonnett)은 교실에서의 **자기표현**과 "소음과 떠들썩한 '분주함'으로 가득 찬 교실" 간의 연계를 부정한다(1994: 111). 개인들이 능동적 신체 활동을 통해 학습할 때 가장 잘 구축/구성할 수 있는가의 여부는 경험적으로 확인될 문제이지, 단순히 은유에 호소함으로써 해결될 수 있는 것은 아니다. 신체 활동이라는 아이디어 자체도 불분명한 말이다. 활동은 신체 전체를 포함해야 하는가 혹은 그 일부만 포함할 것인가? 활동들이 다양할 수 있는가 혹은 동일한 신체 움직임이 반복될 수 있는가?

반대되는 경험적 증거도 없다고 한다면, 교사/강사의 말을 조용히 듣고 앉아 있는 학생들이 학습을 구성하는 일에 종사할 수 있는 가능성을 왜 부정하는가? 여기서 핵심은 **심적 활동**(mental activity)일 것이다. 그러나 이런 제안의 성격을 더 분명히 해 두기 전에 우리는 판단을 내릴 수 없다. 만일 내가 어떤 이유에서 똑같은 심적 이미지를 반복해서 떠올리기로 작정한다면, 나는 최소한 어떤 식으론가 심적으로 능동적이라고 말할 수 있다. 그러나 얼핏 생각해 볼 때 이것은 구성주의자가 가치 있게 여기는 종류의 심적 활동이 아니다. 그렇다면 상상력의 발휘가 요청되는가? 이에 동의하는 구성주의자에게도 아직 미흡한 점이 남아 있다. 왜냐하면 **상상**(imagining)은 중요한 차이가 나타나는 수많은 심적 활동을 가리키는 것으로 볼 수 있기 때문이다. 똑같은 심적 이미지를 반복해서 떠올리는 일을 상상력의 발휘로 간주할 수 있으나, 아마 구성주의자가 원하는 것은 그보다 더 창조적인 혹은 '창발적인(inventive)' 어떤 일일 것이다.

'능동적 학습'이라는 아이디어를 옹호하는 사람들은, 아마도 우리가 너무 철저하다고 항의하면서, '능동적 학습에 무엇이 포함될 것인가' 하는 점이 아직 불분명할지라도 최소한 그것은 **수동성**을 배제한다는 점을 강조할 것이다. 그들은 오래된 아이디어인 **열정**(passions)이라는 정서에 호소할 것이다. 그것은 사람들이 선택한 것이 아니라 사람들에게 발생하는 심리적 사태를 가리킨다. 내가 사자를 보면 두려움을 느끼고, 내 차를 훼손한 사람을 보면 화를 낼 것이다. 내가 이런 정서를 선택한 것은 (분명) 아니다. 상식적 사고과정에서 우리에게 발생하는 심리적 사건은 최소한 우리가 행하는 **추론**(reasoning)과 같은 능동적인 것과 대조되어야 한다(Price, 2005: 2). 우리에게 발생하는 심리적 사건들은 정말 우리의 일부가 아니라고 생각할 수 있다.

존 맥도웰(John McDowell)의 일부 아이디어를 교육에 적용시키려고 했던 백허스트(Bakhurst, 2008)는 '능동적 학습'과 '수동적 학습'에 대한 차별적 가치부여에 대해 의문을 제기한다. 맥도웰의 견해에 따르면, 마음을 갖는다는 것은, 그리고 특히 사고하는 사람이 된다는 것은 "이유들의 공간 속에서 편안하게 되는 것"이다. 아동은 일종의 동물적 상태로 태어나서, 문화화(enculturation) 혹은 **도야**(Bildung)를 통해 생물학적 자극에 대해 단순하게 반응하지 않고 개념들/세계관을 가지고 조작하기를 배운다. 맥도웰은 윌프레드 셀라스(Wilfred Sellars)로부터 우리는 경험을 하고 난 **후에** 개념들을 적용하지는 않는다는 명제를 끌어들인다. 경험 후 개념 적용은 '소여의 신화(myth of the given)'가 될 것이다. 맥도웰의 주장에 따르면, 경험은 처음부터 개념적 내용을 갖는다. "경험 속에서 인간은 **사물이 이러이러하다는 점**을 보거나 받아들인다."(McDowell, 1994: 9)

따라서 우리에게 그냥 나타나는 사건들도 개념적 내용을 가질 수 있고, 따라서 "판단에 대해 합리적인 제약을 가할"(Bakhurst, 2008: 9) 수 있다. 또한 백허스트는 추론의 영역 자체에도 수동성의 요소들이 들어 있을 수 있다고 주장한다. 능동적 숙고의 결과가 아닐지라도 핵심 사항들이 나에게 '생길' 수 있다. 그는 이해 자체도 중요한 의미에서 수동적이거나 혹은 수동적일 수 있다는 점을 설득력 있게 밝혀낸다.

> 가령, 당신이 어떤 철학문제로 고민 중이라고 하자. 고민스러운 당신은 하룻밤 자면서 생각해 보기로 결심한다. 다음 날 아침에 깨어나 보니 해결책이 생긴다. 이 경우 우리는 해답이 저절로 생긴 것이라고 말할 수 없다. 그런 해답이 생기도록 애쓴(심지어 간절히 바란) 것이 분명하기 때문이다. 아무튼 그런 해답이 생긴 것은 수동적이다(2008: 10).

이유의 형성에 관한 비고츠키의 견해가 주는 시사점을 벡허스트는 다음과 같이 말한다. 어린 아동이 "세계관을 능동적으로 구성한다고 말할 수 없는 것은 그렇게 할 도구를 갖고 있지 못하기 때문이다."(Bakhurst, 2008: 21) 백허스트의 말을 설득력 있게 받아들인다면, 우리는 많은 교육자가 말하는 '능동적(수동적이지 않은) 학습'과 '이해의 발달' 간의 독점적 관계를 포기해야 한다.

5. 정의적 상태와 학습

활동에 대한 강조는 '능동적 참여'와 '이해의 발달' 간의 연결에 관한 경험적 확신에서만 나타나는 것이 아니다. 활동의 강조는 다음과 같은 직관에 호소하기도 한다. 즉, 동기가 유발된 아동은 동기가 없는 아동에 비해 더 잘 학습하며, '능동적' 학습자는 수동적 학습자에 비해 동기가 더 유발될 것이다. 이런 연관관계 속에서 동기는 아주 넓은 아이디어를 가리키는데, 심리학자들이 '정의적' 상태라고 말하는 것들도 다양하게 포함된다.

학습 회귀(learning regress)를 정지시키기 위한 런틀리의 제안을 다음과 같은 주장으로 볼 수 있는가? 즉, 개인들은 '학습하는 방법을 알고' 있다. 이것은 결국 아동 중심 교육자들이 늘 애호하는 '학습하는 방법의 학습'과 연관되는가? 런틀리의 제안은 정의적 상태에 초점을 두고 있다. 그럼에도 불구하고 만일 '학습하는 방법을 앎'이라는 것이 있다고 한다면 그것은 모종의 **인지적** 능력일 것이라고 생각할 수 있다.

그러나 크리스토퍼 윈치(Christopher Winch, 2009)는 '학습하는 방법의 학습'에 대한 인지적 설명이 가능하다는 점에 대해 의문을 갖는다. 윈치의 견해에 따르면, '학습하는 방법의 학습'의 가능성에서 분명히 암시되고 있는 '일반적 학습 능력'이라는 아이디어 자체는 파악하기가 어렵다. 윈치는 학습의 특성을 '가설의 형성과 검증'으로 보는 것이 '학습하는 방법의 학습'에 대한 인지적 설명의 기반이 될 수 있는지를 검토한다. 윈치의 결론에 따르면, 그런 설명이 모든 학습을 포괄하는 것은 아니며, 어떤 경우이건 관련된 특정 교과의 지식 측면들이 관련된 학습의 성격에 차이를 일으킨다. 윈치는 또한 '학습하는 방법의 학습'이 '판단/결정에 도달할 때 관련된 요인들을 고려하는 능력'과 관계가 있다는 아이디어를 거부한다. 이 능력은 모든 성숙한 합리적 인간들의 특징, 심지어는 학습을 '잘 하지' 못하는 사람들의 특징이기도 하다. 윈치는 읽기와 셈하기가 '특수한 전이될 수 있는 능력'이며, 그것들은 '학습하는 방법의 학습'에 관한 옹호받을 수 있는 모든 설명에서 아주 중요한 것으로 밝혀질 것이라고 느낀다. 그러나 그는 읽기와 셈하기의 현재 성취 수준에 대해 비관적이며, 따라서 '학습하는 방법의 학습'에 대한 설명을 찾아내기 위해 **정의적** 영역으로 눈을 돌린다. 이런 시선을 따르기 전에 우선 지적해 두어야 할 점이 있다. 그것은 읽기 능력과 셈하기 능력의 지위/성격에 대해 의문을 가질 수 있다는 것이다. 예를 들어, 그것은 보다 구체적인 일단의 능력들을 요약하는 표현인가? 그런 구체적인 능력들은, 있다고 할 경우에, 어떤 **종류의** 행위들을 가리키는가? 이런 구체적인 능력들을 묶어 주는 것이 있다면 그것은 무엇인가? 그런 능력들의 특징을 문화와 관계없이 지적할 수 있다면 이는 어느 정도로 가능한 일인가?

이제 윈치가 초점을 두고 있는 정의적 영역을 살펴보자. 그는 '우리에게 학습하려는 일반적 의지가 있다.'는 점을 부정한다. 물론 루소나 다른 사람들은 그 점을 가정했다. 윈치의 생각에 따르면, 우리는 학습하려는 욕구를 **획득**할 수 있다. 그가 강조하는 점은 자신감, 학습의 독립심/자율성, 그리고 "인내심, 지구력, 근면성, 세심한 주의력, 초기 실패로 크게 좌절당하지 않을 힘……" (Winch, 2009)과 같은 '소소한 덕들'이 중요하다는 것이다.

윈치는 그가 애호하는 덕들이 '전이될 수 있는' 것이라고 믿는다. 그것들은 확실히 갖출 필요가 있다. 왜냐하면 그가 말한 핵심 역할을 수행하려면 그런 덕들이 있어야 하기 때문이다. 그가 분명히 밝히고 있듯이, 이와 관련된 전이가능성에는 다음과 같은 주장이 포함되어 있다. 즉, 그런 덕들은 다양한 맥락 속에서 실천될 수 있으며, 음악, 스포츠 혹은 '그런 덕들이 발달하도록 도와줄' 다른 활동/내용을 제공하는 광범한 교육과정을 통해 획득될 수 있다(Winch, 2009).

만일 학생들이 자신의 동기를 유발시키는 활동/교과에 성공함으로써 자신감을 획득할 수 있다면, 이것은 그들이 종전에는 힘들고 동기 유발이 불가능하다고 생각했던 다른 영역에서도, 그들의 수행과 성취에 대해 영향을 미칠 것이다. 나는 이에 대해 대다수 교육학자가 동의할 것이라고 생각한다. 그럼에도 불구하고 학습 맥락을 뛰어넘는 윈치의 덕들의 **정체성**에 관한 개념적 질문은 우리가 앞에서 인지 능력과 연관해서 제기했던 질문과 함께 남아 있을 것이다. 이런 질문은 결코 쉽게 답할 수 없는 것이다. 그것은 이 장에서 우리가 추구했던 범위를 벗어나는 질문이다.

참고문헌

Anderson, John R., Reder, Lynne M. and Simon, Herbert A. (1996) 'Situated learning and education', *Educational Researcher*, 25(4): 5–11.

Atkinson, Christine (1982) 'Beginning to learn', *Journal of Philosophy of Education*, 16 (1): 69–75.

Ayer, Alfred J. (1956) *The Problem of Knowledge*. London: Penguin, pp. 31–35.

Bakhurst, David (2008) 'Life in the space of reasons: mood, music, education, and the philosophy of John McDowell', paper presented at the Philosophy of Education Society of Great Britain Annual Conference: available at http://www.philosophy-of-education.org/conferences/pdfs/David_Bakhurst.pdf

Beach, K. (1999) 'Consequential transitions: a sociocultural expedition beyond transfer in education', *Review of Research in Education*, 24: 101–139.

Bereiter, Carl (1985) 'Toward a solution of the learning paradox', *Review of Educational Research*, 55(2): 201–226.

Bereiter, Carl (1997) 'Situated cognition and how to overcome it', in David Kirshner and James A. Whitson (Eds.), *Situated Cognition: Social, Semiotic, and Psychological Perspectives*. Hillsdale, NJ: Erlbaum, pp. 281–300.

Bonnett, Michael (1994) *Children's Thinking*. London: Cassell.

Carroll, Lewis (1872) *Through the Looking-Glass and What Alice Found There*. London: Macmillan. 신주혜 역(2010). 『거울 나라의 엘리스』. 서울: 지식여행.

Davis, A. (1988) 'Ability and learning', *Journal of Philosophy of Education*, 22(1): 45–55.

Davis, A. (1994) 'Constructivism', in Andrew Davis and Deirdre Pettitt (Eds.), *Developing Understanding in Primary Mathematics*. London: Falmer.

Davis, A. (1998) *The Limits of Educational Assessment*. Oxford: Blackwell.

Davis, A. (2005) 'Social externalism and the ontology of competence', *Philosophical Explorations*, 8(3): 297–308.

Fodor, J. (1980) in Massimo Piatelli-Palmerini (Ed.), *Language and Learning*. Cambridge, MA: Harvard University Press, pp. 143–149.

Hamlyn, David (1978) *Experience and the Growth of Understanding*. London: Routledge and Kegan Paul. 이홍우 역(1990). 『경험과 이해의 성장』(증보판). 서울: 교육과학사.

Lave, J. and Wenger, E. (1991) *Situated Learning: Legitimate Peripheral Participation.* Cambridge: Cambridge University Press. 손민호 역(2010). 『상황 학습: 합법적 주변 참여』. 서울: 강현출판사.

Luntley, M. (2008) 'Conceptual development and the paradox of learning', *Journal of Philosophy of Education*, 42(1): 1-14.

McDowell, J (1994) *Mind and World.* Cambridge, MA: Harvard University Press.

Packer, M. (2001) 'The problem of transfer, and the sociocultural critique of schooling', *Journal of the Learning Sciences*, 10(4): 493-514.

Phillips, D. (1995) 'The good, the bad, and the ugly: the many faces of constructivism', *Educational Researcher*, 24(7): 5-12.

Piaget, Jean (1973) *To Understand is to Invent.* NY: Grossman.

Price, Carol (2005) *Emotion.* Milton Keynes: Open University.

von Glasersfeld, E. (1991) 'Introduction', in E. von Glaserfeld (Ed.), *Radical Constructivism in Mathematics Education.* Dordrecht: Kluwer Academic Press, pp. xiii-xx.

Vygotsky, L. (1978) 'Interaction between learning and development', in *Mind in Society*, M. Cole (trans.). Cambridge, MA: Harvard University Press, pp. 79-91.

Winch, Peter (1958) *The Idea of a Social Science and Its Relation to Philosophy.* London: Routledge and Kegan Paul. 김기현 역(1985). 『사회과학과 철학』. 서울: 서광사.

Winch, C. (2009) 'Learning how to learn: a critique', in Ruth Cigman and Andrew Davis (Eds.), *The New Philosophies of Learning.* Oxford: Wiley-Blackwell.

Wood, D., Bruner, J. and Ross, G. (1976) 'The role of tutoring in problem solving', *Journal of Child Psychology and Psychiatry*, 17(2): 89-100.

제10장

동기와 학습

Frederick S. Ellett, Jr. and David P. Erickson

1. 서 론

학생들의 학습 동기를 유발하는 일은 가르침의 최고 예술이다. 그런데 동기란 무엇인가? 학생들의 동기는 학습과 어떻게 연결되는가? 이런 질문은 철학자/심리학자/교육자를 사로잡았던 수많은 일반적 관심사항과 연관된다. 먼저 '동기와 행위'에서는 동기와 행위 간의 관계에 대해 철학적 관점에서 기초적 설명을 제시하고자 한다. 또한 '동기와 정의적 특성'에서는 동기와 학습의 관계에 대해 교육자들이 갖고 있는 중요한 **일반적** 견해를 고찰한다. 그리고 '동기와 학습: 핵심 개념'에서는 동기와 학습의 관계에 대해 교육자들에게 영향을 미치고 있는 **특수한** 견해를 고찰한다.

1) 원함과 믿음은 동기 설명을 위해 필수적인 것인가

앨스턴이 말하는 넓은 의미의 '원함'이란 도대체 무엇인가? 앨스턴은 다음과 같은 경우를 고찰한다. 예를 들면, 그는 뒤뜰에 있는 철조망을 가리기 위해서 그 앞에 관목을 몇 그루 심고 싶은 욕구를 갖고 있다고 하자. 이 욕구를 충족시키기 위해 어느 날 아침 앨스턴은 차를 몰고 수목원에 가서 관목을 몇 그루 골라 집으로 갖고 와서 심는다. 앨스턴(1967: 402)의 주장에 따르면, 어느 특수한 의식 상태(이것은 x를 얻으려는 충동을 느낌, x가 즐겁다는 생각, 혹은 다른 무엇)가 (관목을 몇 그루 심고 싶은) '원함'이 존재하는/작동하는 시간 동안 내내 현존하는 것은 분명히 **아니다**. 따라서 앨스턴은, (넓은 의미에서) '원함'을 구체적인 그리고 직접 접근할 수 있는 '실체(entity)'로 간주하는 '현상학적' 설명에 대해 반대한다. 또한 앨스턴(1967: 408)은 욕구(desire)를 쾌락주의적 즐거움으로 정의하려는 시도에 대해 반대한다. 동기이론으로 저명한 어느 심리학자에 따르면, "실제로 모든 동기이론의 한 가지 공리는 유기체들이 쾌락을 증대시키고 고통을 축소시키려고 한다는 점이다."(Weiner, 1992b: 356) 그러나 앨스턴의 철학적 논변에 따르면 그런 심리학적 이론들을 심각하게 수정할 필요가 있다고 생각해야 할 이유가 분명하다.

동기적 설명(motivational explanations)과 넓은 의미의 '원함'을 연결시키는 관점은 많은 사람(A. Goldman, 1970; D. Davidson, 1980a)에 의해 주장/확대/옹호되었다. 그러나 로렌스 데이비스(Lawrence Davis, 1979: 6-9)의 설득력 있는 논변에 따르면, 행위에 욕구가 필요함(necessity)을 옹호할 수 있는 유일한 길은 '원함'이라는 단어의 의미를 (가장 넓은 의미일 경우에도) 유용한 내용이 들어 있지 못하는 경우로까지 확대할 것을 요구한다. 데이비스의 주장에 의하면, 사람들은 때때로 **그저** 의무감에서 의무를 이행할 때도 있다. P에게 '왜 A를 했는가?'라고 묻는다면, 그는 '나의 의무감(의무에 대한 나의 신봉)에서' 그랬다는 대답이 나올 수 있다. P가 이런 감정(혹은 신봉)을 갖고 있다는 사실은 그가 왜 A를 했는가를 설명하는 데 도움이 된다. 다시 말해, 원함이나 욕구가 꼭 필요한 것은 아니다. 데이비스의 주장에 따르면, 동기적 설명들에는 몇 가지 종류가 있으며 이들은 각각 조심스럽게 구분할 필요가 있다.

데이비스의 관점에서 볼 때 놀라운 것은 도덕철학자의 다음과 같은 주장일 것이다. 존 케키스(John Kekes, 1995: 75-76)의 주장에 의하면, '욕구'는 더욱더 넓은 의미로 이해해야 한다. 케키스에 따르면, 욕구의 대상은 중요하건 중요하지 않건 간에 글자 그대로 아무것이나 될 수 있고, 또 욕구의 강도는 강하거나 약할 수 있으며, 또한 욕구의 지속은 오래 갈 수 있고 잠깐 동안일 수 있다. 욕구는 의식적일 수도 있고 그렇지 않을 수도 있다. "이렇게 이해할 경우 '욕구'는 욕망, 문득 떠오른 생각, 원함, [느껴진] 필요, 열망, 노력, 성향 등을 포함한다." (Kekes, 1995: 75-76)

따라서 케키스가 사용하는 '욕구'라는 용어는 동기 설명뿐만 아니라 성격/충동 설명까지 포함한다. 이것을 **급진적으로 넓은** 의미의 욕구라고 해 두자. 그가 밝히고자 하는 점은, 그런 욕구들에 대해 (더 많은) 통제력을 갖는 것이 그 사람에게 이익이 된다는 것이다. 케키스의 관심은 사람들의 행동에 영향을 미치는 모든 '상태(states)'를 통일적으로 설명하는 데에만 있는 것이 아니다. 그가 주장하고 있는 것은 사람들이 그처럼 광범하고 다양한 욕구를 통제할 능력을 갖고 있다는 점이다.

요즈음에는 케키스의 의미보다는 앨스턴의 의미로 '욕구'라는 용어를 사용하는 것이 상당히 일반적 관행이 되었다. 그러나 우리가 곧 알게 되겠지만, 일부 교육자들은 케키스가 말하는 '급진적으로 넓은' 의미의 욕구라는 용어를 사용한다. 우리는 데이비스의 핵심 주장을 받아들여, 그런 용어가 지극히 다양한 상태들을 담아내는 '받침대'라는 점을 기억하면서 그 용어를 사용할 수 있다.

앨스턴은 '현상학적' 견해를 거부한다. 그가 부정하는 것은 '원함'이라는 용어가 색채 감각이나 고통 감각과 비슷한 어떤 단순한 내적 상태를 가리킨다는 점이다. 그렇다면 우리는 원함이 무엇인지를 어떻게 분석해야 하는가? 앨스턴은 특정의 원함에 대해 '성향 분석(dispositional analysis)'이 가능한지를 고찰한다. 성향 분석은 조건문의 형태를 갖는다. 즉, 만일 P가 A를 하기를 원한다면, 그리고 또한 특성 C1, C2……를 갖는다면 P는 A를 행할 것이다. 적절한 분석은 이 조건문을 참으로 만들어 주는 특성 C1, C2를 밝혀 줄 것이다. 여기서 다시 앨스턴이 가림막으로 관목 몇 그루를 심기 원했던 경우를 생각해 보자. 이 분석에서 분명히 드러나는 점은 "그 욕구가 아무리 강할지라도 그 행위의 수행을 가로막을 수 있는 다수의 요인이 있을 수 있다."(Alston, 1967: 403)는 것이다. 앨스턴이 가리키는 '요인들'의 사례는 다음과 같다.

- 나는 묘목원에 대해서 알지 못한다.
- 나는 그 묘목원에 적당한 관목이 있다고 믿지 않는다.
- 나는 그 묘목원이 어쩐지 싫다.
- 나는 그 시간에 차라리 다른 것을 하고 싶은 욕구를 더 강하게 갖고 있다.

이런 사례들로부터 두 가지 중요한 사항을 끌어낼 수 있다. 첫째, '원함'을 적절하게 분석하려면 '지식'/'믿음'/'지각' 등과 같은 용어를 어느 정도 사용해야 한다는 지적이다. 그동안 동기와 지식/믿음 간의 관계에 대해 두 가지 방향의 생각이 나타났다. 소크라테스와 같은 초기 사상가들이 주장한 것처럼, 만일 어떤 사람이 무엇을 하는 것이 좋은지를 안다면 그것을 행할 것이다. 그러나 아리스토텔레스 이후의 대다수 철학자에 의하면 어떤 사람이 어떤 행위가 좋은지를 안다고 해서 그 사람이 그것을 행할 것이라고 보장할 수 없다. 아리스토텔레스의 주장처럼, 사람은 알고서도 악을 행할 수 있다! 그런 철학자들이 보기에 훌륭한 교육이란 사람의 욕구가 '좋은 것을 행함'과 합치되도록 하는 교육이다.

앨스턴의 두 번째 요인이 주장하는바, 사람이 갖고 있는 거의 모든 욕구에서 그렇듯이 그 사람이 수행하는 행위는 최소한 그의 욕구를 충족시켜 줄 행위라고 암묵적으로 간주된다. 블랙(Black, 1972)이 말하는 것처럼, 우리의 욕구(혹은 목적)를 충족시켜 주는 행위는 적당한 것으로 판단된다. 따라서 사람이 수행하는 행위는 어떤 옵션이 있는지, 그리고 그 옵션이 성공할 가능성은 어떤지에 대해 그 사람이 믿는 바에 의존할 것이다. 우리는 여기서 데이비스(L. Davis)의 충고를 추가한다. 즉, '욕구'와 마찬가지로 '믿음'도 모든 경우를 포괄하려고 하다 보면, 가장 넓은 의미로 사용될 수밖에 없다. (그렇다면 여기서도 그 용어의 의미를 확대시키려다 유용한 의미를 상실할 위험이 있다.)

둘째, 앨스턴의 요인들로부터 우리가 끌어들일 수 있는 또 다른 교훈이 있다. '원함'에 대한 적절한 분석은 사람이 갖고 있는 다른 많은 욕구를 반드시 언급해야 한다. 사람이 수행하는 행위는 그의 욕구들의 총합에 의존하며, 각 욕구가 다른 욕구들과 어떤 관계에 있는가에 의존한다. 적절한 '성향 분석'은 아주 복잡한 일이 될 것이며, 어쩌면 감당할 수 없을 정도가 될 것이다.

따라서 만일 현상학적 견해가 틀렸다고 한다면, 그리고 적절한 성향 분석은 너무 복잡한 일이어서 성공할 수 없다고 한다면, 사람의 행위를 그의 (넓은 의미의) 욕구나 믿음을 가지고 어떻게 설명할 수 있는가? 문제점들이 있음에도 불구하고 우리가 '동기는 욕구 관련 상태나 믿음 관련 상태와 어떤 관계에 있다.'고 생각한다면, (이런 상태들을 결국 어떻게 이해하건 간에) 우리는 바른 방향으로 생각하고 있는 것으로 보인다.

2) 원함과 믿음 설명: 단일한 인과적 설명

1960년대 초 도널드 데이비슨(Donald Davidson)은 철학적 사고에 엄청난 영향을 미친 「행위, 이유, 원인(Actions, reasons, and causes)」이라는 논문을 발표했다. 이 논문(Davidson, 1980a)에 담겨 있는 그의 주장에 따르면, 사람들은 실제로 인간의 행위를 그의 원함과 믿음에 의해 설명하려고 시도하는데, 일반적으로 이런 시도는 성공적이다. 행위에 대한 이런 설명은 인과적 설명의 특수한 종류에 속한다. 즉, 그것은 단일한(singular) 인과적 설명이요, 보편적 법칙을 끌어들이지 않는 인과적 설명이다. 또한 데이비슨이 밝혀내려고 노력했던 점은 인간(그리고 문화)의 수준에서 찾아야 하거나 인용해야 할 보편적 법칙은 없다는 것이다!(Davidson, 1980a, 1980b, 1980c, 1980d) 또한 그의 주장에 의하면, 사람이 **이유를 갖고 있음**(having reasons)은 적절한 인과적 설명의 일부가 될 수 있다. 그는 앤스컴(Anscombe, 1958), 멜든(Melden, 1961), 피터스(Peters, 1958)와 같은 사상가들의 견해를 거부한다. 이들의 주장에 따르면, 사람이 행위 A를 행하는 이유를 갖고 있음은 A의 인과적 설명의 일부가 **될 수 없다**. 데이비스(Davis, 1979: 102-105)는 목적론적(목표와 연결된) 설명은 인과적일 수 없다는 테일러(Taylor, 1964)의 주장에 대해 논박한다.

앨스턴의 관목 사례에서 보았듯이, 사람의 원함이나 사람의 믿음을 확인(개별화)하는 일은 그 사람의 원함과 믿음의 내용에 관해 구체적이기를 요청한다. 우리는 그 사람이 갖고 있는 개념, 욕구, 믿음의 많은 것을 이해할 필요가 있을 것이다. 그 욕구와 믿음의 **내용**은 명제적 형태로 주어지기 때문에 A를 행하는 사람을 설명하는 요인들을 **명제적 태도**(propositional attitudes)라고 불렀다. 욕구와 믿음은 전형적으로 대상을 지향하고 (혹은 대상을 갖고) 있다. 다시 말해, 욕구와 믿음은 **지향적** 태도(intentional attitudes)다. 지향적 태도는 또 다른 속성을 갖는다. 즉, 지향적 태도는 전형적으로 **지향적**이다. (지향적인 것의 한 가지 특징을 예로 든다면, 슈퍼맨과 결혼하기를 원하는 루이스 레인을 생각해 보자. 켄트가 슈퍼맨이라고 할지라도 켄트와 슈퍼맨이 동일한 사람임을 **믿지** 않는다면, 레인이 켄트와 결혼하기를 원한다는 점이 도출되지 않는다. 이에 관해서는 Rosenberg, 1995, Ch. 2 참조)

3) 통속심리학의 도전

1975년 포더(Fodor)는 철학자들과 인지과학자들이 다음과 같은 점에 대해 거의 합의하고 있음을 밝혀냈다. 즉, 인지과학은 **지향적 실재론**(intentional realism)을 신봉해야 한다는 것이다. 지향적 실재론이란 명제적 태도가 내용적이며, 신경 시스템에 나타나는 인과적으로 효과적인 상태라는 교설을 가리킨다(Greenwood, 1991a, '서론' 참조). 그러나 합의한 것처럼 보였던 것도 오래가지 못했다. 처치랜드(P. M. Churchland, 1984), 처치랜드(P. S. Churchland, 1986), 스티치(S. Stich, 1983) 등이 이끄는 일군의 비판가가 주장하는 바에 따르면, 그와 같은 '원함-믿음 설명'이 정당한 과학에서 들어설 자리는 없으며, 내용적인 '명제적 태도'도 과학에서 들어설 자리가 없다는 것이다. 이런 비판가들에 따르면, 원함-믿음 설명을 제시하고, 또 명제적 태도를 사람들에게 부여하는 관행은 '통속심리학(folk psychology)'에 불과한 것이다. 그들은 그런 관행이 일상생활에서 불가피한 것일 수 있음을 인정할지라도 '통속심리학'이 아주 부정적 함의를 갖는 것이라고 본다. '원함-믿음 설명'과 '명제적 태도'는 그것들의 지향적/의도적 속성들로 인하여 물리주의적 틀 속의 용어들로 **환원**되지 못하기 때문에 과학에서 **제거해야** 하는 것들이다.

이윽고 많은 철학자와 심리학자가 합세하여 '제거주의자들(eliminativists)'에게 대응하였다. 통속심리학을 옹호하는 사람들의 주장에 따르면, 통속심리학은 사회과학에서 정당하게 수행할 역할을 갖고 있으며, 사회과학도 정당한 과학이다. 원함-믿음 개념판(conceptual template)은 그 예언적 가치가 제한적임에도 불구하고 통속심리학의 단일한 인과적 설명에서 중심적인 것으로 간주된다.

이런 철학적 이슈에 대해 더 알고 싶은 독자는 그린우드(Greenwood, 1991b)가 편집한 책을 참조하면 좋다. 이 책은 통속심리학에 대한 찬반 논쟁의 핵심을 담고 있다. 또한 마골리스(J. Margolis, 1987)는 통속심리학을 열렬히 옹호하고 있으나, 로젠버그(A. Rogenberg, 1995)는 그런 설명에 대해 여전히 의문을 갖고 있음을 참고해야 한다. 스티치는 최근의 연구(Stich, 1996)에서 자신의 초기 견해를 재검토하고 수정한다. 퍼트넘과 김재권의 견해를 비교하는 일도 유익할 것이다. 퍼트넘(H. Putnum, 1999)은 우리가 설명적 실천들(explanatory practices)

을 숙달함으로써 원인의 다양한 용도를 이해하게 된다고 주장하는 반면, 김재권(J. Kim, 2006)은 '물리주의 혹은 그에 가까운 것(physicalism or something near enough)'을 제시한다. 교육학자인 제롬 브루너(Jerome Bruner, 1990, 1997)는 교육에서 통속심리학의 역할을 옹호한다.

3. 동기와 정의적 특성

여기서 우리는 교육에 큰 영향을 미쳤던 두 권의 책에 집중해 보자. 하나는 앤더슨(L. W. Anderson)과 버크(S. F. Bourke)의 『학교에서 정의적 특성을 평가하기(*Assessing Affective Characteristics in the Schools*)』(2000)이고, 다른 하나는 브로피(J. Brophy)의 『학생들의 학습동기 유발하기(*Motivating Students to Learn*)』(2004)다. 『학교에서 정의적 특성을 평가하기』는 교육자들이 학생들의 '정의적 특성'을 신뢰성 있고 타당하게 평가하는 데 좋은 자료로 널리 인용되고 있다. 우리가 이 책에 동의하는 점은 다음과 같다. 즉, 학생들의 정의적 특성은 교육적으로 중요하고, 교육적 성과를 달성하기 위한 동기적 **수단**이며(2000: 8-11), 동시에 교육적 **성과** 그 자체의 일부라는 점이다(2000: 11-15). 그러나 그런 평가가 신뢰성과 타당성을 갖추기 위해서는 정의적 특성에 대한 올바른 일반적 설명 위에서 이루어져야 한다. 우리는 이 책에 이런 설명이 누락되어 있음을 밝혀 볼 것이다.

여러 가지 방식으로 브로피(Brophy, 1987, 2004)는 동기에 관한 모든 문헌을 신중하게/사려 깊게/균형 있게 검토한다. 그렇지만 이 책에 심각한 제한점이 몇 가지 들어 있음을 밝혀 볼 것이다.

앤더슨과 버크(2000), 브로피(2004)는 블룸(Bloom, 1956)이 개발했던 '인지적 영역'과 크래스월 등(Krathwohl et al., 1964)이 개발했던 '정의적 영역'의 교육목표분류학을 토대로 삼고 있다. 블룸의 원래 연구(1956)에서 인지적 영역은

(회상 능력으로서의) '지식'과 5개의 상위 기능(혹은 과정)으로 구성되어 있다. 수정판(Anderson et al., 2001)에는 두 가지 종류의 기억과 5개의 상위 기능(혹은 과정)이 들어 있다. 여기서 주목해야 할 점이 있다. 즉, **믿음**(belief)이 1956년 분류학에도, 또 2001년 분류학에도 속하지(들어가지) 않고 있다! 1964년에 크래스웰은 '정의적 영역'의 분류학을 개발했다. 비록 **믿음**이 언급되고 있지는 않지만, 그것은 일종의 '수용(acceptance)'으로서 정의적 영역 안에 들어 있는 것 같다. 그리고 크래스웰이 이 분류학에서 가치(가치화, valuing)를 분명히 포함시키지만, 대다수 교육자는 감정/정서/태도를 정의적 영역 속으로 포함시킨다.

그렇다면 앤더슨과 버크(2000)는 정의적 특성을 어떻게 생각하는가? 첫째, 그들은 정의적 특성의 일반적 기준을 다음과 같이 제시한다(2000: 4).

> ……정의적 특성은 사람들의 특성인 감정과 정서, 즉 사람들이 전형적으로 느끼는 방식이나 정서를 표현하는 방식을 가리키는 성질이라고 생각할 수 있다.

그리고 다음과 같이 덧붙인다(2000: 4-6).

> 모든 정의적 특성은 더욱 특수한 세 가지 기준을 충족시켜야 한다. 밀도, 방향, 목표……. **밀도**는 감정의 정도 혹은 강도를 가리킨다……. **방향**은 감정의 긍정적 혹은 부정적 정향에 관한 것이다……. **목표**는 그 감정이 향하는 대상, 활동 혹은 아이디어를 가리킨다.

앤더슨과 버크가 분석한 정서를 철학자인 조지 피처(George Pitcher, 1972)가 분석한 정서와 비교해 보자. 여기서 앤더슨과 버크의 심각한 결함이 드러난다. 앤더슨과 버크, 피처는 모두 정서를 지향적인 것으로 간주한다. (믿음과 원함도 지향적인 것이다.) 그러나 처음부터 피처는 '발생한(occurrent) 정서'와 '성향적

(dispositional) 정서'를 구분한다(1972: 223-224). 더 중요한 사실은, 그런 다음에 피처가 정서의 세 가지 핵심 특성을 더 끌어낸다는 점이다. 첫째, 사람이 정서를 가지려면 어떤 사실적 믿음(혹은 어떤 종류의 사실적 지식)을 반드시 가져야 한다. 피처는 그런 믿음을 가리켜 '이해'(apprehension, 혹은 오해 misapprehension)라는 용어를 사용한다. 둘째, 그는 상이한 정서 상황은 상이한 특성을 갖는다고 지적한다. 그것은 "행동양식들과 행동하려는 경향들에서부터…… 원함 혹은 욕구를 거쳐…… 어떤 것이 좋은 것 혹은 나쁜 것이나 좋을 것 혹은 나쁠 것이라는 신념에까지(1972: 225)" 걸쳐 있다. 피처는 이처럼 광범한 특성들을 가리키기 위해서 '평가(evaluation)'라는 용어를 사용한다. 그것은 긍정적 혹은 부정적 평가가 될 수 있다. 따라서 정서는 지향적일 뿐만 아니라 '이해(apprehensions)'와 '평가'를 포함한다. 피처의 분석에서 드러나는 특성들은 사람의 믿음의 변화가 그 사람의 정서적 상태를 어떻게 변화시킬 수 있는가 하는 점을 설명해 준다. 셋째, 그런 특성들은 정서의 또 다른 핵심 특성을 설명하는 데 도움을 주기도 한다. 즉, 정서는 합당한(혹은 합당하지 못한) 것으로 평가될 수 있다.

그렇다면 앤더슨과 버크는 정의적 특성과 **동기**의 관계를 어떻게 보고 있는가? 그들의 견해를 잘 요약해 주는 부분이 먼저 나온다(2000: 2-3).

> ……메식(Messick, 1979)은 비인지적[즉, 정의적] 특성들을 정서와 연결시켰다. "동기는 인간으로 하여금 행위하도록 만드는(impel) 온갖 충동, 정서 혹은 욕구이기 때문에 거의 모든…… 비인지적 변인은 어느 정도 동기적인 것으로 인정된다."(1979: 285) 정의적 특성들 중에서 동기와 경험적으로 연결된 것은 통제와 흥미의 소재(Messick, 1979), 성공 기대와 학문적 성공의 가치(Brendt & Miller, 1990) 그리고 학교 소속감(Goodenow & Grady, 1993)이다.

동기에 대한 메식의 정의는 별로 도움이 안 된다는 점에 주목하자. 만일 '만드는(impel)'이 그저 '동기화하는(motivate)'을 의미한다면, 이런 정의는 순환론적이다. 만일 '만드는'이 정말 만드는 것을 의미한다면, 이런 정의는 이끌림(attractions)을 배제하고 충동(drives)이나 강제(compulsion)에 초점을 두고 있는 것처럼 보인다.

앞의 인용문에서 알 수 있듯이, 앤더슨과 버크는 '통제 소재(locus of control)'(무엇이 일차적으로 학습 성과를 일으키는가에 대한 학생의 믿음과 같은 것)와 성공 기대(이 역시 또 다른 종류의 믿음)를 동기로 인정한다. 나중에 앤더슨과 버크(2000: 34)는 자기효능(self-efficacy)을 포함시키고, 웨이너(B. Weiner, 1992a)의 정의를 채택한다. 웨이너는 자기효능을 "어떤 목표에 도달하기 위해 행동[행위]을 수행할 수 있는 자신의 능력에 대한 믿음"이라고 정의 내린다. 앤더슨과 버크가 정의적 영역이 감정과 정서로 구성되어 있다고 주장하였기 때문에 '믿음'을 감정이나 정서로 간주하는 것이 이상한 일임을 그들이 알 것이라고 우리는 기대할 수 있다. 그들은 "정서적 요소를 갖고 있는 믿음들"(2000: 2, 주2)만을 포함시킬 것이라고 분명히 말한다. 그러나 우리는 '통제 소재'와 '자기효능'의 대다수 사례가 정서적 요소들을 내포한다고 보는 것이 적절하다고 생각하지 않는다.

앤더슨과 버크는 오직 여덟 가지 정의적 특성, 즉 태도, 가치, 학문적 자긍심, 통제 소재, 자기효능, 흥미, 교육적 열망, 불안만을 제시한다. (우리는 나중에 '가치'로 되돌아갈 것이다.) 동기 자체는 특수한 특성들의 집합 속에 포함되지 않는다. 그들의 말처럼 그렇게 하는 것은 '약간 쓸데없는' 일이 되기 때문이다(2000: 39).

앤더슨과 버크는 정의-동기 연결(affect-motivation link)을 확증해 주는 연구들이 많다고 주장한다. 그런 연구에서 밝혀진 바에 따르면, 제대로 동기가 유발된 학생들은 "학교가 중요하다고 믿고(가치), 학교를 사랑하고 학습을 사랑하며(태도), 높은 교육적 열망을 갖고 있다(가치)고 믿는"(2000: 166) 아이들이라고 많은 교사가 생각한다.

앤더슨과 버크(2000: 32)는 겟젤스(Getzels, 1966)의 **가치** 정의를 따른다. 가치란 실제로 욕구하는 것과는 상반되게 **욕구해야 하는** 것에 관한 **믿음**이다. 그리고 그들은 겟젤스와 마찬가지로 그런 믿음들이 행동에 '영향을 미치거나 지도한다.'고 주장한다. 그러나 여기서 몇 가지 관심사항이 부각된다. 첫째, 우리가 그런 믿음(겟젤스의 가치)이 정의적 특성으로 간주되기를 원함에도 불구하고, '사람이 실제로 욕구하는 바'를 정의적 특성으로 간주하지 않을 수 있는가? 둘째, 우리가 그런 식으로 '가치'를 정의할지라도, 앤더슨과 버크가 약속했던 감정과 정서와의 연결은 어디에 있는가? 만일 가치가 동기에서 그렇게 중심적인 것이라면 왜 감정과 정서를 끌어들이는가? 셋째, 겟젤스, 그리고 앤더슨과 버크는 어떤 사람이 A를 행해야 한다고 믿는 바가 그가 그것을 행하도록 실제로 '영향을 미친다(이끈다)'는 소크라테스의 견해를 주장할 것이다. 그러나 많은 사람은 소크라테스의 견해가 틀렸다고 생각한다. 넷째, 교사들이 다른 믿음들을 그들의 학생들에게 귀인시키고 있지 않다는 것은 그럴듯한 말인가?

그다음에 앤더슨과 버크가 고찰한 것은 동기의 **기대-가치**(expectancy-value) 이론이다(2000: 166).

> 가장 널리 수용된 동기이론 중 하나인 **기대-가치** 이론(Feather, 1982)은 정의(effect)-동기 연관을 주장한다. 아주 단순하게 말해서 이 이론의 주장에 따르면, 사람들이 어떤 과제에 투입할 시간과 노력의 양(즉, 그들의 동기 정도)은 두 가지 요인의 산물이다. 첫째는 그들이 전념한다면 **그 과제를 성공적으로 수행할 것으로 기대하는** 정도이며, 둘째는 그들이 그 과제 자체에 **참여하는 것을 가치 있게 여기는** 정도 혹은 성공적인 완수가 그들에게 가져다줄 **이득이나 보상을 가치 있게 여기는** 정도다.

여기에 몇 가지 문제점이 있다. 첫째, 페더(Feather)의 이론은 '기대(expectation)'라는 용어를 사용한다. 이것은 '믿음'(가장 넓은 의미의 믿음)이라는 용어의 한 가지 변용이라고 보는 것이 가장 좋을 것이다. 페더의 이론은 '정도'라는 용어를 사용하며, 따라서 사람들이 자신의 행위가 성공적일 것이라는 확신에 못 미치는 믿음에 따라 행위하는 경우도 모두 다룰 수 있다.

둘째, 더욱 심각한 문제가 있다. 즉, 페더가 가치(value)라는 용어로 의미하는 것은 무엇인가? 앤더슨과 버크는 여기서 우리에게 한 가지 설명을 제시해 주어야 한다. 왜냐하면 그들은 이미 겟젤스의 '가치' 정의를 사용하였고, 그것을 정의적 특성의 여덟 가지 종류 중 하나로 보았기 때문이다. 따라서 그들은 이제 정의적 특성들의 전체 집합(범위)의 특성을 밝히기 위해 겟젤스의 정의를 사용할 수 없다. 그리고 페더가 의미하는 '가치'가 무엇이건 간에, 앤더슨과 버크는 '어떻게 가치가 감정/정서를 가리키는가'를 어떻게든 우리에게 설명해 주어야 할 짐을 지고 있다. 브로피[Brophy, 2004: 18; 그의 초기 연구(1987)를 앤더슨과 버크가 인용함]가 독자들에게 경고하는 점은 페더의 이론에서 사용되는 '가치'는 "윤리적 원리/이상을 가리키는 명사로서의 가치와 혼동해서는 안 된다."는 것이다. 브로피에게 가치라는 단어는 '인식하기 혹은 그 안에서 가치를 보기'를 의미하는 동사로 사용된다. 페더와 브로피는 사람들은 자신이 가치 있는 것으로 인식하는/보는 것과 갈등을 일으키는 욕구에 따라 행위할 수는 결코 없다고 주장하는데, 우리는 그런 주장이 그럴듯한 것이라고 생각하지 않는다. 그리고 우리는 '가치'라는 용어에 대해 가능한 한 가장 넓은 의미를 부여하지(이는 가치의 모든 의미를 거의 벗겨 버리는 것임) 않는다면, 가치라는 용어가 그런 일에 사용될 것이라고 확신하지 못한다. 여기서 데이비스(Davis, 1979)의 우려가 다시 나타난다. 우리는 성격 특성과 충동을 포함하는 급진적으로 넓은 의미에서 '가치'라는 용어를 사용할 것을 제안한다.

셋째, 가장 복잡한 주장이 있다. 즉, 페더의 이론에서 '동기의 정도'는 기대와 가치라는 두 가지 요인의 산물이다. 거시경제학에서는 '기대된 공리성의 극대화'라는 준칙이 실제로 진술/사용되고 있다. 그러나 이 준칙에는 행위자에 관한 강한(이상화된) 가정이 들어 있기 때문에 일상적인 사람들에게 적용되지 않는다. [경제학자들은 오래전부터 '기본적(cardinal) 공리성'을 측정하는 일을 포기하였다. 그들은 이제 '선호'를 사용한다.] 어쨌든 그 준칙은 기껏해야 거시 수준의 규칙성을 설명해 줄 뿐 특수한 인간들의 구체적 행위를 설명해 주지 못한다(Blackburn, 1998, Ch. 5, 6; Rosenberg, 1995, Ch. 3 참조).

앤더슨과 버크는 우리의 관심 사항을 예상했었던 것 같다. 그들이 인정하듯이(2000: vii), 그들의 초기 저작(1981)에서는 정의적 평가도구가 **구간**(interval) 척도를 낳는다고 가정하였으나 그들의 개정판에서는 그 자료의 **서수적**(ordinal) 성격을 인정한다. 또한 브로피(Brophy, 2004: 18)의 주장에 따르면, 동기의 정도는 "기대와 가치 요인들의 총합이라기보다는 산물이라고 본다. 왜냐하면 한 가지 요인이 전적으로 빠진다면 아무런 노력도 투입되지 못할 것이라고 가정하기 때문이다." 가치(원함)의 한 가지 특성은 그것이 약하게/보통으로/강하게 등과 같이 정도로 나타난다는 점에 관해 우리는 세 연구자와 일치한다. [기대(믿음)와 정서에 대해서도 마찬가지다.] 그러나 가치(그리고 기대나 믿음)의 성격에 관한 이런 사실들은 그런 특성들을 '측정'하기 위한 양적 **비율**(혹은 **구간**) 척도가 존재한다는 점을 함의하지 않는다. 만일 비율(혹은 구간) 척도가 없다면 그 산물은 정의되지 못한다. 그것은 아무 의미도 부여받지 못하고 만다.

그러나 통속심리학은 그처럼 강한 양적 가정을 할 필요가 없다. 그것은 **서수적** 척도(ordinal scales)를 아주 잘 다룰 수 있다. (서수, 구간, 비율 척도에 대한 간단하고 분명한 정의는 Stevens, 1960을 참조하라.) 세 가지 수준(아주 낮은, 중간의, 높은)의 '가치' 서열 척도를 갖고 있고, 또 세 가지 수준(아주 낮은, 중간의, 높은)의 '기대' 서열 척도를 갖고 있다고 가정하자. 두 가지 척도는 판단이 요청되는 (부분적) 순위(ordering)를 낳는다. '아주 낮은-아주 낮은'은 다른 모든 조합보다 가장 하위에 놓일 것이라는 점이 밝혀질 수 있다. 그렇다면 '높은-아주 낮은' 행위가 결코 행해지지 못한다는 것인가? 아니다. 이것은 가능한 행위들 중에서 가장 높은 순위가 될 수 있기 때문이다!(Black, 1972 참조) 또한 이런 종류의 채점기준표(rubric) 평가의 기본 원리는 오늘날 **인지적** 상태를 위한 표준이 되었다(Arter & McTighe, *Scoring Rubrics in the Classroom*, 2001 참조).

교사를 비롯한 교육자들은 '무엇이 학생들의 동기를 유발하며, 왜 학생들은 그들이 하는 대로 행위하는가'를 이해할 필요가 있다. 정의적 특성들에 대한 앤더슨과 버크의 '공식적' 설명은 감정과 정서에 한정된다. 그러나 앤더슨과 버크의 분석은 실제로 겟젤스의 가치, 그리고 몇 가지 상이한 종류의 믿음을 포함한다. 우리는 이런 확대에 반대하지 않는다. 사실 우리의 판단에 의하면, 이 두 가지 개념은 충분히 확대되지 못했다. 왜냐하면 '원함(가치)'이라는 용어의 경우, 우리는 (최소한) 학생의 도덕적 정의감, 법적 의무감, 도덕적 의무감, 사려감각, 공감, 관심, 존중, 용기, 신뢰, 우정 등이 포함되어야 한다고 믿는다. 그리고 우리는 자기기만, 억눌린 욕구, 협소한 이기적 관심, 시기심, 증오, 편견 등 '부정적인' 것들도 포함시킬 것을 제안한다. (여기서 학생들, 그리고 흡연, 음주, 약물사용, 성행위와 같은 그들의 '수동적, 쾌락적 즐거움'을 잊어서는 안 된다.)

정의적 특성의 성격에 대한 관심은 학생의 동기에 대한 교육자들의 관심에서 파생된 것이다. 앤더슨과 버크는 몇 가지 좋은 시도를 하고, 몇 가지 종류의 믿음, 즉 겟젤스의 가치, 통제 소재, 자기효능을 끌어들인다. 그러나 그들은 학습한 것의 '외재적 가치'에 관한 학생들의 믿음을 전혀 언급하지 않는다. 선도적 교육자인 포팸(Popham, 2003)은 태도, 흥미, 가치를 언급하지만 (이와 마찬가지로 중요한) 믿음을 언급하지는 않는다. 스티긴스(Stiggins, 2005)는 태도, 흥미, 가치를 언급하면서, 자기효능도 지적한다. 그러나 그들은 모두 학습한 것의 '외재적 가치'에 관한 학생들의 믿음을 언급하지 않는다.

그렇다면 우리는 어디에 있는가? 우리에게는 통속심리학의 중심 특성들이 아직 남아 있다. 통속심리학의 중심에는 원함-믿음(가치-기대) 개념판이 들어 있고 이것은 일차적으로 특정 인간의 특수한 행위(A)를 설명하기 위해 사용된다. 물론 그것은 예언의 도구로서 제한된 가치를 갖는다. 또 많은 학자들이 인간의 원함(혹은 욕구)을 가지고 탐구를 시작하지만, 그의 믿음에 관한 지식도 그가 왜 행위 A를 했는지를 설명하는 데 필요할 것이다. 동기에 대한 이와 같은 일반적 접근에서 '믿음'은 전형적으로 사실적(경험적) 믿음이며, 이에는 아무런 감정도 포함될 필요가 없고 또 포함되지 않는 것이 보통이다. 또한 원함-믿음 개념판이 가능한 한 많은 (종류의) 행위를 포괄하도록 하기 위해 우리는 '원함'과 '믿음'이라는 용어를 가능한 한 아주 넓은 의미로 사용할 필요가 있다.

우리가 논의한 바를 몇 가지로 정리해 보자. 동기이론이란 한 인간이 왜 어떤 행위를 하는지를 설명하는 이론이다. 교육적 맥락에서 볼 때, 동기이론은 학생들이 행하는 활동, 즉 노트 정리, 문제 풀기, 숙제하기, 글읽기, 글쓰기, 기능을 수행하기, 연습하기 등에 직접 적용될 것이다. 이런 활동은 흔히 학습 활동이라고 말하지만, (모든 일이 잘 이루어진다면) 학생들이 (다양한 믿음이나 태도를 습득하고 어떤 기능을 숙달하는 등) 학습하는 수단이다. 가령, 학생들이 2차방정식 푸는 방법을 학습하는 것을 교사가 원하고 이에 맞는 학습 활동을 준비한다고 가정해 보자. 만일 모든 일이 잘 이루어진다면, 학생들은 (1) 2차방정식 푸는 방법을 학습하고, (2) 이 영역의 수학을 가치 있게 여길 것이다. 여기서 학습 활동과 두 가지 학습('기능의 숙달'과 '교과 내용을 가치 있게 여기기')을 포함해 세 가지 학습 대상을 구분할 필요가 있다.

4. 동기와 학습: 핵심 개념

여기서 우리는 구체적 개념을 몇 가지 살펴볼 것이다. 그것은 학생들의 학습 동기를 유발하는 일에 대한 교육자들의 사고방식에서 핵심 역할을 수행하는 개념이다. 여기서 중요한 개념은 '외재적 동기', '내재적 동기', '자유' 세 가지다.

철조망을 가리기 위해 관목을 몇 그루 심으려고 했던 앨스턴의 욕구, 그리고 묘목원에 가서 관목을 몇 그루 사 가지고 온 사례를 다시 생각해 보면서 논의해 보자. 앨스턴이 가림막으로 쓸 관목을 원한다고 말한 것은 그가 그 관목에 대해 **외재적 욕구**를 갖고 있다고 말한 것이다. 그 관목에 대해 **외재적 욕구**를 갖고 있다는 것은 (그 관목에 대해) **외재적으로 동기화**되어 있다는 것이다. 앨스턴은 또 다른 (넓은 의미의) 욕구, 즉 아름답다고 생각하는 푸른 가문비나무에 대한 욕구를 가질 수 있다. 미적 판단에 대한 대부분의 설명에 따르면, 그 관목이 아름답다고 말하는 것은 그것이 내재적으로 가치 있다는 말이다. 이 경우 앨스턴은 관목에 대해 **내재적 욕구**를 갖고 있고, 그에 대해 **내재적으로 동기화되어** 있다. 물론 앨스턴은 내재적 욕구와 외재적 욕구를 함께 가질 수 있다. 서구의 전통에서 볼 때, 합리적 인간은 욕구를 내재적 욕구와 외재적 욕구로 구분할 수 있다. 사실상 외재적 욕구가 정당화될 수 있으려면 그것이 내재적 욕구를 충족시키는 수단이 되어야 한다.

이런 구분들은 곧바로 교육 상황에 적용된다. 학생은 학습 활동에 대해 내재적 욕구를 가질 수 있고 그렇지 않을 수 있다. 또 학생은 학습 활동에 대해 외재적 욕구를 가질 수 있고 그렇지 않을 수 있다.

그러나 1970년대 일군의 '내재적 동기 이론가들'(최소한 캐나다와 미국)이 교육계에서 득세하게 되었다(Brophy, 1987, 2003; Weiner, 1992a, 1992b; Woolfolk, 1998). 이들 이론가의 주장에 따르면, 실제로 학생들이 학습하도록 하는 **최선**의 길은 학생들이 세 가지 학습 대상, 즉 학습 활동과 두 가지 학습('기능의 숙달', '교과 내용을 가치 있게 여기기')에 대해 내재적 욕구를 갖게 하는 일이다. 게다가 그들의 주장에 따르면, 학생들이 그런 학습 대상에 대해 외재적 욕구를 갖도록 하는 것은 학생의 내재적 욕구를 전적으로는 아닐지라도 심각하게 훼손할 것이다. 그러므로 그들은 교사들이 세 가지 학습 대상에 대해 학생들이 내재적 욕구를 갖도록 해야 하며, 그것들에 대해 외재적 욕구를 갖는 것을 강력하게 저지해야 한다고 제언한다. 이것은 마치 두 가지 유형의 욕구가 전혀 결합될 수 없는 것인 양 내용/기능을 습득/숙달해야 하는 좋은 이유들을 각기 별도로 제시하는 것처럼 보인다. 끝으로, 내재적 동기 이론가들은 내재적 욕구를 쾌락주의적으로 해석하였다. 한 대상을 내재적으로 욕구한다는 것은 그것을 즐거운 혹은 유쾌한 것으로 보는 일이다. 웨이너(Weiner, 1992b: 356)는 이것을 실질적으로 모든 동기이론의 공리라고 생각한다. 즉, 유기체들은 쾌락을 증대시키고 고통을 감소시키려고 노력한다는 말이다. 앤더슨과 버크(Anderson & Bourke, 2000: 166)는 브로피(Brophy, 1987)의 말을 인용한다. "내재적 동기는 흔히 동기의 정의적 측면—어떤 활동을 좋아하거나 즐김—을 가리킨다."(1987: 41) 거의 30여 년 동안 내재적 동기이론은 가르침에 대한 접근방식에 큰 영향을 미쳤으며, 따라서 활동(그리고 성과)을 설계할 때 그것이 쾌락주의적으로 재미있고, 즐거운 것이 되도록 하였다.

아니타 울포크(Anita Woolfolk, 1998)는 교사교육에서 널리 사용되는 교육심리학 교재를 썼다. 그의 '내재적 동기관'은 앤더슨과 버크, 브로피의 그것과 연결되어 있지만 그와 다른 면도 있다. 울포크는 교사들에게 학생들이 학습 과제의 **가치**를 인식하도록 도와주어야 한다고 조언했다. 그는 '가치'에 대한 세 가지 정의를 제시한다(pp. 413, 428-430, 기본용어 1, 6, 12). 울포크에 의하면, 내재적 가치(혹은 흥미)란 활동을 하는 것 자체에서 얻는 **즐거움**이다. 어떤 사람들은 학습 경험을 그저 **좋아한다**. 이와 대조적으로, 활동은 '공리적(혹은 도구적) 가치'를 갖는다. 그것은 학생들이 어떤 단기적/장기적 목표를 성취하도록 도와준다. 또한 울포크는 '성취 가치'에 대해 '과제를 잘 하는 것이 학생에게 중요한 것'이라고 정의한다. 그런데 그는 '내재적 가치'를 '쾌락주의적 즐거움'과 똑같은 것으로 보고 있다. 우리는 '가치'를 이렇게 좁게 제한적으로, 쾌락주의적으로 정의하는 것에 반대한다. 울포크의 견해를 비판적으로 검토한 사람들이 바로 엘렛과 에릭슨(Ellett & Erickson, 2002)이다. 이들은 '내재적 선과 외재적 선을 지닌 사회적 실천(social practice)'이라는 개념에 의존한다. 이것은 원래 매킨타이어(MacIntyre, 1984)에 의해 발전되고 케키스(Kekes, 1989)에 의해 확대된 것이다. 톰 그린(Tom Green, 1999)도 참조할 만하다.

초기의 내재적 동기 이론가들은 어떻게 하면 학생들의 동기를 가장 잘 유발시킬 것인가에 대해 어떤 강력한 경험적 주장을 기반으로 삼아 제언하였고, '내재적 동기'를 쾌락주의적 즐거움으로 간주하였다. 이런 이론이 시들어 버린

데에는 두 가지 점이 작용하였다. 첫째, 연구에서 밝혀지기 시작했듯이 만일 학생들이 어떤 것을 학습할 경우에 장기적으로 중요한 이득이 그들에게 생길 것이라고 **믿는다면** 학습 동기를 강하게 갖게 될 것이라는 점이다(Brophy, 2004 참조). 다시 말해, 학생들이 X를 학습하는 것이 그들에게 커다란 **외재적 가치**를 갖는다는 것을 믿게 된다면 X를 학습할 강력한 외재적 욕구를 갖게 될 것이라는 점이다. 에릭슨과 엘렛의 주장(2002)에 따르면, 만일 학생들이 스스로를 위해 좋은 삶을 추구하고 만들어 가는 데 관심을 갖는 합리적 주체로 그들 자신을 보게 된다면, 그리고 만일 학생들이 어떤 것을 학습하는 것이 그들에게 (비교적 높은) **외재적 가치**를 갖는다고 **믿는다**면, 그때 그들은 그것을 학습하려고 할 것이다. [그들의 또 다른 주장에 따르면, 학생들은 스스로 좋은 인생관을 추구하거나 만들어 낼 필요가 있음을 알아야 한다. 그러나 학생들이 깨달아야 할 것은 그들이 그 일을 해낼 것인가를 보장해 줄 것은 아무것도 없다는 점이다. 케키스(Kekes)에 대한 에릭슨과 엘렛의 논평은 아래를 참조하라.]

둘째, 초기의 '내재적 동기' 이론가들의 영향력이 시들어 버리고만 또 다른 이유는 그것을 대표하는 일부 학자들(예: Deci & Ryan, 2000)이 자신의 입장을 크게 수정했다는 점이다(Brophy, 2004; Woodfolk, 1998 참조). 새로운 입장에서 그들은 '내재적 동기'를 자유(혹은 자율성)로 개념화하려고 시도하였다. 새로운 입장은 쾌락주의적인 '내재적 욕구'에 초점을 두지 않고, 그 대신 '통제'라는 이슈, 따라서 '내면적' 상태인 자기 결정(self-determination)에 대해 초점을 둔다. 여기서 핵심 아이디어는 학생이 A를 하도록 다른 사람이 그에게 강요했을 때보다는 오히려 자유롭게 선택했을 때 A를 할 동기가 더 크게 유발될 것이라는 점이다.

데시와 라이언(Deci & Ryan, 2000), 그리고 울포크(Woolfolk, 1998)가 주장하는 바에 따르면, 학생의 선택이 자유로울 경우란 그의 선택에 대해 외부 사람이 영향을 미치지 않을 때다. 여기서 몇 가지 문제점이 제기된다. 첫째, 외부의 영향(제약)이 나타나는 정도는 다양하다. 둘째, 자유로운 행위로 간주되지 못하는 것에는 자기기만, 허위의식, 강한 중독 등으로 인해 행동하는 것도 들어간다. 셋째, 대다수 행위자는 좋은 삶에 대한 관념을 갖고 있는데, 그것이 자기 자신의 어떤 욕구에 따라 행위하는 것과 상반될 수 있다. 이 경우에 생기는 난점은 다음과 같다. 즉, 사람이 반드시 해야(되어야) 할 바에 대한 자신의 합당한 견해와 어긋나게 행동할 정도로 **사로잡혀 있을** 경우에 그런 행위를 **자유롭다** 혹은 스스로 결정한 것이다라고 말하는 것이 적절하다고 생각할 사람은 거의 **없다**는 점이다. 넷째, 예를 들어, 어떤 학생이 합당할 정도로 좋은 인생관을 발전시켰고, (가령) 통계학의 학습을 외재적으로 아주 중요하게 여긴다고 하자. 이런 학생은 통계학 학습을 자신의 인생관을 실현시키는 데 필요한 수단으로 볼 것이다. 그 학생이 통계학 공부를 선택하지 않는 것이 차라리 자유롭다고 말한다면 이것은 과연 의미있는 말인가? 그 학생은 그것을 필요한 수단으로 본다! 여기서 한 인간의 좋은 인생관이 핵심 역할을 수행한다.

자기통제(self-control)에 대한 케키스의 설명에서는 자기통제를 우리가 **우리의 욕구**를 평가/통제하는 능력과 연결시킨다. 그렇다면 이에 상응하는 교육목표는 학생들이 **자신의 욕구를 더 많이 통제하는** 법을 배우는 일일 것이다. 케키스(Kekes, 1995)의 주장에 따르면, 우리의 (추론에 의한 평가에 따라) 행위들을 동기화시킨 욕구를 우리 자신과 동일시할 경우에 우리는 행위를 통제한다[프랑크푸르트(Frankfurt, 1971)와 드워킨(Dworkin, 1988) 참조]. 여기서 목표는 **총체적 통제를 이루는 것**이 아니라 이미 갖고 있는 **통제를 증대시키는 것**이다.

이런 견해는 사회적/정치적 함의를 갖는다. 케키스(1989, 1995, 2002)가 보기에 합당한(reasonable) 인간들은 좋은 삶을 살고자(그리고 악을 피하고자) 한다. 좋은 사회는 좋은 삶을 사는 데 필요한 기본 조건들을 제공해 주고 도와줄 것이다. 그런 사회는 기본 품위를 지켜줄 것이고, 다양하고 많은 사회적 실천(국지적 전통)이 적절한 수준에서 유지되도록 도와줄 것이며, 이에 따라 개인들은 자기 나름의 '좋은 삶'에 가장 적합한 내적/외적 선들(goods)을 획득하게 될 것이다. 다원주의 사회에서 고교생들의 좋은 인생관은 서로 굉장히 다를 것이다. 적절하게 학생들의 동기를 유발시키려면, 교사들은 학생들의 좋은 인생관을 이해해야 할 것이다. 왜냐하면 학생들에게 좋은 인생관은 그들의 행위와 학습 성과를 판단하는 기준이 되기 때문이다.

새로운 내재적 동기이론가들이 자유(자율성)와 동기의 관계에 대해 이렇게 관심을 쏟는 것은 옳은 일이다. 만일 사람의 행위에 대한 설명이 인과적 설명의 형태로 제시된다면, 이것이 그 인간의 자유로운 행위와 부합될 수 있는가를 반드시 물어보아야 한다. 이런 이슈에 대해 많은 연구가 수행되었다. 앨스턴(Alston, 1967), 골드먼(Goldman, 1970), 데이비스(Davis, 1979), 케키스(Kekes, 1995) 등을 참조하라. 그리고 자유(혹은 자율성)에 대해서는 디어든(Dearden, 1972), 케키스(Kekes, 1995), 레빈슨(Levinson, 1999)이 유익할 것이다. 마지막으로, 이 장의 논의가 더 확대된 것을 보고 싶다면 저자들의 저술을 참조하기 바란다.

참고문헌

Alston, W.P. (1967) 'Motives and motivation', in P. Edwards (Ed.), *The Encyclopedia of Philosophy*. Vol. 5. NY: Macmillan, pp. 399–409.

Anderson, L.W. and Bourke, S.F. (2000) *Assessing Affective Characteristics in the Schools*, 2nd edn. Mahwah, NJ: Lawrence Erlbaum Associates, Publishers.

Anderson, L.W., Krathwohl, D.R. and Bloom, B.S. (2001) *A Taxonomy for Learning, Teaching, and Assessing: A Revision of Bloom's Taxonomy of Educational Objectives*. NY: Longman.

Anscombe, G.E.M. (1958) *Intention*. Ithaca: Cornell University Press.

Arter, J. and McTighe, J. (2001) *Scoring Rubrics in the Classroom*. Thousand Oaks, CA: Corwin Press.

Black, M. (1972) 'Reasonableness', in R.F. Dearden, P.H. Hirst and R.S. Peters, (Eds.), *Reason: Part 2 of Education and the Development of Reason*. London: Routledge and Kegan Paul, pp. 44–57.

Blackburn, S. (1998) *Ruling Passions: A Theory of Practical Reasoning*. Oxford: Clarendon Press.

Bloom, Benjamin S. (Ed.) (1956) *Taxonomy of Educational Objectives–the Classification of Educational Goals–Handbook I: the Cognitive Domain*. NY: David McKay Company.

Brophy, J. (1987) 'Synthesis of research on strategies for motivating students to learn', *Educational Leadership*, 45(2): 40–48.

Brophy, J. (2004) *Motivating Students to Learn*, 2nd edn. Mahwah, NJ: Lawrence Erlbaum Associates, Publishers.

Bruner, J. (1990) *Acts of Meaning*. Cambridge, MA: Harvard University Press. 강현석, 유제순, 이자현 공역(2011). 『인간 과학의 혁명: 마음, 문화, 그리고 교육』. 서울: 아카데미프레스.

Bruner, J. (1997) *The Culture of Education*. Cambridge, MA: Harvard University Press. 강현석, 이자현 공역(2005). 『교육의 문화』. 서울: 교육과학사.

Churchland, P.M. (1984) *Matter and Consciousness*. Cambridge, MA: MIT Press. 석봉래 역(1992). 『물질과 의식』. 서울: 서광사.

Churchland, P.S. (1986) *Neurophilosophy: Towards a Unified Science of Mind-Brain*. Cambridge, MA: MIT Press. 박제윤 역(2006). 『뇌과학과 철학: 마음-뇌 통합 과학을 향하여』. 서울: 철학과현실사.

Davidson, D. (1980a) 'Actions, reasons and causes', in D. Davidson, *Essays on Actions and Events*. Oxford: Clarendon Press, pp. 3–20. 배식한 역(2012). 『행위와 사건』. 파주: 한길사.

Davidson, D. (1980b) 'Agency', in D. Davidson, *Essays on Actions and Events*. Oxford: Clarendon Press, pp. 43–63.

Davidson, D. (1980c) 'Causal relations', in D. Davidson, *Essays on Actions and Events*. Oxford: Clarendon Press, pp. 149–162.

Davidson, D. (1980d) 'Mental events', in D. Davidson, *Essays on Actions and Events*. Oxford: Clarendon Press, pp. 207–224.

Davis, L.H. (1979) *Theory of Action*. Englewood Cliffs, NJ: Prentice–Hall.

Dearden, R.F. (1972) 'Autonomy', in R.F. Dearden, P.H. Hirst and R.S. Peters (Eds.), *Education and Reason: Part 3 of Education and the Development of Reason*. London: Routledge and Kegan Paul, pp. 58-75.

Deci, E.L. and Ryan, R. (2000) 'The "what" and "how" of goal pursuits: Human needs and the selfdetermination of behavior', *Psychological Inquiry*, 11: 227-268.

Donnellan, K.S. (1967) 'Reasons and causes', in P. Edwards (Ed.), *The Encyclopedia of Philosophy*. NY: Macmillan, Vol. 7, pp. 85-88.

Dworkin, G. (1988) *The Theory and Practice of Autonomy*. Cambridge: Cambridge University Press.

Ellett, F.S., Jr. and Erickson, D.P. (2002) 'Misleading the students: Conceptual difficulties in Woolfolk's account of motivation', *The Philosophy of Education 2002*. Normal, IL: The Philosophy of Education Society.

Erickson, D.P. and Ellett, F.S., Jr. (2002) 'The question of the student in educational reform', *Educational Policy Analysis Archives*, July 2, 2002, EPAA, Vol. 10, No. 1 (http:/epaa.asu.edu/epaa/v10n1).

Fodor, J.A. (1975) *The Language of Thought*. Cambridge, MA: MIT Press.

Frankfort, H.G. (1971) 'Freedom of the will and the concept of a person', *Journal of Philosophy*, LXVIII, 5-20.

Goldman, A.I. (1970) *A Theory of Human Action*. Princeton, NJ: Princeton University Press.

Green, T.F. (1999) *Voices: The Educational Formation of Character*. Notre Dame, IN: University of Notre Dame Press.

Greenwood, J.D. (1991a) 'Introduction: Folk psychology and scientific psychology', in J.D. Greenwood, *The Future of Folk Psychology*. Cambridge: Cambridge University Press, pp. 1-21.

Greenwood, J.D. (1991b) *The Future of Folk Psychology*. Cambridge: Cambridge University Press.

Kekes, J. (1989) 'The Eudaimonistic conception of good lives', *Moral Tradition and Individuality*. Princeton, NJ: Princeton University Press, pp. 16-30.

Kekes, J. (1995) 'Judgment and control', *Moral Wisdom and Good Lives*. Ithaca, NY: Cornell University Press, pp. 73-83.

Kekes, J. (2002) 'Dominant attitudes', *The Art of Life*. Ithaca, NY: Cornell University Press, pp. 177-204.

Kim, J. (2006) *Philosophy of Mind.* Cambridge, MA: Westview Press. 하종호, 김선희 공역 (1997). 『심리철학』. 서울: 철학과현실사.

Krathwohl, D.R., Bloom, B.S. and Mosia, B.B. (1964). *Taxonomy of educational objectives – the Classification of Educational Goals – Handbook II: the Affective Domain.* NY: David McKay Company.

Levinson, M. (1999) 'Autonomy and the foundations of contemporary liberalism', in Levinson, *The Demands of Liberal Education.* Oxford: Oxford University Press, pp. 9-35.

MacIntyre, A. (1984) *After Virtue*, 2nd edn. Notre Dame, IN: University of Notre Dame Press. 이진우 역(1997). 『덕의 상실』. 서울: 문예출판사.

Margolis, J. (1987) *Science without Unity: Reconciling the Human and Natural Sciences.* Oxford: Basil Blackwell.

Melden, A.I. (1961) *Free Action.* London: Routledge and Kegan Paul.

Messick, S.J. (1979) 'Potential uses of non-cognitive measurement in education', *Journal of Educational Psychology*, 71: 281-292.

Peters, R.S. (1958) *The Concept of Motivation.* London: Routledge and Kegan Paul.

Pitcher, G. (1972) 'Emotion', in R.F. Dearden, P.H. Hirst, and R.S. Peters (Eds.), *Reason: Part 2 of Education and the Development of Reason.* London: Routledge and Kegan Paul, pp. 218-238.

Popham, W.J. (2003) 'The value of affective assessment', *Test Better, Teach Better.* Alexandria, VA: Association for Supervision and Curriculum Development, pp. 106-121.

Putnam, H. (1999) 'First afterword: Causation and explanation', *The Threefold Cord: Mind, Body and World.* NY: Columbia University Press, pp. 137-150.

Rosenberg, A. (1995) *Philosophy of Social Science.* Boulder, CO: Westview Press.

Stevens, S.S. (1960) 'On the theory of scales of measurement', in A. Danto (Ed.), *Philosophy of Science.* NY: World Publishing, pp. 141-149.

Stich, S.P. (1983) *From Folk Psychology to Cognitive Science: The Case against Belief.* Cambridge, MA: MIT Press.

Stich, S.P. (1996) 'What is folk psychology?', in S.P. Stich, *Deconstructing the Mind.* Oxford: Oxford University Press, pp. 115-135.

Stiggins, R.J. (2005) 'Assessing dispositions', in R.J. Stiggins, *Student-Involved Assessment for Learning*, 4th edn. Upper Saddle River, NJ: Pearson, pp. 199–224.

Taylor, C. (1964) *The Explanation of Behaviour*. London: Routledge and Kegan Paul.

Weiner, B. (1992a) 'Motivation', in M. Alkin (Ed.), *The Encyclopedia of Educational Research*, 4th edn. NY: Macmillan, pp. 860–865.

Weiner, B. (1992b) *Human Motivation: Metaphors, Theories, and Research*. Newbury Park, CA: SAGE.

Woolfolk, A.E. (1998) *Educational Psychology*, 7th edn. Boston, MA: Allyn and Bacon. 김아영, 백화정, 정명숙 공역(2007). 『교육심리학』. 서울: 박학사.

제11장

전이될 수 있는 기능

Stephen Johnson

프톨레마이오스 왕이 유클리트에게 물었다. “기하학을 쉽게 배울 수 있는 길이 없겠소?” 유클리트가 답했다. “기하학에 이르는 왕도는 없지요.” 그 왕은, 복잡하고 혼란한 내용을 배우느라 엄청난 시간/노력을 쏟지 않고도 기하학의 신비한 세계로 들어갈 수 있는 길을 찾고 싶었을 것이다. 교과마다 들어 있는 특수한 내용을 피하고 싶은 욕망은 예전과 다름없이 오늘날에도 교육계에 널리 퍼져 있다. 이런 욕망의 해결책으로 간주되고 있는 것이 바로 전이가능성(transferability)이다. 문제해결, 비판적 사고, 학습법의 학습 등과 같이 전이될 수 있는 기능(transferable skills)은 “거대한 교과 내용으로 파고들 필요성”(Scriven, 1990: 30)에서 벗어날 전망을 제시한다. 이런 전이가능성은 막대한 교육적 보너스를 약속해 준다. 예를 들어, 구체적 내용을 일일이 학습하지 않아도 많은/모든 영역의 문제들을 해결할 수 있다는 것이다. 전이가능성은 엄청나게 싼 일반적 입장권을 제공해 준다. 그러나 그런 주장들은 모두 헛된 것임이 밝혀질 수 있다. 아마도 영역마다 특수한 입장권을 따로 사야 한다는 점이 입증될 수 있을 것이다.

최소한 사소한 의미에서 볼 때 모든 능력과 기능은 관련된 유사한 상황에서 반복될 수 있는 경우에 전이될 수 있다. 이것은 '능력 소유'의 한 가지 준거다. 우리는 그런 기능을 가리켜 '옮길 수 있는(portable)' 것이라고 말할 수 있다. 전이될 수 있는 기능은 간단히 말해서 워드프로세싱처럼 여러 맥락에서 옮겨 쓸 수 있는 기능과 같은 것일 수 있다. 그러나 만일 전이가능성이 특수한 내용/영역과 결부되지 않은 일반적 기능을 암시하는 것으로 생각한다면, 이런 기능의 존재 여부는 큰 논란거리가 될 것이다.

모든 기능은 반복될 수 있으므로 만일 어떤 기능이 특수하게 전이될 수 있다고 하는 말은 그것이 어떤 특수한 의미에서 전이될 수 있음을 암시하는 것으로 보인다. 이런 견해에 이끌리는 것은 그라이스(H. P. Grice)가 말하는 "담화적 함의(conversational implicature)"(1975: 41-58; 발화의 상황에서 추론되는 것, 논리적 함의와는 다른 함의) 때문이다. 여기서는 어떤 담화적 준칙(maxims, 원칙)이 화자들에 의해 정상적으로 함의되는 바를 지배한다. 예를 들면, 인간은 누구나 죽기 때문에 어떤 사람이 곧 죽을 것이라는 말은 그의 죽음에 관한 특수한 점, 즉 그것이 임박했음을 함의한다.

만일 특수한 방식으로 전이될 수 있는 기능들의 집합이 따로 있다고 말한다면 그 특수함을 이루는 것은 무엇인가? 그것은 아마 그런 기능들이 전혀 다른 물리적 환경으로 전이되거나 다른 지식 영역으로 전이되거나 저절로 혹은 최소한 별다른 노력 없이 전이되거나 다른 기능의 전이를 용이하게 만들어 주거나 하는 등일 것이다.

교육에서 '전이'의 문제는 주로 한 상황에서 획득한 지식/기능이 다른 상황에도 적용될 수 있는가에 관한 문제다. 이 물음은 교육적으로 아주 중요하다고 말할 수 있다. 실제로 헤어(R. M. Hare)는 전이가능성을 학습 발생의 한 가지 조건으로 생각한다. 그의 말대로, "어떤 것을 행하기를 학습하는 일은 결코 하나의 개별적 행위를 행하기를 학습하는 것이 아니다. 그것은 언제나, 어떤 종류의 상황에서 어떤 종류의 행위를 행하기를 학습하는 일이다." (1952: 60) 디어든(R. F. Dearden)도 이와 비슷하게 생각했다. 그에 따르면, "만일 어떤 사람이 '똑같은 것을 다시' 인지하거나 혹은 어떤 수행을 다른 적절한 경우에 반복하거나 할 수 없다면, 특별한 상황이라면 몰라도 그가 학습했다고 말하지 않을 것이다." (1984: 71) 이에 따르면, 전이와 학습이 밀접한 관계에 있다고 주장할 뿐만 아니라 손다이크(E. L. Thorndike, 1914)처럼 전이와 학습이 구분되지 않는다고 주장할 수 있다. 이런 견해의 최근 사례는 버터필드 등(Butterfield et al.)에서 볼 수 있다. 이들은 "학습과 전이 사이에는 원칙적으로 차이가 없다." (Butterfield et al., 1993: 194)고 주장했다. 아무튼 전이가 없으면 학습도 일어나지 않는다고 주장할 수 있다.

따라서 어떤 것을 행하기를 학습했다는 말은 그것을 전이할 수 있다는 말이 된다. 그런데 이런 말은 맥락들 간에 적절한 유사성이 있는가에 따라 좌우된다. 여기서 주된 문제는 맥락이라는 것이 두 가지 수준에서 복잡하다는 점이다. ① 맥락은 유사한가, 만일 그렇다면 어떤 점에서 유사한가? ② 행위 주체는 그 맥락을 적절하게 유사한 것으로 지각하는가, 그렇다면 어째서 그렇게 지각하는가? 유사성이 무엇을 가리키는지를 딱 꼬집어 말하기는 어렵다. 유사성이라는 개념의 미묘한 특성을 탐구했던 넬슨 굿맨(Nelson Goodman)의 말처럼, "두 행위가 동일한 행동의 두 가지 경우인가 하는 점은 우리가 그것을 어떻게 받아들이는가에 따라 달라진다." (1970: 22) 다시 말해서, 사람의 두 가지 행위가 서로 같은 것인가에 대해 판단을 내리려면 '이론'이 필요하다. 즉, 어떤 해석/설명이 필요하다는 뜻이다. 비트겐슈타인(L. Wittgenstein)의 말대로, 학생은 혼자서 어떤 수열/절차를 계속할 수 있을 때 비로소 이해하기를 배웠다고 할 수 있다. "만일 성공한다면 그는 '이제 나 혼자 할 수 있어!' 라고 소리친다." (Wittgenstein, 1958: 59) 어떤 수열/절차를 계속할 수 있음에 관한 비트겐슈타인의 지적은 특

전에 자신의 우선순위를 먼저 정하라. ⑤ 목표를 성취하려면 자신의 우선순위를 가장 잘 충족시킬 수 있는 목표를 선정하라. 이런 원칙들은 공허할 수밖에 없다. 이 점은 전이될 수 있는 기능들, 특히 전이에 관한 정보처리 모형에 널리 퍼져 있는 골치 아픈 문제를 부각시켜 준다. 즉, 원리들의 일반성/추상성이 강할수록 그것들의 유용성/효과성은 줄어든다는 것이다.

이런 문제의 희생물이 바로 세계적으로 널리 알려진 포이어스타인(R. Feuerstein)의 사고기능 프로그램이다. 맥기네스(C. McGuinness)가 '순수하게 수행된 UK 평가'라고 말했던 2년 연구에서 블랙(Blagg)은 "지적 수행에서 의미 있는 개선이 전혀 보고되지 못했다."(McGuinness, 1999: 9)라고 말했다. 블랙은 그 이유를 그 프로그램의 추상적 성격에서 찾았다(Wilson, 2000: 38).

정보처리 접근은 또 다른 문제를 제기한다. 통제 전략을 통제하는 것은 무엇인가? 여기서 무한 회귀의 가능성이 생긴다. 라일(G. Ryle)이 지적했듯이, "만일 우리가 그것을 생각하기 전에 무엇을 생각할 것인가를 계획해야 한다면 우리는 아무 생각도 하지 못할 것이다. 왜냐하면 그 계획 자체를 또 생각해야 할 필요가 있고, 이는 다른 계획을 필요로 하고, 그리고 또 …… 할 필요가 있기 때문이다."(Ryle, 1949: 31)

마지막으로 통제 전략의 지위(status)라는 문제가 있다. 그것은 개발된 테크닉인가, 기억술과 같은 발견 전략인가, 혹은 두뇌에서 일어나는 과정인가? 스턴버그(R. J. Sternberg)에 의하면, "이런 분류틀의 지위는 현재 시점에서 전혀 분명하지 않다."(1982: 7) 그렇지만 스턴버그는 자신의 연구에서 인지에 포함되는 다수의 인지 과정을 발견했다고 주장한다. 그러나 내 생각에는 스턴버그가 그런 과정을 발견했다기보다는 문제 해결에 포함되어 있다고 그가 생각한 것을 기반으로 그것들을 설정하고 있는 것 같다. 여기에는 어떤 산물을 보고 나서, 거기에 어떤 지적 과정이 틀림없이 일어났을 것이라고 생각함으로써, 우리에게 지적 과정이 일어난다고 가정하는 위험성이 들어 있다. 잘못된 사고의 한 가지 예가 여기서 생긴다.

전이에 관한 이 세 가지 이론은 앞에서 거론했던 일반화 오류를 마치 옳은 것처럼 받아들이도록 사람들을 고무시킬 수 있다. 능력심리학은, 다수의 활동이 예를 들어 '창의성'이라는 하나의 폭넓은 능력 항목에 속하기 때문에 축구공 던지기의 창의성과 물리학 실험의 창의성 사이에 모종의 전이가 생긴다고 제안한다. 동일 요소 이론은 아주 광범한 공통 요소를 기반으로 삼아 과제들을 분류하는 경향성을 갖고 있다. 실제로 이 때문에 부엌칼을 사용할 줄 아는 사람은 '한쪽 날을 가지고 자르는'(FEU, 1982: 72) 널리 전이될 수 있는 기능을 갖고 있다는 주장과 같은 어처구니없는 주장이 나오기도 한다. 뇌 수술을 하는 의사가 벌목 인부로 훈련받은 사람이 아닌지를 조심해야 한다. 끝으로, 정보처리 모형은 장기를 둘 때 부딪히는 문제 해결을 도와주고, 대인관계에서 생기는 난관을 극복할 길을 보여 주며, 전기 고장을 찾아내고, 헤겔(Hegel) 사상의 어려운 부분을 이해하도록 도와줄 수 있는 한 가지 일반적 전략이 있다고 제안한다. 이제까지의 논의에서 알 수 있듯이, 이론에 사로잡히다 보면 현실에서 동떨어질 수 있다.

6. 전이될 수 있는 기능의 문제점

전이될 수 있는 기능이라는 생각이 요즈음 널리 퍼져 있다. 그럼에도 불구하고, 철학의 오래된 귀중한 전통은 일반성에 관한 그런 생각에 대해 강하게 반대한다. 우리는 소피스트들, 그리고 수사학이라는 '전이될 수 있는 기능'에 대한 플라톤의 공격을 살펴볼 수 있다. 예를 들어, 고르기아스에 따르면 교과 지식이 성공에 꼭 필요한 것은 아니다(*Gorgias*, 456). 그러나 플라톤의 주장에 따르면, 지적으로 말/생각하고자 한다면 상세한 교과 지식이 꼭 필요하다(*Phaedrus*, 262). 그런데 좋은 것의 구체적 사례들 전체에 하나의 단일한 좋음(선)이 꼭 들어 있다는 플라톤의 견해에 대해 아리스토텔레스는 반대한다(*Nichomachean*

Ethics, 1095a: 28). 아리스토텔레스의 주장에 따르면, 상이한 지식 영역마다 상이한 좋음(선)이 들어 있으며, 만일 모든 경우의 좋은 것들 속에 한 가지 보편적 좋음이 들어 있다면 "모든 좋은 것에 관한 한 가지 과학이 생길 것이다."(op. cit., 1096a: 19) 디어든(R. F. Dearden)은 이 점을 더 명확하게 말한다. "훌륭한 장군이 갖고 있는 능력은 훌륭한 의사가 갖고 있는 능력과 동일하지 않으며, 그는 훌륭한 체조 선수와도 다르다."(Dearden, 1984: 78)

라일의 입장도 아주 맥락 구체적이다. 그는 학문/지식의 영역에 따라 큰 차이가 나타난다고 주장했다.

> 일류 수학자와 일류 문학비평가는 완벽한 논증이라는 지적 미덕을 공유하지만, 이와 다른 지적 미덕에서는 서로 다르기 때문에 미숙하게나마 상대방의 문제를 다룬다는 것은 불가능하다(Ryle, 1972: 191).

라일이 다른 곳에서도 지적하듯이, 일반적 사고를 가르치는 수업은 '우스꽝스러운 제안'이다(1979: 65).

파웰(J. P. Powell)도 이와 비슷하게 주장한다. '신중한', '주의 깊은', '철저한'이라는 형용사는 그것이 사용되는 맥락, 그리고 그것이 적용되는 세부사항이 밝혀지지 않는 한 무의미한 것이며, "이런 점에서 그런 형용사는 장 의존적이고, 일반성이 낮다고 말할 수 있다." 그는 다음과 같이 주장한다.

> '신중한 인간'이라는 존재는 없다. 어떤 일을 어떤 방식으로 행하는 사람들이 있을 뿐이다. 신중한 외과의사 혹은 신중한 운전기사가 무엇을 의미하는지를 이해하려면 늘 상당히 구체적으로 이야기할 필요가 있다(Powell, 1968: 45).

필립스 그리피스(Phillips Griffiths)도 맥락과 연결된 능력의 특성을 옹호하였다. 그가 지적한 바에 따르면, 어떤 교과(주제)에 필요한 것이 "상상력, 지혜,

지능이라고 해서…… 이런 특성들이 필요한 다른 활동을 통해 그 특성들이 일반적으로 발달된다는 생각은 잘못일 것이다. 역사, 물리, 철학을 공부할 때…… 역사를, 물리를, 혹은 철학을 더 잘할 수 있다. 그러나 그것은 더 영리한 권투선수…… 혹은 더 기발한 농담꾼, 혹은 더 현명한 아버지가 된다는 것을 결코 의미하지 못한다." (Griffiths, 1965: 205)

이와 같은 그리피스의 주장을 지지해 줄 증거는 상당히 많다. 전문가들조차도 자신의 전문 영역에서 조금만 벗어나면 헤맬 수 있다. 저명한 역사학자인 카(E. H. Carr)의 경우를 보자. 벌린(I. Berlin)은 그를 다음과 같이 질책하였다.

> 개인의 자유와 책임 문제에 대해 그는 어설프다. 이는…… 우리 모두에게 하나의 교훈이 된다. 아무리 배운 것이 많고 총명할지라도 자기 자신의 영역에서 너무 동떨어진 다른 영역에 들어간 사람들에게 어떤 일이 생길 수 있는가를 보여 준다(Mehta, 1965: 107에서 재인용).

'전이될 수 있는 사고 기능'에 대해서 맥펙(J. E. McPeck)은 설득력 있는 확고한 비판가였다. 그가 지적하듯이, 비판적 사고조차도 영역이 다를 경우에는 상이한 것을 요구하고, 일반적 사고 기능이란 온갖 의도와 목적에도 불구하고 시간 낭비이며, 얄팍하게 참인 것처럼 보이는 처방이고, 우리가 일상생활이나 학문 활동에서 암암리에 부딪히는 힘든 문제들을 다루는 데 별로 도움이 되지 못하는 것이다. 이런 입장을 화이트(J. White)도 지지하였다. 그가 동의하듯이, "모든 주요 학문은…… 그 나름의 추론을 갖고 있으며, 일반적으로 사고를 향상시키려고 하는 일은 논리적 난센스다." (White, 2002: 105)

썩 놀라운 일인데, 일반적 사고 기능에 대한 강력한 반대 증거가 인공지능 연구, 그리고 일반적 사고 규칙에 대한 탐구에서도 나타나고 있다. 헌트(G. M. K. Hunt)가 지적한 대로, 인공지능 연구자들은 "씁쓸한 경험을 통해 일반적 지능을 구성하는 데 사용될 수 있는 영역 독립적 추론규칙이란 없음을 알게 되었다.”(1989: 23) 그는 또 “각 영역마다 그 영역에 특수한 지식과 판단의 방대한 배경이 필요하다.”(1989: 26)고 강조한다. 그뿐만 아니라 다음과 같은 견해를 지지하는 연구도 확실히 많이 나타났다. 한 영역에서의 전문적 사고는 그 영역에 특수한 규칙을 소유하는 것만으로 행해지는 것이 아닌 것 같다. 전형적인 사례들에 관해 방대한 지식을 갖추어야 하고, 또 당면한 상황에서 그런 사례들과 유사한 점을 인식할 수 있어야 할 것이다. 전문가적 추론은 형식적인 일이 아니며, 상세하고 영역 특수적인 지식에 친숙해지는 것이 중요할 것이다(예: Chi et al., 1988; Tennant, 1991 참조). 사람들이 이슈들을 형식적으로 다룰 경우 그 결과는 재앙에 가까울 수 있을 것이다. 플라톤의 ‘이상국가’도 이에 속할 것이다.

사람들이 창의적으로, 비판적으로, 상상력 있게 사고하고, 또 문제를 해결할 수 있어야 한다는 것은 바람직한 일이다. 이는 논란의 여지가 없는 말이다. 그러나 그런 것들을 일반적 기능으로 가르칠 수 있는가? 전이될 수 있는 기능을 내세우는 사람들과 그것을 의문시하는 사람들의 가장 큰 차이점은 지식의 성격과 가치에 관한 차이이다. 여기서 관건은 내용에 대한 태도다. 내용은 불편한 것, 대체로 불필요한 것, 그저 시간만 잡아먹는 것일까? 우리는 블레이크(Blake)가 말하는 ‘세밀하고 특수한 것들의 신성함’에 더 주의를 기울여야 하지 않은가?

7. 결 론

이 장에서 말하고 싶은 점은 교육에는 값싼, 손쉬운 첩경이 없다는 것이다. 그리고 교육에서 내용은 불편한 것이 아니라 본질적 요소다. 실제로 내가 제안하고자 하는 것은 학생/교사/내용은 교육의 3요소라는 점이다. 화이트헤드의 말은 확실히 옳다. “교육은 인내심을 가지고 세밀한 것에 숙달하는 과정이다.”(Whitehead, 1959: 10) 세밀한 것은 탄식이 아닌 축복의 대상이 되어야 한다. 이에 대해 나보코프(Nabokov, 1972)는 다음과 같이 말한다.

과학이나 예술이나 마찬가지다. 세밀한 것이 없으면 기쁨도 없다……. (너무 쉽게 얻어지고, 너무 비싸게 전매되는) 모든 '일반적 아이디어'는 결코 사라지지 않겠지만 낡아 빠진 여권이 될 것이고, 그것을 소유한 사람들을 한 영역의 무지에서 다른 영역의 무지에 빠지게 하는 지름길에 들어가도록 만들 것이다.

이 장은 기하학에 왕도가 없다는 유클리트의 선언으로 시작하였다. 이를 확대하여 화이트헤드는, "현란한 일반화라는 헛된 길을 통해 학습에 도달할 수 있는 왕도란 없다."(Whitehead, 1959)고 했다. 이것은 바른 말이다. 전이될 수 있는 기능은 교육의 왕도나 지름길이 아니라 막다른 길이다.

참고문헌

Adam, S. (2004) *Using Learning Outcomes*. Report for United Kingdom Bologna Seminar 1–2 July, Heriot-Watt University (Edinburgh Conference Centre), Edinburgh.

Anderson, J.R. (1993) *Rules of the Mind*. Hillsdale, NJ: Lawrence Erlbaum Associates.

Annett, J. (1989) *Training in Transferable Skills*. Sheffield: Training Agency.

Aristotle (1952) *De Anima*, trans. Smith, J.A. Oxford: Clarendon Press. 유원기 역(2001). 『영혼에 관하여』. 서울: 궁리출판.

Aristotle (1987) *Ethics*, trans. Thomson, J.A.K. London: Penguin.

Assiter, A. (1995) *Transferable Skills in Higher Education*. London: Kogan Page.

Banks, J. (1993) *Outdoor Development for Managers*. London: Gower.

Barrow, R. (1990) *Understanding Skills*. Ontario: The Althouse Press.

Butterfield, E.C., Slocum, T.A. and Nelson, G.N. (1993) 'Cognitive and behavioral analyses of teaching and transfer: Are they different?', in Dettermon, D. and R. Sternberg (Eds.), *Transfer on Trial: Intelligence, Cognition, and Instruction*. Norword, NJ: Ablex.

Bobbitt, F. (1926) *How to Make a Curriculum*. Boston: Houghton Mifflin.

Chi, M., Glaser, R. and Farr, N. (1988) *The Nature of Expertise*. Hillsdale, NJ: Lawrence Erlbaum Associates.

Cooper, D.E. (1983) *Authenticity and Learning*. London: Routledge and Kegan Paul.

Davis, A. (1996) Assessment, accountability and transfer. Unpublished paper given at Cambridge Philosophy of Education Society.

DCSF (2008) *Key Skills:* Department for Children, Schools and Families, www.dcsf.gov.uk/keyskills (accessed 29 May 2008)

Dearden, R.F. (1984) *Theory and Practice in Education*. London: Routledge and Kegan Paul.

Dearing, R. (1996) *Review of Qualifications for 16-19 year olds*. Hayes, School Curriculum and Assessment Authority.

de Bono, E. (1978) *Teaching Thinking*. Harmondsworth, Penguin.

Dewey, J. (1916) *Education and Democracy*. London: Macmillan. 이홍우 역(2007). 『민주주의와 교육』(개정증보판). 서울: 교육과학사.

Evans, K., Brown, A. and Oates, T. (1987) *Developing Work-Based Learning: An Evaluative Review of the YTS Core Skills Project*. University of Surrey/Manpower Services Commission.

Fay, P. (1988) 'Stalling between fools: contradictions in the structure and processes of YTS', *Journal of Further and Higher Education*, 12(2): 23-50.

FEU (1982) *Basic Skills*. London: Further Education Unit.

Feuerstein, R., Rand, Y., Hoffman, M. and Miller, R. (1980) *Instrumental Enrichment*. Baltimore: University Park Press.

Gibb, J. (Ed.) (2004) *Generic Skills in Vocational Education and Training*. Summary of Australian Chamber of Commerce and Industry/Business Council of Australia's employability skills. Adelaide: National Centre for Vocational Education Research.

Goodman, N. (1970) 'Seven strictures on similarity', in L. Foster and J. Swanson (Eds.), *Experience and Theory*. London: Duckworth, pp. 19-29.

Gregory, R.L. (Ed.) (1987) *The Oxford Companion to the Mind*. Oxford: Oxford University Press.

Grice, H.P. (1975) 'Logic and conversation', in P. Cole and J.L. Morgan (Eds.), *Speech Acts*. NY: Academic Press, pp. 41-58.

Hare, R.M. (1952) *The Language of Morals*. Oxford: Clarendon Press.

Henry, D.P. (1984) *That Most Subtle Question*. Manchester: Manchester University Press.

Higgins, S. and Baumfield, V. (1998) 'A defence of teaching general thinking skills', *Journal of Philosophy of Education*, 32(3): 391-398.

Hills, G. (1989) 'Put your money on the doers', London, *Times Educational Supplement*, 20/1/89.

Hills, G. (1990) 'The pursuit of judgement', *The Guardian*, 18/9/90.

Hunt, G.M.K. (1989) 'Skills, facts and artificial intelligence', in M.J. Coles and W.D. Robinson (Eds.), *Critical Thinking: A Survey of Programmes in Education*. Bristol: The Bristol Press, pp. 23-29.

Husen, T. (1979) *The School in Question*. Oxford: Oxford University Press.

James, W. (1890) *Principles of Psychology*. NY: Henry Holt. 정양은 역(2005). 『심리학의 원리』. 서울: 아카넷.

Kemp, I.J. and Seagraves, L. (1995) 'Transferable skills: can higher education deliver?', *Studies in Higher Education*, 20(3): 315-328.

Kripke, S.A. (1993) *Wittgenstein on Rules and Private Language*. Oxford: Blackwell. 남기창 역(2008). 『비트겐슈타인: 규칙과 사적 언어』. 서울: 철학과현실사.

Lave, J. and Wenger, E. (1991) *Situated Learning: Legitimate Peripheral Participation*. NY: Cambridge University Press. 손민호 역(2010). 『상황 학습: 합법적 주변 참여』. 서울: 강현출판사.

McGuinness, C. (1999) *From Thinking Skills to Thinking Classrooms*. DfEE Research Brief No. 115.

McPeck, J.E. (1981) *Critical Thinking and Education*. Oxford: Martin Robertson.

McPeck, J.E. (1990) *Teaching Critical Thinking*. NY: Routledge.

Mehta, V. (1965) *Fly and the Fly-Bottle*. Harmondsworth: Penguin.

Nabokov, V. (1972) *Eugene Onegin: A Novel in Verse, by Alexander Pushkin*. London: Routledge.

Norris, S.P. (1990) 'Thinking about critical thinking: philosophers can't go it alone', in J.E. McPeck (Ed.), *Teaching Critical Thinking*. NY: Routledge, pp. 67-74.

Oxford University (2008) Skills Portal for Oxford University, www.skillsportal.ox.ac.uk (accessed 20 May 2008).

Perkins, D.N. (1985) 'General cognitive skills: why not?', in J. Segal, S. Chipman and R.

Glaser (Eds.), *Thinking and Learning Skills, Vol. 2, Research and Open Questions.* Hillsdale, NY: Lawrence Erlbaum Associates, pp. 339–363.

Phillips Griffiths, A. (1965) 'A deduction of universities', in R.D. Archambault (Ed.), *Philosophical Analysis and Education.* London: Routledge and Kegan Paul, pp. 187–207.

Plato (1960) *Gorgias*, trans. Hamilton, W. Harmondsworth: Penguin. 김인곤 역(2011). 『고르기아스』. 서울: 이제이북스.

Plato (1953) *Phaedrus*, trans. Fowler, H.N. London: William Heinemann. 조대호 역(2008). 『파이드로스』. 서울: 문예출판사.

Powell, J. P. (1968) 'On learning to be original, witty, flexible, resourceful, etc', *Proceedings of the Philosophy of Education Society of Great Britain*, 2: 43–49.

Pratzner, F.C. (1978) *Occupational Adaptability and Transferable Skills.* National Centre for Research in Vocational Education, Ohio State University.

Reid, T. (1785) *Essays on the Intellectual Powers of Man.* Edinburgh: Bell and Bradfute.

Ruthven, K. (1987) 'Ability stereotyping in mathematics', *Educational Studies in Mathematics*, 18: 243–253.

Ryle, G. (1949) *The Concept of Mind.* London: Hutchinson. 이한우 역(1994). 『마음의 개념』. 서울: 문예출판사.

Ryle, G. (1972) 'A rational animal', in R.F. Dearden, P.H. Hirst and R.S. Peters (Eds.), *Education and the Development of Reason.* London: Routledge and Kegan Paul.

Ryle, G. (1979) *On Thinking.* Oxford: Basil Blackwell.

Scriven, M. (1990) 'Foreword', in J.E. McPeck (Ed.), *Teaching Critical Thinking.* NY: Routledge.

Singley, M.K. (1995) 'Promoting transfer through model tracing', in A. Keough, J.J. Lupart and A. Marini (Eds.), *Teaching for Transfer.* Hillsdale, NJ: Lawrence Erlbaum Associates.

Singley, M.K. and Anderson, J.R. (1989) *The Transfer of Cognitive Skill.* Cambridge, MA: Harvard University Press.

Sternberg, R.J. (Ed.) (1982) *Handbook of Human Intelligence.* Cambridge: Cambridge University Press.

Tennant, M. (1991) 'Expertise as a dimension of adult development', *New Education*, 13 (1): 49–55.

Thorndike, E.L. (1914) *The Psychology of Learning*. NY: Teachers' College.

University of Warwick (1996) 'Wallis, M., Personal Transferable Skills: what are employers looking for?', *Forum*, University of Warwick, 3, p. 3.

University of Warwick (2008) Warwick University Careers Service, www2.warwick.ac.uk/services/careers (accessed 21 May 2008).

White, J. (2002) *The Child's Mind*. London: Routledge/Falmer.

Whitehead, A.N. (1959) *The Aims of Education and Other Essays*. London: Ernest Benn. 오영환 역(2004). 『교육의 목적』. 파주: 궁리출판.

Wilson, V. (2000) *Can Thinking Skills Be Taught?* Edinburgh: Scottish Council for Research in Education.

Wittgenstein, L. (1958) *Philosophical Investigations*. Oxford: Basil Blackwell. 이영철 역(2006). 『철학적 탐구』. 서울: 책세상.

제12장
교육평가

John Halliday

1. 서 론

온라인으로 ERIC에 접속해 보면(2008. 9. 9.), 지난 10년 동안 출간된 교육평가에 관한 출판물이 무려 2만 6,339가지나 된다. 이 중 학술 논문은 1만 411가지, 서적은 3,179가지다. 교육평가의 실제/이론/정책에 관한 영문 학술지는 다섯 가지가 있다. 이 통계에서 알 수 있듯이, 교육평가라는 주제는 상당한 관심을 끌고 있고, 빠르게 발전하고 있다. 이런 발전 과정에서 나타난 공통된 특징은 이 장의 서론에서 개관/논의할 것이다. 다음으로 교육평가의 철학을 세 가지 쟁점을 중심으로 논의할 것이다. 이를 앤드루 데이비스(Andrew Davis, 1995, 1998, 1999, 2006), 그리고 그를 비판한 크리스토퍼 윈치

(Christopher Winch), 존 긴젤(John Gingell, 1996, 2000, 2004), 랜들 커렌(Randall Curren, 2004, 2006)의 견해를 중심으로 검토할 것이다. 그리고 장래 교육평가의 철학에서 중심이 될 이슈를 비판적으로 논의하면서 이 장을 마치고자 한다.

2. 형성평가와 총합평가, 공식적 평가와 비공식적 평가

비공식적(informal) 평가를 학습의 일부로 볼 수 있다. 그 결과가 꼭 기록되거나 알려지는 것은 아니다. 비공식적 평가가 없어도 학습이 이루어질 수 있는가? 어느 정도나 그렇게 될 수 있는가? 이를 제대로 알기란 거의 불가능하다. 이런 평가가 학교/대학과 같은 공식적(formal) 장면에서 이루어질 경우, 형성(formative)평가라는 용어를 사용하기도 한다. 형성평가는 수업이 진행되는 과정에서 행해지는 데 반해 총합(summative)평가는 수업 종료 시점에서 시행된다. 형성평가의 결과를 모아 총합평가로 활용하는 경우도 있다. 이 점은 이 장의 후반부에서 설명할 것이다. 우선 핵심 사항을 지적한다면, '형성'이나 '총합'이라는 용어가 제대로 사용되는지는 평가의 시점에 의해 결정된다. '공식적', '비공식적'이라는 용어가 제대로 사용되고 있는지는 평가가 이루어지는 맥락에 의해 결정된다. 실패의 결과가 심각한 경우의 공식적 총합평가를 가리켜서 "고부담 평가(high stakes testing)" (Curren, 2006; Davis, 2006)라고 말하기도 한다.

3. 내부 평가와 외부 평가

수업을 통해 학습이 이루어질 때, 공식적 평가가 내부에서(internally) 혹은 외부에서(externally) 시행될 수 있다. 내부의 공식적 평가는 수업을 지원해 주는 학교/교사에 의해, 외부의 공식적 평가는 평가위원회와 같은 외부 기관에 의해 행해진다. 내부 평가의 주된 장점으로 내세울 수 있는 것은 교사나 학생들이 속해 있는 학교가 '학생이 얼마나 잘 학습했는가?'를 가장 잘 판단할 수 있는 입장에 있다는 점이다. 왜냐하면 학교 구성원은 학생들을 잘 알고 있어 학생들의 행동 변화를 제대로 해석할 수 있기 때문이다. 외부 평가의 주된 장점은 더 객관적인 평가를 할 수 있다는 것이다. 다시 말하면, 외부 평가자는 학생에 대한 개별적 지식을 갖고 있지 않거나 평가의 결과에 대해 직접적 관심을 갖고 있지 않다.

4. 타당도와 신뢰도

평가가 타당한(valid) 것이 되려면 평가해야 할 것을 평가해야 한다. 평가가 신뢰성 있는(reliable) 것이 되려면 학습자가 언제, 누구와 함께, 어떤 환경에서 평가받는가와 같은 외적 요인과 상관없이 일관성 있게 동일한 결과를 보여야 한다. 이상적으로 말하면, 평가는 전적으로 신뢰성 있고 타당한 것이 될 수 있다. 그러나 일반적으로 두 요인 간에는 절충이 필요한 것으로 알려져 있다(Davis, 1998: 124). 예를 들어, 정상적으로 조용한 고사장에서 정해진 시간에 순서대로 앉아 모두 필기시험을 치르도록 하는 것이 다양한 여건에서 수행의 정도를 관찰하는 것에 비해 신뢰도가 더 높을 것이다. 또 필기시험은 언제나 엄격하게 통제된 조건에서 학습자의 글쓰기 능력의 정도를 평가한다. 그런 글쓰기를 통해 학습자가 어떤 지식/기능 영역에서 갖고 있는 능력/지식을 추정하는 것이 다반사다. 그러나 그런 평가가 특별히 타당한 것이 되지 못할 수 있다. 위와 같은 평가는 글쓰기 검사이면서 동시에 지식/기능을 재는 검사이기 때문에 타당도가 떨어질 수 있다. 최악의 경우 그것은 현실적/정상적 맥락에서 행해지는 지식/기능의 검사라기보다는 주로 글쓰기와 스트레스 대처 능력을 재는 검사가 될 수도 있다.

공식적 평가의 목적은 학습자들의 특수한 수행을 통해 그들의 속성에 관한 일반적 사항을 진술하는 것이다. 이것은 흔히 증명서의 형태로 진술된다. 증명서가 타당성을 가지려면, 몇 가지 경우에 드러난 만족스러운 수행으로부터 '미래에도 만족스러운 수행이 나타날 것'이라는 점을 추론할 수 있어야 한다. 실제 현장의 수행 관찰을 토대로 작성되는 증명서는 실제 수행에 대해 진술하도록 요구하는 필기시험을 토대로 작성되는 증명서에 비해 타당도가 높을 것이다. 물론 반드시 그런 것은 아니다. 왜냐하면 특수한 것으로부터 일반적인 것을 추론하는 일에도 문제가 생기기 때문이다. 게다가 데이비스(Davis, 1999: 11)가 지적하듯 특수한 것은 일반적인 것이라고 주장되는 것의 유사한 아류(subspecies)가 될 필요가 있다. 동일함 혹은 유사함의 판정은 목적/관심에 따라서 달라지는데 그것은 누가 어떤 목적에 관심을 갖는가에 따라 달라질 것이다. 평가의 신뢰도는 여러 과제에서 점수 분산을 최소화하는가가 관건이지만, 평가의 타당도는 그 반대다. 해석학(hermeneutics)은 타당성과 신뢰성의 관계를 적절히 이해하는 일에서 중심을 차지한다.

어떤 개념을 제대로 정의할 수 있는지를 알아보는 비교적 사소한 것을 평가하는 다른 경우와는 달리 평가자는 대상자의 수행을 다양한 방식으로 해석하게 될 것이다. 지식은 서로 관련되고 또 다층적인 것인데, 이를 가리켜 데이비스(Davis, 1995: 5)는 '풍부한 지식(rich knowledge)'이라고 말한다. 어떤 개념을 정의할지라도 그에 대한 이해나 '풍부한 지식'을 갖추지 못할 수 있다. 예를 들면, 아인슈타인의 특수상대성 이론과 관련된 주요 공식을 정확하게 진술할지라도 그 이론에 대해 '풍부한 지식'을 갖추지 못할 수 있다. 그 이론에 대한 '풍부한 지식'에는 일반 물리학과 뉴턴 역학에 대한 지식이 포함될 것이다. 또 물리학에는 수학 지식도 포함될 것이다. 아인슈타인의 이론을 '풍부한' 의미에서 이해하려면 그것을 다양한 개념과 연결시킬 수 있어야 한다. 이런 개념들은 다양한 학문 영역에서도 나타난다. 이런 지식에 대한 평가는 그런 연결 능력에 따라 달라지기도 한다. 데이비스(Davis, 2006: 11)가 말한 것처럼, "평가자들 간의 근접한 일치는 오직 치밀한 채점 체계(marking system) 그리고/혹은 아주 처방적인 예시 답안이 있을 때에만 가능하다." 그런 체계와 예시가 '풍부한 지식들' 간에 있을 수 있는 모든 관계를 포괄할 수 없다. 그러므로 데이비스가 보기에 '풍부한 지식'의 평가는 그것을 기반으로 의미 있는 결과를 끌어내기에는 충분하게 신뢰롭지 못하다.

'풍부한 지식'을 평가하려면 채점 기준에 대한 해석의 여지를 두어야 하고, 예시 답안도 다양해야 한다. 왜냐하면 '풍부한 지식'의 평가가 요구하는 점은 학습자들이 과제/문제에 대해 예견할 수 없는 방식으로 응답하는 것이기 때문이다. 그렇지 못하다면 평가는 정교한 기억력 테스트가 될 수밖에 없을 것이다. 설(Searle, 1995)을 인용하면서, 데이비스는 평가자들이 교과 영역에 관한 공통된 이해를 통해 더 많은 것을 공유할 경우 신뢰도가 더 높아질 것임을 인정한다. 커렌(Curren, 2006: 26)이 말하듯이, "적절한 판단의 일관성은 교과 전문가들이 공유하는 공통된 교육적 배경을 통해서 나타날 수 있다." 커렌과 데이비스 간의 중요한 견해 차이는 '적절한 수준의 신뢰도를 구성하는 것이 무엇인가?'에 있는 것 같다. 두 사람이 일치하는 점은 '평가의 타당성은 수행을 필요로 하고 수행 이전에는 그 구체 사항을 알 수 없다.'는 것이다. 데이비스가 '풍부한 지식'의 평가에서 타당도를 중시하는 이유는 신뢰도가 성공/실패의 위험이 아주 높은 총괄평가를 충분히 정당화해 줄 수 없기 때문이다.

데이비스(2006: 13)는 심리측정가들이 평가자 간 신뢰도 0.8을 적절한 것으로 받아들인다는 점을 인정하면서도, 이 수준도 "고부담 평가의 영향력을 정당화할 수 있을 만큼 충분히 높은 것은 결코 아니다."라고 본다. 그러나 커렌(Curren, 2006: 27)은 고부담 평가의 경우에도 0.8이 충분하지 못하다는 주장은 너무 단순한 생각이라고 지적한다. 데이비스의 관심은 고부담 평가의 정의(justice)에 있으며, 그에 대한 비판가들의 관심은 높은 수준의 신뢰성 여부에 있다. 그러나 커렌이 지적하는 것처럼, '정의'라는 고려사항은 (증거와 위험 관리의 윤리로부터 추상화하는) 철학적 분석의 범위를 넘어선다. 일부 학생/학교의 수행에 대해 그 학생들의 평가 결과를 가지고 판단한다면, 학생/학교는 불공정하게도 불리하게 될 수 있다. 왜냐하면 의미 있는 혹은 '풍부한' 능력/이해를 평가하는 데 100%의 신뢰도가 나올 수 없기 때문이다. 커렌(Curren, 2006: 27)에 의하면, 고부담 평가를 전적으로 포기한다면 모두가 불리하게 될 수 있다. 예를 들어, 사회가 일반적으로 선호하는 것은 의과대학생들의 풍부한 지식을 평가하려는 시도를 아예 포기하는 일보다는 불완전하나마 그런 평가를 시도하는 일이다.

평가를 하건 안 하건 위험은 따른다. 만일 외부의 총괄평가를 시행하지 않을 경우, 과연 학교가 학생들의 성공률을 극대화시킴으로써 자체의 수행 수준을 높이려고 노력할지 모를 일이다. 신뢰도와 타당도 간에는 교섭관계가 있다. 내부 평가는 외부 평가에 비해 신뢰도가 더 높을 것이지만, 커렌(Curren, 2006: 27)이 지적한 대로 외부 평가를 전적으로 포기하는 것보다는 단순히 위험률의 판정 수준을 낮출 수 있을 것이다. 일례로, 풍부한 지식을 외부적으로 평가하려는 시도를 모두 포기하기보다는 사회가 나서서 개인/학교에 대해 불리한 판단을 내리는 데 필요한 증거의 판정 수준을 조정할 수 있다.

5. 규준참조평가와 준거참조평가

대체로 동일한 수업을 받는 학습자 집단을 대상으로 실시되는 공식적 외부 평가는 해마다 반복되는 경향이 있다. 이 사실은 다음과 같은 질문을 촉발시킨다. '학습자가 얼마나 잘하는지를 알아보기 위해 무엇과 비교할 것인가?' 이에 대해 두 가지 대답이 나올 수 있다. 첫째, 학습의 결과로서 학습자가 할 수 있거나 배워야 하는 점을 밝히는 문서의 내용과 수행 자체를 서로 비교하면 된다. 이것을 준거참조평가(criterion-referenced assessment)라고 한다. 둘째, 동일한 평가를 받는 모든 사람들의 평균/규준과 수행 자체를 서로 비교하는 것이다. 이것을 규준참조평가(norm-referenced assessment)라고 한다.

규준참조(norm-referenced) 평가의 결과는 준거참조(criterion-referenced)평가의 결과보다 더 높은 지위를 갖는 경향이 있다. 왜냐하면 정의(definition)에 의해서 규준참조평가는 규준보다 더 잘하는 학생들과 더 못하는 학생들을 승자와 패자로 가르기 때문이다. 전형적으로 학습자들에게 평점이 부여된다. 부여되는 평점을 선택적으로 '조절'하고, 합격점을 선택적으로 '이동'함으로써 해마다 비교적 안정된 수의 승자/패자를 산출할 수 있다. 평가 결과를 선발에 이용하는 경쟁적 환경에서는 경쟁자들과 비교해서 더 좋은 수행을 보였다는 증명서를 통해 중요한 위치를 점유할 수 있다. 그러나 위의 선택적 조정과 이동이 가까스로 매우 유능한 집단에 속한 사람에게 공정하게 작용했다고 보증하기는 어렵다. 또한 학생들이 적절하게 준비할 수 있도록 충분한 예측이 가능한, 그리고 표준 정답의 기억보다는 능력을 검사할 수 있도록 전혀 예측하지 못하게 한 평가 과제를 만드는 데에도 어려움이 따른다.

준거참조평가에서 다른 학습자들의 수행은 무관한 것이 되어야 한다. 아주 간단히 말하면, 만일 학습자에게 x를 y라고 정의할 것을 요구한다면 평가자는 그에게 x를 y라고 정의하라고 요구할 수밖에 없다. 이와 비슷하게, 만일 학습자에게 일정한 조건하에서 어떤 일을 하라고 요구해야 한다면, 그런 조건하에서 그 일을 실제로 해 보라고 요구하는 것 외에 다른 평가를 할 수 없다. 이보다 더 복잡한 평가의 경우, 예를 들어 이해를 평가할 때, 투명한 평가를 위해 평가자는 이해의 구성 요소들을 누가 보더라도 단순한 준거들로 세분하려고 할 것이다. 그러나 이런 세분화도 해석 문제를 피할 수 없다. 왜냐하면 아무리 단순한 진술일지라도 어느 정도의 해석을 요구할 뿐만 아니라 세분화 자체가 의문을 일으킬 수 있기 때문이다.

규준참조평가와 준거참조평가의 구분도 겉으로 보는 것처럼 그렇게 간단한 것은 아니다. 규준참조평가의 경우에는 평점의 기반이 될 준거들에 대해, 그리고 수행을 채점하는 방식에 대해 모종의 아이디어를 갖는 것이 중요하다. 그렇지 않을 경우 그런 평가는 타당도를 갖지 못할 것이다. 준거참조평가에서 준거는 평균 수행이 무엇인지, 그리고 평균적인 학생을 어떻게 해석할 것인지를 진술해야 한다. 다른 형태의 준거참조평가에서는 각 수준별 강점과 수행이 무엇인지를 정의하기 위해 여러 준거를 설정하기도 한다(Johnson, 2008).

6. 논란의 영역들

어떤 학생/학생집단의 능력을 기술하려고 하는 하나/일련의 진술에 대해 하나/일련의 수행이 일치하는 정도를 판단해야 하는 해석학적 문제가 모든 형태의 평가에서 공통적으로 나타난다. 이 문제는 아주 많은 논란을 일으켰다. 또한 평가되고 있는 것이 무엇인가, 혹은 평가되었다고 인증받는 것이 무엇인가에 대해서도 논란이 벌어졌다. 이런 논란은 학습되고 있는 것이 무엇이며, 이 학습이 어떻게 이론화되는가에 따라 달라진다. 세 번째로 평가 결과가 사용될 수 있는 용도들의 상대적 강점을 중심으로 또 다른 논란이 벌어졌다. 평가는 일차적으로 학습을 도와주는 일이 되어야 하는가? 평가는 학교나 다른 교육기관들이 투자 비용에 책무성을 갖도록 하기 위한 수단이 되어야 하는가? 혹은 선발의 도구로 이용되어야 하는가? 다음에서는 이와 같은 논란을 개관해 보고, 최근 영국이나 다른 나라에서 평가의 가치가 변화되고 있다는 점을 역사적으로 설명할 것이다.

1) 쟁점 1: 해석의 문제

해석에 관한 논란은 최소한 세 가지 수준에서 발생한다. 첫째, 학생이 평가과제를 해석하는 방식에서 생긴다. 둘째, 평가자가 학생의 답을 해석하는 방식에서 생긴다. 셋째, 평가의 결과를 활용하는 사람들이 학생의 평가 결과를 해석하는 방식에서 생긴다. 이 세 가지 수준에서 주관성과 객관성의 구분이 모두 관련되며, 이 구분이 의미하는 바가 무엇인지를 검토해 볼 가치가 있다. 평가는 해석에 의존하기 때문에 그 결과는 주관적일 수밖에 없다고 주장할 수 있다. 또한 정의(justice)의 요구 조건에 따르면 평가의 결과는 해석자의 선입견으로부터 자유롭고 객관적이어야 한다고 주장할 수 있다.

그런데 선입견(prejudice)을 부정적으로, 그리고 늘 객관성에 어긋나게 작용하는 것처럼 볼 필요는 없다. 오히려 선입견이 객관성을 가능하게 해 주는 것으로 볼 수 있다. 객관성이라는 이상은 자연과학의 모델에 기반을 둔 것이어서 혼란을 일으킨다고 말하는 사람(Halliday, 1996)도 있다. 이 모델에 따라 평가의 이상적 수행이란 실제 수행이 이루어지기 전에 기술될 수 있으며, 실제 수행을 판단할 잣대/표준으로 활용될 수 있다는 생각이 나오게 된다. 이런 생각을 지지해 주는 것이 상식적 평가관이다. 만일 학습을 평가할 때 이런 상식적인 생각을 끌어들이려 한다면 우리는 혼란스럽게 될 것이다.

이상적 수행은 물리적 대상물이 아니다. 만일 이상적 수행이라는 것이 있다면, 그런 수행은 오직 어떤 유형의 수행들을 서로 비교하는 전통이 있는 사회적 맥락 안에서만 이상적인 것으로 판단된다. 평가에 관심을 갖고, 그런 전통을 이어 가는 사람들의 해석학적 선입견에서 벗어나는 방식으로 그런 비교를 기술한다는 것은 불가능하다. 가다머(Gadamer, 1975)는 계몽주의 시대가 '선입견'이라는 단어를 어떻게 왜곡시켜 사용했는지, 그 결과 요즈음 선입견이라는 단어가 어떻게 해서 경멸적으로 사용하게 되었는지를 밝혀내려고 하였다. 가다머는 객관성의 이상을 '선입견에서 벗어난 것'으로 보기보다는 모든 해석의 본질적 시간성과 선입견적 성격을 인정하고 있다. 가다머가 보기에 해석은 필연적으로 시간 속의 일이며, 이 안에서 텍스트/수행은 해석자의 기대에 의해 매개된다. 이런 기대는 전통의 선입견에 기반을 둘 수밖에 없으며, 해석자는 이런 전통 안에서 활동한다. 하나의 최종적인 객관적 해석이 있는 것은 아니고, 해석은 선입견들 간의 일련의 매개 혹은 '지평들의 융합(fusions of horizons)'으로 이루어진다. '지평들의 융합'이라는 개념은 해석자의 지평들이 해석하는 과정에서 변한다는 점을 가리킨다. 이것은 모든 판단이 주관적일 수밖에 없는 것처럼 보이게 만든다.

그런데 로티(Rorty, 1980: 334)에 따르면, '객관적'은 미리 존재하는 실재에 대응하는 것을 의미할 수 있고, 또 '무관한 사항들에 의해 왜곡되지 않은 논변의 결과라고 합의될 수 있는 견해의 특성'을 의미할 수 있다. 평가의 맥락에서 볼 때, 전자의 의미는, 위에서 열거했던 이유에서 적절하지 못하다. 후자의 의미에 따른다면, '주관적'은 다른 사람들이 생각하기에 핵심에서 벗어난 사항, 예를 들면 '어떤 사람을 좋아하는가'를 끌어들이는 것을 의미한다. 가다머를 추종하는 로티에 의하면, 우리는 다음과 같은 아이디어에 친숙해질 필요가 있다. 즉, 모든 해석은 가치 판단이지만 그럼에도 불구하고 모든 판단을 주관적인 것으로 만들지 않는다. 어떤 가치는 다른 가치보다 선호될 수 있다고 주장할 수 있고 또 그렇게 주장되고 있다. 따라서 어떤 실제 수행이 다른 수행보다 더 우수하며, 어떤 사람은 다른 사람에 비해 그 우수성을 더 잘 판단할 수 있다고 주장할 수 있고, 또 그렇게 주장되고 있다.

첫째 수준에서는 평가 과제를 해석하려고 애쓰는 학생들의 배경에, 그리고 평가 과제를 제시하는 사람들의 배경에 선입견이 들어 있다. 둘째 수준에서는 평가하는 사람들의 배경이 관련된다. 셋째 수준에서는 평가의 결과가 학생 자신에 의해 자기 능력의 지표로 해석될 수 있고, 학생들이 얼마나 잘하는가를 알고 싶어 하는 교사들에 의해 해석될 수 있으며, 장래 학업, 고용, 혹은 다른 이유에서 학생 선발에 관심 있는 사람들에 의해 해석될 수 있다. 그럼에도 불구하고 평가 결과나 평가 과정 자체가 전적으로 주관적이고, 부당하며, 신뢰할 수 없는, (그리고 학생들이 무엇을 얼마나 잘하는가에 관심이 있는 사람들에게) 별로 쓸모없는 것이라는 뜻은 아니다. 그것이 의미하는 바는 ① 학생들, 평가자, 해석자 및 다른 관계자들이 타인과의 지속적 대화를 통해 자신의 선입견을 검증할 기회를 갖도록 노력해야 할 타당한 이유가 있다는 뜻이며, ② 학습 영역에 따라서 우수한 통찰/지식/판단을 가진 사람들이 있음을 수용한다는 뜻이다. 이를 수용하지 않는다면, 마치 평가가 개인적 선호/취향의 문제가 되는 것처럼 그저 '누구의 판단을 선호해야 할 것인가'를 놓고 해소될 수 없는 논란만 계속될 것이다. 요컨대, 이 두 가지 의미가 요구하는 바는 학습 영역들이 구별되는 방식에 대한 이해를 공유하는 것이 중요하며, 각 영역에서 권위 있는 숙달을 인식할 수 있게 해 주는 평가 시스템이 중요하다는 점이다.

• 학습을 위한 평가

블랙과 윌리엄(Black & Wiliam, 1998a, 1998b)의 영향력 있는 연구가 나타난 후, 공식적 총합평가는 형성평가에 비해 학습자들에게 도움이 덜 된다는 점이 널리 수용되었다. 이로 인해 "학습을 위한 평가"(James 1998, 그리고 http://www.qua.org.uk/qca_4334.aspx 참조)라는 표현이 나타났다. 이 표현을 제목에 포함시킨 프로젝트가 많이 나타났다. 이런 프로젝트의 기반에 깔려 있는 견해는 얼마나 학습이 잘 이루어지는지를 가장 잘 평가할 수 있는 사람은 학습자 자신과 그 교사들이라는 점이다. 해석학적 문제의 인정은 그런 견해를 지지해 주는 것처럼 보인다. 그리고 형성평가를 공식화함으로써 그 결과가 외부에 의해 총괄적으로 인정받도록 하자는 움직임도 나타났다. 그런 인정은 학생들을 가능한 한 광범위하게 비교할 경우 가장 유용할 것이며, 평가를 수행한 사람들의 권위를 사람들이 수용할 경우 가장 신뢰받을 것이다.

그러나 학생들을 광범하게 비교하는 일은 쉽지 않다. 개인적으로 불리한 비교를 피하려고 하는 것이 가르침의 논리이기 때문이다. 실제로 교사들은 자기 학생들의 능력을 과장하여 진술하려는 유혹에 빠질 수 있으나 평가자들은 그런 유혹에서 벗어나야 한다. 게다가, 한 집단 내에서 능력을 비교하는 일은 교사가 잘할 수 있다는 증거가 상당히 많지만(Gipps, 1994), 집단들을 비교하는 일은 교사가 잘하지 못한다. 왜냐하면 자신이 가르치지 않은 학생집단에 대한 직접적인 경험이 없기 때문이다.

• 준거참조평가와 능력 혁명

준거참조(criterian referencing)평가는 교사의 판단을 객관화시킬 한 가지 방법을 제공해 줌으로써 형성평가들을 묶어 총괄적으로 능력을 진술할 수 있게 하였고, '학습을 위한 평가운동'에 기여한 것으로 보인다. 그러나 준거들을 적용하는 데 또 다른 준거가 필요하게 되고, 수행의 진술에 더 많은 조건이 추가됨으로써 준거참조평가는 끝없이 긴 준거 집합을 낳을 수 있다. '바람직한 가치'에 대한 준거참조평가는 특히 문제가 된다. 가령, 정직성의 준거를 충족시킬 때까지 그 이전에 정직해야 할 경우의 수에 관해 우리는 의심을 가질 수 있다. 11번째 경우는 중요하지 않은 것처럼 열 가지 경우까지만 정직하려고 애쓰는 사람은 부정직한 것이 아닌가 하고 의심할 것이다.

실천적 지식의 경우, 제한된 횟수로 특정 과제를 수행한다고 해서 숙달된 실천이 될 것 같지는 않다. 오히려 숙달된 실천은 예상하지 못한 맥락에서 새로운 과제를 자기 자신의 힘으로, 그리고 비슷한 과제에 종사하는 사람들이 수긍하는 방식으로 완수하는 능력을 포함할 것이다. 실천적 지식은 완전히 명시할 수 없는 것이다. 못 박는 일을 '스스로 해 보려는' 시도와 그 일을 하는 데 숙달된 사람들과의 차이를 생각해 보면 알 수 있다. 전자의 경우에 그런 시도는 어색하게 보이고, 손목은 딱딱하게 움직이며, 못은 반듯하게 들어가지 못하고, 못대가리가 나무에 제대로 박히지 못할 것이다. 후자의 경우에는 힘도 안 들이고 수행하는 것처럼 보일 것이다. 어떤 과제를 완수하는 방식에서 나타나는 차이점들을 구체화하기가 어려운 다른 많은 사례를 생각하기는 어렵지 않다. 그럼에도 불구하고 우리는 그런 차이점들을 알고 있다. 이론적 지식의 경우, 마치 기계적으로 암기해 버린 듯이 어떤 단어들을 반복하는 것과 예상하지 못한 질문에 대해서도 유창하게 답변함으로써 깊은 이해를 보여 주는 것 사이에는 차이가 있다.

준거참조평가를 지지하는 사람들은 그런 평가의 우수성을 보여 주는 좋은 예로 흔히 운전면허시험을 든다. 그들은 이 사례를 일반화하려고 한다. 그러나 이런 일반화는 우리를 오도시킬 수 있다. 그것은 운전하는 맥락이 우리들에게 대체로 아주 친숙한 것이어서 운전이라는 전통이 확립된 사회에 우리가 실제로 살고 있기 때문이다. 우리는 이런 공동체의 구성원으로 길거리에서 운전을 관찰하면서 성공적인 운전의 준거를 정기적으로 해석/재해석한다. 게다가 영국의 운전면허시험관들은 비교적 긴밀한 집단을 형성하고 정기적으로 대화할 기회를 가진다. 이런 점 때문에 운전면허시험에서 성공적인 수행의 준거가 잘 이해되고, 비교적 논란이 없이 수용되고 있다.

노동 현장의 능력을 입증하기 위해 직업준비 학습 영역의 준거참조평가가 세계 도처에서 개발되었다(Hyland, 1994). 능력이라는 개념은 '능력의 요소들'로 세분화되고, 이들의 행동적 준거와 범위를 진술함으로써 '입증될' 수 있는 것이라고 가정된다. 그러나 ① 어떤 사람에게 '능력 있는'이라는 용어를 정상적으로 적용하는 것과, ② 처방된 행동적 준거들의 완성된 점검 목록표 사이에는 큰 격차가 있다. ①의 해석에서 학습자는 현재 배우고 있는 사회적 실천활동이 함의하는 바를 충분히 파악할 수 없다. 그렇지 않다면 학습자가 아닐 것이다. 신참자가 이해하는 준거는 숙달된 실천가가 사용하는 준거와 다르다. (이런 준거 사용이 숙달된 실천에 필요한 것이라면 그렇다.) 대부분의 학습은 숙달된 실천이 내포하는 바를 이해하는 일이다. 학습자가 이해하는 방식으로 그런 실천 활동에 대해 준거참조평가를 한다는 것은 그런 학습을 왜곡하거나 혹은 최소한 그것을 사소한 것으로 만들어 버릴 위험성이 있다. 왜냐하면 앞에서 거론했던 연결성(connectedness)과 부분적으로 관련된 이유 때문이다.

해석의 문제에 관한 이런 논의는 평가를 '사회적 실천(social practice)'으로 보는 것이 가장 좋을 것임을 시사해 준다(Delandshire, 2001). 평가는 권력관계로부터 자유로울 수 없다. 권력관계는 어떤 사람의 능력의 입증을 부당하게도 근거 없는 방식으로 왜곡할 수 있다. 평가는 앞에서 주장했듯이 정의, 증거 윤리, (결과의 적용에서) 적절한 수준의 관용 등과 같은 고려사항을 포함해야 한다. 또한 평가는 전통적으로 확립된 학습 영역을 형성하는 다른 사회적 실천에 기반을 두어야 객관적 판단이 가능해질 것이다. 능력 혁명, 학습을 위한 평가, 그리고 내부 형성평가를 활용한 총괄적 진술 시도 등은 해석의 문제를 제대로 다루지 못한다는 주장이 제기되었다(Halliday, 1996; Hyland, 1994). 이런 유형의 평가들은 그 기반에 행동주의가 깔려 있다는 점에서 비판을 받았다.

2) 쟁점 2: 학습이론 - 무엇을 평가하고 있는가?

준거참조평가에서 평가하는 것은 행동과 '바람직한 행동의 진술'이 서로 일치하는 정도일 것이다. 데이비스와 그에 대한 비판가들 간의 논쟁에서는 '심적 상태의 변화'가 평가되고 있다는 점을 암시한다. 데이비스(Davis, 1998: 78)에 의하면, 개인의 심적 상태의 특성을 확인할 수 있는 방식으로 인간 행동을 해석할 수 있다는 상상은 환상이다. 그러나 커렌(Curren, 2006: 19)의 지적에 따르면, 데이비스의 회의론은 인간행동을 해석하는 총체적인 작업을 모두 부정하거나 혹은 아무것도 부정하지 못한다. 데이비스를 비판하는 사람들에 의하면, 행동을 이런 방식으로 해석하기 때문에 평가에 대한 데이비스의 회의론은 실패다.

데이비스의 저술에서 우리는 심리학적 구성주의의 영향을 찾아볼 수 있다. 데이비스(Davis, 1998)의 주장에 의하면, 고부담 평가 시에 심적 상태는 자석과 같은 물리적 상태와 유사한 것이 될 필요가 있다. 만일 어떤 금속이 자석에 끌린다면 예측할 수 있는 방식으로 움직이는 성향이 그 안에 있으며, 그것은 아무 때나 검사할 수 있다. 데이비스에 의하면, 이와 비슷하게 만일 학생이 믿음을 갖고 있다면 그에게는 예측할 수 있는 방식으로 행동하는 성향이 있을 것이며, 그것은 아무 때나 검사할 수 있다. 그러나 믿음은 물리적 상태와 다르다. 믿음의 표출은 다른 믿음들과의 예측 불가능한 연관성을 통해 나타날 수 있다. 이런 이유 때문에 "다른 사람들의 마음의 내용에 관한 세련된 판단"(Davis, 2006: 3)은 가능한 일이 아니다. 명제적 태도(propositional attitudes)를 가진 다른 내적 상태로부터 존재론적으로 분리될 수 있는 안정된 내적 상태를 설정한다는 것은 가능한 일이 아니다. 따라서 데이비스가 보기에 학생의 마음에 들어 있을 것을 고부담 검사로 평가하는 일은 불가능하다. 커렌(Curren, 2004, 2006)이 보기에 그런 논변은 틀린 것이다. 첫째, 신경생리학적 자료가 없으면 심적 상태가 어떨 것인지가 분명하지 않다. 오늘날에도 그런 자료를 얻을 수 없으며, 그런 자료가 생기지 못할 것이라고 가정할 좋은 이유가 있다. 비트겐슈타인은 '단어를 제대로 사용하는 것'과 '그 단어의 의미를 아는 것'을 서로 구별하기가 불가능하다고 주장했는데(Malcolm, 1972: 58), 이 주장은 '어떤 사람이 확인될 수 있는 심적 상태를 가질 수 있다.'는 아이디어와 일맥상통한다. 위의 심적 상태란 본인 스스로 마음의 상태가 표현된다고 생각하는 믿음을 가리킨다.

사회적 구성주의 그리고 특히 상황 인지(situated cognition)는 평가의 의미와 목적을 제대로 이해하는 데 더 나은 기반을 제공할 것이다. 이런 이론에서 학습이란 오랜 기간을 거치면서 사회적 구성을 통해 정립된 실천(practices)이라고 간주된다. 신출내기들은 경험 있는 실천가들의 지도 아래 그런 실천 속으로 입문되며, 이런 실천가들은 신출내기들이 그 실천의 사회적 규범을 언제쯤 이해하게 되고 이에 따라 행동하게 되는가를 비공식적으로 평가할 수 있다(Lave & Wenger, 1991). 각 실천은 그간에 습득한 이론적 지식, 실천적 지식, 선을 위한 행동 성향의 조합으로 이루어져 왔다고 일반적으로 가정된다. 이 세 가지 유형을 간단히 지식/기능/태도라고 부르기도 한다. 학습자는 어떤 것이 참인가를 알고, 어떤 일을 어떻게 하는가를 알아야 하며, 어떤 가치를 가져야 한다. 그러나 학습자들이 한 가지 유형의 능력만 발휘하는 경우는 드물다. 오히려 중요한 과제 속에서는 세 가지가 모두 결합되며, 정확하게 어떤 유형이 발휘되고 있는가를 식별하기가 불가능할 때도 자주 있다.

심리학적 구성주의의 영향 때문에 수학, 영어, 지리, 역사와 같이 이론적 요소가 강한 실천들이 주를 이루게 되었다는 주장이다. 그러나 그런 지배 현상은 이론적 지식이 가장 쉽게 그리고 경제적으로 평가될 수 있기 때문에 나타난 것이라고 주장할 수도 있다. 이론적 지식의 평가를 위해서는 펜과 종이라는 도구가 흔히 사용되는 반면, 다른 실천들의 경우에는 다른 도구들이 사용된다. 신뢰도를 위해서는 이론적 지식의 평가를 선호할 수 있다. 물론 이론적 요소가 강한 실천일지라도 실제로는 사회적으로 인정되는 방식의 글쓰기/추론하기/논변하기/이야기하기와 같은 능력으로 간주될 수 있다.

허스트(P. H. Hirst)의 지식형식론은 가장 학습할 만한 가치가 있다고 간주되는 일곱 가지 이론적 실천들(theoretical practices)을 착안했다. 허스트는 1993년도 논문에서 이런 명제가 잘못된 것이었으며, 실천적 지식이 이론적 지식보다 우위를 갖는다고 인정했다. 그는 이론적 지식을 "실천의 맥락들 속에서 발전된 것…… 그리고 이해관계를 초월한 진리라기보다는 성공적 실천과 비성공적 실천에 관한 일반화" (Hirst, 1993: 193)라고 본다. 다시 말해서 '안다', '지식'과 같은 용어의 적절한 사용은 수많은 사회적 실천들의 일부일 뿐이지 그런 실천들의 본질적 결정요소는 아니다. 1999년도 논문에서 허스트는 이 점을 더 확대하여 설명한다.

> 지금 내가 주장하는바, 명제적 지식이 좋은 삶을 위해 핵심적으로 중요하다는 점을 고집하는 가운데 교육은 대학의 이론적 학문들의 내용과 성격에 의해 너무 오랫동안 잘못된 지배를 받았다. 이제 우리 모두를 위해 우리는 좋은 삶과 교육의 목적을 합리적인 사회적 실천들을 통해 바라보기 시작해야 하며, 오직 이렇게 함으로써 우리는 우리의 선을 구성하는 만족과 실현을 개인적으로 또 집단적으로 얻고 추구할 수 있다(Hirst, 1999: 132).

사회적 구성주의자들은 학습을 '지식/기능/태도의 습득'으로 생각하지 않고 그 대신 '계속적으로 진화하는 새로운 관계들의 집합 속에서 정립된 실천들에 참여하는 일'이라고 본다. 그런 관계들은 권위를 인정할 수 있게 해 준다. 평가는 권위의 인정에 의존하는 일이기 때문에, 사회적 구성주의자들은 오직 정립된 실천들이 공정하고 타당한 형태의 평가를 가능하게 해 줄 수 있는 것으로 본다. 그렇다고 해서 그런 실천들이 고정된 것이라는 뜻은 아니다. 실천들 내부의 그리고 실천들 간의 토론은 그런 실천들의 발전을 가능하게 한다. 그럼에도 불구하고 평가의 객관성을 유지하기 위해 실천들을 어떤 식으론가 구별할 필요가 있다. 따라서 일부 비판가들은 '학습을 위한 평가' 운동에 뒤이어 나타난 (Johnson, 1998) '학습 방법의 학습'과 같은 운동이나 그동안 쏟아졌던 맥락 중립적 기능들에 관한 문헌을 비난하였다. 예를 들어, 이 장에서 이미 다루었던 논변들에 따르면, 정립된 실천들과 관계가 없는 '비판적 사고' 혹은 '문제 해결'과 같은 추상적인 것들에 대해서는 타당도/신뢰도를 갖고서 평가를 하기가 매우 어렵다.

3) 쟁점 3: 평가의 목적

모든 사람이 학습이론의 '실천 전회(practice turn)'(Chaiklin & Lave, 1993)를 수용하는 것은 아니며 '학습을 위한 평가' 운동도 마찬가지다(Winch & Gingell, 1996, 2004). 평가의 지배적 목적은 선발, 그리고 선발의 결과인 지위상의 우위다. 선발을 위한 평가는 앞에서 제시한 이유 때문에 이론적 지식을 특권시하는 경향이 있다. 데이비스는 '풍부한 인지적 성취(rich cognitive achievement)'를 평가할 수 있는가에 대해 도전장을 내밀었는데, 이런 도전이 중요한 까닭은 풍부한 인지적 성취의 평가라는 것이 대개는 '고부담 평가'를 위해 사용되기 때문이다. 데이비스(Davis, 1998: 143)는 다음과 같이 밝히고 있다.

> 학생들이 갖고 있는 다양한 영역의 성과를 보고하고 쉽게 비교하고자 할 때 보통의 언어를 사용하여 그들의 풍부한 인지적 성취를 특성화하는 것은 불가

능하다.

이에 대해 화이트(White, 1999: 203)도 다음과 같이 지지한다.

> 이렇게 (풍부한 지식이라는) 보다 심층적 수준에서 학생들의 성취에 대해 판단을 내리기 위해서는 그들이 갖고 있는 특수한 개념적 틀과 신념들, 그리고 이런 심적 구조의 상이한 부분들 사이에서 그들이 연결시키고 있는 논리적, 인식론적 연관성을 어느 정도 알아야 한다. 개인들은 이런 점들에서 차이가 날 수밖에 없기 때문에 평가자들은 특정 학생들이 어떻게 하고 있는지를 잘 이해해야 할 것이다.

데이비스(1998: 17) 또한 다음과 같이 주장한다.

> 풍부한 혹은 온당한 지식이라는 말에는 표준적인 교육적 장치에 의해 그것을 파악하려고 할 때 필요한 명확하고 구체적인 특성이 부족하다.

화이트와 데이비스에게 분명한 점은 풍부한 인지적 성취를 평가하는 데에는 내부 평가가 외부 평가보다 더 낫다는 것이다. 그런데 윈치와 긴젤(Winch & Gingell, 2000)에 의하면 중요한 인지적 성취를 포함하는 성공적인 실천의 준거들이 많다. 이런 준거들은 널리 받아들여지고 있다. 예를 들어 보자.

> 학생들에게는 실생활 문제에 들어 있는 실천적 과제들에 수학을 이용하거나 적용할 기회를 주어야 한다(Winch & Gingell, 2000: 688).

윈치와 긴젤에 따르면, 그런 준거를 해석하는 데 특별한 문제가 있는 것은 아니다. 가게에서 간단한 셈하기, 양탄자를 깔 방의 면적을 계산하기, 세금 환불

액을 계산하기 등이 예에 속한다. 이런 예들이 그런 준거를 충족시킬 수 있는지를 알기 위해 학습자들을 개별적으로 알아야 할 필요까지는 없다. 이와 마찬가지로, 어느 탁월한 문예비평가가 최근의 연구 대상이 되고 있음을 인식하기 위해 그 비평가를 개별적으로 알아야 할 필요까지는 없다. 따라서 다음과 같이 가정하는 것은 잘못이다.

> 우리가 학생들의 교육적 향상도를 평가할 때에는 학생들에 대한 개별적 지식을 가장 많이 갖고 있는 사람들을 신뢰해야 한다(Winch & Gingell, 2000: 693).

그런 사람들이 학생의 잘삶에 관심을 갖고 있다고 신뢰할 수 있겠지만, 어떤 것에 대한 학생의 이해가 기대했던 것만큼 깊지 못하다는 점을 알아차리는 데 필요한 지식이나 공평성을 갖고 있지 않을 수 있다. 윈치와 긴젤은 데이비스와 화이트가 해석학적 문제를 과장함으로써 '학습을 위한 평가'와 '내용 독립적 학습 기능 운동'의 보다 거친 변종들을 위해 철학적 지지를 제공해 주고 있다는 점에 대해서 우려한다. 윈치와 긴젤은 또한 성공이 어떤 것인가에 대해 아무런 현실적 아이디어도 없이 도입되고 있는 새로운 교육운동을 데이비스와 화이트가 암묵적으로 지지하고 있다는 점에 대해서도 우려하고 있다. 윈치와 긴젤이 주장하는 바를 한 가지만 더 살펴보자.

> 교육에 있어서 진급과 선발은, 비록 결함이 있을지라도 절차적 정의를 확보할 수 있는 최선의 방법이라고 가정되기 때문에 수용되는 그런 절차들의 기반이 된다. 데이비스와 화이트는 학습에 대한 객관적인 외부 평가의 가능성 자체를 부정함으로써, 공적 지원을 받는 교육에서 교육기관들이 공적으로 밝혀질 수 있고 또 사람들이 신뢰할 수 있는 외부 평가의 결과를 통해 책임을 물을 수 있는 가능성 자체를 부정해 버린다(Winch & Gingell, 2000: 694).

절차적 정의가 요구하는 것은 교육평가의 객관성이다. 이는 관계가 없는 제반 사항들로부터 자유로워야 한다는 뜻이다. 자연과학으로부터 끌어들인 객관성이 부적절한 것이라고 해서, '평가의 신뢰성과 타당성을 확보할 수 있기 위해서는 오직 개별적인 친숙함을 기반으로 삼아야 한다.'는 견해에 사로잡혀서는 안 된다. 모든 사람의 전문성 수준이 동일한 것은 아닐지라도, 우리는 어떤 사람의 능력에 대해 판단을 내릴 수 있다. 충분히 공유되는 실천들이 있기 때문에 우리는 의사소통을 할 수 있고, 또 우리에게 낯선 과제들의 곤란도, 그리고 전문가라는 사람들의 권위도 모두 인식할 수 있다.

7. 시사점

현재의 상황을 볼 때, 외부 시험은 지필검사에 한정되어 있고 내부 평가는 보다 실천적인 교과에 한정되어 있는 경향을 알 수 있다. 여기에 암담한 시사점이 들어 있다. 외부 평가를 받는 학습 영역은 내부 평가를 받는 학습 영역에 비해 더 많은 지위를 계속 누릴 것이다. 학문적인 것은 지필시험으로 검사되는 이론적 지식을 가리키고, 직업적인 것은 교사의 학생 관찰을 통해 검사되는 실천적 지식을 가리키는 한, 학문적 자격 요건이 더 많은 지위를 누리게 될 것이다. 이렇게 되면, 사회가 정상적으로 작동하는 데 매우 중요하고 또 모든 실천적 삶의 영역에서 작동하는 그런 기능이 제대로 인정받지 못하고 만다.

그뿐만 아니라 내부 평가의 어떤 요소가 부분적으로 추가된 외부 시험일지라도 전적으로 총괄적인 외부 평가 형태에 비해서 더 낮은 지위를 갖게 될 가능성이 있다. 아주 최근에 일부 유명 대학에서는 내부 평가의 요소들이 추가된 시험 결과를 신뢰하기보다는 대학 자체의 보완적 평가를 기반으로 삼아 신입생들을 선발하겠다고 발표하였다. 이와 똑같은 일을 상업적 기관들이 상당 기간 해왔었다. 간단히 말해서, 지위가 제한되어 있을 때 평가는 언제나 선발의 도구로 이용되며, 공적 평가가 충분한 변별력을 갖지 못할 때 사적 형태의 평가가 등장할 것이다. 이런 전망에 따르는 현실적 어려움은 공립학교와 공적 시험이 얽혀 있다는 점이다. 사립학교는 그렇게 얽매이지 않고, 자체적으로 원하는 평가를 자유롭게 제공한다. 더 부유한 부모들은 자기 자녀들을 위해 지위상의 이점을 확보하는 데 돈을 투입할 능력이 있다. 덜 부유한 부모들은 그렇게 할 수 없다. 덜 부유한 가정의 자녀가 제아무리 능력이 있을지라도, 그런 부모들은 결국 사적으로 후원되는 시험에서 더 부유한 부모들과 경쟁할 기회조차 갖지 못할 것이다.

따라서 평가에 있어서 개념상의 혼란이 주는 함의는 '공정으로서의 정의'가 고려해야 할 사항을 생각해 볼 때 심각한 것이다. 이 장에서 우리가 주장한 것은, 객관성에 대한 잘못된 개념화가 가르침의 논리와 평가의 논리를 제대로 구분하지 못함과 결부됨으로써, 사회의 적절한 기능을 위해 본질적으로 중요한 일부 실천들이 제대로 인정받지 못하는 상황이 야기될 수 있다는 점이다. 거꾸로 다른 실천들에서의 수행이 갈수록 선발 위주의 사적 시험을 통해 평가될 수 있으며, 이런 시험에 끼어들 수 없는 사람들이 많아진다. 평가는 학습을 위한 것이지만 선발과 책무성을 위해서도 행해진다.

> 완벽한 평가란 있을 수 없다……. 이것이 총합평가를 전적으로 없애야 할 이유는 되지 못한다. 총합평가를 진지하게 고려하고, 신중하게 설계하여 운영하며, 그것을 늘 재검토해야 할 것이다(Winch & Gingell, 2004: 73).

제13장
포용과 다양성

Penny Enslin and Nicki Hedge

1. 서론: 개념들의 긴장

다양성(diversity)과 포용(inclusion)은 20세기 후반 자유민주주의 정치이론과 교육이론에서 핵심 관심사로 부상했다. 사회운동은 많은 형태의 다양성을 인정하도록 촉구했다. 다양성은 능력, 계급, 문화, 종족, 젠더, 언어, 국적, 인종, 종교, 성적 지향 등의 형태로 나타났다. 만일 다양성이 "우리 시대의 최대 이슈"(Macedo, 2001: 1)라고 한다면, 포용은 흔히 공적 담론/정책에서 사회의 주류에서 배제된 집단들이 고통스럽게 겪고 있는 부정의(injustice)에 대한 핵심 해결책으로 간주되고 있다. 여기서 부정의는 배제된 사람들의 전통/문화/선호/물질적 필요를 인정하지 않는 것뿐만 아니라 교육적 제공에 대한 접근/포용의 필요성을 인정하지 않는 것에서도 나타난다. 따라서 교육은 다양성을 인정해야 하고, 포용적이어야 한다는 점에 대해 많은 사람이 동의한다. 그러나 앞으로 밝혀지겠지만 여기서부터 문제가 더 복잡해진다. 교육철학의 핵심 개념들은 얼핏 보면 매력적이지만 논란도 많고 서로 긴장되는 문제점을 많이 갖고 있다. 만일 포용을 논의한다면 배제된 사람들을 어디에 포함시킨다는 말인가? 온갖 포용이 모두 정의롭고 바람직한 것인가? 어떤 형태의 다양성을 존중한다는 것이 오히려 새로운 형태의 배제를 낳는다면 어찌해야 할 것인가?

포용과 다양성이라는 개념은 오랫동안 계속 긴장을 불러일으킨 규범적인 교육문제에 속한다. 이는 형평성/공정성/정의와 같은 더 큰 개념과 연루되어 있다. 이윽고 우리는 교육에 있어 포용과 다양성을 둘러싸고 생기는 복잡한 문제들을 탐구할 것이다. 여기서 우리는 두 가지 관련된 문제, 즉 '다문화 교육'과 '포용적 교육'을 다문화주의와 포용성이라는 보다 넓은 이론적 맥락 속에서 다룰 것이다. 우리는 "내적 배제"(Young, 2000)라는 잠재적 함정뿐만 아니라 다양성에 대한 반응으로서 보편화(universalization)나 정상화(normalization)에서 생기는 포용에 대한 위협을 다룰 것이다. 여기서 자유주의와 탈구조주의라는 서로 경쟁하는 두 가지 이론적 전통의 최근 연구성과를 끌어들일 것이다. 이 두 가지는 교육에 있어 포용과 다양성이라는 명령에 부응하는 과정에서 나타나는 관련 문제를 이해하는 데 귀중한 관점을 제공해 줄 것이다.

여러 가지 차이점을 두고 다양성을 적절히 인정한다면, 공통된 시민성과 자격을 강조하는 포용적 교육, 그리고 공통된 교육체제를 제공하려는 바람직한 노력으로 나아갈 것이다. 그러나 포용과 다양성의 부합가능성(compatibility)이 비교적 분명한 경우가 있지만, 배제에 대한 반응으로 (다양성에 기반을 두고) '포용한다'가 무슨 뜻인지는 결코 분명하지 않다. 다양성을 인정하지 못할 경우 포용에 대한 저항이 생긴다. 가령, 흑인과 여성으로부터 분리주의적 반응이 나오게 되는데, 이것은 오히려 자발적 배제가 사회정의를 성취할 수 있는 더 현실적 방식이라고 보기 때문이다. 곧 밝혀지겠지만, 교육에 있어 자발적 배제는 기존의 배제된 집단(가령 장애집단, 주변화된 종족이나 종교집단)을 공식적으로 인정하는 형태를 띠지만, 그들을 배제한 그 실천은 그대로 유지될 것이다. 그 결과 발생하는 것이 바로 아이리스 매리언 영(Iris Marion Young, 2000)이 말하는 '내적 배제'다. 이것은 이제까지 그들이 겪었던 외적 배제와 상반된 것이다. 어떤 분리가 평등에 더 기여할 수 있는지에 대해 앤 필립스(Anne Phillips, 2007: 36)는 다음과 같이 말한다. 일부 사람들은, 여학생들이 여학생만 다니는 학교에서 배운다면 교사의 주의를 더 끌 수 있고, 과학 과목을 더 잘 배울 기회가 생기며, 또 아프리카-카리브 학생들은 별도의 학급으로 편성될 때 교육기회를 더 잘 향유할 것이라고 주장하였다.

그런 반대 사례에도 불구하고, 다양한 집단을 포용하려는 정책은 모두가 공유하는 제도와 가치를 만들어 내려고 시도하였다. 이 때문에 일부 사람들은, 다양성에 대한 자유주의 중심의 접근으로 귀속되는 경향성에 대해 다음과 같이 경고한다. 즉, 그것은 "동일한 '중립적' 원칙, 규칙, 표준에 의해 모든 사람을 평등하게 대우하는 것을 지지하는 동화주의자(assimilationist)의 이상"(Herr, 2008: 39)이다. 그러나 이런 입장은 현대 자유주의 안에서 다양성에 대한 접근방식들의 다양성을 간과하는 것 같다. 자유주의적 페미니즘이 다양성을 가치있게 여기지 못한다는 비판을 가끔 받기도 했지만, 그것은 소녀나 성인 여성을 대우할 때 공동체가 자체의 전통에 따를 권리라는 식으로 다양성을 옹호한다면 오히려 여성의 종속이 영속화되고 복잡한 형태의 배제가 생기는 결과를 낳을 수 있다는 점에 우리가 주목하도록 만들었다(Okin, 1999 참조). 인정된 실천이 들어 있는 공동체에 '포용된다'는 것이 마치 여성 구성원 개개인을 포용하고 또 그 공동체를 보다 큰 정치 공동체 안으로 포용하는 것처럼 보일 수 있지만, 그 소녀와 성인 여성은 의사결정에서 내적으로 배제되거나 일반 사회가 제공하는 교육기회로부터 외적으로 배제될 수 있다. 어떤 종류의 다양성을 받아들이는 것에 대한 이런 비판적 관점은 다양성과 포용 속에서 다루어질 두 가지 주제 중 첫째인 다문화(multicultural) 교육으로 우리를 이끌어 간다.

2. 다문화주의와 다문화 교육

다양성에 대한 주요 접근방식의 하나로 다문화주의가 부각된 이유는 무엇인가? 도미니크 맥골드릭(Dominic McGoldrick, 2005)에 따르면, 먼저 다문화주의의 기본 전제로 세 가지를 들 수 있다. 첫째, 국가의 종족적 다양성의 지속이다. 이민자들로 인해 문화적 다양성이 나타났는데 이를 관리하는 소극적 입장이 다문화주의에 들어 있다. 둘째, 기술의 진보를 통해 국가와 시민은 더 연결되고 상호 의존하게 되었으며, 정체성은 국지적일 뿐만 아니라 지구적인 것이 되었고, 문화와 집단에 대한 우리의 이해는 "더욱더 비정형적이고 우연적인 것이 되었다." (p. 30) 셋째, 법적/정치적 지위가 향상됨으로써 다양성이나 타 문화의 전통/가치를 중시하는 보다 긍정적인 이해가 다문화주의에 나타났다.

이와 동시에 다문화 사회는 전례 없는 도전에 부딪히게 된다. 다문화 사회에서는 통일성과 다양성이 요구하는 정당한 요청들을 서로 타협시키고, 정치적 통일성을 추구하면서도 문화적 순종에 의존하지 않아야 하며, 동화시키지 않으면서 포용적이어야 하고, 정당한 문화적 차이가 존중받는 공통된 소속감을 길러 주어야 하며, 다수의 문화적 정체성과 공유된 시민성을 함께 중시하도록 할 방도를 찾아야 한다(Parekh, 2000: 343). 파레크(Parekh)에 따르면, 다문화사회에서 다양성의 이점은 상이한 문화에 대한 접근을 통해 자신의 지평을 확대할 수 있는 가능성, 자신의 문화와 이것의 우연성으로부터 벗어날 수 있는 자유, 상이한 전통 간에 대화를 나눌 수 있는 기회, 자신의 문화 안에 들어 있는 다양성에 대한 감수성 증대 등이다.

'다문화주의'는 논란이 아주 많은 개념으로 여러 시대/장소에서 사용되었다. 블럼(Blum, 2001)이 지적한 대로, 영국에서는 반인종차별이라는 개념이 사용되는 반면, 미국에서는 다문화주의가 널리 사용되고 있다. 맥골드릭(McGoldrick, 2005: 36)에 의하면 21세기에 들어와 다문화주의가 지배적 담론이 되었지만, 일부 사람들은 그것을 가리켜 "반자유적(illiberal) 문화, 특히 성 평등이라는 형식적 전제도 없는 문화를 지지해 주는"(Okin, 1999) 것으로 간주한다. 다문화주의 이론에 '가장 크게 기여한 학자'로 윌 킴리카(Will Kymlicka)를 들 수 있다. 요즈음 거의 모든 나라가 문화적으로 다양하며, 자유주의적 전통을 가진 나라에서도 소수집단의 권리에 대한 접근이 상당히 다양해졌다. 이런 다양성에 대한 킴리카의 접근방식은 "선택의 자유와 인간의 자율성(그 한 형태)에 대한 신봉에 근거를"(Kymlika, 1995: 7) 둔다. 킴리카에 의하면, 자유주의는 문화적 구성원임(cultural membership)과 일치되며, 이를 진지하게 고려할 것을 요구한다. 대체로 우리는 우리의 문화에 대해 강한 애착심을 갖고 있으며, "개인적 선택은 한 사회의 언어와 역사에 의해 규정되는 문화의 존재에 의존하는 것"(p. 8)이다. 개인적 자유의 존중과 일치하는 소수집단의 권리가 실제로 자유를 증진시킨다. 킴리카는 문화와 자유의 친밀한 연관성을 주장한다. 그는 "사회구성원들에게 모든 범위의 인간 활동에서 의미 있는 삶의 방식을 제공해 주는"(p. 76) 사회적 문화를 옹호한다. 이런 의미 있는 삶의 방식들은 미디어, 정부, 그리고 특히 학교와 같은 기관을 통해 제공된다.

킴리카에 따르면, 자유주의의 핵심 특성은 마음에서 우러나와 좋은 삶을 선택할 수 있는 자유다. 이를 위해 다른 대안들도 살펴보면서 믿음들을 검토하고 의문시할 수 있어야 한다. 이런 판단을 가능하게 해 주는 것이 바로 표현의 자유, 결사의 자유와 같은 자유주의의 전통적 자유다. 그렇게 해 주는 것이 또한 교육이다. 교육은 개인들이 다른 삶의 방식들을 배우고, 식견 있는 선택을 가능하게 해 주는 일이기 때문이다.

의미 있는 개인적 선택을 위해 개인에게 필요한 것은 정보에 접근하고, 그것을 반성적으로 평가하며, 자유롭게 표현/결사하고, 사회의 문화에 접근하는 일이다. 이를 가능하게 만들어 주는 집단 배려적 조치들은 자유주의적 정의이론에서 정당한 역할을 갖는다(Kymlicka, 1995: 84). 킴리카는 사람들이 자신의 문화에 깊은 애착을 갖고 있음을 인정하면서도 우리의 '선(좋음)과 근본적인 신봉(헌신)'에 대한 이해를 의문시하고 또 수정하는 것도 때때로 필요하다고 지적한다. 이런 지적은 "문화적 접근, 그리고 믿음과 가치를 수정할 방법"(pp. 92-93)을 모두 제공해 줄 자유교육을 요청한다.

킴리카는 한 나라의 소수자 종족 집단들을 위해 그들의 권리를 옹호한다. 그러나 그는 일부 집단의 요구는 수용의 한계를 뛰어넘는다고 지적한다. "자유민주주의는 여러 형태의 문화적 다양성에 적응하고 이를 수용하지만 전적으로 그렇게 해 주지는 못할 것이다."(p. 152) 정치적/시민적 자유를 내적으로 제약하는 일은 소수집단의 권리를 옹호하는 자유주의 이론에서 정당화될 수 없으며, 개인들은 자신이 속한 공동체의 전통적 실천들을 수정할 권리를 가져야 한다(p. 152). 그뿐만 아니라 자유주의자들은 사람들이 자신의 문화를 내면으로부터 자유화시키고, 또 '비자유(non-liberal) 국가'를 붕괴시키지 않은 채 자유화시키려는 노력을 지지하는 것을 목표로 삼아야 한다(p. 94). 더 나아가 소수집단의 권리는 한 집단이 다른 집단들을 지배하는 것을 방지해야 한다. 구성원들을 억압하는 집단들을 방치해서는 안 되며, 집단 간에 그리고 집단 내에 자유와 평등이 살아 있어야 한다. 그렇다면 이런 견해들을 다문화 교육에서 어떻게 실현할 수 있는가?

미국 다문화교육협회(National Association for Multicultural Education: NAME, 2003)에 따르면, "다문화 교육은 자유, 정의, 평등, 형평성, 인간 존엄성이라는 이상 위에 세워진 철학적 개념"이다. 그것은 학생들에게 다양한 집단의 역사/문화/공헌에 관한 지식을 제공함으로써 긍정적 자아개념이 발달하도록 도와주는 과정이다. 또 그것은 여러 집단들 간에 권력/수입의 재분배를 위해 지식/성향/기능을 제공함으로써 구조적 평등으로 나아갈 수 있도록 모든 사람을 준비시키는 과정이다. NAME에 따르면, 다문화 교육과정은 "인종차별, 성차별, 계급차별, 언어차별, 장애인차별, 노인차별, 동성애차별, 종교차별, 외국인 혐오"와 같은 제반 이슈를 직접 다루어야 한다. 이와 같은 여러 가지 이상을 가리켜 잘못이라고 트집 잡을 사람은 거의 없을 것이다. 그런데 다문화주의가 다원주의를 수용할 뿐만 아니라 긍정한다는 니토와 보드(Nieto & Bode, 2007: 44)의 주장은 더 논란을 일으킬 이슈를 가리키고, 모든 형태의 다양성이 정당한 것인가를 다시금 묻게 만든다.

다문화주의는 다양한 형태로 구현되었다. 그중에서 공동학교(common school)라는 아이디어는 포용과 다양성 간의 긴장에 초점을 둔다. 이 두 개념의 양립가능성에 대해 의문을 갖는 메이라 레빈슨(Meira Levinson, 2007: 639)은 공동학교와 다문화 교육은 "개념적, 실천적 난점으로 가득 차 있어서 이런 난점들은 개별적으로 그리고 상호적으로 도전을 일으킨다."는 결론을 내린다. 그 두 가지가 공유하는 목표의 궁극적 가치는 의심할 여지가 없다. 그러나 포용적인 공동학교에 다니는 학생들의 다양성 자체가 여러 가지 도전을 낳을 것이며, 그중 하나는 문화적으로 연관된 교육과정/교수법의 개발/실현에 대한 것이다(p. 632). 다양한 개인들이 서로 친숙해지기 위해 한자리에 모인다는 것은 매력적이다. 그러나 레빈슨의 경고대로 공동학교는 상호 관용/존중보다는 상호 긴장/몰이해를 일으킬 수 있다. 그런 학교는 잘 드러나지 않는 다양성에 대해서는 적절한 관심을 쏟지 못할 것이고 학생들과 교사들은 집단들의 '인종(혹은 문화) 대표자들'로 보이게 되어, 집단들이나 그에 속한 개인들을 본질화(essentialize)하는 결과가 나타난다. 이와 비슷하게, 집단들 간에 나타나는 가치 차이를 과장하는 경향은 다문화주의가 해결해야 될 정형화(stereotyping)를 낳을 수 있다. 최근에 필립스(Phillips, 2007)가 옹호하는 '문화가 없는 다문화주의'는 우리가 문화를 문제시하도록 촉구한다. 왜냐하면 사람들은 자신의 문화를 반영하는 방식에서만 다른 것이 아니라 성/계급에서나 개인으로서도 다르기 때문이다.

스티븐 마세도(Stephen Macedo, 2000: 6)는 시민성과 공유된 시민생활을 증진시킬 필요성에서 멀어지는 방향으로 다양성을 옹호하는 것에 대해 경고한다. 이것은 "모든 좋은 혹은 좋을 수 있는 아이디어들이 그렇듯 다양성과 차이라는 것도 극단적 혹은 그릇된 방향으로 파악될 수 있음"(p. 10)을 암시한다. 마세도는 자유민주주의 사회에서 다양성의 한계를 지적한다. 그가 옹호하는 자유주의는 다양성이 아니라 "경쟁하는 가치들을 극복하는 데 충분할 정도로 공유된 정치적 헌신"(p. 146)에 의존한다. 불관용적인 사람들이 자유제도를 위협하지 않는 한도 내에서만 그들을 관용해야 한다고 주장하면서, 마세도는 "우리가 그들의 삶을 편안하게 만든다고 하면서 너무 반대 방향으로 나아갈 필요까지는 없다."(p. 147)고 제안한다.

다문화주의에 대한 재고찰은 문화에 대한 교육적 접근방식에 반영될 수 있는데, 탈구조주의 사상가들의 통찰에 주목함으로써 마무리할 수 있다. 데보라 유델(Deborah Youdell, 2006)은, 탈구조주의자들의 사상은 얼핏 교육적 불평등이나 배제에 대한 관심과 어긋난 것처럼 보일 수 있음을 인정하면서 그런 사상이 "세계에 대한 기존의 구조적 이해는 그것이 경제적, 사회적, 이데올로기적 혹은 언어적 구조들 중 어느 것에 초점을 두건 간에, 우리에게 필요한 모든 도구를 제공하지 못한다는 인식"(p. 34)에서 파생된다고 주장한다. 따라서 유델은 교육적 불평등과 배제가 지속되는 바에 대한 통찰을 위해서 버틀러의 연구를 추천한다.

버틀러(Butler, 1996: 52)에 의하면, 문화적 차이가 제시하는 과제는 "번역이라는 힘든 일을 통해" 보편성을 더 잘 밝혀내는 일이다. "보편적이라고 말하는 것은 지배적 문화의 교구적(parochial) 특성"이라고 지적하면서, 버틀러(2000: 15)는 '보편화 가능성'이 제국주의적 팽창과 떼어 놓을 수 없는 것이라고 주장한다. 추상적 보편주의는 다른 사람들과 공유할 수도 있고 그렇지 않을 수도 있는 개인적 특성으로부터 개인들을 분리시켜 버리기 때문에 "문화적 규범을 초월한 보편성을 정립하기"(pp. 17-20)란 불가능한 일일 것이다. 따라서 버틀러는, 문화적/종교적 믿음에 뿌리를 두고 있다고 간주되는 젠더 불평등이라는 근거에서 다양성보다 포용성을 우선시하는 것을 거부할 것이다. 보편주의자들의 접근에서는, 박탈된 사람들이나 제대로 대표되지 못하는 사람들이 "그들 나름대로 인간적인 것으로 인정받을 수 있는 수준으로 나아가는"(p. 23) 데 실패할 것이다. 따라서 버틀러는 여성의 조건과 권리를 주장하는 누스바움(M. C. Nussbaum)과 오킨(S. M. Okin)을 비판한다. 왜냐하면 그들의 주장은 국지적 문화에서 통용되는 규범을 적절하게 인정하지 못하고 또 "문화적 번역"(p. 35)이라는 과제를 다루지 못하기 때문이다. 버틀러에 의하면, 그들의 주장은 국지적 문화가 제기하는 이슈들을 무시한다. 예를 들면, "국지적인 제2, 제3 세계의 문화를 지워 버리거나 말살함으로써 미국의 문명성을 규범으로 강요하는 식민주의적 목적들과 공모하는 방향으로 작동하는"(p. 35) 페미니즘의 방식을 지적할 수 있다. 버틀러는 번역 자체가 "종속된 사람들의 언어 속으로 지배적 가치를 이식하는 도구"가 될 수 있음을 인정하지만 지배적 언어의 한계를 드러내도록 번역할 수 있다면 "반(反)식민주의적 가능성"(p. 37)이 생길 것이라고 주장한다.

보편성은 중대한 이슈를 제시하지만 버틀러는 다음과 같이 지적한다. "보편적인 것 자체를 이해하는 데 '아직은' 부적절하다."는 주장 속에서 보편성이 구성된다면, 그리고 보편적인 것은 '자리가 못 됨'(p. 39)이라고 간주한다면, 이는 우리가 '알지 못함'이라는 필연적 의미를 인식하도록 해 줄 것이다. 그렇다면 포용성과 다양성에 대해 그런 질문들을 제기할 때 버틀러처럼 우리는 그런 질문에 답하기보다는, "질문들을 계속하고, 모든 민주주의가 그 미래에 대해 어떻게 무지한가를 보여 주는 …… 출발점에서 시작"(p. 41)하려고 노력할 것이다. 이제 교육적 포용성의 문제로 돌아가서 정치적 담론을 요약하고 촉발시킬 질문을 제기할 것이다.

3. 포용과 포용적 교육

만일 '포용(포함)된다'는 것이 부정의를 재생산하고 있는 현존 상태로 동(질)화된다는 뜻이라면, 이는 탈구조주의의 입장에서 번역과 우연성을 요청하는 버틀러의 기대에도 부응하지 못하고, 또 수정 자유주의의 입장에서 모든 사람의 존엄성을 주장하는 누스바움의 기대에도 부응하지 못할 것이다. 그런 동(질)화를 피하기 위해 린다 그레이엄과 로저 슬리(Linda Graham & Roger Slee, 2008)는 "모든 배제가 파생되는 중심을 드러내고 이를 해체시킴으로써…… 포용을 향한 도구주의자들의 몸짓의 수사학적 타성을 폐기시키려고"(p. 278) 노력한다. 그들은 포용이라는 용어가 '끌어들임'을 의미한다고 지적하면서 그것이 "타자를 미리 만들어진 자연화된 공간에 포함시키려고 함으로써 기존의 것이라는 생각에 대해 암암리에 특권을 부여한다."(p. 279)는 점에 관심을 쏟는다. 그것은 주변과 중심을 만들어 내고, "보편적 범주들 그리고 낭만화되고 보편화된 주체"에 특권을 부여할 것이다(Lather, 2003: 260: Graham & Slee, 2008에서 재인용). 그레이엄과 슬리는 중심을 "그저 무익하고 허구적인 곳"(p. 279)이라고 보고, 포용을 '이미 시작된' 것으로 간주하면서, 그것을 '포용적인' 것으로 바꾼다고 해서 포용이 암시하는 '사전 배제'가 줄어들 것인가? 라고 묻는다. 따라서 그들은 '지워진' 혹은 '삭제된' 포용을 가리킨다. 이것은 거기에 있으나 의존하거나 당연시되지 못하는, 보편적으로 이해되는 것처럼 사용되지 못하는, 그러나 그것이 지속적으로 비판받는다는 정치적 메시지를 전하기 위해 열려 있는 용어다.

우리는 포용과 다양성을 의문의 여지 없이 바람직한 것으로 (사)물화하지 않고 그레이엄과 슬리처럼, "'포함시키려는' 정형화된 시도 속에 암시되어 있는 중심성에 도전할"(p. 279) 것인데 이 중심성(centered-ness)의 특징은 "주류 교육체제 속에서 타자성을 도구적으로 동화시키는"(p. 279) 것이다. 배제가 파생되는 중심의 구축을 막기 위해 우리가 할 수 있는 일은 무엇인가? 그레이엄과 슬리는 스티커(Stiker, 1999: xi)의 "소외된 혹은 예외적 조건으로서의 장애[및 차이]라는 생각에 기반을 둔…… 규범적 회로"를 끌어들이는 해답이 나올 것을 우려한다.

'규범적 회로(normative circuitry)'는 장애와 차이를 반드시 소외된 혹은 예외적인 것으로만 간주하지는 않을 것이다. 오히려 그것은 누스바움(Nussbaum, 2006: 210)의 견해를 따를 수 있다. 누스바움에 의하면, 진보는 '정상 아동'이라는 것이 없음을 인정한다는 뜻이다. "그 대신 다양한 능력, 다양한 곤경을 가진 아동들이 있고, 그들은 모두 능력이 발달될 때 개별화된 관심을 필요로 한다." 이 입장은 얼핏 보기에 그레이엄과 슬리의 견해와 다르지 않다. 이들에 의하면 (2008: 280), '원점에 도달'하기 위해 '정상성(normalcy)'을 탈자연화하고, '중심의 이상화'를 버리며, '특별한과 정상적이라는 언어 자체를 쓸모없는' 것으로 만들어 버릴 필요가 있다. 어디서나 인간은 다양하고, '비전형적으로 장애자인' 사람도 많으며, 인생의 여러 시점에서 사람들은 굉장히 달라지고, 지구적 정의(global justice)를 추구할 때에는 그런 다양성을 인정하고 주목해야 한다고 제안하는 누스바움(2006: 88)의 수정된 보편주의는 포용에 대한 그레이엄과 슬리(2008)의 접근 방식에서 크게 벗어나지 않은 것 같다.

이론적 출발점의 차이와 관계없이, 동화(assimilation)나 통합(integration)을 피하기 위해서는 그레이엄과 슬리(2008)를 따르는 것이 유익하다. 그들은 통합이 현행의 제한된 관점/모형을 뛰어넘어야 한다고 말한다. 그들은 개인적 차이들을 객관화(p. 280)해서는 안 되며, "타자성(exteriority)을 구성할 뿐만 아니라 (눈금들이 나오는) 그 중심을 보호해 주는 이해가능성의 비교 눈금(comparative grids of intelligibility)인 규범적 영역들의 생산"(p. 282)을 피해야 한다고 우리에게 말한다. 그들의 주장에 의하면, 규범적 담론들은 필연적으로 "바람직하고 정상적인 주체들에 대한 안정되고 긍정적인 진술", 그리고 이와 반대로 "비정상적인 대상을 묘사하는" 결핍의 담론으로 구성될 것이다(p. 282). 그들의 주장에 의하면, 경쟁하는 이 두 가지 담론은 서로 압력을 가함으로써 '규범적 중심'을 낳게 되고, 이것은 경계선에 놓여 있기 때문에 '정상적'이라고 간주되지 못하는 것들을 '타자'로 만들어 버린다. 이렇게 되는 까닭은 '정상적', '타자'에 대한 협소한 이해 때문일 것이다. 만일 그렇다면 특히 포용이라는 이름 아래 다양성을 무시하려고 하는 통합주의자(integrationist)의 이상은 배제를 악화시킬 것이다. 랫클리프가 경고했듯이(Ratcliffe, 2000: 171), 만일 권력을 가진 사람들이 사회통제를 유지하기 위해서 국외자들, 변경에 놓인 자들을 동화시키는 수단으로 통합을 이용한다면 이는 '동화로 나아가는 길의 최후 단계'가 될 것이다. 이런 배경에서 우리는 포용이나 포용적 교육에 대한 고찰을 결함/장애에 집중하는 것에서 벗어나 다양성의 이슈로까지 확대시킨다.

펠리시티 암스트롱(Felicity Armstrong, 2003)은 지나치게 협소한 초점이 오히려 위험할 수 있음을 경고하고, 그리고 '포용을 위한 투쟁'을 특정 집단들과의 관계에서만 이해하는 것의 모순성을 부각시켜 준다. 그는 우리에게 종족/정치/계급/인종/젠더 투쟁들에 의해 촉발되는 것들을 모두 포괄하는 '다양성의 광범한 이슈들' 간의 연관성을 잊지 말 것(p. 3)을 요구한다. 나중에 우리는 대체로 장애/결함에 초점을 두는 정책들 그리고 다양성에 주목하는 정책들의 광범한 동향을 지적할 것이다. 그렇지만 교육적 포용에 있어 핵심 논쟁은 여전히 장애[탈피], 통합과 포용, 포용적 교육, 특수교육 등에 집중하는 것이 바람직하다. 이런 맥락에서, 통합은 '특수한' 필요, '특수한' 조치를 요구하는 난관, (권리에 더 초점을 두는 포용과 더불어) 차이는 정상이라는 인식 등을 부각시키는 경향이 있다. 따라서 마일스(Miles, 2000)는 차이와 다양성에 대한 존중을 강조하기 위해 '살라망카 성명과 행동 방침(Salamanca Statement and Framework for Action)' (UNESCO, 1994)을 활용해야 한다고 주장한다.

유네스코(UNESCO, 2004)를 따르는 포용적 교육은 **모든 사람**, 특히 주변화/배제에 취약한 사람들의 학습 필요와 연관된다. 그것은 모든 사람을 존중하면서 대우하고, 또 '함께 학습할 기회'를 제공하려는 것이다. 사회적으로 차별을 의문시하고 평등과 통합으로 나아가려고 했던 시기 이후로 '일반학급' 대 '통합학급'에 관한 토론은 현재 진행형이다. 이 점을 환기시키면서 유네스코(2004)의 포용교육 웹사이트는 우리들로 하여금 역사를 간단히 살펴볼 것을 권유한다. 이와 비슷하게, 다이슨(Dyson, 2001: 24)은 우리 시대가 당면하고 있는 딜레마/모순을 통찰하기 위해 이 분야에서 '축적된 역사학적 연구'를 이해하고 또 과거를 되돌아볼 것을 권장한다. 이에 따라 우리는 역사적 전환점이 될 수 있는 정책들을 몇 가지 개관함으로써 포용과 다양성에 대한 해석과 그 의미의 변화를 파악하게 될 것이다. 여기서 수천 년 동안 "신체적, 정신적 차이들이 특별한 의미를 부여받았고", 이것이 오늘날에도 종종 지속되고 있는 "…… 낙인, 부정적 태도, 정형화"(Rieser, 2008: 13)에 반영되어 있음을 이해하게 될 것이다.

20세기 중반까지 분리형 특수교육이 제공되었다. 이것은 정규 학교교육에서 도움받지 못할 것으로 간주되었던 사람들을 위한 '자선' 접근/모형, 즉 박애주의 모형이 반영된 형태다(Borsay, 2002; Reiser, 2008 참조). 공립학교의 팽창과 더불어 영국에서 '교육 불가능'으로 간주되었던 학생들은 이전처럼 '교육적 결함'이 아니라 '교육적으로 정상 이하'로 불리면서(Education Act, 1944; Tomlinson, 1982: 50) 정규 교육과정에서 벗어나 있었다. 11가지의 장애 범주가 공식화되었는데 이것은 특수학교로 "아동을 이동시키는 새로운 세련된 방안"(Armstrong, 2003: 64)을 의미했다. 미국에서는 공립학교가 모든 아동을 위해, 특히 '비정상' 혹은 '정신박약'이라고 간주된 아동들을 위해 설계된 적은 없었으며, 아직도 모든 아동이 그런 학교에 다니지는 못한다고 버나뎃 베이커(Bernadette Baker, 2002: 699-700)는 지적하였다. 1950년대 후반까지 제도화나 인종차별이 문제시되지 못했으나, 이때 비로소 정책이 바뀜으로써, '정상화'(Wolfensberger, 1972: Kisanji, 1999: 4-5에서 재인용)를 배경으로, 정규학교에 아동을 포함시키는 조치에 더욱 동조하게 되었다. 정상화와 통합을 연결시키는 키산지(Kisanji, 1999: 5)에 따르면 그것은 미리 정해진 행동규범에 순종하도록 하기 위해 설계된 교육이었다.

1950년대와 1970년대 사이에 과학적 지식이 증가하면서 '공식적인 인본주의적, 의학적 담론'과 더불어 특수교육이 급속히 퍼졌다. 1960년대의 '급진화' 이후 초점이 이동하면서 이때부터 '차이'에서 '공통점'으로 상당한 움직임이 나타났다(Dyson, 2001). 그러나 정규 학교교육에서 도움을 받을 수 없다고 간주되었던 아동들을 위한 특수학교, 그리고 '특수 필요(special needs)'를 가진 아동을 가능한 학교에 배치하기 등을 포함한 특수교육은 제 길을 가지 못했다.

이 시기에 영연방 사람들이 영국으로 많이 이주하였다. 영국이나 서구에서는 동화(assimilation)가 기본적 추세였는데 마침내 다양성 정책이 나타났다. 다양성 정책은 종족 집단과 이민자 집단을 지배적인 주류 문화 속으로 끌어들이려는 목표를 갖고 있었고, 교육은 문화 결손이나 언어 결손 치유를 담당하게 되었다. 1960년대 영국에서 기회균등 및 문화적 차이의 '관용'이 나타났지만 여전히 결손 모형이 통용되었다(Maylor et al., 2005: 61). 다른 문화와 배경을 가진 청소년들은 다수자 문화와 차이가 있으므로 동화될 필요가 있다고 여겨졌으며, 신체적/정신적으로 '다르다'고 보았던 아동들과 마찬가지로 문제 있는 것처럼, 그리고 특별한 조치가 필요한 것처럼 간주되었다.

「워녹 보고서(Warnock Report)」(DES, 1978)는 특수교육이 주류로 편입된 역사에서 흔히 획기적 사건이라고 말한다. '특수교육'이라는 언어와 그 제공을 준비했던 교육 당국은 특수교육의 개념을 확대하여 학습장애와 정서/행동장애를 포함시켰으며, 아동의 '장애와 구별되는 것으로서'의 개별적 필요에 초점을 두게 되었다(para. 3.42). 그 이후 특수교육적 필요 진술(Education Act, 1981)이 도입됨으로써 1980년대는 "특수교육이 급속하게 발전한 시대"(Pott, 1995: 398)가 되었다.

포용적 교육이 아동의 필요 인식에 초점을 두고 있었으나, 1970년대와 1980년대의 다양성 정책은 다양성에 대한 보다 긍정적 인식을 실천하기 위해 다문화주의를 끌어들였다. 물론 이것은 동질화 경향을 갖고 있다는 점에서 비판을 받기도 했다(Maylor et al., 2005: 61). 1985년의 「스완 보고서(Swann Report)」(DES, 1985)는 모든 사람을 위한 교육을 강조함으로써 의미 있는 전환을 시도하였다. 오늘날 핵심 이슈는 '소수민족 아동을 어떻게 가르칠 것인가'가 아니라 이제 다인종/다문화 사회가 되었다고 인정하는 영국(UK) 사회의 '모든 아동을 어떻게 하면 가장 잘 가르칠 것인가'가 되었음을 인식하면서, 행동과 태도를 바꾸려는 노력에 힘을 모으게 되었다. 「스완 보고서」는 다원주의(pluralism)라는 언어를 도입하였다. 다원성은 영국인의 삶의 뚜렷한 특징이 되었으며, 학교에서 다문화 이해를 증진/강조함으로써 인종차별주의와 정형화를 극복하려고 하였다. 그러나 1988년 잉글랜드의 학교에 국가 교육과정이 도입되면서, 우베니 메일러 등(Uvanney Maylor et al., 2005: 61)이 지적한 것처럼 젊은이들은 다시금, 자신들의 문화적/인종적 정체성에 크게 주의를 기울이지 못한 채 '영국적 정체성'을 지키기 위해 교육받아야 했다.

1990년대 영국(UK)에서 포용과 다양성에 영향을 미친 일련의 법률/정책 변화가 나타났고, 차별 반대와 권리가 점차 더 강조되었다. 장애인 보호가 법률에 포함되면서 모든 젊은이를 특수학교가 아닌 일반학교에 편입시켜 교육한다는 점이 명시되었다(Education Act, 1996). 그러나 이 차별 철폐는 오직 세 가지 조건만 충족시킴으로써 제한적이고 부속적인 것으로 남게 되었다. 세 가지 조건이란 ① 젊은이들의 특수교육적 필요가 충족될 수 있는 경우에만 일반학교에서 교육받을 것, ② 그들이 학교에 다니는 것이 다른 아동의 학습에 방해되지 않아야 할 것, ③ 그들의 교육이 효율적인 자원 활용과 부합될 수 있어야 할 것이다. 완전한 포용은 여전히 머나먼 길이다. 1997년, 「'모든 아동을 위한 수월성' 녹서('Exellence for all Children' Green Paper)」(DfEE, 1997)는 포용을 향한 중대한 진보라는 점에서 노동당 정부로부터 환영을 받았다. 그런 수사학에도 불구하고, 데릭 암스트롱(Derrick Armstrong, 2005)은 1997년을 전환점으로 보는 것이 잘못이라고 주장한다. 오히려 노동당 정부의 인적 자본에 대한 초점과 더불어 녹서는 "'포용'이라는 깃발 아래 특수교육 산업의 부활"(p. 136)을 대변하였다. 포용을 옹호하는 많은 사람들이 보기에 학교 내의 혹은 학교 간의 온갖 형태의 분리교육에는 의학적 장애 모형이 부분적으로 남아 있는데, 이는 아동과 사회의 실패를 존속시키고 젊은이들의 도덕적 권리를 지키는 데 확실히 실패한 결함 있는 문제아 모형에 뿌리를 둔 것이다(Kenworthy & Whittaker, 2000).

많은 종족으로 구성된 영국의 미래에 대한 「파레크 보고서(Parekh Report)」

(2000)는 동화와 통합이라는 목표로부터의 탈피를 대변하였다. 이 보고서의 제안은 결속(cohesion), 평등, 차이라는 세 가지 핵심 개념에 기반을 두면서, 사람들을 평등하게 대우해야 하지만 차이도 적절하게 인정되어야 한다고 주장했다. 인종상의 부정의와 이와 연관된 사회적 배제는 비판받아야 하며, 기존의 사회적 포용 프로그램은 인종적 평등과 문화적 다양성에 대해 더욱 확실하게 집중해야 한다. 전반적으로 이 보고서는 다원주의적 인권 문화를 증진시키기 위해 배제, 명목주의(tokenism), 가부장주의를 상호 인정, 동행(collegiability), 평등으로 교체하려고 하였다. 이와 비슷하게 권리 모형의 교육은, 포용적 교육이 의학적/통합적 모형으로부터 '모두를 위한 더 큰 포용 모형'으로 이동하도록 도움을 주고 있다고 본다. UK에서 〈특수교육 필요와 장애법 2001(Special Educational Needs and Disability Act 2001: SENDA)〉은 장애에 근거를 둔 차별에 대해 비판하였고, 미국에서 〈장애인 교육법(Individuals with Disabilities Education Act: IDEA, 2004; 모든 장애 아동을 위한 교육법(Education for All Handicapped Children Act)〉은, 모든 젊은이가 **자유로운 적절한 공교육**(Free Appropriate Public Education: FAPE)을 받도록 함으로써 계속교육, 취업, 독립된 삶을 위해 젊은이들을 준비시켜야 한다고 주장하였다. '모든 사람을 위해 설정된 높은 표준에 이르도록 모든 아동의 학습을 도와주는 협력적 헌신'을 천명했던 IDEA(2004)는 '최소한으로 제한된 환경에서 자유롭고 적절한 공교육'이라는 목표를 강조하였다. 그렇지만 완전한 포용은 여전히 '최소한으로 제한된 환경'이라는 개념에 들어 있는 이해/허점과 연관된 몇 가지 조건에 얽매인 것처럼 보였다. 그리고 IDEA의 담론이 포용과 같은 용어를 비켜 가지만, 그 이슈는 영국(UK)이나 다른 나라나 비슷하다. 포용은 정책 의제에서 우선순위에 있는 것처럼 보일지라도 아래의 사례에서 알 수 있듯이 그 실현은 여전히 불투명하다.

스코틀랜드에서는 차별교육 철폐라는 원칙에 따라 〈2004 교육법(학습을 위한 추가지원(Additional Support for Learning)〉은 모든 학생을 위해 '추가 지원 필요(additional support needs)'가 충족되어야 한다고 명시했다. 얼핏 보기에 이것은

'타자'로 지칭되었던 일부 아동의 병리적 '특수' 필요에 초점을 두었던 모형보다 더 포용적이다. 이와 같은 형태의 포용적 교육은 이제까지 '정규'학교에서 배제되었던 학습자들을 '끌어들이는 것'을 뛰어넘어, 시간과 더불어 변할 수 있고 모든 젊은이에게 적용될 수 있는 다양한 범위의 필요에 부응하기 위해 더욱 체계적으로 재조직화된다. 잠정적으로 이것은 슬리(Slee, 1999: 127)가 요청하는 '문화적 재구성'을 충족시킬 수 있다. 포용적 교육이 동화를 뛰어넘으려면 그것이 필요하다. 그런데 최근의 재평가에 따르면, 포용 정책의 분위기 속에서 특별 제공(specialist provision)에 대한 지지가 지속되고 확대되고 있다는 증거가 나타나고 있다. 헤드와 피리(Head & Pirrie, 2007: 95)는 스코틀랜드의 정규학교에서 '심각한 정서적/행동적 어려움(SEBD)을 겪고 있는 아주 취약한 아동과 젊은이들의 일부'를 지원할 수 있는 경험/훈련/시설/자원의 부족에 대한 (지각을 촉발시키는) 연구에서 많은 아이들이 '정규학교가 제시하는 도전에 대응할 수 없음이 밝혀졌다.'고 주장한다.

우리는 요즈음 "포용의 근본 가치에 반대하지는 않으나 그것의 무조건적 보편성을 주장하는 포용에는 반대하는 저항"(Cigman, 2007: 272)을 목격하고 있는 것 같다. 루스 시그먼(Ruth Cigman)의 주장에 따르면, 정규학교에서 잘 공부하지 못하고 실패하는 모든 학생의 경우, 우리는 "포용이라는 거짓된 생각을 옹호하느라 그들을 모두 존중해 주지 못하고"(p. 792) 있다. 시그먼이 보기에, 포용 논쟁이 촉발시켜야 할 것은 고상한 사회란 제도적으로 인간을 모욕시키지 않는 사회라는 인식이다. 그의 주장에 따르면, '온건주의자들'은 "정규학교가 일부 아동의 적절한 교육과 부합될 수 없다."(p. 776)는 점을 받아들이는 한에서만 '보편주의자들'의 포용을 예외 없는 준칙으로 따를 것이다. 그는 완전한 포용을 추구하는 보편주의자들의 동질화 경향을 비판하면서, 개인적 필요와 차이에 더 초점을 두는 온건주의자들의 '특별한 경향'을 옹호한다(p. 783). '포용 속의 배제'라는 위험성에 대한 워녹(Warnock, 2005)의 논쟁적 진술을 끌어들이면서, 시그먼은 강한 포용은 일반학교에 적합하지 않은 아동들을 존중하는 데 실패한다고 결론을 내린다.

이와 같은 견해는 "포함시킨다고 해서 반드시 포용적이 되는 것은 아니다."는 그레이엄과 슬리(Graham & Slee, 2008: 278)의 주장에 공감하는 편이지만, 시그먼의 입장은 중요한 차이를 보여 준다. 즉, 정상적이고 전형적인 것에 대해 의문을 던지는 시그먼은 통합과 포용 간에 생기는 긴장의 핵심을 지적한다. 그가 보기에 만일 일부가 포용되기를 선호하지 않는다면, 혹은 그들을 배려하는 사람들이 그들을 포용하기를 선택하지 않는다면, 다양성이 포용을 억누른다는 점은 분명하다. 누스바움(Nussbaum, 2006)의 능력 접근(capabilities approaches)이 주장하듯이, 모든 개인은 일정한 수준의 인간 능력에 대한 권리를 갖는 것과 마찬가지로 "그런 능력을 사용하지 않을 권리"(p. 185)도 갖는다. 그렇다면 우리는 모든 개인이 배제되지 않고 양질의 교육을 받을 권리를 갖기 때문에 모든 아동을 "교육이라는 테이블에서 정당한 주장자로"(Slee, 2006: 117) 간주해야 하며, 모든 아동은 자신이나 보호자들이 원할 경우 그것으로부터 스스로 배제될 권리를 갖는다고 주장할 것인가? 누스바움(2006)은, 지적장애를 가진 아동은 "각자 자기 방식대로, 자유롭게 선택하는 성인이 되는 데 요구되는 지원이 필요하다."(p. 220)고 주장한다. 동시에 그는 모든 아동을 위해 개성과 자유를 강조한다. 이는 그가 특수학교와 포용적 학교 중에서 선택하는 접근을 옹호하는 것은 오직 적응적 선호가 작동하지 않을 때에만 그렇다는 뜻이다. 정규학교를 택하건 혹은 특수학교를 택하건 간에, 그런 선택은 모든 사람이 자신의 잠재력을 최대한 발휘함으로써 인간으로서 똑같이 잘 살 수 있도록 해 줄 필요가 있을 것이다. 교육은 늘 재정적 제약을 받고 있기 때문에, 이미 지원받고 있는 더 친숙한 방안, 즉 완전한 포용보다는 특별 제공에 의지하는 것이 보다 바람직한 선택지가 될 것이다.

장애와 특수교육적 필요를 가진 학생들을 위한 정의로운 교육 제공이란 어떤 것인가? 이 질문에 대해 로렐라 테르치(Lorella Terzi, 2007: 758)는 누스바움의 능력 접근과 '자유적 평등주의'를 끌어들임으로써 해답을 찾는다. 공정한 분배라는 이슈를 제기하면서 테르치는 다음과 같이 지적한다. 즉, 장애를 가진 학생들이 요구하는 바와 그렇지 않은 학생들이 요구하는 바 사이의 경쟁은 그런 능력 접근에서는 "정의의 요청으로서…… 추가적 요구"(p. 766)를 제공함으로써 해결될 수 있다. 이런 견해는 당연히 장애 학생들을 위해서 차별화된 능력을 구상하는 것에 반대하는 누스바움(2006)의 입장과 부합된다. 왜냐하면 핵심적 능력은 모든 시민에게 중요한 것이며, 따라서 특별한 필요를 갖고 있는 사람에게는 추가 비용의 투입이 가치 있는 일이라는 주장은 합당하기 때문이다(p. 190).

영국(UK)에서 최근에 인종평등, 장애인 권리, 기회균등에 대한 위원회(Commission on Racial Equality Disability Rights and Equal Opportunities)가 등장하면서 포용과 다양성이 서로 결합될 기회가 생기고, 암스트롱(Armstrong, 2003: 3)의 '포용을 위한 투쟁'은 종전처럼 단절되지 않게 되었다. 포용과 다양성의 결합에 대해 신중한 낙관론을 펼치는 로빈 리처드슨(Robin Richardson, 2007)은 불평등을 축소시키기 위해 평등 의제에 불평등이 들어 있는 곳에서는 어디서나 더 많은 것이 요청된다고 지적하였다. 리처드슨은 포용에 관한 여러 가지 이해에 대응하려고 하는 그레이엄과 슬리의 관심에 공감하면서 취약한, 자원이 없는 '타자'라는 견해에 도전하려면 우리는 "자원을 타자와 공유하고, 타자의 힘을 키워 주고, 우리 자신의 힘을 줄일"(p. 7) 필요가 있다고 주장한다.

학술적인 명칭과 정책이 달라졌지만, 포용이 새로운 형태의 배제를 낳지 않도록 해야 한다는 과제는 여전히 남아 있다. 사회적 결속과 능동적 참여를 높이려는 시도가 많아졌지만, 오늘날의 시민교육이 모든 학습자의 필요를 충족시킬 수 있는가에 대해 메일러 등(Maylor et al., 2005: 63)은 의문을 제기한다. 제임스 뱅크스(James Banks, 2008: 58)는 1960년대와 1970년대의 동화주의적(assimilationist) 해석들이 미국에서부터 전 세계에 퍼진 '인종적 재활 운동(ethnic revitalization movements)'에 의해 도전받았다고 반박하면서, 킴리카의 소수자 권리이론과 영의 차별화된 시민성 이론을 지적한다. 다양성이 서구 민주주의 안에서 '인식되고 또 인정받고' 있다고 주장하는 뱅크스는 그것이 여전히 논란이 많은 개념임을 인정하고, "다양성과 통일성의 정교한 균형"(p. 59)이라는 목표를 실현시킬 수 있는 변화된 시민교육이 필요함을 옹호한다. 그와 같은 열망은 특히 유럽에서 다문화 교육을 '상호문화(intercultural) 교육'으로 대체하려는 움직임에 반영되고 있다. 자그디시 군다라(Jagdish Gundara)와 아고스티노 포르테라(Agostino Portera)는 다문화, 문화교호(transcultural), 상호문화 등 여러 용어가 혼용되어 있음을 지적하면서 그런 용어들이 비슷한 혹은 서로 다른 개념/접근/실천들을 가리키는 데 사용되는지를 살펴보자고 제안한다(Gundara & Portera, 2008). 오늘날 지구적 맥락에 대한 가장 적절한 반응으로 상호문화 교육을 옹호하고 있는 포르테라(Portera, 2008)는, 개념의 명칭만 바꾼다고 해서 그 개념이 제기하는 도전이 완화되는 것은 아니며, 포용이 극복하고자 하는 차이/정형화/지속적 주변화를 너무 강조하는 것은 아닌지를 계속 경계할 필요가 있다고 지적한다.

이 절의 첫 부분에서 우리는 '포용(포함)된다'는 것이 기존의 부정의를 새로운 방식으로 재생산하는 현상 유지를 위해 동질화된다는 것을 의미하는 것은 아닌가라는 문제를 제기하였다. 역사적 개관을 통해 정책상의 변화, 그리고 21세기의 핵심 개념으로 포용과 다양성에 대한 관심의 증대를 살펴볼 수 있었고, 이 점에서 어느 정도의 진보가 있었음을 지적할 수 있었다. 포용을 불평등과 타자성을 재생산하는 활동으로 보지 않고, 그 대신 불공평하고 부당한 현상태를 타파하려는 불완전하나마 지속적인 과정으로 보려고 노력하는 탈중심화 시도도 상당히 나타났다. 그러나 지구적 차원에서 물질적 불평등, 그리고 자원 재분배의 필요성에 대한 더욱 철저한 관심이 (차이 그 자체의 인식을 지나치게 강조했던) 교육적 배제와 다양성에 대한 관심(이라고 할 수 있는 것)을 대체해야 한다(Enslin & Tjiattas, 2009). 지구화의 과정이 지속되면서 다양성 증가가 문화적 동질화 추세와 병행되었는데, 이를 가리켜 새로운 형태의 문화 식민주의라고 보는 사람들도 있다(Merryfield & Duty, 2008: 83). 그뿐만 아니라 개발도상 국가에서는 장애학생의 9할 이상이 학교에 다니지 못하고, 아동노동/치료부족으로 인하여 정신적 질병과 신체적/심리적 장애가 발생하며, 또 적절하게 설계되지 못한 교육과정이 계속 차별과 배제를 낳고 있음을 볼 때(UNESCO, 2006), 포용이 "종착점이 아닌 여정의 시작"(Mittler, 2003)이라는 점은 분명하다.

4. 다양성과 포용: 다문화주의를 넘어서, 포용적 교육?

다양성과 포용에 대한 우리의 탐구, 그리고 교육에서 그런 원리들을 다루고자 했던 우리의 시도를 통해 밝혀진 것은 무엇인가? 그것은 우리가 선택하는 이론적 지향이 자유주의건 탈구조주의건 간에 관계없이, 그 두 개념에 문제가 아주 많다는 점이다. 여기서 다음과 같은 질문이 제기된다. 포용과 다양성이라는 생각은 그것들이 그동안 주목받았던 온갖 관심에도 불구하고 여전히 문제가 있는 것이므로 그것들에 걸었던 기대는 간단하게 충족될 수 없는 것인가? 다양성과 포용에 대한 접근은 모두 그것들을 추구하는 정책의 목표 자체를 붕괴시키려고 위협하는 경향들에 대해 취약하며, 그 의도와 무관하게, 결과적으로 더 많은 내적/외적 배제를 낳고 있다는 점이 밝혀졌다. 그러나 자유주의 입장이나 탈구조주의 입장에서 모두 지적되는 함정, 즉 '동질화하는 동화 혹은 정상화'에 의한 배제라는 위험성이 상존함에도 불구하고, 두 가지 이론의 관점은 상이한 종류의 다양성에 대한 인식 실패를 다룰 수 있도록 개념적/이론적 도구를 제공한다고 우리는 생각한다.

자유주의는 개인/집단을 위한 정의의 요구를 충족시키는 포용을 추구할 때 적용될 필요가 있는 일련의 폭넓은 규범적 원칙들을 밝혀 준다. 탈구조주의는 포용이 탈중심화되도록, 그리고 게임의 종결이라기보다는 지속적 투쟁이라고 생각되는 방향에서 포용과 다양성의 이해를 재천명/재개념화하도록 자극을 준다. 포용에 대한 고려는 "민주주의, 학교개혁, 사회정의와 관련된, 심층적으로 정치화된 긴장과 차이를 드러낼"(Leo & Barton, 2006: 171) 것이지만, 여기서 개괄적으로 살펴보았던 두 가지 접근은 포용의 과정을 상이하게 고찰할 수 있도록 우리에게 상호보완적 통찰을 제공해 준다. 이런 과정은 정의로운 교육의 미래를 위해 핵심 동력이 되어야 할 다양성과 포용을 서로 조화시킬 수 있는 담론적/정치적/정책적/실천적 공간을 제공해 줄 수 있기 때문에 그만한 가치가 있을 것이다.

참고문헌

Armstrong, Derrick (2005) 'Reinventing 'inclusion': new Labour and the cultural politics of special education', *Oxford Review of Education*, 31(1): 135–151.

Armstrong, Felicity (2003) *Spaced Out: Policy, Difference and the Challenge of Inclusive Education*. Dordecht, the Netherlands: Kluwer Academic Publishers.

Baker, Bernadette (2002) 'The hunt for disability: the new eugenics and the normalization of school children', *Teachers College Record*, 104(4): 663–703.

Banks, James A. (2008) 'Diversity and citizenship education in global times', in James Arthur, Ian Davies and Carole Hahn (Eds.), *Education for Citizenship and Democracy*. London: SAGE, pp. 57–70.

Blum, Lawrence (2001) 'Recognition and multiculturalism in education', *Journal of Philosophy of Education*, 35(4): 539–559.

Borsay, Anne (2002) 'History, power and identity', in Colin Barnes, Mike Oliver and Len Barton (Eds.), *Disability Studies Today*. Cambridge: Polity Press, pp. 98–119.

Butler, Judith (1996) 'Universality in culture', in Joshua Cohen (Ed.), *For Love of Country: Debating the Limits of Patriotism*. Boston: Beacon Press, pp. 45–52.

Butler, Judith (2000) 'Restaging the universal: hegemony and the limits of formalism', in Judith Butler, Ernesto Laclau and Slavoj Zizek (Eds.), *Contingency, Hegemony, Universality: Contemporary Dialogues on the Left*. London and NY: Verso, pp. 11–43.

Cigman, Ruth (2007) 'A question of universality: inclusive education and the principle of respect', *Journal of Philosophy of Education*, 41(4): 775-793.

Department for Education and Employment (DfEE) (1997) *Excellence for All Children Meeting Special Educational Needs*, Cm 3785, http://www.dcsf.gov.uk/consultations/downloadableDocs/45_1.pdf

Department of Education and Science (DES) (1978) *Special Educational Needs, Report of the Committee of Enquiry into the Education of Handicapped Children and Young People*. Cmnd. 7212. London: Her Majesty's Stationery Office (The Warnock Report).

Department of Education and Science (DES) (1985) *Education for All: Report of the Committee of Inquiry into the Education of Children from Ethnic Minority Groups*. Cmnd. 9453. London: Her Majesty's Stationery Office (The Swann Report).

Disability Discrimination Act (1995) (c. 50). London: Her Majesty's Stationery Office, at http://www.opsi.gov.uk/acts/acts1995/ukpga_19950050_en_1

Dyson, Alan (2001) 'Special needs in the twenty-first century: where we've been and where we're going', *British Journal of Special Education*, 28(1): 24-29.

Education Act (1944) (c. 31 7_and_8_Geo_6) London: Her Majesty's Stationery Office, with Revised Statute from The UK Statute Law Database at http://www.opsi.gov.uk/RevisedStatutes/Acts/ukpga/1944/cukpga_19440031_en_1

Education Act (1981) (c. 60) London: Her Majesty's Stationery Office, with Revised Statute from The UK Statute Law Database at http://www.opsi.gov.uk/RevisedStatutes/Acts/ukpga/1981/cukpga_19810060_en_1

Education Act (1996) (c. 56) London: Her Majesty's Stationery Office, at http://www.opsi.gov.uk/ACTS/acts1996/ukpga_19960056_en_1

Education (Additional Support for Learning) (Scotland) Act (2004) (asp 4) at http://www.opsi.gov.uk/legislation/scotland/acts2004/asp_20040004_en_1

Enslin, Penny and Tjiattas, Mary (2009) 'Philosophy of education and the gigantic affront of universalism', *Journal of Philosophy of Education*, 43(1): 1-17.

Graham, Linda J. and Slee, Roger (2008) 'An illusory interiority: interrogating the discourse/s of inclusion', *Educational Philosophy and Theory*, 40(2): 277-293.

Gundara, Jagdish and Portera, Agostino (2008) 'Theoretical reflections on intercultural education', *Intercultural Education*, 19(6): 463-468.

Head, George and Pirrie, Anne (2007) 'The place of special education within a policy climate of inclusion', *Journal of Research in Special Educational Needs*, 7(2): 90–96.

Herr, Ranjoo S. (2008) 'Politics of difference and nationalism: on Iris Young's global vision', *Hypatia*, 23(3): 39–59.

IDEA (2004) 'Building the legacy', United States Department of Education, at http://idea.ed.gov/.

Kenworthy, John and Whittaker, Joe (2000) 'Anything to declare? The struggle for inclusive education and children's rights', *Disability and Society*, 15(2): 219–231.

Kisanji, Joseph (1999) 'Historical and theoretical basis of inclusive education', keynote address for the Workshop on Inclusive Education in Namibia: The Challenge for Teacher Education, Rossing Foundation, Khomasdal, Windhoek, Namibia, 24–25 March, www.eenet.org.uk/theory_practice/hist_theorectic.doc.

Kymlicka, Will (1995) *Multicultural Citizenship: A Liberal Theory of Minority Rights*. Oxford: Oxford University Press. 장동진, 황민혁, 송경호, 변영환 공역(2010). 『다문화주의 시민권』. 파주: 동명사.

Lather, Patti (2003) 'Applied Derrida: (mis)reading the work of mourning in educational research', *Educational Philosophy and Theory*, 35(3): 257–270.

Leo, Elizabeth and Barton, Len (2006) 'Inclusion, diversity and leadership: perspectives, possibilities and contradictions', *Educational Management Administration and Leadership*, 34(2): 167–180.

Levinson, Meira (2007) 'Common schools and multicultural education', *Journal of Philosophy of Education*, 41(4): 625–642.

Macedo, Stephen (2000) *Diversity and Distrust: Civic Education in a Multicultural Democracy*. Cambridge, MA: Harvard University Press.

McGoldrick, Dominic (2005) 'Multiculturalism and its discontents', *Human Rights Law Review*, 5(1): 27–56.

Maylor, Uvanney, Ross, A. and Hutchings, M. (2005) 'National policy and practitioner practice in the UK', in A. Ross (Ed.), *Teaching Citizenship*. London: CiCe, pp. 59–66, http://cice.londonmet.ac.uk/pdf/2005-59.pdf

Merryfield, Merry M. with Duty, Lisa (2008) 'Globalization', in James Arthur, Ian Davies and Carole Hahn (Eds.), *Education for Citizenship and Democracy*. London: SAGE, pp. 80–91.

Miles, Susie (2000) 'Enabling inclusive education: challenges and dilemmas', paper presented at A Symposium on Development Policy: Children with Disabilities and the Convention on the Rights of the Child, Gustav Stresemann Institute, Bonn, Germany, October 27-29, http://www.eenet.org.uk/theory_practice/bonn_2.shtml.

Mittler, Peter (2003) 'Building bridges between special and mainstream services', http://www.eenet.org.uk/theory_practice/build_bridges.shtml.

National Association for Multicultural Education (NAME) at http://www.nameorg.org/aboutname.html with 'Definition of Multicultural Education' (2003) at http://www.nameorg.org/aboutname.html#define

Nieto, S. and Bode, P. (2007) *Affirming Diversity: The Sociopolitical Context of Multicultural Education*. Boston: Allyn and Bacon.

Nussbaum, Martha, C. (2006) *Frontiers of Justice: Disability, Nationality, Species Membership*. Cambridge, MA: Belknap Press of Harvard University Press.

Okin Susan M. (1999) 'Is multiculturalism bad for women?', in Joshua Cohen, Matthew Howard and Martha C. Nussbaum (Eds.), *Is Multiculturalism Bad for Women?* Princeton, NJ: Princeton University Press, pp. 9-24.

Parekh Report (2000) *A Commission to Examine the State of Multi-ethnic Britain*. London: Profile Books Ltd. and see http://www.new-diaspora.com/CultureandIdentity/2-Parekh%20Report%202000.html

Parekh, Bhikhu (2000) *Rethinking Multiculturalism: Cultural Diversity and Political Theory*. Basingstoke: Macmillan Press/Palgrave.

Phillips, Anne (2007) *Multiculturalism Without Culture*. Princeton, NJ: Princeton University Press. 부산대학교 사회과학연구소 역(2011). 『문화 없는 다문화주의』. 서울: 박영사.

Portera, Agostino (2008) 'Intercultural education in Europe: epistemological and semantic aspects', *Intercultural Education*, 19(6): 481-491.

Potts, Patricia (1995) 'What's the use of history? Understanding educational provision for disabled students and those who experience difficulties in learning', *British Journal of Educational Studies*, 43(4): 398-411.

Ratcliffe, Peter (2000) 'Is the assertion of minority identity compatible with the idea of a socially inclusive society?', in Peter Askonas and Angus Stewart (Eds.), *Social Inclusion: Possibilities and Tensions*. NY: Palgrave, pp. 169-185.

제14장
평등과 정의

Claudia Ruitenberg and Daniel Vokey

1. 서 론

앨러스데어 매킨타이어(Alasdair MacIntyre, 1988)는 그의 책 『누구의 정의인가? 어떤 합리성인가?(*Whose Justice? Which Rationality?*)』에서 철학적 전통에 따라 **실천적 합리성** 이론도 근본적으로 다르고, 이로 인해 근본적으로 대립된 **정의관**이 나타나고 있음을 밝히고 있다.

> 어떤 정의관은 업적(desert) 개념을 중시하고, 다른 정의관은 그것을 전혀 관계가 없는 것으로 무시해 버린다. 어떤 정의관은 양도할 수 없는 인권에 호소하는 반면, 다른 정의관은 사회계약에 호소하며, 또 다른 정의관은 공리성이라

> 는 기준에 호소하기도 한다. 게다가 이런 적대적인 관념들을 구체화한 적대적인 정의이론들은 정의와 인간 선의 관계, **정의가 요청하는 평등의 종류**, 정의의 고려사항들과 연관된 교환의 범위와 인간관, 신의 법을 모른 채 정의에 관해 알 수 있는 가능성 등에 관해 서로 어긋나는 견해를 표현하기도 한다(p. 1, 강조는 추가됨).

매킨타이어가 생각한 것처럼, 역사적으로 **정의** 개념과 **평등** 개념이 서로 연결되는 방식은 아주 다양하게 나타났다. 그렇다면 어떤 형태의 교육이 정의롭고, 또 어떤 형태의 교육이 정의를 증진시키는가? 이에 관한 아이디어가 그토록 다양하게 나타났다는 점은 놀라운 일이 아니다.

평등과 정의의 관계에 대해 가장 잘 알려진, 그리고 현대 사회제도의 많은 부분에 여전히 영향을 미치고 있는 관점은 아리스토텔레스의 원칙이다. 즉, 사람들이 평등한 측면에서 평등하게 대우받고, 평등하지 않은 측면에서 평등하지 않게 대우받아야 한다는 것이다. "평등한 것들에 대해 불평등한 것을 부여하고 똑같은 것들에 대해 똑같지 않은 것을 부여하는 일은 자연에 반하는 것이며, 자연에 반하는 것은 좋은 일이 아니다."(*Politics*, Jowett, trans., VII. 356: 157) 예를 들어, 교육평가가 이런 원리에 따른다면, "동일한 혹은 동등한 학급 구성원으로 시험을 치름으로써 동등한 지식 혹은 학습 성취 등을 보여 주는 학생은 모두 동일한 평점을 받는다."(Kodelja, 2005: 67)

평등에 관한 아리스토텔레스의 논의는 오늘날 교육에서 나타나는 평등과 정의에 관한 논의들을 힘들게 하는 한 가지 난점을 잘 밝혀 준다. 그것은 평등이 유사성(likeness)이나 동일성(sameness)으로 또는 등가성(equivalence)으로 해석되기도 한다는 점이다. 전자의 경우, 차이와 평등은 서로 대립되는 것인 반면, 후자의 경우 차이 그 자체가 아닌 우열의 위계적 관계가 문제를 일으킨다. '우리는 모두 평등하다.'는 '우리는 모두 동일하다.'를 의미할 뿐만 아니라 '우리는 동일하거나 다를 수 있으나 어느 누구도 다른 사람에 비해 우월하지 않다.'를 의미하는 것으로 해석할 수 있다.

이 장에서 우리는 평등/불평등이 네 가지 정의관에서 어떤 역할을 하는지, 그리고 그런 점들이 교육적 재화의 분배에 관해, 더 일반적으로 교육과 정의로운 사회의 관계에 대해 어떤 영향을 미치는지를 논의한다. 첫째는 **조화로서의 정의**라고 말할 수 있는 플라톤의 정의관이다. 이 정의관은 불평등한 교육기회를 정당화하며 심지어 그것을 요청한다. 둘째는 **평등으로서의 정의**라고 말할 수 있는 칸트의 정의관이다. 이 정의관에서 평등한 대우는 아주 불평등한 성과를 낳을지라도 가장 중요하다. 셋째는 **형평으로서의 정의**라고 할 수 있는 것이다. 우리가 보기에 이것은 오늘날 공교육을 뒷받침해 주고 있는 지배적 정의관이다. 정치철학자인 존 롤스(John Rawls)의 철학을 기반으로 삼아, 우리는 교육에서 평등한 기회와 불평등한 대우에 관한 아이디어들을 논의한다. 넷째는 **차이로서의 정의**다. 많은 사람에게 친숙하지 않은 이 정의관이 요구하는 바를 드러내기 위해 우리는 프랑스 철학자인 에마뉘엘 레비나스(Emmanuel Levinas)와 자크 데리다(Jacques Derrida)의 철학을 끌어들일 것이다. 마지막으로, 현대의 학자들이 제시하는 평등과 정의에 관한 담론들에 대해 두 가지 도전을 밝힐 것이다. 하나는 사회적 평등을 도달하기 어려운 목표로 만들어 버리는 불평등의 가정에 대해 프랑스의 철학자인 자크 랑시에르(Jacques Rancière)가 제기한 도전이다. 다른 하나는 우리가 논의했던 모든 정의관에 들어 있는 인간중심주의에 대한 도전이다. 인간이나 다른 생물의 (불)평등에 관한 새로운 아이디어는 새로운 정의이론, 그리고 정의를 위한 새로운 교육(형태)관을 낳을 것이다.

2. 조화로서의 정의

『국가(*The Republic*)』에서 플라톤은 소크라테스와 몇몇 대담자(그중에서 특히 트라시마코스)가 정의 개념에 관해 나눈 대화를 전해 준다. 소크라테스는 그의 재치 있는 수사학으로 트라시마코스에게 묻는다. “어떤 것의 기능을 일반적으로 그것이 유일한 혹은 최선의 도구가 되는 일이라고 정의하는 데 동의”(*The Republic*, Cornford, trans., I, sec 352)하는가? 모든 사물과 사람은 그것의 혹은 그 자신의 탁월성 혹은 **아레테**(arete)를 갖는다는 생각은 소크라테스적 존재론의 중심 요소다. 그의 존재론에서 두 번째로 중요한 요소는 사람은 자족적이지 않으며, 공동체 안에서 타인들과 같이 살 필요가 있다는 생각이다. 소크라테스의 결론은 만일 사람들이 서로 다른 재능을 갖고 태어나며, 다른 재능을 가진 타인들과 공동체를 이루고 같이 살아갈 필요가 있다고 한다면, 그들이 사는 공동체는 그들의 자연적 재능에 가장 맞는 역할을 모두 수행할 경우 가장 강력한 것이 될 것이다. 어떤 사람이 타고난 성향에 별로 맞지 않는 일을 수행하는 것은 무책임한 일일 것이며, 공동체 전체를 약화시킬 것이다.

> 당신도 기억하듯이, 우리가 처음에 국가를 세우기 시작할 때, 그리고 그 이후에 여러 차례 우리는 보편적 원칙으로서 모든 사람이 자신의 천성에 가장 적합한 기능을 공동체 안에서 수행해야 한다고 정하였다. 그래서 내가 믿기로 한 그 원리나 그것의 어떤 형태는 정의라고 믿는다(*The Republic*, Cornford, trans., I, sec 432).

공동체의 각 구성원이 자신의 타고난 재능에 가장 적합한 기능을 공동체 안에서 수행해야 한다면, 교육은 이 타고난 재능을 무시하지 않고 지원해야 한다. 소크라테스가 규정한 정의를 증진시키는 교육은 모든 사람에게 동일해서는 안 되며, 사람의 타고난 재능을 향상시키는 것을 목표로 삼아야 한다.

이와 같은 교육의 첫째 과업은 아동의 재능과 성향을 확인하고, 그 아동이 수호자(즉, ‘보조자’ 혹은 일종의 전사)가 되는 훈련을 받아야 하는지, 또 나중에 지도자로 선발될 것인지, 혹은 농부/상인/공인이 되어야 하는지를 정해 주는 일이다. 둘째 과제는 지도자에게 맞는 교육을 설계하는 일이다. 이런 교육은 지도자들이 선/미와 같은 절대적 진리와 가치를 명상함으로써 그것을 기반으로 세상사에 관해 결정을 내릴 수 있도록 준비시켜야 한다고 소크라테스는 생각한다. 소크라테스의 불평등을 통한 정의관에서 사람들은 두 가지 의미에서 불평등한 것으로 간주된다. 첫째, 사람들은 서로 다른 재능을 갖는다는 의미에서 동일하지 않다. 둘째, 이런 재능은 동등한 가치를 부여받지 않고 있다. 분명히 지도자는 (노예는 말할 것도 없이!) 농부/공인과 다를 뿐만 아니라 우월한 것으로 간주된다.

사람들의 타고난 재능은 평등하지 않다는 생각, 그리고 이 불평등은 분화된 교육을 정당화해 준다는 생각은 수세기 동안 교육에 영향을 미쳤다. 그레이엄 헤이든(Graham Haydon, 1998)이 지적하듯이, 공통 교육과정과 이를 제공하는 공통된 접근이 어느 정도 있어야 하는가, 공동체/학교/개인 수준에서 어느 정도 차이를 두어야 하는가 하는 문제는 끊임없이 제기되어 왔다(pp. 5-6). 오늘날 교육과정과 교육체제 설계자들은 절대적 진리에 의해서보다는 경제적 효율성에 의해 이끌리고 있지만, 전체 사회가 과학적 발전이나 체육 경기 영역에서 탁월성을 추구함으로써 더 강해진다는 생각은 아주 널리 퍼져 있다. 예를 들어, 미국이나 다른 나라의 신보수주의적 교육정책에 큰 영향을 미쳤던 정치철학자 레오 스트라우스(Leo Strauss)의 견해에서 우리는 덕과 탁월성에 관한 플라톤의 생각, 그리고 인간이 우연히 좋아하게 된 일에 종사하지 않고 "가장 위대한 정신이 남겨 준 위대한 저서들을 신중하게 공부하는 일"(Strauss, 1968: 3: York, 2008: 69에서 재인용)에 몰두할 필요성을 쉽게 인식할 수 있다. 스트라우스는 교육이 훌륭한 사회적 평등의 구현체라는 생각을 거부하며, 모든 사람이 한 사회를 다스릴 덕을 성취하는 것은 아님을 강조하는 차원에서, "자유교육은 대중민주주의를 본래 의미의 민주주의로 끌어올리는 사다리"(Strauss, 1968: 10: York, 2008: 73에서 재인용)라고 제안한다. 플라톤과 마찬가지로, 스트라우스는 "평민과 신사가 출생의 우연이 아닌 다른 이유로 평등하지 않다고 생각할 이유는 없다."는 점을 인정하면서, 오직 '신사'가 모든 사람의 최선 이익을 위해 사회를 다스릴 준비가 제대로 되어 있다는 점을 받아들인다(York, 2008: 73-74).

불평등에 관한 플라톤과 스트라우스의 생각에서는 (공동체의 안녕이 무엇인지에 관한 특수한 생각에 기반을 둔) 공동체 전체의 안녕이 교육/진로를 선택할 개인의 자유보다 우선한다. 이것은 실용적, 공리주의적 아이디어다. 플라톤과 스트라우스는 출생의 우연성이 부정의인지, 개인에게 보상을 해 줄 것을 요구하는 것인지에 대해 묻지 않는다. 그들에게 중요한 것은 사회 전체의 탁월성을 증진시키는 일이며, 이 목적은 차별화된 교육체제를 통해 개인들이 불평등한 대우를 받는 것을 정당화해 준다. 다음 절에서 칸트가 사회적 목적의 수단으로서 개인을 대우하는 일에 관해 전혀 다른 관점을 제시하는 것을 살펴볼 것이다.

3. 평등으로서의 정의

프러시아의 계몽주의 철학자인 이마누엘 칸트(Immanuel Kant, 1724~1804)는 이성에 기반을 둔 보편주의적 의무론적(의무 기반적) 도덕이론을 발전시킨 것으로 잘 알려져 있다. 『도덕형이상학 정초(*Groundwork for the Metaphysics of Morals*)』(1785)에서 칸트가 주장하는 것은 다음과 같은 보편적 도덕법칙이다. 이를 가리켜 그는 '정언 명령(categorical imperative)'이라고 불렀다. "오직 보편적 법칙이 될 것으로 네가 의지할 수 있는 준칙에 따라 행위하라."(IV, 421) 여기서 그는 두 가지 형태의 정언 명령을 끌어낸다. 사람들이 정언 명령에 맞게 행위할 때 정의는 달성된다. 그리고 이 명령은 모든 인간 존재에게 평등하게 적용된다. 왜냐하면 모든 인간 존재는 무엇보다도 **합리적** 존재이며, 정언 명령은 합리적 원칙이기 때문이다. 이렇게 정언 명령은 모든 인간 존재가 도덕적 행위 주체로서 평등한 도덕적 가치를 갖는다는 점을 밝혀 준다. 바꾸어 말해, 모든 인간은 동일하지는 않지만 합리적 존재로서 평등하게 존중받으며, 자신의 이성을 사용하는 데에서 평등한 책임을 갖는다.

미국의 철학자인 하비 시겔(Harvey Siegel, 1988)은 칸트의 생각에 따라 모든 아동에게 비판적 사고를 가르칠 것을 옹호한다. 그는 비판적 사고가 우리가 추구해야 할 교육적 이상이라고 주장한다. 왜냐하면 모든 사람이 존중받을 자격이 있다는 칸트의 원칙을 우리가 수용한다면 마땅히 학생들이 이유와 설명을 요청하는 것을 존중해야 하고, 정직하게 대우해야 하며, 그들의 독자적 판단에 응해야 한다(p. 56). 바꾸어 말해, 모든 학생은 근본적으로 합리적 존재이기 때문에, 그들을 존중하면서 대우하는 것은 그들을 합리적 존재로, 즉 그들의 비판적 질문에 대한 응답을 들을 자격이 그들에게 있는 그리고 교사로부터 비판적 질문을 받아야 할 합리적 존재로 그들을 대우해 줄 것을 요청한다.

미국의 철학자인 해리 브릭하우스(Harry Brighouse, 2006)도 칸트의 노선을 따라 모든 아동이 자율적 인간으로 발달하도록 촉진시키는 교육을 제공해야 한다고 주장한다. 그에 의하면, 아동을 도덕적 행위주체로서 발달시키는 일을 방해하는 것은 용납될 수 없다. 아동은 비록 아직 완전한 도덕적 주체가 아니고 보호받을 필요가 있으나 부모의 소유물이 아니며, 아동이 가능한 한 완전한 정보를 기반으로 독자적 결정을 내릴 수 있는 합리적인 도덕적 행위주체로서 성장할 권리는 침해받을 수 없다. 칸트의 정언 명령의 두 번째 진술처럼, 사람들이 언제나 목적 그 자체로 대우받아야 하고 목적의 수단으로만 대우받아서는 안 된다고 했듯이, 아동이 도달하거나 도달할 것으로 보이는 합리적 결정에 대해 부모가 불편하게 생각한다는 것은 결코 그 아동에게 독자적인 판단 형성을 학습할 기회를 주지 않아야 할 충분한 이유가 되지 못한다.

인간 존재가 합리적 행위자라는 점은 칸트의 기본 가정이다. 여기서 도출되는 한 가지 중요한 생각이 있다. 그것은 '정당한 업적'이라고 말하는 재분배 원칙이다. 정의가 요청하는바, 인간 존재는 합리적으로 행동하는 사람으로 대우받아야 하므로 자신의 행위의 긍정적/부정적 (처벌을 포함한) 결과를 당연히 받아들여야 한다고 말할 수 있다. 정치철학자인 즈덴코 코델리아(Zdenko Kodelja, 2005)의 설명에 따르면, 아직 충분히 합리적이지 못해서 아직 자신의 행위에 대해 충분한 책임을 지지 못한다고 일반적으로 인정되는 학생들에게 그런 원리가 적용되지 않는 것처럼 보일지라도, 고등학교 학생들은 자신의 행위의 결과를 책임질 만큼 충분히 성숙한 사람으로 간주되어야 한다. 그가 옹호하는 것은 아동이 점진적으로 합리적 인격체로 대우받고 점차적으로 자신의 행위에 대해 책임을 지도록 하는 방향이다. 이는 자신의 결정을 내리는 합리적 인격체로 학생을 존중함을 보여 주는 방향이다.

> 자유와 합리성은 인격체에 합당한 것이다. 따라서 공격적인 행동을 한 사람이 공격자로 인정될 때 그는 인격체로 인정받는 것이며, 그의 독특한 인격성을, 말하자면 그를 다른 모든 존재로부터 구별해 주는 존엄성을 그에게 부여해 주는 것, 즉 그의 자유와 합리성은 존중되어야 한다(Kodelja, 2005: 77; Primoratz, 1997: 79).

4. 형평으로서의 정의

평등(평등한 대우)으로서의 정의와 '형평(equity)으로서의 정의'는 크게 다르다. 그 차이는 후자가 교육 **기회**의 균등에 초점을 둔다는 점에 있다. 후자는 전자보다 더 평등주의적인 생각이다. 그것은 사회적 불평등의 감소라는 분명한 목표를 갖는다. 형평에 초점을 두는 학자라고 해서 모든 불평등을 극복하거나 감소시키려고 하지 않는다. 그들은 구체적으로 말해서 정의롭지 못하다고 간주되는 불평등을 보상하려고 한다. 그것이 부당한 불평등인 까닭은 그것을 겪고 있는 사람들이 통제할 수 없는 것이라고 보기 때문이다. 예를 들어, 한 학교에서 같은 학급에 속한 두 명의 학생이 동일한 시험을 치른다고 하자. 한 학생은 열심히 시험공부를 했고, 다른 학생은 그렇지 못했다고 하자. 여기서 예상되는 점수의 차이는 정당화될 수 있는 불평등이라고 생각된다. 만약 한 학생의 점수를 올려 주기 위해 다시 시험을 치르게 하고 다른 학생을 그대로 두는 것은 두 학생을 불평등하게 대우하는 것이요, 따라서 공평하지 못한 일이다. 그렇지만 열심히 공부한 학생은 집에 조용히 공부할 수 있는 방이 있을 뿐만 아니라 방과 후에 다른 일을 할 필요가 없는 반면, 다른 학생은 어린 동생들과 한방을 사용할 뿐만 아니라 방과 후에도 그들을 보살펴 주어야 하는 처지에 있다고 한다면, 이런 불평등은 정당화되기 어려울 것이다. 이 예에서 두 학생이 똑같은 기회를 누리고 있다고 말할 수 없을 것이며, '형평으로서의 정의'라는 관점에서 볼 때 두 학생을 비평등적으로 대우함으로써 기회균등을 도모해 주는 것은 정당한 일이 될 것이다.

이처럼 '형평'으로서의 정의라는 아이디어를 제창한 대표적 인물은 미국의 정치철학자 존 롤스(John Rawls)다. 그는 『정의론(*A Theory of Justice*)』(1971)에서 다음과 같이 두 가지 정의의 원칙을 제안한다.

> ① 모든 사람은 각자 다른 사람들의 유사한 자유와 양립할 수 있는 가장 광범위한 기본적 자유에 대해 동등한 권리를 가져야 한다.
> ② 사회적, 경제적 불평등은 ⓐ 최소 수혜자에게 최대의 이익이 되도록…… 그리고 ⓑ 공정한 기회균등이라는 조건 아래 모든 사람에게 개방된 직위나 직책과 결부되도록 하는 두 가지 조건을 모두 충족시키는 한도 안에서만 허용되어야 한다(p. 266).

롤스는 '무지의 장막(veil of ignorance)'이라는 가설적 장치를 도입한다. 이런 장치를 도입한 까닭은 그가 주장하는 정의의 원칙들이 편견 없는 합리적 주체에 의해 개발된 것임을 주장하기 위해서다. 사회계약의 모든 설계자가 세계를 바라볼 때 그들 자신이 노력해서 얻어 낸 것이 아닌 (젠더, 계급, 인종 혹은 다른 요인에서 비롯된) 이익/불이익을 전혀 모르게 해 줄 '무지의 장막'을 통해 바라보게 된다면, 합리적 자기이익이라는 그들의 본성은 그들로 하여금 최소 수

혜자들을 보호하고 이들에게 유리한 사회계약을 설계하도록 해 줄 것이다. 그들 자신이 최소 수혜자가 될 수 있기 때문이다! 바꾸어 말해 '무지의 장막'은 '사회적 세계의 우연한 상황'이 정치적 정의의 원칙을 이끌어 내는 합의에 영향을 미쳐서는 안 된다(Rawls, 1993: 23)는 생각을 담고 있는 은유다.

롤스는 정당한 업적(just desert)이라는 칸트의 원칙을 긍정하면서 노동의 차이에 따른 결실의 차이를 받아들이지만, 부당하게 겪는 불이익의 부정의에 대해 보상을 해 주기를 원한다. 롤스는 바로 이런 점을 '보상의 원칙(principle of redress)'으로 만들어 낸다. 이것이 롤스의 정의 원칙들 속에 암시되어 있다.

> 이 원리가 주장하는바, 모든 인격체를 평등하게 대우하기 위해, 진정한 기회균등을 제공하기 위해, 사회는 타고난 재능이 부족하거나 불리한 처지에서 태어난 사람들에게 더 많은 관심을 쏟아야 한다. 이런 생각은 우연한 편향성을 평등의 방향으로 바로잡자는 것이다(Rawls, 1971: 86).

보상의 원칙은 교육기관이나 다른 기관에서 행해지는 '긍정적 조치(affirmative action) 프로그램'의 핵심 원칙이다. 이 프로그램은 다양한 방법을 통해 대체로 여성이나 소수집단 구성원들이 겪고 있는 부당한 불이익을 보상하기 위한 것이다. 어떤 지역에서는 인종차별, 성차별, 호모 공포증 혹은 다른 형태의 차별로 인해 부당하게 겪었던 사회적 불이익으로 고생한 집단의 구성원들을 위해 일정 수의 혹은 일정 비율의 자리를 할당해 준다. 다른 지역에서는 부당한 사회적 불이익 때문에 고통을 겪은 집단의 구성원인지 아닌지를 밝혀 줄 것을 지원자들에게 요구한다. 이 점은 지원 서류의 검토 기준에 영향을 미친다. 그 원리는 사회적으로 유리한 집단의 구성원들과 사회적으로 불리한 집단의 구성원들이 제출한 지원서를 동일 기준으로 평가해서는 안 된다는 것이다. 왜냐하면 소외의 역사적 누적으로 인하여 현재 불리한 처지에 있는 집단의 구성원들은 역사적으로 사회적 특권을 누렸던 집단의 구성원들이 지원할 때 제시하는 질적 수준과 비슷한 능력을 기를 수 있었던 기회들이 부정적으로 영향 받았기 때문이다. 차등 대우는 과거의 정당화될 수 없는 불평등한 대우의 지속적 영향을 보상해 주는 형태로 정당화된다. 남아프리카 학자인 베르테 반 위크(Berte van Wyk, 2006)가 주장하듯, "긍정적 조치를 통한 그와 같은 형평성과 보상이 필요한 까닭은, 과거의 불공평성이 저절로 없어지는 것이 아니어서 긍정적으로 바로잡아야 하기 때문이다."(p. 187)

'평등으로서의 정의'를 옹호하는 사람들은 '형평으로서의 정의'에 기반을 둔 논변/정책에 대해 가만히 있지 않았다. 코델리아(Kodelja, 2005)는 부당한 사회적 불이익 때문에 고통을 받았던 집단의 학생들의 평가 기준 하락을 공리주의적 관점과 칸트적 관점에서 분석한다. 그의 결론에 따르면 그런 정책이 정당화될 수 없는 까닭은 다음과 같다.

> 불이익을 받았던 학생들에게 가해졌던 과거의 잘못이 새로운 형태의 부정의를 현실화함으로써 바로잡아지거나 해결될 수는 없다. 이것은 학교가 사회 정의를 위해 싸워야 하며 모든 학생의 직업적, 개인적 필요를 평등하게 잘 보살펴야 한다는 사실과 무관하다……(p. 71).

이런 맥락과 연관 지어 볼 때, 보상의 원리를 논의했던 롤스(Rawls, 1971)가 앞에서 거론했던 일정 비율이나 차등 기준의 형태로 긍정적 조치를 논의하지는 않았다는 점은 중요하다. 롤스는 "이 원리를 추구하기 위해 지적으로 우수한 학생들보다 지적으로 뒤떨어진 학생들의 교육을 위해 더 많은 자원을 예를 들어 학교교육의 초기 단계에서 투입할 수 있다."(p. 86)고 언급했을 뿐이다.

보상의 원리는 앞에서 언급했던 스트라우스의 실용주의적 견해, 즉 "출생의 우연이 아닌 다른 이유에서 보통 사람과 신사가 불평등하다고 생각할 이유가 없을지라도" 오직 '신사들'이 모든 사람의 최대 이익을 위해 사회를 다스릴 준비가 되어 있다는 사실은 변함없다는 스트라우스의 견해에 대해 한 가지 비판을 제시한다(York, 2008: 73-74). 즉, '형평으로서의 정의'를 옹호하는 사람들은 중요한 지도자 과업을 담당하도록 준비시키는 과정에서 출신 배경이 상이한 사람들이 불평등을 겪고 있는 사회현실을 거부해야 하고, 이런 정의롭지 못한 사회 현실을 바꾸어야 하며, 그 이전에 부당한 불이익을 겪는 사람들에게 별도의 기회가 제공되어야 한다고 반박할 것이다.

5. 차이로서의 정의

이제까지 살펴본 세 가지 정의관의 밑바탕에 각각 존재론적 가정이 깔려 있다. 예를 들어 플라톤의 경우, '정의는 가장 잘 할 수 있는 바를 각자 행하는 사회에서 여러 부분 간의 조화로운 관계를 요청한다.'는 생각의 밑바탕에 '우리는 각기 다른 재능을 갖고 있는 사회적 존재'라는 믿음이 깔려 있다. 칸트의 경우, '정의는 명령의 일관성 있는 적용을 요청한다.'는 생각의 밑바탕에 인간은 합리적 존재이며, 합리적 사고에 의해 윤리적 명령에 도달할 수 있다는 존재론적 믿음이 깔려 있다.

그러나 정의관이 존재론적 가정에 기반을 둘 필요가 있는가? 철학자인 에마뉘엘 레비나스(Emmanuel Levinas)는 그렇게 생각하지 않고, 철학적 사고의 순서를 거꾸로 뒤집어야 한다고 제안하였다. 레비나스에 의하면, **우리가 타인과의 관계에 의해 윤리적으로 얽혀 있다는 것**이 무엇을 의미하는가를 생각하지 않은 채 **존재한다**는 것이 무엇을 의미하는가를 생각할 수는 없다. 레비나스는 인간을 정말 인간적이 되도록 만들어 주는 것이 무엇인가, 다시 말해 인간이 **된다**는 것이 무엇인가라는 질문에 대해 오직 윤리적으로 답할 수 있다고 주장한다. "나는 책임 있는, 서로 교체될 수 없는 나라고 하는 척도에서만 나다."(Levinas, 1985: 101)

레비나스에게 윤리학은 유일한 '타자'에 대한 반응이다. 타자인 그는 나에게 책임을 묻고 있으며, 나에게는 파악이 불가능한 '타자'로 남아 있다. 차이

(difference)로서의 정의라는 것은 이런 점에서 약간 기만적일 수 있다. 왜냐하면 타자의 타자성(alterity)은 결코 차이가 아니고 절대적 타자성이기 때문이다.

> 타자성은 차이가 있다는, 즉 나의 것과 다른 코, 다른 빛깔의 눈, 다른 성격을 갖는 어떤 사람이 나를 대면하고 있다는 사실이 결코 아니다. 그것은 차이가 아니라 타자성이다. …… 그것은 초월의 시작이다. 너는 다른 특성 때문에 초월적인 것은 아니다(Levinas: Levinas et al., 1988: 170에서 재인용).

타인과의 윤리적 관계는 그의 절대적 타자성을 존중해 줄 것을 요청한다. 이런 관점은 윤리학과 평등의 관계를 근본적으로 바꾸어 놓았다. 윤리학이 '유일한 타자의 부름'에 주의를 기울일 것을 요청한다면, '유일성과 비교될 수 없는' 평등은 윤리적 원칙이 될 수 없다. 레비나스는 윤리적 관계란 오직 유일한 인격이 다른 유일한 인격과 맺는 관계일 뿐이라는 점을 인정한다. 그러나 거의 모든 일상적 상황에서, 그리고 확실하게 거의 모든 교육 상황에서 우리는 한 명 이상의 유일한 타자와 관계를 맺고, 부름을 받는다. 그 상황은 우리가 윤리학에서 정치학으로, 즉 자비와 사랑이라는 윤리 원칙에서 정의라는 정치적 원칙으로 옮겨 갈 것을 요청한다.

> 나는 한 명의 유일한 [타자]만 존재하는 세계에서 살고 있지 않다. 언제나 세상에는 제삼자가 있다. 그는 또 다른 나의 이웃이다. 따라서 이 두 가지 중에서 어느 것이 우선하는가를 안다는 것은 나에게 중요하다. …… 비교될 수 없는 인간 존재들을 비교해서는 안 되지 않는가? 그럴 경우 정의는 타자의 운명을 나의 짐으로 받아들이는 것에 선행한다(Levinas, 1983/2001: 165-166).

레비나스에 따르면, 우리는 이중의 의무를 지게 된다. 그것은 유일한 타자에게 반응하는 의무와 또 다른 타자에게 반응하는 의무다. 윤리적으로 말하면 두

명의 타자는 평등하게 간주될 수 없으나, 정치적으로 말하면 나는 두 명에게 **평등하게 책임을** 갖고 있다. 정의가 나에게 요청하는 것은, 비교하는 일이 윤리적으로 용서받을 수 없는 폭력이 되는 비교를 개인들에게 행하는 것이다. 레비나스의 견해가 갖고 있는 교육적 시사점은 한 명 이상의 사람들과 관계를 맺어야 하고, 따라서 정의와 비교가 전형적으로 요구되는 그런 교육 상황의 윤리적 불완전성에 대해 절망하지 않아야 한다는 것이다. 그것은 정의는 필요하지만 이차적인 것이라는 점을, "정의는 언제나…… 타자에 대한 책임으로부터 나타나는" 것이며, "사랑은 언제나 정의를 감시해야 한다."(Levinas, 1983/2001: 166, 169)는 점을 기억하는 일이다. 한 명 이상의 학생이 주의를 끌려고 하는 상황에서, 한 가지 이상의 과제가 반응을 기다리는 상황에서 교사들은 평등과 정의의 원칙을 사용할 수밖에 없다. 결국 교사들은 각기 유일한 타자인 인격체들에 대한 반응과 그들에 대한 책임에서 그렇게 하고 있다는 점을 기억해야 할 것이다.

자크 데리다(Jacques Derrida)는 레비나스의 영향을 받았지만, 윤리와 정의가 비교될 수 없으나 상호보완적인 것이라는 레비나스의 (후기) 견해를 따르지 않고, 그 대신 윤리학을 위해 정의라는 개념을 다시 주장한다.[1] "정의는 타자를 타자로 경험하고 타자를 타자가 되도록 하는 것인데, 이는 보상(restitution), 재전유(reappropriation), 관할권(jurisdiction)이 없는 선물을 전제로 한다."(Derrida, 1993/2002: 105) 데리다에 의하면, 정의는 평등과 무관한 것이고, 평등은 정책/법률/규정에서 고려할 한 가지 사항이며, 이것은 레비나스가 생각하듯 정치가 필요한 것처럼 그렇게 필요한 것이지만, 타인에게 정의를 행하는 데에는 결국 불충분한 것이다. 게르트 비에스타(Gert Biesta, 2001)는 이런 점으로 인하여 교육자들이 겪게 되는 곤경을 밝혀낸다. "우리가 교육시켜야 할 타자에게 정의를 행할 수 있는 유일한 길은 타자를 전적으로 혼자가 되도록 남겨 두는 것이

1) 이 견해는 레비나스의 초기 저작(*Totality and Infinity*, 1961/1969)과 일치한다. 여기서 그는, '타자와의 관계가 곧 정의다' (p. 89)라고 말한다.

라고 주장할 수"(p. 51) 있지만, (교육의 주변 사례로도 간주될 수 없는) 이런 소홀은 학생을 타자로서 정당하게 대우하는 것이 못 된다. 왜냐하면 그를 받아들이는 것이 아니라 무시하는 것이기 때문이다(p. 51). 테츠야 타카하시(Tetsuya Takhashi, 2008)는 데리다적 정의의 교육적 요청이 불가능한 것임을 인정하고, 이와 동시에 그런 교육적 요청을 절대적인 것으로 간주한다. 이것은 "아동을 무조건적으로 긍정하는 교육, 아동의 잘못을 무조건적으로 용서하는…… 교육, 그리고 아동이 다가옴을 무조건적 환대로 받아들이는 교육"이다. 이와 같은 교육은 불가능한 일이다. 그렇지만 데리다(1993/ 2002)의 말처럼 무조건적 긍정과 환대의 원칙을 참조하지 못하는 교육은 정의에 대한 참조가 상실된 교육이다(p. 101).

6. 불평등이라는 가정

오늘날 사회정의에 관심을 갖는 대다수 교육학자들은 다음과 같이 현실의 사회적 불평등은 정당화될 수 없으며, 집단 간 평등의 증대를 위해 교육이 기여해야 한다고 믿는다. 똑같은 노동을 하는 남성/여성의 불평등한 보수, 생산적 과업과 재생산 과업 간의 불평등한 사회적 가치 인정, 동성관계와 이성관계 간의 법적 불평등 등이 그런 불평등의 예에 속한다. 프랑스의 포스트마르크스주의 철학자인 자크 랑시에르(Jacques Rancière)는 평등의 정의를 믿고 있지만 이를 옹호하는 대부분의 논변이 잘못이라고 믿는다. 그의 주장에 의하면, '사람들은 불평등하지만 올바른 개입이 나타난다면 평등해질 수 있다.'는 가정에서 출발하는 논변은 평등의 성취를 무한히 연기시킬 것이다.

> 평등이란 정부나 사회가 성공적으로 도달할 수 있는 목표가 아니다. 평등을 목표로 설정하는 것은 그것을 진보의 현학자들에게 넘겨주는 것이요, 이들은

> 그들이 없애겠다고 약속하는 격차를 끝없이 넓혀 버린다. 평등은 전제이며, 처음 공리다. 그렇지 않다면 그것은 아무것도 아니다(Ranciers, 2002: 223).

평등은 공리가 되어야 한다는 랑시에르 주장의 의미는 이것이다. 즉, 사람들이 불평등하다는 가정이야말로 사람들을 불평등하게 유지시키는 가장 강력한 힘이다. 그는 사람들이 평등하다고 가정함으로써, 그리고 이런 가정을 검증함으로써 그런 추론을 뒤엎으려고 한다.

> 그 대신 평등이 출발점을 제공하는 것이라면 어떨까? 평등을 목표가 아닌 전제로서, 평등의 실현이 현재 불가능함을 더 잘 설명하기 위해 어느 먼 미래에나 확실하게 나타날 보상이 아닌, 실천으로 만들고자 하는 의미는 무엇인가?(Ross, 1991: xix)

여기서 지적해야 할 점은 랑시에르가 가리키는 것은 수입/주거 환경 등에서의 물질적 평등이 아니라는 것이다. 그런 불평등이 존재한다는 것은 입증하기가 쉽다. 그가 관심을 갖고 있는 것은 존재론적 평등, 혹은 그가 말하는 '지능의 평등'이다. 루이텐버그(Ruitenberg, 2008)가 다른 곳에서 언급했듯이 랑시에르는 『무지한 스승(*The Ignorant Schoolmaster*)』(1987/1991)에서 19세기의 교사인 조제프 자코토(Joseph Jacotot)의 경험을 설명한다. 자코토는 평등한 지능이라는 가정이 자기충족적 예언으로 작동한다는 점을 우연히 깨닫게 되었다. 자코토는 교사와 학생이 지능에서는 평등하지만 의지에서 불평등하다고 이해하였다. 그는, 플랑드르 지역 학생들이 이중언어 텍스트를 공부할 때 스스로 프랑스어를 배우는 데 그들의 지능을 사용하도록 지도하는 것에 자신의 의지를 발휘할 수 있었다.

랑시에르는 학문적으로 피에르 부르디외(Pierre Bourdieu)와는 상이한 견해를 표명한다. 학교에서 불평등의 사회적 재생산에 대한 부르디외의 연구는 교육이론과 정책에 큰 영향을 미쳤다. 랑시에르(1983/2003)는 부르디외를 가리켜 '사회학자-왕'이라고 조롱한다. 이는 플라톤의 철인-왕에 견준 말이다. 사회학자-왕이란 '보통 사람들'로 하여금 자신들의 불평등한 조건을 어떻게 적절하게 해석하고, 자신들을 어떻게 해방시킬 것인지를 그들에게 설명해 줌으로써 자신의 우월성을 계속 유지시키는 사람을 가리키는 말이다. 랑시에르의 주장에 의하면, '보통 사람들'이 자신들의 불평등을 극복하는 데 해방적인 현학자들이 필요한 것은 아니다. 보통 사람들은 이미 여러 가지 측면에서 자신들의 근본적인 지적 평등을 보여 준다. 이런 평등을 인식하기를 배워야 하는 것은 현학자들의 몫이다.

7. 정의, 평등, 인간 이외의 세계

> 환경의 위험과 모험, 그리고 투자와 이득이 모든 사법적 수준에서 직접적 차별이나 간접적 차별 없이 평등하게 배분되어 있을 때, 환경 투자, 이득, 자연자원에 대한 접근이 평등하게 분배되어 있을 때, 그리고 환경 관련 문제들에서 정보, 의사결정 참여, 정의에 대한 접근이 모든 사람에 의해 향유될 때 환경 정의의 조건은 존재한다(Central and Eastern European Workshop on Environmental Justice, Budapest, 2003).

환경 정의(environment justice), 그리고 **환경 차별주의**(environment racism), **생태학적 정의**(ecological justice)와 같은 관련 용어들은 환경의 재화와 훼손이 어떻게 지역적/국가적/세계적으로 배분되어 있는지, 그리고 시간적으로는 미래 세대의 이익이 언제 고려되고 있는지를 폭넓게 가리키는 용어다. 환경 정의에 대해 어떤 견해를 옹호하는 사람들은, 주변화된 사회집단의 구성원들이 환경 훼손으로 인해 부당할 정도로 고통받고 있는 증거를 제시한다. 이 증거는 국적/

인종/계급/젠더/연령/섹슈얼리티/능력에 기반을 둔 다중 형태의 억압들이 교차하는 것이다(Nelson, 1990; O'Sullivan, 1999: 133-176). 그러나 현대의 환경정의 이론가들은 인간을 제외한 생물들도 도덕적 지위를 갖는 것으로 보아야 하는가를 놓고 의견 차이를 보이고 있다. 만일 그 점을 인정한다면, 어떤 **종류**의 도덕적 지위를 인정해 주어야 하며, 그런 인정은 어디까지 확대되어야 하는가? 이 논란은 새로운 이야기가 아니다. 인간중심주의에 대한 반대 의견은 레이철 카슨(Rachel Carson)의 『조용한 봄(*Silent Spring*)』(Fox, 1990: 1-8)이 출판된 이후 현대 환경 운동의 일부분을 차지하고 있었다. 그러나 브라이언 벡스터(Brian Baxter, 2005)에 따르면, 일부 사람들은 아직도 생태학적으로 지속 불가능한 실천에 대한 반대 논변들을 오직 **호모 사피엔스**(Homo sapience)에 대한 부정적 결과만을 지적함으로써 제시하고 있다. "현실과 미래의 인간 존재들에게 없어질 것들, 즉 미학적, 문화적, 과학적, 의학적, 경제적, 오락적 상실 등만이 중요하다." (p. 1)

환경 정의의 옹호자들은 인간중심주의(anthropocentricism)가 정당화될 수 없는 편견이라고 믿어야 할 여러 가지 경험적/논리적/도덕적 이유들을 제시한다(Fox, 1990: 특히 13-19). 한편으로는 여기서 제시된 논변의 메타 윤리적 기반, 그리고 다른 한편으로는 인간이 아닌 생물에 부여되는 **도덕적 지위의 종류** 그리고 이런 도덕적 지위가 적용되는 **인간 이외의 존재들의 범주들**을 서로 연결시키기도 한다. 예를 들어, 피터 싱어(Peter Singer, 1989)의 주장에 따르면, 인간과 인간 이외의 생물이 공유하는 도덕적 특성은 쾌락과 고통을 느끼는 능력이기 때문에 이런 감각을 지닌 모든 존재는 최대 선의 공리주의적 계산에서 평등하게 고려되어야 한다. 그러므로 (예를 들면) 저렴한 육류를 통해 인간이 얻는 쾌락을 위해서 인간 이외의 동물에게 심각한 고통과 죽음을 가하는 것은 잘못이다. 싱어에 반대하는 벡스터(Baxter, 2005)는 '공평성으로서의 정의'라는 자유주의적이고, 더 존재론적인 입장을 확대시킴으로써 그런 감각이 없는 생물도 그런 도덕적 지위를 얻을 자격이 있는 것으로 이해해야 한다고 주장한다. 왜냐하면 우리가 모두 공유하는 관련된 특성은 '복지 이익(welfare interest)'을 갖고 있다고 보기 때문이다. "모든 살아 있는 존재는 자신의 특수한 능력을 발달시킴으로써 그들의 종을 번성시키는 데 일반적 관심을 갖는다."(p. 52) 그런데 벡스터는 희귀한 자원을 놓고 경쟁이 벌어지는 경우에는 인간이라는 도덕적 존재와 비교해서 더 큰 혹은 더 작은 능력에 따라 상이한 집단의 살아 있는 생물에 대해 불평등한 도덕적 지위를 부여하는 것이 정당하다고 주장하기도 한다. 제3의 메타윤리적 입장을 옹호하는 사람들은 안 네스(Arne Naess, 1990)와 반다나 시바(Vandana Shiva, 2005)와 같은 저자/활동가들이다. 그들이 주장하는 환경 정의에서는 모든 살아 있는 존재가 내재적 가치를 갖는다는 도덕적 직관에 호소한다. 이 점에서 볼 때 인간이나 인간이 아닌 생물은 동일한 생명 공동체의 상호 연결된 부분으로서 더욱 평등한 지위에 놓인다. 이런 주제를 어떤 식으론가 변용시킬 경우, 인간은 도덕적 위계의 상부를 차지할 특권적 지위를 상실하게 된다.

> 인간 주체의 지위는 탈중심화되며, 생태 체계적 생명의 망, 즉 그 유역들 자체는 최고의 도덕적 가치가 부여되는 곳이 된다. 탈중심화된 주체는 공동의 공간에 거주하는 모든 살아 있는 존재들의 상호관계의 복잡한 모자이크 안에서 다시 자리 잡게 된다(Devon Peña, 1998: 49: Brandt, 2004: 98에서 재인용).

환경 정의에 대한 여러 가지 관념은 **어떻게** 교육적 재화를 공평하게 분배해야 하는가뿐만 아니라, 그런 교육적 재화의 내용이 **무엇**이어야 하는가에 대해서 큰 시사점을 준다. 인간 이외의 생물을 생존하게 만들고, 환경 자원을 공평하게 공유할 권리들을 보호해 줄 의무가 인간에게 있다는 견해(Shiva, 2005: 9)로부터 우리는 시민 교육이 이런 책임을 잘 이행하는 데 필요한 지식/성향을 제공해 주어야 한다는 점을 이끌어 낼 수 있다(Baxter, 2005: 83, 141, 156). 넓게 말해서, 환경 부정의의 원인들은 그릇된 도덕적 동기와 부적절한 생태학적 이해의 산물이라고 여기서 진단된다. 따라서 처방되어야 할 교육적 치유책은 **왜**, 그리고 어떻게 우리는 인간 이외의 생물의 권리에 대한 책임을 이행해야 하는가에 주목하게 된다. 유능한 환경적(environmental) 시민성에 필요한 교육 형태가 구체적으로 어떤 것인가에 대해 실질적으로 많은 견해 차이가 나타나는 것은 환경적 불공평이 어떻게/왜 지속되는가에 대한 설명이 다양하게 나타나기 때문이다. 환경적 부정의뿐만 아니라 정치적/문화적/경제적 부정의의 원천을 인간적/사회적/영성적 소외의 심층 구조 속에서 찾고 있는 사람들은 인간의식/사회관계/영성경험에서 근본적 변화를 불러일으킬 수 있는 형태의 교육을 추구한다(Eisler, 1990; Orr, 2004; O'Sullivan, 1999). 이런 많은 학자들은 교육적 재화의 재분배를 통해 거대한 사회적 불평등을 보상해 주는 일에 교육의 역할을 제한시키는 교육관이 아니라, 교육은 정의롭지 못한 사회구조의 변화를 선도할 수 있는 공간이라는 교육관을 긍정한다. 바로 이런 교육관에 의해 촉발된 프로그램을 통해 학생들은 현존하는 (젠더/인종집단/사회계급/국가/종 사이의) 불평등의 정당성에 대해 의문/비판을 제기하고, 보다 정의로운 사회질서를 상상/추구하는 것을 학습한다.

8. 결 론

이 장은 우리가 출발했던 지점에서 종결된다. 우리는 평등/정의와 '정의를 증진시키는 공정한 교육' 간의 관계를 상호 적대적인 철학적 전통의 특성에 따라 다양하게 이해할 수 있다. 이런 특성은 암묵적 가정, 명시적 신념, 규범적 신봉, 실천적 우선순위 등의 독특한 결합에서 나타난다. 정의를 증진시키는 교육 사업은 지구적 지평 위에서 국지적(local) 관심을 추구해야 한다. 이제 우리에게 다음과 같은 질문이 던져진다. '특수한 정의관을 신봉하는 사람들은 근본적 견해 차이가 특징적으로 나타나는 사회적/정치적 맥락 속에서 자신들의 명분을 어떻게 추구해야 하는가?'

참고문헌

Baxter, B. (2005) *A Theory of Ecological Justice*. London: Routledge.

Biesta, G.J.J. (2001) '"Preparing for the incalcuable"; deconstruction, justice, and the question of education', in G.J.J. Biesta and D. Egéa-Kuehne (Eds.), *Derrida & Education*. NY: Routledge, pp. 32-54.

Brandt, C.B. (2004) 'A thirst for justice in the arid southwest: the role of epistemology and place in higher education', *Educational Studies*, 36(1): 93-107.

Brighouse, H. (2006) *On Education*. NY: Routledge.

Derrida, J. (2002) 'The deconstruction of actuality (E. Rottenberg, trans.)', *Negotiations: Interventions and Interviews 1971-2001*. Stanford, CA: Stanford University Press, pp. 85-116. (Original work published 1993.)

Eisler, R. (1990) 'The Gaia tradition and the partnership future: an ecofeminist manifesto', in I. Diamond and G.F. Orenstein (Eds.), *Reweaving the World: The Emergence of Ecofeminism*. San Francisco: Sierra Club Books, pp. 23-34.

Fox, W. (1990) *Toward a Transpersonal Ecology: Developing New Foundations for Environmentalism*. Boston: Shambhala Publications.

Haydon, G. (1998) 'Between the common and the differentiated: reflections on the work of the School Curriculum and Assessment Authority on values education', *Curriculum Journal*, 9(1), 5-21.

Kodelja, Z. (2005) 'Justice in education: two examples', *Metodicki Ogledi*, 12: 67-79.

Levinas, E. (1969) *Totality and Infinity* (A. Lingis, trans.). Pittsburgh, PA: Duquesne University Press. (Original work published 1961.)

Levinas, E. (1985) *Ethics and Infinity* (R. Cohen, trans.). Pittsburgh, PA: Duquesne University Press. 양명수 역(2005). 『윤리와 무한: 필립 네모와의 대화』. 서울: 다산 글방.

Levinas, E. (2001) 'Philosophy, justice, and love (M.B. Smith, trans.)', in J. Robbins (Ed.), *Is it Righteous To Be? Interview with Emmanuel Levinas*. Stanford, CA: Standard University Press. (Original work published in 1983.)

Levinas, E., Wright, T., Hughes, P. and Ainley, A. (1988) 'The paradox of morality: an interview with Emmanuel Levinas (A. Benjamin and T. Wright, trans.)', in R. Bernasconi and D. Wood (Eds.), *The Provocation of Levinas: Rethinking the Other*. NY: Routledge, pp. 168-180.

MacIntyre, A. (1988) *Whose Justice? Which Rationality?* Notre Dame, IN: University of Notre Dame Press.

Naess, A. (1990) *Ecology, Community, and Lifestyle: Outline of an Ecosophy* (David Rothenberg, trans.). Cambridge: Cambridge University Press.

Nelson, L. (1990) 'The place of women in polluted places', in I. Diamond and G.F. Orenstein (Eds.), *Reweaving the World: The Emergence of Ecofeminism*. San Francisco: Sierra Club Books, pp. 173-188.

Orr, D. (2004) *Earth in Mind: On Education, Environment, and the Human Prospect*, 10th anniversary edn. Washington: Island Press. 이한음 역(2009). 『학교를 잃은 사회, 사회를 잊은 교육』. 서울: 현실문화.

O'Sullivan, E. (1999) *Transformative Learning: Educational Vision for the 21st Century*. Toronto: University of Toronto Press.

Rancière, J. (1991) *The ignorant Schoolmaster: Five Lessons in Intellectual Emancipation* (K. Ross, trans.). Stanford, CA: Stanford University Press. (Original work published 1987.) 양창렬 역(2008). 『무지한 스승』. 서울: 궁리.

Rancière, J. (2002) 'Afterword', *The philosopher and his Poor* (A. Parker, C. Oster and J. Drury, trans.). Durham, NC: Duke University Press.

Rancière, J. (2003) *The Philosopher and His Poor* (J. Drury, C. Oster and A. Parker, trans.). Durham, NC: Duke University Press. (Original words published in 1983.)

Rawls, J. (1971) *A Theory of Justice*. Cambridge, MA: Harvard University Press. 황경식 역(2003). 『정의론』. 서울: 이학사.

Rawls, J. (1993) *Political Liberalism*. NY: Columbia University Press. 장동진 역(1998). 『정치적 자유주의』. 서울: 동명사.

Ross, K. (1991) 'Introduction', in J. Rancière (Ed.), *The ignorant Schoolmaster: Five Lessons in Intellectual Emancipation* (K. Ross, trans.). Stanford, CA: Stanford University Press.

Ruitenberg, C.W. (2008) 'What if democracy really matters?', *Journal of Educational Controversy*, 3(1). Available online from http://www.wce.wwu.edu/Resources/CEP/eJournal/v003n001/a005.shtml

Siegel, H. (1988) *Educating Reason: Rationality, Critical Thinking, and Education*. NY: Routledge.

Shiva, V. (2005) *Earth Democracy: Justice, Sustainability, and Peace*. Cambridge, MA: South End Press.

Singer, P. (1989) 'All animals are equal', in T. Regan and P. Singer (Eds.), *Animal Rights and Human Obligations*. New Jersey: Prentice-Hall, pp. 148-162.

Takahashi, T. (2008) *On the Unconditional: Thinking of Education in Japan*. Paper presented at the 11th Biennial Conference of the International Network of Philosophers of Education, Kyoto, Japan.

Van Wyk, B. (2006) 'Exploring constitutive meanings of educational transformation in South Africa', *Interchange*, 37(3): 181-199.

York, J.G. (2008) 'Neoconservatism and Leo Strauss: the place of a liberal education', *Critical Studies in Education*, 49(1): 67-80.

제15장

교육의 목적: 개인과 공동체

John P. Portelli and Francine Menashy

1. 서 론

교육의 목적은 많은 논란을 불러일으키는 주제다. 이에 대해 주로 두 가지 견해가 대립하고 있다. 즉, 개인적 입장과 공동체적 입장이 그것이다. 이 두 견해의 역사적 근원과 특징을 알아보는 것이 이 장의 목적이다.

먼저 각 입장의 일반적 배경과 철학적 근원을 살펴본 다음에 교육적 측면에 집중하고, 각 견해를 옹호하는 사람들을 살펴본다. 교육의 목적에 관한 논의는 오랜 역사를 갖고 있으므로 여기서 상세한 설명을 제시한다든가, 관련된 학자들의 구체적 해석을 논변한다는가 하는 일은 불가능하다. 그러나 가능한 한 관련된 저자들의 직접 인용문이나 이차적 해설을 제시함으로써 독자들이 해당 주제를 여유롭게 보다 깊이 탐구할 수 있도록 할 것이다. 의견이 개입되지 않은 순수한 설명은 불가능한 일이지만 각 견해를 공정하게 해설하려고 노력할 것이다. 그다음 각 입장이 안고 있는 주요 문제점과 그에 대한 핵심 비판을 살펴볼 것이다. 마지막으로 개인과 공동체의 현실을 인정하면서 두 견해를 뛰어넘는 대안적 입장의 가능성도 살펴볼 것이다.

2. 개인적 교육목적

1) 개인주의

개인적 교육목적을 적절하게 검토하기 위해 우리는 먼저 개인주의의 철학적 기반을 살펴보아야 한다. 자유주의에 뿌리를 둔 개인주의는 개인을 모든 분석의 중심에 둔다(Peters & Marshall, 1996). 개인이라는 개념은 여러 가지로 기술할 수 있다. 여기서는 교육의 목적 측면에서 와트(Watt, 1989)를 기반으로 다음 여섯 가지 점을 제시하면 충분할 것이다.

① 개인은 목적 그 자체이며 궁극적이고 내재적인 가치를 갖는다.
② 개인은 인간관계에서 우선성을 갖는다. 사회적인 것은 이차적이다. 왜냐하면 사회제도는 오직 개인을 위해 존재하기 때문이다.
③ 집단의 권리나 책임과는 대조적으로 개인의 권리는 보편적이며 내재적(자연적)이다.
④ 개인의 자율성은 유지되고 보호될 필요가 있다. 이를 위해 다양한 영역(경제, 종교 등)에서 사회적/집단적 영향력이나 통제력은 제한된다. 따라서 개인의 독특성과 이익은 집단이나 집단적 관점보다 우선한다고 믿는다.
⑤ 개인적 책임을 사회적 책임보다 더 가치 있게 여긴다.

⑥ 인간은 본질적으로 경쟁적이며, 이타적이거나 우애적이기보다는 자기이익의 도모를 목적으로 삼는다.

개인주의라는 개념의 특징은 개인이 자신을 독립적 존재로 규정하고 대부분의 목적을 개인의 목적에 종속시킨다는 점이다(Triandis, 2001). 광범하고 다양한 의미를 갖고 있지만, 개인주의의 핵심은 개별적 인간 존재를 특권시하며 행위 환경의 분석이나 일반사회의 이익을 이차적인 것으로 간주한다는 점이다.

분석과 행위의 중심에 개인을 두는 사례를 우리는 초기 그리스 철학이나 기독교 경전에서 찾을 수 있다.[1] 그러나 철학에서 진정한 개인주의 운동의 출발은 18세기와 계몽주의 시대에서 찾는 것이 일반적이다. 이성의 시대의 일부 사상가는 개인주의자로서 분명하게 부각된다. 예를 들면, 애덤 스미스(Adam Smith)의 경제이론에서는 사회가 기능적으로 가장 잘 돌아가는 것은 모든 당사자가 자신의 개인적 이익에 기여하기 위해 행동할 때라고 말한다. 스미스의 인간관에 따르면, 인간의 가장 큰 동기는 자기이익/경쟁/야망이다. 그는 경제활동에 대한 정부의 통제는 제한되어야 하며, 시장의 '보이지 않는 손'이 안정과 번영을 낳을 것이라고 주장한다. 자기이익이 결국에 가서는 일반 사회에 봉사한다고 제안하고 있지만, 스미스의 철학에서 중심은 개인이다(Smith, 2003; Triandis, 2001; Watt, 1989).

칸트의 도덕이론도 개인의 우선성을 제안한다. 그는 모든 인간이 합리적/독립적 존재이기 때문에 우리는 모든 개인을 목적 그 자체로 대해야 하고, 어떤 다른 목적의 수단으로 대우해서는 안 된다고 주장한다(Kant, 1993/1785: 37). 그의 정언 명령은 개인으로서 우리의 도덕적 행위가 보편화될 수 있는 것이어야

1) 기독교 경전은 공동체적 관점을 지지하기도 하지만, 성 오거스틴과 같은 일부 기독교 철학자는 학습에서 개인의 중요성을 강조한다. 『교사론(*On the Teacher*)』에 들어 있는 그의 대화를 참조하라.

한다고 말한다. 이는 인간은 자율적 존재이며, 도덕적 행위는 각 개인의 합리적 행동의 결과임을 의미한다. 이것이 개인주의의 입장이다. 왜냐하면 각 개인은 본질적으로 자기 자신의 이성에 따라 행위할 수 있으며, 따라서 각자가 자기 자신의 행위를 결정하기 때문이다(Kant, 1992/1785).

개인주의에 크게 의존하는 또 다른 계몽주의 사상가는 낭만주의자인 루소였다. 그는 '자연 상태'에서 찾아질 수 있는 개인의 자유/자율성을 옹호하였다. 루소는 인간의 자유에 대한 모든 구속에 대해 비판적이다. 그는 법이 강제하는 것과는 반대로 인간 존재가 자유롭게 계약을 맺고 이에 따르기로 개인적으로 동의하는 '사회계약'을 믿는다. 따라서 루소의 정치철학은 개인의 우선성에 기반을 두고 있다. 즉, 개인을 사회의 중심에 둔다(Rousseau, 1987/1762). 나중에 자세히 논할 루소의 교육철학은 그의 정치이론을 구체화한 것이다.

존 스튜어트 밀(John Stuart Mill)의 19세기 자유주의 정치이론은 개인의 자유를 강조한다. 그의 철학은 개인주의를 후원하는 주요 세력으로 인용될 수 있다. 잘 알려져 있듯이, 그는 일찍이 어떤 견해를 표현하는가와 관계없이 언론 자유와 열린 담론을 옹호하였다. 그는 통치 혹은 다른 방식으로 타인에 대해 행사되는 권력은 다른 사람들이 위해(harm)를 입는 일을 막아야 할 경우에만 행사되어야 한다고 주장한다. 이 밖에 "오직 자신과 관계되는 부분에서는 그의 독립이 절대적으로 옳은 것이다. 자신에 대해, 자신의 몸과 마음에 대해서는 개인이 주인이다."(Mill, 1991: 14) 밀의 이런 말은 자유주의 전통의 모토가 되었다.

20세기에도 개인주의의 영향을 받은 몇몇 이론가가 있다. 특히 스미스의 경제철학에 담겨 있는 형태의 개인주의로부터 영향을 받은 이론가로서 프리드리히 하이에크(Friedrich Hayek, 1994)와 밀턴 프리드먼(Milton Friedman, 1990; Friedman & Friedman, 2002)을 들 수 있다. 그들은 개인들의 삶에 대한 정부 개입에 반대하고 그것을 자유시장 자본주의를 지지하는 방향으로 연결시킨다. 지루(Giroux, 2004)는 다음과 같이 기술한다.

> 공공 교육학 및 정치 이데올로기로서 하이에크와 프리드먼의 신자유주의는 스미스나 리카르도(Riccardo)가 발전시킨 18, 19세기의 고전적 자유경제 이론에 비해 훨씬 더 무자비하다. 신자유주의는 오늘날 보수주의적 혁명을 이끌었는데, 그것은 민주국가나 공동 선의 주권보다 시장의 주권을 더 지지했던 시기의 미국 역사를 상기시킨다(pp. 12-13).

이제까지 간단하게 언급한 것처럼, 개인주의는 사회적/정치적 자유주의에 뿌리를 두고 있는데, 근본적으로 개인의 권리와 자유를 최고로 삼는다. 개인주의에 대한 자유주의의 철학적 입장을 가리켜 '계몽 프로젝트의 논리적 외연'이라고 보는 경우도 많지만, 낭만주의가 미친 영향에 대해서도 주목할 필요가 있다. 낭만주의적 요소는 20세기 교육에서 나타난 개인주의의 발전에 영향을 미쳤다. 그리고 나중에 밝혀질 점인데, 개인적 교육목적에 대한 주요 비판 중에는 교육이론에 영향을 미친 자유주의 철학과 낭만주의에 대한 비판으로 간주할 수 있는 것들이 많이 들어 있다.

2) 개인주의와 교육목적

교육철학자에 따라 개인주의의 개념도 다양하게 파악된다. 이 장은 교육에서 개인주의적 관점을 지지하는 몇 가지 핵심 논변을 간략하게 살펴볼 것이다. 일부 핵심 교육이론가들이 개인주의의 개념을 어떻게 차용했는가를 살펴볼 것이다. 그중 가장 주목할 사람은 루소, 닐(Neill), 일리치(Illich), 홀트(Holt), 로저스(Rogers), 윌슨(Wilson), 피터스(Peters) 등이다. 듀이는 개인주의자라고 말할 수 있는 측면도 있지만, 나중에 밝혀졌듯이 공동체적 교육목적을 주장하기도 했다. 이런 철학자들에게 공통된 주요 특징이 있다. 모두가 개인주의의 틀 안에서 교육을 이론화하며, 개인적 교육목적을 여타의 교육적 목표보다 우위에 둔다는 것이다.

루소의 『에밀(*Émile*)』(1792)은 에밀의 이상적 교육을 소설로 보여 준다. 당시 부패한 사회에서 도덕적 성인으로 성장할 수 있게 해 주는 과정이 제시되어 있다. 루소는 에밀의 조기 교육을 개관한다. 여기에 신체 발달과 정서 성장이 포함된다. 에밀의 선생의 관점에서 쓰인 『에밀』은 루소의 믿음을 구체화한 것이다. 즉, 본질적으로 천성이 착한 인간을 사회가 타락시킨다는 믿음이다. 그가 제시한 도덕교육은 한 학생에게 초점을 두고 행해진다. 이런 교육은 개인의 적성/선호/경험에 기반을 두고 행해질 수 있다. 에밀의 교육은 '경험적' 교육의 초기 형태라고 주장할 수 있다. 거기서 학생은 책이나 직접적 가르침을 통해 혹은 제도 속에서 배우는 것이 아니라, 자기발견과 개인적 흥미를 통해 배운다(Rousseau, 1979/1782).[2)]

'섬머힐 학교'를 세운 사람으로 유명한 닐(A. S. Neill)은 개인의 본성을 짓누르고 아동의 행복을 억누르는 학교를 극렬하게 비판한다. 그의 대안학교인 '섬머힐 학교'에서는 수업에 들어가지 않을 자유 혹은 민주적 참여를 통해 학교규칙을 정할 자유가 아동에게 허용된다. 교사는 학습을 촉진시키기만 한다. 닐에 의하면, "아동은 천성적으로 현명하고 현실적이다. 성인들이 제시하지 않고 그대로 맡겨 두어도 아동은 발달할 수 있는 데까지 발달해 갈 것이다."(Neill, 1997: 369) 닐의 철학에서는 학생들의 개별적 본성, 그리고 언제 어떻게 학습할 것인가를 선택할 자유를 강조한다. 닐에게서 낭만주의적 영향은 분명히 나타나며, 아마도 20세기 교육에서 개인주의를 옹호하는 사람들 중에 가장 큰 영향을 받고 있음을 엿볼 수 있다.

개인주의에 대한 관심은 이반 일리치(Ivan Illich)의 저술에서도 나타난다. 그는 '탈학교(deschooling)'의 교육철학자로 유명하다. 일리치의 주장에 의하면,

2) 루소는 여자아이인 소피의 이상적 교육도 설명해 주고 있다. 그러나 그것은 남자아이인 에밀의 이상적 교육과는 전혀 다르다. 소피의 교육은 일차적으로 에밀의 착한 아내, 유능한 가정주부나 엄마로 만들기 위한 것이다.

학교라는 제도는 직접적/간접적으로 잠재적 교육과정을 가르친다.

> 학생들이 배우는 것은 교육이란 점수화된 소비과정을 통해 학교에서 습득될 때에만 가치 있는 것이 될 수 있다는 점, 개인이 사회에서 누릴 성공의 정도는 그가 소비하는 학습의 양에 의존한다는 점, 그리고 세계에 관한 학습이 세계로부터 학습하는 것보다 더 가치가 있을 수 있다는 점이다(Illich, 1981: 95).

여기서 일리치는 학교에 대해 비판적이다. 왜냐하면 학교는 개별 학생들의 자유를 무력하게 만들고, 더 넓은 세계와의 접촉을 통해 진실로 배울 수 있음에도 이를 방해한다고 보았기 때문이다. 일리치는 전혀 새로운 형태의 교육을 옹호한다. 여기서 학생들은 강제로부터 자유롭게 된다. 그것은 '홍겨움(conviviality)'을 기반으로 하는 교육이다(Illich, 1981).

존 홀트(John Holt)도 이와 비슷하게 학교를 비판한다. 그의 주장에 따르면, 학교는 "학습자가 아닌 타인들의 목적에 봉사하는 곳이다."(Holt, 1981: 6) 그 역시 탈학교를 지지한다. 여기서 그는 교육적 자원을 거부한다. 왜냐하면 학교는 "이미 알려져 있는 것에 대한 접근을 제한"(p. 7)하기 때문이다. 그의 주장에 의하면, 학생들은 무엇을 어떻게 배울 것인가를 자유롭게 선택해야 한다. 그는 교육체제가 "대다수 사람으로 하여금 자신들에게 좋을 것이라고 타인들이 판단한 것을 배우도록 만드는 곳"(p. 6)이라고 비난한다. 그러나 그의 교육철학에는 '공동체'에 대한 생각이 들어 있다. 그가 보기에 학생들이 배워야 할 곳은 학교라는 제도가 아니라 공동체다. "우리는 공동체, 그리고 공동체들의 공동체를 생각할 필요가 있다. 그 안에서 사람들은 자신들이 알고 있는 것을 공유하거나, 혹은 의문 사항을 질문하거나 호기심을 충족시키는 일을 훨씬 쉽게 해낼 것이다."(p. 9) 이렇게 공동체를 언급함에도 불구하고 홀트는 개인주의적 교육철학자로 간주되어야 할 것이다. 그는 학생의 개인적 자유와 개인적 학습방법을 증진시키고자 한다. 왜냐하면 그는 타인들에 의해 결정된 교육을 부과시키는 일

고등교육은 일반대학이건 전문대학이건 학생들이 전공 지식을 쌓고 그들에게 특수한 더 높은 수준의 기능을 쌓음으로써 취업에 활용할 수 있게 해 준다. 이런 교육의 거의 모든 측면은 학생의 발전에 기여하면서도 만족/충족을 제공해 줄 수 있다. 이와 같은 간략한 서술은 교육목적에 대한 개인주의적 견해를 덜 급진적인 것으로 묘사해 주는 것으로, 현대의 독자들에게 보다 친숙한 이야기가 될 것이다. 학생은 자신을 향상시키기 위해 공부하며, 학교는 개인의 발전에 기여하기 위해 그의 독자성을 존중하고 교육기관을 졸업한 후의 삶을 위해 준비시킬 것이다. 교육의 포괄적/일차적 목적은 개인의 필요를 충족시켜 주는 것이지만 이것은 정부의 교육 관련 부서에 의해 결정되며, 학교는 이를 해석한다. 이는 학생들 자신에 의해 혹은 학생들의 흥미에 의해 결정되는 것과는 대조적이다. (그보다 학생들에게 이익이 된다고 보는 것이다.)

그러므로 개인을 위한 교육철학에서 덜 급진적인 쪽에서는 일반적으로 다음과 같이 주장한다. "학교는 개인을 억누르는 경향을 보였다. 학교는 획일성과 집단주의를 조장하고 개인이 자기규정, 자기표현, 자아실현을 추구하려는 인간적 도전으로부터 멀어지게 만들었다."(Griffin & Nash, 1990: 2) 개인의 자유에 대한 자유주의적 입장을 따르는 학교에서는 개별 학생들 간의 경쟁을 조장하고, 학생들이 사회 속에서 독립적 삶을 살아가도록 준비시키며, 그들의 독자성과 독특한 능력을 존중한다. 교육적으로 덜 급진적인 개인주의에서는 전통적인 학교 구조를 지지할 것이지만, 제도 안에서 학생들에게 '독립성, 자율성, 자기의존심, 주도성'과 더불어 일정한 자유를 어떻게 부여할 수 있는가를 묻는다. 이 모든 것의 목적은 개별 학생들을 존중하고, 그들 자신의 학습과정과 성과를 최대한 강화시키는 것이다(Hargreaves, 1980: 193).

3. 공동체적 교육목적

1) 공동체주의와 공동체

공동체적 교육목적을 옹호하는 논변들의 기반에는 '공동체주의(communitarianism)'라는 사회이론/정치이론이 깔려 있다고 볼 수 있다. 공동체주의에서는 자유주의 정치이론과 이와 연관된 개인주의를 대조시킨다. 정치적/사회적 목적은 개인이 아닌 집단/공동체에 초점을 둔다. '공동체주의'의 주장에 따르면, 개인의 자유에 초점을 두거나 개인적 목표에 우선성을 부여하는 것은 공동체 차원의 핵심 가치들을 종속시켜 버린다. 이 입장을 가진 20세기 철학자로는 찰스 테일러(Charles Taylor, 1991)와 앨러스데어 매킨타이어(Alasdair MacIntyre, 1981)가 있다. 그들은 공동체주의적 이론을 내세우면서 자유주의를 비판한다.

공동체주의 이론들 속에는 공동체에 대한 구체적 개념이 확실히 나타나고 있다. 그러나 '공동체'라는 용어에 대해 한 가지 정의만 있는 것은 아니다. 역사적으로 볼 때, '공동체' 개념은 그리스의 폴리스(polis)와 기독교 경전으로까지 거슬러 올라갈 수 있다. 또한 그것은 르네상스와 계몽주의 시대의 정치철학, 그리고 헤겔(G. W. F. Hegel)과 같은 19세기 독일 철학에도 들어 있는 것으로 보인다. 그것은 20세기 공동체주의 철학자들에 의해 널리 사용되었다. 마르크스(K. Marx)도 자신의 저술에서 특수한 개념의 공동체를 사용했다.

공동체는 애매하고 모호한 개념이라고 밝혀졌다. 거기에는 기술적(descriptive) 요소와 규범적 요소가 들어 있다. 다음과 같은 진술은 공동체 개념의 다양한 의미를 잘 지적해 주고 있다.

> 인습적으로 이 용어를 사용함으로써 가리키고자 했던 것은 지역성; 이익집단; 연대의 체제; 서로 중요하게 느끼는 집단; 도덕적 합의, 공유된 신념, 공유

> 된 권위 혹은 종족적 통일성을 특징으로 하는 집단; 역사적 연속성과 공유된 전통으로 확인되는 집단; 구성원들이 어떤 역할, 기능, 직업군으로서 만나는 것이 아니라 어떤 의미에서 한 인간 전체로서 만나는 집단; 끝으로 직업적, 기능적 혹은 부분적 공동체들이다(Plant et al., 1980: 207).

공동체란 본질적으로 논란이 많고 또 많을 수밖에 없는 개념이다. "공동체에는 '지역성', '이익집단'에서부터 '공유된 신념, 권위, 전통'에 이르는 복잡한 기술적 의미들이 담겨 있다."(Peters & Marshall, 1996: 22) 또한 공동체에 기반을 둔 "원리로서 핵심 가치들, 맥락성, 전통"(Griffin & Nash, 1990: 10)이 지적되기도 한다.

이와 같은 점들을 기반으로 우리는 공동체적 교육목적을 논의할 때 공동체를 다음과 같은 의미로 사용한다.

- 공동의 목적을 가진 집단: 구성원들의 차이에도 불구하고 일단의 가치에 의해 뒷받침된다.
- 넓은 의미의 사회로서 공동체

2) 교육목적: 공동체적 관점

교육에서 공동체를 중시했던 몇몇 교육학자는 '공동체에 의한 학교운영'이라든가 혹은 '민주공동체/탐구공동체'로서의 학교 발전을 염두에 두고 있었다(Goodman, 1992; Sharp, 2001). 그러나 우리가 염두에 두는 것은 '학교에서 공동체의 역할'이라든가 '공동체로서의 학교'가 아니라 '공동체를 **위한 교육**' 혹은 '공동체적 **교육목적**'이다.

일반적으로 말해 현행 교육실천에서 공동체적 목적은 대체로 두 가지 의미로 사용된다. 첫째, '사회정의'라는 교육목적을 가리킨다. 둘째, '경제적' 혹은

'공리주의적' 교육목적을 가리킨다. 두 가지를 모두 공동체적 목적이라고 하지만 공동체와 교육의 의미는 각기 다르다.

첫째, 사회정의를 구현하기 위해 '공동체를 위한 교육'을 옹호하는 교육철학자들이 있다. 그들을 가리켜 '비판적 교육자들'이라고 부른다.

> 공동체주의자들이 강조한 것처럼 교육자들은 진정으로 급진적, 진보적, 계몽적이어야 한다. 교육자들은 학생들로 하여금 우리 문화 속에 스며 있는 개인주의적 명령의 이상, 가정, 당연시되는 습관과 관행을 비판적으로 검토하도록 해야 한다. 이것이 부분적으로 의미하는 것은 개인주의와 공동체주의를 왜곡시키는 언론 매체를 탐색할 필요가 있다는 말이다. 이것은 또한 신중한, 탈교조적인, 탈이데올로기적인 변증법적 대화를 의미하기도 한다. 이는 이성과 경험, 개인과 공동체, 전통과 사회변화, 인간의 완전가능성과 인간의 나약성 간의 긴장에 대해 성찰하는 것을 의미한다(Griffin & Nash, 1990: 12).

'사회정의'를 목표로 하는 공동체 교육은 교육을 통해 사회를 변화시키려고 노력한다. 이런 의미의 교육은 변혁적이다. 단순한 지식의 주입을 뛰어넘어 학생들로 하여금 자신들의 삶과 공동체를 비판적으로 성찰하도록 장려한다. 교육은 사회적 영향을 크게 받기 때문에, 만일 학생들로 하여금 인종적/성적/동성애-혐오적 가정들에 대해 성찰하도록 분명히 가르치지 않는다면 학교교육은 부정의를 재생산하고 말 것이다.

이런 입장을 옹호하는 교육철학자들과 교육이론가들은 많다. 듀이(어느 정도), 조지 카운츠(George Counts), 파울로 프레이리(Paulo Freire), 사무엘 보울즈(Samuel Bowles)와 허버트 진티스(Herbert Gintis) 등이 있다. 또한 맥신 그린(Maxine Greene), 안토니아 다더(Antonia Darder), 헨리 지루(Henry Giroux), 피터 맥라렌(Peter McLaren), 로저 데일(Roger Dale), 피터 메이요(Peter Mayo), 카멜 보그(Carmel Borg)와 같은 비판적 교육학자들도 있다.[3)]

듀이의 진보주의 교육은 개인의 발달에 초점을 두지만 교육에 있어 공동체와 사회적 목적의 중요성을 인정하기도 한다. 그는 공동체를 다음과 같이 기술한다.

> 인간들은 서로 공유하는 것을 통해 공동체 안에서 살아간다……. 그들이 공동체나 사회를 형성하기 위해 공유해야 하는 것은 목적, 믿음, 열망, 지식—공동의 이해—과 비슷한 마음이다……(Dewey, 1997: 4).

듀이의 주장에 따르면, 공동체는 이런 공통된 지식을 소통함으로써 계속 존속할 수 있으며 이것은 교육을 통해 가능하게 된다. 그러므로 교육은 우리가 살고 있는 사회/공동체의 존속을 위해 중요하다. 그는 다음과 같이 말한다.

> 인간들이 신체적으로 가까이 살고 있다고 해서 사회를 이루는 것은 아니다……. 개인들이 모두 공동의 목적을 위해 일한다고 해서 사회집단을 형성하는 것도 아니다……. 인간들이 모두 공동의 목적을 인식하고 모두 그것에 관심을 갖고 그에 따라 자신들의 구체적 활동을 규제할 때 비로소 공동체를 이룰 수 있는 것이다. 그러나 이 일에는 의사소통이 포함될 것이다……. 합의는 의사소통을 요청한다(pp. 4-5).

그리고 듀이는 덧붙인다. "모든 의사소통은…… 교육적이다."(p. 5) 따라서 그는 의사소통의 형태를 띤 교육이 공동체의 수립/존속을 위해 중요하다고 주장한다. 듀이에게 있어 공동체나 사회[4]는 사회정의라는 요소도 포함한다. 왜냐

3) 일부는 공동체적 교육목적을 옹호한다고 명시적으로 밝히지는 않고 있지만 그런 견해를 갖고 있다고 볼 수 있다.
4) 듀이에게 공동체와 사회는 같은 의미를 갖는 용어라고 볼 수 있다.

하면 사회정의가 살아 있어야 '더 나은 미래 사회'가 가능하기 때문이다. 그리고 "학교는 이런 목적을 달성하는 데 핵심 기관이다."(p. 20)[5)]

조지 카운츠(George S. Counts)는 듀이의 추종자로서 교육의 사회적 측면을 중시하였다. 그가 관심을 가졌던 것은 ① 민주주의의 역할을 축소시키는 자본주의가 지나치게 강조되고 있다는 점, 그리고 ② 진보주의 교육에 의해 개인주의가 지나치게 강조되고 있다는 점이다. 그에 의하면, "이런 것은 교육의 의미를 너무 좁게 파악하고 있으며 전체 모습의 반 토막만 그려 내고 있다."(Counts, 1932: 6) 카운츠는 낭만주의 교육자들이나 일부 진보주의 교육자들과는 상반된 주장을 내세운다. 즉, 인간은 자유롭게 태어나지 않으며, 천성적으로 선하지도 않다. 따라서 카운츠는 교육의 형성적 역할을 강조하고 교육의 도덕적 측면을 중시한다. 그는 "좋은 사회를 건설하는 일은 거의 모두 교육적 과정이다."라고 믿는다. 따라서 그는 교육이 중립적일 수 없으며, '부과(imposition)' 혹은 영향(influence)의 요소를 포함할 수밖에 없다고 주장한다.[6)] 그는 교사들이 교육의 형성적 역할을 잠재적 교육과정에 맡겨 버리지 말고 이 역할을 의식해야 한다고 믿었으며, 교사들이 사회를 개선시키기 위해 교육을 활용해야 한다고 천명하였다. 카운츠에 따르면, 그렇게 하기 위해 우리는 "사회복지 이론"(1932: 7)과 "사회개혁 방안"(p. 27)을 수립할 필요가 있다. 그는 교육 세계에서 학교가 "공동체와 유기적 관계를 설정할 것"(p. 9)을 제안한다. 더 분명하고 강력하게 그는 다음과 같이 단언한다. "학교와 사회가 공동의 목적에 의해서 연결되지 못하는 한, 교육 프로그램은 그 의미와 활력을 잃어버릴 것이다."(1932: 17)

---

5) 그러나 듀이는 공동체를 위한 교육의 중요성을 주장함에도 불구하고 앞서 언급했듯이 개인 발달을 위한 교육을 옹호하는 논변을 이와 대등하게 펼치고 있다. 이 두 가지 목적의 부합가능성은 나중에 논의할 것이다.

6) 카운츠에게는 모든 부과가 교화(indoctrination)가 되는 것은 아니다.

파울로 프레이리(Paulo Freire)에게 있어 교육의 정치적 성격과 사회정의 목적은 아주 분명히 나타난다. 그는 교육의 변혁적 목적을 강조하고, '은행저금식 교육(banking education)'을 비판한다. 여기서 학생들은 단순히 사실의 수용자로만 간주된다. 프레이리에게 교육은 '의식화(conscientization)'로 나아가는 과정의 일부분이다. 의식화란 프레이리가 "비판적 자기의식을 가리키는 영원한 용어"(Aronowitz, 1998: 18; Freire, 1998, 2003)다. 은행저금식 교육에서 의식화는 불가능하다. 수동적 학생은 타인의 생각은 말할 것도 없고, 자신의 생각을 비판할 여유를 갖지 못한다. 의식화의 일면은 자신의 처지(조건) 형성을 인식하는 것, 혹은 우리가 지배적 담론에 의해 영향받고 있기 때문에 이에 대해 비판적이려고 의식적 노력을 기울여야 함을 이해하는 것이다(Freire, 2003). 프레이리가 우려하는 바는 학교가 사회적/정치적 변화의 장소로 별로 인식되지 못하고 오히려 노동력의 생산만을 위한 정치적으로 중립적 영역으로 간주되고 있다는 점이다(Freire, 1998). 이와 달리 교육에 근본적으로 내재하는 정치적 성격을 인정하는 것이 바로 '피억압자의 교육', '마음의 교육', '자유의 교육', '분노의 교육', '미완의 교육'이다. 이런 교육은 사회체제의 불공정성을 확인해 내고 이를 비판한다. 그런 교육은 인간의 주체성과 용기, 비판적 민주주의, 보편적 인간 윤리와 희망에 중점을 둔다. 그런 교육은 과도한 개인주의를 극복할 비전을 갖고 대안적 학교를 제안한다. 그리고 학교와 사회의 관계가 중요함을 인식한다. 이런 교육 비전에서는 언어와 세계, 실천과 이론, 형식적 교육과정과 일상생활의 실제 문제, 가르침과 배움, 주체성과 객체성의 긴밀한 관계를 제대로 인식한다. 그런 교육은 "인간 연대의 윤리학"(Freire, 1998: 116)에 기반을 두고 사회변혁을 일으키는 것을 목적으로 삼는다.

프레이리를 뒤따라, 비판적 교수법(critical pedagogy)을 중심으로 헨리 지루, 피터 맥라렌, 스탠리 아로노비츠(Stanley Aronowitz), 맥신 그린 등의 많은 학자들이 나타났다. 그들의 공통된 과업은 "학교 안에서 사회정의의 이상과 실천에 진지하게 헌신할 뿐만 아니라 만인의 민주적 참여를 가로막는 사회 내부의 구조 및 조건들을 변혁시키는 데 헌신하는 일"(Darder et al., 2003: 2)이다. 이런 점에서 비판적 교수법은 사회정의에 기반을 둔 공동체적 교육목적을 강조한다. 지루는 사회정의를 위한 학교교육을 주장하며, 교육을 공동체적 비전과 긴밀하게 연결시킨다. 그에 의하면, "교사, 학부모, 학생들을 새롭고, 보다 해방적 비전의 공동체를 중심으로 결속시키는…… 교육실천을 개발할 필요가 절실하다."(Giroux, 1988: 152) 그에 따르면, 교사는 학생들에게 "교실에서 습득한 지식이 공공 영역에 영향을 미치고 변혁시키는 데 어떻게 사용될 수 있는가를 관계적으로 혹은 맥락적으로 이해할 수 있도록…… 교실의 경험과 일반 공동체를 연결시켜"(Giroux, 1988: 201) 주어야 한다. 지루가 보기에 학교는 그 자체가 공동체일 뿐만 아니라 그 속에서 학생들은 일반 공동체를 변혁시킬 수 있는 방향으로 교육받아야 한다. 맥라렌, 아로노비츠와 같은 비판적 교육자들도 마찬가지로 교육실천에서 일반 공동체를 변화시키는 변혁적 목적을 옹호한다(Auronowitz & Giroux, 1985; McLaren, 1998). 일반적으로 비판적 교육자들은 변혁적 교육목적을 **사회정의**와 연결시킨다. 콜리(Kohli, 2006)가 지적한 것처럼, 비판적 교육자들이나 페미니스트 교육자들이 갖고 있는 사회정의관을 자유주의-자본주의적 세계관을 가정하는 존 롤스의 저술에 기반을 둔 사회정의관과 구별하는 것이 중요하다. 좋은 삶에 대한 대안적 관점을 기반으로 삼아, 사회정의관의 확충을 추구했던 비판적 교육자들이나 다른 반억압적 교육자들(마르크스주의자, 신마르크스주의자, 페미니스트, 흑인중심 학자 등)이 있다. 콜리(Kohli, 2006)의 결론에 따르면, "사회정의의 개념을 확충시킴으로써 다문화적 의미, 정체성, 차별적 권력/특권 등을 포함시키는 일은 정치와 정치변화에 대한 우리의 이해에 영향을 미친다. 그것은 또한 우리가 타인들에게 정의와 부정의에 관해 어떻게 가르칠 필요가 있는가에 대해서도 영향을 미친다."(p. 100)

둘째, 공동체를 위한 또 다른 교육관은 '공리주의적' 혹은 '경제적' 교육관이라고 말할 수 있는 것이다. 여기서 학생들은 경제적 차원에서 공동체/사회에 최대한 기여하도록 가르침을 받는다.[7] 이 관점을 옹호하는 사람들에 의하면, 교육은 국가 경제발전을 위한 것이고 학생들은 '인적 자본'으로 간주된다. 제대로 교육받은 노동력은 국가경제의 성장과 경쟁력을 위해 중요하며, 학교도 이런 목적에 따라 설계되어야 한다. 교육과정의 내용은 유용한 효율적 노동력을 길러 내는 것이어야 한다.

애덤 스미스(Adam Smith)는 공리주의적 교육관을 옹호하였다. 그에 의하면, 자본주의 사회는 계급으로 분리될 수밖에 없고, 하층계급은 일차적으로 조립 라인의 노동력을 책임져야 하며, 상층계급이 창안해 낸 아이디어를 실천에 옮기는 일을 맡아야 한다. 이런 '분업'은 효율적 물질 생산을 위해 핵심이다(Smith, 2003). 결과적으로 스미스는 두 가지 종류의 학교를 제안한다. 하나는 '열등한 부류'를 위한 학교이며, 다른 하나는 상층계급을 위한 학교인데, 각각 서로 다른 교육과정을 가르친다. 하층계급은 '교육의 가장 본질적 부분'을 갖추게 해야 하며, 거기에는 수학/과학/언어와 같은 기본 기능만 포함된다(Smith, 2003: 990).

이와 같은 학교 구분은 분업을 영속화시키고 이를 지지해 준다. 하층계급은 기본 기능을 배워 조립 라인에서 효과적 노동을 맡게 되고, 상층계급은 보다 추상적이고 수준 높은 기능을 배워 전문가로서 활동할 준비를 갖춘다. 여기서 교육은 경제적 목적을 염두에 두고 설계된다. 스미스의 논변은 교육을 경제발전과 자본주의 사회의 주요 공헌자라고 보는 관점의 기반이 된다.

그 이후 20세기 인적 자본 이론은 경제발전을 위해 교육이 핵심임을 입증하는 역할을 하였다. 이 이론에 따르면, 대중의 지식은 국가경제 성장의 강력한 결정자다. 슐츠(Schultz, 1989)와 같은 학자들이 주장하듯이, 학교는 국가가 인적 자본을 증대시킬 수 있는 주요 수단이다. 그러므로 교육은 경제 성장의 결정

7) 이 교육관은 대다수의 비판적 교육자가 가장 비판하는 것이다. 그것은 공동체적 목적이 아니라 오히려 개인주의적 입장에 더 가깝다고 주장하는 사람들도 있다. 이런 비판은 이 장의 후반부에서 다룰 것이다.

자로 간주된다. 학교는 노동자들이 활용할 기본 기능과 지식을 가르쳐 교육받은 대중을 공급함으로써 생산력을 증대시킨다. 밀턴 프리드먼(Milton Friedman, 2002)은 인적 자본의 증대 수단으로 교육을 강조하면서 주로 경제적 의미에서 공동체에 기여하는 교육관을 옹호한다.

이와 같은 관점은 수많은 정부와 다국적 기업에 의해 채택되었고, 이런 경제적, 공리주의적 목적을 염두에 두면서 전 세계의 교육 프로그램을 변화시켰다는 점은 상당히 중요한 사항이다. 예를 들어, 세계은행(World Bank)은 개발도상국의 교육 프로그램을 지원하는 가장 큰 단일 기구로서 '지식경제를 위한 교육'을 중심으로 정책을 수립하였다. 이것은 오늘날과 같이 역동적 지구시장에서 효과적 경쟁에 필요한 고도 기능과 유연한 인적 자본을 갖추도록 개발도상국을 도와주는 세계은행의 지원을 가리킨다(World Bank, 2008). 세계은행은 이런 인적 자본을 위한 교육을 옹호하며, 경제적 의미에서 국가 공동체를 지원한다.

선진국에서도 인적 자본을 위한 교육관이 장려되었다. 미국/영국/캐나다/뉴질랜드 등 여러 나라에서 '효율성' 및 '효과성' 운동이 나타났고, 여기서 학교는 국가 경제를 강화시킬 노동력을 창출하는 것을 최우선 목표로 삼았다(Peters & Marshall, 1996; Taylor, 2001; Wrigley, 2003). 인적 자본의 확충이라는 범사회적 목적을 가진 교육정책은 개발도상국과 선진국에 널리 퍼졌다.

요약하면, 공동체적 교육목적에 두 가지 대조적 관점이 있다. 하나는 사회정의의 확대를 지향하는 것이고, 다른 하나는 경제발전을 추구하는 것이다. 이 두 가지 입장을 지지하는 사람들은 제각기 서로 다른 이유에서 개인주의적 관점을 의문시한다. 개인주의적 관점에 대응하는 방식에서 양자의 초점과 이데올로기적 입장은 각기 다르다.

4. 개인적 교육목적과 공동체적 교육목적에 대한 비판적 관점

이제까지 개인적 교육목적과 공동체적 교육목적이라는 두 가지 입장의 특징뿐만 아니라 각 입장에서 나타나는 차이의 정도나 다양성을 살펴보았다. 이제 각 입장에 대한 비판 중에서 중요한 것들을 몇 가지 살펴볼 것이다.

일반적으로 공동체적 교육목적을 옹호하는 사람들은 개인적 교육목적에 대해 비판하지 않는다. 공동체적 목적을 지지하는 사람들은 개인적 교육목적을 수용할 뿐만 아니라 그것을 중요한 것으로 간주할 것이다. 가장 비판받고 있는 것은 공동체적 목적을 희생시키는 과도한 개인주의다. 사회정의를 위한 교육의 관점에서 볼 때 개인주의가 다른 목적들을 소홀히 하지 않는 한 개인주의와 공동체주의는 상호 부합될 수 있는 것으로 간주된다. 예를 들어, 개인주의적 교육은 학생들에게 다른 개인에 대한 존중심을 길러 줄 수 있다. 여기서 다른 학생은 관용과 친절을 받을 만한 독자적 인간 존재로 간주된다. 이렇게 볼 때 개인주의는 사회정의에 기여할 수 있을 것이다(Griffin & Nash, 1990; Hargreaves, 1980).

그러나 공동체적 교육목적, 특히 사회정의를 위한 교육은 과도한 개인주의 때문에 방해를 받는다고 주장할 수 있다.

> 교육적 개인주의의 오류는 교사들에게 퍼져 있는 다음과 같은 믿음이다. 즉, 만일 모든 개인이 적절한 방식으로 성장하고 발달하도록 장려된다면, 만일 학교가 자율적, 자조적, 자아실현적 개인을 길러 낸다면, 사회 자체가 잘 돌아갈 것이라는 믿음이다(Hargreaves, 1980: 194).

이처럼 개인주의적 교육은 사회적 목적을 억눌러 버릴 위험이 있다(Counts, 1932; Peters & Marshall, 1993, 1996; Portelli, 2001).

게다가 개인의 우선성을 가정하게 되면 다른 것보다 개인이 본질적으로 우위에 놓이게 된다. 그럴 경우 교육 상황에서는 학생들로 하여금 자신의 발달을 동료 학생들의 발달보다 더 중요한 것으로 보도록 만들어 버릴 수 있다. 자아에 초점을 두는 일은 "마치 개인이 혼자 스스로 존재하는 것처럼 우주의 다른 부분으로부터 단절된 개인을 우상화시킬" (Portelli, 2001: 287) 위험성이 있다.

이처럼 개인을 강조하는 것은 "학교가 다른 기관들의 영향으로부터 단절되어 있고, 학교 안의 문제가 처리된다면 나머지는 저절로 해결될 수 있을 것이라는 환상을 일으킨다." (Portelli, 2001: 287) 개인주의적 시각은 일반 사회가 당면한 문제들을 소홀히 하거나 단순화시켜 버린다는 비판이 나온다(Counts, 1932; Goodman, 1992). 개인적 교육목적의 옹호자들은 우리가 "모든 사람에게 동일한 기회를 제공해 주기만 하면 평등이 성취될 수 있고, 또 평등을 진지하게 받아들이게 해 준다는 환상" (Portelli, 2001: 288)을 불러일으킨다. 이런 견해는 불평등에 기여하는 여러 가지 사회적/체제적 요인을 무시하고, 평등과 형평성(equity)을 혼동하게 만든다. 이런 의미에서 볼 때 '자연적', '정상적'인 것이라고 간주되는 것은 실제로 아주 편향된 것이며, 개인적/자유주의적 가치에만 기반을 둔 것이다. 이렇게 단순한 생각을 우리는 당연한 것으로 받아들이거나 중립적인[예를 들어, 젠더/인종/사회계급의 범주에 영향을 받지 않는(Delpit, 1988)] 것으로 간주할 것이 아니라 의문시하고 문제를 제기할 필요가 있다(Walkerdine, 1983).

공리주의적 관점 혹은 경제적 관점에서 볼 때, 개인에게 초점을 두는 것은 경제성장이나 경쟁력과 같은 거시적 차원에서 일반 사회를 희생시켜 버릴 위험성이 있다. 그러나 이런 관점은 사회정의론보다는 개인주의 입장과 더 연관될 수 있는 것이다. 만일 개인이 순전히 자신의 목표 실현을 위해 열심히 일하고 또 성공한다면 그는 일반 사회와 경제를 위해 기여할 것이다. 이런 야망은 개인에게 초점을 두는 교육에 의해 고취될 수 있다. 그러므로 실제로 개인을 위한 교육은 인적 자본에 기여할 것이다. 그런데 이런 견해를 옹호하는 사람들은 개인의 발달보다는 오히려 '지식경제'의 증진에 필요한 기능들을 확실히 가르치는 교육을 강력하게 요구할 것이다.

사회정의를 위한 교육을 옹호하는 사람들은 경제적 교육목적의 배타성에 대해 강력하게 비판하였다. 평등이나 혹은 사회정의에 기반을 둔 교육목표들은 경제적 목적에 의해 압도되고 만다. 따라서 '시장의 윤리'를 비판하는 학자들이 많다(Apple, 1999, 2001, 2006; Dei & Karumanchery, 2001; Freire, 1998; Hatcher, 2007; Hyslop-Margison & Sears, 2006). 시장경제에 기반을 둔 신자유주의적 접근에 대해 많은 비판이 쏟아졌다. 이런 비판은 학생들이 그저 맹목적으로 소비하는 객체로 만들어지고, "민주주의는 소비의 실천으로 변질된다."(Apple, 1999: 10)는 윤리적 문제에 기반을 둔다. 신자유주의자들은 소비자의 선택이 민주주의를 보장한다고 주장하지만, "누적되는 경험적 증거로 볼 때 교육에서 '사이비 시장'의 확대는 계급이나 인종을 둘러싼 기존의 사회적 분열을 더욱 악화시키고 있다."(p. 10)

개인주의 옹호자들이 주장하는 바에 따르면, 공동체적 교육목적은 학생 개개인의 독자성을 도외시하며, 개성을 억압한다. 이런 점에서 볼 때 학생들에게 가장 적합한 방식으로 성장/발달할 개인적 권리를 방해하는 교육은 비윤리적인 것이다. 이런 주장을 내세운 사람들이 '자유 학교'의 옹호자들이다. 경제 발전이나 사회정의의 실현을 위해서라고 할지라도, 학생들로 하여금 일반 사회의 이익을 위해 '군중의 일원'이 되도록 강제하면 안 된다. 사회정의를 위한 교육이나 인적 자본을 위한 교육은 모두 학생들을 다른 목적을 위한 수단으로 도구적으로 취급하고 만다(Griffin & Nash, 1990; Peters & Marshall, 1993).[8)]

개인적 교육목적이나 공동체적 교육목적은 모두 몇 가지 비판을 받고 있다. 각 입장의 주된 특징은 다른 입장에 대한 비판에서 더욱 부각된다. 예를 들어,

8) 이런 비판은 공동체주의적 입장의 윤리적 근거에 대해서 문제를 제기하는 것이며, 자유주의 정치이론, 특히 자유지상주의에 뿌리를 둔 것이다.

현대의 개인주의자는 일반 공동체를 위해 가르치는 수업 때문에 교육에서 학생들의 독자성이 소홀히 취급받고 있음을 지적할 것이다. 또한 공동체주의자들은 사회정의를 제대로 가르치지 못하는 것이 교육에서 개성을 너무 강조하기 때문이라고 지적할 것이다.

5. 결론: 개인주의와 공동체주의를 넘어서

교육에 있어 개인주의와 공동체주의라는 두 가지 입장은 그동안 서로 부합될 수 없는 것처럼 생각되었다. 왜냐하면 양자의 기본 가정과 신념이 서로 부합될 수 없는 것으로 간주되었기 때문이다. 다시 말해 이론가/실천가에게 공통적으로 나타나는 담론은 공동체주의를 희생시키면서 개인주의를 옹호하거나, 개인주의를 희생시키면서 공동체주의를 옹호하였다. 우리는 두 가지 입장의 실질적 차이를 인정해야 하지만 각 입장을 정형화/본질화한다면 별로 도움이 되지 못할 것이라고 본다. 한 입장의 어떤 측면과 다른 입장의 어떤 측면을 엮어냄으로써 양쪽의 입장과 적당히 어울리는 중도적 입장을 새로 만들어 내는 식의 타협안 제시도 별로 도움이 되지 못할 것이다. 우리의 생각에 따르면, 개인주의와 공동체주의의 실체를 인정하고, 양쪽의 입장을 뛰어넘는 질적으로 전혀 다른 입장을 찾음으로써 거기서 제기되는 문제들을 다루는 것이 더 건전한 입장이 될 것이다. 이런 입장은 듀이와 프레이리의 저술, 그리고 현대정치이론가인 샹탈 무페(Chantal Mouffe)의 저술에 기반을 두고 구축될 수 있다.

듀이는 『학교와 사회(*School and Society*)』(1900/1974)에서 학교와 사회진보의 연관성을 언급한다.

> 사회가 스스로 쌓은 모든 것은 학교를 통해 미래 구성원들의 손으로 들어간다. 사회는 미래에 열릴 수 있는 새로운 가능성을 통해 더 나은 생각들을 모두

> 실현하기를 희망한다. 여기서 개인주의와 사회주의는 하나가 된다. 사회는 사회를 구성하는 모든 개인의 온전한 성장에 충실함으로써 비로소 자신에게 진실할 수 있다(p. 7).

이 고전적 인용문에서 듀이는 개인주의와 사회를 엄격하게 이분하는 것, 그리고 (사회적 책임을 가진 개인과 대립되는) 거친 개인주의를 모두 비판하고, 동시에 우리가 (두 가지를 하나가 될 수 있게 하는 의미에서) 양자의 **관계**에 초점을 두도록 권장한다. 여기서는 "개인적일 것인가 혹은 사회적일 것인가를 선택할 것인가가 아니라 개인적-사회적 복합의 질이 무엇일 것인가가 적절한 물음이다." (Philip H. Phenix, 1964: 46) 이와 비슷하게, 프레이리도 『피억압자의 교육학(*Pedagogy of the Oppressed*)』(1971)의 서문에서 다음과 같이 지적한다.

> 급진주의자는 결코 주관주의자가 아니다. 그에게 주관적 측면은 오직 객관적 측면과의 관계 속에서 존재한다(그의 분석 대상은 구체적 현실이다). 따라서 주관성과 객관성은 변증법적으로 통일되고, 행동과 연대하는 지식을 생산하며, 지식과 연대하는 행동을 낳는다(p. 22).

여기서 다시 주관성과 객관성, 개인적 조건과 사회적 조건의 관계가 초점이 된다.

변증법적 관계를 옹호하는 입장이 부딪힐 중요한 난제가 있다. 개인적 영역과 사회적 영역이 서로 갈등할 때 우리는 어떻게 하는가? 이런 긴장을 어떻게 해결하는가? 이 문제에 대해 자유주의자들은 개인적 권리와 절차적 가치(열린 마음, 공정성, 비억압, 비차별)에 초점을 둠으로써 해결하겠다고 주장한다. 우리는 질적으로 다른 관점을 제안하고자 한다. 즉, 우리는 이런 긴장을 추상적으로 해결하거나 혹은 개인주의와 공동체주의 중 어느 하나를 선호함으로써 갈등을 제거하려고 하지 않을 것이다. 그보다 더 나은 길은 그런 긴장을 구체적으로 분석하고, 그것을 비적대적으로 다루며, 가끔은 상이하지만 비슷한 설득력을 가질 수 있는 입장들이 (합의민주주의의 모델을 뛰어넘어) 동시에 나타나도록 허용할 수 있을 것이다. 이런 제안은 자유주의적 가치들을 급진화시킨다. 예를 들어, 평등보다는 형평성(equity)에 초점을 둘 필요가 있고, 절차가 늘 합리적이거나 합리적 해결책을 가져올 수 있다고 기대하기보다는 구체적인 정체성 문제에 초점을 둘 필요가 있다. 무페(Mouffe, 1993)는 '자유민주주의'와 '자유민주주의적 자본주의'를 구별하면서 다음과 같이 주장한다. "건전한 민주적 과정은 정치적 입장들이 서로 격렬하게 충돌하고 이익 갈등이 드러날 것을 요구한다. 만일 그런 것들이 없다면 그것은 비타협적인 도덕적 가치와 본질주의적 정체성 간의 대결로 너무 쉽게 바뀌고 말 것이다."(p. 6) 여기서 무페는 앞에서 우리가 언급했던 '관계적' 측면에 초점을 둔다. 그의 제안은 적대적(antagonistic) 형태가 아니라 대결적(agonistic) 형태에 초점을 두자는 것이다. 우리가 믿기에 이것은 개인과 사회의 관계에 관한 질적으로 다른 입장에 기여할 것이다. 무페는 다음과 같이 결론을 내린다.

> 적대주의에서 우리와 그들은 아무런 공통 기반을 공유하지 못하는 적들이 되는 관계에 놓이지만, 대결주의에서 우리와 그들은 갈등하는 당사자로서 합리적인 갈등 해결책이 없음을 인정하면서 상대방의 정당성을 인식하는 관계에 놓인다. 그들은 적이 아니라 '대결하는 사람'이다. 이 말의 의미는, 각자가 자기 자신을 서로 갈등하지만 동일한 정치적 결사체에 속하며, 갈등이 발생하는 공통된 상징적 공간을 공유한다고 이해하는 것이다. 민주주의의 과제는 적대자를 대결자로 변환시키는 일이라고 말할 수 있다(Mouffe, 2005: 20).

그와 같이 절차적이면서 또한 실질적인 '세계 내 존재방식'은 자유주의적, 중립적 개인주의뿐만 아니라 표준화된 합의적(consensual) 공동체주의까지도 배척한다.

그와 같은 변증법적 관계의 입장은 교육적으로 몇 가지 시사점을 줄 것이다. 예를 들어, 일반적 수준에서 말한다면 이 입장의 교육적 담론은 단순한 '추 이동' 은유를 뛰어넘어야 할 것이다. 세속적으로 말한다면 그것은 '가 버린 것이 되돌아온다.'는 뜻이다. (교육정책가를 포함해서) 교육실천가들 사이에 아주 공통적으로 주장되는 점이 있다. 그것은 개인주의나 공동체를 강조하는 것은 단순히 취향의 문제일 뿐이며, 이런 견해의 대중성은 시대의 유행에 따라 달라진다는 점이다.[9] 보다 구체적 수준에서 예를 들어 말해 보자. '논란거리가 되는 이슈를 우리가 다루어야 하는가, 말아야 하는가?', '그런 이슈를 우리가 어떻게 다루어야 하는가?' 와 같은 문제는 "다른 사람들을 '공격'해서는 안 된다."는 단순한 입장에서 벗어날 필요가 있을 것이다. 그런데 학교에서 자기 자녀가 어떤 논란이 될 이슈를 다루는 것을 부모가 원하지 않을 경우, '그런 개인적 견해는 존중되어야 한다.' 혹은 그 대신 '부모는 다수가 받아들이는 바를 따라야 한다.' 등과 같은 결론을 너무 성급하게 내리는 경우가 있다. 우리가 결론적으로 암시하는 입장에 따른다면, 우리는 '의견 불일치가 꼭 공격이 되는 것은 아님'을 깨달으면서 진지한 그리고 열띤 토론에 참여해야 한다. 우리의 입장은 보다 실질적 의미의 민주 교육과 일치한다. 이런 의미의 민주 교육은 개인적 영역과 사적 영역을 구분하고 또 공동체주의적 영역과 합의적 영역을 구분한다. 보다 실질적 의미의 민주주의는 사적/합의적인 것의 우선성을 수용하지 않으며 개인적/공동체주의적 교육 측면을 불가피한 것으로 받아들인다.

9) 예를 들면, 1950년대에는 기본으로 되돌아가기, 1960년대에는 아동중심 교육, 1970년대에는 취업준비와 직업교육, 1980년대에는 전체언어(whole language), 1990년대에는 다시 표준화, 탁월성, 책무성을 강조하였다.

참고문헌

Apple, M. (1999) 'Freire, neo-liberalism and education', *Discourse: Studies in the Cultural Politics of Education*, 20(1): 5-20.

Apple, M. (2001) 'Comparing neo-liberal projects and inequality in education', *Comparative Education*, 37(4): 409-423.

Apple, M. (2006) 'Understanding and interrupting neoliberalism and neoconservatism in education', *Pedagogies: An International Journal*, 1(1): 21-26.

Aronowitz, S. (1998) 'Introduction', in *Pedagogy of freedom: Ethics, democracy, and Civic Courage*. Lanham: Rowman and Littlefield Publishers, Inc.

Aronowitz, S. and Giroux, H.A. (1985) *Education Under Seige: The Conservative, Liberal, and Radical Debate over Schooling*. Massachusetts: Bergin and Garvey Publishers, Inc.

Counts, G.S. (1932/1969) *Dare the School Build a New Social Order?* NY: Arno Press and the *NY Times*.

Darder, A., Baltodano, M. and Torres, R. D. (2003) 'Critical pedagogy: an introduction', in A. Darder, M. Baltodano and R.D. Torres (Eds.), *The Critical Pedagogy Reader*. NY: Routledge Falmer, pp. 1-21.

Dei, G. and Karumanchery, L. (2001) 'School reform in Ontario: the 'Marketization of Education' and the resulting silence on equity', in J.P. Portelli and R.P. Solomon (Eds.), *The Erosion of Democracy*. Calgary, AB: Detselig, pp. 189-215.

Delpit, L. (1988) 'The silenced dialogue: pedagogy and power in educating other people's children', *Harvard Educational Review*, 58(3): 280-299.

Dewey, J. (1900/1974) *School and Society*. Chicago: University of Chicago Press. 이인기 역(1975). 『학교와 사회』. 서울: 박영사.

Dewey, J. (1997) *Democracy and Education: An Introduction to the Philosophy of Education*. NY: The Free Press. (originally published 1916.) 이홍우 역(2007). 『민주주의와 교육』. 서울: 교육과학사.

Freire, P. (1998) *Pedagogy of Freedom: Ethics, Democracy, and Civic Courage*. Lanham: Rowman and Littlefield Publishers, Inc.

Freire, P. (1970/2003) *Pedagogy of the Oppressed*. NY: Continuum. 남경태 역(2002). 『페다고지』. 서울: 그린비.

Friedman, M. (2002) *Capitalism and Freedom*. Chicago: University of Chicago Press.

Friedman, M. and Friedman, R. (1990) *Free to Choose: A Personal Statement*. San Diego, CA: Harcourt.

Giroux, H.A. (1988) *Schooling and the Struggle for Public Life: Critical Pedagogy in the Modern Age*. Minneapolis: University of Minnesota Press.

Giroux, H.A. (2004) 'The terror neoliberalism: rethinking the significance of cultural politics', *College Literature*, 32(1): 1-19.

Goodman, J. (1992) *Elementary Schooling for Critical Democracy*. NY: SUNY Press.

Griffin, R.S. and Nash, R.J. (1990) 'Individualism, community, and education: an exchange of views', *Educational Theory*, 40(1): 1-18.

Hayek, F. (1994) *The Road to Serfdom*. Chicago: University of Chicago Press. 김영청 역(1999). 『노예의 길』. 서울: 자유기업센터.

Hargreaves, D.H. (1980) 'A sociological critique of individualism in education', *British Journal of Educational Studies*, 28(3): 187-198.

Hatcher, R. (2007) '"Yes, but how do we get there?" Alternative visions and the problem of strategy', *Journal of Critical Education and Policy Studies*, 5(2).

Holt, J. (1981) 'A letter', in J.M. Rich (Ed.), *Innovations in Education: Reformers and Their Critics*. Boston: Allyn and Bacon, Inc., pp. 6-8. (originally published 1973.)

Hyslop-Margison, E.J. and Sears, A.M. (2006) *Neo-Liberalism, Globalization and Human Capital Learning: Reclaiming Education for Democratic Citizenship*. Dordrecht, the Netherlands: Springer.

Illich, I. (1971/1981) 'The alternative to schooling', in J.M. Rich (Ed.), *Innovations in Education: Reformers and Their Critics*. Boston: Allyn and Bacon, Inc., pp. 94-103.

Kant, I. (1993/1785) *Grounding for the Metaphysics of Morals*. Cambridge: Hackett Publishing Company, Inc.

Kohli, W. (2006) 'What is social justice education?', in W. Hare and J.P. Portelli (Eds.), *Key Questions for Educators*. Halifax, NS: Ephil Books, pp. 98-101.

McIntyre, A. (1981) *After Virtue*. Notre Dame, IN: University of Notre Dame Press. 이진우 역(1997). 『덕의 상실』. 서울: 문예출판사.

McLaren, P. (1998) *Life in Schools: An Introduction to Critical Pedagogy in the Foundations of Education*. NY: Longman.

Mill, J.S. (1863/1991) *On Liberty and Other Essays*. Oxford: Oxford University Press.

Mouffe, C. (1993) *The Return of the Political*. London: Verso. 이보경 역(2007). 『정치적인 것의 귀환』. 서울: 후마니타스.

Mouffe, C. (2005) *On the Political*. London: Routledge.

Neill, A.S. (1960/1997) 'Summerhill', in S.M. Cahn (Ed.), *Classic and Contemporary Readings in the Philosophy of Education*. NY: McGraw-Hill.

Peters, R.S. (1966) *Ethics and Education*. London: Allen and Unwin.

Peters, R.S. (Ed.) (1973) *The Philosophy of Education*. London: Oxford University Press.

Peters, M. and Marshall, J. (1993) 'Beyond the philosophy of the subject: liberalism, education and the critique of individualism', *Educational Philosophy and Theory*, 25(1): 19-39.

Peters, M. and Marshall, J. (1996) *Individualism and Community: Education and Social Policy in the Postmodern Condition*. London: The Falmer Press.

Phenix, P (1964) *Realms of Meaning: A Philosophy of the Curriculum for General Education*. NY: McGraw-Hill.

Plant, R., Lesser, H. and Taylor-Gooby, P. (1980) *Political Philosophy and Social Welfare: Essays on the Normative Basis of Welfare Provision*. London: Routledge and Kegan Paul.

Portelli, P. (2001) 'Democracy in education: beyond the conservative or progressivist stances', in W. Hare and J.P. Portelli (Eds.), *Philosophy of Education: Introductory Readings*, 3rd edn. Calgary: Detselig Enterprises Ltd, pp. 279-294.

Rogers, C. (1983) *Freedom to Learn for the 1980s*. Columbus: Charles E. Merrel Publishing Company. 연문희 역(1992). 『학습의 자유』. 서울: 문음사.

Rousseau, J. (1979/1782) *Émile, or on Education*. NY: Basic Books. 김중현 역(2003). 『에밀』. 서울: 한길사.

Rousseau, J. (1987/1762) *On the Social Contract*. Cambridge: Hackett Publishing Company.

Schultz, T.W. (1989) 'Investing in people: schooling in low income countries', *Economics of Education Review*, 8(3): 219-223.

Sharp, A.M. (2001) 'The community of inquiry: education for democracy', in W. Hare and

대해 논문을 쓴 사람들은 교육 문제에 별로 관심을 쏟지 않았다. 『미학교육 저널(*Journal of Aesthetic Education*)』에 실린 논문들은 미학 문제를 다룰 때 교육에 대한 시사점에 대해 결론 부분에서 거의 의무적으로 간단히 언급하고 만다.

이와 대조적으로 특정 예술(특히 음악) 분야의 교육자들이 최근에 철학적 문제에 대해 점점 더 많은 관심을 보이고 있다. 그중 많은 사람은 교사 경력을 갖고 있어서 학교예술 교육과 관련된 문제에 초점을 둔다. 그들은 음악, 시각예술, 문학 등 자신의 특수 분야에 대해서만 글을 쓰는 경향이 있으나, 그들의 논의는 철학적 문제와 실천적 교수법/학습이론/심리학적 문제의 경계선을 쉽게 넘나든다.

이 장에서 나는 미적 교육의 현재 상황을 검토할 것이다.[2] 먼저 예술과 미학의 정의를 논의한다. 그다음에는 예술교육에 관해 나타났던 다양한 관점을 논의한다. 마지막으로는 예술교육이 당면한 문제점들을 몇 가지 고찰하고, 또 변화된 상황에 접근하도록 몇 가지 단서를 제시한다.

2. 예술과 미학의 정의

'예술'과 '미학'은 미학적 담론에서 서로 바꾸어 사용되는 경우가 많다. 미학 영역은 예술과 동일시되고, 예술은 미적 감상을 중심으로 이해된다. 그러나 미학과 예술의 범위는 결코 동일하지 않다. 자연현상이나 예술로 간주되지 않는 온갖 물건도 미학적 관점에서 접근할 수 있다. '미학'은 특정 종류의 대상을 지칭하지 않고, ① 사물의 어떤 속성/특성/측면, ② 어떤 종류의 태도/지각/경험(Levinson, 2003: 3)의 두 가지를 가리킨다. 이와 대조적으로, 예술은 일차적으

2) 나는 여기서 예술학교, 예술교육기관에서 행해지는 전문교육을 다루지 않고 일반교육으로서의 미적 교육을 다룰 것이다.

로 어떤 종류의 실천/활동/대상을 포함한다. 예술은 미학적 관점에서 연구될 수 있을 뿐만 아니라 사회적/정치적/종교적/교수적/경제적 관점 등 다양한 관점에서 연구될 수 있다.

그렇다면 어떻게 해서 '미학'과 '예술'은 동일시되었는가? 일반적으로 예술은 미적 속성들을 접하거나 미적 경험을 겪을 수 있는 아주 다양하고 풍부한 기회를 제공하는 영역으로 간주된다(Levinson, 2003: 4). 이 때문에 예술교육에 대한 성찰은 거의 전적으로 예술 속에서의 교육에 초점을 두었다. 그러나 '예술'과 '미학'은 어떻게 정의할 수 있는가?

1) 예술

1950년대까지 예술(art)의 정의는 어떤 본질적인 것의 추정에 기반을 두었다. 고대에서 18세기까지 예술은 **모방**(imitation)에 의해 정의되었다. 예술은 자연의 모방으로 이해되었다. 이 이론의 근대적 해석은 '모방'보다는 '재현(representation)'이라는 더 정확한 개념을 사용한다. 회화/조각/문학/희곡/영화의 작품은 온갖 종류의 현상을 모방/재현하는 경우가 많다. 그러나 수많은 예술작품들이 아무것도 모방/재현하지 않는 것처럼 보이는 경우도 분명히 있다. 예를 들면, 비구상 미술, 음악, 기능주의적 건물 등이 그렇다. 여기서 모방이 모방적 예술의 유일한/주된 기능인가에 대해 의문이 제기될 수 있다. 게다가 모방이라는 개념은 불분명하다. 그것은 외적 현상의 단순한 재현을 가리키는가, 아니면 내적 마음 상태의 재현을 가리키는가?

예술을 **표현**(expression)으로 보는 이론은 18세기에 나타났으나 19세기에는 특별한 영향을 미치지 못했다. 표현이론은 예술이 정서(emotions)에 관한 것임을 더욱 분명히 구체화한다. 그러나 표현은 (외적 실재를 재현하는 것을 목표로 삼지 않는 것들을 포함해서) 중요한 부류의 예술작품들의 가장 두드러진 측면을 포착하지만, 예술의 필요 특성도 충분 특성도 아니다. 다시 말해 정서적으로 중립적인 예술작품도 많고, 모든 표현적 현상을 예술작품으로 간주할 수도 없다.

형식주의 이론은 예술을 형식(form)으로 정의한다. 형식주의(formalism)는 1854년 음악비평가 에두아르트 한슬리크(Eduard Hanslick)에 의해서 발전되었고, 이것은 예술을 의미 있는 형식으로 정의했던 예술비평가인 클라이브 벨(Clive Bell, 1914)에게 특별한 영향을 미쳤다. 대부분의 예술작품은 구조화(structuring)와 균형화(balancing)라는 신중한 과정의 결과로 볼 수 있지만, 형식에 의한 예술의 정의는 모방과 표현에 기반을 둔 예술의 정의와 마찬가지로 거부당했다. 일상적 대상물의 비예술적 형식과 상반되는 것으로서 **예술적** 형식의 필요충분조건을 우리는 어떻게 구체화할 수 있는가?

앞에서 언급한 예술이론들은 모든 예술의 공통된 핵심을 규정하는 데 실패했지만, 그럼에도 그 이론들은 예술작품을 해석/평가하는 주요 기준을 제공해 준 점에서 여전히 중요하다. 확실히 대다수 예술작품의 흥미와 가치는 그것들의 형식, 표현 내용, 재현 혹은 이 측면들의 결합에서 찾을 수 있다. 유희(Schiller, 1795/1967), 상징체제(Goodman, 1976), 문제해결, 미학적 경험(Beardsley, 1982) 등에 초점을 둔 다른 예술이론들도 마찬가지다. 이런 이론들은 예술적 가치의 또 다른 원천을 가리킨다.

스티븐 데이비스(Stephen Davies, 1991)는 모든 예술작품이 공유하는 어떤 속성을 찾아내려는 정의를 가리켜 기능주의적인 것(functionalist)이라고 말한다. 기능주의적 정의는 예술작품들이 기여하는 특수한 핵심/목적에 따라 예술작품을 정의하려고 한다. 이와 대조적으로 절차적 정의가 있는데 이것은 예술작품을 창조하는 특수한 종류의 절차(procedure)에 의해 예술작품을 정의하려고 한다. 조지 디키(George Dickie, 1992: 112)의 제도이론(instutuional theory)은 이런 종류의 정의 중에서 가장 유명하다. 그에 의하면, "예술작품이란 예술세계의 공중에게 제시하기 위해 창조된 작품이다."(1992: 112) 디키는 이런 정의가 순환적임을 인정한다. 왜냐하면 예술은 예술세계에 의해 정의되고, 예술세계는 예술과 예술가에 의해 다시 정의되기 때문이다.

끝으로 예술을 기능적/절차적으로 정의하지 않고 역사적으로 정의할 수 있다. 제럴드 레빈슨(Jerrold Levinson, 1990: 38-39)은 예술작품을 "기존의 예술작품이 올바르게 간주되는/간주되었던 방식대로 예술작품으로 간주되기를 진지하게 의도했던 것"이라고 정의한다. 이 정의에서 강조되는 점은 우리가 예술을 어떻게 접근하는가는 언제나, 어떤 식으론가 과거에 우리가 접했던 예술작품을 우리가 어떻게 이해했는가를 바탕으로 구축된다는 것이다. 이런 정의의 문제로 지적되는 점은 어떤 것이 예술작품인가의 여부를 예술가의 의도가 결정하는가, 그리고 예술작품으로 간주하는 방식 중에 올바른 것과 올바르지 못한 것을 어떻게 구별할 것인가 등이다(Davies, 1991: 172-173).

디키의 제도적 정의와 레빈슨의 역사적 정의는 예술에 들어 있는 모방/표현/형식/유희/상징 등과 같은 실질적 가치들을 직접 가리키지 않는다. 그럼에도 불구하고 그런 정의는 예술교육에서 우리가 다루어야 할 중요한 차원, 예를 들어 예술이 실천되는 사회적/역사적 맥락에 대해 우리의 이목을 집중시킨다.

2) 미학

예술의 개념에 비해 미학의 개념은 비교적 덜 논의된 편이다. 미학을 뜻하는 영어 'aesthetic'은 그리스어 'aithesis'에서 나왔다. 이것은 어떤 외적 대상과의 감각적 접촉을 가리킨다. 볼프강 웰쉬(Wolfgang Welsch, 1997: 8-15)는 미학의 두 가지 측면, 즉 주관적 측면과 객관적 측면을 구별한다. 첫째, 우리는 **감각**(sensation)을 갖는다. 이것은 느낌의 성격을 갖는 것이며, 쾌감(pleasure)과 특별한 관계에 있다. 둘째, 우리는 **지각**(perception)을 갖는다. 이것은 지적 성격을 가지며, 대상의 특성을 가리킨다. 미적 **쾌감**은 (더운 여름날 시원한 음료수의 쾌감처럼 우리에게 직접적인) 핵심 필요와 관련된 쾌감의 수준을 초월하는 것이다. 즉, 미적 쾌감은 반성적 쾌감이다. 그것은 대상에 대해 필요한/유용한 것이라는 판단을 내리지 않고 그 대신 아름다운/조화로운/숭고한/탁월한 것이라는 판단을 내린다. 인지적 측면의 지각에서 '미학'은 대상의 요소들 간의 관계를 가리킨다. 여기서는 **형식과 균형**이라는 개념이 강조된다. **아름다움**은 감각적인 것의 완전한 형식에 관한 것이다(Welsch, 1997: 13).

이런 방식으로 웰쉬는 미학 담론의 핵심 개념인 감각/지각/감정/쾌감/형식/균형 등이 '감각적인 것으로서의 미적인 것'이라는 기본 개념에서 발생한 것임을 밝혀낸다. 웰쉬의 접근방식은 이런 핵심 개념들 간의 관계망을 밝혀내는 것이다. 이는 미학의 필요충분조건을 규정하는 것보다 더 효과적인 접근이라고 생각된다. 왜냐하면 필요충분조건에 의한 정의를 찾을 수 있는지가 의문스럽기 때문이다.

아름다움(미)이라는 개념도 미학 영역을 밝혀내는 데 부족한 것처럼 보인다. 숭고함, 그림 같음(picturesque)은 미학의 전통적 범주에 속하지만, 20세기에는 추함/거북스러움/싫어함과 같은 범주도 가능한 차원으로 간주되었다. 이와 달리 이런 대안적 범주들이 미학 영역에서 미의 핵심 위치에 과연 도전할 수 있는가에 대해 의문을 제기할 수 있다. 전형적으로 우리가 미적인 것을 감지하는 일은 미의 사례를 감상함으로써 가능하게 된다. 사람들이 오직 추함, 거북함, 심지어는 숭고함의 사례를 접함으로써 미적인 것이 무엇을 의미하는지를 알 수 있다는 말은 의문스럽다. 따라서 미적 영역이 아름다운 것에 의해 한정되지는 않지만 아름다움은 가장 중요한 개념일 것이다. 그렇다면 서구의 모든 언어 사전에서 미학과 아름다움을 연결시키는 것은 놀라운 일이 아니다.

미적 영역의 특수한 성격을 밝혀내기 위해 '미적 태도'와 '미적 경험'이라는 개념이 제시되었다. 그러나 이런 개념은 영미의 미학에서 회의론에 부딪혔다. '미적 현상'과 적절하게 연관되기 위해 특수한 종류의 태도나 지각이 필요하다는 점은 많은 철학자에 의해 부정되었다(Hospers, 1982: 350-353). 이와 마찬가지로 미적 담론에서 널리 사용되는 '미적 경험'이라는 개념도 비판을 받았다. 다시 말해, '미적 경험'이라는 것은 다른 종류의 보상적 경험과 구별될 수 있는 독특한 현상적 성격을 갖는가에 대해 의문이 제기되었다. 노엘 캐럴(Noël Carroll,

1999: 202-203)은 현상적(phenomenal) 정의보다는 형식적(formal) 정의만을 옹호한다. 여기서 미적 경험은 미적 속성의 발견 그리고 디자인의 감상으로 정의된다.

미적 경험을 그처럼 최소한의 것으로 환원시키는 것과는 대조적으로, 20세기 후반 예술교육 이론가들은 그것을 핵심 개념으로 간주하면서 훨씬 더 넓게 해석하였다. 영국의 마이클 로스(Michael Ross, 1982, 1984, 1985)와 피터 앱스(Peter Abbs, 1987)는 '미적 명령(the aesthetic imperative)'의 핵심 옹호자에 속한다. 미국의 랠프 스미스와 베넷 라이머(Ralph Smith & Bennett Reimer, 1989)는 예술교육을 '미적 경험의 교육'으로 승격시키는 데 핵심 역할을 하였다. 스미스(Muelder Eaton & Moore, 2002: 15에서 논의됨)는 미적 경험의 특징을 가리켜 본질적으로 만족스러운, 즉 우리의 주의를 풍부하게 확충시켜 주는 다양한 방식으로 보상해 주는 것이라고 말했다. 미적 경험은 정서적 측면(기쁨과 절망의 성향)과 형성적 측면(친숙한 것들에 대한 창조적 반응을 불러일으킴)을 갖는다. 그것은 또한 인지적 가치를 갖는다. 즉, 그것은 우리가 세계를 해석/재해석하는 기능을 발휘하게 해 준다.

3. 예술교육관

지난 수십 년 동안 예술교육은 흔히 풍부하고 통일된 경험을 의미하는 '미적 경험의 함양'이라고 정의되었다. 이와 다른 대안적 예술교육관이 나타났다. 이는 예술에 몰입하는 상이한 측면, 즉 감정/인지/에토스에 초점을 둔 예술교육관이다.

1) 감정/정서 교육으로서 예술교육

1960～1980년대 무렵까지 '자아표현(self-expression)'으로서의 예술이라는 견해가 학교교육에 영향을 미쳤다. 예술은 아동이 정서의 표현을 배우게 하는 데 특히 적합한 수단으로 간주되었다. 아동의 정서를 적절하게 표현할 수 있는 길을 찾는 일이 예술적 기법보다 더 중요한 것으로 간주되었다. 이 견해는 초등/중등 교육에 상당한 영향을 미쳤다. 그러나 이에 대해 강하게 반대하는 예술교육 이론가들도 있었다. 라이머(Reimer, 1989: 44)의 주장에 의하면, 아동 정서의 즉흥적 표출이 결코 예술적 창조가 되는 것은 아니다. 표현적 예술작품의 창조는 몰입하는 참여 외에도, '만들어 내는(working out)' 과정을 필요로 한다. 이 과정에서는 정서적 분출보다는 통제된 사고가 포함된다.

라이머는 '자아표현'으로서의 예술교육을 부정하고, 그 대신 예술이 감정을 교육시킬 수 있다고 주장한다. 수잔 랭거(Suzanne Langer)를 따라 라이머는 감정을 역동적/유기적 과정으로 본다. "매 순간 우리의 감정은 움직이고, 발전하며, 변화하고, 솟구치다가 기울며, 정점을 향해 에너지를 모으고 그리고 정적 속으로 수그러든다."(Reimer, 1989: 45-47) 언어는 이런 감정과정들을 가리킬 수는 있으나, 현상학적 의미에서 복잡한 측면들을 탐색/명료화하는 데 사용될 수는 없다. 감정의 탐색/명료화는 예술가들이 할 수 있는 일이다. 예술가들은 감정에 "관해 개념화(conceptualizing about)"하지 않고, 우리가 감정을 "경험하게(experience of)" 해 준다(1989: 50-52). 일상생활에서 감정은 아무렇게나 나타나지만, 예술작품은 우리의 감정과정을 체계적으로 탐색하여 형상화해 준다. 감정의 깊이를 더 느끼게 해 주는 예술작품은 그만큼 더 훌륭한 것이다. 이런 식으로 예술은 우리가 인간 감정의 풍요로움/풍성함을 발견하고 감상하게 해 준다.

라이머는 현상학적 설명을 발전시킨다. 현상학적 설명은 우리가 예술을 경험할 때 생생하게 느끼는 역동적인 감정의 과정들을 다룬다. 이와 대조적으로,

로널드 헵번(Ronald Hepburn, 1998)과 데이비드 베스트(David Best, 1985, 1989)는 보다 인지적으로 접근하여 정서의 개념에 초점을 둔다. 정서는 대상을 갖는다. 예를 들면, 나는 X(나의 시험)를 두려워하고, 나는 Z에 대해 기뻐한다(Hepburn, 1998: 171-172). 그들은 정서의 합리성을 강조한다. 정서는 적절하거나 부적절한 것이 될 수 있으며, 또 정당하거나 정당하지 못한 것이 될 수 있다. 따라서 정서는 교육될 수 있다.

베스트(1989: 83)의 주장에 의하면, 예술에 있어 감정은 이성과 반대되는 것이 아니라 그에 의존한다. "예술 형식을 이해하기를 배움으로써 사람이 가질 수 있는 감정의 범위는 실제로 확대된다." 헵번(1998: 173-177)은 예술이 정서를 교육시킬 수 있는 다양한 방식을 다음과 같이 밝힌다. ① 예술, 특히 문예에 몰두하게 되면 우리의 정서 경험은 확충된다. 문인들은 보다 풍부한 내용을 전달할 수 있는 언어를 발전시킴으로써 우리의 정서/지각의 범위를 훨씬 더 넓혀 준다. ② 문학은 정서의 정화를 가능하게 함으로써 상투적 정서나 일상생활의 희미한 정서 경험을 초월하도록 해 준다. "수많은 문학 작품은 독자로 하여금 복잡한 상황에 대해 아주 명확한 정서적 반응을 경험할 수 있도록 해 준다. 그런 상황은 보통의 능력으로 지각이나 상상을 통해 파악할 수 있는 범위를 벗어나는 것이며, 따라서 그런 상황에 대해 혼란스럽고 불안한 정서를 갖기가 쉽다."(1998: 173) ③ 예술은 상투적 정서를 뛰어넘게 함으로써 인간 개인의 자유를 확장한다. 미적 교육은 무수히 많은 여러 가지 감정 속으로 아동을 입문시킬 수 있다. 우리는 자신의 감정을 이해하고 더 나은 감정으로 나아감으로써 감정을 더 잘 통제할 수 있다. ④ 예술은 우리의 정서를 확대시키고, 명확하게 해 주며, 정서에 대한 통제력을 높여 줄 뿐만 아니라, 정서를 활성화하는 힘을 갖고 있다. 예술은 습관으로 인해 우리의 정서가 무디어지는 것을 막아 준다. ⑤ 예술을 통한 정서교육은 다른 사람들의 행위를 이해하고 그들과의 관계를 이끌어 가도록 도와준다.

2) 인지 성장으로서 예술교육

예술은 지각/지식/통찰/지혜에 이르는 여러 가지 인지적 기능을 향상시켜 주는 것이라고 간주되었다.

(1) 식별

해럴드 오즈본(Harold Osborne: Smith, 1989: 35-38에서 재인용)에 따르면, 예술의 탁월한 기능은 직접적 지각(direct perception) 혹은 식별(percipience)을 자극/확대시켜 주는 데 있다. 예술에 몰입할 때 우리는 제한된 영역의 감각에 주의를 집중함으로써 그 영역의 속성들이 자체의 내적 밀도에 따라, 그리고 그것들이 구조화되는 특수한 방식에 따라 집중되도록 해 준다. 식별은 주제와 형식이 혼합된 예술작품을 종합적으로 지각하는 일이다. 그것은 특별히 생생하고 충만하며 완전한 것이다. 그와 같은 지각은 일상적 관찰, 개념 분석, 문제 해결과 같은 인지적 양식들과 다른 것이며, 따라서 의도적으로 함양되어야 하는 것이다. 오즈본은 인간 삶의 많은 영역에서 식별이 나타날 수 있다고 인정하지만, 오직 예술작품과 그에 대응할 수 있는 자연만이 식별 능력을 아주 충실하게 발달시켜 줄 수 있다고 주장한다.

(2) 상징체계

넬슨 굿맨(Nelson Goodman)은 예술을 직접적 지각의 현상으로 생각하지 않고 오히려 상징체계(symbol system)로 생각한다. 그는 미적 상징의 '증상(symptoms)'을 다섯 가지로 밝혀낸다(Goodman, 1976; Smith, 1989: 93-94 참조).

① 구문론적 밀도(구조의 밀도): 어떤 측면(예: 색깔, 동작, 소리)에서의 아주 섬세한 차이는 예술적 상징들 간의 차이를 나타낸다.
② 의미론적 밀도(의미의 밀도): 의미의 아주 섬세한 차이를 가리키는 데 상징

이 사용된다. 따라서 예술은 아주 미묘한 의미의 뉘앙스를 전달하기 위해 아주 미묘한 구문론적 차이를 자주 사용한다.

③ 상대적 충만성: 예술 상징의 수많은 측면들은 중요하다. 예술작품은 의미로 가득하다.

④ 다중적/복합적 지칭: 정물화는 묘사된 대상 자체(과일, 채소)를 가리키지만 또한 부, 무상함, 허무함, 예술가의 기능 등을 가리킬 수 있다.

⑤ 예시: 예술작품은 특정 성질(예: 미, 우아함)을 가리키며, 그것들을 공감적인 방식으로 나타낸다. 예술작품은 슬픔, 행복, 자신감과 같은 정서적 성질을 자주 표현한다. 예술작품은 글자 그대로 슬프거나, 행복하거나 혹은 자신 있는 것이 될 수 없기 때문에, 굿맨은 예술적 표현성을 은유적 예시라고 말한다.

요컨대, 굿맨에 따르면 예술작품은 세련된/복합적/명시적 상징으로서 우리가 세계를 이해하도록 하는 데 기여한다. 예술작품은 우리가 볼 수 없었던 세계를 보게 해 주고, 볼 수 없었던 방식으로 세계를 새롭게 보게 해 준다.

(3) 지식과 통찰

지식은 과학의 특권이라는 주장이 널리 퍼져 있다. 과학은 우리에게 타당한 증거에 기반을 둔 참 진술을 제공해 준다. 이런 지식관은 존 호스퍼스(John Hospers, 1982: 233-270)와 같은 이론가로 하여금 예술이 전달해 주는 진리에 대해 회의를 품게 만들었다. 그러나 캐럴(N. Carroll, 2003: 371-382)은 예술이 지식과 관련된 교육적 목표에 기여한다는 점에 반대하는 인식론적 주장을 세 가지로 정리하고 이를 논박한다. 첫째, 평범성 주장이다. 즉, 예술작품은 사소한 종류의 지식을 가르친다는 말이다. 이에 대해 캐럴은 당연한 진리가 아주 빈번하게 잊히고, 무시되며, 심지어 억압되기도 한다고 반박한다. 이런 평범성 주장이 도외시하고 있는 점은 '교육에서 중요한 것은 사람들의 기존 지식과 이것의 관련성을 환기시켜 줌으로써 그들을 계몽시키는 일'이라는 것이다 (Carroll, 2003: 378). 둘째, 예술의 인식론적 관련성을 부정하는 주장이 있다. 이에 따르면, 예술은 '정당화된 믿음'을 제공하지 못하기 때문에 엄밀한 의미에서 지식을 전달할 수 없다. 다시 말해서, 예술은 믿음을 포함할 수 있으나, 그 믿음을 증거를 가지고 보증해 주지는 못한다. 셋째, 예술에 대해 지식의 지위를 부정하는 주장이 있다. 그 이유는 예술에는 지식 주장을 정당화하는 데 필요한 논증과 분석이 결여되어 있다고 보기 때문이다. 캐럴은 둘째와 셋째 주장에 대해 반박한다. 즉, 진정한 전달이 꼭 정당화된 명제에 의존하는 것은 아니라고 반박한다. 예술작품 특히 서사적 예술작품은 철학적 사고실험과 유사한 기능을 자주 수행한다. 이런 사고실험은 경험적 증거보다는 오히려 개념적 지식(conceptual knowledge)을 다루면서 새로운 개념적 가능성을 개척하거나 혹은 예술과 인간성의 본질에 관한 보편적 주장에 대해 도전하거나 한다. 예를 들면, 앤디 워홀(Andy Warhole)의 〈브릴로 박스(Brillo box)〉는 전통적 예술이론에 대해 의문을 제기하는 반작용으로서의 기능을 수행한다. 또한 영화는 우리가 친구와 적을 엄밀하게 구분하는 점에 대해 재평가하도록 유도할 수 있다. 그뿐만 아니라 예술은 개념적 지식 이외의 다른 지식을 우리가 얻도록 도와준다. 우리는 소설/영화/연극에서 묘사되는 성격 유형을 탐구함으로써 심리적 통찰을 얻어 낼 수 있다. 예술은 사회의 다양한 부문에 대한 성찰을 밝혀 주고 자극할 수 있다(Carroll, 2003: 380).

3) 에토스 교육으로서 예술

여기서 논의하는 예술관 중에서 가장 오래된 것이 바로 '에토스 교육'으로서의 예술이다. 플라톤의 『국가』(2003: 67-99)에서 소크라테스는 균형되고 조화로운 교육 전체를 위해 본질적인 것이 미적 교육이라고 주장한다. 예술에 몰두함으로써 피교육자의 진실됨과 유덕한 행위가 나타날 수 있다. 플라톤의 주장에 따르면, 그 당시 대다수의 문학/시/드라마가 그릇된 견해와 허약한 성격을 제시하고 있기 때문에 그것들은 금지되어야 한다. 도리아(Dorian) 양식과 프리지아(Phrygian) 양식을 채용하는 음악은 젊은이의 성격을 고상하게 하고 강화시키는 반면, 이오니아(Ionian) 양식과 리디아(Lydian) 양식의 음악은 허약함과 방종을 부추기기 때문에 금지되어야 한다. 예술교육에서 유명한 도덕주의자로 우리는 레오 톨스토이(Leo Tolstoy)를 들 수 있다. 그의 예술론은 거의 모든 고전 예술을 부정한다. 예를 들어, 소포클레스/셰익스피어/미켈란젤로/베토벤까지도 부정한다. 그것은 엘리트들에게만 호소적이고, 예술의 본분을 다하지 못하는 것이기 때문이다. 그 대신 평범한 사람들을 교육시키기 위해 연대와 자비가 스며들게 해야 한다고 하였다.

독일의 철학자/시인이었던 프리드리히 실러(Friedrich Schiller, 1795/2000)는 미적 교육에 대한 또 다른 견해를 옹호하였다. 실러에 의하면, 미학은 '형식 충동(Formtrieb)'과 '내용 충동(Stofftrieb)'을 매개하는 것이다. '형식 충동'은 인간 생활의 합리적/윤리적 요건, 즉 진리와 의무를 대표한다. '내용 충동'은 물질적 세계 속에서 인간의 감각적 몰두를 가리킨다. 실러에 따르면, 인간은 이 두 가지 양극단을 오간다. 즉, 인간은 물질적 관심에 너무 빠질 때가 있는가 하면 의무/법칙의 엄격한 제약에 사로잡힐 때가 있다. 예술은 형식과 내용, 이성과 감각을 결합시킴으로써 그 간극을 채워 줄 수 있다. 이것은 예술의 제3 충동, 즉 '유희 충동(Spieltrieb)'을 통해 가능하다. 유희 충동은 물질 영역의 감각적 측면과 형식 영역의 합리적 속박을 서로 결합시킨다.

플라톤/실러/톨스토이에 이어 허버트 리드(Herbert Read, 1958)는 교육의 기반은 예술이어야 한다고 주장한다. 참된 도덕적 훈육은 성인에 의해 외부로부터 부과될 수 없는 것이다. 그것은 미적 유희를 중심으로 이루어지는 아동의 집단적 활동에서 자연스럽게 나타나는 결과다.

실러는 미적 영역과 윤리 영역을 유희(play)라는 개념을 통해 연관시키려고 노력하였지만, 최근의 학자들은 '인지적 탐구'와 '정의적 감수성'을 강조하였다. 예를 들어, 앤서니 오히어(Anthony O'Hear)는 예술이 가치 탐구에서 중심 역할을 할 수 있다고 주장하였고, 이에 동조하는 존 화이트(John White, 1998: 191-193)도 윤리 영역이 의무와 책무 이상의 것을 포함한다고 주장했다. 화이트에 따르면, 윤리 영역은 인간과 공동체에 대한 헌신/열정/애착 등, 인간이 어떻게 살아야 하는가와 연관된 모든 측면을 포함한다고 하였다. 미적 몰입 속에서 우리는 윤리적 삶의 그런 측면과 긴밀하게 연관된 감정/욕구를 갖게 되는데, 이런 식으로 예술은 윤리적 사유에 기여한다. 이와 비슷하게, 데이비드 카(David Carr, 2005: 149-150)는 도덕교육이 인습적 행위 규범으로의 사회화라기보다는 문명화된 감수성의 태도/가치로의 입문이라고 보았다. 이런 교육에는 예술/문학의 전통을 통해 탁월하게 다루어질 수 있는 다음과 같은 두 가지 측면이 들어 있다. ① 도덕적 평가: 인간의 동기/열정/욕구에 기반을 두면서 잘삶/인격 형성/선택에 미치는 영향을 탐색/평가하는 측면, ② 도덕적 감수성이 전제하고 있는 감정의 성질들을 발달시키는 측면이다. 카(Carr, 2003)는 이와 같은 인간성 탐구는 도덕적 차원뿐만 아니라 영성적 차원을 포함한다고 지적한다.

요약하면, 세 가지 예술교육관은 개별적으로 고찰될 수 있지만 종합적 관점으로 결합시킬 수도 있을 것이다. 예술에의 몰입은 우리의 감정 능력, 감각적 형식과 상징을 분별 있게 지각하는 능력, 그리고 심리적/사회적 구성물에 대한 통찰 능력을 확대해 준다. 또 이런 능력은 우리가 예술에서 다루고 있는 도덕적/영성적 문제를 더욱 깊이 탐색할 수 있도록 해 준다. 그러나 이런 종합적 관점은 음악/추상미술과 같은 비재현적 예술에서 볼 때 문제가 될 수 있다. 다시 말해, 삶의 상황을 가리키는 측면이 없는 음악/추상미술에서는 심리적/도덕적/영성적 문제를 탐구하는 일이 불가능할 것이다. 그러나 이런 예술에서의 경험도 문학/희곡/영화/비추상적 시각예술의 경우와 마찬가지로 심오하고 실존적인 것이 될 수 있을 것이다. 비재현적 예술의 이런 가치를 어떻게 설명해 낼 것인가는 미학의 커다란 과제로 남아 있다.

4. 예술교육의 이슈

1) 정당화

예술은 일반교육의 한 교과로서 어떻게 정당화될 것인가? 이 질문은 교육철학이나 경험연구에서 크게 주목을 받았다. 왜냐하면 교육정책 수립자/교육 행정가들로부터 끊임없는 압력이 나타났기 때문이다. 그들은 예술 시간을 축소시키려 했고, 그 시간에 읽기/수학과 같은 학문적 교과를 집어넣으려고 했다. 이에 대항하여 예술교육의 옹호자들은 예술교육의 내재적 가치와 외재적(도구적) 가치를 지적했다. 이론가들은 외재적 측면에서 예술교육이 예술 이외의 가치를 증진시켜 준다는 근거에서 예술교육을 정당화하려고 노력했다. 온갖 종류의 이점이 제시되었다. 읽기, 수학, 공간적 사고, 사회적 행동, 정서적 균형, 자긍심 등의 능력이 향상될 수 있다고 하였다. 그러나 예술교육의 그와 같은 성과를 연구했던 결과는 그다지 확정적이지 못했다. 조사한 바에 의하면(예: Winner & Hetland, 2000), 기껏해야 소박한 효과가 있을 뿐이다. 예술교육은 그런 성과를 낳는 데 그다지 효율적 도구는 아니라고 볼 수 있다. 그렇다면 읽기 공부에 한 시간 더 투자하는 것이 여러 시간의 예술교육보다 읽기 기능을 더 잘 향상시켜 줄 것이다. 게다가 외재적 효과에 의존하는 주장은 그런 효과를 낳는 데 실질적으로 기여하는 예술활동만 정당화해 줄 뿐이다. 그런 논변은 예술적 관점에서 볼 때 균형 잡힌 예술교육을 정당화해 주지 못한다. 이보다는 심리적/도덕적/영성적 안목을 향상/심화해 줄 수 있는 예술의 힘을 가리키는 논변이 오히려 더 나을 것이다. 예술은 이런 영역들을 탐구하는 독특한 방법을 제공해 주며, 이렇게 되려면 진정으로 예술적 방식으로 예술작품에 몰입하는 것이 차라리 더 나을 것이다.

다른 학자들은 예술 경험의 내재적 가치를 강조하였다. 예술작품의 가치는 그것이 심리적/도덕적/영성적 문제를 탐구하는 능력을 제공해 주는 것으로 환원될 수 없다. 사실상 그런 능력이 전혀 없는 예술작품도 많다. 결국 예술의 가치는 예술작품을 감상/창조/연주(연출)하는 데 온몸으로 몰입하는 것에서 찾을 수 있다. 위대한 예술은 범속한 것을 뛰어넘는다. 밀도 높은, 실존적 경험으로서의 예술은 충만한 삶을 실현하는 주된 방식이다(Koopman, 2005).

2) 창조와 수용: 실행과 형식적 지식

여타 교과와 다른 예술만의 특성은 무엇인가? 그것은 수용/창조/성찰과 같은 여러 가지 몰입양식을 갖고 있다는 점이다. 음악/무용/연극과 같은 실행(행위)예술의 경우, 창조적 양식은 새로운 작품을 창조하는 것, 기존의 작품을 재창조(실행)하는 것, 양자의 결합인 즉흥(improvization)으로 구분될 수 있다. 교육은 예술의 생산적 측면과 수용적 측면 중 어느 것을 강조해야 하는가?

레드펀(Redfern, 1986: 68-77, 93-96)이나 화이트(White, 1992: 27-33)와 같은 교육철학자는 여러 가지 이유에서 예술의 수용(reception)에 초점을 두어야 한다고 주장한다. ① 예술적 창조는 충분한 수용 경험을 기반으로 삼아야 가능할 것이므로 예술의 수용에서 출발해야 한다. ② 창조적 재능은 희귀한 것이므로, 창조를 중심으로 하는 예술교육에서 예술적 감수성/기능을 제대로 발달시키지 못하는 아동들이 많다. ③ 예술을 수용하는 능력이 주요 예술작품을 창조/실행하는 능력보다 훨씬 더 많이 나타난다. ④ 수용을 통해 우리는 훨씬 더 많은 범위의 예술적 형식/양식/작품에 친숙해질 수 있다. 그들은 예술 '만들기'가 아동으로 하여금 예술을 내면으로부터 알게 하는 데 도움을 줄 수 있겠으나, 그것은 필수적인 것도 충분한 것도 아니라고 주장한다.

특정 예술 분야에 종사하는 교육자들(예: Bowman, 2005; Elliott, 1995)은 예술적 창조를 선호하기도 한다. 그들은 참여/생생함/신체적 개입 등에서 나타나는 훨씬 더 높은 밀도를 지적한다. 예술 만들기는 예술 수용보다 인간의 성장에 훨씬 더 기여한다. 음악/무용/연극을 함께(따로) 하는 것도 사회성 발달에 도움을 준다. 더욱이, 예술적 창조는 예술적 감수성을 더욱 심오하게 발달시킬 뿐만 아니라 예술적 수용에서 얻기 어려운, 특별한 종류의 '절차적 지식'을 얻도록 도와준다.

자유교육 이론가들(Hirst, 1974: 152; Peters, 1966: 33-34)은 '형식적 지식(formal knowledge)의 습득'으로서의 교육과 '기능 습득'으로서의 훈련을 구분하였고 이를 강조했다. 이런 관점에서 볼 때, 예술교육은 위대한 예술작품에 비판적으로 몰입함으로써 생길 수 있는 특수한 종류의 지식을 얻게 해 준다. 이와 대조적으로 엘리엇(Elliott, 1995: 49-60)은 예술이 절차적 지식(procedural knowledge)을 중심으로 하는 실천 활동이라고 주장한다. 음악 만들기는 기능을 적용/강화시키는 일만이 아니라 복잡한 형태의 행위 속 사고(thinking-in-action)가 나타나는 일이다. 음악적 지식(musical knowledge)은 바로 그와 같은 행위 속 사고에 의해 개발되는 독특한 형식의 지식이지, 음악 작품에 대한 언어적 성찰에 의해 개발되는 것은 아니다. 이와 같은 견해를 따른다면, 음악이나 다른 예술은 예술 만들기에 능동적으로 몰입하게 함으로써 가장 잘 배울 수 있는 것이지 예술작품을 수용함으로써 배울 수 있는 것은 아니다. 전통적인 철학적 관점이 예술작품의 형식/내용에 초점을 두는 반면, '실행중심(praxial)' 철학은 실행과 해석, 실천의 표준과 전통, 문화적 이데올로기적 배경 등의 측면을 포함하는 더 넓은 관점을 제안한다(Elliott, 1995: 199).

예술에서 창조와 수용 중 어느 것이 우선되어야 하는가? 이에 관한 논쟁은 다양한 예술 형식을 구분함으로써 비로소 유익한 것이 될 것이다. 음악/무용/연극이 모두 특별한 특성, 즉 수행성(연주, 연기, 연출)을 잘 발휘하고 있다는 것은 결코 놀라운 일이 아니다. 수행(performance)에서는 예술에 대한 직접 참여에서 생기는 '밀도'와 '창조'라는 요소가 타인이 창조한 위대한 예술작품의 '이용'과 결합될 수 있다. 이와 달리, 우리는 교육에 있어 위대한 문학작품 읽기가 가령 고전적 음악작품 감상하기보다 훨씬 더 큰 역할을 차지한다는 점을 잘 이해할 수 있다. 즉, 언어예술은 중요한 아이디어/가치를 전수하는 데 중요한 방법이다. 또한 건축이나 대규모 설치물과 같은 예술 형식의 경우, 우리가 직접 만들 수 없으므로 아무래도 수용 쪽으로 기울어지게 된다. 반면, 컴퓨터 소프트웨어는 누구나 이용할 수 있으므로 건축 설계, 비디오 제작, 음악 작곡 등을 위한 기회가 크게 확대된다.

3) 새로운 도전: 다원주의, 상대주의, 과잉 노출

지난 수십 년간 예술교육이 행해지고 있는 사회현실은 극적으로 변했다. 그것은 고급 예술과 대중 예술이 분명한 위계를 이루고 있었던 질서 있는 문화적 지평으로부터 혼란된 다원주의의 지평으로 이행하였다. 굉장히 많은 범위의 전통적/대중적/인종적/문화교류적 양식들이 자리를 잡았다. 전통적 예술 형식들 간의 경계선, 혹은 예술과 오락 간의 경계선이 멀티미디어적 실행과 경계 가로지르기에 의해 무너졌다. 예술교육자들은 예술 형식들과 양식들의 엄청난 다양성을 어떻게 다루는 것이 정당한가? 문학/시각예술/연극/음악과 같은 예술 형식들 간의 전통적 경계선은 유지될 수 있는 것인가, 또 유지되어야 하는 것인가, 아니면 미적 교육의 종합적 형태로 이행해야 하는가?

예술적 다중성의 분위기 속에서 상대주의가 지배적 지위를 차지하게 되었다. 오늘날, 어떤 양식/전통의 예술을 다른 것들에 비해 더 가치 있는 것으로 육성해야 한다는 점을 수용하기를 꺼리는 사람들이 많아졌다. 예술교육에서 고급 예술에 초점을 두는 것은 오늘날 힘든 일이 되고 말았다. 서구의 전형적인 고전적 예술작품은 페미니스트/아프리카-아메리카인/사회학자들로부터 백인-남성-상류계급의 헤게모니를 강화시켜 주는 것이라는 비판을 받고 있다. 이렇게 해서 인간 교육의 보편적 도구로 간주되었던 정전(canon)은 사회 특정 부류의 헤게모니를 보장해 주는 권력의 도구로 재해석되었다.

전통적인 예술교육자들은 특정 유형의 예술작품에 초점을 두고 있지만, 예술과 미적인 것은 우리의 일상생활에서 어디서나 나타난다. 기술 발전과 상업화를 통해 예술은 어느 때, 어느 곳에서나 사용될 수 있는 상품이 되었다. 우리가 예술에 몰두하지 않을 때에도 시각적/분위기적 자극이 쏟아지고 있다. 주변 환경 속에서 나타나는 미적 자극의 질은 상당히 애매한 수준이고, 과잉 노출은 웰쉬가 말하는 '무감각'(Welsch, 1997: 25-27), 즉 그런 자극에 대한 둔감성을 유발시킬 수 있다. 미적 교육은 아동의 일상적인 미적 경험 위에서 어떻게 구축될 수 있는가? 아동의 미적 감수성은 여전히 미적 교육에 의해 유지/강화될 수 있는가?

5. 결 론

새로운 미적 현실과 교육적 실천을 적절하게 연결시키는 일은 오늘날 미적 교육이 당면한 가장 도전적인 과제다. 이제까지 교육철학자들은 다원주의/상대주의/과잉노출을 소홀히 다루었다. 예술적 정전들은 과거 어느 때보다 젊은이들의 경험으로부터 갈수록 멀어지고 있는 것 같은데, 셰익스피어/베토벤/렘브란트의 작품은 여전히 철학자들의 의심 없는 참조 틀이 되고 있는 경우가 많다. 예술교육자들은 그들의 특수한 학문에 초점을 두고 있어서, 그 경계를 뛰어넘는 새로운 예술 형식에 대해 충분한 관심을 쏟을 수 없다. 게다가 학교에서 예술적 활동은 대체로 교실의 한계, 그리고 학생들의 제한된 기술적 능력에 맞춘 활동을 중심으로 이루어지고 있어서, 예술 세계의 현재 상황과 별로 관련성이 없는 '학교 예술'의 실천이 지속되고 있다.

한편으로 대안적인 형태의 예술학습이 다양한 종류의 공간에서 나타나고 있다. 지역사회 센터에서 지역사회 예술이 발전되고 있고, 인터넷 포럼에서는 동료 비판이 문예 기능을 길러 주고 있다. 그리고 젊은이들은 사적 공간에서 아주 새로운 유형의 춤/음악을 서로 도와주면서 배우고 있고, 박물관/극장/오케스트라는 각각 나름대로 아주 능동적인 교육 프로그램을 조직하고 있다. 미적/예술적 성장의 사례가 다중의 맥락 속에서 발생할 수밖에 없고, 아주 광범위한 목표/기능에 봉사할 수밖에 없다는 점을 우리는 인정해야 하지 않을까? 그리고 이런 사실을 놓고 볼 때, 목표를 분명하게 명시하고, 이를 달성할 효과적 방안을 갖춘 종합적인 미적 교육관을 구성하는 것은 여전히 실행 가능한 일인가?

그렇다고 해서 방임적 자세는 현재 사태에 대한 적절한 교육적 대응책이 되지 못한다. 분산되어 있는 미적 학습의 기회가 균형 잡힌 결과를 보장해 주지 못하며, 모든 아동이 미적 교육을 위한 폭넓은 선택지에 접근하게 해 주지 못하고 있다. 일반적이고 공식적인 미적 교육/예술교육의 필요성은 여전히 남아 있을 것이다. 종합적인 예술교육관을 규정하는 일이 불가능하고 또 바람직하지 못할지라도, 우리는 예술교육이 충족시켜야 할 몇 가지 조건을 분명히 밝혀 볼 수 있을 것이다.

첫째, 미적 교육은 모든 주요 영역을 포함시키려고 노력해야 한다. 그것은 전통적으로 애호받았던 예술 형식, 즉 문학, 음악, 그림/회화 등에 한정해서는 안 되고, 춤, 영화, 설치물 및 다른 멀티미디어 예술형식을 포함시켜야 한다.

둘째, 균형 잡힌 미적 교육이 요구하는 다양한 양상이 포함되어야 한다. 예술적 자료에 대한 직접적 몰입, 광범위한 예술작품의 수용/실행, 예술작품의 속성/맥락에 대한 지식, 예술적 판단 등이 포함되어야 한다. 이런 양상들 속에는 발달 연구(Parsons, 1987; Swanwick, 1988)가 제시한 것처럼 발달상의 계열이 들어 있다. 처음에는 아동으로 하여금 예술적 자료(소재)를 탐색하도록 해야 하고, 그다음에는 예술의 재현적/표현적/형식적 차원에 대해 수용/실행/창조를 통해 친숙해지도록 해야 한다. 명제적 지식은, 직접적인 예술적 몰입 이후에 제공함으로써, 예술적 몰입을 명료화/일반화/맥락화하도록 해야 한다. 그리고 판단은 오직 '~을 앎(예술에 대한 친숙)', '~**할 줄** 앎(예술에 참여하는 방법을 앎)', 그리고 '~**임을** 앎(명제적 지식)'의 세 가지를 기반으로 삼아 성숙하도록 해야 한다.

셋째, 예리한 식별력과 정확한 판단력의 두 가지 의미를 가진 비판적 참여에 큰 비중을 두어야 한다. '날카로운 지각'은 피상적인 미적 자극에 과잉 노출됨으로써 나타나는 둔감한 결과, 즉 '무감각'의 위협에 대응할 것이다. 우리는 우리의 지각 기능을 세련되게 만듦으로써 예술적 의미의 새로운 차원에 대해 민감하게 되고, 그리고 진정한/심오한 예술적 경험을 가질 기회를 확대할 수 있다. '비판적 판단'은 피교육자들이 온갖 형태로 나타나는 미적 자극의 세계에서 제 길을 찾도록 도와줄 것이다. 시각 문화/음악/멀티미디어 예술은 소비자의 행동에 영향을 미치거나 혹은 배타적인 집단 정체성을 고착화하는 조작적인 목적에 흔히 기여한다. 예술은 우리의 정체감/행동에 영향을 미치는 가장 효과적 방식일 것이다. 왜냐하면 그것은 인지적 수준뿐만 아니라 정서적/신체적 수준에서도 작동하기 때문이다. 예술은 우리의 정체성의 모델을 제시하는 데 아주 강력한 힘을 발휘하기 때문에, 직접적인 예술적 몰입은 비판적 성찰과 판단에 의해 보완되어야 한다.

넷째, 비판적 이해/판단은 우리 자신의 취향/선호를 발달시키는 데 중요한 부분이다. 예술적 다원성의 세계에서는 과연 좋은 예술의 보편적 표준이 있을 수 있는가에 대해 의문이 생길 수밖에 없으므로 자율적 판단은 중요한 자산이 된다. 이것은 네 번째 핵심, 즉 미적 교육에서 개인의 중심 역할을 강조한다. 피교육자들이 입문되어야 할 단일하고 질서 있는 예술세계라는 생각 자체가 흔들리고 있기 때문에 개인이 스스로 선택/발견하는 능력을 향상시키는 일은 교육의 주요 목표가 된다.

다섯째, 예술교육자들의 역할이 변하고 있다. 예술교육자들이 알고 있는 지식이 예술세계에서 중요한 것을 모두 포괄할 수 있다고 생각해서는 안 된다. 따라서 미적/예술적 지식을 전수할 뿐만 아니라, 아동에게 필요한 지식을 찾을 수 있는 곳을 안내해 주는 매개자의 기능이 중요하게 부각된다. '전수'에서 '매개'로 이행해야 할 뿐만 아니라, '내용'에서 '과정'으로 이행할 필요도 있을 것이다. 교육 활동의 핵심은 미리 정해진 예술적 지식/능력을 가르치는 일이 아니라, 아동이 자신의 예술세계를 발견/수정/확대하는 것을 도와주는 일이 될 것이다. 한편으로 교육자들은 중립적 기능인이 될 수도 없고, 또 그렇게 되어서도 안 된다. 교육자들의 주된 과제는 예술과 미적인 것에 대한 사랑이 아동의 내면에서 나타나도록 길러 주는 일이다. 교육자들이 자신의 예술에 대한 열정을 아동에게 전해 주려고 노력하는 과정에서 그들의 개인적 선호가 드러날 수 있다. 여기서 교육자의 개인적 선호가 절대적 표준으로 작용하지만 않는다면 그것은 큰 문제가 되지 않을 것이다.

여섯째, 미적 교육자들은 개인적 선호를 위해 충분한 여지를 남겨 두어야 하지만, 공동의 기반을 찾는 일에도 민감해야 한다. 다원주의가 점점 확대되고 파편화 현상도 나타나고 있지만, 예술이 학교에서 이웃으로 그리고 국가와 세계에 이르기까지 모든 수준에서 인간들을 결속시키는 잠재력을 갖고 있음을 간과해서는 안 된다. 사회가 존속하려면, 우리가 공유하는 정체성을 확대/강화할 방도를 찾아야 하며, 이런 일에서 미적 교육은 중요한 공헌을 할 수 있다. 우리가 애지중지하는 예술작품의 집합인 고전(캐논)은 그것이 사회적으로 포용적일 수 있다면 그런 일에서 중요한 역할을 할 수 있다.

요컨대, 문제점들은 새로운 것이 아니다. 폭과 깊이, 자유로운 유희와 비판적 이해, 수용과 창조, 교육적 지도와 자발적 발달, 자율성과 집단 정체성 등은 오래된 문제점이다. 그러나 급변하는 환경 속에서 양자 간의 딜레마는 제대로 다루어질 필요가 있다. 새로운 상황에 대처할 때, 미적 교육은 문화연구/인류학/사회학과 같은 학문의 성과를 활용할 수 있다. 이런 성과들이 미적 교육의 사회적 역할에 대한 폭넓은 견해를 발전시키는 데 도움을 줄 수 있지만, 동시에 예술/미학을 사회적/문화적 기능으로 축소해 버리는 경향도 갖고 있다. 미적 교육의 철학은 미적인 것들의 수많은 의미/목적/활용을 새로운 관점에서 살펴볼 수 있도록 재정립해야 할 과제가 남아 있다. 그러면서도 특수한 가치 영역으로서 미학/미적 교육의 특수한 접근에 대해 변함없이 충실해야 할 것은 말할 필요도 없다.

* 이 장의 원고에 대한 보우터 반 하프텐(Wouter van Haaften)의 귀중한 논평에 감사드린다.

참고문헌

Abbs, P. (1987) *Living Powers: The Arts in Education*. London: Falmer Press.

Beardsley, M.C. (1982) *The Aesthetic Point of View*. Ithaca: Cornell University Press.

Bell, C. (1914/1987) *Art*. London: Chatto and Windus.

Best, D. (1985) *Feeling and Reason in the Arts*. London: Allen and Unwin.

Best, D. (1989) 'Feeling and reason in the arts: the rationality of feeling', in P. Abbs (Ed.), *The Symbolic Order: A Contemporary Reader on the Arts Debate*. London: The Falmer Press, pp. 70-85.

Bowman, W. (2005) 'Why musical performance? Views praxial to performative', in D.J. Elliott (Ed.), *Praxial Music Education: Reflections and Dialogues*. Oxford: Oxford University Press, pp. 142-164.

Carr, D. (2003) 'Spiritual, moral and heroic virtue: Aristotelian character in the Arthurian and grail narratives', *Journal of Beliefs and Values*, 24: 15-26.

Carr, D. (2005) 'On the contribution of literature and the arts to the education cultivation of moral virtue, feeling and emotion', *Journal of Moral Education*, 34: 137-151.

Carroll, N. (1999) *Philosophy of Art: A Contemporary Introduction*. London and NY: Routledge.

Carroll, N. (2003) 'Aesthetics and the educative powers of art', in R. Curren (Ed.), *A Companion to the Philosophy of Education*. Oxford: Blackwell, pp. 365-383.

Davies, S. (1991) *Definitions of Art*. Ithaca: Cornell University Press.

Dickie, G. (1992) 'Definition of "art"', in D. Cooper (Ed.), *A Companion to Aesthetics*. Oxford: Blackwell, pp. 109-113.

Elliott, D.J. (1995) *Music Matters: A New Philosophy of Music Education*. NY: Oxford University Press.

Goodman, N. (1976) *Languages of Art: An Approach to a Theory of Symbols*. Indianapolis: Hackett.

Hanslick, E. (1854/1991) *Vom musikalisch-Schönen* [On the Beautiful in Music]. Darmstadt: Wissenschaftliche Buchgesellschaft. 이미경 역(2004). 『음악적 아름다움에 대하여』. 서울: 책세상.

Hepburn, R.W. (1998) 'The arts and the education of feeling and emotion', in P.H. Hirst and P. White (Eds.), *Philosophy of Education: Major Themes in the Analytic Tradition*, Vol. 4. London: Routledge, pp. 171-185.

Hirst, P.H. (1974) *Knowledge and the Curriculum.* London: Routledge and Kegan Paul.

Hospers, J. (1982) *Understanding the Arts.* Englewood Cliffs, NJ: Prentice Hall.

Koopman, C. (2005) 'Art as fulfilment: on the justification of education in the arts', *Journal of Philosophy of Education*, 39: 85-97.

Levinson, J. (1990) *Music, Art, and Metaphysics.* Ithaca: Cornell University Press.

Levinson, J. (2003) 'Philosophical aesthetics: an overview', in J. Levinson (Ed.), *The Oxford Handbook of Aesthetics.* Oxford: Oxford University Press, pp. 3-24.

Muelder Eaton, M. and Moore, R. (2002) 'Aesthetic experiences: its revival and its relevance to aesthetic education', *Journal of Aesthetic Education*, 36(2): 9-23.

Parsons, M. (1987) *How we Understand Art: A Cognitive Developmental Account of Aesthetic Experience.* Cambridge: Cambridge University Press.

Peters, R.S. (1966) *Ethics and Education.* London: George Allen and Unwin. 이홍우, 조영태 공역(2003). 『윤리학과 교육』(개정증보판). 서울: 교육과학사.

Plato (2003) *The Republic* (trans. D. Lee). London: Penguin. 박종현 역(1997). 『국가』. 서울: 서광사.

Read, H. (1958) *Education through Art.* London: Faber and Faber. 황향숙, 김성숙, 김지균, 김향미, 김황기 공역(2007). 『예술을 통한 교육』. 서울: 학지사.

Redfern, H.B. (1986) *Questions in Aesthetic Education.* London: Allen and Unwin.

Reimer, B. (1989) *A Philosophy of Music Education*, 2nd edn. Englewood Cliffs, NJ: Prentice Hall. 안정모 역(1997). 『음악미학』. 서울: 다라.

Ross, M. (Ed.) (1982) *The Development of Aesthetic Experience.* Oxford: Pergamon Press.

Ross, M. (1984) *The Aesthetic Impulse.* Oxford: Pergamon Press.

Ross, M. (Ed.) (1985) *The Aesthetic in Education.* Oxford: Pergamon Press. 김동구 역(1990). 『교육미학』. 서울: 문음사.

Schiller, F. (1795/2000) *Über die ästhetische Erziehung des Menschen in einer Reihe von Briefen* [On the Aesthetic Education of Man in a Series of Letters]. Stuttgart: Reclam. 안인희 역(1995). 『인간의 미적 교육에 관한 편지』. 서울: 청하.

Smith, R.A. (1989) *The Sense of Art: A Study in Aesthetic Education.* NY: Routledge.

Swanwick, K. (1988) *Music, Mind, and Education.* London: Routledge.

Tolstoy, L. (1898/1995) *What is Art?* (trans. R. Pevear and L. Volokhonsky). London: Penguin.

Welsch, W. (1997) *Undoing Aesthetics*. London: SAGE.

White, J. (1992) *The Arts 5–16: Changing the Agenda*. London: The Tuffnell Press.

White, J. (1998) 'The arts, well–being and education', in P.H. Hirst and P. White (Eds.), *Philosophy of Education: Major Themes in the Analytic Tradition, Vol. 4, Problems of Educational Content and Practice*. London: Routledge, pp. 186–196.

Winner, E. and Hetland, J. (2000) 'The arts in education: evaluation the evidence for a causal link', *Journal of Aesthetic Education*, 34(3–4): 3–10.

제17장
종교교육

James C. Conroy and Robert A. Davis

교육의 과정은 종교적 믿음의 주장/내용에 관심을 쏟아야 한다는 생각이 고대인에게는 자명한 진리였다. 신들, 신들의 이야기, 그들이 주관하는 다양한 존재들의 질서, 그들이 인간 행동에 내린 법칙들, 그리고 그런 법칙들에 대한 헌신과 연관된 의식과 실천들, 이 모든 것은 공식적 교육을 받았던 사람들의 모든 학습과 가르침에서 핵심 요소를 차지하고 있었다. 그런 문화 속에서 종교적 교리에 대한 효과적 이해는 사회에 완전히/성공적으로 참여하는 데뿐만 아니라 개인들이 저승에서 영원한 생명을 얻는 데 핵심으로 간주되기도 하였다. 영원한 생명이란 신들과의 영적 결합, 미래의 환생, 혹은 더 높은 의식 양태로 나아감을 의미하기도 한다. 종교를 믿는 모든 사람을 위해, 그리고 일부 종교의 경우 우주 전체를 위해, 존재의 궁극적 의미/목적이 무엇인가는 근본 관심에 속한다. 이런 관심 속에서 종교는 교육의 실천에 대해 상당한 주장을 내세웠고, 개인의 형성과 공동체의 규제에서 결정적 역할을 하였다(Marrou, 1956). 이와 같은 사회들이 근대적 의미에서 하나의 독립된 학습 영역으로 '종교교육'을 제공했다고 결론을 내린다면 이는 정확한 말이 아니다. 그렇지만 학습과 가르침의 내용으로 성스러운 텍스트를 읽고, 암송하며, 종교적 서사들을 암기하고, 종교의 핵심 가르침을 일상생활에 적용하는 일에 상당한 시간/에너지를 쏟았음을 지적해 두는 것이 중요하다. 그리스/로마 사람들이 완성해 놓은 고전적 학교 교육과정에는 별도의 종교 공부가 들어 있지 않지만, 종교적 텍스트/아이디어는 문법/수사학/음악/천문학의 학습과 가르침의 실천 속에 널리 퍼져 있었고, 더 수준 높은 학습기관에서는 신학적/형이상학적 사변이 철학적 탐구의 정점으로 간주되는 경우가 많았다(Hadot, 2004).

기독교는 로마와 근동 지역의 문화적 모체로부터 고전적 교육과정에 들어 있는 체계적/조직적 지식을 전수받았다. 팽창주의적 기독교는 서기 이후 몇 세기에 걸쳐 위와 같은 고대의 틀 속으로 복음화와 교리교육이라는 두 가지 원칙을 끌어들였다. 기독교는 교회 외부의 사람들을 개종시키고(복음화), 그리고 교회 내부의 사람들의 신앙을 어릴 때부터 형성시키기 위해 교육 시스템을 활용하였다(교리교육). 실질적으로 공식적 교육을 받았던 사람들은 극히 일부였지만, 기독교는 여러 수준의 교육에서 종교 공부의 역할을 분명히 이해하고 있었다. 사회의 지배계층을 위해, 그리고 교회의 성직자 역할을 준비하는 사람들을 위해 성서에 관한 공식적 문자 수업, 교회의 가르침, 기도와 예배의식, 성인들의 삶/순교에 관한 전통적인 교화적 서사 등의 형태가 이때에 나타났다. 문자를 모르는 대중에게는 여러 가지 집회/예배 중의 설교/가르침과 연관된 다양한 일을 통해 지도/안내하는 형태가 나타났다(Markowski, 2008: 136-152).

처음에는 수도원의 공부방에서, 나중에는 중세대학에서 기독교의 신앙교육은 두 가지의 상이하면서도 서로 관련된 실천들로 분화되었다. 문자를 모르는 대중에게는 신앙의 기초에 관한 기본적인 '구두 수업'이 교구의 성직자들에 의해 (아주 형편없는 경우도 많이) 제공되었다. 이보다 훨씬 더 진보된 형태의 '신학교육'이 성직자와 수도원의 엘리트들에게 제공되었다. 그들을 위해 점점 더 정교하고 철학적으로 복잡한 학문이 발전되었고, 신학은 '학문의 여왕'이라는 지위를 갖게 되었다. 다시 말해서, 기독교는 고전적 대학 공부라는 신성한 체계 위에 자리 잡은 갓돌이 된 것이다. 중세대학이 본질적으로 이런 종류의 공부/신학 훈련을 위해 존재했다는 점을 근대적 관점에서는 너무 쉽게 간과할 것이다. 19세기 초 유럽 대학에서 예술/인문학/자연과학이라는 독자적 학문이 성장함에 따라 신학의 명성, 그리고 기독교 사제로 임명될 사람들을 준비시키는 일은 심각한 도전을 받게 되었다(Bellitto, 2005: 35-50; Vitz, 2005: 20-35).

중세 후기에 시민을 위한 학교가 팽창하였다. 물론 교회는 이를 규제하였으나 시간이 흐르면서 세속적 당국/조직으로부터 재정 지원이나 지시를 받게 되었으며 종교 수업이 학교 교육과정에서 집중적으로 공부하는 과목으로 체계화되어 나타나기 시작하였다. 기독교적인 사회였지만 도시/상인의 아동에게 이익이 될 교육이 꾸준히 확대되었으며 이런 아동 중에 교회에 공식적으로 채용되는 경우는 많지 않았으나, 그들은 전수된 고전적 교육과정을 통해 일정 기간 신중한 신앙 수업을 받았고, 성경에 대한 구체적 지식을 함양하게 되었다(Mandelbrote, 2003: 19-40; Willemsen, 2008: 167-189). 16, 17세기 종교개혁으로 유럽이 혼란을 겪게 되면서, 가톨릭 공동체건 프로테스탄트 공동체건 간에, 공식적 종교 수업의 역할이 갑자기 아주 커지게 되었다. 이때 특정 종교를 표방하는 국가/지역 당국은 자신의 정치적 신민을 길러 내고, 또 종교적 적대세력에 대항하기 위해 종교적 정설의 수업을 획일적으로 강제하기 시작하였다. 프로테스탄트 국가에서는 특히 성경을 자국어로 번역함으로써 예전과 달리 광범한 사회 구성원들에게 기본 문해력을 확대시키는 데 새로운 관심을 쏟았다. 이에 따라 교회 당국은 학교의 종교 수업을 갈수록 통제하려고 했으며, 공식적인 교리교육 프로그램을 광범하게 도입함으로써 젊은이를 가르치고 그들이 완전한 교회 사람이 되도록 준비시켰다. 이윽고 가톨릭 세력도 고도로 훈련된 종교교육자들의 네트워크를 유럽 전역에 구축했고, 교회/국가를 위해 권위 있는 종교 수업을 제공하는 일에서 큰 역할을 수행하였다. 근대 초기 유럽의 여러 사회에서 교회 권력과 국가 권력 간에 긴장 상태가 조성되었다. 이것은 성급한 호교론자들(church apologists)의 요구 때문이었다. 즉, 전체 인구 중 점점 더 많은 사람이 기초교육을 받게 되면서 학교가 팽창하였는데, 이런 학교에서 건전한 교리 수업이 적극 이루어지도록 국가가 더욱 힘써야 한다는 그들의 요구 때문이었다(Ehrenpreis, 2006: 39-53; Smith, 1944: 306-313).

학교에서 공식적인 종교 수업을 유지/확대시키기 위해 교회와 국가가 협약을 맺었으며, 이것은 서구 여러 나라에서 거의 변함없이 수세기 동안 지속되었다. 가령 영국의 경우 산업혁명의 전야에 대중적 의무교육이 크게 팽창하고, 또 더욱 다양한 교과가 학교 교육과정에 들어가기 시작했음에도 불구하고 종교 수업이 학습과 가르침에서 차지했던 위상은 인습, 입법 그리고 학교에 대한 교회의 감독 등을 통해 확실하게 보호받았다. 그러다가 아동교육에서 국가가 후원하는 종교 수업이 차지하는 지위에 대한 중대한 도전이 나타났는데, 이런 사례는 두 나라에서 찾아볼 수 있다. 첫째는 미국이다. 1770년대 영국으로부터 독립을 성취한 미국은 새 헌법에서 교회와 국가의 엄격한 분리를 명시함으로써 '국교'나 공식적 국가 종교라는 유럽적 규범을 폐기했고, 국가가 통제/관리하는 학교에서 특정 종교의 신앙 고백적 수업을 모두 배제하였다. 미국식 모형은 대체로 오늘날까지 존속되고 있다. 여기서 종교는 경우에 따라 일반 인문교육의 일부로 배울 수는 있으나 공식적인 신앙 기반적 종교 수업은 교회나 종교조직의 소관사로 간주되었다. 이런 기관에서는 사적 재정 지원을 통해 종교계 학교를 후원하고 미리 계획된 종교 수업 프로그램을 운영할 수 있었다.

둘째는 프랑스다. 1789~1793년에 구체제, 즉 봉건적인 군왕의 전제가 혁명에 의해 붕괴되었다. 새로운 프랑스 공화국은 시민사회의 교육제도를 포함한 모든 제도로부터 가톨릭의 억압적 영향력을 배제하려고 하였다. 교회와 혁명적 프랑스 정권들 간의 투쟁은 아주 험악하게 19세기까지 지속되었다. 그럼에도 불구하고 프랑스가 근대화되고 교회의 영향력이 약화됨에 따라 국가 교육은 크게 세속화되었다. 마침내 신앙 고백적 종교 수업이 국가 교육제도에서 효과적으로 제거되어 버린 또 하나의 모델이 출현하였다.

18세기 후반 프랑스와 미국에서 나타난 사건들에서 우리는 계몽주의적 교육관/사회관의 영향력이 문화적/정치적 엘리트들에게 더욱 큰 영향력을 미쳤음을 알 수 있다. 이런 사상은 대중교육 제도에 대한 행정적/관료적 통제를 강화시킨 근대 국민국가의 출현과 일치된 것이었고 이를 조장한 것이었다. 17세기 종교전쟁의 격렬하고 파괴적인 전횡에 반발하여 종교적 관용을 향한 움직임이 유럽 전역에서, 특히 교육받은 여론이 강했던 중심지역에서 나타났다. 이로 인해 그 당시까지 계속되었던 공식적 종교 수업은 갈수록 의심받게 되었다(Marshall, 2006). 이런 회의론은 주로 두 가지 형태로 나타났다. 첫째, 존 로크(John Locke)/요한 아모스 코메니우스(Johann Amos Comenius)와 같은 사상가들 사이에서는 분파 소속이 파벌적 갈등과 연루되기 때문에 종교교육은 다양한 교리를 가진 공동체들 간의 시민적 조화를 이루기 위해 학생들로 하여금 다른 사람들의 세계관들을 (꼭 옹호하지는 않더라도) 이해하도록 해야 한다는 요구가 나타났다(Moseley, 2007: 98-100). 이런 관용이 증대됨에 따라 다양한 종교적 실천 공동체들의 평화로운 공존을 위한 중립적 공간으로서의 자유국가라는 사상이 출현하게 되었다. 둘째, 계몽주의 사상의 특징인 종교에 대한 의심이 널리 퍼져 가고, 교육 시스템이 합리성과 자율성이라는 원칙 위에 자리 잡게 되면서 종교/종교교육 전체의 위상에 대한 심각한 의문이 나타나기 시작했다. 성직자들에게 반기를 든 바루흐 스피노자(Baruch Spinoza) 및 피에르 베일(Pierre Bayle)과 같은 회의주의적 사상가들은, 근대 철학적 유물론의 기초를 마련함으로써 학교와 대학에서 공부하는 종교 과목의 정당성에 대해 도전하기 시작했다. 또한 그들이 크게 우려했던 점은 종교적 계시에 대한 극도로 억제된 객관적 몰입조차도 합리성의 전형으로 인정받을 수 있는 준거에 미달한 신념/가치에 대해 신빙성을 부여할 위험성이 있다는 것이었다(Israel, 2006: 94-115). 이런 논란 속에서 특정 신앙/전통에 전념하는 학교에서 교리를 증진시키는 일과 교육을 추구하는 일이 근본적으로 부합될 수 없는 것은 아닌가 하는 견해가 나타나기 시작했다(Israel, 2001: 265-270, 331-342).

미국과 프랑스는 예외였지만, 이와 같은 사상이 학문에 몰두하는 엘리트들에게 철학적 호소력을 가졌을지라도 제도적/정치적으로는 별로 환영받지 못했다. 따라서 19세기 영국(UK)에서 종교적 믿음에 대한 일반적인 지적 회의주의가 뿌리를 뻗기 시작했음에도, 학교에서 가르치는 종교교육의 성격과 이런 가르침에 대한 기독교 교회의 장악은 여전히 확고하였다. 이런 현상은 산업이 발흥했던 시기에 지속되었던 국가 통제의 대중교육의 확대와 더불어 나타났다. 확실히 종교적 관용과 종교적 다양성이 높아지고 있었던 사회였지만 실제로 상이하고 때로는 적대적인 형태의 종교교육이 학교 안에서 더욱 널리 행해지고 있었다. 19세기 말과 20세기 초 영국은 종교적 차이를 경험하면서 이에 대해 다양한 형태로 동화하였다. 예를 들어, 학교 운영에 적극적이었던 여러 기독교 분파가 다양한 수준에서 협력적 동반자 관계를 형성하였다. 그럼에도 공식적인 (논쟁의 여지가 없이 기독교적 성격을 띤) 종교교육이 중심 위치를 차지하였고, 대체로 필수과목이었다. 이때 산업에 종사하는 인구가 증가하면서 학교가 급증하기 시작했다. 1870~1920년에 나타난 영국의 교육개혁법은 대중교육의 관리/내용/구조 측면에서 광범한 변화를 불러일으켰지만, 근대 시기로 진입했던 영국의 학교 교육과정에서 종교교육의 지위를 계속 유지시켰다. 여전히 관념상으로 기독교적이었던 사회 속으로 젊은이들을 입문시키기 위해, 그리고 도덕발달과 사회적 통합의 유지를 위해 종교교육의 역할이 아주 중요하다는 점이 강조되었다(Moran, 2006: 41-51).

영국에서는 이런 종교교육이 사회질서와 국가정체성의 확립을 위해 중요한 것이라는 생각이 20세기 후반부까지 지속되었다. 1944년의 매우 개혁적인 버틀러교육법[당시 교육부 장관이 랩 버틀러(Rab Butler)였음]에서도 종교교육의 제공은 잉글랜드와 웨일즈 공립학교의 중요한 특징이었다. 종교교육, 혹은 당시의 표현대로 종교 **수업**(religious *instruction*)의 형태는 탈분파적이었으나 여전히 기독교적 성격을 지닌 합의된 교과요목에 의해 규제받았다. 따라서 1968년 런던에서 합의를 보았던 교과요목인 『삶을 위한 학습(*Learning for Life*)』에서도 그 지배적 담론은 기독교적이었다. 이 중요한 문서에 다른 신앙들에 대한 공식적 언급이 몇 군데에 들어 있지만 "기독교인이 된다는 것과 종교적으로 헌신한다는 것이 무엇을 의미하는지"(ILEA, 1968: 9)를 밝혀 주는 데 도움이 되는 정도만큼만 중요한 것으로 간주되었다.

> 이민 가정의 아동은 다른 땅에서 건너왔기 때문에 학교에서 종교 공부에 기여할 어떤 점을 갖고 있을지 모른다……. 그는 거지를 본 적이 있거나 병원도 없는 상황에서 질병에 걸린 경험을 갖거나 할 것이다……. 또한 그런 아동[즉, 다른 신앙을 가진 아동]의 마음에 상처를 주거나 불쾌하게 만들지도 모를 주제의 표현이나 선택을 피하면서 그들의 감정을 알 필요가 있다. 에티오피아 출신 아이들과 '성경 이야기'를 공유하는 필립이 '이교도들을 개종시키는' 복음주의자들에 비해 오히려 더 나은 선교 활동을 보여 준다(p. 10).

이 인용문의 내용은 아주 흥미롭다. 그것이 당시 유럽/영국의 이민 패턴, 사회 인습, 인식체계 등이 급변하고 있는 시기에 쓰인 것이기 때문이다. 게다가 그것은 로마 가톨릭 교회의 제2차 바티칸공의회의 비교적 덜 알려져 있는 문서인 『다른 신앙들에 대한 선언(*Nostra Aetate*)』이 나온 지 약 3년 후에 출판된 것이다. 힌두교는 '무한한 풍요로움과 통찰'(1965)을 갖고 있다고 말하는 이 문서는 『삶을 위한 학습』보다 상당히 덜 인색한 편이다. 가톨릭 교회의 많은 자유주의자들의 상당히 솔직한 주장을 살펴볼 때, 두 문서의 논조 차이는 놀라운 것이다. 한편으로 당시 영국에서 비율상으로 다신앙/다문화 인구가 가장 많았고 가장 진보적이었을 지역 교육청에서는 타인들의 비기독교 신앙에 대해 놀랍도록 편협한/분파적 태도를 보여 주고, 그들의 통찰을 오직 기독교 복음 전파의 자원으로 간주한다. 거기서 문제가 되는 것은 자유교육 안에서 선교 활동이 적합한가의 여부가 아니라, 이 '자명한 선'을 다루는 감수성일 뿐이다. 다른 한편으로 자칭 보수적인 종교기관인 가톨릭 교회도 다른 신앙이 주장하는 제일 원리에 대해 훨씬 더 개방적인 것으로 보이며, 그런 신앙도 나름대로 진지하게/제대로 대우받아야 한다고 주장한다. 여기서 알 수 있듯이, 일반 사회의 광범한 인식론적 변화와 비교해 볼 때 교육/교수법의 실천이 오히려 뒤떨어지는 경향이 있다. 또한 주요 종교기관이 오히려 유명한 교육자들보다 더 많은 지적 자원을 갖추고 있으므로 이들은 종교적 실천과 종교적 차이의 현실 속에 살고 있는 '최첨단' 사상가들로부터 지도를 받을 필요가 있다고 볼 수 있다.

그러다가 몇 년 후 두 가지 중대한 변화가 발생했다. 첫째, 종교교육이 갑자기 정체성의 위기에 봉착하였다. "여하튼 기독교인이 된다는 것 그리고 종교적으로 헌신한다는 것은 무엇을 의미하는가?"(ILEA, 1968: 9)에 대한 관심이 급격히 약해졌다. 둘째, 세계적인 종교들도 그 나름대로 교육적 가치를 갖는다는 점이 아주 급속하게 인정되었고, 영국 전체의 초등/중등 종교교육 교육과정에서 중시되었다. 이와 동시에 성경 공부가 국민의 도덕적 향상의 주요 자원이라고 간주했던 기존의 생각이 거센 도전을 받게 되었다. 이 시기에 나온 주요 정책 문서인 『종교교육: 에이번 합의 교수요목(*Relisious Education: Avon Agreed Syllabus*)』(1976)의 특징을 몇 가지 분석해 볼 때, 우리는 이보다 8년 전에 나온 ILEA 교수요목에 비해 두 가지 점에 대해 별로 관심을 쏟지 않고 있음을 알 수 있다. 그것은 종교와 도덕이라는 관심사/코드는 기독교 성서라는 렌즈를 통해야 한다는 점과 국민이 기독교 성서를 알게 함으로써 훌륭한 종교적 시민을 길러 내야 한다는 점이다. 그것보다는 "주요 목적을 종교의 본질, 그리고 종교를 진지하게 받아들인다는 것의 의미가 무엇인가를 이해하는 데 두어야 한다 …… [이런] 목적의 추구는 아동이 스스로 인간 실존의 근본 물음을 찾도록 도와줄 것이다."(County of Avon Education Service, 1976: 2) 여기서 알 수 있듯이, 종교교육의 목적은 공적 도덕의 자원/토대로서 기독교의 신념/실천에 입문시키는 일에서 점차 벗어나서 학생들의 종교적 지평을 확대시키고, 그들 각자의 영성적 성장을 촉진시키는 일 쪽으로 이행하고 있었다. 개념적으로 ILEA 교수요목과 일정한 거리를 두고 있는 에이번 교수요목은, "학교에서 종교교육에 종사하는 사람들의 의도는 아동이 특정 종교에 헌신하도록 요구하는 것이 되어서는 안 된다."(p. 4)고 제안한다. 그뿐만 아니라 에이번 교수요목에서는 여전히 기독교가 맨 앞에 제시되어 있지만, 다른 신앙들에 대해 친숙해지는 것도 나름대로 필요한 일로 간주되었고, 학생들이 기독교 이외의 주요 종교를 최소한 하나는 알 수 있도록 폭넓은 학습 자료에 접근하도록 하고 있다. 어떻게 해서 8년 사이에 이와 같은 극적인 교육 변화가 나타날 수 있었는가?

여기서 두 가지 이슈를 구분해서 생각해 보자. (물론 이 두 가지 이슈는 동일한 문화적/인식론적 힘이 외부로부터 작용해서 두 가지 방식으로 표출/표현된 것이라고 보는 것이 더 적절하다.) 즉, 종교교육을 **기독교 신앙심을 길러 내는** 일로 보는 것에서 벗어나 **인간적 성장의 수단**으로 간주하는 쪽으로 이동하였다. 이런 변화는 일반적인 문화 재편과정의 일부분이었다. 다시 말해서, 다원주의적 근대사회에서 종교와 개인 도덕은 근본적으로 사적 경험으로 간주되었다. 이렇게 공적인 것에서 사적인 것으로 바뀐 점은 20세기 후반 자유민주주의 문화의 또 다른 흐름이 반영된 것이기도 하다. 즉, 시민들이 결혼/이혼과 같은 제도를 (종교적 실천이라는 물음 자체까지도) 공적 관심사라기보다는 대체로 사적 성향의 일로 간주하는 경향이 두드러졌다. 종교의 공적 목적에서 멀어져 가는 이런 움직임이 기독교 이외의 다른 신앙을 갖는 사람들에 대한 태도에 어떤 영향을 미쳤는지는 쉽게 알 수 있다. 결국, 만일 **나의** 종교적 믿음/애착이 '사적인 것'이라고 한다면, **너의 그것**도 마찬가지로 '사적인 것'이며, 이 모두가 '사적인 것'이라고 한다면 **너의** 믿음은 나의 믿음과 대등하게 학교 교육과정에 편입되어야 한다고 주장할 수 있다. 다른 신앙, 특히 힌두교/이슬람교를 신봉하는 많은 사람들이 계속해서 영국으로 이민해 옴에 따라 '공적인 것'에서 '사적인 것'으로의 변화는 학교 교육과정에서 그때까지 필수과목으로 있었던 종교교육에 대한 기대에

해서 적대적이지만 나름대로 정당한 윤리적 관심들이 여러 가지로 많고 이런 관심들이 집단/개인의 자유/선택과 상호작용하고 있는데, 이런 배경 속에서 자율성이 늘 거론될 수밖에 없는 측면들을 검토하게 하는 것이다. 실제로 세속적 의미의 자율성이 형성되는 과정에서 종교적으로 구성된 자아가 수행했던 역할이 있을 것이므로 이런 점을 이해시키는 것도 종교교육의 한 가지 공헌이 될 것이다. 이런 이해는 풍부하고 역동적인 자율성을 밝혀내고 옹호할 수 있는 기반을 강화함으로써 자유주의적 학교의 문화적/도덕적 활동에 기여할 것이다 (Carr, 1996: 159-178).

현대 종교교육이 당면한 세 번째 딜레마는 종교적 다원주의라는 이슈다. 여기서 종교교육이 받고 있는 도전은 다문화사회 속의 삶과 연결되어 있는 폭넓은 문제점을 그대로 보여 준다. 다양성의 도전은 스마트 저술의 한 가지 동기였다. 스마트는 종교교육에 대해 포용적 자유주의로써 접근하였는데, 여기서 몇 가지 창조적인 대응방식이 나타난다. 한 가지 중요한 접근방식은 특정 종교를 믿는 일을 보편적 현상의 국지적 표출이라고 보고, 또 종교들 간의 구조적 연속성/유사성을 교실 안에서 분석/탐구할 수 있는 초점으로 간주하는 것이다. 또 다른 중요한 접근방식은 종교적 신념을 문화적 정체성으로 간주하고 표현하는 것이다. 이런 전략은 자유주의적 문화다원주의의 폭넓은 세속적 가정들, 그리고 민족적 신앙 고백적 특수주의에 대한 정치적 해석과 부합될 수 있다. 이런 접근에서 '교리상의 차이'라는 문제는 자유주의 정치체제 속에 공존하는 다양한 신앙 공동체의 외적/문화적 장식물의 칭송을 옹호하는 종교교육 안에서 조심스럽게 주변화된다. 이런 전략의 피상성에 대해 늘 불만이 나타났고, 종교적 차이를 다루는 일을 분명히 거부하기 때문에 불만은 더욱 악화되었다. 실제로 현대 자유민주주의 사회에서 종교적 차이의 표현은 세속화/근대화에 관한 기존 서사들이 가정했던 것보다 훨씬 더 현저하게 나타났다(Berger, 1999: 1-19). 비판적 실재론자들의 접근방식에서 종교교육은 다원주의 사회에서 상호 논쟁하고 상호작용하기 위한 공동의 지적 틀의 일부분으로 간주된다. 여기서 옹호되고 있는 주류 자유주의의 견해에 따르면, 다양한 종교적/비종교적 배경에서 태어난 학습자들이 상호 관용의 여건 속에서 좋은 삶에 대한 적대적 버전을 추구하도록 장려해야 한다. 그러나 진정한 관용이 요구하는 바에 따르면, 종교교육은 믿음/확신의 다양성을 충실하게 인정해 주어야 한다. 그렇다면 학습자들이 궁극적 실재의 질서를 이해함으로써 진리를 찾고, 또 이에 따라 살아가는 것 자체가 도덕적으로 중요하고 교육적으로 핵심적인 목적이 될 것이다. 이를 기반으로 삼아 학습자들은 자신의 믿음을 진술/칭송/합리화/방어할 수 있어야 하며, 때로는 이런 일들이 서로 부합되지 못할 수도 있다. 실재는, 이를 이해하려는 온갖 시도로부터 근본적으로 독립된 것일 수 있다. 그러나 실재에 관한 의미 있는 지식은 전적으로 구체적 담론/교리/문화적 실천에 의존하는 것이다. 이런 점들을 통해서 실재에 관한 의미 있는 지식을 접하게 되고 또 해석하게 된다. 종교교육의 책임은 실재의 질서를 경험하는 '신앙의 과정' 그리고 이 과정에서 밝혀지는 '실재의 진정성' 간의 관계에 대해 학습자들이 비판적/합리적 판단을 내릴 수 있도록 하는 것이다.

최근에 종교교육 안에서 새로운 관심이 되살아나고 있다. 그것은, 종교적 믿음의 근본적인 진리 주장들의 일부가 비판적 판결을 받았고, 그리고 이로부터 실존적 삶의 선택이 공통적으로 나타났다는 점에 대한 관심이다. 이로 인해 종교교육은 교육과정의 중심에서 되살아날지 모른다. 사실 근대적 형태의 도구적 합리성이 나타나기 전에 종교교육은 암암리에 교육과정에서 중심적 지위를 향유하였으나, 도구적 합리성 때문에 서구에서 종교적 신앙의 권위가 피해를 입었다(Micklethwait & Wooldridge, 2009). 이 상황이 달라질 가능성을 인정한다고 해서 현대의 철학/사회이론에서 유행하고 있는 '탈세속적 전회(post-secular turn)'를 꼭 옹호한다는 뜻은 아니다. 더구나 교육과정이 계몽주의 시대 이전의 비합리주의로 되돌아가기를 바란다는 말도 결코 아니다. 다만 성공적인 종교교육이 되려면 지금이건 나중이건 신앙의 문법, 고해 공동체의 투자, 그리고 종교적 헌신이 (교육받은 마음에 의해 인정/긍정받는) 추론양식에 대해서 던지는 도전 등을 진지하게 다루어야 한다고 제안할 뿐이다.

참고문헌

Ayer, A.J. (1936) *Language, Truth and Logic*. Harmondsworth: Penguin. 송하석 역 (2010). 『언어, 논리, 진리』. 파주: 나남출판.

Barnes, L.P. (2009a) 'An honest appraisal of phenomenological religious education and a final, honest reply to Kevin O'Grady', *British Journal of Religious Education*, 31(1): 69-72.

Barnes, L.P. (2009b) *IMPACT No.17: Religious Education: Taking Religious Difference Seriously*. Philosophy of Education Society of Great Britain.

Bellitto, C.M. (2005) 'Revisiting ancient practices: priestly training before Trent', in R.B. Begley and J.W. Koterski (Eds.), *Medieval Education*. NY: Fordham University Press, pp. 35-50.

Berger, P.L. (1999) 'The desecularization of the world: a global overview', in P. Berger et al. (Eds.), *The Desecularization of the World: Resurgent Religion and World Politics*. Grand Rapids, MI: Eerdmans, pp. 1-19.

Carr, D. (1996) 'Rival conceptions of spiritual education', *Journal of Philosophy of Education*, 30(2): 157-178.

Conroy, J. and Davis, R.A. (2008) 'Citizenship, education and the claims of religious literacy', in M.A. Peters et al. (Eds.), *Global Citizenship Education: Philosophy, Theory and Pedagogy*. Rotterdam: Sense Publishers, pp. 187-203.

County of Avon Education Service (1976) *Religious Education: Avon Agreed Syllabus*. Bristol: County of Avon.

Ehrenpreis, S. (2006) 'Reformed education in early modern europe: a survey', in W. Janse and B. Pitkin (Eds.), *The Formation of Clerical and Confessional Identities in Early Modern Europe*. Leiden: Brill, pp. 39-53.

Hadot, P. (2004) *What is Ancient Philosophy?* (trans. M. Chase). London: Harvard University Press.

Hella, E. and Wright, A. (2009) 'Learning "about" and "from" religion: phenomenography, the Variation Theory of Learning and religious education in Finland and the UK', *British Journal of Religious Education*, 31(1): 53-64.

Inner London Education Authority (ILEA) (1968) *Learning for Life*. London: ILEA.

Israel, J.I. (2001) *Radical Enlightenment: Philosophy and the Making of Modernity 1650-1750*. Oxford: Oxford University Press.

Israel, J.I. (2006) *Enlightenment Contested: Philosophy, Modernity and the Emancipation of Man 1670-1752*. Oxford: Oxford University Press.

Mandelbrote, S. (2003) 'The Bible and didactic literature in early modern England', in N. Glaisyer and S. Pennell (Eds.), *Didactic Literature in England, 1500-1800*. London: Ashgate, pp. 19-40.

Markowski, M. (2008) 'Teachers in early Christianity', *Journal of Research on Christian Education*, 17(2): 136-152.

Marrou, H-I. (1956) *A History of Education in Antiquity* (trans. G. Lamb). London: Sheed and Ward.

Marshall, J. (2006) *John Locke, Toleration and Early Enlightenment Culture*. Cambridge: Cambridge University Press.

Micklethwait, J. and Wooldridge, A. (2009) *God Is Back: How the Global Revival of Faith Is Changing the World*. London: Penguin.

Moran, G. (2006) 'Religious education and the nation state', in M. De Souza et al. (Eds.), *International Handbook of the Religious, Moral and Spiritual Dimensions in Education*. NY: Springer, pp. 41-51.

Moseley, A. (2007) *John Locke*. London: Continuum.

Nostra Aetate (*Declaration on the Relation of the Church to Non-Christian Religions)* (1965) http://www.vatican.va/archive/hist_councils/ii_vatican_council/documents/vat-ii_decl_19651028_nostra-aetate_en.html (last accessed 21-05-09).

Schools Council (1971) *Working Paper 36: Religious Education in Secondary Schools*. London: Evans/Methuen.

Smart, N. (1969) *The Religious Experience of Mankind*. Englewood Cliffs, NJ: Prentice Hall.

Smart, N (1977) *A Groundplan for the Study of Religion*. London: Schools Council.

Smith, E.A. (1944) 'Principles of Reformation education', *Religious Education*, 39(5):

306–313.

Vitz, E.B. (2005) 'Liturgy as education in the middle ages', in R.B. Begley and J.W. Koterski (Eds.), *Medieval Education*. NY: Fordham University Press, pp. 20–35.

Willemsen, A. (2008) *Back to the Schoolyard: The Daily Practice of Medieval and Renaissance Education*. Turnhout: Brepols.

Wright, A. (2008) *Critical Religious Education, Multiculturalism and the Pursuit of Truth*. Cardiff: University of Wales Press.

Wright, N.T. (1992) *The New Testament and the People of God*. London: SPCK.

제18장
체육교육

Mike McNamee and Richard Bailey

1. 체육교육의 문제

'체육교육의 철학(philosophy of physical education)'이라는 학문 영역은 대체로 한 가지 이슈에 관심을 쏟고 있다. 이 문제를 리드(Reid, 1996: 8)는 다음과 같이 간단하게 제시한다. 체육의 '체'가 인간의 신체 및 그 특성과 기능(특히 구조화된 형태의 운동이라는 맥락에서 다양한 종류의 신체활동, 게임, 체조, 동작)을 의미하는 반면, '교육'은 전형적으로 마음과 그 발달을 의미한다. 이런 구분은 서구 철학의 플라톤-데카르트 전통을 배경으로 삼아 이해해야 한다. 일부 철학자들은 '체육교육(physical education)'이라는 용어의 적절성에 대해 의문을 제기하기도 했다. 왜냐하면 배로(Barrow, 1982)의 불길한 표현에 나타나 있듯이 "체육교육 담당자들은 교육과의 관계에 있어 단지 주변적 위치에 있다는 의미에서 흥미로운 처지에 놓여 있다."(p. 60)고 보기 때문이다.[1] 분명한 점은, 체육활동이 학교 교육과정에서 자리를 차지할 자격이 없다는 말이 아니라, '교육적'이라는 좋은 명칭을 붙이기가 어려울 뿐이라는 말이다! 학생들의 건강/체력은 중요하며, 어떤 식으로든 교사들의 도움을 받아야 하지만, 이런 미미한 칭찬은 교육과정에서 체육교육을 (혹은 이 교과를 무엇이라고 부르건 간에) 주변적 위치에 놓이도록 만들어 버린다고 흔히들 주장한다.

이것이 체육교육의 문제점이라는 말일 것인데, 이에 대응하는 일이 체육교과에 속하는 학자들의 주요 과제가 되었다. 여기서 우리의 관심은 철학적인 것이다. 물론 체육교육이 교육과정에서 차지하는 지위에 대한 물음이 다른 학문들이나 실천가들을 사로잡기도 했다(지금도 그렇다)는 점도 인정해야 한다. 그렇지만 다른 어떤 교과 영역보다도 체육교육을 지지하는 선언/의제/요청이 더 많았다. 역설적인 것은, 이렇게 공적 지지가 다양하게 많았음에도 학교에서 체육교육의 위상을 확보하기 위해 체육교육의 옹호자들은 고민이 많았다. 그들은 정책적 우선순위에서 확고한 위치를 차지하지 못하고 밀려날 수밖에 없는 것처럼 느꼈던 것 같다. 체육교육이라는 교과의 역사를 살펴보면, 체육교육은 아동의 건강/체력, 인격 발달, 교육적 성취, 사회적 기능, 학교에 대한 태도, 동료애, 경기능력 등에 도구적으로 기여한다는 주장을 내세웠다. 또한 체육교육은 비만 방지/사회적 고립/범죄/인종갈등 등을 예방하는 데 도움이 될 수 있다고 주장했다(Bailey et al., 2009). 체육교육의 온갖 잠재적 가치를 입증하려고 했던 이런 논변들은 정부 정책의 자문가/수립자들의 관심을 계속 끌어들였다. 그러나 이런 유형의 논변들이 위에서 지적했던 핵심 문제를 제대로 다루지 못했다는 점에 대해서도 우리는 주목할 필요가 있다. 체육교육을 옹호하는 강력한 논

1) 이 인용문이 들어 있는 절에 대해 배로(Barrow)가 '초등/체육 수업(Primary and Physical Instruction)'이라고 이름을 붙인 것도 주목할 점이다.

변이 아직 나타나지 않은 상황 속에서, 논리적으로 취약한 논변들을 모두 수합해 보는 것도 중요한 일일 것이다.

이 문제에 대해 설득력 있는 해결책을 앞장서서 찾으려고 했던 리드(Reid, 1996: 8)는 그 문제점을 다음과 같이 명확하게 부각시켰다. "우리가 밝혀내야 할 것은 인정받는 교육활동이라는 범주 속에서 체육교육이 과연 정당한 자리를 차지할 수 있는가, 이것이 어떻게 가능한가, 체육교육은 학교 교육과정 속으로 어떻게 수용될 수 있는가, 또 교육적 목표/가치 측면에서 어떻게 정당화될 수 있는가 하는 점이다." 이것은 '체육교육의 철학'을 연구했던 대다수 학자가 다루었던 질문이다. 이 장에서도 이에 대해 다룰 것이다.

2. 교육과 체육교육

체육교육의 교육적 위상에 대한 최근의 논의는 1960년대에 발생했던 논란의 연장선에 있다. 일반적으로 미국과 영국에서 논의되고 있는 체육교육에 관한 철학은 현저한 차이를 보여 준다. 미국의 학자들은 '사조(schools of thought)' 중심의 철학관을 수용하는 경향이 있고, 실용주의/실존주의/현상학과 같은 광범한 문헌들을 인용하였다(예: Zeigler, 1968). 그런데 미국에서 '체육교육의 철학'에 대한 학문적 관심은 비교적 단명했다. 왜냐하면 미국 학자들은 그것과 개념적으로 사촌쯤 되는 '스포츠 철학(philosophy of sport)'이라는 영역을 수용했기 때문이다. 폴 바이스(Paul Weiss)와 같은 주요 철학자의 주도 아래 스포츠 철학은 교육철학의 하위 학문으로서 명맥을 유지하기보다 그 자체로서 하나의 학문이 될 수 있는 장점을 가졌다. 그것은 스포츠/게임/놀이의 성격과 중요성에 대한 개념적 연구를 촉발시킬 수 있었고, 플라톤부터 요한 호이징가(Johan Huizinga)에 이르기까지 역사적으로 중요한 고대와 근대의 선구자들을 뒤따랐으며, 미학/윤리학/철학적 인간학/정치철학의 실질적이고 규범적인 주제들을 끌어들일 수 있었다(Gerber & Morgan, 1979; Morgan & Meier, 1995).

영국에서는 이와 다르게 체육교육의 철학이 분석적 교육철학의 발전과 결부되었다. 체육교육의 활동에 관심을 갖고 있었던 대다수 철학자는 피터스(Peters), 허스트(Hirst), 디어든(Dearden) 등이 주도하는 분석적 전통으로부터 큰 영향을 받았다(1권 제9장 참조). 그들이 이런 점에서 특별했던 것은 아니었다. 왜냐하면 그 당시 영국에서 교육에 대한 철학적 연구는 대체로 분석철학의 지배적 영향력에서 벗어나지 못했기 때문이다. 피터스의 경우 '교육'이라는 단어의 수많은 용도를 하나의 중심 사례로 환원시킬 수 있었고, 이 사례에 암시되어 있는 준거들을 끌어내는 것이 철학적 과제였다. 이로써 피터스의 유명하고 정교한 교육 개념의 분석이 나타났다. 여기서 교육은 학습자들에게 내재적으로 가치 있는 활동을 전수함으로써 그들에게 더 넓고 더 다양한 존재의 세계를 열어 주는 일이다. 바로 이런 가치 있는 지식은 허스트가 그 자신의 인식론적 준거에 따라 밝혀낸 다양한 형식의 지식들로 나뉜다. 피터스의 명제는 다음과 같이 요약되었다.

① 교육은 가치 있는 것에 헌신하게 될 사람들에게 그것을 전수한다는 뜻을 갖는다.
② 교육은 지식과 이해, 그리고 무기력하지 않은 지적 안목을 반드시 포함한다.
③ 교육은 최소한 학습자의 의식과 자발성을 무시하는 전수방법을 배제한다(Peters, 1966: 45).

처음 두 가지 준거는 가치론적 조건과 인식론적 조건이라고 부르기도 한다(Carr, 1997; Reid, 1997). 세 번째 준거는 그런 전수방법이 윤리적으로 용납될 수 있는 과정이어야 함을 가리킨다.

체육교육의 철학을 연구했던 일부 학자들은 피터스의 관점을 거부하려고 하였다. 왜냐하면 이것이 이원론적인 철학적 인간학을 포함한 것이라고 보았기 때문이다(Arnold, 1979). 이런 근거는 호소력은 있으나 결코 만족스러운 것이 아니었다. 최근에 이런 방향의 비판은 체화(embodiment)라는 현상학적 아이디어를 끌어들임으로써 더욱 실속 있는 형태로 되살아났다(Thorburn, 2008; Whitehead, 2001). 그러나 피터스에 대한 비판으로서 그것은 공정하지도 지속될 수 있는 것도 아니었다. 피터스가 마음과 이성의 발달에 초점을 두었던 것은 사실이지만, 그가 인간의 주체성에 대해 조잡한 데카르트적인 혹은 이원적인 실체이론을 가정했다는 주장은 정확한 것이 아니었다. 마음의 프라이버시에 대한 비트겐슈타인/라일 식의 공격에서 힘을 얻은 피터스는—동기의 개념에 대한 초기의 저술에서부터—마음에 대한 풍부한 관점을 갖고 있었다. 그는 마음을 심리학적 습관/기능/힘/능력 등의 체화된 집합으로 보았다. 그럼에도 불구하고 그가 '합리적 마음'의 발달에 초점을 둔 것은 그의 규범적인 철학적 인간학과 어긋난 것이었다. 그것이 허스트의 지식의 형식론에 의해 뒷받침되었던 것은 확실하다. 허스트의 이론은 신체적인 것이나 실천적인 것보다 명제적인 것을 특권시하였다.

다른 사람들은 분석적 틀 안에서 체육교육을 옹호했다. 흥미 있는 사례는 칼라일(Carlisle, 1969)의 관점이다. 그는 체육교육의 활동을 미적인 것으로 보는 것이 가장 좋다고 하였다. 따라서 그는 체육교육의 활동을 허스트가 말하는 의미에서 인정받을 수 있는 한 가지 지식 형식이라고 보았다. 이런 제안은 성공적이지 못한 것으로 밝혀졌다. 미적 향유/칭송에 기여하는 체육활동의 측면들이 많기는 하지만 그런 점들을 체육활동 그 자체에 내재하는 것으로 묘사하는 것은 정확하지 못할 것이다(Best, 1978). 따라서 체육교육은 지식의 한 가지 형식이 아니었다. 그러나 허스트의 명제에 따르면—교육적인 요소들이 그 자체로서 '형식'이 되지 못할지라도—그것들이 결합되면 한 가지 공부 '영역'이 생길 수 있다. 체육교육은 수학, 자연과학(해부학, 생체역학, 생리학 등), 혹은 사회과학(심리학이나 사회학) 등의 형식들을 결합시킴으로써 대학의 학과를 형성할 수 있다. 그럼에도 불구하고 오직 지식의 형식들이 학교교육의 차원에서 교육의 고유한 구성요소라는 점이 분명했고, 이것이 교육적 지위의 핵심 논란에서 초점이 되었다.

그 이후 배로나 화이트(White)와 같은 철학자들은 피터스와 허스트의 핵심 사항들 중에서 많은 것에 대해 이의를 제기하였다. 그러나 그들의 초점은 합리적으로 자율적인 학습자의 발달이라는 교육에 전적으로 머물러 있었다. 카(Carr, 1997: 201)와 같이 체육교육의 교육적 지위를 주장하는 것에 공감하는 철학자들도 그런 교육관을 신봉하고 있었다. 카가 이론적 합리성뿐만 아니라 실천적 합리성의 가치를 인정하고 천명하였다는 것이 사실이었음에도, 그는 체육교육을 실천적 지식의 차원에서 이해하는 것이 더 낫다는 주장을 약화시켜 버린다.

> 여기서 핵심은 어떤 형식의 지식이나 이해가—과학자의 이론이나 골퍼의 기능으로서가 아니라 세계가 어떻게 존재하고, 그 안에서 인간의 지위가 무엇이며, 타자들과 어떤 관계를 맺는 것이 적절한가에 관한 어떤 정합적인 그림을 그려낼 수 있는 중요한 지평으로서—인간 발달과 형성의 생태학으로 들어간다는 전통적 아이디어다. 엄밀히 말해서 전통적인 견해에서는 그런 수용된 지혜가 이론적인 것인가 혹은 실천적인 것인가 혹은 양자의 중간에 속하는 어떤 것인가 하는 점이 중요한 것은 아니다. 오히려 중요한 것은—교육이라는 이름 아래—직업적인, 가정적인 혹은 단순히 오락적인 기능들의 훈련과 더불어 인간적 중요성을 갖는 이런 영역(들) 속으로 실질적으로 입문되어야 한다는 점이다. 이는 그런 기능들에 대한 고유한 규범적 관점을 부정하거나 혹은 그런 기능들을 추구하는 일에도 합리적 판단과 변별이 상당히 포함되어 있을 것이라는 점을 부정하는 것이 아니다. 오히려 그런 기능들이 드러내는 합리성의 종류가 교육과 별로 관계도 없으며 관계 맺을 필요도 없는 것임을 주장하는 것이다. 아주 거칠게 말해 교육적 지식은 마음을 단순히 사용하는 것이 아

> 니라 마음을 밝혀 주는 지식이라고 봄으로써, 우리는 교육적 지식과 비교육적 지식을 구별하는 전통적 구분의 핵심을 지적할 수 있다.

다른 철학자들은 지식의 형식들과 체육교육 간의 관계에 대해 수정된 설명을 제시하였다(Parry, 1988; Reid, 1996). 그들의 주장에 따르면, 수영/게임/트램펄린 경기와 같은 활동에서, 의미 있는 참여와 의도적 행위로 구체화되는 '실천적 지식'의 중요성을 적절하게 인정해야 한다. 체육교육을 구성하는 활동에 참여할 때 요청되는 것은 '실천적 지식'이며, 이는 그런 참여를 통해 발달되고, 교육의 인식론적 준거를 충족시켜 준다. 그러나 이런 주장을 평가하자면, 우리는 이제까지 느슨하게 사용했던 '인식론적 준거'라는 말을 더 구체적으로 밝혀 낼 필요가 있다.

교육적 활동의 '인식론적 준거'에 대한 피터스 교수의 발언은 미묘하고 다의적이다. 피터스의 주장에 따르면, 교육을 구성하는 지식/이해의 발달은 ① 무기력한 것이 아니라 세계 속에서 우리의 삶을 밝혀 주고, ② 그런 지식/이해가 쌓이면서 어떤 인지적 안목이 생겨야 한다. 체육교육 활동의 '실천적 지식'은 학생들이 세계를 바라보는 방식의 일부를 특성화할 수 있다고 주장할 수 있는가? 이것이 곧 능동적 생활 양식이 의미하는 바가 아닌가? 여기서 학습자의 지식은 무기력한 것이 아니라 삶의 행위나 선택과 연결되는 것이어야 한다. 그리고 이런 인식을 확대한다면 인지적 안목에 관한 개념적 조건이 충족된다고 볼 수도 있다.

피터스가 이와 같은 입장에 동의했을 것 같지는 않다. 결국 '스포츠와 게임'은, 그가 교육적 중요성에 대한 견해를 밝힐 때 제외시킨 것이었다.

> 게임이나 오락에도 지식이 들어 있지만 이것은 그 활동의 별도의 목적에 한정된, 도덕적으로 무관한 것이다. 가령 크리켓 게임에 몰두하는 사람은 그 게임에 관해 많이 알겠지만, 그것을 미학적 혹은 도덕적 목적에서 바라보지 않

> 을 경우, 그가 관심을 갖고 알려고 하는 바가 진지한 목적과 연결된다는 생각은 환상일 것이다. 크리켓을 게임으로 분류하는 까닭은 그 목적이 도덕적으로 중요하지 않기 때문이다. 기능의 다양한 표출이 가능하도록 만들기 위해서는 여하튼 어떤 목적이 있어야 한다……. 한편으로 과학, 역사, 문학비평, 시와 같은 교육과정 활동은 그것이 삶의 다른 영역을 밝혀 주고 또 삶의 질을 위해 큰 기여를 한다는 점에서 '진지한' 것이다. 둘째, 그런 활동은 게임과는 달리 광범한 인지적 내용을 갖고 있다. 기능과 같은 것에는 폭넓은 인지적 내용이 들어 있지 않다. 자전거 타기, 수영, 골프와 같은 일에는 아는 것이 별로 없다. 이는 대체로 '무엇이 어떠어떠하다는 점'을 앎이 아니고 어떻게 할 줄을 앎, 즉 이해가 아닌 요령에 속하는 것이다. 게다가 거기서 안 것은 다른 많은 일에 대해 별로 밝혀 주는 것이 없다(Peters, 1966: 158-159).

체육 교과의 '인지적 자격'에 대해 의문을 갖고 있는 사람들에 대해서 현대의 체육교육 옹호자들은 다음과 같이 당당하게 응답한다. 즉, 그런 회의주의자들은 체육교육에 관한 구태의연한 이미지를 토대로 판단을 내리고 있으며, 체육교육 수업의 교육적 실체를 형성하고 있는 명제적 지식의 사례들도 실제로 많다. 예를 들어, 옹호자들은 '이해를 위한 게임 가르치기'의 개발 사례(Bunker & Thorpe, 1982)를 지적할 것이다. 이 사례에서 상당히 강조하고 있는 것은 명제적 지식과 절차적 지식의 개발이며, 테크닉에 기반을 둔 '전통적' 방법들의 한계에 대한 분명한 대책이다. 여기서 여러 가지 기능은 게임의 성격에 관한 개념적 인식과 함께 가르쳐진다. 가령, 공격/방어 기능은 '지연', '깊이', '폭', '침투', '소유', '공간' 등과 같은 원리 속에서 가르쳐진다. 또한 체육교육에서 시험을 광범하게 도입하는 방안에 대해 주의를 환기시킬 수 있다. 여기서 중요한 위치를 차지하는 것은 생체역학/생리학/심리학/사회학이다. 그러나 체육교육에서 시험의 도입은 실천적 활동들의 교육적 지위라는 핵심 문제를 다루지 못하고, 그런 여러 가지 과학 영역들에 대해 스포츠/체육교육이라는 명칭을 다시 붙이는 것에 불과하다.

여기서 골치 아픈 문제가 다시 제기된다. 교육적 연관성을 갖는 실천적 지식의 '범위'를 어떻게 정할 것인가? 예를 들어, 리드가 그랬던 것처럼 차이코프스키를 연주하거나 비행기를 날릴 때 필요한 아주 복잡한 종류의 실천적 지식을 가리킬 수 있다. 그러나 이런 것은 역사적으로 체육교육을 정의할 때 포함시켰던 그런 실천적 지식의 사례가 아니다. 또한 이런 것은 우리가 관심을 갖고 있는 논변에 상당한 도움을 주는 것으로 활용될 수 없다. 그뿐만 아니라 '심각한 형식의 지식'과 (아이들이 쉽게 입문되는 문화적 실천으로서의) '스포츠와 게임'을 비교하는 것도 복잡한 일이다. '심각한' 교육적 교과들에도 나름대로 쉬운 기능/테크닉이 들어 있는데, 이것은 폭/깊이의 차원에서 볼 때 아주 정교하고 합리적인 실천들의 첫 단계에 속하는 것이다. 대부분의 체육활동 속에는 이런 폭이 없으며, 마치 있는 것처럼 주장하는 것도 우스꽝스러울 것이다(Barrow, 2008). 그러나 체육활동에는 요령 이상의 어떤 것이 들어 있다. '앞으로 구르기'도 기능이고, '공중에서 두 바퀴 비틀어 돌기'도 기능이지만 복잡성의 범위에서 양자가 비교된다.

3. 체육교육과 체육활동

허스트와 피터스의 주장에 의하면, 교육을 형성하는 각각의 '지식의 형식' 속에는 어떤 개념적 통일성이 들어 있으며, 그것은 핵심 개념이나 특수한 방법론의 특성에서 나타난다. 이런 개념적 정합성을 체육교육에서도 주장할 수 있는가? 운동/무용/경쟁 게임과 같은 다양한 활동들을 서로 묶어 주는 것은 무엇인가? 아마 체육교육 활동들의 폭넓음 자체가 자기부정적일 수 있다. 여기서 요청되는 것은 초점을 더 좁히는 일이다.

분석적 스포츠 철학자인 슈츠(Suits)에 따르면, 어떤 활동을 '게임'이라고 부를 수 있으려면 다음과 같은 점을 갖추어야 한다. ① 미리 정해진 목표(골을 더 많이 넣기, 가장 멀리뛰기와 같이 사전에 구체화된 목표), ② 미리 정해진 목표를 정당하게 성취하는 방식을 제한하는 일련의 수단, ③ 그 활동을 규정하고, 미리 정해진 목표를 달성하는 과정에서 허용될 수 있는/없는 수단을 구체화하는 규칙들, ④ 게임 수행자들이 정해진 목표를 성취하기 위해 갖추어야 할 성향 등이 그것이다. (게임 수행자들이 사적으로 품을 수 있는 또 다른 목표와 상반된) 미리 정해진 목표를 성취하는 성향은 '정해진 태도(lusory attitude)'라고 부른다. 이것은 ③에서 언급한 '규칙들에 따라 그런 활동이 이루어질 수 있도록 그 규칙을 앎/받아들임'을 가리킨다. 이런 성향을 갖추지 못한 경기자들은 다른 경기자들과 똑같은 경기장/코트/트랙에서 같이 뛸지라도 그 게임을 하는 것이 아니다. 슈츠의 주장에 따르면, "게임을 한다는 것은 불필요한 장애물을 극복하려는 자발적 시도"(Suits, 1978: 54)다. 슈츠의 이런 멋진 분석은 피터스가 언급한 핵심에도 부응한다. 즉, 게임이 존재하려면 어떤 목적이 만들어져야 한다. 그러나 '목적이 만들어져야 한다.'고 해서 이것이 어떤 활동을 도덕적/교육적으로 중요하지 않은 것으로 만들어 버리지 않는다. 우리는 예술이 자체 이외의 목적을 갖고 있지 않다고 해서 비웃지 않지만 체육교육의 교육적 지위에 관한 논란에서는 그렇게 한다. 전통적으로 스포츠가 긍정적인(그러나 너무 자주 무비판적) 주목을 받았던 점이 한 가지 있는데 이것은 스포츠 안에서, 스포츠를 통해 윤리적 발달이 이루어진다는 점이다. 다음에서 이를 살펴보자.

4. 가치론과 체육교육

다른 교육철학자들보다 더 너그러운 관점에서 리드(Reid, 1997)는 상이한 종류의 지식이 상이한 종류의 가치를 구현하는 방식들을 연결시켜 보려고 시도하였다. 그는 가치의 원천들을 더욱 충실하게 요목화하고, 체육교육을 그것들과 연결시키려고 하였다. 그는 이론적 지식의 가치에 관한 논변들뿐만 아니라 지적/윤리적/미학적/경제적/쾌락적/보건적인 것으로 범위를 확대하였다. 게임놀이가 세계에 대한 광범한 인지적 안목을 제공해 준다는 주장은 아무래도 이유/증거가 부족한 것 같다. 체육교육에서는 이론적 지식에 관해 보다 소박한 주장을 내놓는 것이 설득적일 것이다.

만일 이론 영역(해부학, 생물학, 역사학, 사회학 등)에 적합한 관점에서 스포츠나 다른 형태의 체육활동을 이해한다면, 이런 활동이 가치 있는 삶에 기여할 수 있는 방식들이 밝혀질 것이다. 정상 상태에서 중간 정도의 운동을 20분 이상 지속하면 무산소 신진대사보다는 유산소 신진대사를 의미 있게 끌어올리며, 낮은 수준의 체지방을 유지하는 데 더 적합하다는 점을 학생들이 알게 된다면 도움이 될 것이다. 거꾸로 체력단련법이 무산소 몸매 가꾸기에 더 유리할 것이며, 윗몸 일으키기를 하면서 체위를 바꾼다면 학생들은 복근에 더 구체적으로 집중하고 엉덩이 굴근의 부담을 줄일 수 있다는 점을 이해할 수 있을 것이다. 게다가 그들은 라커룸의 성차별적 분위기나 혹은 일부 스포츠 관중에게서 나타나는 인종차별적/반유태인적 태도가 주는 공격성을 비판적으로 이해하게 될 것이다. 이런 장점에도 불구하고 체육교육을 위한 가치론적 논변은 그것과 뚜렷하게 차이가 나는 다른 교과들과 아주 똑같은 기반 위에서 전개되어서는 안 된다. 이런 점 때문에 리드는 보다 넓은 범위에서 가치를 찾게 되었다.

리드가 이런 가치론 문제를 끌어들인 것이 체육교육에 대한 그의 개념화 때문이라는 말에는 일리가 있다. 그는 체육교육 과목에 대한 만족스러운 설명은 '체육'이나 '교육'이라는 단어의 언어적 분석에서 결코 끌어들일 수 없다는 점을 인정하였다. 그런 설명보다는 체육교육이 형태를 갖추는 데 기여했던 역사적 실천/전통에 관한 분석에서 출발해야 한다. 이런 분석에서 밝혀질 것은,

> 잘 정립된 일련의 교육적 실천이나 전통의 개념적 특성들이다. 이런 관점에서 볼 때 '주어져 있는' 것은, '체육'과 '교육'의 본질에 관한 직관이나 일단의

> 공리가 아니라, 하나의 삶의 형식으로서 체육교육이라고 부를 수 있는 것이다. 이것은 구체적인 사회적, 문화적, 제도적 맥락 속에서 역사적으로 진화해 왔고 또 계속해서 진화하고 있는 체육교육의 실천과 전통이다(Reid, 1996: 10).

이것은 설득력 있는 접근인 것처럼 보인다. 그러나 체육교육이 그런 실천과 전통의 총합이라는 주장만 앞세우고, 그런 실천과 전통의 이질적 성격들을 밝혀내거나 연결시켜 주는 설명을 제시하지 못한다면 이 역시 문제가 있다.

리드는 윤리적 가치의 측면에서 체육교육 활동의 내재적 규범성을 지적한다. 여기서 지적해야 할 것은, 체육교육이라는 명칭 아래 들어가는 것들이 다양하기 때문에 일반화하기에 문제가 있다는 점이다. 스포츠 게임의 도덕교육적 특성은 그 성격(즉, 규제적 규칙)에 들어 있다. 오래전에 애스핀(Aspin, 1975)이 지적했듯이, 게임을 제대로 가르칠 경우에는 평등/공정/정직/규칙준수 행위와 같은 윤리적 개념이 반드시 나타난다. 이런 개념이 가르쳐지는 것이라기보다 그냥 익혀지는 것인가 하는 정도는 별개의 문제다. 리드는 스포츠의 윤리적 차원을 부정하는 사람들의 논변들에 대항해서 다음 두 가지 사항을 지적하였다.

> 첫째 사항은 가치론의 구성요소들 간의 관계에 대한 종전의 논의와 연관된다. 종전에는 (가치들이 경쟁할 경우) 윤리적 가치의 우선성을 옹호하는 결론을 내렸다. 게임을 가르치는 맥락에서 페어플레이, 스포츠 정신, 상대방 존중하기 등이 승리하기나 패배하지 않기라는 경쟁적 목표보다 우선한다는 전통적 원칙이 그에 반영되어 있다. 둘째 사항은 마찬가지로 우선성의 문제에 관한 것이다. 이 글의 입장은…… 게임이나 스포츠는 본질적으로 유쾌함, 즐거움, 흥, 레크리에이션 등을 촉진시키는 것을 목표로 삼는 경기다. 그 일차적 가치는 한마디로 쾌락주의적인 것이다. 이 관점에서 볼 때 승리하기는 흔히 가정되고 있는 것처럼 경쟁적 게임의 궁극적 목표가 아니다. 그보다는 즐거움이다. 그리고 경쟁하는 행위는 여러 가지 구체적인 스포츠나 게임에서 규범,

> 규칙, 코드, 인습 등이 작동함으로써 고도로 특수하게 구조화된 행위인데, 즐김의 조건들이 충족되고 즐길 수 있는 가능성이 실현되는 방식이다……. 게임 자체는 본질적으로 쾌락적인 활동으로서 근본적으로 자족적이고, 어떤 의미에서 심각하지 않은 것이며…… 그리고 이렇게 본다면, 윤리적 원칙을 게임의 경계를 넘어 확대할 수 있을 것이라는 전망에 대해 가끔 등장하는 회의론에 상당한 비중이 실리게 된다(Reid, 1997: 12).

리드는 (교육적) 가치의 원천에 대한 피터스의 의문에 답하려고 하였다. 그렇지만 그의 대답은 설득적이지 못하다. 첫째, 리드는 경쟁적 게임의 논리, 즉 윤리적 차원에 대한 그의 분석에서 그 자신의 추론을 적용하지 못한다. 그는 이기고자 하는 경쟁적 충동과 윤리적 원칙(공정, 정직 등) 사이에 갈등이 생길 경우에 후자를 따라야 한다고 보았다. 그러나 그는 독자들에게 게임을 한다는 것은 논리적으로 그런 원리들을 준수함을 함의한다고 이미 말했다. 그렇다면 그런 갈등이 생길 수가 없다. 왜냐하면 경기자들이 부정직하거나, 불공정하거나, 거친 행동을 하거나, 규칙을 어긴다면 (그들이 그럼으로써 규칙을 어기고 있다고 가정하면) 그들은 사실상 경기를 하지 않는 셈이나 다름없다. 이런 형식적 사항은 흔히 "논리적 양립불가능성 명제(logical incompatibility thesis)" (Fraleigh, 1984)라는 제목 아래 논의되었던 것이다. 그런 형식적 명제를 옹호하는 사람들의 주장에 따르면, 게임을 하려면 규칙을 따라야 하며, 그렇게 하지 못한 것은 정의상, 게임에 속하지 않는 행동을 하는 셈이다(Lehman, 1982).

둘째, 쾌락주의를 강조하는 리드는 체육교육을 경쟁 게임과 동일시하는 것처럼 보인다. 많은 경험적 연구에서 알 수 있듯이, 사실상 여러 나라에서 게임은 체육교육 수업의 많은 부분을 차지하고 있다. 영국/미국에서는 여러 해 동안 그랬다. 그럼에도 불구하고, 철학적 관점에서 볼 때, 만일 체육교육을 스포츠와 게임 차원에서만 개념화/정당화한다면, 흔히 체육교육이라는 명칭에 속하는 다른 많은 활동의 교육적 위상에 대한 물음을 회피하는 셈이나 다름없다.

그뿐만 아니라, 만일 체육교육의 개념을 바꾸려고 한다면, 그 안에 함의되어 있는 지식의 유형들, 이 교과의 목적/가치/교육적 정당성에 관한 논변도 그에 따라 바뀌어야 한다는 점은 분명한 것 같다. 리드는 이 점을 문제로 인정하지 않았다. 왜냐하면 그는 나중에 체육교육 교과과정의 '보건' 가치의 장점을 자세히 논하기 때문이다. 리드가 옹호하고자 했던 체육교육의 명확한 그림은 아직 덜 구체적이다. 물론 그 윤곽은 그려 볼 수 있다. 예를 들면, 이론적인 일을 꺼림, 스포츠 게임의 우위, 쾌락주의적 가치로의 환원 등이 그것이다. 나중에 리드가 주장하는 것은 경쟁적 스포츠 게임에 대한 강조를 약화시키는 일종의 종합주의다. 그는 체육교육의 완전한 가치는 상이한 종류의 가치들에 대해 다면적으로 기여하는 점에서 찾을 수 있다고 주장하지만, 그의 분석에 따르면 논리적으로 그런 점들의 가치는 본질적으로 쾌락주의적인 것이다.

쾌락주의적 명제의 중대한 난점은 무엇인가? 그것은, 그런 실천들에 대한 평가, 혹은 후속되는 정책 결정에 필요한 준거(그리고 단순한 선호를 넘어서는 논리적 기반)를 제공하지 못한다는 점이다(McNamee, 1994). '그것은 나에게 기쁨을 준다.'와 '나는 그것을 즐긴다.'와 같은 쾌락주의적 슬로건은 회의주의자들의 의문에 대해 아무런 논리적 해답을 제시해 주지 못하고, 그 이상의 탐구를 정지시켜 버린다. 물론 스포츠에 헌신하는 수많은 아동/성인들은 기량의 발휘를 아주 만족스럽고 즐거운 일로 보며, 그런 활동에 종사/경험하는 것 이외에 대해서는 가치를 부여하지 않는다. 그들이 그런 경험의 가치를 설명할 때 흔히 사용하는 언어는 쾌락주의적인 것이다. 즉, 그들은 주로 유쾌한 감정의 주관적 가치만을 가리킨다. 이에 대한 비판으로 첫째, '쾌락을 느낌'으로 잘못 특성화한 활동들을 살펴보자. 예를 들어, 겨울철에 야외에서 하는 모험 활동들과 연관되는 특질/선/가치들이 많을 것이다. 그러나 그런 활동들에 공통적으로 재미/쾌락이 들어 있는 것은 아니라고 가정할 수 있다. 그 활동들은 상당한 시간이 지난 후에나 즐길 수 있는 것이다. 이것도 오직, 유전적으로 그런 활동들에 대한 성향을 갖고 있는 일부 사람이나 혹은 훈련을 통해 그런 활동들에 헌신하게 된 사람들만 그럴 수 있을 것이다. 둘째, 페리(Parry, 1988)가 지적했듯이 쾌락 자체의 추구는 논리적으로 그렇게 정의된 활동이 아니라면 특수한 부류의 활동들로 한정되지 않는다. 쾌락주의적 견해의 범위(corrollary)는 스스로 쾌락적인 것으로 본다는 것 때문에 사람들이 쾌락적인 것으로 보는 모든 활동의 정당화를 함의한다. 그리고 이런 설명의 내용 목록에는 교육적으로 상상할 수 없는 몇 가지 항목들이 들어갈 수 있다(Bailey et al., 2008). 셋째, 쾌락은 질적으로 상이하다. 6세 아동이 간단한 운전 행동에서 얻는 쾌락은 그보다 더 복합한 일을 요구하는 16세 아동에게는 부적합한 것으로 간주된다. 본질적으로 이것은 롤스의 아리스토텔레스적 원칙을 가리킨다(Rawls, 1972: 435).

> 다른 점들이 똑같은 경우 인간은 자신의 구현된 (생득적 혹은 훈련된) 능력을 발휘하는 것을 즐기며, 그리고 이런 즐거움은 그런 능력이 더 많이 구현되거나 더 복잡한 것일수록 커진다. 여기서, 인간은 더 수련될수록 어떤 일을 함에서 더 많은 쾌락을 얻으며, 그리고 똑같이 잘하는 두 가지 활동 중에서 더 많고 더 정교하며 미묘한 변별을 요구하는 활동을 더 선호한다는 생각이 직관적으로 떠오른다.

사실 스포츠와 게임의 가치 자체는 시간과 관계된 선(time-related goods)이라고 볼 수 있다(Slote, 1989). 예를 들어, 테니스 공을 치는 순간을 기막히게 조절하거나, 공중제비를 도는 사람을 정확한 시간에 붙잡아 주기에서 성공함으로써 얻는 만족은 놀라운 보상이 된다. 이런 점을 누구도 부정하지 못하지만, 그것이 늘 그런 것은 아니고, 또 그에 수반되는 만족을 가리키는 올바른 개념은 쾌락이 아닐 수 있다.

그런 가치에 대한 모든 설명은 특수한 사고 틀을 전제하며, 또 특수한 철학적 인간학을 전제한다. 그러므로 스포츠 혹은 관련된 실천들의 가치를 특수한 방향에서 실질적으로 설명하려는 방식은 그 사람이 되고자 하는 바람직한 인간에 대한 설명과 개념적으로 연관될 것이다. 따라서 스포츠 및 관련된 실천들은 일련의 제어 과정(덜 결정주의적으로 말해서 실천과 전통)의 하나로 보게 되고, 이것은 그 사람이 어떤 인간, 아마 '체육인'으로 형성되어 가는 과정이다.

문화마다 정도는 다르겠지만 엄밀하게 정의된 지평들이 들어 있으며, 이런 지평들은 각각 서로를 형성하고, 공생적으로 서로에 의해 형성된다. 쾌락주의적 명제는 그런 지평들을 어떻게 밝혀 주는가? 일찍이 아리스토텔레스가 말했듯이, 사람은 혼자서 쾌락을 추구할 수 없다. 쾌락은 행위/활동을 통해서 나타난다. 노직(Nozick, 1974)도 자신의 '경험 기계(experience machine)'라는 아이디어로 그와 비슷한 점을 지적하였다. 그가 말하는 '경험 기계'란 어떤 사람이 다양한 향정신성 장치와 연결된 탱크 속에 떠 있기만 하면 그 사람이 원하는 바를 완전히 그대로 모조한 경험을 제공해 줄 수 있다. 쾌락주의적 가치론을 비판하는 사람들은 수동성/모조성의 삶은 인간 주체에게 가치 없는 삶이라고 반박하였다. 그들은 경험 기계 속에서의 삶의 특성인 '수동성'이라는 생각에 거부감을 느낀다. 경험 기계가 제공해 주는 것은 삶의 모조품에 불과한 것이지 인간적인 삶은 아니다. 사람들은 인간으로서 어떤 일을 행하기를 원한다. 사람들은 성공적인 교사/학생/운동선수/경기자가 되는 과정에 수반되는 만족을 얻기를 원한다. 그런 인간이 된다는 것은 다양한 활동/역할/관계에 헌신하는 것이다. 이런 점들은 그들이 어떤 인간인가를 규정해 준다.

쾌락주의적 노선에 기반을 둔 교육적 정당화가 부적절하다는 점에 관한 앞서와 같은 논변들은 가치 그 자체에 관한, 그리고 체육교육을 설명하는 데 사용되는 가치들에 관한 철학적 질문을 다루지 못한 채 그대로 남겨 둔다. 카(Carr)는 리드(Reid)를, 그리고 그보다 앞서 피터스(Peters)를 가리키면서, 내재적/도구적 가치의 구분을 흐리게 한다고 비판하였다. 이들은 '내재적', '외재적', '내면적', '도구적'이라는 용어를 사용함으로써 '활동의 가치'와 '사람의 동기 상태'를 동시에 가리켰다. 여기서 개념을 명료화하기 위해 언어 사용을 약정(stipulate)하는 것이 도움이 될 것이다. '내재적(intrinsic)', '외재적(extrinsic)'이라는 용어는 어떤 활동에 대한 사람의 동기/가치화를 가리키는 것으로 사용하고, 그리고 '내면적(inherent)', '도구적(instrumental)'이라는 용어는 주어진 일/활동의 (잠재적) 가치를 가리키는 것으로 사용한다면 오류가 줄어들 수 있을 것이다. 사람이 자기 머리를 벽에 부딪히려고 하는 '내재적' 동기를 가질 수 있다고 하겠지만(즉, 행동을 그저 행할 뿐 별다른 목적이 없는 경우), 그 행동이 '내면적'으로 가치 있는 것이라고 주장하고 싶은 사람은 없을 것이다. 이와 달리 스포츠는 '내면적'으로 가치가 있는 것이고, 또 어떤 경기자들이 그것을 '도구적'으로만 가치 있게 여기고 있다면 이들의 동기는 전적으로 '외재적'인 것이라고 주장할 수 있다. 체육교육에서 생겨난 많은 논란/혼란은 바로 이런 점을 신중하게 구분하지 못하기 때문에 생긴 것이다. 게다가 플라톤(Plato, 1974)이 주장했듯이, 최고의 선은 모두 혼합된 선(mixed goods)이다. 그것은 '내면적'으로 가치 있고, 그리고 또한 다른 가치 있는 목적의 '도구'로서 가치가 있는 선이다. 그뿐만 아니라 그런 논란은 수단과 목적 간의 관계성뿐만 아니라, 특별한 능력/역량/성향/잠재력을 가진 특정 사람과 그런 수단과 목적 간의 관계성을 고려하는 쪽으로 확대될 수 있다. 동일한 활동이 '내면적'으로 가치 있는 것이지만 실제로 그것에 대해 어떤 사람은 '내재적'으로 가치를 부여할 수 있고, 어떤 사람은 그것에 대해서 '외재적'으로 가치를 부여할 수 있으며, 두 사람이 두 가지 측면에서 가치를 부여할 수도 있고, 제삼자는 전혀 그렇지 않을 수 있다.

5. 체육교육과 인간

분석적 차원에서 볼 때, 특정 학교교과가 인지적 깊이와 폭(혹은 카의 표현대로, 마음을 단순히 사용하기만 하기보다는 마음을 밝혀 주는 능력)이라는 준거를 충족시킨다고 주장하기보다는 경쟁하는 교육관들이 많이 있다는 사실을 인정해야 한다. 이것은 '본질적으로 논란이 많은 개념'인 교육을 포기하는 주관주의자/상대주의자를 따르지 말자는 말이다. 상이한 교육관들 속에 제각기 인간/사회의 본질에 관한 특별한 평가와 헌신이 구체화되어 있다는 사실에도 불구하고, 교육은 충실하고 가치 있는 삶을 살아가도록 인간을 발달시키는 일(Langford, 1984; McNamee, 1992)이라는 형식적 사항이 모든 교육관 속에 공통적으로 들어 있다. 교육적 지위/가치에 관한 그다음 단계의 논변은 인간과 인간의 삶을 가치 있게 만드는 것들에 대한 설명을 발전시키는 것이다. 그것들은 피터스가 말하는 지적 추구 이상의 것이 되어야 한다. 이 장에서 암시했던 설명에 따르면,[2] 인간은 프로젝트/관계/헌신이라는 활동들의 결합에 기반을 둔 삶의 계획을 발전시키고, 평가하며, 또 이에 따라 살아가는 능력을 가진 존재다.[3] 그런 활동들의 결합에 속하는 것은 내적 선 때문에 가치 있는 다양한 실천들이다. 여기서 내적(internal) 선이란 (체육활동이 요구하거나 그 속에서 재생산되는) 실천적 지식/능력과 같이 체육교육을 구성하는 일련의 체육활동에 종사할 경우에 수반되는 내면적 만족들이다. 그뿐만 아니라 그런 활동들은 건강/부/지위 등과 같은 (가치가 부여되지만 그런 활동들과 특별한 방식에서 우연적으로 연관되는) 외적(external) 선을 확보해 주는 힘 때문에 가치 있는 것이 될 수 있다. 체육교육의 활동들은 스포츠나 다른 체육활동의 실천들로 구체화되며, 이런 실천들은 내적 선뿐만 아니라 외적 선을 확보하는 특별한 방식 때문에 가치가 부여될 수 있으므로 혼합된 선이라고 말할 수 있다. 이런 선을 성취하는 가운데 그것을 요구하는/발달시키는 사회적 실천들의 최선의 전통이 유지되면서, 학습자들은 일련의 도구적 덕(헌신/투신/단련/집념 등)과 도덕적 덕(용기/정직/절도 등)을 발달시킨다. 체육교육의 활동들에서 탁월성을 추구하는 가운데, 학습자들은 체육

2) 이것은 실질적으로 맥나미(McNamee, 1992)에 의해 개발되었고, 그의 스포츠 윤리학(2008)에서 수정되었다.

3) 여기서 테일러(C. Taylor)의 저술에 의존하고 있는 것이 분명하며, 이 점은 맥나미(2008)에 의해 정서와의 관계 속에서 인정되고 발전되었다.

문화의 전통에 참여하게 되며, 이는 충실하고 가치 있는 삶을 살아가는 데 기여할 수 있다(MaNamee, 2008). 이것이 교육적 가치를 구체화하거나 부여해 주는 점이라면, 다른 무엇이 그럴 수 있는지는 알기 어렵다고 주장할 수 있다.

이런 식의 논변은 스포츠 게임/경기 활동(그리고 어쩌면 무용까지)으로 인정받는 실천들에 대해서는 맞는 이야기라고 말할 수 있다. 이런 논변은 문화나 그 정체성(들)을 부분적으로 규정하는 실천들로의 입문을 위해서는 강력한 이야기이지만, 개별화된 건강 관련 활동들을 위해서는 약한 이야기다. 역사적으로 볼 때, 체육교육이라고 말하는 것에는 스포츠와 건강(혹은 과거에는 위생, 자세 등) 두 가지가 들어 있다(Bailey et al., 2009). 이를 각각 지지하려면 상이한 유형의 정당화 논변이 필요할 것이다. 카(Carr, 1997)가 (생명 구조 및 체육교육자의 과업에 속하는 다른 예외적인 일들과 함께) 후자의 활동을 가리켜 가치는 있으나 교육적 가치는 없는 것으로 보았는데 이것은 옳다. 왜냐하면 이런 활동들은 문화적 중요성/문화 자본이라고 말하는 면에서 부족하기 때문이다.[4)]

이런 점들에 대해 충분히 논의할 수 있는 시간/공간이 부족하다. 다만 환상적인 것처럼 보이는 '개념적 통일성'에 대해서만 언급하고자 한다. 리드(Reid, 1996)가 지적했듯이, 체육교육의 전문성을 형성시켜 온 문화 특수적/역사적/정치적 요인을 살펴보아야 한다. 혹은 커크(Kirk, 2010: 11)가 말한 것처럼, "체육교육이 무엇을 '의미'하는가 하는 점은 참여자들(예: 교사와 학생들, 수업과 프로그램의 설계자, 시설 설치자, 장비 제작자와 공급자 등)의 상호작용 속에 들어 있고 그것을 통해서 표현된다." 무용은 테니스/축구와 마찬가지로 수많은 운동기능을 요구하는 활동들로 이루어진 하나의 문화적 실천이다. 럭비나 네트볼을

4) 이 점에도 불구하고 하디(Hardy, 1991: 19)는, 한 세기 이전의 싱클레어(Sinclair)와 헨리(Henry)의 말을 인용하여 "생명을 구제하는 능력은 수영하는 사람의 영광스러운 특권이다."라고 언급하였다. 우리가 체육교육의 중요성을 그 기능 레퍼토리의 가치 측면에서 이야기할 때 이 언급의 날카로움을 잊어버리면 안 된다.

위한 훈련과 마찬가지로 신체 단련은 고도로 구조화된 상황과 연습을 요구하는 경우가 많다. 그러나 이런 유사점은 그뿐이다.

만일 우리가 할 수 있는 일이 공통점을 지적하는 것이라면, 여기에 철학적으로 흥미로운 점은 별로 없다. 언어 사용의 필요조건과 충분조건에 의해 개념분석을 시도하는 사람들에게는 그렇다는 말이다. 가치 다원주의에 대한 리드의 결론은 체육교육이라는 개념의 내재적 개방성을 인정해 주는 방향으로, 다시 말해서, 활동들의 다원주의와 가치들의 다원주의로 확대되어야 한다. 이 말이 참이라면, 체육교육 교사들이 가능한 활동들을 선정하는 일을 도와줄 보편적인 변별 준거를 제시할 수 없을 것이다. 대신 현대 세계에서 스포츠가 예시하는 의식들(rituals)의 유형과 성격을 모두 고려해야 할 것이다.

참고문헌

Arnold, P.J. (1979) *Meaning in Movement: Sport and Physical Education*. London: Heinemann.

Aspin, D. (1975) 'Ethical aspects of sport and games and physical education', *Journal of Philosophy of Education*, 9(1): 49–71.

Bailey, R.P., Bloodworth, A. and McNamee, M. (2007) 'Gender, sport and well-being', in I. Wellard (Ed.), *Rethinking Gender and Youth Sport*. London: Routledge.

Bailey, R.P., Armour, K., Kirk, D. et al. (2009) 'The educational benefits claimed for physical education and school sport: an academic review', *Research Papers in Education*, 24: 1–27.

Barrow, R. (1981) *The Philosophy of Schooling*. Brighton: Wheatsheaf Books.

Barrow, R. (2008) 'Education and the body: prolegomena', *British Journal of Educational Studies*, 56: 272–285.

Best, D. (1978) *Philosophy and Human Movement*. London: Allen and Unwin.

Bunker, D. and Thorpe, R. (1982) 'A model for the teaching of games in secondary schools', *Bulletin of Physical Education*, 18: 5–8.

Carlisle, R. (1969) 'The concept of physical education', *Proceedings of the Philosophy Education Society at Great Britain*, 3: 1–11.

Carr, D. (1997) 'Physical education and values diversity: a response to Andrew Reid', *European Physical Education Review*, 3: 195–205.

Fraleigh, W. (1984) *Right Actions in Sports: Ethics for Contestants.* Champaign, IL: Human Kinetics.

Gerber, E.W. and Morgan, W.J. (1979) *Philosophy and the Body*, 2nd edn. Philadelphia, PA: Lea & Febiger.

Hardy, C. (1991) 'Swimming history', *Swimming Times*, 68(3): 18–20.

Hirst, P.H. and Peters, R.S. (1970) *The Logic of Education.* London: Routledge and Kegan Paul.

Kirk, D. (2010) *Physical Education Futures.* London: Routledge.

Langford, G. (1984) *Education, Persons and Society.* London: Macmillan.

Lehman, C. (1982) 'Can cheaters play the game?', *Journal of the Philosophy of Education*, 8: 41–46.

McNamee, M.J. (1992) 'Physical education and the development of personhood', *Physical Education Review*, 15(1): 13–28.

McNamee, M.J. (1994) 'Valuing leisure practices: towards a theoretical framework', *Leisure Studies*, 13: 288–309.

McNamee, M.J. (2008) *Sports, Virtues and Vices: Morality Play.* London: Routledge.

Morgan, W. and Meier, K.V. (1995) *Philosophic Inquiry in Sport.* Champaign, IL: Human Kinetics.

Nozick, R. (1974) *Anarchy, State and Utopia.* NY: Basic Books. 남경희 역(1997). 『아나키에서 유토피아로: 자유주의 국가의 철학적 기초』. 서울: 문학과지성사.

Parry, J. (1988) 'Physical education, justification and the national curriculum', *Physical Education Review*, 11(2): 106–118.

Parry, J. (1998) 'Reid on knowledge and justification in physical education', *European Physical Education Review*, 4: 70–74.

Peters, R.S. (1966) *Ethics and Education.* London: Allen and Unwin. 이홍우, 조영태 공역(2003). 『윤리학과 교육』(개정증보판). 서울: 교육과학사.

Plato (1974) *The Republic* (trans. D. Lee). London: Penguin. 박종현 역(2005). 『플라톤의

국가 · 정체』. 서울: 서광사.

Rawls, J. (1972) *A Theory of Justice*. Oxford: Oxford University Press. 황경식 역(2003). 『정의론』. 서울: 이학사.

Reid, A. (1996) 'Knowledge, practice and theory in physical education', *European Physical Education Review*, 2: 94-104.

Reid, A. (1997) 'Value pluralism and physical education', *European Physical Education Review*, 3: 6-20.

Slote, M. (1989) *Goods and Virtues*. Oxford: Clarendon Press.

Suits, B. (1978) *The Grasshopper: Games, Life and Utopia*. Toronto: University of Toronto.

Thorburn, M. (2007) Articulating a Merpeau-Pontian phenomenology at physical education: the quest for active student engagement and authentic assessment in high-stakes examination awards. *European Physical Education Review*, 14: 263-280.

Whitehead, M. (2001) 'The concept of physical literacy', *European Journal of Physical Education*, 6: 127-138.

Zeigler, E. (1968) *Problems in the History and Philosophy of Physical Education and Sport*. Englewood Cliffs, NJ: Prentice-Hall.

제19장

학습공학의 철학

Craig A. Cunningham and Briana L. Allen

1. 서 론

존 듀이(John Dewey)는 『경험과 자연(*Experience and Nature*)』에서 철학이란 '비판 영역의 기본 지도'(Dewey, 1925, LW1: 308-309)를 만들어 내는 일이라고 말했다. 이는 우리의 논의를 위해 적절한 은유가 될 것이다. 우리는 교육철학이 교육공학에 대해 제기할 수 있는 질문을 다룰 것이다. 이런 질문에 대해 비판적 사고를 하려면 '기본 지도'를 통해 관심 영역, 한계/영역/세부사항, 여건/자원/부족, 및 유의해야 할 특정 관심사를 파악해야 할 것이다.

이 장은 6개의 절로 구분된다. 먼저 ① 우리의 관심 영역을 알아내기 위해 정의(definition) 문제를 다룬다. 그다음에는 4개의 절에서 구체적 관심 영역을 논의한다. ② 앎이라는 인식론적 문제, ③ 학습이라는 심리학적 문제, ④ 가르침이라는 교수법적 문제, ⑤ 공동생활이라는 사회적 문제가 그것이다. 이런 구분은 임의적이고, 경계도 불확실하지만 세밀한 사항을 단순화해 보는 데에는 도움이 된다. 마지막으로는 ⑥ 새로운 공학은 교육과 사회를 의미 있게 민주화할 것인가 하는 어려운 문제에 대해서 특별히 중점을 둔다.

먼저 우리의 관점에 대해 몇 가지 언급하고 넘어가야겠다. 우리가 말하는 '비판'이란 신중한 관찰이다. 또 '비판적 사고'란, 비판에서 벗어나기 쉬운 권력관계/가정/비의도적 결과와 같이, 비판되지 못하고 있는 관념/구조를 조명하는 일을 가리킨다. '비판적 관점'은 끊임없이 자신을 되돌아보고, 더 좋은 더 종합적인 이해를 추구한다. 교육공학에 대한 성찰적 관찰자들은 단순히 비판적일 뿐만 아니라 '비판적 전문가'가 되어야 한다. 비판적 전문가란 최고 수준의 전문 기술을 꼭 갖출 필요가 있는 것은 아니지만, 어느 때 교육공학이 잘 활용되고 있는지, 공학 활용을 개선해야 할 때가 언제인지 등을 식별하는 법을 배움으로써 최고의 실천을 타인들과 공유하게 하는 데 기여하는 사람이다(Eisner, 1998; Smith, 2005). 이런 관점을 확립하는 일에 이 장이 도움을 줄 것으로 기대한다.

2. 정의와 관련된 이슈

공학(technology)은 '목표 달성이나 문제 해결을 위해 지식을 적용하는 것'이라고 간단히 정의할 수 있다. '공학'이라는 단어가 일상생활에서 다양하게 사용되고 있는 점을 검토함으로써 이 정의를 더 구체화시킬 수 있다. 공학은 경우에 따라 대상(전자 칠판), 지식(전자 칠판의 터치 스크린을 가능하게 하는 응용과학), 활동/실천(브레인스토밍이나 창의적 과정을 지원하기 위해 교실에서 전자 칠판을 사용함), 세상을 특정 방식으로 바라보는 의지/문화적 틀(가령, 어떤 주제를 가지고 집단이 브레인스토밍하도록 하기 위해 전자 칠판을 사용하려는 욕구)을 가리키기도 한다(Ankiewicz et al., 2006; Franklin, 1999; Heidegger, 1977; Peters, 2003). 각 경우에서, 공학은 인간의 목적을 달성하려고 지식을 적용하는 일을 포함한다(Hansen, 1997; Warnick, 2004). **따라서 공학은 늘 도구적이다. 그것은 그 자체가 아닌 다른 어떤 목적을 위해 늘 응용된다.** 이 때문에 공학은 그것의 응용과 결코 분리될 수 없다. 왜냐하면 정의상 응용되지 않는 공학은 결코 공학이 아니기 때문이다.

이 장에서 우리가 관심을 쏟는 것은 학습을 위해, 혹은 '지식/기능/행동의 안정되고, 지속적인 변화'(Spector, 2001: 394)를 일으키기 위해 지식을 적용하는 것이다. 이렇게 넓은 관점에서 본다면 **학교** 자체도 하나의 교육공학이다. 그것은 아이디어/행동의 형성을 가능하게/적절하게 만들기 위해 지식을 지속적으로 응용하는 일이다. 그뿐만 아니라, 공학은 학교에서 사용되는 거의 모든 것 속에 들어 있다. 예를 들면, 연필, 칠판, 책, 연단, 의자-책상, 벨(종), 시간표, 학교버스, 학교 건물, 운동장, 체육관, 밴드 룸, 밴드 기구, 색깔 분필, PA 시스템 등에 공학이 들어 있다. 또한 공학은 그런 것들을 이용하는 일을 정당화하거나 제약하는 아이디어들의 체계를 가리키기도 한다. 예를 들면, 교사 자격증 제도, 연령별 학급 편성, 학교 건축, 교과 구분, 교육적 표준(기준), 수행 목표, 검사(시험) 및 다른 평가 형식, 학군 분할, (정착 교수와 같은) 교수 접근, 그리고 학교가 돌아가도록 도와주는 온갖 활동/과정/장치/틀 등도 공학에 속한다.

학교에서 이용되는 공학은 대체로 컴퓨터 이전의 것들과 그 이후의 것들로 대별할 수 있다. 전자에 속하는 것은 칠판, 책, 벨(종)이다. 이들도 공학이긴 하지만, 도구(실천)라고 말할 때에는 다른 범주로 분류되기도 한다. 그것들은 널리 사용되고 있어서 당연하고 '평범한'(Bruce & Hogan, 1998) 것이다. 새로운 교육공학은 학교에서 보편화되지 못한 장치/접근을 가리킨다. 이는 단순한 실천이 아니라 공학으로 인정받을 것을 요구한다. 이런 구별은 보는 관점에 따라

상호작용하는 가운데 의미를 만들어 내는 공간을 가리킨다."(Bruce, 2003: 330; Burbules, 2000; Hedberg & Brudvik, 2008; Kellner, 2000) 정보화 시대의 학교는 읽기/쓰기, 학습의 기본 도구(이미지와 비디오를 해석하고 만들어 내는 능력, 하이퍼텍스트나 데이터베이스와 같은 새로운 형식의 정보를 다루는 능력)를 가르칠 뿐만 아니라, 다른 사람들과 협력하면서 평생학습에 참여하는 성향도 가르쳐야 한다.

새롭지 않은 지식도 공학을 통해 처리/재현/접속될 경우 급격하게 변형될 수 있다. 현대의 워드 프로세싱 소프트웨어는 문서를 자동적으로 요약하거나 개요 형식으로 보여 줌으로써 세부사항이나 전체적 윤곽에 주의를 기울일 수 있게 해 주고, 글쓰기 과정을 근본적으로 변화시키기도 한다(Heim, 1987). 스프레드시트는 사용자들로 하여금 피벗 테이블(pivot tables)을 통해 독립/종속 변인들을 교환하거나, 혹은 자료를 차트/그래프로 신속하게 전환시키도록 도와준다(Jacoby, 2008). 의미망(semantic networking)이나 개념도 작성을 도와주는 소프트웨어는 개요가 버블 차트로 전환되거나 혹은 버블 차트가 개요로 전환될 때, 개념들의 상호관계에 주목하도록 도와준다(Nesbit & Adescope, 2006; Steyers & Tenenbaum, 2005). 이미지나 비디오를 제작/처리하거나 혹은 정교한 애니메이션을 구축하는 새로운 도구는 학생들이 자신들의 학습을 슬라이드 쇼, 짧은 영화, 복잡한 모형을 통해 보여 줄 수 있도록 해 주고, 이를 해석하는 데 필요한 새로운 형식의 시각적 문해력을 요구하기도 하며, 다중 지능이 평등한 지위를 갖게 해 줄 기회를 제공하기도 한다(Coiro, 2008; Elkins, 2008; Hill, 1997; Robbie & Zeeng, 2008). 가상현실 환경처럼 비교적 새로운 공학은 지리적으로 떨어져 있는 다수의 참여자가 삼차원적으로 협력할 수 있도록 장려한다(Calongne, 2008; Hedberg & Brudvik, 2008).

Web 2.0에 의해 촉진되는 새로운 유형의 상호작용은 사용자들이 스스로 자신만의 콘텐츠를 만들고, 또 타인들이 만든 내용과 섞어 새로운 지식을 만들어 내도록 도와준다(Duffy, 2008; Hedberg & Brudvik, 2008). 한 가지 사례를 들면

'대중 분류법(folksonomy)' 혹은 내용에 대해 사용자가 만든 태그(tags) 세트가 있다. 이것은 사용자들이 특별한 필요에 따라 그것을 채택/수정하면서 만들어 내는 것이다. 그런 태그는 사용자들이 여러 가지 자원/아이디어를 서로 결합시킬 수 있도록 해 준다. 여기서 사용자들의 이해/경험이 반영된다. '바텀-업(bottom-up)' 분류는 사서 및 교과 전문가의 전통적 분류에 도전하며, 상이한 사용자들이 다른 사람들의 정보수집 활동을 통해 학습할 수 있도록 허용해 준다(Alexander, 2008). 다른 사람들이 수집한 정보에 대해 각주를 다는 일은 일종의 '대화적 문해력(dialogic literacy)'이다. 이는 생산적/창의적 협력을 통해 새로운 지식을 생성해 내는 능력이다(Bereiter & Scardamalia, 2005; Dwight & Garrison, 2003; Robbie & Zeeng, 2008). 이런 사례들은 각각, 지식과 경험을 재현/접속하는 새로운 방식을 제공해 주며, 이는 새로운 형태의 문해력으로서 교육과정에 포함될 수 있을 것이다(Bruce, 2003; Kellner, 2000).

공학을 통해 비로소 가능해진 것으로, 지식을 경험/재현하는 방식은 변혁적 잠재력을 갖기도 한다. 그러나 새로운 접근방식은 지식의 상실 혹은 풍부성/의미/의의가 줄어든 지식을 낳을 수 있다. 예를 들어, 공학의 지원을 받은 시뮬레이션은 '생생한' 경험이라는 교수법적 특성을 일부 유지할 수 있으나, 정의적/대인적/내면적/운동적/체화된 지식과 같이 비교적 경시되었던 형태의 지식을 배제해 버릴 수 있다(Bonnett, 2004). 가상적 동물 해부를 가능하게 해 주는 도구 사용은 실제 해부의 교육적 측면을 부분적으로 모의해 준다(Cross & Cross, 2004). 가상적 접근은 비용/시간이 적게 들고, 시공간을 초월하여 손쉽게 반복/경험할 수 있으며, 동물을 해치지 않고, (측정된) 학습 성과 측면에서 효과적인 경우도 많다. 그렇지만 학생들의 보고에 따르면, 해부용 칼/핀/혈액 등을 직접 경험하는 '생생한' 측면 혹은 신체기관에 대해 실제로 '느끼는' 측면 때문에 직접 경험은 굉장히 중요하다(Peat & Taylor, 2004). 여기서 의문이 생긴다. 그렇다면 학생들이 교육적으로 가치가 별로 없는 측면의 경험에 대해 주의를 집중하도록 만드는 것은 아닌가? 혹은 정말 중요한 지식/기능이 평가받지 못하고

그냥 지나치게 하는 것은 아닌가?(Hansen, 1997)

또 다른 예(Oppenheimer, 2003)는 학교에서 공학의 응용이 학생들의 공감을 약화시키는 경향이 있다는 주장이다. 엄밀히 말해서, 공감은 지식은 아니지만 인식론적 함의를 갖는 것이다. 이런 주장은 다른 연구들(예: Funk et al., 2003)에 부분적으로 의존하고 있다. 이런 연구에 따르면, 폭력 비디오 게임에 장기간 노출된 아이들은 감수성이나 혹은 사회적으로 바람직한 상호작용 능력 면에서 약화된다. 특히 관심이 가는 부분은 컴퓨터 이용이 아이들을 사회적으로 고립시키고, 심지어 자신의 신체에 대해 무감각해지게 만드는 경향이 있다는 지적이다(Dreyfus, 2001). 그렇지만 특별히 학생들의 공감을 **증진시키기** 위해 공학을 활용하는 교육자도 있다(Daily & Brennan, 2008). 최근에 인터넷상에서 십대들의 사회화를 다룬 글이 〈뉴욕타임즈〉에 실렸다. 이 연구의 책임자인 미즈코 이토(Mizko Ito)에 따르면, "그들의 참여는 그들이 현대 세계에서 성공하는 데 필요한 기술적 기능과 문해력을 그들에게 제공해 주고 있다. 그들은 다른 사람들과 어울리는 법, 공적 정체성을 관리하는 법, 홈페이지를 만드는 법을 배우고 있다."(Lewin, 2008) 이런 성과는 교육과정이나 현행 평가에서 다루지 않지만 새로 포함시켜야 할 것은 아닌지 생각해 보아야 한다.

새로운 공학이 제기하는 또 다른 인식론적 문제가 있는데, "어떻게 지식을 습득하는가?"에 관한 것이다. 이제 이 문제로 넘어가 보자.

4. 심리학적 문제: 학습

심리학은 교수(가르침)에서 중요한 역할을 차지한다. 특히 아동의 본성과 인간의 학습에 관한 이론이 중요하다. 이런 이론에는 인식론적/형이상학적 관점이 반영되어 있고, 또 교수법에 대한 특별한 접근방식을 시사해 준다(Spector, 2001).

학습이론의 밑바탕에는 2가지의 인식론적 관점이 깔려 있다. 첫째는 실재론(realism)이라고도 하는 객관주의(objectivism)다. 이것은 외부 실재가 감각에 미치는 영향 때문에 지식이 생겨난다고 보는 견해다. 둘째는 실용주의(pragmatism)라고도 하는 구성주의(constructivism)다. 이것은 인간 각자의 마음속에서 의미를 만드는 활동에 의해 지식이 만들어진다고 보는 견해다. 두 가지 관점에 따라 학습을 지원하는 방법에 관한 두 가지의 경쟁하는, 자주 충돌하는 학파가 생겨났다(Bednar et al., 1992).

첫째는 '교수주의(instructionism)'라고 말하는 접근방식이다. 여기서는 **교수**를 강조한다. 또 지식은 외부 실재를 통해 매개된다고 본다. 또한 그것은 교육과정을 계획하기 전에 측정 가능한 목표를 설정하는 직접적 형태의 교수법을 대체로 선호한다. 이 접근방식을 최초로 주장한 사람은 랠프 타일러(Ralph Tyler)였고, 로버트 메이저(Robert Mager, 1991), 로버트 가네(Robert Gagné, 1970) 등이 뒤를 이었다. 『교육과정과 수업의 기본 원리(*Basic Principles of Curriculum and Instruction*)』(1971)에서 타일러는 다음과 같이 말한다. 기본 원리에는,

> 현대의 구조주의적 사고의 특징적 요소들이 모두 들어 있다. 이에 포함되는 것은 탈맥락적 합리성, 진보, 사실로부터 독립된 이론(혹은 철학), 가치중립성, 행위의 본질로서의 외적 **목적**(telos)에 대한 깊은 신봉, 우리가 가치 있다고 간주할 수 있는 것에 도달하는 독립된 '방법'에 대한 신앙 등이다(Dwight & Garrison, 2003: 706).

그런데 타일러의 원리는 결코 '가치중립적'인 것이 아니다. 그것은 개성/창의성보다는 헤게모니를 가진 규범을 특권시하며, 민주적 교육을 위축시킬 수 있다(Dwight & Garrison, 2003: 706).

이와 달리, '구성주의(constructionism)'라는 접근방식에서는 구성주의적 인

식론을 수용한다. 이것은 다원적 성과를 포용하는 (문제해결 학습과 같은) 보다 개방적 교수법을 선호한다. 이런 접근방식의 근원은 존 듀이(1938)이며, 데이비드 조나슨(David Jonassen, 1994)을 비롯해 추종자가 많다.

> 듀이의 경우, 목적은 행위자들(학생들)이 자신의 활동을 조정하려고 노력하는 과정에서 나타난다. 필요, 욕구, 흥미, 능력이 서로 다른 학생들은 전혀 다른 방식으로 자신의 활동을 성공적으로 조정할 수 있다. 이 때문에 우리는 미리 전적으로 목표들을 결정할 수 없다. 탐구의 과정에서 우리는, 처음 시작했을 때의 목적이 우리가 갖고 있는 능력, 자원, 맥락의 한계성 때문에 달성될 수 없다는 점을 배울 수 있고, 더 가치 있는 또 다른 목적이 생길 수 있음을 배울 수 있다(Dwight & Garrison, 2003: 708).

흔히 말하는 '사회적 구성주의(social constructionism)'에서는 지식 구성의 사회적 맥락을 더 강조한다. 여기에 언어/동기/권력이라는 문제가 포함된다(Bijker et al., 1989; Hansen, 1997; Hill, 1997; Howard et al., 2000; Phillips, 1995; Robbis & Zeeng, 2008).

학습에 대한 비교적 새로운 접근으로 '생태학적 지식이론'을 들 수 있다. 이것은 지식의 습득보다는 참여를 우선시하는 이론이다(Barab & Roth, 2006). "이런 생태학적 접근에서 볼 때, 학습이란 세계 안에서 목표지향적 방식으로 역동적 네트워크에 효과적으로 참여할 수 있도록 준비시켜 주는 과정이다."(p. 4) 그것은 "점진적으로 더욱 적응적인 개인-환경 관계에 학습자가 참여할 수 있도록 해 주는…… 비개인주의적인 생태학적 현상이다."(p. 8) 이런 접근을 우리는 참신하게 생각한다. 우리는 특히 문제해결을 위해 학생 참여와 협력 집단의 중요성을 강조하기를 좋아한다. 그렇지만 그것은 아직 교육공학 영역에서 의미 있는 영향력을 미치지 못하고 있다.

'교수주의(instructionism)'의 장점은 반복적으로 사용할 수 있는 구조, 그리고 일반화된 교수법 모형을 강조한다는 데 있다. 이는 타일러와 포드주의(Fordism)로부터 큰 영향을 받았던 산업 조직에 아주 적합한 것이었으며(Hill, 1997; Kytle, 2004), 그리고 사범(교육)대학 이외의 고등교육/기업/군대에서 학습공학에 대한 주도적 접근방식으로 자리를 잡았다. 이와 달리 '구성주의'는 덜 형식적이며, 유아교사나 교사교육 담당교수들의 인본주의적/학생중심적 성향과 더 잘 어울릴 수 있다. 구성주의는 교육공학국가표준(National Educational Technology Standards: NETS)이 지지하는 것이다. 여기서는 공학의 성공적 활용을 위한 '핵심 조건들'에 '학생중심 학습' 환경이 포함되어 있다. ICT는 '학습에 대한 참여적 접근을 촉진시키기' 위해 사용된다(ISTE, 2007). 그러나 유아교육은 대체로 교수주의에 머물러 있는 편이다.

전통적으로 '교수주의'는 행동주의적 학습이론과 결합되는 반면, 흔히 '구성주의'는 구성주의적 학습이론과 결합된다. 그런데 이 2가지 접근방식을 보다 정교한 수준에서 옹호하는 사람들은 인지 이론의 요소를 공유하기도 한다. 인지주의(cognitivism)는 학습이론에서 '제3의 길'을 제시한다. 인지주의는 실재하는 대상과 그 속성에 대해, 그리고 학습자 마음의 내적 과정에 대해 모두 관심을 갖는다. 또한 인지주의는 학습공학에 대해 강한 내재적 친화성을 갖고 있다. 왜냐하면 인지주의에는 마음을 정보처리 측면에서 이해하는 경향이 있기 때문이다(Alessi & Trollip, 2001; Friesen & Feenberg, 2007). 인지주의적 학습이론에서는 학습 사태의 집어넣어 주는 (교사가 제공하는, 예를 들어 스캐폴딩) 측면과 생성시키는 (학습자가 생성하는) 측면을 모두 지지한다(Smith & Ragan, 2004, 2005). 일부 급진적 구성주의자들과 현상학자들(phenomenologists)은 인지주의를 거부했다. 이는 성찰하는 개인에게서 생기는 마음에 관한 직관을 그들이 아주 귀중하게 여겼기 때문이다. 또한 인지주의가 실증성, 그리고 (모든 현상을 관찰/측정 가능한 것으로) 환원시키는 경향성을 갖고 있기 때문이다. 그렇지만 바로 이런 특성 때문에 인지주의는 심리학자들, 특히 자칭 학습 과학자들(learning scientist) 사이에서 널리 수용되었다.

객관주의자의 인식론과 구성주의자의 인식론은 서로 정반대되는 것으로 볼 수 없으며, 오히려 두 가지 축으로 보아야 한다는 제안이 더 설득적일 것이다(Cronje, 2006). 두 축을 가로와 세로로 둘 때 나타나는 사분면은 각각 네 가지 학습유형의 특성을 잘 밝혀 준다. '몰입(immersion)' 학습에서 학습은 기회적이고 상호조정이 별로 안 나타난다. '구성(construction)' 학습에서 학생들은 이전의 지식을 더욱더 쌓아 가고 이해에 도달하지만 시간이 많이 들 때가 있다. '주입(injection)' 학습에서는 교사가 학생들에게 지식을 전해 주는 일차적 책임을 갖는다. '통합(integration)' 학습에서는 수업주의와 구성주의의 가장 좋은 요소들이 결합되며, 그리고 목표, (적절한 스캐폴딩을 따르는) 기능과 하위 기능의 발달 통로, (유익할 때) 이해를 구성하는 기회, 그리고 (전통적 평가에서 포트폴리오 평가까지의) 평가범위에 대해 신중한 관심을 쏟는다. 교사들은 특정 학습 상황에서 어느 사분면을 강조할 것인가를 선택할 것이다. 이것은 그들의 목표가 정답을 얻는 것인지, 특수한 절차를 따르는 것인지, 일련의 복잡한 상호관계를 이해하는 것인지, 복잡한 상황에서 문제해결법을 학습하는 것인지 등에 따라서 달라질 것이다. 위에서 설명한 모형보다 더 정교한 버전이 생길 수 있고, 이에 따라 가르침의 결정이 내려지는 사회적 맥락을 감안할 수 있다. 즉, 가르침의 결정은 별도의 이유를 교수법 문제에 적용함으로써 나타나는 것이 아니라, 사회적 타협/합의의 결과로 생기는 것이다(Hansen, 1997).

그렇다면 객관주의와 구성주의에서 가장 좋은 점을 뽑아서 이것을 인지주의의 통찰과 결합시킬 수 있을 것이다. 오늘날 교육학계에서 『사람들은 어떻게 학습하는가?(*How People Learn*)』가 학습에 대해 커다란 영향을 미치고 있는데 이 책의 전략이 바로 그런 것이다. 이 책은 존 브랜스포드(John Bransford et al., 1999) 등이 이끄는 국립연구원(National Research Council)의 성과다. 그들은 최근의 연구를 네 가지 원리로 요약하였다. 교육적 환경은 학습자-중심적/지식-중심적/평가-중심적/공동체-중심적이어야 한다. 그것은 ① 개별 학습자의 특수한 문화/언어/학습양식에 대한 민감성을 장려하고, ② 학습자가 학습하는 법을 배우도록 도와줄 메타인지의 중요성을 강조하며, ③ 대안적 형태의 평가를 더 수용할 것을 제안하고, ④ 교실 안팎에서 공동체를 구축하는 중요한 방법을 제시한다. 특히 그들은 '학습공학'이 교수법 혁신을 지원해 줄 방안을 강조한다. 현대의 학습 이론이 지지해 주는 교수법 혁신으로는 '행함으로써 배움', '복잡한 개념들의 시각화', '학교에서 얻기 힘든 정보/전문성에 대한 접근' 등이 있다. 그들에 의하면, 학습의 개선을 위해서 다음 다섯 가지 방식으로 공학을 활용할 수 있다.

- 현실세계의 문제에 기반을 둔 활기찬 교육과정을 교실 안으로 끌어들임
- 학습을 향상시키기 위해 스캐폴딩/도구를 제공함
- 학생과 교사를 위해 피드백/성찰/수정의 기회를 더 많이 제공함
- 교사/행정가/학생/부모/현장과학자/다른 관심인물 등을 포함시킨 지역적/지구적 공동체를 구축함
- 교사의 학습 기회를 확대함(Bradsford et al., 1999: 195)

이와 같은 교수법에 관한 시사점은 다음에서 살펴보자.

5. 교수법 문제: 가르침

교수법이란 학습을 일으키기 위해 적용되는 지식이다. 교수/학습은 복잡한 일이다. 특히 학습자들이 다양할 경우, 교사에게는 맥락에 맞는 현명한 문제해결책이 필요하다. 목표달성/문제해결을 위해 학습공학을 적절히 사용하는 것은 효과적 교수법의 중요한 측면에 속한다(Brogden & Couros, 2007).

교수법의 주된 문제는 새로운 지식/기능/성향을 가르칠 수 있는 시간을 학교 교육과정에서 확보하는 일이다. 교사들은 새로운 공학(의 활용이나 교수를 위한

최선의 활용 방법)에 비교적 숙달되지 못하는 경우가 많다. 그뿐만 아니라 언어/기술/수학/과학/사회과목과 같은 전통적인 교과목이 있고, 또 체육교육/건강(보건)/인성교육/외국어와 같은 비교적 새로운 내용도 있으며, 예술/철학과 같이 중요하지만 소홀히 다루어지고 있는 과목 등으로 교육과정은 '가득' 차 있다. 용량이 제한된 그릇처럼 어떤 것을 집어넣으려면 무엇인가를 빼야 한다. 따라서 우리는 "무엇을 집어넣을 것인가?"와 동시에 "무엇을 뺄 것인가?"를 물어야 한다.

학교에서 공학을 도입하는 최선의 방법은 그것을 다른 교과와 의미 있게 통합시키는 것이라고 흔히 생각한다(Brogden & Couros, 2007). 컴퓨터 수업이라는 과목에서 공학을 가르치기보다는 학생들이 다른 교과를 학습할 때 새로운 공학을 보다 깊이 학습하도록 할 수 있다는 말이다. 그렇게 하면 "지금 현재의 실제생활 상황에서 공학의 적용을 이해하게 된다."(Whitehead, 1967: 2) 이렇게 공학을 통합시킨다면 별도의 시간을 많이 투입하지 않고서도 교육과정에 공학을 포함시킬 수 있다. 여기서 적절한 비유로서 소금과 같은 용해 물질을 집어넣는 물탱크를 생각할 수 있다. 물의 양이 크게 많아지지 않도록 소금을 약간 집어넣을 수 있다. 여기서 공학은 소금과 같은 것으로, 교과목에 들어 있는 빈 공간 속에 보이지 않게 집어넣을 수 있다. 이런 매력적인 방안은 최근에 교육공학 옹호자들의 슬로건이 되고 있다(Roblyer, 2006; Smaldino et al., 2008).

그러나 이와 같은 통합 방식이 시간문제를 꼭 해결해 주는 것은 아니다. 인터넷 검색과 같은 일반적 공학 기능은 비교적 쉽게 배울 수 있고, 교과 영역을 가로질러 적용될 수 있으나,

> 모든 교과교육을 위해 중요한 대부분의 공학은 그 도구들이 지원해 줄 수 있는 의미 있는 학습이 이루어지도록 하기 위해서는, 교사나 학생들이 노력을 기울일 것을 요구한다……. 만일 교사들이 공학을 교육적으로 의미 있게 활용하기를 기대한다면 그들에게는 시간이 필요하며, 시간이 필요하다는 점을 그

들도 알 필요가 있다(McCrory, 2006: 157).

따라서 시간을 확보하는 방법, 다시 말해서 학습의 우선순위를 정하는 방법이 또다시 문제로 제기된다.

앞의 인용문에서 '의미 있게'라는 말을 사용하는 것은 결코 우연이 아니다. '의미 있게'라는 말은 의도성/내용 중심성/진정한 공부/능동적 탐구/지적 모형의 구성/협력적 활동을 가리킨다(Ashburn, 2006). 이런 기준들은 교육과정에서 시간을 할당할 때 우선순위를 정하는 데 적용될 수 있다. 여기서 '의미 있음'은 내용 섭렵/직업 연관성과 같은 다른 기준보다 더 우선적인 것으로 간주되고 있다. 그러나 위와 같은 특성들은, 학습공학을 적용한다고 해서 그냥 나타나는 것은 아니고, 그렇게 나타나도록 길러 주어야 할 필요가 있다.

공학이 교과를 가르치는 일과 '의미 있게' 통합되도록 하려면, 교사들은 새로 나타나게 될 지식의 형식/영역을 고려할 필요가 있다. 아무래도 교사들은 가르칠 교과와 관련된 지식에 주의를 더 기울일 것이다. 따라서 예를 들어 르네상스 시기의 극장 건축에 관한 단원을 가르칠 경우, 르네상스/극장/문화 일반에 관한 지식에 주목할 것이다. 그러나 인터넷 검색/건축 모델링 소프트웨어와 같은 공학을 활용할 경우, 학생들은 이런 공학 자체와 연관된 지식도 얻게 될 것이다. 예를 들어, 데이터베이스를 검색할 때 키워드 선정의 중요한 역할이라든가 혹은 건축 모델링 소프트웨어의 특정 부분의 선도적 특성 등을 알게 될 것이다. 학생들은 정보에 접근하기 위해 공학 활용전략, 즉 검색/선정/혼합/연결/변환/생성 등을 배울 것이다(Herdberg & Brudvil, 2008). 이런 지식은 특정 목적을 위해 특정 공학이 상대적으로 어떤 가치를 갖는가에 관한 가치 판단의 형태를 띠거나, 특정 공학의 사회적 결과와 연관되거나, 혹은 비판적 사고/의사결정/문제해결 등에 참여하는 능력의 증진을 포함할 것이다(Ankiewicz et al., 2006; Kellner, 2000). 학생들은 'satisficing'의 과정과 같은 공학의 활용/설계의 미묘한 측면들을 인식하게 될 것이다(Simon, 1981). 이것은 완전한 해결책보다는 최적의 문제해결을 찾는 것을 의미하고, 대안들의 비교 가능한 효과의 예측을 기반으로 결정을 내리는 일을 포함하며(Mishra & Koehler, 2006: 1040), 적응성 학습/혁신/책임 수행/정보 조직화를 가리킨다(Brogden & Couros, 2007). 흔히 이런 기능들은 직접 가르칠 수 있는 것이 아니고, 학생들이 공학을 활용하는 수련 과정에 참여하는 동안에 자연스럽게 생기는 것이기도 하다(Dreyfus, 2001; Peters, 2003). 이와 같이 복잡한 점들 외에도, 교과와 공학 사이의 애매한 영역에서 나타나는 성과도 있을 것이다. 예를 들어, 학생들은 르네상스 극장과 관련된 이미지들의 훌륭한 데이터베이스가 특히 영국박물관에 있다는 것을 알게 되고, 특수한 건축 소프트웨어 패키지가 관련된 유형의 확장 팩을 가능하게 해 준다는 점을 발견할 수 있다. 이와 같은 종류의 '상황적' 지식도 가치 있는 것이 될 수 있으므로, 교육자들은 그것을 평가에 포함시킬 것인가의 여부를 결정해야 한다. 여기서 교육자들은 "평가되는 것이 평가되지 않는 것보다 더 중시된다."는 현실을 어느 정도 감안해야 된다.

새로운 우선순위가 반영될 수 있도록 교사들은 자신의 평가활동을 조정해야 한다. 이런 교사를 도와주기 위한 오래된 한 가지 전략은 교사 전문성 개발이다. 이것이 효과를 낳으려면 시간/경비가 든다(Ashburn & Floden, 2006; Borthwick & Pierson, 2008; Brogden & Couros, 2007; Howard et al., 2000). 교사들은 평가를 재검토하고, 공학 기능을 습득해야 할 뿐만 아니라, 특별한 공학을 알아 두어야 한다. 이것은 개별 내용영역, 숙달해야 할 새로운 교수법의 기능과 개념, 새로운 도구와 정보 원천의 비의도적 결과에 대처하는 방법, 그리고 공학 활용 수업에 관한 전문지식 등에 관한 것이다. 이 중에는 공학-내용-교수법 간의 상호작용에서 나타나는 것들이 있다. TPACK(Technological Pedagogical Content Knowledge)은 위와 같은 상호작용을 보여 주는 교육공학의 개념 틀을 대표하는 것이다(AACTE, 2008; Mishra & Koehler, 2006).

> [TPACK]은 내용, 교수법, 공학지식 간의 상호작용에서 생기는 이해를 가리

> 킨다. 참으로 의미 있고, 아주 기능적인 공학적 수업을 뒷받침해 주는 [TPACK]은 이 세 가지 개념을 개별적으로 아는 것과는 다르다. [그것은] 효과적 공학 활용 수업의 기반이고, 그것이 요구하는 것으로는, 공학을 활용한 개념들의 재현; 내용을 구성적으로 가르치는 방식에서 공학을 활용하는 교수법 테크닉에 대한 이해; 학습을 어렵거나 쉽게 만드는 점과 학생들이 직면하는 문제점을 다루도록 도와줄 공학에 대한 지식; 학생들의 선행 지식과 인식 이론에 관한 지식; 그리고 기존의 것들을 기반으로 새로운 인식론을 개발하거나 강화시키는 데 활용되는 공학에 관한 지식 등이 있다(AACTE, 2008: 15-16).

TPACK에 따르면, 교육은 구성 요소도 다양하고, 상호 관계도 느슨하게 규정되며, 다양한 관점을 가진 인간 주체들로 이루어진 복잡한 체계다. 이와 같은 지식 영역의 다양성/내적 복잡성이 요구하는 것은, 교사들의 전문성 발달이 인식론적 가정이나 학습에 관한 믿음의 함의를 수용하고, 다중의 관점/요인에 대해 주의를 쏟는, 학제적인 것이 되어야 한다는 점이다(Borthwick & Pierson, 2008; Hansen, 1997). 만일 교사들이 공학에 대해 보다 구성주의적 접근방식을 택하기를 원한다면, 우리는 다른 사람들과 함께 해결책을 강구/성찰하고, 동료끼리 피드백을 주고받을 기회를 가지며, 그리고 특정 교수법을 통해 촉진시키려는 학생들의 사고유형에 대해 분명한 관심을 기울일 필요가 있다(Howard et al., 2000).

교사들이 고려해야 할 필요가 있는 또 다른 점은 학생들이 학교 밖에서도 공학을 경험하는데 그것이 학교 안에서 경험하는 것과 어떤 관계에 있는가 하는 것이다. 이를 고려하기가 어려운 교사도 있다. 그들이 컴퓨터 사용 면에서 학생들보다 수준이 떨어지거나, 학생들이 일상적으로 얼마나 깊이 공학에 빠져 있는지를 이해하지 못하거나 하기 때문이다. 일부 교사들의 경우, 새로운 툴의 사용 **방법**을 학습하는 것 자체에 대해 엄청난 부담감을 느낄 수 있다. 일부 학생들의 경우, 새로운 툴을 **왜/언제** 학습해야 하는가에 중점을 둘 필요가 있다.

6. 사회적 문제: 공동생활

우리는 학교도 하나의 교육공학이라고 말했다. 그러나 교육공학이 학교 안에만 있는 것은 아니다. 대부분의 교육은 학교 밖에서 이루어지며, 학습공학은 학교 밖의 경험에서 중심을 차지하고 있다. 실제로 TV와 같은 대중적 공학은 학교에서 사용되는 것들에 비해 훨씬 더 중요하다는 점이 입증되었다고 말하는 사람도 있다.

> 전자 환경은 학교 교실 내부의 정보 수준에 비해 학교 교실 밖의 정보 수준이 훨씬 더 높아지게 만든다. 19세기 교실의 지식은 교실 밖의 지식보다 수준이 더 높았다. 오늘날은 정반대다. 아동은 학교에 다닌다는 것이 어떤 의미에서 그의 교육을 가로막는다는 점을 안다(McLuhan, 1967).

이로부터 40년이 지난 지금, 개인용 컴퓨터와 인터넷은 믿기지 않을 만큼 풍부한 정보와 소통 환경을 가정 속으로 끌어들였다.

> 정보의 성격, 사용, 공급의 신속한 변화는 교육의 생태학을 근본적으로 변환시켰다……. 그리고 학교와 대학의 교육 환경을 근본적으로 바꾸어 놓았다. 그 결과로 나타난 것이 가르침의 불협화음이고, 그 효과는 아무리 해 봐도 파악하기가 어려우며, 이를 평가하기는 더욱 어렵게 되었다(Cremin, 1989: 59).

오늘날 많은 교사가 학생들의 주의를 집중시키기 위해 고심한다. 학생들은 할리우드 영화, 비디오 게임, 에듀테인먼트와 같은 멀티미디어의 과부하, 그리고 버튼/클릭 한 번으로 곧바로 새로운 내용을 선택하는 일에 익숙하다(Burbules, 2000; Hedberg & Brudvik, 2008).

게다가 TV/인터넷이 민간의 정보시장을 열어 놓았고, 기업들은 통신공학, 엔터테인먼트, 온라인 교육에 관한 독자적 의제를 가지고 이익을 추구할 수 있게 되었다. 지극히 기업적인 대중매체는 소비자/시민의 선택에 영향을 미치기 위하여 온갖 형태의 공학을 활용하지만 민주주의나 비판적 사고를 우선시하는 경우는 거의 없다. 학교는 최첨단 시청물, 화려한 종말처리 시스템, 그리고 (학생들의 주의를 끌어들임으로써 이익을 증대시키기 위해 고용된) 잘 훈련된 수업 설계자들과 경쟁하는 중이다. 기업은 학교에서 활용하는 공학에 영향을 미치려고 애쓰고 있다. 이런 엄청난 경향은 매년 열리는 전국교육컴퓨터콘퍼런스의 전시실에서 극적으로 나타난다. 수백 개의 회사들이 교육공학 관련 예산을 놓고 서로 경쟁한다.

학교는 기업 이익을 반영하기도 한다. 이는 최소한 기업이 요구하는 유형의 노동자를 공급하려고 노력하는 점에서 확인할 수 있다. 학교는 학생들의 경제적 성공을 준비시킬 교육과정을 채택하고, 기업이 선택해 준 툴의 사용법을 아이들에게 자주 가르친다(Kellner, 2000). 교육공학은 효율적 훈련/시장 점유에 관심이 있는 기업/군대/고등교육기관에 의해 만들어졌고, 이런 이해관계는 그대로 공학에 반영된다. 오늘날 공학은 젊은이들을 사로잡고 또 경제적 생존능력을 제공해 주기 때문에 이런 21세기 기능의 주요 옹호자들은 학교에 대해 엄청난 영향을 미치고 있다. 이는 교사교육인증원(National Council for Accreditation of Teacher Education: NCATE)에서 최근에 교사교육 인증의 일부로 21세기 기능을 사용하겠다는 방침에서도 나타난다.

교육 속으로 공학을 더욱 충실하게 투입시키는 일에만 몰두한다면, 기업 헤게모니, 혹은 위계적 권력관계에 대해 비판적인 졸업생을 길러 낼 수 없을 것이다. 이런 비판적 태도는 민주주의의 부활에 핵심일 것이다. 교사가 기업 목표보다는 자신의 목표를 위해 공학을 선택하려고 할지라도, 교수법은 공학 내부에 이미 설계되어 있는 편향성을 드러내는 일에서 빠져나갈 수 없다. 우리는 여기서 '비판적 전문성'이라는 언어가 교육자들뿐만 아니라 교육을 받고 졸업하는 학생들의 태도를 위해 도움이 될 것으로 믿는다. 만일 우리 학생들이 기업 이익이 추구하는, 정신없는 소비주의적 행위에 부분적으로나마 저항하기를 원한다면, 공학에 대한 비판적 태도가 중요하다. 학생들은 광고나 예술적인 것처럼 보이는 영화/TV 쇼의 시청자들을 조종하는 데 사용되는 이미지/연상의 활용방식을 인식할 줄 알아야 한다. 학생들로 하여금 스스로 계몽적인 작품을 제작/비판하게 하는 일은 그들로 하여금 정교한 생산자들이 사용하는 교묘한 방법을 부분적으로나마 이해하도록 하는 데 도움을 줄 것이다.

학교는 오늘날 교과서/인쇄된 백과사전과 같이 독백적인(monologic) 정보원천을 사용하는 것으로부터 (정부/박물관/대중매체 아울렛과 같은 '공식적' 지식제공처 및 위키스/블로그와 같은 '비공식적' 제공처를 포함한) 웹상의 다중적/다원적 원천을 활용하는 방향으로 변화하고 있다. 그러므로 학교 안팎에서 정보를 평가하는 일이 중요하다(Kellner, 2000). 학생들은 개인정보를 웹에 올리거나 타인에게 제공하는 것이 적절할 때가 언제인지(Burbules, 2000), 그리고 피싱이나 다른 형태의 사기 행동으로부터 자신을 어떻게 보호할 것인지를 알아야 하고, 프라이버시 문제도 이해할 필요가 있다. 또한 학교는 기회의 평등을 위해 '디지털 분배' 문제도 다루어야 할 의무를 갖는다. 공학을 가진 자와 못 가진 자가 분리되고, '정보 카스트' 사회가 나타나고 있다(Burbules, 2000). 1990년대 말 미국의 학교나 사회에서 공학이 더욱 중요해지면서 '디지털 분배'가 더 큰 문제로 부상했고, 어떤 면에서는 더욱 악화될 것이라는 우려가 특별한 관심을 끌었다. 이로 인해 'e-rate' 법이 제정됨으로써 경제적 불이익 집단의 학생들이 많이 다니는 학교의 공학을 지원하게 되었다(Vargas, 2007). 분배는 경제적 문제에 그치지 않는다. 공학 기능과 비판적 인식을 갖춘 사람들과 그렇지 못한 사람들 사이에 격차가 벌어지면, 이것은 경제적 측면만 아니라 민주주의의 질적 측면에 대해서도 영향을 미친다(Kellner, 2000).

역설적인 일인데, 미국 학교에서 널리 사용되고 있는 '교육적' 공학은 인터넷 필터의 사용이다. 이는 일부 정보/통신이 건물에 들어오지 **못하도록** 설계한 것이다. 젊은이들이 선호하는 새로운 공학, 예를 들면, 'Grand Theft Auto'와 같은 역할 놀이 게임, 'Second Life'와 같은 가상현실 환경, 'Myspace'와 같은 사회적 네트워킹 사이트, 그리고 학생들의 흥미를 끄는 문제를 다루는 웹 사이트 등은 학교에서 실제로 **금지되고** 있다. 이는 비교육적/반교육적/해로운 것으로 간주되는 정보/경험에 학생들이 접근할 가능성이 있다고 보았기 때문이다. 블로그와 위키, 내용 집적 사이트, 학생 이메일 계정과 같은 강력한 학습공학조차도 일부 학교에서는 금지되고 있다. 이는, '포르노, 증오 문학, 산만한 미완성품'(Hope, 2008: 103), 도박 사이트, 채팅방의 소아성애적 공격, 약물 복용, 섹스, '해킹'(Warnick, 2004)과 같은 규제되지 않은 오염물이 학생들의 순진성을 오도하거나 이들의 사고를 오염시킬 가능성이 있다고 보았기 때문이다. 방화벽, 필터, 활동 모니터링 소프트웨어와 같은 접속 금지, 학생들의 사용 중지/축출, 배제 공학 등 다양한 훈육적 조치들이 있는데 이것은 학교가 학습 환경을 유지하거나 순수성을 지키기 위해서 활용하는 것들이다. 필터는 일부 확인된 인터넷 주소에 접속하는 것을 차단시키는 '금지 목록', 어떤 단어가 포함된 페이지를 거부하는 키워드 필터, 일부 피부색이나 텍스처(textures)가 포함된 이미지를 차단시키는 시각적 내용 관리 응용물 등의 형태를 취한다(Hope, 2008). 이와 같은 필터 공학은 일부 자료를 차단시키는 데 상당한 효과가 있다고 생각되지만, 그것은 거부할 수 없는 것임에도 불구하고 일정 기준에서만 걸리는 내용에 접속하는 것까지도 차단함으로써 '과도한 장벽'을 만들기도 한다. 예를 들면, 키워드 필터에 '가슴'이라는 단어를 포함시키면 포르노를 차단할 뿐만 아니라 유방암, 가슴받이, 위안 음악과 관련된 웹사이트까지 차단해 버린다. 또한 일부 사람들이 포르노라고 볼 수 있는 단어/이미지가 포함되어 있는 문학/예술도 많다. "그럴 경우, 오염 명칭의 상황적/문화적 성격이나 혹은 오염 방지용 외부 경계선을 지키려는 의도는 교육적 과정을 제약하고, 학교의 두 가지 주요 성과인 학문적 발달과 도덕적 발달이 서로 갈등하도록"(Hope, 2008: 109) 만들어 버리며, 학교 효과성의 중심 요인 중 하나인 신뢰성을 무너뜨리고 만다

(Bryk & Schneider, 2002). 또한 필터는 차단된 인터넷 주소에 접속하기 위해 프록시 서버를 학습하는 것처럼, 학생들이 그런 장벽을 뛰어넘는 일에 골몰하게 만든다. 이와 같은 전략에 능통한 학생들에게 모종의 지위를 부여함으로써 오히려 그런 것들을 학생들이 더 잘 배우도록 부추긴다(Warnick, 2004). 필터의 사용은 학교가 부적절한 내용이나 접속 문제를 해결하는 데에는 편리한 공학이 되겠지만, 학생들에게 비판적 미디어 문해력을 발달시키거나, 학교 밖에서 그런 내용에 접촉하지 않도록 하는 방법을 교육시키는 데에는 별로 도움이 되지 못한다(EFF, 2003; Keelner, 2000).

학교 밖에서 학생들이 공학에 접근하는 방식은 대체적으로 게임이다. 학습공학의 관점에서 특히 중요한 것은 MMORPGs(Massive Multiplayer Online Role Playing Games)이다. 얼핏, 이런 게임은 학교의 학문적/도덕적 과업과 거리가 먼 활동을 촉진시키는 것 같지만, 거기서 얻어지는 문제해결 기능 및 협력/지도성에 관한 교훈은 학교에서 배우는 여러 기능보다 오히려 경제적/사회적 생활을 위해 더 중요한 것일 수 있다(Salen, 2008). 특히 '워크래프트(World of Warcraft)'에서 게임 수준을 높이는 데 성공하기 위해서는 복잡한 목표 달성을 위해 서로 협력해야 하는 일시적/장기적 다기능 팀에 참여해야 비로소 그것이 가능하도록 구성되어 있다. 이런 경험의 게임 측면은 많은 교육자의 눈에 부정적으로 보일 수 있고, 그것을 못하도록 금지하는 학교도 많지만, 그것은 실제로 참여자들의 동기/참여를 크게 향상시켜 준다(Garzotto, 2007). 일부 연구자들은 과학/수학을 가르치기 위해 역할 놀이 환경에 게임의 요소를 부분적으로 포함시킨다(Barab et al., 2005; Harvard GSE, 2008). 이런 시뮬레이션이 학교에서 널리 받아들여질 것인지는 더 두고 보아야 할 것이다. 이것은 "가장 가치 있는 지식이 무엇인가?"라는 물음에 대한 새로운 해답을 학교가 받아들일 것인지의 여부에 따라 달라질 것이다.

7. 학습공학과 사회 변환

과학은 가치중립적 사실을 추구한다고 공언하는 사람들이 있다. 이와 달리 공학은 결코 가치중립적이지 않다. 공학에는 설계자들의 규범/기대/사회문화적 환경이 반영된다(Hickman, 1990; Westera, 2004). "공학은 설계 과정의 독특한 부분에서 가치판단을 사용한다……. 가치는 다루어야 할 문제, 개발해야 할 해결책, 사용될 자원, 채택될 과정에 관한 결정에서 분명히 드러난다."(Hill, 1997; Hutchinson, 1993: 94) 이와 같이 공학 설계자의 가치가 내적으로 나타나는 증거를 가리켜 '구현 편향성(implementation bias)'(Feenberg, 1996)이라고 말한다. 이것은 공학 속에 그런 설계가 구현되고 있음을 가리킨다. 매킨토시와 PC-compatible 컴퓨터의 작동 체제에서 나타나는 차이점을 살펴보자. 매킨토시 운영체제에서는 그래픽과 음악의 중요성을 더 강조한다. 이런 구현은 애플과 마이크로소프트의 상이한 가치체제/고객을 대변할 뿐만 아니라 각 체제에 속하는 버전들의 부호화 역사를 대변한다. 실질적 차이점은, 기업 생산품인 마이크로소프트오피스(MicrosoftOffice)와 일차적으로 오픈소스 대안인 스타오피스(StarOffice)에서 찾아볼 수 있다. 기업 소프트웨어의 대안이라고 하는 'open-source software', 'shareware', 'freeware' 등은 교육자들이 선택할 수 있도록 해 준다. 그러나 기업이 학습공학의 물품 조달을 장악하고 있으므로 대다수 학교에서는 탈기업적 대안을 찾기가 어렵다.

일부 사람들이 믿고 있듯이 새로운 공학, 특히 비선형적/비위계적 지식 재현 시스템인 하이퍼텍스트는, 인쇄물과 비교해 볼 때, 구성주의 교수법과 더 잘 부합될 수 있다(Dwight & Garrison, 2003; Hill, 1997; McClintock, 2000; Theodore, 2008). 지난 400년 동안 학교를 지배했던 인쇄 공학은, 학교/학습자와 관계가 먼, 내용의 표준화를 유도하였고, 정보는 단일 원천으로부터 다수의 사용자들에게 전달되었으며, 지식의 선형적 조직화는 사고/정보를 각 교과영역/학년수준으로 '분할'시킴으로써 흔히 말하는 '은행저금식 교육'(Freire, 1970)을 강화시켰다는 주장도 제기되었다(Bereiter & Scardamalia, 2005). 그러나 새로운 ICT는 개별화된 정보 접속, 협력적/참여적 지식 생산, 비위계적 학습 조직화를 가능하게 해 준다. 블로그와 위키는 학습자로 하여금 상대방의 아이디어를 비판하게 해 주고, 토론의 중심 위치에서 교사들을 끌어내리며, "새로운 보다 능동적, 비판적, 창의적 텍스트 읽기가 권력 체제를 해체하고, 지배적인 메타서사가 어떻게 [자주] 권위주의적 학습이론들의 각본이 되는가를 깨닫도록" 장려해 준다(Alexander, 2008; Dwight & Garrison, 2003: 701; Hedberg & Brudvick, 2008). 따라서 학생들의 협력적 탐구를 가능하게 해 주는 새로운 툴에 의해, 그리고 새로운 공학을 이미 이해하고, 멀티 문해력/멀티미디어/멀티 소통채널을 체험한 'N세대(디지털 토착민)'의 학생들이 많아짐에 따라 교실은 점진적으로 변환될 수 있을 것이다(Duffy, 2008; Hedberg & Brudvick, 2008; Tapscott, 1998).

일부 사람들은 새로운 학습공학에 '민주화의 잠재력'이 내재해 있다고 믿는다(Kellner, 2000; Theodore, 2008). 이는 민주교육에 대한 듀이(Dewey, 1907)의 비전에 다가갈 것이다.

> 학습은 순환적으로 이루어진다……. 지식은 더 이상 부동의 고체가 아니다. 그것은 액체화되었다. 그것은 사회 자체의 모든 흐름 속으로 능동적으로 움직이고 있다. 이런 혁명은, 지식의 소재에 관한 한, 개인의 태도 면에서 놀라운 변화를 수반한다……. 그러나 이 모든 것은 학교의 입장조차도 어쩔 수 없이 변한다는 것을 의미한다. 우리는 이런 변화의 힘을 아직 충분히 깨닫지 못하고 있다(Dewey, 1907: 40-41).
>
> …… 분명한 사실은 우리의 사회적 삶이 근본적으로 철저하게 변하고 있다는 점이다. 만일 우리의 교육이 삶을 위해 의미를 가지려면 마찬가지로 완전한 변화를 겪어야 한다. 이런 변환은 갑자기 나타나는 것도 아니고, 의도적 목적에 의해 하루아침에 이루어지는 일도 아니다. 그것은 이미 진행형이다. 우

> 리의 학교 제도가 그와 같이 수정되고 있는 것이 그저 미세한 변화처럼 보일 때가 있고…… 학교의 메커니즘이 개선되는 정도로만 보일지 모르나, 사실은 혁명의 징후요 그 증거다……. 그것은 모든 요인을 조직화하고, 그것의 의미를 충실히 인식하며, 그리고 우리의 학교 체제가 그런 아이디어와 이상을 완전히 철저하게 갖추도록 해야 된다. 이렇게 한다는 것은 우리의 학교를 새로운 공동체적 삶으로 만들어 가고, 일반 사회의 삶에 나타나는 온갖 유형의 직업에 능동적으로 대처하며, 그리고 예술, 역사, 과학의 정신으로 가득 차게 만들어야 함을 의미한다. 학교가 사회의 모든 아동을 그런 공동체의 구성원이 되도록 인도하고 훈련시키며, 봉사 정신이 충만하도록 만들고, 효과적인 자기 지도의 도구를 제공할 때, 우리는 비로소 가장 깊고 가장 좋은 의미에서 가치 있고, 사랑스러우며, 조화로운 일반 사회에 도달하게 될 것이다(Dewey, 1907: 43-44).

듀이의 비전은 매력적이다. 그러나 위와 같은 말이 나온 지 100년이 지난 지금도 학교가 더 민주화되었다는 증거는 찾아보기 어렵다. 교육에 미치는 공학의 효과와 같은 사회적 변화가 단기적으로는 과대평가되고, 장기적으로는 과소평가되는 경우가 많음에 주목할 필요가 있다(Bruce, 2003: 336). 여기서 '장기적'이란 몇십 년이 아닌 몇 세기를 가리킬 것이다. 새로운 학습공학을 더욱더 활용한 결과로서 듀이의 비전을 따르는 변환이 과연 나타날 것인가?

우리의 생각에 의하면, 새로운 공학이라고 해서 반드시 의미 있는 학습, 구성주의, 혹은 교육적 우선 과업으로 이어지는 것은 아니다. 많은 경우, 새로운 공학은 종전까지 전통적 방식으로 해 왔던 일을 대체해서 해 주는 것에 머물고 만다. 이와 같이 "대체적(substitutional) 접근은 기본적으로 도구적이고, 점진적이며, 장기적이다. 그것도 상당한 시간과 지속적 투자를 요구한다."(Westra, 2004: 508) 이와 달리 변환적(transformational) 접근방식은 학습 활동, 교실 구조, 그리고 심지어 학교의 사회적 역할까지도 근본적으로 바꾸려는 것이다. 변환적 접근방식이 요구하는 것은, 현재 상황에 대한 과감한 비판 위에서 끈질긴 옹호, 행정적 보완, 간헐적 지시, 지속적 전문성 개발, 다중 역할을 가진 대중들의 대규모 적응, 설득력 있는 변화의 비전 등이다(Westra, 2004: 508). 그러나 만일 공학의 요구가 노동 현장의 다른 요구와 일치하지 못하거나 혹은 자원이 부족할 경우, 그런 변환도 좌절을 겪게 된다. 변환의 옹호자들은 변화를 거부하는 사람들을 부당하게 평가한다는 비난에 처할 수밖에 없을 것이다. 일부 거부자들은 자신의 저항이 마치 지속적 가치를 존속시키는 일인 양 정당화하고, 다른 거부자들은 '부분적 해결책들이 조금씩 강행되는 속도 때문에 개혁에 둔감해지기도 한다.'(Kytle, 2004: 13) 공식적 교육과정, 시간적 제약, 학생의 협력 수준, 직업 현장의 요구에 따르면서 살아남고자 하는 교사들의 마음, 표준화된 시험과 책무성 등은 교사의 선택을 제약시켜 버린다(Davies, 2003). '변환적' 접근방식은 그와 같은 제약이나 학교 변화의 어려움을 자주 무시하기도 한다. 공학 기능을 학습해야 할 필요성뿐만 아니라 공학 구현의 수많은 변인(피할 수 없는 기술적 문제점들, 적절한 시기에 기술적 지원을 받지 못함, 업그레이드해야 할 소프트웨어/하드웨어, 서로 다른 버전과 시스템의 부조화, 컴퓨터 경험이 거의 없는 나이 많은 교사들 등) 때문에 공학을 통해 교수법을 변화시키는 일은 까마득한 과제로 보일 수 있다.

새로운 공학은 학교에 어떤 효과를 미치는가? 이에 관한 흥미 있는 사례 연구가 있다. 이는 초·중등학교에서 프로그램 언어인 로고(Logo)를 구현한 것이다. 로고의 개발자인 시모어 페퍼트(Seymour Papert, 1980)는 아동들이 과학/수학에 대해 심층적 사고를 하도록 도와주는 강력한, 혹은 혁명적 툴로서 로고를 사용하도록 하였다. 아동들이 실험/탐구에 임할 때 그들의 직관 속으로 심층적 사고가 들어가도록 했다. 그런데 제도적/사회적 요인 때문에 로고는 혁신 도구가 되지 못하고, 엉뚱하게 아동의 게임에 불과한 것처럼 널리 알려지고 말았다는 결론을 내린 연구(Agalianos et al., 2006)도 나타났다. 학교는 근본적으로 보수적 기관이고(Westra, 2004), '절차와 습관이 고질적으로'(McClintock, 2000)

남아 있는 곳이기 때문에 다른 공학에 대해서도 비슷한 이야기를 할 수 있다. 웹은 정보에 대한 개방적 접속을 가능하게 해 주지만, 학생들은 그것을 그저 인쇄된 백과사전의 대용물로만 사용하고, 문제지의 빈칸에 채워 넣을 정보만을 검색하는 경우도 많다. 학생들의 활동을 '정보 찾기'에서 '탐구'로 끌어올리기 위해서 설계된 'WebQuests'와 같은 것도 전통적 학습활동에서는 그것을 가져다가 아무렇게나 사용해 버리는 경향이 있다(Vidoni & Maddux, 2002).

그러나 '혁신'은 없고 '대체'만 있었다는 말은 아니다. 예를 들어, 인쇄 매체가 도입됨으로써 교육은 강의/구두 암송에서 '읽기에 초점을 두는 것'으로 거의 굳어지고 말았다(Theodore, 2008). 이와 마찬가지로 전통적인 일지(기) 쓰기가 빈번한 블로그 사용으로 대체됨에 따라 글쓰기 수업도 달라질 수밖에 없을 것이다. 상호작용적 화이트보드는, 전통적인 칠판처럼, 교사 중심적으로 활용될 수 있으나, 학생들의 내용 통제를 증대시킬 수 있고, 다중의 학습양식/재현형식을 지원해 줄 수 있으며, 외부 정보원천을 부각시켜 줄 수 있다(Christensen, 1997). 웹을 전통적인 방식으로 활용할 수도 있으나, 그 하이퍼텍스트 구조는 그런 접근의 효과를 약화시킬 것이다. 왜냐하면 학생들은 자신의 흥미를 끄는 링크를 따라갈 수밖에 없고, 이 중에서 어떤 것은 미리 정해지지 않은 방향으로 학생들을 이끌어 갈 것이기 때문이다. 물론 '이처럼 특이한 길로 빠지면 온통 유아론에 사로잡힐 수 있으며'(Dwight & Garrison, 2003: 718), 혹은 웹상에서 여러 가지 방식으로 나타났듯이, 소비주의라는 기업 의제에 사로잡힐 수 있다.

공학에 내재하는 편향성(biases)은 교실 맥락에 잠재되어 있는 더욱 강력한 편향성/가치에 의해서 압도당할 경우가 있을 것이다(Hansen, 1997; McClintock, 2000). 교수법의 차이는 하드웨어/소프트웨어의 내적 가치보다 훨씬 더 중요할 수 있다. 이것은 활용하는 특정 공학에 반영되어 있는 것이 객관주의 인식론인가 혹은 구성주의 인식론인가, 구조주의 형이상학인가 혹은 탈구조주의 형이상학인가, 지배적 사회조직인가 혹은 민주적 사회조직인가에 따라 달라질 것이다.

그러나 새로운 공학은 교육 장소로서 학교의 중요성을 떨어뜨릴 수 있다. 공학이 (학습자 자신에 의해 통제되는) 학교 **밖의** 학습을 가능하게 해 주는 만큼, 학습 활동을 구성하는 사람은 교사가 아니라 학생이 된다. 전통적으로 대다수 학습자들은 학교에서 경험했던 교수법을 학교 밖에서도 반복하였고, 사회 변화의 잠재력은 극도로 제한되어 있었다. 그러나 경제적으로 불리한 환경 출신의 학생들이, 전통적인 수업 환경이 아닌 다른 곳에서 컴퓨터를 접하게 되면, "제한된, 목적론적 교육과정으로 나아가지 않은 채 공학을 숙달할 수 있으며" (Dwight & Garrison, 2003: 716), 상위 수준의 사고력 과제를 위해 만들어진 툴의 사용법을 배우고, 능력이 향상됨을 느끼게 된다는 연구 결과가 있다(Pearson, 2002). 여기서 배워야 할 한 가지 교훈은, 젊은이들이 새로운 공학 사용법을 배우도록 억지로 가르칠 필요가 없으며, 또래들과 도움을 주고받으면 혼자서도 배울 수 있다는 점이다. 여기서 핵심 문제는, 소외된 학생들이 엄격하게 통제된 방식에 얽매이지 않으면서도 그런 도구에 실제로 접근할 수 있을 것인가라는 점이다. 그런데 지배적 교육과정/수업 체제로부터 배우지 않고, 대신 다른 사용자들로부터 공학을 배우는 디지털 토착민들은 지배적 패러다임을 예측할 수 없는 방향에서 전복시켜 버릴 수 있다. 불확실한 것은 재구성된 학교에서가 아니라면 어디서 그들은 과연, 민주주의를 지키는 방향으로 그런 기능을 사용하는 데 필요한 동기/기능을 습득할 것인가 하는 점이다.

참고문헌

Agalianos, A., Whitty, G. and Noss, R. (2006) 'The social shaping of logo', *Social Studies of Science*, 36(2): 241-267.

Alessi, S.M. and Trollip, S. (2001) *Multimedia for Learning: Methods and Development*. Boston: Allyn and Bacon.

Alexander, B. (2008) 'Web 2.0 and emergent multiliteracies', *Theory Into Practice*, 47(2): 150–160.

American Association of Colleges for Teacher Education (AACTE) (2008) *Handbook of Technological Pedagogical Content Knowledge for Teaching and Teacher Education*. NY: Routledge/Taylor & Francis Group for AACTE.

Ankiewicz, P., de Swardt, E. and Vries, M. (2006) 'Some implications of the philosophy of technology for science, technology and society (STS) studies', *International Journal of Technology and Design Education*, 16(2): 117–141.

Ashburn, E.A. (2006) 'Attributes of meaningful learning using technology (MLT)', in E.A. Ashburn and R.E. Floden (Eds.), *Meaningful Learning Using Technology*. NY: Teachers College Press, pp. 161–179.

Ashburn, E.A. and Floden, R.E. (2006) *Meaningful Learning Using Technology: What Educators Need to Know and Do*. The TEC series. NY: Teachers College Press.

Barab, S. and Roth, W.M. (2006) 'Curriculum-based ecosystems: supporting knowing from an ecological perspective', *Educational Researcher*, 35(5): 3–13.

Barab, S., Thomas, M. and Dodge, M. (2005) 'Making learning fun: Quest Atlantis, a game without guns', *Educational Technology Research and Development*, 53(1): 86–107.

Bednar, A.K., Cunningham, D., Dulfy, T.M. and Perry, J.P. (1992) 'Theory into practice: How do we link?', in T.M. Duffy and D.H. Jonassen (Eds.), *Constructivism and the Technology of Instruction*. Hillsdale, NJ: Lawrence Erlbaum Associates, pp. 17–34.

Bereiter, C. and Scardamalia, M. (2005) 'Technology and literacies: from print literacy to dialogic literacy', in N. Bascia, A. Cumming, A. Datnow, K. Leithwood and D. Livingstone (Eds.), *International handbook of Educational policy*. Dordrecht: Springer, pp. 749–761.

Bijker, W.E., Hughes, T.P. and Pinch, T.J. (Eds.) (1989) *The Social Construction of Technological Systems: New Directions in the Sociology and History of Technology*. Cambridge, Mass.: MIT Press. 송성수 역(1999). 『과학 기술은 사회적으로 어떻게 구성되는가: 자전거, 형광등, 미사일, 전기자동차, 항공기의 일생을 통해서 본 현대 사회』. 서울: 새물결.

Bonnett, M. (2004) 'Lost in space? education and the concept of nature', *Studies in Philosophy and Education*, 23(2/3): 117–130.

Borthwick, A. and Pierson, M. (2008) *Transforming Classroom Practice: Professional Development Strategies in Educational Technology*. Eugene, OR: International Society for Technology in Education.

Bransford, J., Brown, A.L. and Cocking, R.R. (Eds.) (1999) *How People Learn: Brain, Mind, Experience, and School*. Washington, DC: National Academy Press. 신종호, 박종효, 최지영, 김민성 공역(2007). 『학습과학: 뇌, 마음, 경험 그리고 교육』. 서울: 학지사.

Britton, E., Long-Cotty, B.D. and Levenson, T. (2005) *Bringing Technology Education into K-8 Classrooms: a Guide to Curricular Resources about the Designed World*. Thousand Oaks, CA: Corwin Press.

Brogden, L.M. and Couros, A. (2007) 'Toward a philosophy of technology and education', *Delta Kappa Gamma Bulletin*, 73(2): 37-42.

Bruce, B.C. (Ed.) (2003) *Literacy in the Information Age: Inquiries into Meaning Making with New Technologies*. Newark, Del.: International Reading Association.

Bruce, B.C. and Hogan, M.C. (1998) 'The disappearance of technology: toward an ecological model of literacy', in D. Reinking, M. McKenna, L. Labbo and R. Kieffer (Eds.), *Handbook of Literacy and Technology Transformations in a Post-Typographic world*. Hillsdale, NJ: Lawrence Erlbaum Associates, pp. 269-281.

Bryk, A.S. and Schneider, B.L. (2002) *Trust in Schools: a Core Resource for Improvement*. NY: Russell Sage Foundation.

Burbules, N.C. (2000) 'Why philosophers of education should care about technology issues', *Philosophy of Education Yearbook*, pp. 37-41.

Calongne, C.M. (2008) 'Educational frontiers: learning in a virtual world', *Educause Review*, 43(5): 36-38, 40, 42, 44, 46, 48.

Christensen, C.M. (1997) *The Innovator's Dilemma: When New Technologies Cause Great Firms to Fail*. Boston, Mass.: Harvard Business School Press. 이진원 역 (2009). 『혁신기업의 딜레마: 미래를 준비하는 기업들의 파괴적 혁신 전략』. 서울: 세종서적.

Coiro, J. (2008) *Handbook of Research on New Literacies*. NY: Lawrence Erlbaum Associates/Taylor and Francis Group.

Cremin, L.A. (1989) *Popular Education and its Discontents*. NY: Harper and Row.

Cronje, J. (2006) 'Paradigms regained: toward integrating objectivism and constructivism in instructional design and the learning sciences', *Educational Technology*

Research and Development, 54(4): 387-416.

Cross, T.R. and Cross, V.E. (2004) 'Scalpel or mouse? A statistical comparison of real and virtual frog dissections', *American Biology Teacher*, 66(6): 408.

Daily, S.B. and Brennan, K. (2008) Utilizing technology to support the development of empathy. Poster presented at Interaction Design and Children Conference, May, Chicago, IL: http://web.media.mit.edu/~kbrennan/saywhat.html.

Davies, D. (2003) 'Pragmatism, pedagogy and philosophy. A Model of thought and action in action in primary technology and science teacher education', *International Journal of Technology and Design Education*, 13(3): 207-221.

Dewey, J. (1907) *The School and Society: Being Three Lectures*. Chicago: The University of Chicago Press. 이인기 역(1975). 『학교와 사회』. 서울: 박영사.

Dewey, J. (1925) *Experience and Nature*. Chicago: Open Court Pub. Co. 김동식 저(2005). 『듀이: 경험과 자연』. 울산: 울산대학교출판부.

Dewey, J. (1938) *Experience and Education*. NY: Macmillan. 엄태동 편저(2001). 『(존 듀이의) 경험과 교육』. 서울: 원미사.

Dreyfus, H.L. (2001) *On the Internet*. NY: Routledge.

Duffy, P. (2008) 'Engaging the YouTube Google-eyed generation: strategies for using Web 2.0 in teaching and learning', *Electronic Journal of e-Learning*, 6(2): 119-129.

Dwight, J. and Garrison, J. (2003) 'A manifesto for instructional technology: hyperpedagogy', *Teachers College Record*, 105(5): 699-728.

Eisner, E.W. (1998) *The Enlightened Eye: Qualitative Inquiry and the Enhancement of Educational Practice*. Upper Saddle River, NJ: Merrill. 박병기 외 공역(2001). 『질적 연구와 교육』. 서울: 학이당.

Electronic Frontier Foundation (EFF) (2003) 'Internet blocking in public schools: a study on Internet access in educational institutions', from: http://www.eff.org/Censorship/Censorware/net%5Fblock%5Freport/.

Elkins, J. (2008) *Visual Literacy*. NY: Routledge.

Feenberg, A. (1996) 'Marcuse or Habermas: two critiques of technology', *Inquiry: an Interdisciplinary Journal of Philosophy and the Social Sciences*, 39(1): 45-70.

Franklin, U.M. (1999) *The real World of Technology*. Toronto, Ont.: Anansi.

Freire, P. (1970) *Pedagogy of the Oppressed*. NY: Herder and Herder. 성찬성 역(1986). 『페다고지』. 광주: 한마당.

Friesen, N. and Feenberg, A. (2007) '"ed tech in reverse": Information technologies and the cognitive revolution', *Educational Philosophy and Theory*, 39(7): 720–736.

Funk, J.B., Buchman, D.D., Jenks J. and Bechtolt, H. (2003) 'Playing violent video games, desensitization, and moral evaluation in children', *Journal of Applied Developmental Psychology*, 24(4): 413–436.

Gagne, R.M. (1970) *The Conditions of Learning*. NY: Holt, Rinehart and Winston. 박성익, 최영수 공역(1996). 『학습의 조건과 교수이론』. 서울: 교육과학사.

Garzotto, F. (2007) 'Investigating the educational effectiveness of multiplayer online games for children', *Interaction Design and Children: Proceedings of the 6th International Conference on Interaction Design and Children*. Aalborg, Denmark.

Hansen, K.-H. (1997) 'Science and technology as social relations towards a philosophy of technology for liberal education', *International Journal of Technology and Design Education*, 7(1/2): 49–63.

Harvard GSE (2008) *The River City Project: A Multi-User Virtual Environment for Learning Scientific Inquiry and 21st Century Skills*. Website: http://muve.gse.harvard.edu/rivercityproject/index.html.

Hedberg, J.G. and Brudvik, O.C. (2008) 'Supporting dialogic literacy through mashing and modding of places and spaces', *Theory Into Practice*, 47(2): 138–149.

Heidegger, M. (1977) *The Question Concerning Technology and Other Essays* (William Lovitt, trans.). NY: Harper Torchbooks.

Heim, M. (1987) *Electric Language: a Philosophical Study of Word Processing*. New Haven: Yale University Press.

Hickman, L.A. (1990) *John Dewey's Pragmatic Technology*. Bloomington, IL: Indiana University Press.

Hill, A.M. (1997) 'Reconstructionism in technology education', *International Journal of Technology and Design Education*, 7(1/2): 121–139.

Honawar, V. (2008) 'New president hopes to use NCATE as reform lever', *Education Week*, 28(7, October 8): 6.

Hope, A. (2008) 'Internet pollution discourses, exclusionary practices and the "Culture of over-blocking" within UK schools', *Technology, Pedagogy and Education*, 17(2): 103–113.

Howard, B.C., McGee, S., Schwertz, N. and Purcell, S. (2000) 'The experience of constructivism: transforming teacher epistemology', *Journal of Research on Computing in Education*, 32(4): 455-465.

Hutchinson, J.P. (1993) 'Outlook for the next century and its implication for and impacts on technology education', *NATO ASI SERIES F COMPUTER AND SYSTEMS SCIENCES*, 109: 85.

ISTE (2007) Essential Conditions: necessary conditions to effectively leverage technology for learning. Eugene, OR: International Society for Technology in Education. Available at http://www.iste.org/Content/NavigationMenu/NETS/ForStudents/2007Standards/NETS-S_2007_Essential_Conditions.pdf.

Jacoby, C. (2008) *Simple Spreadsheets for Hard Decisions*. Long Beach, Calif: City Shore Press.

Jonassen, D.H. (1994) 'Thinking technology: toward a constructivist design model', *Educational Technology*, 34(4): 34-37.

Kellner, D. (2000) 'New technologies/new literacies: reconstructing education for the new millennium', *Philosophy of Education Yearbook*, pp. 21-36.

Kytle, J. (2004) *To Want to Learn: Insights and Provocations for Engaged Learning*. NY: Palgrave Macmillan.

Lewin, T. (2008) 'Teenagers' internet socializing not a bad thing, *NY Times*, November 20, p. A20. Available at http://www.nytimes.com/2008/11/20/us/20internet.html?_r=1andemc=eta1v.

McCrory, R. (2006) 'Technology and teaching: a new kind of knowledge'. In E.A. Ashburn and R.E. Floden (Eds.), *Meaningful Learning Using Technology*. NY: Teachers College Press, pp. 141-160.

McClintock, R. (2000) *Experience and Innovation: Reflections on Emerging Practice with New Media in Education*. NY: Institute for Learning Technologies. Available at http://www.ilt.columbia.edu/about/ILT_history.pdf. (last accessed November 29, 2008.)

Mcluhan, M. (1967) *Understanding Media: The Extensions of Man*. London: Sphare Books. 김상호 역(2011). 『미디어의 이해: 인간의 확장』. 서울: 커뮤니케이션북스.

Mager, R.F. (1991) *Preparing Instructional Objectives*. London: Kogan Page.

Martin, J.R. (1970) *Readings in the Philosophy of Education: a Study of Curriculum*.

Boston: Allyn and Bacon.

Mishra, P. and Koehler, M.J. (2006) 'Technological pedagogical content knowledge: a framework for teacher knowledge', *Teachers College Record*, 108(6): 1017–1054.

Nesbit, J.C. and Adesope, O.O. (2006) 'Learning with concept and knowledge maps: a meta-analysis', *Review of Educational Research*, 76(3): 413–448.

Oppenheimer, T. (2003) *The Flickering Mind: the False Promise of Technology in the Classroom, and How Learning Can Be Saved*. NY: Random House.

Papert, S. (1980) *Mindstorms: Children, Computers, and Powerful Ideas*. NY: Basic Books.

Pearson, T. (2002) 'Falling behind: a technology crisis facing minority students', *TechTrends*, 46(2): 15–20.

Peat, M. and Taylor, C. (2004) 'Virtual Biology: How well can it replace authentic activities?' *Synergy*, 19: 25–28. Available at http://www.itl.usyd.edu.au/synergy/synergy20.pdf#page=28.

Peters, M.A. (2003) *Technologising Pedagogy: the Internet, Nihilism, and Phenomenology of Learning*. Simile: University of Toronto Press. 3: N.PAG.

Phillips, D.C. (1995) 'The good, the bad, and the ugly: the many faces of constructivism', *Educational Researcher: a Publication of the American Educational Research Association*, 24(7): 5.

Robbie, D. and Zeeng, L. (2008) 'Engaging student social networks to motivate learning: capturing, analysing and critiquing the visual image', *International Journal of Learning*, 15(3): 153–160.

Roblyer, M.D. (2006) *Integrating Educational Technology into Teaching*. Upper Saddle River, NJ: Pearson/Merrill Prentice Hall.

Salen, K. (2008) *The ecology of Games: Connecting Youth, Games, and Learning*. Cambridge, Mass.: MIT Press.

Secretary's Commission on Achieving Necessary Skills (SCANS) (1991) *What Work Requires of Schools: a SCANS Report for America 2000*. Washington, DC: Secretary's Commission on Achieving Necessary Skills, US Dept. of Labor.

Simon, H.A. (1981) *The Sciences of the Artificial*. Cambridge, Mass.: MIT Press. 이종범 역 (1981). 『인공과학』. 서울: 삼영사.

Smaldino, S.E., Lowther, D.L. and Russell, J.D. (2008) *Instructional Technology and*

Media for Learning. Upper Saddle River, NJ: Pearson Merrill Prentice Hall.

Smith, M.K. (2005) 'Elliot W. Eisner, connoisseurship, criticism and the art of education', *The Encyclopaedia of Informal Education*, www.infed.org/thinkers/eisner.htm.

Smith, P.L. and Ragen, T.J. (2004) *Insturctional Design*. Hoboken, NJ: Wikley.

Smith, P.L. and Ragan, T.J. (2005) *Instructional Design*. Hoboken, NJ: J. Wiley and Sons.

Spector, J.M. (2001) 'Philosophical implications for the design of instruction', *Instructional Science*, 29(4/5): 381-402.

Tapscott, D. (1998) *Growing up Digital: the Rise of the Net Generation*. NY: McGraw-Hill. 허운나, 유영만 공역(1999). 『N세대의 무서운 아이들』. 안양: 물푸레.

Theodore, P.A. (2008) 'Pedagogy unbound: possibilities for education in an age of electronic communication', *Journal of Philosophy and History of Education*, 58: 177-182.

Tyler, R.W. (1971) *Basic Principles of Curriculum and Instruction*. Chicago: University of Chicago Press.

Vargas (2007) 'Binary America: split in two by a digital divide', *Washington Post*, July 23, 2007. Website: http://washington.post.com/wp-dyn/context/article/2007/07/22/AR2007072201278.html.

Vidoni, K.L. and Maddux, C.D. (2002) 'WebQuests: Can they be used to improve critical thinking skills in students?', *Computers in the Schools*, 19: 101-118.

Warnick, B. (2004) 'Technological metaphors and moral education: the Hacker ethic and the computational experience', *Studies in Philosophy and Education*, 23(4): 265-281.

Westera, W. (2004) 'On strategies of educational innovation: between substitution and transformation', *Higher Education*, 47(4): 501-517.

Whitehead, A.N. (1967) *The Aims of Education, and Other Essays*. NY: Free Press. 오영환 역(2004). 『교육의 목적』. 파주: 궁리출판.

제20장
개인적/사회적 교육

Graham Haydon

1. 서 론

이 책은 전 세계의 독자들이 읽을 것인데 '개인적/사회적 교육(personal and social education)'이라는 장이 들어 있다. 그들은 이 장이 구체적으로 무엇에 관한 것인가를 이해하는 데 어려움을 겪을 것이다. 이런 어려움은 최소한 세 가지 측면이 서로 얽혀 있기 때문일 것이다.

첫째, 용어 문제다. 교육과정에 포함되는 과목을 가리키는 용어는 세계적으로 알려져 (별다른 논란이 없이 번역될 수) 있다. '수학'이 분명한 사례다. '도덕교육', '시민(성) 교육'은 내용 측면에서 논란이 있지만 이런 용어도 널리 알려져 있다. 그런데 '개인적/사회적 교육'이라는 용어는 그렇지 않다.

둘째, 더 실질적인 문제다. '개인적/사회적 교육'은 '수학'과 다르고, '도덕/시민 교육'과 비슷하다. 어떤 점에서 비슷한가? 그것은 교육의 한 가지 측면, 혹은 교육목적의 한 종류라고 볼 수 있으나, 교육과정상의 한 과목을 가리키는 것으로 볼 것인지가 논란거리라는 점에서 비슷하다.

셋째, 더 복잡한 문제다. '개인적/사회적 교육'이 다루는 영역은, 더 구체적으로 밝히기 전까지는, 그보다 더 잘 알려진 다른 영역과 중복될 가능성이 아주 크다. 예를 들어, '개인적/사회적 교육'은 '도덕/시민 교육', 그리고 논란의 여지가 많은 '종교교육'이나 '영성 발달' 영역과 중복될 수 있다.

'개인적/사회적 교육'은 국제적으로 인정받는 과목도 아니다. 또 교육적으로 확정된 관심 영역도 아니다. 그것에 초점을 둔 철학적 문헌도 그리 많지 않다('개인적/사회적'을 해석하기에 따라서는 관련된 문헌이 많을 수 있다). 따라서 이 장에서 나는 잘 정의된 영역인 것처럼 확실한 지도를 제시할 수 없다. '개인적/사회적' 영역에 속한다고 널리 인정되는 '건강교육'이나 '성교육'과 같은 한두 가지 (중첩될 수 있는) 주제가 있기는 하나 아직은 경계가 불분명한 영역의 지도를 탐색적으로 만들어 보려는 장이라고 이해해 준다면 좋겠다.

이 장에서 나는 잉글랜드에서 1980년대 후반부터 [처음에는 'PSE(personal and social education)', 그리고 나중에 건강(Health)을 추가하여] 교사들에게 'PSHE'[1]라고 일반적으로 알려진 교육과정 영역을 때때로 언급할 것이다. 왜냐하면 특별히 그런 명칭에 속하는 영역이 잉글랜드의 공식적 교육과정 정책에서 인정되었기 때문이다. 2000년에 PSHE는 잉글랜드 국가교육과정의 일부가 되었는데, 이 PSHE에는 약간 예외적인 측면이 들어 있다. 그것은 잉글랜드 국가교육과정에서 다른 교과들과 달리 법정(statutory) 프로그램이 아니라는 점이

1) 이 장에서 'PSHE'는 구체적으로 잉글랜드에서 공식화된 교육과정 영역을 가리킨다. '개인적/사회적 교육(personal and social education)'은 잉글랜드의 특수한 측면이 아니라 보다 넓은 관심사를 가리킨다. 이것이 이 책의 주제다.

다. 그것의 내용으로 가르쳐야 할 것을 처방하지 않고, 그 대신 지침만 제시되고 있다. 전형적인 내용으로는 성교육, 약물교육, 진로교육 등이 포함되어 있고 그 밖의 것이 추가되기도 한다. 이런 내용들이 세계의 많은 나라에서 학교교육과정에 포함되기도 하지만 꼭 이렇게 하나로 묶어서 제공되지는 않는다. 잉글랜드에서만 그런 관심 사항을 하나로 모아 교육과정 영역으로 인정하였다. 이것은 수많은 교수 자료와 교사 지침, PSHE 교사들의 전문 조직, 교사/학교의 다년간의 경험에 의해 지지받고 있다. 이런 경험이 쌓이는 과정에서, PSHE가 시민교육과 어떤 관계에 있는지, 도덕적 가치의 증진이 PSHE 속에서 어떤 자리를 차지할 것인지, 그리고 전체 영역에서 건강교육의 관심사가 어느 정도로 부각되어야 하는지 등에 대해 온갖 질문이 제기되었다.

이 글을 쓰고 있는 지금도 그런 질문이, 그리고 이 교육과정 영역 자체의 개발에 관한 논란이 한참 진행 중이다. PSHE라는 학술용어조차도 아직 확정적인 것은 아니다. 가령, 초등학교에서 동일한 교사가 PSHE와 시민교육(citizenship education)에 대해 책임지는 경우도 많고, 이런 경우에 'PSHCE'라는 약어가 사용되기도 한다. 최근에 중등학교의 공식적 교육과정 정책에서는 청소년들에게 경제적/재정적 이해를 증진시키는 일을 중요한 부분으로 강조하였다. 이에 따라 2008년도부터 'PSHEE(personal social health and economic education)'라는 약어가 나타나기 시작했다. 또한 PSHE도 그 밖의 다른 국가교육과정 과목과 마찬가지로 법정 프로그램으로 만들어야 한다는 제안이 나타났다. 이런 제안의 이유는, PSHE의 한 가지 관심사항인 '성교육'을 법으로 정해 전체 학년에 가르치도록 하자는 것이다.

이처럼 아직도 유동적인 상황이 많다. 따라서 잉글랜드의 PSHE를 그런 영역의 지침으로 취급할 수도 없고, 또 '개인적/사회적 교육'을 어떻게 이해/추진해야 할 것인가의 모델로 받아들이기는 더욱더 어렵다. 여기서 PSHE를 언급하는 목적은, '개인적/사회적 교육이 무엇에 관한 것인가'에 대한 이론적 관점을 실제로 교육과정 정책에 반영하려고 할 때 반드시 고려해야 할 복잡한 사항들이 있을 것이므로, 그중 몇 가지만 밝혀 보려는 것이다. 어쩌면 '복잡한 사항들'이라고 표현하기보다는 '정리되지 않은 사항들'이라고 표현하는 것이 오히려 더 나을 것이다. 여하튼 잉글랜드의 PSHE의 실제 내용은 어떤 정합성 있는 기본 원칙에서 체계적으로 도출된 것이 아니고, 조금씩 덧붙여져 만들어진 것처럼 보인다.

그러나 철학적 탐구의 가장 좋은 출발점은 구체적 사례가 아니라, 훨씬 더 일반적 질문일 것이다. '개인적/사회적 교육'은 어떻게 해석하는 것이 합당한가?

2. 교육에서 개인적인 것과 사회적인 것

모든 교육은 인격체(persons)의 교육이라는 점을 부정하기는 어렵다. 우리가 '피교육자'로 간주하는 대상은 **오직** 살아 있는 존재, 그리고 (약간 논란이 있겠지만) 인격체, 혹은 최소한 인격체가 될 수 있다고 인정되는 **모든** 살아 있는 존재다. 여기서 아주 어린 (2, 3세) 아이들이나 심각한 지적장애가 있는 사람을 '피교육자'로 보아야 할 것인가에 대해 논란의 여지가 있음을 인정한다. 영아교육/특수필요 교육이라고 알려진 분야의 실천에 대해, 그리고 교육의 개념화에 대해 우리가 논의해야 할 진정한 이슈가 있다. 대다수 사람들의 견해에 따르면, 교육을 받기 시작하는 인간 존재는 이미 인격체여야 한다. 이와 달리 교육은 인격체가 혹은 개인이 되는 과정이라고 말하는 사람도 있다(예: Langford, 1985). 이 두 가지 견해에서 서로 일치하는 점이 있다. 그것은, 교육은 각 개인에게 특별한 자질을 발달시키는 일을 포함한다는 점이다. 그리고 의견이 일치될 수 있는 점이 또 하나 있는데, 그것은 개인이 사회적 존재인 한, 모든 교육은 사회적인 일이라는 점, 그리고 각 개인의 자질을 발달시키는 일은 언어, 실천, 그리고 (사회적으로 주어지고 공유되는) 경험의 해석 방식으로의 입문을 포함한다는 점이다(이 입장의 확실한 옹호자는 Hirst, 1974, 1993; Oakeshott, 1989). 모든 교육은 개인적이면서 사회적일 수 있다는 말에는 일리가 있다. 예를 들어, 수학을 배우는 것은 개인들을 특수한 언어의 의사소통으로 입문시키는 일이며, 그것은 그 개인들의 삶의 경험에 차이를 불러일으킬 수 있다. 그렇다면 교육 안에서 우리가 개인적/사회적인 것으로 따로 떼어 보아야 할 어떤 특별한 영역이 있는가? 왜 그래야 하는가? 우리는 이런 점들을 물어볼 필요가 있다. 여기서 그런 명칭 하에 어떤 관심 영역이 실제로 나타났다는 사실에는 어느 정도의 우연성/임의성이 들어 있음을 인정해야 한다(그리고 이 우연성은 세계의 모든 지역에서 혹은 모든 교육 실천에서 꼭 그렇게 하고 있지 않다는 사실을 설명해 준다). 그럼에도 불구하고 바람직한 길은, 교육이 전통적 교육과정에 속하는 교과목의 학습 이외에 다른 목적을 가질 수 있는지, 그리고 가져야 하는지를 성찰하는 것이다. 그리고 만일 이런 설명이 제반 문화를 가로질러 연관성이 있는 것이 되려면, 그것은 특정한 도덕적/정치적 관점이라든가 특정한 문화적 전통에만 뿌리를 둔 것이어서는 안 된다. 나는 다음에서, 오늘날 잉글랜드에서 유행하고 있는 '개인적/사회적 교육'에 대한 접근방식이 이런 점에서 미흡하다는 점을 밝혀 볼 것이다.

3. 성인생활을 위한 준비: 한 가지 측면

형식적 교육의 한 가지 목적에 대한 다음과 같은 설명은 널리 수용될 것이다. 즉, 형식적 교육은 어린이들이 장차 자기 자신의 삶에 대해 일정한 책임을 질 수 있는, 그리하여 타인에게 전적으로 의존하지 않고 또 타인에게 전적으로 종속되지 않는 성인으로 발달하도록 도와주어야 한다. 이것은 특별히 자유주의적인 것도 아니고, 수많은 종교/문화 공동체에서 아주 널리 수용되고 있는 목적이다. 일부 종교적/문화적 공동체 안에서 행해지는 종교적 교리 안에서의 양육이라든가, 결혼 여성의 지위에 관한 태도/실천에 대해 자유주의자들은 불편하게 느끼겠지만 그런 태도/실천을 유지하는 공동체조차도 일반적으로 그 아이들이 나중에 성인으로서 나름대로 이 세상을 살아갈 수 있기를 바란다. 게다가 오늘날 아이들이 자기 나름대로 살아가야 할 세계는 날이 갈수록 다음과 같이 변할 것이다. 일반적으로 학교 학습을 마치거나 기술적/사회적 능력을 개발해야 비로소 물질적 성공에 도달할 길이 열릴 것이고, 그리고 이와 동시에 대다수 사람들이 살아갈 삶의 길은 미리 하나로 정해져 있는 것이 아니라 수없이 많을 것이다. 현대 세계에서 제공되고 있는 범위의 기회들 중에서 일부는 개인의 좋은, 독립적인 삶의 기회에 유리한 것으로 볼 수 있고, 다른 것들은 불리한 것으로 볼 수 있다. 공동체에 따라 유리한 가능성과 불리한 가능성의 정도는 다를지라도, 그런 가능성에 부딪치고 또 이겨 낼 수 있도록 젊은이들을 준비시키고자 하는 관심은 똑같다.

우발적이건 혹은 의도적이건 간에, 젊은이들은 삶의 과정에서 수많은 선택을 하게 될 것이고, 그 결과는 좋을 수도 있고 나쁠 수도 있다. 슬로건의 수준에서 볼 때, '개인적/사회적 교육'은 자기 나름대로 세상을 살아가도록 준비시키는 일이라고 볼 수 있다. 다음에서는, 이런 개인적/사회적 교육관이 어떤 주어진 가치 틀에서 자유로운 것은 아니며, 급진적 의미의 개인적 자율성에 의존하는 것도 아니라는 점을 주장할 것이다.

4. 개인적/사회적 교육의 내용

위와 같은 관점에서, 젊은이들이 성인생활로 나아가면서 직면하게 될 기회/도전/문제를 고찰해 보면 '개인적/사회적 교육'에서 어떤 관심사항들이 중심적 위치를 차지하게 된 이유를 알 수 있다. 첫째, 개인의 목표가 무엇이건 허약/질병/부상 등은 목표 달성에 큰 장애가 될 수 있다. 교육은 어린이나 젊은이들이 자신의 건강과 위험 방지에 대해 어디까지 개인적 책임을 질 수 있는지를 깨닫도록 도와줄 수 있다. 타인들과의 관계는, 그것이 객관적으로 모든 좋은 삶의 본질적 부분이건 아니건(뒤의 잘삶에 관한 논의를 참조), 대다수 젊은이들의 삶에서 중요한 것이 될 가능성이 확실함에도 불구하고, 대중문화/대중매체는 특별히 성적 관계가 중심이라는 생각을 강화시키고 있다. 몇 가지 분명한 이유들 때문에 성교육은, 흔히 말하듯, 성 **그리고 관계** 교육은, 성적 관계의 중요성에 대한 평가, 그리고 그런 관계의 잠재적 결과에 대한 인식을 결합시킨다. 이처럼 분명하지는 않지만, 약물에 관한 교육도 부분적으로 사회적 관계에 관한 것이다. 왜냐하면 술/담배를 포함한 약물 사용은 흔히 사회적 맥락 속에서 발생하며, 사회적 관계 때문에 권장될 수 있기 때문이다. 이런 사례들은, 개인적인 것이 어떻게 사회적인 것이 되기도 하는지를 곧바로 보여 준다. (페미니스트들의 오래된 슬로건처럼, 개인적인 것은 정치적인 것이기도 하는가라는 문제는, '개인적/사회적 교육'과 시민성 교육의 관계라는 어려운 영역으로 우리를 끌어들인다. 나는 나중에 이 점에 관해 간단히 언급할 것이다.)

흔히 '개인적/사회적 교육'에 포함되는 측면으로는 재정적 인식/능력 그리고 진로선택 두 가지가 더 있다. 여기서 개인적인 것과 사회적인 것은 상호작용적이다. 물질적 수입/안정을 향한 열망, 그리고 자신의 재정적 자원을 어떻게 관리할 것인가에 관한 결정은 사회적 환경 속에 들어 있는 규범/기대에 따라서 달라진다. 진로 선택에 관한 생각은 재정적 인식과 분명히 상호 관련된 것일 뿐만 아니라, 자신의 노동 생활과 관련하여 어떤 종류의 사회적 환경 속에서 살고 싶은지, 그리고 자신이 어떻게 사회에 공헌하기를 원하는지를 선택하는 일이기도 하다.

'개인적/사회적 교육'에 포함될 수 있는 관련 영역이 또 있다. 물론 이것은 학교 시스템에서 구체적으로 그런 제목에 포함시켜 가르치는 것이 아닐 것이다. 예를 들어, '부모 됨(parenthood)'을 위한 교육은 학교에서 흔히 소홀히 다루어지는 영역이다. 이것을 '성 및 관계' 교육의 연장이라고 보는 것도 적절할 것이다. 또 다른 영역으로는 '일/삶의 균형'이 있다. 이 영역을 어떻게 다룰 것인가도 문제다. 물론 이 명칭이 잘못 붙여진 측면도 있다(여기서 일을 삶과 구별되는 것으로 보기보다는 삶의 일부로 보는 것이 더 낫다고 보기 때문에 '잘못'이라고 함). 만일 그런 영역을 포함시킨다면, 정확히 말해서 무엇을 가르쳐야 하는가, 그리고 얼마나 세밀하게 준비시킬 것인가 하는 점도 이슈가 된다. 최소한 젊은이로 하여금 미래의 결정, 그리고 자신의 삶의 문제에 대해 신경을 쓰도록 만들 수 있을 것이다. 이 점은 그동안 학교교육이 거의 맡지 않았던 부분이다.

5. 기초적 가치의 중요성

'개인적/사회적 교육'은 현대생활의 개인적/사회적 측면에서 기회/장애의 복잡한 미로를 뚫고 자신의 길을 헤쳐 나갈 준비에 관한 것이다. 그렇다면 선택될 삶의 길에서 기초가 될 수 있는 가치를 인식해야 할 필요가 있다. 기초가 되는 가치는 그 개인에게 무엇이 좋은 삶이고, 좋지 않은 삶인지를 결정해 준다. 모든 결정은, 그것이 아무렇게나 정해지는 것도 아니고 또 그저 되는 대로 정해지는 것도 아니라면, 명시적이건 암시적이건 간에 어떤 가치에 의거할 수밖에 없다. 이 말은 삶의 모든 결정이 전적으로 명확한 추론 과정을 거쳐 내려지고 있다거나 내려져야 한다는 뜻은 아니다. 삶의 수많은 길은 관계와 일에서 가장 중요한 몇 가지를 포함해서, 어떤 길이 옳고 다른 길은 옳지 않다는 '느낌'을 갖고 나아갈 수 있다. 그렇다고 해서, 기초적 가치가 작동하지 않는다는 뜻은 아니다. 사람의 느낌에는 명확하게 말하기 어려운 평가가 반영/포함된다는 뜻이다. 경우에 따라서 의식적으로 이유를 찾고 합리화하는 것보다는 오히려 '직감'을 따르는 것이 자신에게 정말 중요한 것을 보다 정확하게 인식할 수 있는 길이 되기도 한다. 이와 달리 감정은, 한 개인의 기초적 우선순위라는 점에서 반드시 고려해야 할 사항들에 대해 맹목적이게 만들어 버릴 수 있다. 여기서 주장하는 바는, 장단점을 명시적으로 비교함으로써 모든 결정을 내려야 한다는 말이 아니라 각자의 삶에서 무엇이 중요한가에 대해 자신의 기초적 가치를 성찰하는 능력을 갖추고 때때로 이런 능력을 발휘하는 것이 가치 있는 일이라는 말이다. 그런 반성적 인식은 자기 나름의 삶의 길을 찾을 수 있는 사람에게 필요한 조건이라고 주장할 수 있다.

'개인적/사회적 교육'을 논의하면서 우리가 소홀히 할 수 없는 문제가 있다. 그것은 교육자의 목적과 '평가적 입장'의 관계라는 문제다. 여기서 '평가적 입장(evaluative stances)'이란 교육받는 개인들의 사고/행위의 기저에 깔려 있는 것을 가리킨다. 개인들이 어떤 가치들보다는 다른 가치들에 따라 살아가도록 하는 일은 '개인적/사회적 교육'의 책임에 속하는가? 만일 그렇다면 '개인적/사회적 교육'과 도덕교육 사이에는 아주 유사한 측면이 있으며, 또 일부 견해에 따르면 두 영역이 본질적으로 일치한다고 볼 수 있다. 이와 달리, '개인적/사회적 교육'을 담당하는 교사들은 개인의 가치에 관해 실질적 영향을 미치는 일에 대해 중립적이어야 하고, 각 개인이 자신에게 중요한 가치에 따라 삶을 살아가도록 최선을 다해야 하는가? 만일 이렇게 생각한다면 '개인적/사회적 교육'은 도덕교육의 문제가 아니라고 생각할 것이다. 여기서 도덕교육은 개인적 가치를 명료화하게 하는 일(Simon et al., 1978)이 아니라 어떤 방향으론가 실질적 영향을 미치는 일을 가리킨다.

이와 관련하여 한 가지 흥미로운 사실을 지적할 수 있다. 최근 수십 년이 흐르면서 잉글랜드에서는 '개인적/사회적 교육'과 도덕교육의 관계에 대한 생각이 달라졌다. 1980년대 영국에서는 '개인적/사회적 교육'이라는 제목으로 철학적/학제적 저술이 출판되었는데, 이들은 기본적으로 도덕교육에 관심을 둔 것이었다(Pring, 1984; Straughan, 1982, 1988[2]; Thacker et al., 1987). 21세기에 들어와서 도덕교육은 시민교육과 연계되는 것으로 이해하기 시작했다(Halstead & Pike, 2006 참조). 이런 변화는 부분적으로 도덕적/사회적 책임의 요소를 포

2) Roger Straughan(1982)의 *Can We Teach Children To Be Good?*에서는 1988년도 개정판부터 개인적/사회적 교육을 언급하였다.

함하는 것으로 간주되었던 시민교육(Crick, 1988)이 영국 교육정책의 의제에서 우선시된 정치적 사실에 의해서 설명될 수 있다.

그 이후 '개인적/사회적 교육'에서는 명시적인 도덕적 내용을 제거하는 경향이 나타났다. 십대 임신, 약물 남용, 기타 건강관련 행동에 관해 사회적/정치적 관심이 높아지고, 그런 이슈가 '개인적/사회적 교육'의 실천에서 중심 자리를 차지하게 되면서, 안타깝게도 각 개인이 자신의 삶을 어떻게 살아갈 것인가에 대한 폭넓은 성찰은 소홀히 다루어지기도 하였다(Haydon, 2005). 이와 동시에 성(sex)과 약물에 관한 문제들이 논란거리임을 (제대로) 지각하기 시작했고, 이런 사실은 명시적인 도덕적 내용을 PSHE 속으로 끌어들이는 것을 주저하게 만들었을 것이다. 교사들은 어떤 종류의 행동/관계에 대해 판단을 내리는 일을 꺼렸다. 또 이런저런 행동은 그릇된 일이라고 젊은이들에게 말해 준다고 해서 그런 행동에 실질적 영향/효과를 낳을 수 없을(어쩌면 반생산적일 수도 있을) 것이라는 경험적 주장도 근거 있게 제시되었다. 이 두 요인이 결부됨으로써 '개인적/사회적 교육'에서 발생하는 가치문제에 대한 태도가 달라졌다는 점에는 의문의 여지가 없다. 이런 태도는 교육에 대한 자유주의적 접근방식들에서 공통적으로 나타났다.

여기서 나는 국지적/역사적 성찰을 멈추고, '개인적/사회적 교육'에 대한 여러 가지 자유주의적 접근을 철학적으로 분석하고자 한다.

6. 식견 있는 선택의 에토스

식견 있는 선택(informed choice)을 존중하는 분위기에서는 아무래도 젊은이들에게 가치를 '부과(impose)'하지 않으려는 의식/의도가 나타난다. 여기서 젊은이들로 하여금 이런저런 삶의 선택 결과를 인식하도록(숙지할 준비를 갖추도록) 하고, 그들 자신의 기초적 가치를 인식하도록 하며, 이런 기초적 가치에 비추어 이런저런 결과가 바람직한/위험한 것인지를 평가할 수 있도록 해야 한다는 전혀 다른 목적이 나타난다. 이런 시각에서는 오직/주로 자기와 관련된(self-regarding) 결과들이 연관성을 갖는다고 가정되기도 한다. 가령, 진로 선택을 예로 들어 말할 수 있다. 즉, 어떤 직업을 목표로 삼을 경우 어떤 기회/비용이 생길 수 있는가를 알아야 하지만 이것은 오직 자기 자신과 관련된 목표에 비추어 결정해야 한다고 가정한다. 또한 음주, 흡연 혹은 다른 약물 복용과 같은 경우에도 그와 비슷하게 가정할 수 있다. 즉, 자기 자신의 건강에 미칠 위험을 알아야 하며, 알면서도 그런 위험을 감수하기로 선택한다면 이런 결정에 대해 잘못이라고 비난할 근거는 없다. 실제로 직업과 약물 복용이라는 두 가지 사례에서 그렇듯이, 그런 결정은 일차적으로 자기와 관련된 것이며, 타인과 관련된 도덕적 관심에 비추어 내려질 결정은 아니라는 가정을 엿볼 수 있다. 물론 이런 가정에 대해 이의를 제기할 수 있다. 그러나 내가 말하는 자유주의적 에토스는, 각 개인이 자신의 선택 결과에 대한 식견 있는 성찰에 비추어 결정을 내리는 점을 강조하는 경향이 있다.

성적 관계와 같은 문제처럼, 선택의 결과가 그저 자기 자신하고만 연관된 것이라고 보기가 부적절한 경우는 어떠한가? 여기서 동일한 접근 방식을 적용한다면, 내가 가치 있게 여기는 것을 따르는 식견 있는 선택이 나에게 중요한 것이라고 한다면 다른 사람이 이와 똑같이 하는 것도 마찬가지로 중요하다고 하겠다. 따라서 개인은 다른 개인의 소망(희망컨대 식견 있는 소망)을 존중해야 하며, 자신이 선호하는 바를 타인에게 부과하지 말아야 한다. 따라서 자기와 관련된 행위를 할 경우에 식견 있는 선택의 문제는, 타인이 개입될 경우에는 식견 있는 동의(informed consent)의 문제가 될 것이다. 그러한 동의는 진정한 것이어야지 외형적인 것이어서는 안 된다. 따라서 식견 있는 결정 능력 이외에 자기 자신의 결정을 실천에 옮기는 능력이 추가되어야 한다. 예를 들어, 사람들에게는 여자친구, 남자친구 혹은 또래의 압력에 맞설 수 있는 능력[과거에는 의지의 힘이라고 개념화하였으나 오늘날에는 대인관계 기능(interpersonal skills)으로 보는 것이 더 나을 것임]이 필요하다. 그래야 정말 동의하고 싶지 않은 것에 동의하지 않을 수 있게 될 것이다.

어떤 의미에서 이런 접근은 도덕화를 피하면서 이와 동시에 개인들에게 자기 나름의 삶을 살아가도록 모종의 근거를 제공해 준다. 그런 접근에서는 "이런 일은 잘못이기 때문에 네가 해서는 안 된다."라고 말하지 않고, "네가 식견 있는 관점에서 생각해 볼 때 그것이 네가 하고 싶은 일이라는 확신이 없다고 한다면 그것을 해서는 안 된다."라고 말한다. 이와 동시에 분명한 것은, 교육자의 관점에서 볼 때, 그것은 결코 가치중립적 접근이 아니라는 점이다. 그런 접근에서 (앞에서 언급했던 가치명료화에서처럼) 중심적 가치는 타인의 유사한 자유를 존중하는 가운데, 개인이 자신의 삶의 길을 만들어 갈 자유가 존중받는 것이다.

식견 있는 선택을 강조하는 에토스가 그 자체로서 규범적 입장이라는 점을 인정할 수 있을 것이다. 그렇다면 그런 입장에 대해 비판할 여지가 생긴다. 첫째, 식견 있는 선택의 강조가 보다 도구적인 목적을 위장할 때가 있다. 특히 성교육에서 그럴 것이다. 사회정책적 관점에서 볼 때 성교육 프로그램을 학교에서 강화하려고 하는 것은 주로 도구적 이유 때문이다(혹은 그렇게 보이는 경우가 많다). 즉, 성교육은 감염으로 인한 성적 질병의 발생률이나 혹은 십대 임신을 줄이려는 수단으로 간주된다. 이것은 성교육의 중요성을 옹호하는 논변으로서 잘못된 것이 아니다. 그러나 인식해 두어야 할 점이 있다. 그것은 성교육에 대한 특정 접근방식의 정당화를 그저 경험적 연구 결과의 문제로 전환해 버린다는 점이다. 만일 식견 있는 선택을 강조하는 접근 방식이 실제로 십대 임신을 줄이는 데 가장 효과적이라고 한다면 (그리고 사실상 이것을 지지해 주는 증거가 많다면) 그것은, 사회정책적 관점에서 볼 때, 괜찮고 좋은 일이다. 이와 마찬가지로 만일 금욕을 강조하는 접근 방식이 그것보다 더 효과적이라고 밝혀진다면, 똑같은 논리에 따라, 이런 접근 방식이 채택되어야 한다.

그런데 사회적 목표를 위해 과연 효과적인 것인가에 관한 경험적 연구에 따라 좌우되는(좌우되어야 하는) 논의가 있다면, 이와 더불어 도덕적인 것을 포함하는 규범적 기본 입장의 차이에 따라 좌우되는 또 다른 논의도 있을 것이다.

7. 개인적/사회적 교육에 대한 다양한 규범적 접근방식의 범위

식견 있는 선택을 강조한다는 것은 다음과 같이 주장하는 셈이나 다름없다. 즉, 개인들이 자신의 삶을 어떻게 살아갈 것인가는, 그들이 위험을 인지하고, 그 결과를 안고 살아가며, 그에 대해 책임질 준비가 되어 있는 한, 그들 자신에게 달려 있는 일이다. 그러나 식견 있는 선택의 강조가 유일한 길은 아니다. '개인적/사회적 교육'은 이와 다른 종류의 에토스 속에서 행해질 수 있다. 예를 들어, 어떤 삶의 방식은 다른 삶의 방식에 비해 실질적으로 더 낫고, 따라서 선택할 가치가 더 크다고 간주하는 에토스가 있을 것이다. 물론 그런 가치가 늘 선택되는 것은 아니다. 이와 달리, 개인의 잘삶의 추구(이에 대해서는 다음 절을 참조)보다는 타인에 대한 봉사를 더 우위에 두는 에토스가 있을 수 있다(물론 두 가지가 상호 배타적인 것은 아니다). 이 두 가지 에토스는 종교계 학교처럼 기본적인 종교적 헌신에 기반을 둘 수도 있고, 그렇지 않을 수도 있다.

개인들이 자기 자신의 삶의 길을 찾도록 도와주는 데 관심을 쏟는 '개인적/사회적 교육'은 실질적인 규범적 에토스 속에서 행해져야 한다고 생각할 수 있다. 이런 생각은 모순이 아니다. 만일 모순처럼 보인다면 그것은 아마 실질적인 규범적 에토스 속에서 추구되는 모든 교육이 필연적으로 교화적(indoctrina-tory)일 것이라고 생각하기 때문이다. 여기서 교화에 관해 논할 수 없지만(5장 참조) 만일 실질적 에토스가 교화를 함의한다고 생각한다면 이것은, '에토스'를 너무 엄격하게 해석하거나 '교화'를 너무 느슨하게 해석하기 때문이다(양자가 모두 해당될 수 있다). 한 개인이 특정 에토스 안에서 성장하고 교육을 받을지라도, 그 에토스에 따라 삶을 살아가기를 수용할 수도 있고, 그것을 배격할 수도 있는 것이다. 그리고 그런 에토스를 자기 자신의 것으로 수용할지라도, 그 에토스 안에서 자기 자신의 삶을 또 선택해야 할 것이다. (왜냐하면 개인이 각자의 삶을 살아갈 방법을 세세하게 알려 줄 완벽한 청사진과 같은 에토스는 없기 때문이다.) 부모/교육자로서 자녀들이 각자의 삶에 대해 자기 나름의 결정을 내릴 수 있기를 바라면서도 이와 동시에 일정한 가치 틀 속에서 각자의 결정을 내리기를 바라는 것은 아주 흔한 일이고 또 합당한 일이다.

8. 잘삶이라는 아이디어가 제공해 주는 한 가지 틀

위에서 지적한 몇 가지 사항을 우리는 다른 아이디어를 통해 밝혀 볼 수 있다. 이것은 최근 영국 교육계에 상당히 널리 퍼져 있으며, 식견 있는 선택의 에토스와 분명히 연결된다. 일반적으로 교육은, 그리고 특히 '개인적/사회적 교육'은 개인의 잘삶(individual well-being)에 대해서 근본적인 관심을 가져야 한다는 아이디어가 바로 그것이다. 이 아이디어는 특히 철학자 존 화이트(John White, 2007)에 의해 옹호된 것으로 잉글랜드 국가교육과정에 관한 최근의 문서에 포함되었다. 여기서 나는 잘삶의 본질, 혹은 교육목적으로서 잘삶의 위상을 자세히 검토할 수 없다.[3] 잘삶이 교육을 위해 포괄적 목적을 제공할 수 있는

3) 화이트의 주장에 의하면, 잘삶은 교육의 포괄적 목적이 되어야 한다(이 경우 '개인적/사회적 교육'이 잘삶에 관심을 두는 교육의 일부분이라고 말할지라도 '개인적/사회적 교육'의 역할을 구별할 수 없다). 잉글랜드의 국가교육과정 일부 문서에서 모든 교육이 개인의 잘삶으로 나아가는 길이라는 점에 대해 수긍하기도 하지만, 그러나 중등 교육과정 관련 문서(이 글을 쓸 즈음에 가장 최근의 것)는 '잘삶'이라는 용어를 주로 PSHE의 맥락 안에서만 사용하고 있다. 실제로 중등학교 PSHE의 지침에서는 전체 영역을 개인적 잘삶과 경제적 잘삶으로 이분한다(이것도 어색한 구분이다. 재정적 안정이라는 것이 마치 개인의 잘삶 전체에 기여하는 것과 구별되는 것처럼 나누고 있다). 자세한 논의는 http://curriculum.qca.org.uk/key-stages-3-and-4/subjects/pshe/index.aspx(February, 2009 접속)를 참조하라.

가 하는 문제는 남겨 두자. 다만 여기서는 다음과 같은 물음에 대해 내가 의문을 품고 있는 이유를 몇 가지 제시하고자 한다. 개인의 잘삶이라는 아이디어가, 보다 구체적으로, '개인적/사회적 교육'의 목적을 위해 보편적으로 받아들여질 수 있는 기반을 제공해 줄 것인가?

첫째, (성교육을 논할 때 언급했던 점과 연관되는 것인데) 개인의 잘삶에 관한 담론이 실제로 수많은 교육정책의 현실적 목적을 어느 정도까지 표현해 낼 수 있는가에 대해서는 의문의 여지가 있다. 그것은 현실적으로 상이한 우선순위에 관한 수사학에 그치는 것일지 모른다. 학교교육을 포함해서 정부의 모든 정책은 부분적으로는 경제적 목적에 따라 추진될 것이다. 개인의 잘삶은 (잉글랜드의 국가교육과정에서 '경제적 잘삶'이라고 가리키는 측면을 포함해서) 보다 광범한 경제적/사회적 목표들과의 관계 속에서 도구적 가치를 가질 수 있다. 개인의 잘삶은 (내가 나중에 '주관적 해석'이라고 말하는 것에 따른다면 아마) 다른 (어쩌면 보다 전통적인) 교육목표를 위해 도구적 가치를 갖는 것으로 볼 수도 있다. 따라서 개인의 잘삶은 아이들이 학문적 목표를 성취하는 데 도움이 된다고 말하기도 한다. (사람들은 자기 자신과 자신의 성취에 대해 좋은 느낌을 가질 때 더 잘 학습할 것이다.)

둘째, 교육적 담론 속에서 잘삶으로서 중시되고 있는 것이 단기적인 것인지, 혹은 장기적인 것인지가 애매할 때도 있다. 단기적으로 아동의 학교생활이 잘삶이 되도록 하는 것과 장기적으로 아동의 총체적 삶이 잘삶이 되도록 하는 것이 있을 터인데 이 중에서 어느 것이 더 중요한가? 교육 실천의 오랜 전통에서 볼 때, '개인을 위한 장기적 선'이라는 목적은 그의 학교생활의 잘삶에 대해 어떤 대가를 요구할 수 있는데, 요즈음에는 마치 그런 갈등이 없는 것처럼 가정하는 경우가 있는 것 같다. '지금/여기에서의 잘삶'과 '미래의 잘삶' 중에서 어디에 중점을 둘 것인지에 대한 결정은 곧바로 규범적 결정이다.

셋째, 잘삶을 어떻게 해석할 것인가에 대한 철학적 논의는 아직 미해결 상태다. 그것은 객관적 평가가 가능한 것인가, 아니면 주관적 상태인가? 대체로, 객관적 관점에 따르면, 개인의 삶이 잘삶이 되기 위해서 반드시 갖추어야 될 어떤 구체적 요소들이 있다. 이와 반대로 주관적 관점에 따르면, 잘삶이란 근본적으로 삶이 잘 돌아가고 있는 느낌을 갖는 것을 가리킨다. 여기서 쉽게 알 수 있듯이, 두 가지 관점에서, 잘삶을 목적으로 삼고 있는 교육에 포함시켜야 할 것이 무엇인가에 대한 설명은 중요한 차이를 보여 준다. 약간 조잡한 이야기일지 모르나, 잘삶은 예를 들어, 이성(異性) 간의 장기적/헌신적 관계, 보수가 좋은 직장, 특정 종교 공동체의 구성원이 됨을 포함해야 한다고 말할 수 있다. 그렇다면 형식적 교육은, 개인들이 그런 것을 더 성취할 수 있도록, 혹은 거부하지 않는 방향으로 나아가도록 영향을 미칠 수 있을 것이다. 이와 달리 잘삶이 본질적으로 마음의 상태라고 본다면 형식적 교육은 자신감/자긍심/행복감과 같은 자질들을 갖추도록 강조할 수 있을 것이다.[4)]

넷째, 가장 근본적인 문제로서 개인의 잘삶이 곧 포괄적인 교육 목적이 되는 (것으로 보는 것이 적절한) 것인지가 의문스럽다. 교육이 어떤 의미에선가 인간의 삶을 더 낫게 만드는 일이라는 점은 정당화될 필요가 (있다고 한다면) 있음을 부정하기 어렵다. 그 점을 잘 요약해 주는 것이 교육의 목적은 '좋은 삶'이라는 아이디어다. 여기서 더욱 의심스럽게 느껴지는 점은, '좋은 삶'을 개인의 잘삶으로 보아야 하는가다. 자유주의적/개인주의적 관점을 옹호하는 별도의 논변이 없을 경우에 다음과 같은 가능성을 배제할 수 없을 것이다. 즉, 공동체에 봉사하는 삶이라든가 특정 종교의 가르침에 따라 사는 삶을 '좋은 삶'이라고 해석하는 교육목적도 있을 것이고, 이런 점들이 내적으로 서로 모순되지는 않는다. 좋은 삶에 대한 이런 견해를 목적으로 삼고 있는 교육에서 가르치고 배우는 많은 것들은 자유교육의 실천과 부합될 수 있지만, 교육에 종사하는 포괄적 이유는 다를 것이다. 그리고 특히 '개인적/사회적 교육'에 중점을 두는 경우 많은

4) 현재 영국에서 행복의 증진을 위해 개발된 교육 프로그램에는 웰링턴 칼리지(Wellington College)의 앤서니 셀던(Anthony Seldon) 등의 것이 있다.

내용이 동일할 것이다. 왜냐하면 공통적인 기회/문제와 그런 기회/문제와 관련된 일단의 경험적 정보를 확인할 수 있기 때문이다. 그러나 가치 틀이 달라질 경우 그런 기회/문제에 대해 부여하는 중요성, 그리고 사실적 정보를 활용하는 점은 달라질 수 있다.

9. 몇 가지 잠정적 결론

'개인적/사회적 교육'에 관한 몇 가지 이슈를 철학적으로 검토해 보았다. 여기서 실천과 연관되는 결론을 도출할 수 있는가?

첫째, '개인적/사회적 교육'을 계획/실천할 경우 '기초적 가치'에 관한 이슈를 어쩔 수 없이 다루게 되고 또 다루지 않을 수 없다는 점은 인정되어야 한다. 이제까지 개관한 자유주의적 접근에서는 가치에 관한 논란거리가 없어진다거나, 혹은 그런 접근이 유일한 길이라고 생각해서는 안 된다. 다원주의 사회에서, 국가의 지원을 받는 보통의 세속적 학교를 위해 '개인적/사회적 교육'의 정책이 있어야 한다면, 자유주의적 접근과 같은 것이 가장 옹호받을 수 있는 길이겠지만, 이를 옹호하는 논변은 해당 사회의 맥락 속에서(Archard, 2000과 비교) 넓은 의미의 정치적 (절반은 원리적인, 절반은 실용적인) 논변이 될 것이다. 그것은 '개인적/사회적 교육'이라고 말할 수 있는 것의 필수적 특성들에 관한 개념적 논변은 아닐 것이다.

게다가, 다원주의 사회에서 어떤 접근방식을 택한다고 할지라도, 그 사회에서 주장되는 관련된 가치 입장들의 다양성을 학생에게 감추어서는 안 된다. 정말 이런 다양성에 대해 학생이 알도록 해야 한다. 이렇게 해야 하는 주된 이유는, 학생이 자기 나름의 삶의 길을 준비해야 할 세상은 그런 다양성에 부딪히면서 살 수밖에 없는 세계이기 때문이다. 학생이 어떤 입장을 택하고 이에 대해 충분한 확신을 갖고 있을지라도, 그는 때때로 다른 사람들의 상이한 입장도 감안하지 않을 수 없을 것이다. 여기서도 다시금, '개인적/사회적 교육'을 도덕교육과 분리시키려고 하는 것이 어려운 일임을 알 수 있다.

'개인적/사회적 교육'은 가치에 관한 이슈를 다루어야 하고 또 이런 이슈를 다루는 교육과정 영역이 그 밖에도 많기 때문에 교육과정을 기획할 때에는 그와 연관된 몇 가지 교과들 혹은 가능한 교과들 간의 관계를 심각하게 고려할 필요가 있다. 교육과정을 처음부터 기획하는 과정에 있다면, '개인적/사회적 교육'을 교육과정 속에서 하나의 교과로 독립시켜야 할 것인가는 더 논의해야 할 문제일 것이다.

중복되는 것처럼 볼 수 있는 한 가지 영역이 종교교육이다. 세속적 사회의 세속적 학교에서는 그런 연관성을 간과하기 쉬울 것이다. 종교적 헌신이 강한 개인의 경우, '개인적/사회적 교육'이 중점을 두고 있는 영역에서 그의 삶을 어떻게 살아갈 것인가는 크게 달라질 수 있기 때문에 '개인적/사회적 교육'의 관심사의 일부분과 종교교육의 관심사의 일부분을 의식적으로 상호 조정해야 한다는 주장이 나올 수 있다. 이는 세속적 학교보다 종교계 학교에서 더 강하게 나타날 것이다.

세속화된 사회의 세속적 학교에는 그보다 더 절박한 문제가 있다. 앞에서도 언급했지만, 그것은 '개인적/사회적 교육'과 시민교육 간의 관계에 관한 문제다. 시민교육은 제반 이슈의 정치적/정책적 측면에 주의를 집중한다. 따라서 시민교육은 독특한 범위의 정보/관심을 필요로 한다. 이것은 특정 개인에게 바람직하거나 바람직하지 못한 것과는 다소 거리가 있는 점이다. 국민 건강의 제공/재원에 대한 정부 정책에 대해 시민으로서 관심을 갖는 일은 개인으로서 자기 자신의 건강을 돌보기 위해 애쓰는 일과 다를 것이다. 물론 개인 생활에서 건강/신체의 중요성에 대한 인식이 없다면, 다시 말해 건강의 가치를 인식하지 못한다면, 개인적 책임이나 민주적 숙고의 기반도 약해질 것이다. 개인이 자신의 삶에 대해 개인적 책임을 갖도록, 그리고 시민으로서 공적인 일에 관여하도록 교육을 받을지라도, 이처럼 두 가지로 분리되는 '개인적' 그리고 '공적' 가치들을 그가 함께 생각할 것으로 기대해서는 안 된다. '개인적/사회적 교육'과 시민교육을 두 개의 교육과정 영역으로 보는 것이 도움될 수 있지만, 이 두 가지 영역을 서로 조정하기 위한 기반으로 '기본적 가치'에 대해 중점을 두어야 할 이유가 있다.

참고문헌

Archard, D. (2000) *Sex Education*. London: Philosophy of Education Society of Great Britain (IMPACT series).

Crick, B. (1988) *Education for Citizenship and the Teaching of Democracy in Schools*. London: QCA.

Haydon, G. (2005) *The Importance of PSHE: A Philosophical Perspective on Personal, Social and Health Education*. London: Philosophy of Education Society of Great Britain.

Hirst, P.H. (1974) *Knowledge and the Curriculum*. London: Routledge.

Hirst, P.H. (1993) 'Education, knowledge and practices', in R. Barrow and P. White (Eds.), *Beyond Liberal Education: Essays in Honour of Paul H. Hirst*. London: Routledge.

Langford, G. (1985) *Education, Persons and Society: a Philosophical Enquiry*. London: Macmillan.

Oakeshott, M. (1989) *The Voice of Liberal Learning: Michael Oakeshott on Education*. New Haven, CT: Yale University Press.

Pring, R. (1984) *Personal and Social Education in the Curriculum: Concepts and Content*. London: Hodder & Stoughton.

Simon, B., Howe, L. and Kirschenbaum, H. (1978) *Values Clarification*. NY: A & W Publishers.

Straughan, R. (1982) *Can We Teach Children to be Good?* London: Allen and Unwin. 남궁달화 역(1996). 『도덕철학과 도덕교육: 우리는 아이들을 선하게 가르칠 수 있는

가』. 서울: 교육과학사.

Straughan, R. (1988) *Can We Teach Children to be Good? Basic Issues in Moral, Personal and Social Education*. Milton Keynes: Open University Press.

Thacker, J., Pring, R. and Evans, D. (Eds.) (1987) *Personal, Social and Moral Education in a Changing World*. Windsor: NFER-Nelson.

White, J. (2007) *What Schools Are For and Why*. London: Philosophy of Education Society of Great Britain (IMPACT series).

제21장
교육과 환경

Michael Bonnett

1. 서 론

환경이나 환경과 교육의 관계는 지난 몇 년 동안 철학자들이 계속 관심을 쏟았던 문제다. 특히 〈의제 21(Agenda 21)〉(UNCED, 1992)이라는 제안에 170여 개 국가가 서명함으로써 교육과정에 지속가능한 발전을 포함시키기로 합의하였고, 환경교육의 열망과 교수법을 검토할 특별한 계기가 마련되었다. 그러나 최근 환경 이슈에 대해 세계적으로 공식적 관심이 집중되었던 것과 별도로, 교육은 환경과 연관된 것으로 간주되었던 주제에 자주 골몰하였다. 자연공부, 야외교육, 도시연구, 학교 및 주변 환경에 대한 기능적/미학적 측면에 대한 관심 등과 같은 활동의 역사는 오래되었지만 가끔 소홀히 다루어지기도 했다. 이런 측면을 소홀히 할 수 없으나 현재의 동향은 대체로 환경 '위기', 혹은 소박하게 말해서 환경이 처한 '곤경'이라고 지적되는 점에 대한 인식에서 비롯된 일련의 관심사를 반영한다. 이 장의 중심 이슈는 자원 고갈, 오염, 종의 급속한 소멸, 기후변화와 같이 다양하고, 상호 연관되며, 누적된 환경 훼손에 대해 인류가 어떻게 반응해야 되는가 하는 점이다. 이런 사태는 인간 활동의 결과이며, 미래 인류의 잘삶을 위해 심각한 의미를 갖는 것으로 간주되었기 때문이다.

이런 관심사를 어떻게 개념화하여 다룰 것인가? 이에 관한 몇 가지 방법을 제시하기 전에, 그리고 교육적 맥락에서 그런 관심사에 대해 그동안 나타났던 철학적 검토와 상상력의 성과를 제시하기 전에, 환경교육이라는 주제가 교육철학자들의 흥미를 끌어들이고, 이로부터 도움을 받을 수 있는 몇 가지 중요한 사항에 먼저 주목하는 것이 좋을 것이다. 첫째, 위에서 암시했던 환경 훼손의 심각성과 그 정도에 대한 지각을 살펴볼 때, 교육이 무관심해도 된다고 주장하기는 어려울 것이다. 21세기 초 시민들이 당면한 이슈 중에 그보다 더 긴박한 것은 없을 것이다. 따라서 환경교육의 일반적 목표/방법론이 교육철학의 적절한 관심사일 것이다(Chapman, 2007 참조). 둘째, 그와 같은 철학적 관심이 필요하다고 볼 때, 환경 이슈에 대한 우리의 이해를 밝혀 줄 관점/아이디어/논란거리를 상당히 폭넓게 확인/재검토하는 일, 그리고 그것들이 갖는 교육적 의의를 살펴보는 일이 중요하다. 많은 사람들이 환경교육을 교육 혁신과 연결시키고, 또 가끔 급진적인 교육적 시사점을 제시하려고 하였다. 분명한 점은 그와 같은 주장을 냉철하게 평가할 필요가 있다는 것이다. 셋째, 이와 관련하여, 위와 같은 여러 관점에서 제안되고 있는 혁신적 실천들을 세밀하게 검토할 필요가 있다. 즉, 그런 관점들은 제각기 표현하고자 하는 원리/가치와 일관성을 갖는가? 그리고 보다 넓은 교육적 맥락에 대해 어떤 반향을 일으킬 것인가? 예를 들어, 그런 관점들에서 나타나고 있는 몇 가지 지식관, 그리고 근본적으로 대화적인(dialogical) 것으로 바뀔 필요가 있다고 하는 교수법은 기존의 교육과정/학교

조직과 쉽게 조화되기 어려운 것들이다. 따라서 여기서 다시 의문이 생긴다. 즉, 그런 생각들은 교육계에 일반적으로 퍼져 있는 학습이론과 어떻게 연결되는가? 그리고 환경교육의 성공 여부를 판단할 준거는 무엇이어야 하는가?(Meyers, 2006) 넷째, 급속도로 확실하게 부각되는 점은, 환경에 대한 관심의 교육적 중요성을 철저히 검토하기 위해 교육 전체의 형이상학적 기반을 살펴보아야 하고, 그럼으로써 이런 맥락 속에서 진리/지식/가치에 대한 인습적 이해로부터 벗어나야 한다는 것이다.

2. 환경, 자연 및 교육

위와 같은 이슈를 이해하려면, 논의의 핵심에 들어 있는 용어들의 몇 가지 중요한 의미가 혼란스럽지 않도록 미리 밝혀 두어야 할 것이다.

환경이라는 아이디어의 근본 의미는 관계적인(relational) 것이다. 그것은 놓여 있거나 들어 있는 것, 즉 존재/작동/상호작용하는 어떤 것을 둘러싸고 있는 조건들을 가리킨다. 거시적 관점에서 볼 때, 환경은 인간이 세계 속에서 차지하는 위치, 그리고 인간과 세계의 관계적 성질이라는 이슈를 제기한다. 이와 연결되면서도 초점이 약간 다른 점을 데이비드 쿠퍼(David Cooper, 1992)는 환경교육의 맥락에서는 '자신이 지향하는 중요한 영역(one's intentional field of significance)'으로서의 환경이라는 아이디어가 부각된다고 밝히고 있다. 쿠퍼에 의하면, 그런 의미의 환경은 개인에게 친밀하고 친숙한 실체/현상들의 망을 가리킨다. 그것은 개인이 살고 있는 세계를 가리킨다. 이것은 '지구적 환경'이라든가, 혹은 개인에게 별로 친숙하지 않은 지리적으로 국지적 환경과 대조될 수 있다. 이처럼 환경을 '생활세계'로 해석하는 것은 자연과학적 해석과 분명히 대조가 된다. 자연과학에서 말하는 환경은 본질적으로 법칙에 의해 지배받는 인과적 (생태학적) 시스템이다. 그 속에서 개인은 자리 잡고 살아가며, 그것에 의지하면서 생체물리학적으로 존속한다. 여기서 환경은 '지향적 구조'로 그리고 '인과적 시스템'으로 이해되는데 이 구분이 환경교육에 관한 설명에서 어떤 의미를 갖는지를 이제 이야기할 것이다. 먼저, 환경이라는 아이디어를 '장소(place)'로 받아들이는 또 다른 해석에 주목할 필요가 있다. 이것이 위에서 지적한 두 가지 해석들과 겹친다고 보는 견해도 있다. 왜냐하면 '장소'는 지향적 요소와 물리적 요소로 구성된 것이라고 이해할 수 있기 때문이다. 또한 인간은 언제나 지리적 존재인 까닭에 인간이 하는 일도 장소를 떠날 수 없기 때문이다(Casey, 1997: ix). 이런 점은, 인간이 신체를 가진 존재라는 사실, 행위의 의미에 대해 장소가 갖는 중요성, 인간의 정체감, 그리고 환경에 대한 책임감 등을 환기시켜 주는 것으로 간주되었다.

위와 같은 것들과 관련된 또 다른 구분이 있다. 이것은 '구축된 환경'과 '자연적 환경'이라는 구분이다. 구축된 환경에 대해 잠깐 주목해 본다면, 그것은 특히 우리의 사회적/정치적/경제적/문화적 환경을 포함하는 의미로 볼 수 있다. 그런데 우리는 더 직접적으로 '물리적' 의미에서 다음과 같이 말해야 한다. 오늘날 가장 절박하게 경험되고 있는 환경 관심의 여러 측면은 '자연적' 환경을 가리킨다. 물론 환경 훼손이라는 이슈를 다루는 일은 ('생태학적 설계'에 대한 관심을 포함해서) '구축된' 환경에 대해서 광범한 시사점을 준다. 그러나 근본 관심사는 '자연적' 환경에 대한 우리의 태도 및 그에 대해 인간의 행동이 미치는 영향이다. 환경 담론에서는 대체로 자연적 질서가 일정하게 부각되며, 우리가 환경을 '통한', 환경을 '위한', 환경 '안에서의' 학습을 교육적으로 이야기할 때 암암리에 가리키는 것은 대체로 자연적 환경이다.

그러나 이처럼 좁혀 생각할지라도, 또 다른 구분이 중요할 것이다. 자연적 세계란 무엇을 의미하는가? 자연적 세계를 구성하는 실체들 간에 중요한 차이가 있지 않을까? 그에 따라 가치/대응에서도 그에 상응하는 차이가 있지 않은가? 여기서 인간적/능동적(conative)/감각적/생체적/물질적 범주, 그리고 개체/전체집단/종/에코시스템과 같은 범주는 특정 논의 영역과 연관될 수 있다. 특히 인간 이외의 실체들이 내재적 가치를 갖는가, 혹은 도덕적 가치를 갖는 것으로 간주해야 하는가에 관한 논의 영역에서 그렇다. 이런 점은 어떤 환경 관심사항에 의해 크게 문제시되었던 주제, 즉 자연의 의미와 그 규범적 기능이라는 이슈로 되돌아가게 해 준다.

자연이라는 아이디어에 관해 먼저 지적해 두어야 할 점이 있다. 즉, 그것은 오랜 역사와 많은 의미를 갖고 있다는 점이다(Glacken, 1967; Soper, 1995 참조). 예를 들어, 앤드류 스테이블스(Andrew Stables, 2001)가 주장했듯이, 환경교육에서 심각한 문제는 그것이 문화적/역사적 안정성을 별로 갖지 못하는 아이디어(자연)에 의존하고 있다는 점에 있는가를 둘러싸고 여전히 논란이 계속되고 있지만 이런 종류의 관심의 원천도 여러 가지다. 그런 관심의 원천들은 환경교육의 접근방식에 대해 강력한 시사점을 줄 수 있기 때문에 여기서 그중 몇 가지를 언급하는 것이 좋을 것이다. 포스트모더니즘은 기존의 '거대 서사들(grand narratives)'을 문제시하고, 이를 해체하려고 노력하는 가운데 자연과 자연적인 것을 토대(정초)적인 것으로 이해하는 전통적 시각을 무너뜨리려고 애썼다. 울리히 벡(Ulrich Beck, 1994: 39)이 지적하듯이, 그런 이해는 "나무들 위에서 자라는 것이 아니라 구축된 것"이며, 이런 구축은 흔히 권력 관계를 반영하고, 인정해 주는 방식으로 이루어졌다. 도나 해러웨이(Donna Haraway, 1991)와 같은 페미니스트 저술가들은, '남자', '여자'(여기에 '아동'도 추가할 수 있음)와 같은 자연적 범주들이 정치적인 기반의 일부로 구성되는 방식들에 아주 민감했다. 해방을 위해 그런 것들은 해체될 필요가 있다. 자연을 하나의 텍스트로 해석하고 나면 인간-비인간 구분을 근본적으로 문제시하는 기호학적 관점으로 나아가게 된다(Stables, 2007). 다른 이들의 주장에 의하면, 지구의 모든 측면으로 침투하는 인간 활동의 영향 때문에 자연은 "종말에"(McKibben, 1989) 다다랐으며, 탈전통주의적 문화 속에서 자연은 '축소되었고', '더 이상 존재하지 않는다.'(Giddens, 1994) 바로 이런 견해를 지지해 주는 점은, 환경과 관련된 것을 비롯한(Bonnett, 2007) 현대의 공식적 교육정책에서 또는 자연환경이 자주 산만하고 가볍게 표현되고 있는 정책 문서에서(Ross, 2007; Winter, 2007) 자연이 별로 언급되지 않고 있다는 것이 사실임을 주장할 수 있다.

요즈음 자연을 어떻게 이해하는지를 보여 주는 다음과 같은 사례는 환경에 관한 교육을 해석하는 다양한 방식들을 밝혀 준다.

- 개인과 인류 전체가 자리를 차지하(여야 하)는 우주로서의 자연
- 튼튼한, 온전한 것으로서의 자연: 적절하고 알맞은 것의 참조물
- 거칢으로서의 자연: 도전과 활력을 제공할 수 있는 불가항력적 타자
- 천부적 본질로서의 자연: 조화를 도모해야 하는 권위의 원천

이런 의미는 제각기 다르게 해석될 수 있다. 가령, '우주'는 다양하게 해석될 수 있다. 즉, 맹목적인 법칙 지배적 인과 체계로 해석되거나, 혹은 신성한 창조물로 해석될 수 있다. 이는 교수법에 대해 영향을 미칠 것이며, 환경에 대한 관심이 제기하는 다음과 같은 두 가지 핵심적인 근본 질문에 대해 상이한 입장을 드러낼 것이다. "자연과의 올바른 관계라고 말할 수 있는 것은 무엇인가?", "어떤 준거에 따라 인간은 자연과의 관계에서 진보/성공/번영을 판단해야 하는가?" 이 질문에 대해 우리가 제시/가정하는 대답은 환경교육 그리고 교육 전체를 위해 중요하다고 볼 수 있다.

그럼에도 불구하고, 그 기저에 어떤 통일된 자연관이 깔려 있지 않은가? 이 질문에 대해 마르틴 하이데거(Martin Heidegger)는 다음과 같이 응답한 것으로 이해할 수 있다. 하이데거는 자연에 대한 그리스인들의 경험의 핵심 측면을 지적한다. 그것은 '피시스(physis)'라는 단어로 표현된다. 이것은 도움을 받지 않는 '나타남(bringing forth)'을 가리킨다. '스스로 드러나는' 혹은 '스스로 생기는(self-arising)'이라는 아이디어는 자연에 대한 다음과 같은 근대적 이해와 일치하는 것처럼 보인다. 즉, 자연은 인간의 의도와 무관하게 발생하는 것이며, 이 점은 앞에서 언급했던 다양한 의미들의 핵심에 들어 있고 그런 의미들이 갖

고 있는 온갖 비중을 실질적으로 부여해 주는 것이라고 말할 수 있다(Bonnett, 2004). 이는 모든 개념이 그렇듯 자연에 대한 우리의 개념도 실제로 사회적으로 생산된 것이며, 사회적으로 생산된 것이 아니라고 이해하는 것조차도 사회적으로 생산된 것이라는 뜻이다. 오히려 자연은 우리에게 닥친다. 그뿐만 아니라, 자연에 대한 이와 같은 이해는 우리의 감성 속에 아주 깊이 새겨진 것이어서, 로티(Rorty, 1994)와 같은 포스트모더니스트들이 제안했던 것처럼, 선택적인 것으로 간주할 수 없으며, 따라서 그와 같은 자연 이해는 환경 속의 우리 자신을 이해하는 데 핵심 요소가 된다(Bonnett, 2004). 이런 방향에서 자연을 '스스로-생기는' 것으로 이해하고, 또 자연과의 올바른 관계를 정립하는 일은 우리의 잘 삶의 본질적 측면이며, 중심적인 교육목적이 된다. 그렇다고 해서 자연에 대한 특정 아이디어에 들어 있는 이데올로기적 편견이나 다른 편견을 신중히 탐색하는 일, 그리고 이런 편견들이 본질적으로 자의적 형태의 차별에 권위를 부여하는 데 이용되는 방식을 치밀하게 탐구하는 일을 배제하는 것은 아니다. 자연을 '스스로 생기는' 것으로 경험한다는 것은 환경과 인간의 관계에서 타자성과 본질적 신비성의 요소를 전면에 드러내는 데 중요하다. 그런 경험은 최근에 수많은 사상가가 밝히고자 하는 인본주의적 오만을 바로잡을 수 있다. 또한 그것은 우리가 자연을 어떻게 알게 되는가에 대해 흥미 있는 질문을 제기해 준다.

여러 가지 형태로 나타나고 있는 환경 훼손과 그 결과에 직접 초점을 두는 것과 달리 교육과 환경이라는 주제는 다음과 같은 두 가지 방식으로 의미 있게 표현되었다. ① 외부 자연 환경과의 직접 접촉은 어떤 식으론가 개인의 인격 형성에 기여한다. ② 자연 환경은 그 자체로 존중되어야 하고, (비-도구적으로) 미학적/도덕적으로 애호되고 또 반응해야 하는 것이다. ②에 대해 데이비드 카(David Carr, 2004)는 다음과 같이 주장했다. 예술에의 몰입은 학생들이 자연에 대한 애착을 갖도록 도와줄 수 있다. 자연에 대한 애착이 없다면 도덕적 관심을 가지고 자연을 배려할 수 없다. 조각과 같은 예술은 무엇보다 자연의 물리적 측면, 즉 형태/색깔/감촉에 대한 인식/감상을 불러일으킬 수 있다. 예를 들면, 유명한 헨리 무어(Henry Moore)의 외부 조각과 같은 것을 통해 풍경의 영성적 차원이 드러난다. 시(詩)도 역시 자연의 감각적 영향을 아주 직접적으로 전달할 수 있다. 그뿐만 아니라 시는 자연세계와 인간의 복잡하고 긴장된 관계의 여러 측면을, 예를 들어 자연세계의 인간에 대한 무관심, 자연과 인간의 연속성, 자연으로부터 인간의 소외, 자연의 보상하는 힘 등을 환기시켜 주고, 전달해 주는 데 효과적일 수 있다. 카가 지적하듯이, 시적 명상이라는 상상적 관심은 우리가 자연의 측면들을 '영원함의 차원'에서 경험하도록 이끌어 주며, 그리고 그것은 비자아중심적 애착이 인간의 의식적 삶 속으로 (다시) 되돌아오게 해 주고, 또 의식적 삶 자체가 보다 넓은 도덕적/영성적 의미를 갖도록 해 줄 강력한 방법이다. 그 결과 우리의 감성이 함양/세련됨으로써 내재적 가치에 대한 진정한 인식이 가능하게 된다.

3. 지속가능성 문제와 환경 윤리

'지속가능성'과 '지속가능한 발달'이라는 언어를 통해 환경 관심이 지구적으로 퍼지고 또 교육적 논의/정책이 나타났다는 점은 의심의 여지가 없다. 그러나 '지속가능성'이 환경 이슈에 관한 논의에서 핵심 역할을 차지함에도 불구하고, 그 의미가 자명하고 가치 중립적인 것처럼 간주되는 경우가 많은 것 같다. '지속가능성'은, 마치 곧바로 확인할 수 있는, 자연의 기본적인 평형상태를 보존하려는 욕망을 단순히 반영하는 것처럼 간주되었다. 그러나 이렇게만 볼 수 있는 것은 아니다. 지속되어야 할 것은 무엇인가에 대한 의견은 분분할 수 있다. '지속되어야 할 것'으로는 경제성장, '자연의 균형' 혹은 에코시스템, 문화("공동체의 가치와 열망의 표현으로서 삶의 방식을 창조하는 공동체의 능력"; Vandenberg, 1995), 인간의 필요를 충족시키는 능력(Brundtland Commision, 1987) 등이 제안되었다. 이런 제안들은 각각 초점이 달라서 상이한 정책적 함의를 시사하며, 또 서로 부합될 수 있다고 가정할 이유도 없는 것처럼 보인다. 실제로 리스트(Rist, 1997)도 지적했듯이, 이런 애매함을 이용하여 수사학을 떠벌리는 일부 정책결정자들은 한 가지 일(자연적인 에코시스템을 지속시키기)을 하겠다고 말하면서도 실제로는 전혀 다른 일(좁은 의미의 경제성장을 위해서 지속가능한 조건을 유지시키기)을 추진한다.

이와 비슷하게 '생태학적 지속가능성'은 **민주적** 문화의 지속과 쉽게 동일시될 수 있다. 그러나 그럴 것이라고 모두가 생각하는 것은 아니다. 윌리엄 오펄스(William Ophuls, 1997: 3)의 주장에 따르면, "우리가 알고 있는 자유민주주의는…… 생태학적 결핍에서 벗어날 수 없는 운명을 갖고 있다. 우리는 전적으로 새로운 정치철학과 제도가 필요하다." 그의 말대로, 자연의 법칙에서 파생되는 어떤 근본적인 '생태학적 명령'은, 그리고 폐쇄된 시스템으로서의 생태 세계가 무한한 경제성장을 효과적으로 지속시키기가 불가능하다는 사실은, "우리가 우리의 삶을 어떻게 이끌어 갈 것인가"(pp. 7-8)를 점점 더 규정해 줄 것이고, 결과적으로는 시민들이 순응해야 할 (필요가 있는) 좋은 삶에 대한 관념을 규정해 줄 것이다. 그런 명령은 민주주의와 생태학적 지속가능성이 서로 쉽게 연결될 것이라는 가정에 심각한 도전을 제시한다(이 이슈에 대한 또 다른 논의로는 Bell, 2004; Saward, 1995 참조).

이제까지 지속가능성에 관한 논의에서 드러난 아주 중요한 특징은, 이 용어를 사용하는 모든 사람의 견해에 내재하는 가치 입장에 관한 인식이다. 즉, 모든 것이 지속될 수 없으며, (어떤 수준에서 그리고 어떤 공간적/시간적 규모에서) **무엇**을 지속시킬 것인가를 분명히 밝힐 때 특정한 가치와 문화적 입장이 반영된 선택이 나타날 것이다. 아주 넓은 의미에서 볼 때, 우리는 환경 윤리의 영역에서 중요한 한 가지 논의의 축을 만나게 된다. 그것은 '인간중심주의' 대 '생명중심주의'라는 축이다. 우리는 (장기적인) 인간의 필요를 충족시키는 것에 우선순위를 두고 이에 따라 정책을 정해야 하는가? 아니면 (인간 존재가 그 작은 일부분에 불과한) 생명 세계의 필요를 중심으로 정책을 정해야 하는가? '지속가능성'에 관한 일반적 이야기는 이 두 입장 간의 긴장을 감춤으로써, 이에 대해서 묻지도 않은 채 암암리에 정해 버리는 경향이 있다. 왜냐하면 일반적으로 자연 시스템에 대한 관심 표명의 기반은, (어떻게 정의하건 간에) **인간**의 잘삶에 기여할 자연 시스템을 지속시키는 일이 가장 바람직하다고 가정하는 점에서 내적으로 인간중심적이기 때문이다. 그러나 철학적으로 볼 때, 모든 사상가가 그것을 당연하게 받아들이는 것은 아니다. 인간 이외의 자연의 가치와 '권리'를 옹호하는 사람들이 많다. '위대한 생명 공동체'(Taylor, 1986)를 이루는 모든 존재의 필요와 병행할 수 있도록 인간의 필요를 엄격하게 한정하거나 혹은 인간의 필요를 생명 세계의 잘됨에 종속시키거나(Foreman, 1993) 하고 있다.

마지막으로, 정책으로서의 '지속가능성'이라는 아이디어는 어려운 인식론적 문제점들을 제기한다. 이미 지적했듯이, 흔히 안정된 시스템이라고 말하는 것도 비교적 단기적으로 예측할 수 있을 뿐이다. 특히 인간-환경 관계의 진화에서 우연성(contingency)이라는 중요 사항(예를 들어, 현대 산업사회로 먼저 발전할 수 있는 곳이 인도나 중국이 아니라 유럽이라는 것을 어떻게 예측할 수 있었겠는가?; Simmons, 1995)은 장기적 예측을 위험한 일로 만들어 버린다. 그런데 원자력이나 유전조작 식물의 경우처럼, 흔히 환경 문제에서 가장 중요한 사항은 바로 (사회적/생물학적/기후적인) 장기적 효과다. 그리고 환경의 지속가능성과 연관된 시스템들의 지극히 복잡함, 그리고 그에 대해 현재 우리가 갖고 있는 지식의 지극히 불완전함 등은 (원리적으로 말해 유기적 상호관계 시스템들을 다루는 일에 아주 적합한) 총체적 정책 수립이라는 열망을 아주 의문스러운 것으로 만들어 버린다.

'발전'과 '지속가능성'의 연결은 또 다른 문제점을 낳는다. 겉으로 보기에 '지속가능한 발전'은 정치적으로 매력적이지만 갈등의 소지가 있는 두 가지 아이디어를 결합한 것이다. ① 가치 있는, 그러나 훼손/오염 때문에 오늘날 위험에 처해 있는 것을 지속시킨다는 아이디어, 그리고 ② 더 많이 더 좋은 것을 갖는다는 의미에서 **발전**하고자 하는 인간의 지속적 열망을 조절한다는 아이디어가 그것이다. 지속가능한 발전을 옹호하는 사람들은 다음 두 가지를 주장한다. 첫째, 환경 훼손을 복구시키려는 모든 조치는 대다수 사람들의 물질적 조건 향상이라는 정당한 관심과 병행되어야 한다는 것이다. 둘째, 당면한 문제점들의 규모에 대해 과장하거나 비관하지 않고 긍정적 조치에 초점을 둘 필요가 있다는 것이다.

그러나 '지속가능한 발전'의 매력에도 불구하고, 거기에 모종의 의미론적 속임수가 있는 것이 아닌가 하는 의심도 나타났다. 「브룬틀란드 위원회 보고서(Brundtland Commission Report)」(1987)에 들어 있는 가장 영향력 있는 정의에 따르면, 지속가능한 발전은 "미래 세대들이 그들 자신의 필요를 충족시켜야 할 필요성을 무시하지 않은 채 현재 세대의 필요를 충족시키는 발전"을 의미한다. 이 정의는 〈의제 21〉(UNCED, 1992)에 서명했던 여러 국가의 교육시스템에서 공식적으로 구체화되었고, 이 분야의 논의를 전반적으로 이끌어 가고 있다. 이 정의는 의문시되고 있는 인간중심적 입장을 확고하게 강화시켜 줄 뿐만 아니라, 칼 미첨(Carl Mitchum, 1997)이 지적한 대로, 현대 (서구) 세계가 규정한 생존(subsistence) 경제로부터의 이탈, 그리고 경영에 대한 은밀한 중독을 조장하기도 한다. 그러나 생존과 자기의존의 정신에 더 가까운 경제만이 진정으로 지속가능한 삶의 방식일 것이다. 이와 달리 경영주의는 (현재의 문제점을 일으킨 주범으로 간주되기도 하는) 자연에 대한 오만한 도구주의를 계속 드러내고 있다는 점에서 문제가 아주 많을 것이다. 반다라 시바(Vandara Shiva, 1992)에 의하면, 서구의 시장경제라는 맥락에서 볼 때 '발전'은 경제 **성장**을 가리키는 경제 발전으로 해석될 수밖에 없으나, 진정한 지속가능성이 요청하는 바에 따르면, 그런 발전에는 보존과 분리되지 않은 채 **자연** 질서의 논리가 반영되어야 한다.

'지속가능성'과 '발전'의 연계가능성에 대해 보다 낙관하는 학자들도 있다. 예를 들어, 로빈 애트필드(Robin Attfield, 1994: 223-233)에 의하면, '발전주의'와 '환경주의'를 제대로 이해한다면 양자는 상호보완적일 수 있다. 왜냐하면 영양실조, 높은 유아 사망률, 낮은 수준의 문해력과 교육, 비교적 높은 질병사망률, 낮은 수준의 생산성과 수입 등과 같은 요인들이 서로 작용함으로써 인구 증가/생태문제가 생기고 정의의 이념에서 벗어난다고 보기 때문이다.

그럼에도 불구하고, 브룬틀란드 유형의 정의를 철학적으로 검토해 보면, 심각한 불명확성과 의문스러운 도덕적 입장이 여전히 드러난다. 현재건 미래건 인간의 필요를 판단할 준거는 여전히 불명확하고, 여러 가지 문화적/경제적/지리적 상황이 전개되고 있는 지구적 맥락에서 그것은 큰 논란거리가 될 수 있다. 권력을 장악한 사람들에게는 가부장주의가 나타날 위험성이 크다. 불명확한 준거의 애매성 때문에 권력자들의 고착된 이익을 위장/정당화하는 데 활용되는, 정치적으로 편리한 용어가 될 가능성이 있기 때문이다. 여기서 분명한 것은 '지속가능한 발달'이라는 생각도 신중한 해명을 요구하는 아이디어이고, 결국에는 약정적(stipulative) 정의가 요청될 수 있을 것이다. 그래야 '지속가능한 발달'이라는 용어 사용이 혼란을 일으키지 않고, 원래 표현하고자 했던 좋은 동기를 배반하지 않을 것이다. 그러나 어쩌면 지속가능성에 대한 가장 근본적 비판은, 그것이 고도의 종(種)차별주의(speciesism)와 도구주의를 드러낸다는 점이다. 이 두 가지는 인간 이외의 세계를 순전히 자원으로만 생각한다. 이런 인간중심주의야말로 현재 우리가 당면하고 있는 안타까운 환경 문제의 근원이라는 주장도 많이 나타났다.

여기서 다시금 확인할 수 있는 것은, 환경 이슈의 핵심은 우리가 그것을 어떻게 의식하는가 하는 점이다. 또한 지속가능성을 어떤 사태를 성취하기 위해 설계된 정책으로만 생각할 것이 아니라 마음의 태도, 즉 자연환경과 관계를 맺는 방식으로도 생각할 필요가 있다. 우리가 자연에 대해 갖고 있는 기본 동기를 정직하게 평가하는 것이 중요하다. 그런 동기를 실현하는 우리의 힘이 클수록 그것은 더 중요한 일이다. 정책은 늘 새로운 증거에 비추어 수정될 필요가 있다. 이것이 제대로 이루어지려면, 우리는 자연에 대한 기본적 가치/동기/태도 등의 차원에서 올바른 마음가짐을 갖고 노력해야 할 것이다. 이 말이 참이라면, 그런 마음가짐의 발달은 교육의 중대한 관심사가 된다. 여기서 어려운 과제가 나타난다. 즉, 이것은 일상적 삶에서 서로 잘되고, 또 함께 지속될 수 있는 관계가 어떤 성질을 갖는 것인지를 확인하는 과제다. 결국 그런 관계는, 자연세계에 대한 인간의 배려라는 실존적 의미를 담고 있는 것이다(Postma, 2006, Ch. 3). 여기서 적절한 환경윤리학이 살아나게 된다. 하이데거적 의미에서 나는 그동안 다음과 같이 몇 가지 주장을 제시하였다. 인간의 의식은 본질적으로 사물들이 드러나는, '존재하게 하는(are let be)' 장소로 생각할 수 있다. 이런 의식은 지속가능성 속에 내적으로 포함되어 있다. 교육은 이런 의식을 함양/증진시키는 일에 관심을 쏟아야 한다. 이렇게 하려면 서구 문화에 만연해 있는 정복(mastery)의 형이상학으로부터 단절되어야 한다(Bonnett, 2004, Ch. 9).

후기 현대 사회에 대한 우울하고도 흥미로운 분석에서 인골퍼 블러돈(Ingolfur Bluhdorn, 2000)은 정복이라는 동기가 암암리에 퍼져 있음을 잘 밝혀 준다. 그가 말하는 '포스트생태주의적 성운(星雲)'의 도래는 다음과 같은 몇 가지 특징을 갖고 있다. 그것은 자연을 아주 논란적인 사회적 구성물로 생각함, 생태-정치를 탈이데올로기화시키고, 그 구체적 정체성을 다른 영역들과 통합시킴, 경제적/효율성 이슈로서 생태학적 이슈를 재구성함 등이다. 블러돈의 주장에 의하면, 후기 현대 사회에서 지속불가능성은 내면화되고, 또 암암리에 받아들여짐으로써 지속불가능성의 경영이 핵심 정치문제가 되고, 이에 따라 사회는 여전히 근대적/생태학적 이상을 지지한다는 확신을 갖도록 허용된다. 블러돈의 분석에 따르면, 이런 이상들이 새로운 성운에 적합한 방향으로 반사적으로 재정의됨으로써, 그리고 공적 담론에서 정치적 혁신과 경제적 녹색화가 과시적으로 강조됨으로써 "생태학적 근대화와 지속가능한 발전에 관한 정책들은, 환경 정의와 환경 보전이 가능하고 가치 있는 일이라는 점을 중시하는 시늉만 할 뿐, 후기-현대 사회의 근본적인 지속불가능성을 뒤집기는커녕 이를 진정성 있게 다루려고 하지도 않는다."(Bluhdorn, 2002: 66) 이런 분석이 정치 현실을 있는 그대로 보여 주는 것이라면, 여기서 비판적 정치의식의 필요성이 또다시 강조되고 있다. 비판적 정치의식은 지속가능성이라는 언어의 평가에서, 그리고 더 넓게는 환경교육에서 핵심 요소다.

4. 환경 이해, 교육과정 및 학교 문화

위와 같은 논의와 일치된 관점에서 데이비드 오어(David Orr, 1994)는 다음과 같이 지적한다. 서구식 교육은 영원한 성장을 전제로 삼아, 학생들을 지구적 시장경제의 효과적 동인으로 길러 내는 일에 갈수록 중점을 둔다. 여기서 환경 관심은 교육 **안의** 문제 그리고 교육**의** 문제를 동시에 제기한다. 다음과 같은 문제를 예로 들 수 있다. 어떤 **종류**의 지식이 지속가능성이라는 이슈를 가장 잘 밝혀주고, 그에 대응하도록 우리를 준비시켜 줄 것인가? 그에 대한 이해를 일차적으로 과학/지리와 같은 학문에 맡기고 있는 인습적 교육과정은 적절한 것인가? 인간과 환경의 관계에 대한 적절한 이해에 포함된 이슈들 속에 도덕적/사회적/경제적/미학적 차원들이 있는데 이런 것들은 어디서 다루어지는가? 그리고 역사적으로 볼 때, 서구의 문화적 분위기가 자연을 종속화/착취하는 데 사로잡혔고 여전히 이 안에서 수많은 핵심 동기들이 형성되고 있는데, 환경 이슈를 추구하는 데 전통적 교과 영역들이 적절한 수단이라고 단순하게 가정해도 되는가? 이런 질문들을 생각해 볼 때, 전통적 교과 영역에서 작동하고 있는 암묵적 가치들이 최소한 어떤 의미의 지속가능성과 부합될 것이라고 단순하게 가정할 수 없을 것이다. 또한 그런 영역에서의 공부가 지속가능성이라는 이슈의 총체적, 혹은 학제적 성격을 밝혀 줄 것이라고 단순하게 가정할 수도 없을 것이다. 교육철학의 관점에서 볼 때 최소한 다음과 같은 중요한 탐구문제가 나타난다. 학교 교육과정의 상이한 영역 속에서 자연에 대한 어떤 동기/태도가 암시되고 있는가? 그리고 현재 우리가 처한 환경적 곤경이 요청하는 종류의 학습을 촉진시킬 수 있는 교육과정의 구조는 어떤 것인가?

첫째 문제부터 살펴보자. 학교 교육과정에는 자연에 대한 어떤 동기/태도가 암시되어 있는가? 관련된 문헌에서 알 수 있듯이 과학이 자연의 실재에 대한 가장 진정한 통찰을 제공해 준다는 전통적 가정에 대해 광범한 논의가 이루어졌다. 이런 논의에서는, 근대적 실험과학에 내재한다고 간주되기도 하는 공격적/조작적 동기들에 관한 관심이 중심을 차지한다. 이런 관심이 자연의 여성화(faminine gendering)에 의해 정당화됨을 밝혀낸 학자들(Caroline Merchant, 1992, Ch. 2)이 있다. 이와 달리 자연의 다면성을 적절하게 이해하고 그에 대해 공감하는 앎은 더욱 수용적이고, 반응적이며, 대화적인 형태의 앎일 것이고, 이런 앎의 필요성을 인식할 때 다음과 같은 제안이 나타난다. 즉, 다른 발단(portals, 시초)을 모색/추구함으로써, 지식 변화, 교육과정, 교수법, 학교문화 등에 대한 광범한 시사점들이 밝혀져야 할 것이다. 이런 견해에 따르면, 인간과 자연의 관계에 대해서 과연 뉴턴(Newton)이 맨리 홉킨스(Manley Hopkins, 1844~1889, 영국 시인)처럼 많은 것을 제공해 줄 것인가는 결코 분명하지 않다. 그런 고려사항들은 토착적 관점들, 낭만적 철학, 헨리 소우(Henry Thoreau), 랠프 에머슨(Ralph Emerson), 레오팔드(Leopald), 에드윈 뮤어(Edwin Muir)와 같은 초기 환경론자들의 견해, 그리고 (특히 남성적 합리성에 의해 지배받았던 앎에 관한) 에코페미니스트들의 핵심 관심을 교육적 논의에 끌어들이는 것이라고 해석되었다(Plumwood, 1995).

둘째, 환경적 곤경이 요청하는 학습을 촉진시켜 줄 교육과정의 구조는 어떤 것인가에 대해 스테이블스와 스콧(Stables & Scott, 2002)은 개별 학문 기반적 접근을 옹호하였다. 왜냐하면 환경교육을 어떤 총체적인 학제적 요소로 생각하려고 하는 시도가 잘못이라고 보기 때문이다. 이런 총체적 시도의 잘못은 마치 환경에 관한 단일한, 총체적인 어떤 거대 서사(grand narrative)가 있고, 이것을 전수해야 하는 것처럼 암시한다는 점이다. 이것은 에코 파시즘(echo-fascism)과 같은 것이 될 우려가 있다. 그러나 개별 학문 기반적 접근에 대한 비판도 끊이질 않았다. 이런 비판의 근거는, 유기적 시스템에 대한 이해를 증진시키는 교과과정 자체의 구조 속에 그런 유기체주의(organicism)가 어떤 식으로든가 반영되어야 한다는 것이다. 전통적인 교과과정에서 장려하는 원자론적 이해에서는 관련된 요인들을 외부화시키고, 더 큰 전체에 대한 인식이 결여되어 있다는 비판도 나타났다. 『마음의 생태학에 이르는 길(*Steps to an Ecology of Mind*)』이라는 유명한 책에서 그레고리 베이트슨(Gregory Bateson, 2000)은 다음과 같이 주장한다. 절실하게 요청되는 것은 '시스템적 지혜'다. 이 '시스템적 지혜'는 의식이 사건들과 과정들을 선택적으로 표본화하는 협소한 목적론적 틀을 초월하는 것이다. 그렇다면 더 큰 전체를 어떻게 이해해야 할 것인가? 이런 이해에 적합한 은유는 무엇인가? 베이트슨이 애호하는 은유는 거대한 사이버네틱 시스템이다. 이것은 자기-교정적 정보 피드백 시스템이다. 개인의 마음은 그런 시스템의 한 변인, 즉 우리가 설명하고자 하는 현상에 의해 묘사되는 국지적 일부다. 여기서 자아와 타자의 경계선은 없어지는데, 이런 입장은 우리가 어떤 형태로든가 자주 접하는 것이다(예: Matthews, 1994 참조). 그러나 이와 다른 대안도 많았다. 예를 들면, 창조된 영역, 맹목적 인과 시스템, 추상적 법칙들에 의해 지배되는 영역, 신비가 수반된 대화적 만남의 영역 등이 그것이다. 이런 제안이 얼마나 도움될 것인지는 더 논의해 보아야 하겠지만, 분명히 말해서, (베이트슨의 컴퓨터 은유가 요청하는) 인간의 이해 지평의 급진적 수정은 철학적 탐구를 요구한다(예: Bonnett, 2009 참조).

'시스템적 지혜(systemic wisdom)'라는 아이디어와 연관된 것으로 스테판 구프(Stephen Gough, 2002)는 리처드 노가르드(Richard Norgaard, 1984)의 '공-진화적(co-evolutionary)' 접근을 끌어들인다. 공-진화적 접근에서는 사회와 '인간 이외의 자연'의 관계를 상호 변화의 지속적 관계로 본다. 양자는 충분히 예견할 수 없는 방식으로 서로 영향을 주고받는다. 환경 계획에 대한 구프의 제안에 따르면, 불확실성이 시스템적인 그 관점은, 환경의 미래 옵션 가치를 증대시키는 방향으로 그리고 사태가 벌어지는 과정에서 놀라움에 늘 대비하도록, 우리가 가능성을 열어 두고, 환경의 제반 측면의 옵션 가치를 시간 속의 상이한 결정 시점에서 두루 고려하지 않을 수 없도록 도전을 일으킨다. 따라서 교육과정은 가능성들이 계속 확장되는 범위를 생각/인식하고, 또 이를 관리할 능력을 발달시킬 필요가 있으며, 그리고 특히 단기적인 일에만 중점을 두는 정치적 맥락 속에서 미래 옵션을 체계적으로 감소시키는 인습적 태도를 전환시킬 필요가 있다. 교육은, 모든 사람이 활동하고 살아가는 상이한 영역/제도 속에서 의사결정을 할 때 이런 점에 기여하도록 준비시킬 필요가 있다.

'시스템적 불확실성'이라는 주제와 부합되게 존 포스터(John Foster, 2002)는 다음과 같이 주장했다. 환경을 위한 교육은 흔히 말하는 '학습사회'에 대한 경제적 해석이 아닌 발견적 해석을 요청한다. 또한 우리가 세계를 이해할 때 사용하는 의미 부여의 틀은 변화에 대해 개방적일 필요가 있으며, 우리는 자신을 버리고, '생성하는 것을 파악하는 데 꼭 필요한 창조성과 개방성'을 받아들일 준비가 되어 있어야 한다. 여기서 지속가능성은 자연의 '결'과 더불어 살아감이다. 자연은 예측의 대상일 뿐만 아니라 놀라움의 원천이기도 하다. 여기서 근본적으로 개방적이고, 예방적인 안목이 요청된다. 또한 우리의 오류가능성과 예기치 못한 것을 받아들일 수 있는 여지가 생긴다. 이런 견해는 자연을 '스스로 생기는' 것으로 보았던 관점과 전적으로 일치할 것이다.

행위와의 긴밀한 연관성은 우리의 주제에 관한 거의 모든 사상에서 강하게 나타난다. 환경교육 정책을 살펴보면, '행동 수정의 긴급성'에 대한 지각과 '교육적 가치'의 존중 사이에 긴장이 있음을 분명히 알 수 있다. 행위의 충동은 본질적으로 권위주의적으로 혹은 민주적으로 해석될 수 있다. 권위주의적 해석은 '환경주의(environmentalism)'라고도 말하는데, 여기서는 재활용/에너지 절약처럼 미리 구체화된 환경 친화적 행동을 일으키는 수단으로 교육을 이해한다. 이것은 학교 효과성 운동과 잘 어울리는 것으로 간주되었다(Elliott, 1999). 그런 행동은 당연히 환영해야 할 것이지만, 그런 방향으로 학교를 이끌어 가다 보면 학생들의 개인적 이해/비판적 평가/헌신을 경시할 수 있으며, 따라서 환경교육이 제대로 이루어지지 못할 수 있다. 다음과 같은 지적을 살펴보자.

> 학교는 에너지 절약하기, 배터리 수집하기 혹은 쓰레기 분류하기에 의해 녹색화되지 않는다. 핵심은 그런 활동에 참여함으로써 혹은 다른 어떤 일을 결정함으로써 학생들이 배우는 것이 무엇인가 하는 점이다(Jensen & Schnack, 1997).

민주적 행위를 활성화시키는 접근방식의 훌륭한 사례는 OECD의 『학교의 환경 사업(*Environment in Schools Initiative: ENSI*)』이다. 여기서는 '행위 능력(action competence)'을 교육과정의 핵심으로 내세움으로써 학교의 '생태화'를 추구한다. 학생들은 학교/지역사회의 구성원으로 환경 문제를 확인하고 다룬다. 학생들은 관련된 사실적 지식을 습득할 뿐만 아니라 개인적으로 환경 이슈와 지식 간의 연관성을 평가하며, 다른 사람들과 효과적으로 협력하는 실천능력을 배운다. 이때 관련된 모든 사람들의 견해가 존중된다. 이 사업의 목적은 미리 구체화된 행동을 습득하거나 미리 구체화된 교과로 조직된 지식을 습득하는 것이 아니라, 학생들의 생활세계 속에서 비판적으로 성찰되는 환경 관련 행위와 이해다. 여기에 참여하는 사람들은 그런 접근방식을 근본적으로 '탈피적인(transgressive)' 것으로 바라본다. 이 접근방식에서는 인습적 교육을 구조화했던 수많은 경계를 무너뜨린다. 예를 들면, 아동의 의존성과 어른의 책임성, 지식 사용자와 지식 생산자, 앎과 함, 사실과 가치 등이 그것이다. 현실적 삶의 상황에서 발생하는 환경 이슈는 내재적으로 복잡하고, 맥락적이며, 논란을 자주 일으키고, 자주 부분적으로만 나타난다. 이런 특성을 갖는 환경 이슈는 전통적인 학교 교육과정을 벗어나, 학생들로 하여금 "사회 속에서 그들이 존재하는 사회적, 경제적 조건들"(Elliot, 1999)을 만들어 가는 일에 참여할 것을 요구한다.

이렇게 고도로 역동적인 모델은, 학생/교사/교육기관이 갖고 있는 인습적 이해에 대해 환경교육이 얼마나 강력한 영향을 미칠 수 있는지를 보여 준다. 이런 가능성을 검토하려면 당연히 철학적 연구가 필요할 것이다. 예컨대, 핵심 이슈를 확인하는 데 학생들의 합리성은 적합한가? 왜냐하면 앞서 논의했던 상위의 동기 풍토에 의해 학생들의 합리성은 암암리에 조건화되기 때문이다. 여기서 환경교육에 의해 활성화되어야 할 지식의 종류에 관한 또 다른 연구가 필요하다.

이제까지의 논의에서 분명해진 것은, 어린이들에게 환경의 곤경에 대한 여러 가지 이해가 발달될 필요가 있다는 점이다. 여기에는 현재의 상황이 초래되도록 큰 영향을 미쳤던 사회-정치적 가치/실천에 대한 이해도 포함된다. 이에 못지않게 절박한 사항으로 그런 가치/실천의 사회-경제적 결과를 다룰 필요도 있다. 이런 아이디어와 교육적 시사점에서 중요한 것을 결합시킨 것으로 '에코-정의 교수법(eco-justice pedagogy)'이 있다. 바워스(C. A. Bowers, 2002)의 설명에 의하면, '에코 정의 교수법'은 특히 환경적 인종차별주의와 계급차별주의를 밝혀내야 한다. 왜냐하면 인종적으로나 경제적으로 주변화된 집단들이 부당할 정도로 해로운 환경 영향을 받고 있기 때문이다. 또한 '에코 정의 교수법'은 탈-소비적 관계를 확장시킴으로써 미래 세대에 대한 책임감, 그리고 이에 상응하는 자제력을 발달시켜야 한다. 이와 더불어 지역사회의 상품화된 측면을 탈상품화시키고, 소비주의에 사로잡혀 갈수록 일상적 필요 충족에만 의존하는 성향도 바로잡아야 한다. 그 대신 가정 안에서, 혹은 지역사회의 네트워크에 의한 지원을 통해 자체 해결을 도모해야 한다. 바워스가 보기에 이런 목적들을 달성하는 데 중요한 것은, 학생들로 하여금 '어떤 근본적 은유에 의해서 주도되는, 문화적으로 특수한 사고방식들을 언어가 어떻게 이끌어 가는가'를 인식할 수 있게 하는 일이다. 오늘날 지배적 은유는 산업혁명을 뒷받침해 주었던 '개인', '선형적 진보'와 같은 것이며, 이런 것들은 '에코-정의 교수법'을 뒷받침해 줄 '생태학(ecology)'과 같은 근본적 은유와 갈등하게 된다. 여기서는 자율적 개인을 강조하지 않고, 그 대신 '문화적 생물학적 존재로서 인간 실존의 관계적/의존적 성격을 강조한다.' 세계에 대한 우리의 이해를 암암리에 형성함으로써 산업주의적 은유들은 전통의 가치, 그리고 세대 간 지식/연속성의 가치를 체계적으로 무너뜨렸다. 만일 학생들이 문화적 패턴과 환경적 패턴이 어떻게 서로 연결되는지에 대해 성찰하도록 자극받을 수 있다면, '개인적 편익과 물질적 성공을 성취하는 데 따르는 필연적 대가로 소비자 의존성과 환경 훼손을 받아들이는 개인 심리학'을 조장하는 서구 문화의 여러 가지 언어 패턴을 비판할 문화적 여지를 만들 수 있을 것이다.

5. 요 약

우리는 학생들이 환경문제의 증상보다는 원인을 다루도록 할 수 있다. 그렇다면 학생들로 하여금 그런 원인에 깔려 있는 지배적 동기/은유/해석을 밝혀낼 탐구를 시도하도록 해야 한다. 왜냐하면 그런 것들이 사회 속에서 작동하고 있기 때문이다. 또한 학생들이 새로운 이해를 통해 밝혀지게 될 현실을 만들어 가는 일에 참여하도록 이끌어 주어야 한다. 그러기 위해서는, 앞에서 우리가 살펴본 여러 가지 견해에서 알 수 있듯이, 우리 자신과 환경에 대한 아주 근본적인 사고방식들에 스며들어 있는 동기들을 검토해야 한다. 여기서 형이상학적 고찰, 그리고 변혁적 행위가 밝혀질 것이다. 이렇게 볼 때 교육과 환경이라는 주제가 제기하는 이슈는 일차적으로 공식적 교육과정의 문제가 아니라 이보다 더 중요한 (당연히, 사회와) 학교의 일반 문화라는 문제다. 여기서 우리의 초점은 인류의 번영과 좋은 삶에 대한 기본 이해로 옮겨 간다. 이런 이해는 학교라는 공동체의 풍토에서, 그리고 보다 일반적으로는 삶과의 연관성 속에서 암암리에 드러난다. 이런 풍토는 '사회적 실천에 대한 참여'의 성격에 영향을 미친다. 또 그것에 의해 교육과정을 가르치거나 받아들이는 정신까지도 영향을 받는다. 환경 관심에 대한 성찰/검토가 학교생활/사회생활에 반영되어 있는 형이상학을 뒤흔들 수 있다면, 이것은 '환경교육'이라는 교육과정의 특정 영역을 뛰어넘어 큰 의의를 갖게 될 것이다.

참고문헌

Attfield, R. (1994) *Environmental Philosophy: Principles and Prospects*. Aldershot: Avebury.

Bateson, G. (2000) *Steps to an Ecology of Mind*, Pts V and VI. Chicago, IL: University of Chicago Press. 박대식 역(2006). 『마음의 생태학』. 서울: 책세상.

Beck, U. (1994) *Ecological Politics in an Age of Risk*. Cambridge: Polity.

Bell, D. (2004) 'Creating green citizens? Political liberalism and environmental education', *Journal of Philosophy of Education*, 38(1): 37-53.

Bluhdorn, I. (2000) *Post-Ecologist Politics. Social Theory and the Abdication of the Ecologist Paradigm*. London: Routledge.

Bluhdorn, I. (2002) 'Unsustainability as a frame of mind—and how we disguise it: the silent counterrevolution and the politics of simulation', *The Trumpeter*, 18(1): 59-69.

Bonnett, M. (2004) *Retrieving Nature. Education for a Post-Humanist Age*. Oxford: Blackwell.

Bonnett, M. (2007) 'Environmental education and the issue of nature', *Journal of Curriculum Studies*, 39(6): 707-721.

Bonnett, M. (2009) 'Systemic wisdom, the "selving" of nature, and knowledge transformation: education for the greater whole', *Studies in Philosophy and Education*, 28(1): 39-49.

Bowers, C.A. (2002) 'Toward an eco-justice pedagogy', *Environmental Education Research*, 8(1): 21-34.

Brundtland Commission (1987) *Our Common Future*. Milton Keynes: Open University Press.

Carr, D. (2004) 'Moral values and the arts in environmental education: towards an ethics of aesthetic appreciation', *Journal of Philosophy of Education*, 38(2): 221-239.

Casey, E.S. (1997) *The Fate of Place: A Philosophical History*. Berkeley, CA: University of California Press.

Chapman, R.L. (2007) 'How to think about environmental studies', *Journal of Philosophy of Education*, 41(1): 59-74.

Cooper, D. (1992) 'The idea of environment', in D. Cooper and J. Palmer (Eds.), *The Environment in Question*. London: Routledge.

Elliot, J. (1999) 'Sustainable society and environmental education: future perspectives and demands for the educational system', *Cambridge Journal of Education*, 29(3): 325-340.

Foreman, D. (1993) 'Putting the earth first', in S. Armstrong and R. Botzler (Eds.), *Environmental Ethics*. NY: McGraw-Hill.

Foster, J. (2002) 'Sustainability, higher education and the learning society', *Environmental Education Research*, 8(1).

Giddens, A. (1994) *Beyond Left and Right*. Cambridge: Polity Press. 김현옥 역(1997). 『좌파와 우파를 넘어서』. 서울: 한울.

Glacken, C.J. (1967) *Traces on the Rhodian Shore. Nature and Culture in Western Thought from Ancient Times to the End of the Eighteenth Century*. Berkeley, CA: University of California Press.

Gough, S. (2002) 'Increasing the value of the environment: a "real options" metaphor for learning', *Environmental Education Research*, 8(1): 61-72.

Haraway, D. (1991) *Simians, Cyborgs, and Women. The Reinvention of Nature*. London: Free Association Books. 민경숙 역(2002). 『유인원, 사이보그, 그리고 여자: 자연의 재발명』. 서울: 동문선.

Jensen, B.B. and Schnack, K. (1997) 'The action competence approach in environmental education', *Environmental Education Research*, 3(2): 163-178.

McKibben, W. (1989) *The End of Nature*. NY: Random House. 동아일보사 과학동아부 역(1990). 『자연의 종말』. 서울: 동아일보사.

Matthews, F. (1994) *The Ecological Self*. London: Routledge.

Merchant, C. (1992) *Radical Ecology*. London: Routledge. 허남혁 역(2001). 『래디컬 에콜로지』. 서울: 이후.

Meyers, R. (2006) 'Environmental learning: reflections on practice, research and theory', *Environmental Education Research*, 12(3-4): 459-470.

Mitchum, C. (1997) 'The sustainability question', in R. Gottlieb (Ed.), *The Ecological Community*. London: Routledge.

Norgaard, R. (1984) 'Co-evolutionary agricultural development', *Economic Development and Cultural Change*, 32(3): 525-546.

Ophuls, W. (1977) *Ecology and the Politics of Scarcity*. San Francisco, CA: W.H. Freeman.

Orr, D. (1994) *Earth in Mind: On Education, Environment, and the Human Prospect*. Washington, DC: Island Press. 이한음 역(2009). 『학교를 잃은 사회, 사회를 잊은 교육』. 서울: 현실문화.

Plumwood, V. (1995) 'Nature, self, and gender: feminism, environmental philosophy, and the critique of rationalism', in R. Elliot (Ed.), *Environmental Ethics*. Oxford: Oxford University Press.

Postma, D. W. (2006) *Why Care for Nature? In Search of an Ethical Framework for Environmental Responsibility and Education*. Dordrecht, The Netherlands: Springer.

Rist, G. (1997) *The History of Development*. London: Zed Books.

Rorty, R. (1994) *Philosophy and the Mirror of Nature*. Oxford: Blackwell. 박지수 역(1998). 『철학 그리고 자연의 거울』. 서울: 까치글방.

Ross, H. (2007) 'Environment in the curriculum: representation and development in the Scottish physical and social sciences', *Journal of Curriculum Studies*, 39(6): 659-677.

Saward, M. (1995) 'Green democracy?', in A. Dobson and P. Lucardie (Eds.), *The Politics of Nature*. London: Routledge.

Shiva, V. (1992) 'Recovering the real meaning of sustainability', in D. Cooper and J. Palmer (Eds.), *The Environment in Question*. London: Routledge.

Simmons, I. G. (1995) *Interpreting Nature*. London: Routledge.

Soper, K. (1995) *What is Nature?* Oxford: Blackwell.

Stables, A. (2001) 'Who drew the sky? Conflicting assumptions in environmental education', *Educational Philosophy and Theory*, 33(2): 245-256.

Stables, A. (2007) *Living and Learning as Semiotic Engagement*. Lewiston, NY: Edwin Mellen.

Stables, A. and Scott, W. (2002) 'The quest for holism in education for sustainable development', *Environmental Education Research*, 8(1): 53-60.

Taylor, P. (1986) *Respect for Nature: A Theory of Environmental Ethics*. New Jersey: Princeton University Press.

UNCED (1992) *Agenda 21*. NY: UNCED.

Vandeburg, W.H. (1995) 'Can a technical civilisation sustain human life?', *Bulletin of*

Science, Technology and Society, 15.

Winter, C. (2007) 'Education for sustainable development in English secondary schools', *Cambridge Journal of Education*, 37(3): 337-354.

역자 해설

이지헌

1. 교직의 전문성

교사는 전문가인가? 교직은 전문직인가? 저자는 교사의 '가르치는 일' 에 적용될 전문성을 폭넓게 논의한다.

'교사의 전문성' 에 관한 논의의 역사를 먼저 언급한다. 지난 반세기를 거치면서 교사의 전문성에 관한 담론이 달라졌다. 1950년대 이후 '전문직' 과 '여타 직업' 을 구별하는 '특성들' 을 파악하기 시작했다. 예를 들어, 밀러슨(Millerson)은 이론적 지식에 기초한 기능, 기능의 교육, 기능 여부를 확인하는 시험, 전문적 행위 규범, 전문가 조직의 다섯 가지 기준을 제시했다. 1990년대에는 규범적 모형이 등장했다. 예를 들어, 슐먼(Schulman)은 사회봉사, 학문적 지식체계, 실천행위 종사, 불확실성, 경험의 중요성, 전문직 공동체 발전의 여섯 가지 기준을 제시했다. 또 다른 예로서 미국/영국의 최근 연구 성과도 언급되고 있다.

교사의 전문성은 사회적으로 구성된 개념이다. 그것은 사회적 여건 속에서 통용되는 개념이다. 16세기에 전문직은 대학교육을 받은 사람들의 직업을 가리켰다. 교사/교육자들이 전문가로서 인정받고 싶은 이유는 그 '사회적 지위' 때문일 것이다. 교사 전문성에 관한 이런 '지배적' 담론과는 별도로 '민주적 전문성' 에 대한 관심/옹호론도 나타났다.

그렇다면 교사를 전문가로 간주할 수 있는 근거는 무엇일까? 이에 대해 저자는 여덟 가지 준거를 제시/설명한다. 그것은 교과 지식, 교수법 지식, 실제적 경험, 개인/집단적 권위, 진입의 통제, 승진, 전문직 윤리, 전문성 개발이다. 이 준거에 관한 철학적 논의는 이 글에서 돋보이는 부분이다. 여기서 다음과 같은 날카로운 문제가 제기되고 있다. 교사가 '지식기반' 을 제대로 갖추고 있는지를 과연 통상적인 시험으로 판별할 수 있는가? 학사학위만 취득하면 가르칠 교과 지식을 제대로 배웠다고 말할 수 있는가? '교수법 지식' 을 잘 배운다고 해서 실제로 잘 가르칠 수 있는가? '교수법 지식기반' 이라고 말하는 것들이 정말 학문적으로 인정받을 만한 수준인가? '뇌기반 교수-학습' 에 관한 이야기가 유행하고 있는데 이것도 실속 없이 유행에 따른 이야기는 아닌가? '교수법 지식' 에 관한 시험이 과연 교실 안에서 잘 가르치는 능력을 제대로 평가할 수 있는가? 학교/교실의 현장실습은 과연 의사들의 임상실습 수준에 어느 정도로 가까운 것인가? 교육과정/수업/평가에 관해 교사들의 자율성이 축소되고 오히려 국가 통제가 강화되고 있는 마당에서 교직의 전문성을 이야기할 수 있는가? '교직으로의 진입' 이 교육자들에 의해 결정된 적이 있었는가? 승진을 전문직에 필요한 준거라고 본다면, 왜 그런 승진이 없는 의사는 전문직으로 대우받는가? 현실에서 볼 때 과연 전문직의 윤리강령/규약이 제대로 시행되고 있다고 말할 수 있는가? 교과 지식만 갖추면 아무나 가르칠 수 있다고 생각하고, 또 교수법만 배우면 충분할 것이라고 생각하는 사람들이 여전히 많은데도 교직을 법률/의료와 같은 전문직이라고 주장할 수 있는가?

마지막으로, 저자는 교사의 전문성에 관한 새로운 개념으로 '장인으로서의 교사' 를 제시한다. 이 새로운 교사상은 '수공(手工)의 양심' 에 근거한다. 수공의 양심이란 행하고 있는 일의 표준을 나의 것으로 받아들임을 가리킨다. 요즈음 교직은 전문직에 가까워지는 것처럼 보이기도 하고, 오히려 더 멀어지는 것처럼 보이기도 한다. 그럼에도 불구하고 교사는 전문적으로 행동해야 할 의무를 지고 살아갈 수밖에 없다.

2. 가르침과 교수법

'가르침' 이란 다른 사람(학생들)의 삶에 대해 절실하게 느끼고, 같이 지내면서 지속적 영향을 미치는 일이다. 가르침의 과정에서 교사도 스스로 변화를 겪는다. 가르침이 무엇인가를 더 깊이 이해하려면 인간의 삶을 폭넓게 살펴보면서 교육적 차원을 끌어내거나 혹은 과거의 훌륭한 교사들의 활동을 파악하거나 해야 한다.

가르침에 대해 사회과학자들은 경험적으로 연구하고, 철학자들은 성찰한다. 가르침을 탐구하는 방식은 다르나, 양자의 공통점은 가르침의 개선/향상을 바란다는 것이다. 그렇다면 가르침에 대해 성찰하는 교육철학은 어떤 특징을 갖는가? 교육철학자의 독특한 역할은 무엇인가? 아마 그것은 가르침의 독특한 특성을 제대로 드러내려고 노력하는 일, 다시 말해 가르침의 복잡성/중요성을 그려 내려고 노력하는 일일 것이다.

이 글의 저자들은 '철학적 탐구' 를 통해 먼저 가르침의 '인간 형성' 역할을 밝혀낸 다음 가르침 속에 학습과 혁신의 지속적 과정이 들어 있음을 밝혀낸다.

첫째, 가르침은 인간화(인간 됨, 휴머니티)에 기여한다. 즉, 가르침은 학생들의 인간 형성을 도와주며, 이 과정에서 교사도 인간으로서 늘 새롭게 형성된다. 이런 가르침이 어떤 상황에서, 어떤 방식으로, 어느 정도로, 어떻게 인간화에 기여할 수 있는가를 저자들은 다각적으로 성찰한다.

둘째, 가르침은 중요하고 복잡한 일이므로 교사에게도 지속적인 교육이 필요하다. 먼저 교사는 가르침에 대한 다양한 관점을 배워야 한다. 또 학생들을 독자적 개인으로 대우하고 가르치려면 이론 공부만으로는 충분하지 않다는 점도 배워야 한다. 또한 학생들의 학습이 그들의 인간화에 기여할 수 있는 다양한 경로를 알아야 한다. 여기서 교사에게 필요한 점이 바로 '꿋꿋한 정신' 임을 쉽게 짐작할 수 있다.

셋째, 교사에게 '꿋꿋함' 이 필요하다. 다시 말해, 교사는 꾸준하고 변함없이 깊고/넓게 바라보고, 생각하며, 성찰하고, 결정을 내릴 필요가 있다. 왜 교사에게 꿋꿋함이 요청되는가? 그 이유는 여러 가지다. 교사가 행하는 모든 측면은 가르침의 일부가 될 수 있다. 다시 말해, 학생들이 교사로부터 무엇을 어떻게 배우는가 하는 점은 시간/장소/방식에 구애받지 않는다. 또 교직에 대한 사회적 무관심/적대감이 커지고 있으므로 이를 극복해야 한다. 또한 현실세계, 교과, 교실 상황, 학생/교사가 모두 언제나 변하고 있다. 그리고 가르침은 이상적인 목표 지점을 향해 나아가며, 그렇기 때문에 늘 다듬어지고 더 완전하게 되어야 한다. 이런 측면들을 고려해 볼 때 '성숙한 교사' 와 '신참 교사' 는 크게 다르다. 특히 학생들을 받아들이고, 이해하며, 대우하고, 학생들로부터 배운다는 점에서 큰 차이를 보일 것이다. 어찌 보면 가르침은 '전통에 참여함' 을 의미한다. 가르침은 중요한 것들을 지켜 내고 창조하는 일이다. 교사는 미래의 인류를 위해 현재의 학생들을 가르친다. 교사는 이를 제대로 이해할 필요가 있다. 저자들은 가르침에 관한 몇 가지 중요한 질문을 던지면서 이 글을 끝맺는다.

역자는 이 글이 가르침에 관한 감동적인 철학적 에세이라고 느낀다.

3. 교육과 가르침의 윤리적 차원

교육/가르침의 목적은 혼자만 잘 사는 것이 아니라 모두 함께 잘 사는 데 있다. 그런데 교육과 가르침은 다원적이고 복잡한 사회 속에서 이루어진다. 교육제도와 교육자들은 어쩔 수 없이 여러 가지 복잡한 윤리적 문제에 얽히게 된다. 그러므로 우리는 폭넓은 시각에서 교육/가르침의 윤리적 차원에 대해 접근/검토할 필요가 있다.

교육/가르침과 연관된 윤리적 차원에 대해 폭넓게 접근한다고 할 때 과연 어떤 문제에 초점을 둘 것인가? 이 글의 저자는 세 가지 주제를 중점적으로 다룬다. 첫째, 아이들의 교육에 대한 부모의 책임을 어떻게 이해할 것인가? 둘째, 교육제도의 성격/운영은 교육행정가/교사에게 어떤 자질을 요구하는가? 셋째, 대중문화/고급문화/교육목표 간의 갈등은 교사들에게 어떤 가치갈등을 불러일으키는가?

첫째, 자녀를 잘 교육시키려는 학부모의 '학교 선택' 은 윤리적 문제를 제기한다. 아동의 교육을 둘러싸고 국가/학교/가정은 서로 복잡한 관계에 놓여 있다. 국가/학교/가정은 서로 어떤 관계에 있어야 하는가? 이를 둘러싸고 '도덕적 동반자가 되어야 한다.' '부모의 통제 권한이 우선해야 한다.' '소비자-공급자 관계로 보아야 한다.' '고객을 위한 서비스를 중심으로 접근해야 한다.' 는 다양한 견해가 나타났다. 특히 학부모의 학교 선택을 중심으로 찬반 논란이 전개되었다. 이런 논란의 바탕에는 '교육은 개인적 선(좋음)과 시민적 선 중에서 어느 것을 중시해야 하는가?' '교육은 서열적/지위적 선을 위한 것인가?' 혹은 '공적 선을 위한 것인가?' 라는 오래된 윤리적 논쟁이 깔려 있다. 이 글의 저자는 학부모의 '학교 선택' 에 대한 찬반 의견을 윤리적 쟁점과 연결시켜 논의한다.

둘째, 교육제도의 성격/운영은 교육자에게 윤리적 자질을 요구한다. 먼저 학교/대학이라는 교육제도는 두 가지 형태로 나타난다. 학교/전문학교/대학은 특정 목적/가치/원칙에 따라 조직된다. 다시 말해, 사립/공립, 종교계/비종교계, 특수목적/일반목적에 따라 특수한 가치가 반영된다. 이와 달리 교육제도는 학문/분야/학과 및 학문 형태(형식)에 따라 설계/조직되기도 한다. 이 경우 각 학문의 지적 가치, 그리고 그와 관련된 윤리적/도덕적 가치가 반영된다. 이렇게 다양한 형태의 교육제도에서 자신의 역할을 수행하는 교육자/교육행정가의 행위는 윤리적 문제를 일으킨다. 이런 윤리적 문제에 대해 저자는 과학적 탐구 논리를 위반한 과학자, 나치를 추종했던 의학자, 핵무기를 개발한 과학자, 학문적 표절을 일삼는 교수, 학생들을 성적으로 착취하는 교육자/교육행정가, 학교/교육청/대학의 비교평가에 대비하여 비윤리적으로 자체 평가를 수행하는 사람들 등을 예로 들어 논의한다. 또한 교육철학자가 탐구해야 할 윤리적 문제를 거론한다. 교육철학자는 효과성 대 도덕성, 진리 추구를 향한 열린 마음과 닫힌 마음, 엘리트주의와 민주주의, 현실에 대한 관망과 참여, 대학의 가치 추구와 가치 배반 등과 같은 윤리적 문제를 이론적/실천적으로 탐구한다.

윤리적 문제를 철학적으로 탐구할 때 한 가지 유용한 개념으로 '성실성' 이 제시된다. '성실성' 은 한편으로는 교육자의 '역할 수행' 을 중심으로, 다른 한편으로는 교육자의 '삶 전체' 를 중심으로 살펴볼 수 있다. 여기서 저자는 성실성의 세 가지 단계, 그리고 성실성의 삼차원적 의미를 밝혀낸다. 또한 관료적 교육제도 안에서 공적 요구사항과 개인적 신념이 서로 갈등을 일으키는 경우가 생기는데 이럴 경우에도 성실성은 윤리적 판단의 기반이 될 수 있다. 그 밖에 다양한 도덕적 이슈가 교육제도 안에서 나타난다. 예를 들면, 학교평가에서 도덕적 풍토의 중요성, 학생들의 부정행위, 지적 편향성과 학문적 자유, 정부의 기밀사항, 교사의 가르침/삶에서 나타나는 도덕적 가치의 (불)일치, 학업성적 평가에 대한 정부/교육청의 압력과 정직한 판단의 관계, 정치적/도덕적 쟁점에 관한 교과서 내용과 교사의 판단, 학생들의 진로에 관한 도덕적 판단과 실리적 판단 등이 있다.

셋째, 교육목표와 대중문화의 충돌은 가치갈등을 일으킨다. 교육적으로 볼 때 선발, 능력별 편성, 교육과정 내용 등에서 엘리트주의와 민주주의가 충돌할 것이다. 학교의 고유한 가치와 자본주의의 행동 규범이 서로 충돌할 것이다. 이 글의 저자는 특히 고급문화와 대중문화의 대립을 상세히 거론하면서 보다 유연한 접근방식을 탐색한다. 또한 가치갈등 문제는 고급문화와 대중문화라는 틀이 아닌 공적 문화와 사적 문화라는 틀 안에서 접근될 수 있다. 저자는 이 틀 안에서 공립학교와 사립학교, 종교학교와 종교교과, 현실의 가치와 학교의 가치 등을 다룬다.

결론적으로 오늘날 교육에서 가장 중요한 문제는 아이들에게 시민적 (미)덕을 어떻게 길러 주며, 그들이 시민사회에 어떻게 기여하도록 할 것인가다. 이 과제는 학교/대학에 공통적으로 주어진다. 이 장에서 저자가 교육/가르침의 윤리적 차원을 '보다 폭넓게' 살펴본 것은 그런 과제의 해결에 유익할 것으로 보았기 때문이다.

4. 도덕교육과 시민교육

오늘날 우리에게 필요한 도덕교육은 어떤 것인가? 그리고 도덕교육과 시민교육은 어떤 관계에 있는가? 도덕교육에 대해 어떤 철학적 문제가 제기되고 있는가?

이 글은 먼저 도덕교육과 시민교육의 관계를 논의한다. 저자는 좁은 의미에서 보면 두 영역이 각기 고유한 측면을 갖고 있지만 넓은 의미에서 보면 두 영역 간에 중복되는 점들이 있음을 밝히고 있다.

도덕교육의 목적은 무엇인가? 도덕교육은 공적 가치에 관심을 두면서 동시에 사적 덕 혹은 인격적 자질에 대해서도 관심을 쏟는다. 학교가 추구하는 도덕교육의 목적은 지식, 능동적 헌신, 자율적/비판적 성찰의 세 가지 차원에서 접근할 수 있다.

도덕교육과 시민교육 영역에서 학생들의 '가치'를 발달시키려면 학교와 교사는 세 가지 역할을 수행해야 한다. 첫째, 사회를 떠받치는 '시민적 가치'에 대해 학생들이 비판적으로 이해하도록 도와주어야 한다. 둘째, 학생들이 '도덕적 가치판단과 그 실천'에 관해 제대로 알고 이해하도록 도와주어야 한다. 셋째, 학생들의 '가치관 형성'이 합리적 선택/성찰을 통해 그리고 공공 이익에 해를 끼치지 않는 방향에서 이루어지도록 도와주어야 한다. 그런데 학교와 교사가 가치를 전수하는 일에 대해 다음과 같이 세 가지 문제를 제기할 수 있다. 첫째, 학교와 가정의 가치가 각각 다를 수 있다. 둘째, 사적 관심사에 속하는 가치를 타인에게 부과시키기란 어려운 일이다. 셋째, 현대사회의 가치 다양성을 고려할 때 '어떤 틀로 접근할 것인가'에 관해 합의를 도출하기가 어렵다. 이런 점들은 학생들의 가치를 발달시키는 학교/교사의 역할에 대해 중대한 시사점을 줄 수 있다.

학생들은 도덕적 성숙과 자율성에 도달하기 위해 세 가지 단계를 거칠 것이다. 첫째, '외부에서 부과된 규칙'을 수용한다. 둘째, '내면적으로 생성된 규칙'을 따른다. 셋째, '합리적으로 결정된' 규칙을 준수한다. 이런 도덕관은 자유주의적 가치와 연관된 것임을 쉽게 짐작할 수 있다. 자유주의적 가치의 핵심은 '개인의 자유', '평등한 권리', '일관된 합리성' 등이다. '도덕성'이란 이런 자유주의적 가치들을 기준으로 삼아 합리적으로 정당화할 수 있는 규범/행위규칙을 의미한다. '도덕적으로 교육받은 시민'이란 그런 규범/행위규칙을 통해 사고하고 그것을 내면화한 사람이다. 자유주의는 여러 가지 윤리이론의 기반이 되었으며, 이런 윤리이론의 다양한 발전과 더불어 도덕교육에 대한 특수한 접근방식들이 나타났다. 도덕교육에 대한 '도덕적 추론 접근'은 피아제와 콜버그에 의해 발전되었으며, 이런 접근의 특징은 '합리성의 가치'에 뿌리를 두고 있다는 점에 있다.

합리성에 기반을 둔 도덕교육에 대해 두 가지 비판이 나타났다. 첫째는 이런 접근방식을 뒷받침해 주고 있는 '자유주의적 가치에 대한 비판'이다. 둘째는 '도덕교육에 대한 도덕적 추론 접근방식의 문제점'이다. 결론에서 저자는 덕/인격/배려를 강조하는 접근방식과 도덕적 추론/인지/판단을 강조하는 접근방식을 상호 결합시키는 길을 도덕교육의 바람직한 방향으로 제안한다.

5. 교 화

교육은 피교육자가 '바람직한 믿음' 을 갖도록 가르치는 일이다. '바람직한 믿음' 을 갖도록 가르칠 때에도 바람직한 방식이 있을 것이다. 그렇다면 어떤 믿음이 바람직한 것이며, 어떻게 가르치는 것이 바람직한 방식인가? 이 질문에 대한 답변에 따라 우리는 '교육' 과 '교육이 아닌 것' 을 구분할 수 있다.

'교육이 아닌 것은 무엇인가?' 이 문제는 '교화' 를 통해 다루어진다. 영어 사용권의 교육철학자들은 '교육이 아닌 것' 을 가리키기 위해 'indoctrination' 을 사용하며, 우리는 그것을 교화(맹교, 위교)로 옮겨 쓴다. 교화란 바람직하지 못한 믿음을 바람직하지 못한 방식으로 전수하는 것을 의미한다. 그렇다면 '바람직하지 못한' 의 기준은 무엇인가? 이 글에 따르면, 그것은 '열린 마음' 과 '자율성' 에 어긋나는 것이다. 열린 마음과 자율성은 자유민주주의 사회의 핵심 가치다. 자유민주주의의 관점에서 볼 때 열린 마음과 자율성에 어긋나는 가르침은 교화에 속하고, 이런 가르침은 가급적 피해야 하는 것이다.

여기서 두 가지 사항이 주목된다. 첫째, '바람직하지 못한' 믿음은 '합리적 근거가 없는' 믿음일 것이다. 이런 믿음은 어떤 것인가? 합리적 근거가 있는/없는 믿음을 파악하려면 그것을 판별할 수 있는 '합리적 앎의 방식' 이 있을 것이다. 둘째, 합리적 믿음을 발달시키기 위해서도 '합리적 앎의 방식' 이 있다는 점을 받아들여야 할 것이다. 우리는 어떤 믿음에 합리적 근거가 있는가를 따져 볼 때 그 기반이 되고 있는 '합리적 앎의 방식' 자체는 당연한 것으로 받아들인다.

그런데 '합리적 앎의 방식' 을 받아들이지 않을 수 있다. 교리/교설(doctrine)이 그런 경우에 속할 것이다. 우리는 '합리적 앎의 방식' 을 받아들이지 않는 교리/교설을 교화로 간주할 수 있다. 교리를 가르치는 일이 교화가 된다. 그렇다면 '교리는 무엇인가?' 이 글에서는 교리/교설에 대한 티센(Thiessen)의 개념 분석 사례를 통해 교리가 교화를 밝혀내는 데 얼마나 유용한 개념인가를 논의한다. 그렇지만 교리/교설은 종교적 믿음에 관한 논의뿐만 아니라 과학적 신념에 관한 과학사적/과학철학적 논의까지 끌어들이는 것이므로 교리/교설에 의거해서 교화를 구별해 내는 데 한계에 부딪힌다.

교화의 여부를 제대로 가려낼 기준으로는 어떤 것이 있는가? 그동안 교육철학자들은 교화의 개념적 기준으로 내용/방법/의도/결과를 제시하였다. 저자는 이 네 가지 기준을 상세하게 검토한 후, 교화는 '열린 마음과 자율성에 도달할 수 없게 만드는 믿음을 조장하는 일' 이라는 결론에 도달한다. 교화는 도덕적으로 옹호받을 수 없는 가르침을 밝혀내는 데 중요한 개념이다.

6. 지식과 진리

다음과 같은 교육관이 널리 퍼져 있다. 교육은 학생들이 지식을 습득할 뿐만 아니라 합리적 탐구능력을 갖추도록 도와주는 일이다. 다시 말해, 교육은 학생들로 하여금 합리적 탐구가 어떤 일인지를 이해하고, 합리적 탐구의 결과에 따라 자신들의 믿음/판단/행동을 수정/결정하도록 도와주는 일이다. 이런 교육관에는 지식과 진리의 가치가 전제되어 있다. 이런 교육관을 뒷받침해 주는 것이 철학적 인식론이다. 인식론이라는 철학적 탐구의 주된 과제는 지식과 진리가 무엇인가를 밝히는 일이다. 이와 같은 교육관이나 인식론에 대해 누구나 동의하는가? 그렇지 않은 것 같다. 그동안 지식/진리/합리적 탐구를 옹호하는 철학관, 그리고 지식/진리/합리적 탐구를 가치 있게 여기고 그것을 전수하고자 하는 교육관에 대해 수많은 비판이 쏟아졌다. 이 글의 저자는 이런 비판적 입장을 세 가지로 나누어 자세히 논의한다. 이런 비판적 관점으로는 ① 'S는 p를 앎' 이라는 인식론을 비판하는 코드(Code)의 관점, ② 지식을 독립된 실재의 재현으로 간주하는 지식관에 대한 테일러의 도전, ③ 정초주의를 옹호하는 근대적 지식관에 대한 포스트모더니스트들의 도전이 있다.

철학적 인식론은 주로 '명제적 지식' 을 중심으로 지식의 본질/성격을 탐구하였다. 플라톤 이후 널리 인정받았던 '지식에 대한 표준적 설명' 은 다음과 같다. 즉, 지식이란 '정당화된 참 믿음' 이다. 이 설명은 인식론/교육철학 안내서에서 쉽게 찾아볼 수 있다. 여기서 '지식은 무엇인가?' 라는 물음은 믿음/진리/정당화라는 세 가지 사항으로 설명된다. 다시 말해, 'S가 p를 안다.' 고 말할 수 있으려면 S가 p를 믿고, p가 참(진리)이며, p가 참인 증거가 있거나 제시되어야 한다.

그렇다면 'S가 p를 앎' 이라는 인식론에 대해서는 어떤 비판이 제기될 수 있는가? 첫째, 코드(Code)의 비판에 따르면 그런 인식론은 '보편적 인식론' 이며, 모든 인식 주체에 적용될 수 있는 것이기 때문에 개별적 인식 주체의 특수성을 제대로 반영하지 못한다는 심각한 문제점을 안고 있다. 이 글의 저자는 코드의 비판을 분석하면서 코드가 주장하는 바를 몇 가지로 나누어 살펴보고, 또 그런 주장들이 긍정적인 의미를 갖고 있음을 인정할 수 있으나 'S가 p를 앎' 이라는 보편적 인식론을 비판하는 데는 성공하지 못하고 있음을 밝혀낸다.

둘째, 테일러(Taylor)는 '인식론을 극복할 것' 을 주장한다. 그는 진리대응설을 정면으로 비판한다. 진리대응설은 지식이 '독립적으로 존재하는 실재를 바르게 재현한 것' 이라고 이해한다. 테일러는 이런 주장의 기반에 '부적절한 자아관' 이 놓여 있다고 지적한다. 즉, 자아가 자연적/사회적 세계로부터 근본적으로 유리된 것처럼 보고 있다는 말이다. 테일러는 이렇게 잘못된 자아관에 기반을 두고 있는 인식론적 입장은 무너지고 만다고 주장한다. 이 글의 저자는 인식론을 극복해야 한다는 테일러의 주장에도 불구하고 인식론은 여전히 건재하며, 따라서 지식을 '독립된 실재의 올바른 재현' 이라고 이해하는 것이 잘못이 아님을 자세히 밝히고 있다.

셋째, 포스트모더니스트들은 '정초주의' 를 비판하고 그 대신 '오류가능설' 을 제시한다. 오류가능설이란 우리의 믿음이 모두 불확실하고 오류에 빠질 수 있으며, 따라서 인식적 판단에 대해 겸허한 자세를 가져야 한다는 입장이다. 이

비판에 대해 이 글의 저자는 정초주의가 무엇인가를 밝히고, '정초주의 철학'에 대한 포스트모더니스트들의 비판을 상세하게 반박하며, 저자가 옹호하는 교육적 인식론이 오류가능성을 부정하는 것이 아니라 오히려 수용하는 것임을 밝혀낸다. 결론적으로 이 글의 저자는 코드, 테일러, 포스트모더니스트들의 비판이 유익한 점들을 지적하고는 있으나 저자가 주장하는 교육적 인식론을 반박하는 데에는 실패하고 있음을 밝혀낸다.

7. 지식의 가치

지식의 가치는 무엇인가? 지식은 지혜의 건실한 기반이다. 폭넓은 지적 안목을 갖추도록 돕는 교육이 바로 자유교육이다. 폭넓은 지적 안목은 다양한 지식 영역을 통해 제공된다. 다양한 지식은 내재적 가치뿐만 아니라 도구적 가치를 갖는다.

지식은 문화 정체성과 연관되어 있다. 시대/장소/정치체제에 따라 사람들이 알아야 할 것들은 달라질 수 있다. 더 나아가 지식에 대해 회의론적 태도를 갖는 사람들은 '권력자들이 타인들을 착취/통제하기 위해 만든 인위적 구성물'이 바로 지식이라고 주장하고, 상대주의자들은 '어떤 주장을 참(진리)이라고 받아들이는 것'은 그것을 내세우는 사람들의 사회적 권력에 굴복하는 일이라고 비판한다. 이 글의 저자에 따르면, 그런 입장은 결국 '우리 각자가 우리 자신의 진리를 만든다.'는 생각을 갖고 있기 때문에 잘못이라고 주장한다. 그렇다면 회의론/상대주의에 빠질 필요가 없다.

저자는 '지식은 무엇인가?'라는 물음에 대해 다음과 같은 입장을 밝혀낸다. 지식은 진리와 분리하여 이야기하기가 어렵다. '절대적 진리'를 거론하기가 어려운 시대이기는 하지만 우리가 그런 진리에 조금씩 더 가까워질 수 있다는 가능성까지 부정할 필요는 없다. 또한 이성의 원리, 즉 합리적 논변의 결론을 받아들여야 한다는 원리는 교육의 기반이다. 만일 이런 원리를 무시하고, '모든 사람의 견해를 모두 똑같은 것으로 받아들여야 한다.' 고 주장한다면 지식 자체가 흔들리고 교육 실천의 기반조차 흔들릴 것이다.

8. 마음의 개념

이 글에서 '마음' 의 개념을 논하는 까닭은 무엇인가? 역자는 다음과 같이 생각한다. '마음' 은 교육에 관한 담론에서 자주 쓰이는 용어다. 마음이라는 용어가 자주 쓰이는 까닭은 학생들의 마음에 좋은 영향을 미치려고 노력하는 활동이 바로 교육이기 때문이다. 그렇다면 마음을 폭넓고 명확하게 이해할 필요가 있다. 그러나 마음의 의미(들)를 제대로 파악하기란 쉬운 일이 아니다. 왜냐하면 다양한 학문 영역에서 마음에 관한 탐구가 진행되고 있으나 아직 마음의 본성에 관해 합의된/공유된 이해에 도달하지 못하기 때문이다. 그렇다면 우선 현대철학, 특히 마음 철학(philosophy of mind)에서 어떤 논의가 진행되고 있는가를 입문 수준에서나마 살펴보는 것이 교육자에게 도움을 줄 것이다.

이 글에서는 전통 철학의 마음관으로 플라톤, 아리스토텔레스, 데카르트, 듀이의 사상을 다룬다. 현대철학의 마음관으로 13가지가 설명된다. 이 글에서 논의되고 있는 여러 가지 마음관의 특성을 역자는 다음의 〈표〉와 같이 정리하였다. 마음에 관한 현대철학의 논의가 아주 다양한 각도에서 전개되고 있음을 이해하는 데 도움이 되기 바란다.

역자와 마찬가지로, 교육철학에 관심 있는 독자들은 이런 새로운 학문적 분류/논의가 낯설게 느껴질 것이다. 전문적인 개념/철학자/이론도 전반적으로 생소하다. 그렇다고 도움을 받을 수 있는 '마음 철학' 에 관한 쉬운 입문서도 찾아보기 어렵다. 이 글은 마음에 관한 현대철학의 논의를 초보적 수준에서 안내해준다는 점에서, 그리고 이 분야의 연구 성과를 개괄적으로 파악하도록 도와

〈표〉 마음 철학의 다양한 흐름

이론	이론가	이론의 내용
관념론적 일원론	플라톤	마음이라는 실체는 신체라는 물질적 실체와 전혀 다르다. 마음은 비물질적이고, 영원하며, 영원한 형상들을 파악한다. 마음은 물질적 신체와 연결되기 전에 이미 존재하고, 신체와 연결되기도 하며, 분리될 수 있다.
프시케 이론	아리스토텔레스	프시케는 인간 존재의 자연적 능력/역량의 집합이다. 프시케는 영향 섭취의 프시케, 감각적 프시케, 합리적 프시케로 나뉜다. 인간만이 합리적 프시케를 갖는다. 프시케는 살아 있는 신체와 분리될 수 없으나 비물질적인 것도 있다고 말한다.
실체 이원론	데카르트	물질과 마음은 근본적으로 다른 실체다. 물질의 속성은 연장이다. 마음의 특성은 인과성의 법칙을 따르지 않는다. 인간의 물질적 신체는 마음과 연결된다. 마음이 없다면 신체는 기계적 장치에 불과하며 의식할 수 없다. 감각, 자유의지, 언어와 추론 등은 마음의 능력이다.
경험적 자연주의	듀이	마음은 의미들의 집합이다. 마음의 출현은 언어의 발달과 일치한다. 심적인 것들은 실재하며, 자연과학적으로 기술/확인될 수 있다.
관념론적 일원론	버클리, 포스터	존재하는 모든 것은 심적/마음적인 것이다. 마음은 영원하고, 비공간적이며, 원인이 없고, 자유로우며, 능동적이다. 마음은 존재할 수 있는 모든 것에서 나타난다.
물리주의, 유물론	처치랜드	물질적/물리적 성격을 가진 것들만 존재한다. 심적 상태에 관한 모든 명제는 틀린 이론이다. 신념/감정/욕구 등을 언급하는 일을 점차적으로 제거하고, 과학적 연구에 기초한 이론을 만들어야 한다.
환원적 유물론	·	심적 현상은 실제로 발생하는 것이며, 이런 현상은 유물론적 이론에 의해서 더 제대로 이해될 수 있다. 이를 위해 이론적 환원이나 설명적 환원이 필요하다.
마음-뇌 동일체 이론	폴저, 김재권	심적 사물이나 과정은 뇌의 상태나 과정과 동일한 것이다. 마음과 뇌는 동일하지만 마음은 뇌로 환원되지는 않는다. 마음에서 가장 중요한 것은 의식이다. 물리학의 실체들과 이들 간의 관계에 관한 법칙들이 기본적으로 우주를 구조화하지만 더 높은 수준에서 새로운 관계와 새로운 실체가 나타난다(물리주의).

현대의 이원론	차머스	마음과 물질의 존재를 모두 인정한다. 우주는 기본적으로 물리적이지만 고도로 복잡한 물리적 사물은 물리적 속성과 비물리적/심적 속성을 갖는다(속성 이원론). 자연세계와 마찬가지로 마음의 주요 현상인 의식도 법칙적 관계에 따라 움직이지만 의식의 이런 법칙들이 물리적 세계의 법칙들과 똑같은 것일 필요는 없다.
상호 작용론	모어호프, 김재권	심적 인과의 발단은 양자이론의 불확정성에서 찾을 수 있다. 마음은 물리학의 입자들 간의 전자기적 상호작용을 수정할 수 있으며, 이런 점에서 물질에 영향을 미칠 수 있다.
부수 현상론	·	심적 사건의 발생은 언제나 물리적 사건에 의해 인과되지만 심적 사건은 물리적 사건에 아무런 효과를 미치지 못한다. 심적 인과라는 것은 없고 환상일 뿐이다. 심적 사건은 물리적/생물학적 사건에 수반된다.
재현이론	드레츠키	심적 상태는 실제로 존재하며, 심적 상태가 의미론적 내용을 획득하는 것은 세계 속의 다른 물리적 사물과의 인과관계를 통해 가능하다. 심적 재현은 인과적 힘을 갖는다. 심적 상태와 행위 간의 관계는 법칙적이다. 마음을 이해하려면 뇌/유기체 안에서 발생하는 재현의 생물학적 과정을 이해할 필요가 있다.
마음의 모듈성 명제	포더	마음의 심적 모듈은 인지적 처리기제, 즉 계산체계로서, 유기체에 의해 그런 체계 속에서 사용될 생득적 정보를 끌어들이고 이를 가공한다. 인공지능은 인간의 마음이 쉽게 할 수 있는 일을 제대로 모방하지 못한다. 마음의 작동방식에 관한 총체적인 해명은 아직 불가능하다.
기능주의	·	심적 상태는 복잡한 체계로서 요소들 간에 발생하는 인과적 관계들의 특수한 집합이다. 기능주의의 핵심은 다중 실현가능성이다.
마음의 계산이론	·	마음은 컴퓨터처럼 움직인다. 모든 복잡한 생각의 형식은 그것을 일으키는 보다 단순한 기본 생각의 형식의 함수다. 기계장치인 컴퓨터는 인간의 마음 작동의 적절한 모형이다.
생물학적 자연주의	설	마음과 의식은 복잡한 생물 유기체에서만 발생하는 자연적 현상이다. 심적 현상은 뇌에서 발생하는 미시적인 물리적/생물학적 과정에 의해 나타나며, 그 기저에 놓여 있는 생리학적 과정으로써 인과적으로 환원/설명될 수 있다. 심적 상태/사건은 주관적인 것이다. 의식 자체는 어떤 복잡한 생물학적 유기체들의 자연적, 진화된 특성이다.
인지와 정서	셰플러, 다마지오, 프린츠	인지와 정서는 개념적으로 분리될 수 없다. 정서는 다양한 방식으로 인지에 기여한다. 인지과정에서 뇌 안의 정서체계가 모종의 역할을 수행한다. 모든 사고에서 정서(체화된 평가)가 중심이다.

준다는 점에서 유익하다.

두 가지 사항을 덧붙이고자 한다. 첫째, 마음 철학에 관한 안내서로 서울대학교철학사상연구소(2012)에서 편찬한 『마음과 철학: 서양편』 상/하권이 있다. 상권에서는 플라톤, 아리스토텔레스, 데카르트, 버클리의 마음관을, 그리고 하권에서는 이 장에서도 언급되는 김재권, 설, 차머스의 마음관을 읽어 볼 수 있다. 또한 『마음과 철학: 서양편』의 서문에 들어 있는 강진호의 '마음을 이해하는 서양철학의 세 가지 전통' 도 유익한 글이다.

둘째, 이 장은 마음에 관한 철학적 연구를 다각적으로 언급하면서도 그 교육적 연관성을 전혀 밝히지 않고 있다. 이 점을 어떻게 볼 것인가? 한편으로 '유보적 시각' 이 있다. 마음의 철학자들의 연구 성과가 교육적으로 어떤 연관성을 갖는 것인지에 대해 아직 탐구가 이루어지지 못했다고 볼 수 있다. 앞으로 마음/뇌/컴퓨터에 관한, 그리고 마음-몸 관계에 대한 심층적 탐구가 교육문제/활동과 어떻게 연관될 수 있는지가 밝혀질 것으로 기대할 수 있다. 다른 한편으로 '대안적 시각' 이 있다. 교육문제/활동과 연관될 수 있으려면 마음에 대한 설명/접근이 이 장과는 다른 관점에서 시도될 필요가 있을 것이다. 어떻게 접근할 수 있는가? 마음과 몸의 관계, 혹은 심적 현상의 원인들에 대한 순수 철학적 연구보다는 더 직접적으로 심적 현상들 그리고 심적 현상들 간의 관계에 대한 탐구로 나아갈 수 있을 것이다. 다시 말해, '아동의 마음은 어떻게 작동하는가?' 를 구체적으로 이해하기 위해 개념(학습), 믿음, 마음의 발달, 지능, 사고, 상상력, 창의성, 동기, 정서, 전인 등 여러 측면을 밝혀낼 수 있고, 이런 측면에 대한 이해가 아동을 길러 내고 가르치는 일에 도움을 줄지 모른다. 이런 관점에서 존 화이트(John White)의 『아동의 마음(*The Child's Mind*)』(2002)은 중요한 시사점을 줄 것이다.

참고문헌

서울대학교철학사상연구소 엮음(2012). 마음과 철학: 서양편, 상. 서울: 서울대학교출판문화원.
서울대학교철학사상연구소 엮음(2012). 마음과 철학: 서양편, 하. 서울: 서울대학교출판문화원.
White, J. (2002). *The Child's Mind*. London: Routledge.

9. 학 습

학습에 관한 우리의 사고 속에는 은유(metaphor)가 많이 들어 있다. 그렇지만 학습과 연관된 여러 가지 은유에 어떤 결함이 들어 있다고 본다면 이를 탐색/탐구할 필요가 있을 것이다.

'전이'는 은유다. '전이되는' 것으로는 흔히 지식의 항목, 능력, 기능 등을 언급한다. 그런데 ① 지식 항목(조각), 즉 사실이 '전이되는' 것을 마치 어떤 물건이 한곳에서 다른 곳으로 이동하는 것처럼 생각한다면 이는 잘못이다. 한 사실은 다른 사실과 떼어 낼 수 없고, 그 사실을 파악하고 있는 개인도 그가 처한 환경에서 떼어 낼 수 없다. 개별 지식 항목은 다른 것들과 연결됨으로써 의미를 갖는 것이고, 지식 내용들도 서로 다양하게 연결될 수 있는 것이다. 또 지식을 갖고 있는 개인이 어떤 상황(맥락)에서 다른 상황(맥락)으로 이동할 경우에 '기존 지식'을 적용할지라도 과거의 지식이 그대로 전이되는 것은 결코 아니다. 새로운 상황에서 새로운 지식이 형성되고, 이것이 과거 지식에 영향을 미치며, 또 서로 영향을 주고받기 때문에 과거 지식이 단순히 전이된다는 것은 불가능한 일이다. ② 만일 전이라는 은유가 '어떤 것'을 담고 있는 '개인'이라는 아이디어에 의존하고, 또 '어떤 것'이 환경으로부터 분리될 수 있다는 점을 암시한다면 이 역시 심각한 문제가 될 수 있다. 왜냐하면 학습이나 앎은 한 개인에게 한정되는 일이 아니기 때문이다. 개인은 사회적/문화적 환경에 살고 있고, 이는 수많은 규칙/인습으로 구조화되어 있으며, 그에 의해 대부분의 행동, 특히 언어에 의미가 부여된다. 이런 점은 '상황적 인지' 에서도 강조된다.

앞선 두 가지 문제점은 '능력' 이나 '기능' 이 전이된다고 말하는 경우에도 그대로 적용된다. 개념적으로 볼 때 어떤 행위(능력/기능)의 성격이 그 행위가 행해지는 맥락에 의해 최소한 부분적으로 달라지는 것이라면, 행위자가 한 상황에서 다른 상황으로 단순하게 전이할 수 있는 어떤 행위가 있다고 생각하는 것은 무의미한 일이다.

'구성' 도 은유다. 구성주의에서는 학습자를 '자신의 학습을 구성/구축하는 행위자' 라고 이해한다. 만일 지식이 그렇게 창안/구성되는 것이라고 한다면 지식이란 학생들이 창안한 것에 지나지 않는다. 학생은 자신의 지식을 무엇으로부터 구성하는가? 만일 학생이 자신이 이미 갖고 있는 지식으로부터 구성한다면 그 지식은 또 어디서 나오는가? 햄린(Hamlyn)과 앳킨슨(Atkinson)에 따르면, 지식이 구성되는 최초의 요소들은 학습자나 우리가 모두 공통적으로 갖고 있는 반응이다. 그것은 비트겐슈타인이 말하듯 우리가 세계를 지각하거나 세계에 대해 반응하는 방식에서 합의된 패턴이다. 그것은 설(Searle)이 말한 것처럼 삶의 형식들을 공유하거나 공통된 배경 속에 거주하는 일이다. 저자는 이런 문제가 '개념 획득' 에서도 비슷하게 나타난다는 점을 런틀리(Luntley)를 인용하면서 논의한다.

우리는 교사로부터 지식을 '얻는' 수동적 학습자보다는 지식을 '구성하는' 능동적 학습자를 좋아할 것이다. 그렇다면 '능동적 학습' 이란 무엇을 의미하는가? 능동적인 신체활동인가? 심적 활동인가? 상상인가? 열정인가? 열정은 수동적인 것이 아닌가? 추론 안에도 수동적 요소가 들어 있지 않은가? 이해 자체도 마찬가지가 아닌가? 이런 물음을 통해서 볼 때 능동적 학습과 수동적 학습을 너무 안이하게 구분하는 것은 피해야 할 것이다.

능동적 학습자는 수동적 학습자에 비해 동기가 더 유발될 것이라는 생각이 널리 퍼져 있다. 이런 동기 속에는 '정의적 상태' 가 포함될 것이다. 이를 윈치(Winch)는 '학습하려는 욕구' 로 이해한다. '학습하려는 욕구' 는 타고난 것은 아닐지라도 획득할 수 있다. '학습하려는 욕구' 를 이루고 있는 여러 가지 덕(virtues)은 광범한 교육과정을 통해서 획득될 수 있으며 다양한 맥락에서 실천될 수 있다.

10. 동기와 학습

학습 동기의 유발은 가르침의 최고 예술이다. 그렇다면 동기는 무엇이고, 동기와 학습은 어떻게 연결되는가? 이 글의 저자들은 동기를 '행위' 와의 관계 속에서 철학적으로 밝혀내고, 동기와 학습의 관계에 대한 일반적 견해와 특수한 견해를 고찰한다.

첫째, 동기란 무엇인가? 사람이 어떤 행위를 하도록 유발하는 것이 동기다. 구체적으로 말하면, 사람은 '약속을 지키려고', '앙갚음을 하려고', '예의를 지키려고' 어떤 일을 행한다. 더 일반적으로 말하면, '어떤 목적을 위해' 혹은 '이러이러한 것을 위해' 어떤 일을 행한다. 이렇게 동기의 전형적 사례를 설명할 수 있다. 이처럼 사람의 행위를 '동기' 에 의해 설명하는 방식은 '습관' 이나 '성질' 에 의해 설명하는 방식과 구별될 것이다. 따라서 사람의 행위가 모두 동기에 의해 설명될 수 있는 것은 아니다. 동기 설명에 대해 저자들은 구체적으로 세 가지 사항을 논의한다. ① '욕구(원함)' 와 믿음이 큰 역할을 수행한다. 여기서 욕구와 믿음은 비교적 넓게 이해하는 것이 바람직하다. 욕구를 제대로 파악하기 위해서는 '지식/믿음' 을 끌어들이지 않을 수 없다. 한 사람이 갖고 있는 욕구는 그 사람이 갖고 있는 다른 욕구와 밀접하게 연관될 수 있다. ② 사람의 행위는 그의 욕구와 믿음에 의해 단일한 인과적 설명이 가능하며, 사람이 '이유를 갖고 있음' 도 적절한 인과적 설명의 일부가 될 수 있다. 여기서 욕구와 믿음의 구체적 내용이 중요하다. ③ 욕구–신념을 통해 행위를 설명하려고 하는 관점에 대해 오늘날까지도 찬성하는 입장(지향적 실재론, 통속심리학)과 반대하는 입장(제거주의)이 대립하고 있다.

둘째, 동기와 학습의 관계에 대한 '일반적' 견해는 무엇인가? 이 글의 저자들에 따르면, 학생들의 정의적 특성은 교육적으로 중요하다. 왜냐하면 정의적 특성은 교육적 성과를 달성하기 위한 동기적 수단이 될 뿐만 아니라 그 자체가 교육을 통해 달성되어야 할 성과이기 때문이다. 이런 정의적 특성을 제대로 평가하려면 그에 대한 올바른 설명이 먼저 제시되어야 한다. 여기서 저자들은 학교교육에 큰 영향을 미쳤던 앤더슨(Anderson)과 버크(Bourke), 그리고 브로피(Brophy)의 저서에서 제시된 정의적 특성, 동기 및 학습에 대한 설명이 '부적절함' 을 다양하게 구체적으로 밝히고 있다.

셋째, 동기와 학습에 대한 특수한 견해는 무엇인가? 학습 동기에 관한 논의에서 중요한 것은 외재적 동기, 내재적 동기, 자유다. 이 세 가지 핵심 개념에 관한 저자들의 주장을 다음과 같이 정리할 수 있다. 외재적 동기는 내재적 동기와 마찬가지로 그 나름의 역할을 갖는다. 그러나 1970년대 이후 내재적 동기를 강조하는 이론가들이 교육계를 주도하면서 외재적 동기가 배척되었다. 내재적 동기 이론가들은 내재적 욕구를 쾌락주의적으로 해석하였고, 내재적 가치/동기를 쾌락주의적 즐거움으로 간주했다. 이런 이론이 여러 가지 이유로 시들어버린 후에 내재적 선과 외재적 선을 가진 '사회적 실천'이라는 개념을 기반으로 삼아 좋은 삶을 위한 학습의 외재적 동기를 강조하거나 혹은 내재적 동기를 자유(자율성, 자기 결정)를 중심으로 재개념화하려고 시도하였다. 여기서 내재적 동기 이론가들은 자유로운 선택이 무엇인가를 주로 '외부 사람의 영향이 없음' 을 중심으로 혹은 '자신이 이미 갖고 있는 욕구에 대한 통제력 증대' 를 중심으로 이해한다. 여기서 자유와 동기의 관계에 관심을 쏟는 것은 바람직하지만, '좋은 삶' 에 대한 학생들의 관념을 이해하는 일이 그들의 동기 유발에 중요하다고 저자들은 주장한다.

11. 전이될 수 있는 기능

기하학에는 왕도가 없다는 말이 있다. 이와 마찬가지로 '전이될 수 있는 기능' 은 없다고 저자는 말한다. 이를 찾는다면 교육의 왕도나 지름길이 아니라 막다른 길에 빠지게 될 것이다. 저자는 이런 결론을 어떻게 논증하는가?

교육에서 '전이가능성' 문제는 한 상황/맥락에서 학습한 지식/기능이 다른 상황/맥락에 적용될 수 있는가에 관한 것이다. 일반적으로 혹은 특수적으로 전이될 수 있는 지식/기능이 있을 것이라고 생각하는 사람들이 없지 않다. 그들은 전이가 되지 않는다면 학습은 일어나지 않을 것이라고 생각한다. 그러나 인지적 기능에 관한 경험적 연구 결과에 따르면 일반적 전이가능성을 입증해 줄 증거가 결코 충분하지 못하다. 그럼에도 불구하고 교육현장에서는 '전이될 수 있는 기능' 에 대한 기대가 상당히 높고, 그런 기대를 기반으로 개발된 훈련/교육 프로그램이 고등교육에서까지 시행되고 있다. 그렇다면 전이가능성에 대한 기대가 교육적으로 여전히 높은 까닭을 여러 가지로 살펴볼 수 있다. ① 특수한 내용과 연결시킬 필요가 없이 학생들에게 문제해결, 창의적 사고, 학습하는 법을 배우기 등을 가르쳐 줄 수 있다면 교육적으로 엄청난 효과를 낳을 수 있다는 기대가 아주 강하기 때문이다. ② 교과 지식은 쓸모없는 무기력한 정보라고 무시하는 반면, 전이될 수 있는 기능은 지속적인 가치를 지닌 유용한 것으로 간주하기 때문이다. ③ 교육/훈련에 관한 정부 보고서나 다른 관련 자료에서 '전이될 수 있는 기능' 을 계속 언급하기 때문에 마치 그런 것이 실제로 존재하는 것처럼 쉽게 가정하기 때문이다.

전이될 수 있는 기능에 관한 논의를 면밀히 살펴보면 거기서 몇 가지 '개념적 오류' 를 찾을 수 있다. 이 글의 저자는 네 가지 개념적 오류, 즉 물화, 본질주의, 명명오류, 일반화 오류를 제시한다. 이 네 가지 개념적 오류에 대한 저자의 설명은 아주 간결하게 제시되어 있어서 이해하기가 쉽다.

또한 '심리학'에서도 일반적 전이가능성을 지지하는 이론을 찾을 수 있다. 저자는 능력심리학, 동일요소 이론, 정보처리 이론을 검토한다. 이 세 가지 이론에서 전이가능성을 지지하는 주장들이 많고, 거기에 어떤 오류가 있는지를 저자는 상세하게 설명하고 있다.

결론적으로 '전이될 수 있는 기능'은 어떤 문제를 갖고 있는가? 저자는 이를 다음과 같이 쉬운 사례로 설명한다. 훌륭한 장군의 능력, 훌륭한 의사의 능력, 훌륭한 체조선수의 능력은 각기 다르다. 일류 수학자와 일류 문학비평가의 능력도 서로 다르다. 신중한 외과의사와 신중한 운전기사는 서로 다른 특성을 갖는다. 전문가도 자신의 전공 영역에서 조금만 벗어나게 되면 전문가로서 말하기 어려운 처지에 놓인다. 각 학문은 제각기 나름의 추론을 갖고 있으므로 일반적인 사고능력을 길러 내려고 노력한다는 것은 무의미한 일이다. 각 영역마다 특수한 지식과 판단의 배경이 들어 있기 때문이다. 그렇다면 사람들은 왜 이런 점들을 도외시하게 되는가? 그것은 지식의 성격과 가치를 경시하는 태도 때문일 것이다. 이와 달리 우리는 교육에서 '내용'을 불편한 것이 아닌 본질적 요소로 보아야 한다. '전이가능한 기능'과 같이 손쉽고 값싼 지름길을 교육에서 찾으려고 한다면 그것은 어리석고 위험한 일이다.

12. 교육평가

이 글에서는 먼저 형성평가/총합평가, 공식적 평가/비공식적 평가, 내부 평가/외부 평가, 타당도/신뢰도, 규준참조평가/준거참조평가 등이 어떤 점에서 서로 구분되는가를 설명한다. 그리고 교육평가의 철학에서 거론되고 있는 세 가지 쟁점을 논의한다.

첫째 쟁점은 '해석의 문제' 다. 해석은 늘 발생한다. 학생들은 평가 과제를 해석하고, 평가자는 학생들의 답을 해석하며, 평가 결과를 활용하는 사람들은 그것을 다시 해석한다. 해석에는 늘 선입견이 들어가기 마련이다. 평가 과제를 만드는 사람들, 평가 과제를 해결하려고 애쓰는 학생들, 학생들의 반응을 평가하는 사람들, 그리고 그런 평가의 결과를 활용하려는 사람들에게 모두 선입견이 들어 있다. 가다머(Gadamer)가 주장하듯 이런 선입견을 전적으로 거부/부정할 수 없다. 따라서 우리는 선입견을 검증할 수 있도록 서로 간에 지속적 대화를 나눌 필요가 있고, 여러 가지 학습 영역에 대한 이해를 공유해야 하며, 특히 특정 학습 영역에 대해 우수한 통찰/지식/판단을 가진 사람들이 있음을 인정해야 한다. 또한 저자는 '학습을 위한 평가', 이를 위한 '준거참조평가', '노동현장의 능력 평가' 등에서 해석의 문제가 제대로 다루어지지 못하고 있는 점들을 지적하면서, 평가를 '사회적 실천' 으로 이해할 것을 제안한다.

둘째 쟁점은 '평가의 내용' 이다. 평가되는 것은 '바람직한 행동의 진술' 과 '학생의 행동' 의 일치도일 수도 있고, 학생의 '심적 상태의 변화' 일 수도 있다. 후자가 평가될 수 있다는 점을 중심으로 데이비스(Davis)와 커렌(Curren) 간에 논란이 있으나, 저자는 학습을 실천(practices)에의 참여로 이해한다면 그런 평가도 가능할 것이라는 점을 사회적 구성주의, 상황적 인지, 허스트(Hirst)의 실천론을 끌어들여 논변하고 있다.

셋째 쟁점은 '평가의 목적' 이다. 평가는 학습이나 선발을 위해 행해진다. 선발을 위한 평가에서는 이론적 지식이 중시되고 있으나, '풍부한 인지적 성취' 가 평가될 수 있는지, 어떻게 가능한지 등의 문제가 제기되고 있다. 교육적이고 객관적인 평가를 위해 내부 평가와 외부 평가가 어떤 장점/단점을 갖고 있는지에 대해 데이비스/화이트의 견해를 윈치와 긴젤(Gingell)의 견해와 비교하면서 다루고 있다.

결론적으로 저자는 다음과 같은 주장을 제시한다. 외부 평가가 내부 평가보다 더 인정받고 있고 또 학문적인 것이 실천적인 것보다 더 중시되고 있는 것이 현실이지만, '공정으로서의 정의' 그리고 바람직한 사회를 위해서는 사회적으로 중요한 실천들이 모두 적절하게 평가받을 수 있어야 한다.

13. 포용과 다양성

사회는 갈수록 다양해진다. 다양성은 능력, 계급, 문화, 종족, 젠더, 언어, 국적, 인종, 종교, 성적 지향 등에서 나타난다. 그런데 특정 집단은 주류 사회에서 배제되고 고통을 겪는다. 그들의 전통/문화/선호 및 물질적 필요나 교육받을 필요가 인정받지 못하게 된다. 여기서 교육도 다양성을 인정하고 포용적이어야 한다는 주장이 나온다.

차이와 다양성이 인정받는 사회에서 포용적 교육과 공통된 교육체제가 가능해진다. 차이와 다양성이 제대로 인정받지 못하면 포용에 대한 저항이 나타난다. 스스로 배제되려는 경향이 생기고, 기존의 배제가 그대로 남을 수 있다. 가령 배제되었던 여학생 집단이나 소수집단이 차라리 따로 배우는 것이 더 좋다고 생각하면 그렇게 될 수 있다. 이와 달리 포용이 공통성의 공유로 나아갈 수 있는데, 이 경우 동화가 나타날 수 있고 다양성이 도외시될 수 있다. 만일 소녀나 성인 여성에게 해당 공동체의 전통에 따르라고 한다면, 그들은 기존 공동체에 종속되거나 외부의 교육 기회로부터 차단될 수 있다. 집단의 다양성을 인정하는 것이 그 집단 구성원들에게는 다양성을 인정해 주지 못할 수도 있다. 여기서 다음과 같은 의문이 생긴다. 배제된 집단을 어떻게 포용한다는 것인가? 포용만 하면 모두 좋을 것인가? 다양성을 인정한 결과 오히려 새로운 배제가 나타나지 않는가?

이 글은 다문화 교육과 포용적 교육을 다문화주의와 포용이라는 맥락에서 다룬다. 이를 자유주의와 탈구조주의라는 두 가지 이론에서 접근할 수 있다.

제2절에서는 다문화주의와 다문화 교육이 논의된다. ① 다문화주의는 다양

성을 존중하는 접근방식으로 부상하였다. 그 '이유' 로 맥골드릭(McGoldrick)이 말하는 다문화주의의 세 가지 기본 전제, 즉 국가의 종족 다양성, 기술 진보로 인한 국가/시민의 상호 의존성 확대, 법적/정치적 지위 향상으로 인한 다양성/타 문화에 대한 긍정적 태도를 들 수 있다. 다문화주의가 당면한 새로운 '도전' 으로는 상이한 요청들 간의 타협, 문화적 순종이 없는 정치적 통일성, 차이가 존중받는 공통된 소속감, 문화 정체성과 공적 시민성의 결합의 네 가지를 들 수 있다. 다문화 사회에서 다양성의 '이점' 으로는 문화적 지평 확대의 가능성, 소속 문화의 우연성에서 벗어날 수 있는 자유, 상이한 전통들 간의 대화, 문화 속의 다양성에 대한 감수성 증대의 네 가지를 들 수 있다. '다문화주의' 는 다양한 개념으로 사용되었다. 영국에서는 반인종차별, 미국에서는 다문화주의가 사용되고 있으며, 다문화주의는 심지어 '반자유적 문화' 를 지지해 주는 의미로도 사용된다. 킴리카(Kimlicka)의 다문화주의 이론은 '선택의 자유' 와 '인간의 자율성' 에 기반을 두면서 '문화적 집단성' 을 강조한다. 소수집단의 권리는 개인의 자유를 존중해야 실제로 증진될 수 있기 때문에 집단 간에 그리고 집단 내에 자유와 평등이 허용되어야 한다. 여기서 문화적 접근, 그리고 믿음/가치를 수정할 방법을 함께 제공해 주는 자유교육이 요청된다. ② 미국의 다문화교육협회는 다문화 교육과 다문화 교육과정에 관해 풍부한 논의를 제공해 준다. 또한 다문화주의가 공동학교(common school)라는 형태로 나타날 때 제기되는 문제로 다섯 가지를 들 수 있다. 즉, 다양성을 반영할 수 있는 교육과정/교수법 개발 및 실현, 상호 관용/존중보다 상호 긴장/몰이해가 생길 가능성, 집단이나 집단에 소속된 개인의 '본질화' , 집단 간의 차이를 과장하는 경향, 그리고 문화가 없는 다문화주의가 그것이다. 이와 달리 마세도(Macedo)는 다양성을 옹호하는 방침이 오히려 시민성과 공유된 시민생활의 증진에서 멀어지는 결과를 낳을 수 있음을 우려한다. 왜냐하면 자유민주주의 사회는 다양성뿐만 아니라 다양성의 충돌을 극복할 수 있는 공유된 정치적 헌신을 요구한다고 보기 때문이다. 그리고 교육적 불평등과 배제가 지속되는 상황에서는 '탈구조주의적 접근' 이 유익한 통찰을 제공해 줄 수 있다. 유델(Udell)과 버틀러(Butler)에 의하면, '보편적' 이라고 하는 것도 지배문화만의 특성일 수 있고, '보편화 가능성' 도 제국주의적 팽창과 연관된 것일 수 있다. 따라서 포용이 다양성을 억누르지 않도록 유의해야 한다. 보편주의는 국지적 문화에서 통용되는 규범을 인정하지 않거나 제2, 제3 세계의 문화를 말살시킴으로써 지배적 가치를 이식할 위험이 있기 때문이다.

제3절에서는 포용과 포용적 교육이 논의된다. 저자들은 포용과 포용적 교육에 관해서 다양한 학자의 견해를 끌어들여 상세한 논변을 제시한다. 저자들의 주장을 간단히 요약하면 다음과 같다. ① 포용은 동화가 될 위험성이 있다. 다시 말해서, 다른 사람들을 포용한다는 방침은 그들을 그동안 배제했던 정의롭지 못한 사태를 재생산하는 현행 제도 속으로 그들을 동(질)화시키는 결과를 낳을 수 있다. 이를 피하려면 배제를 낳고 있는 중심을 밝히고 그것을 해체할 필요가 있다. 정상성을 탈자연화하고, 중심의 이상화를 버리며, '특별한' 과 '정상적' 이라는 언어 자체가 바뀔 필요가 있다. 현실적으로 통용되는 규범적 담론을 살펴보면 그 안에는 '바람직하고 정상적인 주체들에 대한 안정되고 긍정적인 진술' 과 '비정상적인 대상을 묘사하는 결핍의 담론' 이 있음을 알 수 있다. 양자가 서로 경쟁한 후에 규범적 중심이 생기고, 정상적이지 못한 것으로 간주되는 것은 타자가 되고 만다. ② 교육적 포용에 관한 논의에서 중심이 되는 것은 장애, 통합과 포용, 포용적 교육, 특수교육 등이다. 유네스코(2004)를 따르는 포용적 교육은 모든 사람, 특히 주변화/배제에 취약한 사람들의 학습 필요에 중점을 준다. 다시 말해, 포용적 교육은 모든 사람을 존중하면서 대우하고 함께 학습할 기회를 제공하는 데 주력한다. 사회적 차별을 의문시하고 평등과 총합으로 나아가려는 뜻이 거기에 담겨 있다. ③ 저자들은 역사적 전환점이 될 수 있는 '정책' 들을 개관함으로써 포용과 다양성에 대한 '해석' 이나 '의미' 가 어떻게 변화되었는지를 밝혀낸다. 20세기 중반까지 분리형 특수교육이 제공되다가 1950년대와 1970년대 사이에 과학적 지식이 증대하면서 인본주의적/의

학적 담론과 더불어 특수교육이 확대되었고, 차이뿐만 아니라 '공통점' 이 강조되었다. 1978년의 「워녹 보고서」를 통해 특수교육의 개념이 확대되고 '개별적 필요' 가 강조되었다. 1970년대와 1980년대의 다양성 정책은 '다문화주의' 를 끌어들였다. 1985년의 「스완 보고서」는 다인종/다문화 사회에서 모든 아동을 어떻게 하면 잘 가르칠 것인가를 천명하면서 '다원주의' 를 끌어들였다. 그러나 1988년 잉글랜드의 학교에 국가교육과정이 도입되면서 '영국적 정체성' 이 오히려 강화되었다. 1990년대 영국에서는 '포용' 과 '다양성' 에 영향을 미친 법률/정책이 나타났고 '차별 반대' 와 '권리' 가 더 강조되었다. 1997년 『모든 아동을 위한 수월성 녹서』는 포용을 향한 중대한 진보로 볼 수 있다. 2000년 「파레크 보고서」는 동화와 통합이라는 목표로부터의 '탈피' 를 대변하였다. 〈2001년 특수교육 필요와 장애법〉은 장애에 근거를 둔 차별을 비판하였다. 스코틀랜드의 〈2004 교육법〉은 모든 학생을 위한 '추가 지원 필요' 를 명시했다. 영국에서는 최근 '인종평등, 장애인 권리, 기회균등에 관한 위원회' 가 생기면서 포용과 다양성을 서로 결합시키려고 한다. 이와 같은 여러 가지 정책의 긍정적/부정적 측면이 상세하게 논의되고 있다.

결론적으로 우리는 포용과 다양성이라는 개념에 논란이 아주 많고, 그런 원리를 교육에 반영하려는 노력이 다양하게 시도되었으며, 발전도 이루었으나, 그런 노력/성과에도 불구하고 배제/동질화/차별이 여전히 계속되고 있다고 말할 수 있다. 또한 포용과 다양성에 접근하는 두 가지 이론으로 자유주의와 탈구조주의가 있는데, 자유주의는 개인과 집단의 정의를 위해 포용 방침을 추진할 때 적용될 규범적 원칙들을 밝혀 주는 데 기여한다. 그리고 탈구조주의는 포용이 탈중심화되도록, 그리고 변화가 지속되도록 포용과 다양성에 대한 이해 증진과 재개념화에 기여한다. 이런 점에서 두 이론은 정의로운 교육의 미래를 위해 다양성과 포용을 조화시킬 가능성을 열어 주는 데 중요하다고 말할 수 있다.

14. 평등과 정의

철학에는 여러 전통이 있으며, 각 전통마다 내세우는 (실천적) 합리성 혹은 정의에 대한 관점도 각기 다르다. 이 글에서처럼 다양한 관점에서 정의를 이해하는 것은 아주 바람직하고 필요한 일이다. 저자들은 '조화' 로서의 정의(플라톤), '평등' 으로서의 정의(칸트), '형평' 으로서의 정의(롤스), '차이' 로서의 정의(레비나스, 데리다) 그리고 현대적 정의관에 대한 도전의 다섯 가지 정의관을 검토한다. 이런 정의관을 살펴봄으로써 평등/불평등이 어떤 역할을 하고, 교육적 선(goods)의 분배에 대해 혹은 교육과 정의로운 사회의 관계에 대해 어떤 시사점을 주는지를 알 수 있다.

첫째, 조화로서의 정의란 무엇인가? 공동체의 각 구성원이 상이한 재능을 타고난다면 그것을 잘 발휘하는 것이 공동체에 이익이 되므로, 교육은 각자의 재능과 성향을 확인하고 그에 맞는 기능/능력을 길러 주어야 한다. 여기서 사람들은 평등하다고 간주되지 않는다. 재능에서 그리고 그런 재능에 대한 가치부여에서도 사람들은 다르게 대우받는다. 이런 불평등은 똑같지 않은 '분화된 교육' 을 정당화해 준다. 재능과 성향이 불평등한 학생들을 평등하게, 똑같은 학교에서 가르칠 수 없다는 뜻이다. 신보수주의 정치철학자 스트라우스(Strauss)는 교육을 통해 사회적 평등을 구현하려는 생각에 반대한다. 이런 정의관에서는 사회 전체의 탁월성을 위해 불평등한 대우와 차별화된 교육체제를 인정한다.

둘째, 평등으로서의 정의란 무엇인가? 모든 인간은 동일하지 않겠지만 합리적 존재로서 평등하게 존중받아야 하며 자신의 이성을 사용하는 데에서 평등한 책임을 져야 한다. 이런 칸트의 사상을 따라 시겔(Siegel)은 모든 아동에게 비판적 사고를 가르치는 교육을, 브릭하우스(Brighouse)는 모든 아동을 자율적 인간으로 발달시키는 교육을 옹호하였다. 이런 정의관이 요청하는 것처럼 인간은 합리적으로 행동하는 존재로 대우받아야 하며, 자신의 행위가 낳은 긍정적/

부정적 결과를 당연한 것으로 받아들여야 한다. 평등한 대우로서의 정의는 '정당한 업적' 이라는 아이디어를 인정한다.

셋째, 형평으로서의 정의란 무엇인가? 불평등을 겪고 있는 사람들이 스스로 통제할 수 없는 것은 정의롭지 못한 불평등으로 간주되어야 하고, 이를 보상하기 위해 '교육 기회의 평등' 과 '사회적 불평등의 축소' 를 주장한다. 롤스의 정의론에서는 '보상의 원칙' 을 강조한다. 또한 정당화될 수 없는 과거의 불평등한 대우의 지속적 영향을 보상해 주기 위해 긍정적 조치를 통한 차등 대우가 인정된다. 이에 대해 '평등으로서의 정의' 를 옹호하는 코델리아(Kodelja)와 스트라우스의 견해가 제시되고, 이에 대한 반론이 다시 언급된다.

넷째, 차이로서의 정의란 무엇인가? 레비나스(Levinas)에 의하면, 인간이라는 것과 인간이 된다는 것이 무엇을 의미하는지를 윤리적으로 파악한다면 우리는 '타자와의 관계에 의해 윤리적으로 얽혀 있음' 을 인정하지 않을 수 없다. 그것은 내가 나와 다른 남을 존중할 것을 요청한다. 다시 말해, 차이가 '윤리적으로' 요구하는 것은 타자(남)의 인정이다. 그런데 우리가 관계를 맺어야 하는 사람은 하나가 아닌 여럿이므로, 여러 사람을 '정의롭게' 비교해야 하는 경우가 생긴다. 이런 비교는 거의 용서받기 어려운 폭력이라고 볼 수 있다. 이런 교육적 상황은 윤리적으로 불완전한 것임을 인정해야 한다. 따라서 사랑이 정의를 감시하도록 해야 한다. 여기서 윤리와 정의는 상호 보완적이다. 이와 달리 데리다는 윤리학을 위해 정의를 다시 주장한다. 여기서 정의는 타자(남)를 타자로서 경험하고 타자가 타자가 될 수 있도록 해야 한다는 것이다. 그러나 이런 정의가 '학생을 타자로서 방치하거나 무조건적으로 긍정/환대하라.' 는 뜻이 아니고, 이렇게 하는 것은 우리가 받아들일 수 없는 교육일 것이다.

다섯째, 랑시에르(Rancière)가 말하는 '불평등이라는 가정' 은 무엇을 가리키는가? 많은 사람은 '불평등하지만 제대로 개입해서 평등하게 할 수 있다.' 는 생각을 갖고 있다. 그러나 그런 '불평등의 가정' 자체가 사람들을 실제로 불평등하게 만들고 또 유지시키는 근원적인 힘일지 모른다. 인간이 존재론적으로 평등하다고 보는 랑시에르는 '평등한 지능' 을 가정한다. 즉, 보통 사람들은 여러 가지 측면에서 근본적으로 '지적 평등' 을 보여 준다는 뜻이다.

현대적 정의관에 들어 있는 또 다른 가정인 '인간중심주의라는 가정' 에 대한 도전이 제7절에서 따로 논의되고 있다. 환경 훼손은 지역/국가에 따라 다르게 나타나며, 미래 세대의 이익을 희생시키면서 현재 세대의 이익만을 추구한 결과일 수 있다. 이에 따라 최근에 환경 정의, 환경 차별주의, 생태학적 정의라는 용어가 등장하였다. 환경 훼손과 관련하여 차별/불이익을 받는 집단은 누구인가? 인간을 제외한 다른 생물/존재는 어떻게 보아야 할 것인가? 여기서 환경문제를 인간의 문제로만 볼 수 없을 것이다. 이에 따라 인간중심주의에 대한 회의론이 등장한다. 인간중심주의가 정당화될 수 없는 편견이라는 주장은 어떤 근거를 갖고 있는가? 그런 주장의 윤리적 근거로는 싱거(Singer)가 말하는 '쾌락과 고통을 느끼는 능력', 벡스터(Baxter)가 주장하는 '공평성으로서의 정의', 네스(Naess)와 시바(Shiva)가 말하는 '모든 생명체의 내재적 가치' 가 거론되고 있다. 이에 따라 인간이 아닌 다른 생물체에 부여되는 도덕적 지위와 관계가 논의된다.

환경 정의에 대한 다양한 관점은 교육의 내용/분배에 대해 많은 시사점을 준다. 만일 환경 부정의의 원인이 잘못된 도덕적 동기 및 부적절한 생태학적 이해에 있다고 한다면 교육 내용은 '왜 인간이 다른 생물의 권리에 대한 책임을 이행해야 하는가' 에 주목할 것이다. 만일 환경 불공평이 왜/어떻게 지속되고 있는가에 대한 설명이 달라진다면 환경을 아끼는 시민 육성에 필요한 교육의 형태도 달라질 것이다. 더 나아가 인간의식/사회관계/영성 경험 차원에서 근본적인 변화를 도모할 수 있는 교육 형태도 제시될 수 있다. 여기에 교육은 정의롭지 못한 사회구조의 변화를 선도할 수 있는 공간이라는 교육관이 깔려 있다.

결론에서 저자들이 언급하듯 '정의를 증진시키는 교육사업은 지구적 지평 위에서 국지적(local) 관심을 추구' 할 것인데, 그런 사회적/정치적 맥락 속에서 자신들의 명분을 추구하는 사람들이 신봉하고 있는 정의관들은 근본적으로 서로 다르다. 이 글은 이런 상황을 어떻게 받아들여야 할 것인가라는 의문을 제기하면서 마무리된다.

15. 교육의 목적: 개인과 공동체

이 장은 교육의 목적에 대한 개인적 입장과 공동체적 입장을 살펴보는 글이다. 개인적 교육목적과 공동체적 교육목적을 논의하고, 이에 대한 비판적 관점을 제시한 다음 결론에서 개인주의와 공동체주의를 극복하는 방향을 제시한다.

첫째, 개인적 교육목적이란 어떤 것인가? 이 질문에 대해 개인주의의 의미, 개인주의와 교육목적의 관계를 논한다. ① 개인주의에서 중심이 되는 '개인'은 와트(Watt)가 지적한 것처럼 여섯 가지 특징을 갖는다. 개인주의의 핵심은 개별적 인간 존재를 특권시하고, 행위환경의 분석이나 일반사회의 이익을 이차적인 것으로 간주한다는 데 있다. 개인을 중시하는 관점은 초기 그리스 철학과 기독교 경전에서 찾을 수 있으나 18세기와 계몽주의 시대에 본격적으로 나타나며, 스미스의 경제이론, 칸트의 도덕이론, 루소의 낭만주의, 밀의 자유주의 정치이론, 하이에크와 프리드먼의 개인주의 등으로 이어진다. ② 개인주의의 관점에서 교육목적을 주장한 사상가로 루소, 닐, 일리치, 홀트, 윌슨, 피터스, 듀이의 견해를 논의한다. 학생의 개인적 자유를 중시하는 그들은 학생의 독자성을 경시하는 교육과정을 비판한다. 이와 달리 개인주의의 관점에서 개인의 사적 이득을 중시하거나 기본 기능의 제공을 강조하는 학자들도 있다.

둘째, 공동체적 교육목적이란 어떤 것인가? ① 그 기반에 테일러와 매킨타이어의 공동체주의가 있다. 공동체는 그리스의 폴리스, 기독교 경전, 르네상스와 계몽주의 시대의 정치철학, 헤겔의 철학, 마르크스, 20세기 공동체주의 철학자들에 의해 다양하게 정의되었다. 공동체라는 개념에는 지역성, 이익집단, 공유된 신념/권위/전통 등과 같은 '기술적' 의미가 들어 있을 뿐만 아니라 핵심 가치, 맥락성과 전통 중시와 같은 '규범적' 요소도 들어 있다. 이 글의 저자들은 '공동의 목적을 가진 집단' 그리고 '넓은 의미의 사회'라는 의미로 공동체 개념을 사용한다. ② 공동체적 교육목적은 두 가지 의미를 갖는다. 사회정의의 확대를 지향하는 것과 경제발전을 추구하는 것이 그것이다. 이 중에서 사회정의를 추구하는 공동체 교육은 기존 사회를 바꿈으로써 부정의의 재생산을 차단하고 더 나은 미래 사회를 만들려고 노력한다. 이를 옹호하는 카운츠, 프레이리, 지루, 맥라렌, 아로노비츠 등은 사회정의의 개념을 확충함으로써 다문화적 의미, 정체성, 차별적 권력/특권 등을 교육 이론/실천 속으로 끌어들인다. 이와 달리 공리주의적/경제적 교육관에서 교육은 국가 경제발전을 위한 일로 이해되고, 학생들은 인적 자본으로 간주된다. 이를 옹호하는 스미스의 공리주의적 교육관, 슐츠의 인적 자본이론, 프리드먼의 경제적 교육관을 수많은 정부, 다국적 기업 그리고 세계은행이 채택했으며, 교육현장에서는 효율성/효과성 운동을 주도하였다.

셋째, 개인적 교육목적과 공동체적 교육목적에 대한 비판으로 어떤 것이 있는가? ① 공동체적 교육목적을 가진 사람들은 개인적 교육목적에 대해 어떻게 비판하는가? 일반적으로 공동체적 교육목적의 지지자들은 개인적 교육목적을 거부하지 않는다. 다만 공동체적 목적을 희생시키는 과도한 개인주의만을 비판한다. 이런 개인주의적 시각은 일반 사회의 중요한 당면 문제를 소홀히 다루거나 단순화할 우려가 있기 때문이다. 공리주의적/경제적 관점에서는 개인주의가 경제성장/경쟁력 측면을 희생시킬 수 있다고 비판한다. 그러나 이런 관점이 오히려 개인 중심의 교육을 고취시킬 수 있다. ② 사회정의를 옹호하는 사람들은 경제적 교육목적의 배타성을 강하게 비판한다. 평등/사회정의가 경제적 목적/시장 윤리론에 의해 압도된다고 보기 때문이다. ③ 개인적 목적을 옹호하는, 예컨대 자유학교의 옹호자들은 공동체적 교육목적이 학생 개개인의 독자성/개성을 도외시한다고 비판한다.

결론에서 저자들은 개인주의와 공동체주의를 각각 인정하면서도 양자의 입장을 뛰어넘는 새로운 입장을 모색해야 한다고 주장한다. 이런 시도의 사상적 기반으로 듀이, 프레이리, 무페의 사상을 끌어들인다. '자유민주주의'와 '자유민주주의적 자본주의'를 구별하고, '적대적 관계'보다 '대결적 관계'를 강조하는 무페의 사상이 주는 교육적 시사점은 '실질적 의미의 민주 교육'을 중심으로 제시된다.

16. 예술, 미학, 교육

이 글은 예술과 미학에 대한 정의, 다양한 예술교육관, 예술교육의 당면 문제와 해결방안 등을 차례로 논의하면서 미학교육/예술교육의 현재 상황을 밝혀내려고 한다.

첫째, 예술과 미학은 어떤 관계에 있으며, 또 어떻게 정의하는가? ① 예술은 미적 속성을 접하거나 미적 경험을 제공하는 영역이다. 물론 예술이 아닌 것도 미학의 관점에서 접근할 수 있다. 또 예술은 미(학)적 관점 이외에 사회적/정치적/종교적/교수적/경제적 관점에서 연구될 수 있다. ② 1950년대까지 어떤 본질적인 것을 기반으로 예술을 정의하려는 시도가 있었다. 고대에서 18세기까지는 예술을 자연의 모방/재현으로 보았다. 18세기에는 예술을 정서의 표현으로 보았다. 그리고 1854년부터는 예술을 형식으로 정의하기 시작했다. 이런 정의들은 예술작품이 공유하는 속성 혹은 예술작품이 기여하는 어떤 핵심/목적을 찾아내어 정의한다는 점에서 공통적이다. 이와 달리 예술을 예술작품을 창조하는 어떤 '절차'에 의해서 혹은 역사적으로 정의할 수 있다. ③ 미학은 외적 대상과의 감각적 접촉을 가리킨다. 웰쉬(Welsch)는 미학을 '감각'이라는 주관적 측면과 '지각'이라는 객관적 측면으로 구별한다. 미적 쾌감은 대상에 대해 아름다운/조화로운/숭고한/탁월한 것이라는 판단을 포함한다. 아름다움(미)은 감각적인 것의 완전한 형식에 관한 것이다. 아름다움(미), 숭고함, 그림 같음이

미학의 주요 범주였지만, 20세기에 와서는 추함, 거북스러움, 싫음도 가능한 범주로 간주되었다. 물론 아름다움이 가장 중요한 것이므로 아름다움과 미학을 쉽게 연결시킬 수 있다. 이와 별도로 미적 영역의 특수성을 밝혀내기 위해 '미적 태도'와 '미적 경험'을 끌어들이기도 하였고, 20세기 후반에는 '미적 명령'도 제시되었으며, 예술교육을 미적 경험의 교육으로 보는 견해도 나타났다.

둘째, 예술교육관에는 어떤 것들이 있는가? 예술교육은 '미적 경험의 함양'이라고 볼 수 있지만, 이와 달리 감정/정서 교육, 인지성장, 에토스로 이해하는 견해도 나타났다. ① 예술교육은 감정(정서)교육이다. 1960~1980년대까지는 예술이 정서를 '표현'하는 수단이라고 보았으나 감정을 '교육'시킬 것을 강조하는 견해가 뒤따랐다. 여기서 예술은 인간 감정의 풍요로움을 발견/감상하도록 해 주는 것이다. 이런 감정의 과정에 대해 현상학적으로 설명하거나, 정서의 인지적 측면을 강조하기도 한다. 베스트(Best)는 감정은 이성과 반대되는 것이 아니라 그에 의존한다고 주장한다. 헵번(Hepburn)은 예술이 정서를 교육시킬 수 있는 다양한 방식을 다섯 가지로 밝혀낸다. ② 예술교육은 인지성장이다. 오즈본(Osbourne)은 예술이 식별이나 직접적 지각을 자극/확대해 주는 기능을 한다고 주장한다. 굿맨(Goodman)은 예술을 상징체계로 이해하며, 미적 상징의 증상을 다섯 가지로 밝혀낸다. 캐럴(Carroll)은 예술이 지식과 관련된 교육적 목표에 기여하지 못한다는 견해를 세 가지로 반박한다. ③ 예술교육은 에토스 교육이다. 이는 가장 오래된 예술관이다. 플라톤에 의하면 예술에 몰두함으로써 피교육자의 진실성과 유덕한 행위가 나타날 수 있다. 톨스토이는 평범한 사람들의 교육을 위해 연대와 자비가 스며드는 예술을 옹호했다. 실러(Schiller)는 물질 영역의 감각적 측면(내용충동)과 형식 영역의 합리적 속박(형식충동)을 서로 결합시키는 '유희충동'을 예술 속에서 찾는다. 리드(Reid)는 교육의 기반이 예술이라고 주장한다. 오히어(O'Hear)는 예술이 가치 탐구에서 중심 역할을 할 수 있음을, 화이트(White)는 예술이 윤리적 사유에 기여할 수 있음을 주장한다. 카(Carr)는 예술/문학의 전통을 통해 도덕교육이 제대로 이루어질 수 있음을 밝혀낸다.

셋째, 예술교육의 당면 문제에는 어떤 것이 있는가? 예술교육의 정당화 문제, 예술교육의 창조 측면과 수용 측면에 관한 문제, 그리고 새로운 도전으로서 다원주의, 상대주의, 과잉 노출이 제기하는 문제의 세 가지를 논의한다. ① 예술교육 시간에 차라리 국어나 수학을 가르치자는 천박한 현실 속에서 예술교육 시간을 옹호하기 위해 예술의 외재적/도구적 가치를 밝히려는 시도가 나타나나 성공적이지 못하고, 예술 경험의 내재적 가치를 밝히려는 시도는 인정을 받기가 어렵다. ② 예술교육은 예술의 창조(생산)적 측면과 수용적 측면 중에서 어느 것을 더 강조해야 하는가? 이에 대한 다양한 논변을 검토한 후 저자는 예술 형식에 따라 강조점이 달라질 수 있음을 지적한다. ③ 예술적 다양성과 더불어 상대주의가 퍼짐에 따라 예술교육에서 고급예술에 중점을 두는 일이 어려워졌다. 또한 과잉 노출 시대에 무감각, 둔감성을 극복할 수 있는 방안이 요청된다.

결론적으로 예술교육이 충족해야 할 조건을 여섯 가지로 제안한다. ① 미적 교육은 주요 영역을 모두 포함해야 한다. ② 균형 잡힌 미적 교육이 되려면 다양한 '양상' 을 포함해야 한다. ③ 예리한 식별력과 정확한 판단력을 갖춘 비판적 참여를 중시해야 한다. ④ 취향/선호의 발달에서 비판적 이해와 판단이 중요하다. ⑤ 예술교육자의 역할은 '전수' 에서 '매개' 로, '내용' 에서 '과정' 으로 바뀔 필요가 있다. ⑥ 미적 교육자들은 개인적 선호를 감안하면서도 공동의 기반을 찾는 일에 유의해야 한다.

17. 종교교육

이 장의 특징은 종교교육에 관한 저자들의 견해가 절로 구분되지 않은 채 제시되고 있다는 점이다. 그럼에도 불구하고 일관된 논지는 다음과 같이 파악할 수 있다.

서구 고대인의 삶에 큰 영향을 미쳤던 종교적 믿음은 교육의 제반 과정에 깊숙이 스며들어 있었고, 별도의 교육과정으로 가르치지는 않았다. 그러다가 기독교가 팽창하면서 교회 외부 사람들을 개종시키는 '복음화' 와 교회 내부 사람들을 교육시키는 '교리교육' 이 확립되었다. 수도원의 공부방에서 대중을 위한 '구두 수업' 이 이루어졌고, 중세 대학을 중심으로 성직자와 수도원의 엘리트를 위한 '신학교육' 이 제공되었다. 신학은 마침내 학문의 여왕이라는 지위를 차지하였다. 그러다가 19세기 초 유럽 대학에서 예술/인문학/자연과학이 성장함에 따라 신학의 위상과 신학교육은 심각한 도전을 받게 되었다.

중세 후기에 '시민을 위한 학교' 가 팽창하면서 종교 수업은 학교 교육과정의 과목으로 체계화/확대되었다. 16, 17세기 종교개혁을 계기로 가톨릭 공동체와 프로테스탄트 공동체는 공식적 종교 수업을 강화하였고, 이를 중심으로 교회와 국가가 협력하였다. 그러나 18세기 후반 국가가 후원하는 종교 수업이 미국과 프랑스에서 도전받게 되었다. 미국에서는 공식적인 신앙 기반적 종교 수업이 학교 밖의 교회나 종교조직의 소관사로 간주되었다. 프랑스에서는 신앙 고백적 종교 수업이 국가 교육제도에서 배제되었다. 이는 계몽주의적 교육관/사회관의 영향 그리고 근대 국민국가의 출현 때문이었다. 17세기에 종교전쟁을 계기로 싹트게 된 종교적 관용과 더불어 공식적 종교 수업에 대한 회의론이 두 가지로 나타났다. 첫째, 분파 간의 파벌적 갈등을 일으켰던 종교교육은 다양한 교리를 가진 공동체들 간의 시민적 조화를 위해 폭넓은 세계관을 이해시키는 종교교육으로 바뀌어야 한다는 것이다. 둘째, 종교에 대한 계몽주의적 의심이 커지면서 종교 및 종교교육의 위상이 흔들렸고, 합리성과 자율성이라는 원칙 위에 교육제도가 확립되면서 종교교리와 교육의 관계가 멀어지기 시작했다. 그럼에도 불구하고 19세기에 들어와서도 영국에서 학교의 종교교과에 대한 교회의 영향력은 여전했고 적대적인 종교교육이 학교 안에서 행해지고 있었으나, 19세기 말과 20세기 초 영국에서는 다양한 기독교 분파들이 종교적 차이를 경험하면서 협력적 동반자 관계를 형성하였다. 필수과목인 종교교육은 도덕발달과 사회통합을 위해 중요한 역할을 했다. 20세기 후반에 이르러 영국의 기독교 중심 종교교육은 사회질서와 국가 정체성 확립을 위해 여전히 중요한 과목이었다. 예를 들어, 1968년의 『삶을 위한 학습』은 기독교인과 종교적 헌신을 강조하였다. 그런데 그보다 3년 전에 나온 로마 가톨릭 교회의 『다른 신앙들에 대한 선언』은 다른 신앙에 대해 더욱 개방적이었다.

그러다가 영국에서 갑작스러운 변화가 나타났다. 종교교육이 정체성 위기에 부딪히게 된 것이다. 말하자면 기독교 및 종교에 대한 헌신이 약화되었고, 세계의 여러 종교도 교육적 가치를 갖는다는 점이 인정받게 되었으며, 기독교 공부가 도덕성 함양의 주요 자원이라는 생각도 흔들리게 되었다. 1976년에 나온 『종교교육: 에이번 합의 교수요목』이라는 정책 문서에서는 '기독교를 통한 도덕성/시민성 함양' 보다는 '종교의 본질 이해와 실존적 물음' 을 더 강조하였다. 이 즈음 종교적 지평이 확대되었고, 각자의 영성적 성장이 중시되었다. 불과 8년 사이에 나타난 이런 급격한 변화는 다음과 같이 해석될 수 있다. 즉, 종교교육은 기독교 신앙심을 길러 내는 공적인 일에서 인간적 성장을 도모하기 위한 사적인 일로 변화되기 시작했으며, 이는 오랜 문화적 변화, 즉 이성의 출현과 해석학의 등장이라는 큰 흐름의 한 가지 결과라고 볼 수 있다.

위와 같은 지적/문화적 자극이 지속되었던 1960년대에 버밍엄 대학의 스마트(Smart) 교수는 종교교육의 발전에 획기적 영향을 미쳤다. 그는 종교들 간의 유사성을 파악하려고 노력했고, 그 결과가 1969년 『인간의 종교적 경험』으로 출간되었다. 여러 가지 종교를 서로 비교할 수 있는 틀이 마련됨으로써 종교 간 비교도 가능해졌고, 특정 종교를 특권시하는 데에서 벗어날 수 있었다. 이로 인해 신학공부는 종교공부로 변했다. 그 후 이런 접근방식에 대해 수많은 논란이 종교적 체험, 교육받은 합리성, 개인적 애착 등을 중심으로 벌어졌다. 교육과정에서 종교교육을 아예 제외하자는 견해도 있었고, 보통 학교에서 종교교육을 가르쳐야 하는가, 가르쳐야 한다면 어떤 형태로 가르쳐야 하는가에 관한 논의도 계속되었다. 자유주의적 국가에서는 이에 어떻게 대처해야 하는가라는 의문을 둘러싸고 세 가지 문제(딜레마)가 제기되었다. 첫째는 종교적 믿음의 주장과 종교적 경험의 성격에 관한 문제이고, 둘째는 자율성의 증진/발달에 관한 문제이며, 셋째는 종교적 다원주의에 관한 문제다. 이런 문제들을 자세하게 고찰한 다음에 이 글의 저자들은 다음과 같은 제안으로 결론을 맺는다. "성공적인 종교교육이 되려면…… 신앙의 문법, 고해 공동체의 투자, 종교적 헌신……이(교육받은 마음에 의해 인정/긍정받는) 추론양식에 대해서 던지는 도전 등을 진지하게 다루어야 한다." (pp. 431-432)

이 글은 특정 종교를 옹호하지 않는 관점에서, 그리고 『교육철학 1: 이론과 역사』의 제12장은 가톨릭이라는 관점에서 종교교육을 논하는 것이므로 이 두 장을 비교해 본다면 종교교육에 대한 시각이 더 넓어질 것이다.

18. 체육교육

체육은 신체(몸)를, 그리고 교육은 마음을 떠올리게 한다. 몸과 마음을 따로 가리키는 두 개념을 결합시킨 체육교육은 과연 적절한 용어인가? 체육교육이란 무엇인가? 체육교육의 가치는 어디에 있는가? 현실적으로 체육교육을 중시하는 견해가 아주 다양하게 나타났음에도 불구하고 그것을 옹호하는 이론적 논변은 아직 정립되지 못한 편이다. 저자들은 다양한 논변을 폭넓게 검토한 후 체육교육이 무엇인지, 어떤 가치를 갖는지를 나름대로 밝혀낸다.

첫째, 교육과 체육교육의 관계를 논의한다. 미국에서는 '체육교육의 철학' 보다는 '스포츠 철학' 이 독립적으로 발전했다. 영국에서는 분석적 교육철학의 영향 아래 '체육교육의 철학' 이 발전했다. 교육이라는 개념을 주로 인식론적 관점에서 분석했던 피터스(Peters)의 관점이 영향을 미치고 있었으며, '체육교육을 옹호하려는 시도' 는 피터스로부터 탈피하거나 그로부터 벗어나지 않는 것도 있었다. 또 체육교육의 활동을 미적 차원에서 이해하려는 칼라일(Carlisle), 체육교육을 실천적 지식의 차원에서 이해하려는 카(Carr)도 나타났다. 또한 체육교육 수업에 들어 있는 '명제적 지식'을 부각시키거나 거기에 들어 있는 '실천적 지식'의 문제를 제시하는 노력도 나타났다.

둘째, 체육교육과 체육활동의 관계가 논의된다. 체육교육에는 아주 다양한 체육활동이 포함되어 있는데 거기서 어떤 공통점을 찾아낼 수 있는가? 공통점을 찾기 위해서 다양하고 폭넓은 활동 중에서 어떤 것을 제외해야 할 것인가? 분석적 스포츠 철학자인 슈츠(Suits)는 체육활동에 속하는 '게임이 무엇인가'를 네 가지 기준에 따라서 밝혀낸다.

셋째, 가치론과 체육교육의 관계가 논의된다. 스포츠를 통해 윤리적 발달이 이루어진다는 점이 널리 알려져 있다. 그런데 리드(Reid)는 체육교육의 가치를 이론적/윤리적/미학적/경제적/쾌락적/보건적 측면에서 그리고 체육교육의 역사와 전통 차원에서 폭넓게 찾아내려고 시도한다. 여기서 몇 가지 문제점이 드러난다. 가령 경쟁 게임에 참여하는 사람들은 경쟁적 충동 때문에 공정/정직과 같은 윤리적 원칙을 어길 수 있다. 그럼에도 불구하고 이런 사람들을 가리켜 게임을 하는 것이 아니라고 말하기 어려울 것이다. 또 체육교육을 스포츠나 게임으로 한정한다면, 거기서 많은 활동을 배제해야 할 것이다. 또한 체육교육 활동의 가치를 쾌락주의적 관점에서, 즉 '유쾌한 감정의 주관적 가치'에서 찾는다면 겨울철 야외의 모험활동은 거기에 들어가지 못할 것이다. '쾌락 자체의 추구'라는 기준은 교육적이지 못한 활동을 포함시킬 것이며, 질적으로 상이한 쾌락이 있을지라도 쾌락보다는 오히려 '만족'과 가까운 활동이 있기 때문이다. 만일 '체육인'이 된다는 것을 쾌락으로 설명하기 어렵다면, 그 대신 '활동/역할/관계에 헌신함'을 중심으로 설명하는 길을 택할 수 있다. 체육교육의 활동은 다양한 가치를 갖는다. 즉, 그런 활동 자체에 '내면적 가치'가 있을 수 있고, 다른 것/일을 위한 수단으로서 '도구적 가치'를 가질 수 있다. 그뿐 아니라 두 가지 종류의 가치를 갖는 체육활동에 종사하는 '사람들'은 그런 활동 자체에 대해 '내재적 가치'를 가질 수도 있고, 이와 달리 그에 대해 '외재적 가치'를 가질 수도 있다. 요컨대, 체육활동은 여러 가지 가치가 혼합된 선이다.

넷째, 체육교육과 인간의 관계가 논의된다. 현실적으로 다양한 교육관이 존재하며, 거기에는 인간/사회의 본질에 관한 특수한 평가와 헌신이 구체화되어 있다. 그럼에도 불구하고 우리는 거기서 '충실하고 가치 있는 삶을 살아가도록 인간을 발달시키는 일이 교육' 이라는 공통점을 찾을 수 있다. 그렇다면 그런 인간과 그런 삶을 가치 있게 만들어 주는 것을 어떻게 설명할 수 있는가? 물론 그것은 지적 추구만은 아닐 것이다. 요컨대, "체육교육의 활동들에서 탁월성(수월성)을 추구하는 가운데 학습자들은 체육문화의 전통에 참여하게 되며, 이것이 충실하고 가치 있는 삶을 살아가는 데 기여할 수 있다."(pp. 452-453) 이렇게 체육교육의 전문성을 형성해 온 문화 특수적/역사적/정치적 요인들을 살펴보지 않은 채 이상적인 수준에서 개념적 통일성을 찾으려고 한다면, 체육교육이 무엇이며 어떤 가치를 갖는가를 제대로 이해하는 데는 도움이 되지 못할 것이다.

19. 학습공학의 철학

교육공학에 대해서 교육철학은 어떤 질문을 제기하는가? 철학은 '비판의 기본지도' 를 만들어 내는 일이라는 듀이의 관점에 따라 저자들은 교육공학의 여러 측면을 파악할 수 있는 기본지도를 제시하려고 한다. 이 기본지도는 정의 문제, 인식론적 문제, 심리학적 문제, 교수법적 문제, 사회적 문제, 민주화 문제의 여섯 가지로 구성된다. 저자들은 비판적 전문가로서 이런 문제들을 다루고 있다.

첫째, 공학의 정의 문제를 논한다. 공학이 무엇인지를 그 도구적/응용적 성격, 학습을 위한 공학적 지식의 적용, 교수공학보다 더 나은 용어인 학습공학을 중심으로 밝혀낸다.

둘째, 지식(앎)이라는 인식론적 문제를 논한다. 새로운 공학이 사회에 널리 수용되는 상황에서 공학 사용법을 가르쳐야 하기 때문에 학교 교육과정도 달라지게 된다. 정보화 시대가 요구하는 새로운 능력이 학교 교육과정의 변화에 어떻게 나타나는가를 살펴본다. 또한 학교에서 공학을 응용하면서 나타난 문제점을 생생한 경험의 상실, 정의적/대인적/내면적/운동적/체화된 지식의 경시, 공감능력의 약화와 그 극복방안 등을 중심으로 논의한다.

셋째, 학습이라는 심리학적 문제를 논한다. 가르침의 기반이 될 심리학 이론에는 인식론적/형이상학적 관점이 반영되어 있고, 이것이 교수법에 대해 시사점을 준다. 학습이론의 바탕에 깔려 있는 한 가지 인식론적 관점은 객관주의 혹은 실재론이며, 이는 교수주의라는 교수법을 시사한다. 또 다른 인식론적 관점은 실용주의 혹은 구성주의이며, 이는 개방적 교수법을 시사한다. 여기서 저자들은 객관주의와 구성주의의 장점을 모아 제3의 학습이론인 인지주의의 통찰과 결합시킬 것을 제안한다. 이런 사례는 브랜스포드(Bransford) 등이 제시하는 교육적 환경의 네 가지 원리에서 찾아볼 수 있으며, 여기서 학습 개선을 위해 공학을 다섯 가지 방식으로 활용할 수 있음을 제시한다.

넷째, 가르침이라는 교수법 문제를 논의한다. 먼저 새로운 학습공학과 관련된 지식/기능/성향을 가르칠 시간을 확보할 필요성, 다른 교과와 통합하는 방향으로 공학을 도입할 수 있는 가능성, 그리고 교사들이 새롭게 알아야 할 다양한 사항이 제시된다. 특히 공학-내용-교수법의 상호작용을 강조하는 교육공학의 개념 틀로서 TRACK가 예시된다. 또한 학생들이 학교 밖에서 배운 공학과 학교 안에서 배운 공학이 어떤 관계에 있는가를 교사들이 고려할 필요가 있다. 왜냐하면 교사보다 학생들이 더 잘 알고 있으며, 그럼에도 불구하고 교사는 새로운 툴의 사용법을 배우기가 힘든 경우도 많기 때문이다.

다섯째, 공동생활이라는 사회적 문제를 논의한다. 학교에서 사용되는 공학보다 학교 밖에서 경험하는 공학이 훨씬 더 다양하고 풍부할 수 있기 때문에, 교사는 학생들의 주의를 집중시키는 데 애를 먹는다. 또 이런 공학은 기업에 의해 주도되기 때문에 주로 기업 이익이 반영되기 쉽고, 학생들은 기업 이익이 요구하는 소비 지향적 행동에 빠지기 쉽다. 어떤 정보를 어떻게 평가/공개/활용할 것인가, 그에 따른 위험은 무엇인가, 공학을 가진 자와 못 가진 자는 어떻게 분리되는가 등도 알 필요가 있다. 또한 학생들이 특정 정보/통신에 접속하지 못하도록 금지하는 장치가 비교육적 효과를 낳을 수 있으며, 학교가 게임의 가치를 어떻게 이해하고 받아들일 것인가도 중요한 문제일 것이다.

여섯째, 사회의 민주화를 논의한다. 공학은 가치 중립적이지 않다. 공학을 설계하는 사람들의 규범/기대/문화적 환경이 거기에 반영되기 때문이다. 기업이 학습공학의 물품 조달을 장악하는 상황에서는 학교에서 탈기업적 대안을 찾기가 힘들어진다. 그러나 새로운 학습공학에는 민주화의 잠재력이 들어 있다. 새로운 ICT는 개별화된 정보 접속, 협력적/참여적 지식 생산, 비위계적 학습 조직화를 가능하게 함으로써 새로운 변화를 이끌 수 있다. 그러나 가능성이 현실화되기란 쉬운 일이 아니다. 새로운 공학이 구태의연한 과제 수행에 이용될 수 있기 때문에 공학을 통한 교수법 변화가 어렵게 된다. 그럼에도 불구하고 새로운 공학은 보수적이기 쉬운 학교에 진보적 영향을 미칠 수 있고, 이와 동시에 교육장소로서 학교의 중요성을 떨어뜨릴 수 있다. 학교 밖에서의 학습이 가능하게 되면서, 이런 학습이 민주주의를 위해서 긍정적이거나 부정적인 방향으로 효과를 미칠 수 있다는 점에 유의할 필요가 있다.

20. 개인적/사회적 교육

'개인적/사회적 교육(personal and social education: PSE)' 은 우리에게 무척 낯선 용어다. 어쩌면 우리가 흔히 사용하는 인성교육과 비슷한 것이 아닌가라고 짐작된다. 아무튼 그것은 영국교육계에서 사용되는 용어인데, 거기서도 저자가 말하는 것처럼 교육의 한 '측면' 인지, 교육의 한 가지 '목적' 인지, 교육과정에 들어갈 '과목' 인지, 혹은 중요한 '주제' 인지가 아직 불분명한 상태다. 1980년 후반 이후 PSE는 PSHE, PSHCE, PSHEE 등으로 변하면서 그 의미도 매우 유동적이다. 저자는 PSE에 대해 철학적 질문을 던진다. '개인적/사회적 교육' 은 어떻게 해석할 것인가?

만일 모든 교육이 개인적이고 사회적이라고 할 수 있다면, '개인적/사회적 교육' 으로 따로 떼어서 생각해야 하는 이유는 무엇인가? 저자는 그 이유가 미흡한 편이라고 언급한다. 그렇지만 '개인적/사회적 교육' 은 젊은이들이 자기 나름대로 세상을 살아가도록 준비시키는 일로 이해할 수 있다. 그렇다면 그 내용은 무엇인가?

성인생활의 준비로서의 '개인적/사회적 교육' 이 부상하게 된 이유는 여러 가지다. 첫째, 교육은 젊은이들이 자신의 건강과 위험 예방을 개인적으로 책임지도록 도와주는 일인데 그 속에 타인과의 관계 측면도 포함된다. 둘째, 재정에 관한 인식/능력 및 진로 선택은 개인적이면서 사회적인 일이다. 셋째, 부모 됨을 준비시키는 교육, 성 및 관계 교육, 일과 삶의 균형을 위한 교육도 학교가 새롭게 신경을 써야 할 부분이다.

'개인적/사회적 교육' 이 복잡한 현대 상황에서 각자의 길을 헤쳐 갈 준비에 관한 것이라면, 삶의 선택과정에서 기초가 될 가치는 무엇인가가 중요한 문제다. 각자의 삶에서 중요한 것과 관련하여 자신의 '기초적 가치' 를 성찰하는 능력과 능력 발휘가 중요할 것이다. 그렇다면 이것과 도덕교육 및 시민교육을 어떻게 구별할 것인가도 문제다.

'개인적/사회적 교육' 에서 생기는 가치 문제에 대해 자유주의적 접근방식이 널리 퍼져 있다. 여기서는 '식견 있는 선택' 을 존중하는 자유주의적 분위기(에토스)가 중요하다. 타인이 개입될 경우 '식견 있는 동의' 를 중시하게 된다. 즉, 타인의 유사한 자유를 존중하는 가운데 개인이 자신의 삶의 길을 이끌어 갈 자유가 존중된다. 이런 에토스는 규범적 성격을 갖게 되고, 개인적/사회적 교육에 대해 다양한 규범적 접근방식과 문제점이 나타난다. 그러나 개인의 잘삶을 추구하는 것보다는 특정한 삶의 방식이나 타인에 대한 봉사를 더 중시할 수도 있다. 또한 자신의 삶에 대해 각자의 결정을 내리는 일도 일정한 가치 틀 안에서 이루어질 것으로 기대할 수 있다.

'개인적/사회적 교육' 이 개인의 잘삶(personal well-being)에 대해 근본적인 관심을 쏟아야 한다는 아이디어가 존 화이트(John White)를 중심으로 나타났다. 그런데 개인의 잘삶이라는 아이디어는 '개인적/사회적 교육' 의 목적을 위해 보편적 기반을 제공해 줄 수 있는가? 이에 대해 잘삶에 관한 담론이 현실적인 목적을 포괄할 수 있는지, 잘삶이 단기적인 혹은 장기적인 것을 가리키는지, 주관적인 혹은 객관적인 것을 가리키는지, 개인의 잘삶이 포괄적 목적인지, 잘삶이 곧 좋은 삶인지 등에 관한 논의가 제시된다.

마지막으로 저자는 결론을 끌어낸다. '개인적/사회적 교육' 은 기초적 가치에 관한 이슈를 도외시할 수 없고, 가치 입장의 다양성도 감안해야 한다. 그것은 도덕교육, 종교교육, 시민교육과 연관되는 부분이기 때문에 쉽게 분리할 수 없다. 따라서 교육과정에서 한 교과로 독립시켜야 할 것인가를 진지하게 살펴보아야 한다.

21. 교육과 환경

환경 훼손이라는 문제는 인류의 왕성한 활동으로 나타난 결과다. 자원 고갈, 오염, 급속한 종의 소멸, 기후 변화 등과 같은 사태는 인류의 잘삶에 심각한 문제다. 교육은 환경 훼손의 심각성을 도외시할 수 없다. 그렇다면 이 글의 저자는 환경교육에 어떻게 접근하는가? 그는 교육철학이 환경 이슈에 대한 다양한 이해와 그 혁신적 실천을 근본적으로 검토해야 하고, 이를 위해 교육의 목표와 방법론에 어떤 지식관, 교수법, 학습이론, 형이상학적 기반이 깔려 있는가를 탐구해야 한다고 주장한다.

제2절에서 저자는 환경, 자연, 교육의 의미와 관계를 논한다. 먼저 환경의 의미를 다양하게 밝힌다. 환경의 일반적 의미와 구체적 의미를 제시하고, 자연적 환경을 중심으로 거론되는 환경 훼손 문제를 다음과 같이 파악한다. 탈전통주의적 문화 속에서 자연은 축소되었고 존재를 상실해 가고 있지만 이런 점은 교육정책에서 대체로 간과되고 있다.

자연의 의미를 밝히면서 '인간과 자연의 올바른 관계는 무엇인가?'와 '양자의 관계에서 진보/성공/번영을 판단할 준거는 무엇인가?'라는 두 가지 근본 물음을 제기한다. 여기서 자연의 다양한 의미에 깔려 있는 통일된 자연관으로서 하이데거가 말하는 '나타남', '스스로 드러남', '스스로 생김' 으로서의 자연을 강조한다. 자연을 이렇게 이해한다면 인간과 자연의 올바른 관계를 정립하는 일이 잘삶의 본질적 측면이 되고 교육의 중심 목적이 된다. 여기서 인간과 환경의 관계에서 나타나는 타자성과 본질적 신비성의 요소가 부각되고, 인본주의적 오만이 드러날 것이다.

'교육과 환경' 이라는 주제에 대해서는 다음과 같이 두 가지 차원에서 구체적으로 접근한다. 첫째, 외부 자연환경에 대한 인간의 직접 경험은 그의 인격 형성에 영향을 미친다. 둘째, 자연환경은 그 자체로 존중해야 하고 미학적/도덕적으로 다루어야 한다.

제3절에서 저자는 지속가능성 문제와 환경윤리를 연관시킨다. 일반적으로 환경 관심은 '지속가능성' 혹은 '지속가능한 발달' 이라는 언어로 표현된다. 이에 대해 여러 가지 문제가 제기된다. 지속되어야 할 것은 무엇인가? '생태학적 지속가능성' 과 '민주주의' 는 어떻게 연결될 수 있는가? 지속가능성이라는 용어의 사용자에게 어떤 가치와 문화적 입장이 들어 있는가? 이에 관한 논의를 통해 환경윤리에서 인간중심주의와 생명중심주의가 대립하고 있으며, 정책으로서의 지속가능성에 인식론적 문제가 들어 있음을 거론한다.

'발전' 과 '지속가능성' 의 연결에 대해서 의문이 제기될 수 있다. 지속시키면서 발전시킨다는 아이디어에는 갈등의 소지가 들어 있지 않은가? 또한 지속가능한 발전이라는 아이디어에 어떤 의미론적 속임수가 들어 있지 않은가? 그런 아이디어는 의문시되어야 할 인간 중심적 입장이나 자연에 대한 오만한 도구주의를 오히려 강화시키는 것은 아닌가? 이런 물음에 대해 '진정한 지속가능성' 에는 보존과 괴리되지 않도록 자연 질서의 논리가 반영되어야 한다고 주장하면서, 고도의 종차별주의와 도구주의를 경계할 것을 지적한다. 다시 말해, 이런 인간중심주의를 환경 문제의 근원으로 보아야 하고, 진정한 지속가능성은 정책 차원을 뛰어넘어 인간이 자연환경과 관계를 맺는 방식으로 이해되어야 하며, 자연에 대한 인간의 기본 가치/동기/태도의 차원에서 올바른 마음가짐을 갖게 하는 일을 교육의 관심사로 받아들여야 한다. 인간과 환경의 바람직한 관계 속에 '자연세계에 대한 인간의 배려' 를 담아내려면, 특히 '자연 정복' 이라는 동기에 주목하는 비판적 정치의식을 강조할 필요가 있다.

제4절에서 저자는 환경 이해를 교육과정 및 학교문화와 연결시킨다. 영원한 성장을 전제로 삼고 있는 지구적 시장경제를 위해 학생들을 가르치는 일에서 어떻게 탈피할 수 있는가? 지속가능성이라는 이슈를 잘 밝혀 줄 수 있는 지식은 어떤 것인가? 만일 전통적 교과에 자연을 종속화/착취하는 암묵적 가치들이 들어 있다면 그것들이 과연 지속가능성과 부합될 수 있는가? 학교 교육과정의 어느 영역에 자연에 대한 그런 동기/태도가 암시되고 있는가? 우리가 처한 환경적 곤경을 극복할 수 있는 교육과정의 구조는 어떤 것인가? 이런 물음에 대해 저자는 자연의 다면성을 적절하게 이해/공감하는 지식(앎)이 필요하며, 교과과정의 구조 속에 유기적 시스템에 대한 이해(시스템적 지혜)를 증진시키는 관점이 반영되어야 한다고 주장한다. 이와 함께 자연의 '결' 과 더불어 살아감을 강조하는 '공-진화적 접근' 이 논의된다.

환경교육 정책에서는 행동을 바꾸려는 조급함과 교육적 가치를 실현하려는 신중함이 서로 대립될 수 있다. 예를 들어, 재활용/에너지 절약 운동처럼 미리 구체화된 환경 친화적 행동을 불러일으키는 수단으로만 교육을 이해한다면 학생들의 개인적 이해, 비판적 평가 및 헌신이 소홀히 다루어질 수 있다. 이와 달리 민주적 행위를 활성화하는 행위능력을 교육과정의 핵심으로 삼음으로써 '학교의 생태화'를 도모할 수 있다. 여기서 환경 관련 행위/이해는 학생들의 생활세계 속에서 비판적으로 성찰된다. 이와 관련하여 '에코 정의 교수법'을 제안한다. 이는 환경적 인종차별주의와 계급차별주의를 배제하고, 소비주의로부터의 탈피를 강조하며, 인간 실존의 관계적/의존적 성격을 부각시키는 교수법이다.

결론에서 저자는 말한다. 환경 문제의 '증상'보다는 '원인'을 제대로 다룰 수 있는 환경교육이 중요하다. 이를 위해 우리 자신과 환경에 대한 근본적 사고방식에 어떤 동기들이 스며 있는지를 제대로 검토할 필요가 있다. 여기서 우리는 형식적 교육과정의 문제를 뛰어넘어 학교의 일반 문화에 주목하게 될 것이다. 다시 말해서, "환경 관심에 대한 성찰/검토가 학교생활/사회생활에 반영되어 있는 형이상학을 뒤흔들 수 있다면, 이것은 '환경교육'이라는 교육과정의 특정 영역을 뛰어넘어 큰 의의를 갖게 될 것이다." (p. 532)

찾아보기

《인 명》

《내 용》

저자 소개

* 저자 앞의 번호는 집필한 장을 가리킨다. 저자가 2인인 경우도 있다.

1. Timothy Reagan

Gallaudet University, University of Connecticut, Roger Williams University, University of the Witwatersrand 등에서 근무했다. 현재는 Central Connecticut State University의 교육 지도성 교수다. 관심 분야는 교육에 있어서 언어와 문화에 관한 문제다. 최근 저서에는 *Language Matters* (International Age Publishers, 2009)가 있다.

2. David T. Hansen

Teachers College, Columbia University 철학과 교육 프로그램 책임자. 관심 분야는 가르침의 철학과 실천, 교육 가치 비판, 교육적 존재 양식으로서 코스모폴리타니즘(cosmopolitanism)이다. 저서로는 *The Call to Teach*와 *Exploring the Moral Heart of Teaching*이 있다. John Dewey Society 회장, Philosophy of Education Society (North America) 회장을 역임하였다.

Megan J. Laverty

Teachers College, Columbia University 부교수. 저서로는 *Iris Murdoch's Ethics: A Consideration of her Romantic Vision*이 있다. 공동 편집한 책으로는 *Playing with Ideas: Modern and Contemporary Philosophies of Education*이 있다. 관심 분야는 교육철학의 역사, 도덕철학과 그 교육적 의의, 대화의 철학과 대화적 교수법, 초·중등학생들을 위한 철학 등이다.

3. Hugh Sockett

George Mason University 공공국제문제학과의 교육학 교수. 저서로는 *The Moral Base for Teacher Professionalism* (1993), *Transforming Teacher Education* (with Diane Wood and Pamela LePage, 2005), *Educational Reconciliation* (with Pamela LePage, 2002), *Teacher Dispositions* (2006: as editor). *Knowledge and Virtue in Teaching*을 준비 중이다. 논문으로는 'Dispositions as virtues: the complexity of the construct' (*Journal of Teacher Education*)가 있다.

4. J. Mark Halstead

University of Huddersfield 교육학부 연구교수. 도덕교육에 관한 많은 논문을 썼다. 공편/공저로는 *Education in Morality* (co-edited with Terence H. McLaughlin, 1999), *Values in Education and Education in Values* (co-edited with Monica J. Taylor, 1996), *Citizenship and Moral Education* (co-authored with Mark Pike, 2006)이 있다. *Journal of Moral Education*의 특집으로 다음 두 가지의 편집 책임자였다. *Philosophy and Moral Education: the Contribution of John Wilson* (2000), *Islamic Values and Moral Education* (2007). 무슬림 교육과 다문화 교육에 대해서 특별한 관심을 갖고 있다.

5. Richard Bailey

교육과 스포츠에 관한 저술가 및 이론가. Canterbury, Roehampton, Birmingham 대학 등에서 교수를 역임했다. 연구 관심은 철학, 체육교육, 인간학이며 학습과 전문성 개발에 중점을 두고 있다. 저서로는 *Education in the Open Society: Karl Popper and Schooling* (Ashgate), 편저로는 *The Philosophy of Education: an Introduction* (Continuum)이 있다. 학교교육과 스포츠에 관한 많은 책을 저술, 편집하고 있다. 25권으로 된 컨티뉴엄 교육사상 시리즈의 편집 책임자다.

6. Harvey Siegel

University of Miami 철학과 교수. 관심 분야는 인식론, 과학철학, 교육철학이다. 저서로는 *Relativism Refuted: A Critique of Contemporary Epistemological Relativism* (Springer, 1987), *Educating Reason: Rationality, Critical Thinking, and Education* (Routledge, 1988), *Rationality Redeemed?: Further Dialogues on an Educational Ideal* (Routledge, 1997), 편저로는 *The Oxford Handbook of Philosophy of Education* (Oxford, 2009)이 있다.

7. Brenda Almond

University of Hull 도덕/사회철학 명예교수. 영국 등지에서 가르쳤고, 철학과 교육에 관해서 많은 논문을 썼다. *Journal of Applied Philosophy*의 초대 편집자였고, Philosophical Society of England 회장을 맡고 있다. 저서로는 *Education and the Individual* (1981, Brenda Cohen), *Educational Thought: an Introduction* (1993), *Exploring Ethics: A Traveller's Tale* (1998), *Exploring Philosophy: The Philosophical Quest* (1995),

The Fragmenting Family (Oxford University Press, 2006)가 있다.

8. Christine McCarthy

University of Iowa 교육정책 및 지도성 학과 부교수. 과거의 관심 분야는 지식, 마음, 예술에 관한 듀이의 사상이었다. 최근의 관심 분야는 예술작업, 마음, 의식 간의 관계다.

9. Andrew Davis

초등교사였고, Cambridge University에서 교육철학 및 수학교육철학을 강의하였으며, Durham University로 옮겼다. 학습과 교육평가에 관해 많은 논문을 썼다. 최근에 Ruth Cigman과 함께 *Journal of Philosophy of Education*의 특집으로 *New Philosophies of Learning*을 편집하였으며, 이를 단행본(Wiley-Blackwell)으로 출간하였다.

10. Frederick S. Ellett, Jr.

1945년 뉴욕에서 태어났다. Cornell University에서 전자공학 학사(1967), 전자공학 석사(1970), 교육철학 박사(1977, Kenneth A. Strike가 심사위원장)를 취득했다. UCLA Graduate School of Education에서 교육철학을 가르쳤다(1976~1988). 1988년 이후 University of West Ontario 교육학부의 교육철학 부교수다. 관심 분야는 교육 정책과 평가의 개념적, 인식론적, 존재론적 측면이다. 특히 합리성과 도덕성의 이론에 관심이 많다.

David P. Erickson

University of Hawaii 교육기초학부의 교육철학 및 교육정책 교수. 관심 분야는 사회과학철학, 도덕/정치 교육, 교육정책 연구, 비교/국제 교육 등이다. 현재 이 대학에서 국제교육 책임자로 활동하고 있다.

11. Dr. Stephen Johnson

University of Warwick 사회정책 대학원과정에서 '정치와 윤리' 를 강의한다. 초등학교, 중등학교, 대학에서 강의했다. *Journal of Philosophy of Education*, *British Journal of Educational Studies*, *Journal of Further and Higher Education* 등에 기고하였고, *Journal of Further and Higher Education*의 편집자문위원이다. 저서로는 *Teaching Thinking Skills* (2001)가 있다. Harvey Siegel과 함께 '사고 기능' 에 관한 책을 준비하고 있다. Philosophy of Education Society of Great Britain 운영위원을 10년간 맡았다.

12. John Halliday

물리학/수학 학사과정을 마치고 원격통신 기사로 근무하였다. 그 후 대학에서 강의하였고, 교육철학 박사학위를 취득한 후 교육철학, 교사교육 영역에서 5권의 책을 저술하였다. 직업교육의 철학에 대한 연구로 가장 널리 알려져 있다. 최근에 비형식적 학습에 대한 분석을 통해서 성취와 불이익에 대한 새로운 관점을 탐구하는 새 책을 준비 중이다.

13. Penny Enslin

University of Glasgow 교육학 교수/교육학 박사과정 주임교수. 2000년 7월까지 요하네스버그에 있는 University of the Witwatersrand 교육학과 교수였다. 현재 이 대학의 명예교수이기도 하다. 관심 분야는 정치이론과 교육이며, 특히 민주주의와 시민성 교육에 특별한 관심을 쏟고 있다. 그동안 숙고 민주주의와 교육, 자유주의, 젠더, 페미니즘, 국가 건설, 아프리카 교육철학, 고등교육에 대한 논문을 발표하였다.

Nicki Hedge

University of Glasgow 교육학부 학습혁신연구소 소장이다. 교육학 박사과정에서 연구법, 석사과정에서 근대교육사상을 가르치고 있다. 원래 응용언어학자였으며 최근에 글래스고 원격교육 책임을 맡고 있다. 관심 분야는 사회정의이며, 특히 지구적 공적 재화로서의 지식과 교육에 특별한 관심을 쏟고 있다. 포용, e-러닝, 원격교육, 평가, 성인 문해력에 관한 국가적/국제적 프로젝트를 수행하였다.

14. Claudia Ruitenberg

University of British Columbia 교육학과 교육철학 조교수. *Journal of Philosophy of Education*, *Studies in Philosophy and Education*, *Philosophy of Education Yearbooks* 등에 기고하였다. 최근의 연구 관심은 교육에 있어서 증오 발언과 검열에 관한 탈구조주의적 관점, 시민정치교육에 대한 급진적 민주주의의 관점이다. 교육이론, 철학방법, 비판적 사고를 가르치고 있다.

Daniel Vokey

University of British Columbia 교육학과 교육철학 조교수. 현재 관심은 실천적 지혜의 발달에 관한 동서양 문화의 비교학적 연구에 있다. 최근의 논문인 'Hearing, contemplating, meditating: in search of the transformative integration of heart and mind' 가 C. Eppert and H. Wang (Eds.), *Cross-cultural Studies in Curriculum: Eastern Thought,*

Educational Insights (Mahwah, NJ: Lawrence Erlbaum, pp. 287-312)에 수록되어 있다.

15. John P. Portelli

University of Toronto OISE 교수. 관심 분야는 민주주의 이론과 교육정책, 지도성, 교수법, 학생 참여와 생활 교육과정, 교육에서 신자유주의의 분석과 비판 등이다. 두 권의 시집을 포함하여 8권의 책을 저술했다. *Paiduesis: The Journal of the Canadian Philosophy of Education Society*의 편집장을 역임하였다.

Francine Menashy

University of Toronto OISE 교육철학 박사과정 중이다. 국제 교육정책 및 학교 민영화에 관한 박사논문을 쓰고 있다. *Journal of Educational Thought*, *McGill Journal of Education* 등에 논문을 기고하였다.

16. Constantin Koopman

미국 Walden University에서 가르치고 연구한다. Utrecht University에서 음악학과 철학을 연구한 후, Radboud University Nijmegen(네덜란드)에서 음악교육과 미학교육을 전공했다. 최근에 오클랜드 퀼른의 대학에서, 그리고 헤이그의 The Royal Conservatoire에서 근무했다. 미학과 미학교육에 대한 여러 논문을 *Journal of Philosophy of Education*, *Educational Philosophy and Theory*, *Journal of Aesthetic Education*, *Journal of Aesthetics and Art Criticism* 등에 기고하였다.

17. James C. Conroy

University of Glasgow 교육학부장, 종교철학교육 교수. 관심 분야는 종교교육, 도덕교육, 시민성 교육, 교육철학, 자유교육에서 문학과 예술의 위상 등이다. 뉴욕 Fordham University의 객원/겸임교수였다. Australian Catholic University 객원교수, 브라질의 Federal Univseristy of Rio Grande do Sul 객원교수다. 현재 Association for Moral Education 회장을 맡고 있다. *Journal of Policy Futures in Education*, *Ethics and Education*, *International Journal of Catholic Education* 등의 운영에 참여하고 있다. 저서로는 *Betwixt and Between: the Liminal Imagination, Education, and Democracy* (New York: Peter Lang, 2004)가 있다.

Robert A. Davis

University of Glasgow 종교문화교육 교수. 문학, 종교, 민속, 음악, 교육, 아동기의 문화사 등에 관한 교육, 저술, 방송 활동에 종사한다. 아일랜드, 호주, 스웨덴에서 객원교수를 지냈다. Robert Graves 그리고 아동작가인 Alan Garner와 Philip Pullman에 대한 문예비평을 썼다. 교육학적 관심은 도덕교육에서 상상문학의 역할, 종교문해력 교육의 미래, 신앙기반 학교의 역사 등이다. 영국 중등학교에서 종교교육의 효과성에 관한 프로젝트인 AHRC/ESRC 종교와 사회 프로젝트의 공동연구자다. 19세기 교육개혁가/박애주의자였던 Robert Owen에 관한 새로운 전기를 준비 중이다. *Journal of the Philosophy of Education*, *Journal of Policy Futures in Education*의 편집위원으로 활동하고 있다.

18. Mike McNamee

Swansea University 보건학부의 응용윤리 교수. 이 대학에서 의학윤리를 가르친다. 체육교육철학에서 박사학위를 취득한 이후 스포츠 윤리의 발전과 연구에 20여 년간 골몰하였으며 International Association for the Philosophy of Sport 회장을 역임하였다. 현재는 *Sport Ethics and Philosophy* 편집장이기도 하다. 최근의 저서로는 *Sports, Virtues and Vices* (Routledge, 2008)가 있다.

Richard Bailey

교육과 스포츠에 관한 이론가/저술가. Canterbury, Roehampton, Birmingham University에서 교수를 역임했다. 관심 분야는 '철학, 체육교육, 인간학' 을 학습 및 전문성 개발 차원에서 연구하는 것이다. 저서로는 *Education in the Open Society: Karl Popper and Schooling* (Ashgate)이 있다. *The Philosophy of Education: an Introduction* (Continuum)을 편집했다. 학교교육과 스포츠의 이론적/실천적 측면에 관한 책 13권의 저자/편집자였고, 25권으로 이루어진 *Continuum Library of Educational Thought*의 편집자다.

19. Craig A. Cunningham

시카고의 National-Louis University의 교수공학탐구 학부 조교수. 공학 통합, 교육과정 설계, 교육철학 등을 가르친다. Philosophy of Education Society (U.S.)와 John Dewey Society의 회원이다. 저서로는 *Curriculum Webs: Weaving the Web into Teaching and Learning* (공저, 2판, Allyn and Bacon, 2006)이 있고, 논문으로는 John Dewey

Society의 미학, 형이상학, 자아이론 그리고 미국 인격교육의 역사에 관한 것이 있다.

Briana L. Allen

공학을 가르치는 강사. 공학의 활용과 통합에 관해 연구하며, 프로젝트 및 문제중심 활동을 강조함으로써 중핵 교육과정을 보완할 통합공학 프로젝트 개발에 참여하고 있다. 교실 수업을 위한 공학의 통합, 그리고 이를 위한 교사훈련 방식, 교육자와 학생의 역할 변화에 관심을 쏟고 있다.

20. Graham Haydon

University of London, Institute of Education 교육철학 부교수. 다원적 사회에서 도덕교육과 시민교육, 개인적/사회적 교육과 시민성 교육의 관계에 관심이 많다. 주요 저서로는 *The Importance of PSHE: a Philosophical and Policy Perspective on Personal, Social and Health Education* (Philosophy of Education Society of Great Britain, 2005), *Values in Education* (Continuum, 2006)이 있다.

21. Michael Bonnett

University of Bath 교육철학 부교수. University of London, Institute of Education에서 Senior Research Fellow였고, Cambridge University 교육철학 조교수였다. 환경교육과 지속 가능성에 관한 논문을 쓰고 있다. 저서로는 *Retrieving Nature. Education for a Post-Humanist Age* (2004), *Children's Thinking* (1994) 등이 있다. 후자는 인간 이해와 교육적 과정의 시적 차원이 중요함을 밝힌 책이다.

편저자 소개

Richard Bailey

교육과 스포츠에 관한 저술가 및 이론가. Canterbury, Roehampton, Birmingham 대학 등에서 교수를 역임했다. 연구 관심은 철학, 체육교육, 인간학이며 학습과 전문성 개발에 중점을 두고 있다. 저서로는 *Education in the Open Society: Karl Popper and Schooling* (Ashgate), 편저로는 *The Philosophy of Education: an Introduction* (Continuum)이 있다. 학교교육과 스포츠에 관한 많은 책을 저술, 편집하고 있다. 25권으로 된 컨티뉴엄 교육사상 시리즈의 편집 책임자다.

Robin Barrow

Simon Fraser University 교육철학 교수. 동 대학 교육대학장을 역임함(1992~2002). University of Leicester 교육철학 부교수였다. 영국교육철학회 부의장, 캐나다교육철학회 회장이었다. 철학, 교육학, 고전학 영역에서 25권의 책을 저술하였다. 최근 저서로는 *Plato* (Continuum), *An Introduction to Moral Philosophy and Moral Education*이 있다. 1996년에 캐나다왕립학회 회원이 되었다.

David Carr

University of Edinburgh 교육철학 교수. 저서로는 *Educating the Virtues* (1991), *Professionalism and Ethics in Teaching* (2000), *Making Sense of Education* (2003)이 있다. 편저로는 *Education, Knowledge and Truth* (1998, Jan Steutel과 공편), *Virtue Ethics and Moral Education* (1999), *Spirituality, Philosophy and Education* (2003, John Haldane과 공편) 등이 있다.

Christine McCarthy

University of Iowa 교육정책 및 지도성 학과 부교수. 과거의 관심 분야는 지식, 마음, 예술에 관한 듀이의 사상이었다. 최근의 관심 분야는 예술작업, 마음, 의식 간의 관계다.

역자 소개

이지헌

전남대학교 사범대학 교육학과 교수로 재직 중이다. 주로 교육목적론, 비판이론, 대학교육에 관심을 두고 연구하고 있으며 최근에 논문 「본래성과 대학교육」을 『敎育哲學硏究』에 게재하였다. 주요 저 · 역서로는 『교육학의 이해』(3판, 공저, 학지사, 2012), 『교육의 역사와 철학』(공저, 학이당, 2012), 『대학은 무엇으로 존재하는가』(역서, 학이당, 2011), 『가르침이란 무엇인가』(역서, 교육과학사, 2011), 『철학이 있는 교육, 교육을 찾는 철학』(역서, 학이당, 2010) 등이 있다.

교육철학 2 – 가치와 실천 –
The SAGE Handbook of Philosophy of Education

2013년 2월 25일 1판 1쇄 인쇄
2013년 2월 28일 1판 1쇄 발행

엮은이 • R. Bailey · R. Barrow · D. Carr · C. McCarthy
옮긴이 • 이지헌
펴낸이 • 김진환
펴낸곳 • (주) 학지사
121-837 서울특별시 마포구 서교동 352-29 마인드월드빌딩 5층
대표전화 • 02)330-5114 팩스 • 02)324-2345
등록번호 • 제313-2006-000265호

홈페이지 • http://www.hakjisa.co.kr
커뮤니티 • http://cafe.naver.com/hakjisa

ISBN 978-89-997-0096-5 94370
978-89-997-0094-1 (set)

정가 19,000원

역자와의 협약으로 인지는 생략합니다.
파본은 구입처에서 교환해 드립니다.